btb

Aus Freude am Lesen

btb

Buch

Franks Vater Malachy ist ein begnadeter Säufer. Er stammt aus dem Norden Irlands und mußte das Land wegen irgendeiner »verzweifelten Tat« in den zwanziger Jahren verlassen. Im New York der Prohibition lernt er Angela kennen, die von der eigenen Mutter in die Emigration geschickt wurde. Die beiden heiraten und das Elend beginnt: Nach vier Jahren Ehe und fünf Kindern, von denen eines kurz nach der Geburt stirbt, muß die völlig mittellose Familie McCourt nach Irland zurückkehren. Seine neue Heimat kennt Frank, der Älteste, nur aus den Sagen von Cuchulain und dem englischen Todesvogel, aus den Liedern über heldenhafte Soldaten, die für die Freiheit Irlands lachenden Herzens in den Tod ziehen.
In den Slums von Limerick, wo es nur deswegen so viele fromme Menschen gibt, weil die Kirche der trockenste Ort ist, lernt Frank, was es heißt, arm, katholisch und ein Ire zu sein. Hier, zwischen Flöhen und Läusen, kirchlicher Fürsorge und Sozialhilfe, bierseligen Utopien und der Sorge um das nächste Stück Brot, verbringt er die ersten beiden Jahrzehnte seines Lebens, bis er kurz nach dem Krieg endlich wieder nach New York zurückkehren kann.

Autor

Frank McCourt wurde 1930 in New York geboren und siedelte im Alter von vier Jahren mit seinen Eltern nach Irland um, wo er aufwuchs, bis er mit 19 Jahren genügend Geld gespart hatte, um nach Amerika zurückzukehren. Sein ganzes Leben lang wollte er dieses Buch schreiben, nach seiner Pensionierung setzte er den Plan in die Tat um und erfüllte sich seinen Traum. Sein Buch stand in zahlreichen Ländern monatelang auf der Bestsellerliste und wurde mit dem Pulitzerpreis ausgezeichnet. Auch die Fortsetzung von »Die Asche meiner Mutter«, »Ein rundherum tolles Land«, wurde zum großen Erfolg.

Frank McCourt bei btb

Ein rundherum tolles Land. Erinnerungen (72545)

Frank McCourt

Die Asche meiner Mutter

Irische Erinnerungen

Deutsch von Harry Rowohlt

btb

Die amerikanische Originalausgabe erschien 1996 unter dem Titel »Angela's Ashes« bei Scribner, New York.

FSC
Mixed Sources
Product group from well-managed forests and other controlled sources

Cert no. GFA-COC-1223
www.fsc.org

Verlagsgruppe Random House FSC-DEU-0100
Das FSC-zertifizierte Papier *Munken Print* für Taschenbücher aus dem btb Verlag liefert Arctic Paper Munkedals AB, Schweden.

Einmalige Sonderausgabe September 2006
bei btb, einem Unternehmen der Verlagsgruppe Random House GmbH, München

Umschlaggestaltung: Design Team München
Umschlagfoto: © 1996 Culver Pictures Inc., New York
Satz: IBV Satz- und Datentechnik GmbH, Berlin
Druck und Einband: Clausen & Bosse, Leck
MM · Herstellung: LW
Printed in Germany
ISBN-10: 3-442-73544-0
ISBN-13: 978-3-442-73544-0

www.btb-verlag.de

Dieses Buch ist meinen Brüdern gewidmet,
Malachy, Michael, Alphonsus.
Ich lerne von Euch, ich bewundere Euch,
und ich liebe Euch.

1

Mein Vater und meine Mutter hätten in New York bleiben sollen, wo sie sich kennengelernt und geheiratet haben und wo ich geboren wurde. Statt dessen sind sie nach Irland zurückgekehrt, als ich vier war und mein Bruder Malachy drei, und die Zwillinge Oliver und Eugene waren eben gerade ein Jahr alt, und meine Schwester Margaret war tot und weg.

Wenn ich auf meine Kindheit zurückblicke, frage ich mich, wie ich überhaupt überlebt habe. Natürlich hatte ich eine unglückliche Kindheit; eine glückliche Kindheit lohnt sich ja kaum. Schlimmer als die normale unglückliche Kindheit ist die unglückliche irische Kindheit, und noch schlimmer ist die unglückliche irische katholische Kindheit.

Überall prahlen oder winseln die Menschen ob des Jammers ihrer frühen Jahre, aber nichts läßt sich mit der irischen Version vergleichen: die Armut; der träge, redselige, trunksüchtige Vater; die fromme, vom Schicksal besiegte Mutter, die am Herdfeuer stöhnt; pompöse Priester; drangsalierende Schulmeister; die Engländer und die gräßlichen Dinge, die sie uns achthundert lange Jahre lang angetan haben.

Hauptsächlich waren wir: naß.

Draußen im Atlantischen Ozean ballten sich die Regenmassen zusammen, um langsam den Shannon hinaufzutreiben und sich auf immer in Limerick niederzulassen. Von der Beschneidung des Herrn bis Silvester durchfeuchtete der Regen die Stadt. Er schuf eine Kakophonie aus trockenem Husten, bronchitischem Rasseln, asthmatischem Keuchfauchen, schwindsüchtigem Krächzen. Nasen verwandelte er in schleimige Quellen, Lungen in prall mit Bakterien vollgesogene Schwämme. Er regte zu einer Fülle von Heilverfahren an: Um den Katarrh zu lindern, koche man Zwiebeln in von Pfeffer geschwärzter Milch; um die verstopften Luftwege zu reinigen, bereite man eine Paste aus Mehl, mit Brennesseln gekocht, welche man in einen Lumpen wickle und das Ganze, siedend heiß, dem Patienten auf den Brustkorb klatsche.

Von Oktober bis April glänzten Limericks Mauern von der Feuchtigkeit. Kleider trockneten nie: Tweed und wollene Jacken beherbergten Lebewesen, ließen zuweilen geheimnisvolle Vegetation keimen. In Kneipen stieg Dampf von feuchten Leibern und Gewändern auf, um, zusammen mit Zigaretten- und Pfeifenrauch, mit dem schalen Dunst verschütteten Starkbiers und Whiskeys versetzt und abgeschmeckt mit einem Hauch Pisse, der aus den Außenklos hereinzog, auf welchen so mancher Mann seinen Wochenlohn auskotzte, eingeatmet zu werden.

Der Regen trieb uns in die Kirche – unsere Zuflucht, unsere Kraft, unser einziges trockenes Haus. Zu Messe, Segen und Novene drängten wir uns in dicken, feuchten Klumpen zusammen, durchdösten das Geleier des Priesters, und wieder stieg Dampf auf von unseren Gewändern, um sich mit der Süße von Weihrauch, Blumen und Kerzen zu mischen.

Limerick war für seine Frömmigkeit berühmt, aber wir wußten, es war nur der Regen.

Mein Vater, Malachy McCourt, wurde auf einem Bauernhof in Toome in der Grafschaft Antrim geboren. Wie vorher sein Vater wuchs er wild auf, in ständigen Schwierigkeiten mit den Engländern oder mit den Iren oder mit beiden. Er kämpfte in der guten alten IRA, und wegen irgendeiner verzweifelten Tat wurde er zum Flüchtling, auf den ein Kopfgeld ausgesetzt war.

Als Kind sah ich oft meinen Vater an, das dünner werdende Haar, die verfaulenden Zähne, und dann fragte ich mich, wer wohl für so einen Kopf Geld ausgeben mochte. Als ich dreizehn war, erzählte mir die Mutter meines Vaters ein Geheimnis: Dein Vater ist auf den Kopf gefallen, als er noch ein ganz kleiner Kerl war. Es war ein Unfall, und danach war er nie mehr derselbe, und Menschen, das mußt du dir merken, die auf den Kopf gefallen sind, können ein wenig eigentümlich sein.

Wegen des Geldes, welches man auf den Kopf ausgesetzt hatte, auf den er gefallen war, mußte er per Frachtschiff ab Galway aus Irland geschafft werden. In New York, wo die Prohibition tobte, dachte er, er wäre tot und für seine Sünden zur Hölle gefahren. Dann entdeckte er die Flüsterkneipen und jauchzte im Herrn.

Nach Trink- und Wanderjahren in Amerika und England sehnte er sich gegen Ende seiner Tage nach Frieden. Er kehrte nach Belfast zurück, welches rings um ihn explodierte. Er sagte, die Blattern auf jedes ihrer Häuser! und schwatzte mit den Damen von Andersonstown. Sie versuchten ihn mit Köstlichkeiten, doch er tat sie ab und trank seinen Tee. Er rauchte oder trank nicht mehr, was also sollte es noch? Es war Zeit zu gehen, und er starb im Royal Victoria Hospital.

Meine Mutter, die frühere Angela Sheehan, wuchs bei ihrer Mutter und mit zwei Brüdern, Thomas und Patrick, und ihrer Schwester Agnes in einem Slum von Limerick auf. Ihren Vater hat sie nie gesehen, denn dieser war ein paar Wochen vor ihrer Geburt nach Australien durchgebrannt.

Nach einer in Limericks Kneipen porterdurchzechten Nacht wankt er die Gasse entlang und singt sein Lieblingslied.

Wer hat den Blaumann in den Suppentopf geschmissen?
Lauter! Ich höre nichts! Ich will es endlich wissen.
Es ist eine Sauerei, und ich schlag den Mann zu Brei,
Denn eine Blaumannsuppe schmeckt nun mal beschissen.

Er ist in Bestform, und er denkt, jetzt spielt er ein bißchen mit dem kleinen Patrick; Alter: ein Jahr. Ganz süßer kleiner Bengel. Liebt seinen Daddy. Lacht, wenn Daddy ihn in die Luft schmeißt. Hopsasa, kleiner Paddy, hopsasa, hoch in die Luft in der Dunkelheit, dunkle, dunkle Dunkelheit, und Jeeesus, fällt das Kind auf dem Weg nach unten doch daneben, und der arme kleine Patrick landet auf dem Kopf, gluckst ein bißchen, winselt, verstummt. Großmutter wuchtet sich aus dem Bett, schwer von dem Kind in ihrem Bauch, meiner Mutter. Kaum kann sie den kleinen Patrick vom Fußboden aufheben. Sie stöhnt einen langen Stöhner über dem Kind und richtet das Wort an Großpapa. Mach, daß du rauskommst. Raus. Wenn du nur eine Minute länger bleibst, erhebe ich das Beil gegen dich, du versoffener Irrer. Bei Jesus dem Herrn. Raus. Großpapa weicht mannhaft keinen Zollbreit. Er sagt, ich habe das Recht, in meinem eigenen Haus zu bleiben.

Sie geht auf ihn los, und der heulende Derwisch mit einem beschädigten Kind auf dem Arm und einem gesunden, das sich bereits im Bauche regt, jagt ihm schreckliche Angst ein. Er stolpert aus dem Haus, die Gasse entlang, und er bleibt nicht stehen, bis er Melbourne in Australien erreicht hat.

Der kleine Pat, mein Onkel, war nachher nie mehr derselbe. Er wuchs weich im Kopf heran, mit einem linken Bein, das in die eine, und einem Körper, der in die andere Richtung ging. Nie lernte er Lesen oder Schreiben, aber Gott begabte ihn auf andere Weise. Als er im Alter von neun Jahren anfing, Zeitungen zu verkaufen, war er besser im Geldzählen als der Herr Schatzkanzler persönlich.

Niemand weiß, warum er Ab Sheehan, der Abt, genannt wurde, aber ganz Limerick liebte ihn.

Für meine Mutter fing der Ärger in der Nacht ihrer Geburt an. Da liegt meine Großmutter im Bett, krümmt sich und keucht in den Wehen und betet zu Gerhard Majella, dem Schutzheiligen der werdenden Mütter. Da steht Schwester O'Halloran, die Hebamme, ganz fein angezogen. Es ist Silvester, und Mrs. O'Halloran möchte, daß dieses Kind zügig geboren wird, damit sie endlich zu den Partys und Feiern abschwirren kann. Sie sagt zu meiner Großmutter, pressen Sie doch, pressen, Sie, doch. Jesus, Maria und heiliger Joseph, wenn Sie sich mit diesem Kind nicht beeilen, wird es erst im neuen Jahr geboren, und was nützt mir das dann noch mit meinem neuen Kleid? Ihren heiligen Gerhard Majella können Sie vergessen. Was kann in dieser Lage ein Mann denn schon für eine Frau tun, selbst wenn er ein Heiliger ist? Heiliger Gerhard Majella am Arsch.

Meine Großmutter schaltet ihre Gebete zur heiligen Anna um, der Schutzheiligen für schwierige Wehen. Aber das Kind kommt nicht. Schwester O'Halloran sagt zu meiner Großmutter, beten Sie zum heiligen Judas, dem Schutzpatron für verzweifelte Fälle.

Heiliger Judas, Schutzpatron für verzweifelte Fälle, hilf mir. Ich bin verzweifelt. Sie grunzt und preßt, und der Kopf des Kindleins erscheint, nur der Kopf, meine Mutter, und es ist Schlag Mitternacht, das neue Jahr. Limerick explodiert mit Pfeifen, Tröten, Sirenen, Blaskapellen, die Menschen schreien und singen, Prost Neujahr, For Auld Lang Syne, und von allen Kirchtürmen ertönt das Angelusläuten, und Schwester O'Halloran weint, schade um das Kleid, das Kind ist immer noch da drin, und ich hab mich extra schön gemacht. Kommst du da vielleicht mal raus? Oma preßt noch mal heftig, und das Kind ist auf der Welt, ein wunderschönes Mädchen mit schwarzem Lockenhaar und traurigen blauen Augen.

Ach, Gott im Himmel, sagt Schwester O'Halloran, dieses Kind ist in einer Zeitgrätsche geboren, mit dem Kopf im neuen Jahr und mit dem Arsch im alten, oder war es mit dem Kopf im alten Jahr und mit dem Arsch im neuen. Sie müssen dem Papst schreiben, Missis, damit Sie herausfinden, in welchem Jahr dieses Kind geboren wurde, und das Kleid hebe ich für nächstes Jahr auf.

Und das Kind wurde auf den Namen Angela getauft, nach dem Angelusläuten, welches die Mitternacht anzeigte und das neue Jahr, die genaue Minute ihres Kommens, und weil sie sowieso ein kleiner Engel war.

> Liebe dein Mutterherz,
> Solang es noch schlägt.
> Später, wenn es begraben,
> Ist es zu spät.

In der Schule vom Hl. Vincent de Paul lernte Angela Lesen, Schreiben und Rechnen, und als sie etwa neun wurde, war ihre Ausbildung abgeschlossen. Sie versuchte sich als Putzfrau, als Magd und als Dienstmädchen mit einer kleinen weißen Haube, das die Tür aufmacht, aber sie schaffte den kleinen Knicks nicht, der da verlangt wird, und ihre Mutter sagte, dir fehlt das gewisse Avec. Du bist völlig nutzlos. Warum gehst du nicht nach Amerika, wo Platz ist für alle Sorten von Nutzlosigkeit? Ich geb dir das Geld für die Überfahrt.

Gerade rechtzeitig zum ersten Thanksgiving der Großen Depression kam sie in New York an. Malachy lernte sie auf einer Party kennen, die Dan McAdorey und seine Frau Minnie in der Classon Avenue in Brooklyn gaben. Malachy mochte Angela, und sie mochte ihn. Er wirkte zerknirscht, was daher rührte, daß er gerade wegen einer Lastwagenentführung drei Monate im Gefängnis verbracht hatte. Er und sein Freund John McErlaine hatten geglaubt, was man ihnen in der Flüsterkneipe erzählt hatte: Der Laster sei bis obenhin beladen mit Kartons voll Schweinefleisch mit Bohnen in Dosen. Beide konnten nicht fahren, und als die Polizei sah, wie der Laster in ruckartigen Schlangenlinien durch die Myrtle Avenue holperte, hielt sie ihn an. Die Polizei durchsuchte den Lastwagen und fragte sich, warum wohl jemand einen Lastwagen entführt, dessen Ladung aus Kartons bestand, die nicht etwa Dosenfleisch mit Bohnen, sondern Knöpfe enthielten.

Da Angela sich von der zerknirschten Art angezogen fühlte und da Malachy nach den drei Monaten Gefängnis einsam war, ließ sich absehen, daß es bald zwei Paar Zitterknie geben würde.

Zwei Paar Zitterknie nennt man den Akt als solchen, und zwar im Stehen gegen eine Hauswand ausgeführt, wobei Mann und Frau jeweils auf den Zehen stehen und vor Anstrengung und wegen der damit verbundenen Aufregung mit den Knien zittern.

Diese vier Zitterknie brachten Angela in interessante Umstände, und es gab naturgemäß Gerede. Angela hatte Cousinen, die Schwestern MacNamara, Delia und Philomena, jeweils mit Jimmy Fortune aus der Grafschaft Mayo und Tommy Flynn aus Brooklyn als solchem verheiratet.

Delia und Philomena waren große Frauen, breitbrüstig und ungestüm. Wenn sie in voller Fahrt auf Brooklyns Bürgersteigen herandampften, machten ihnen mindere Geschöpfe Platz, und Respekt wurde bekundet. Die Schwestern wußten, was richtig war, und sie wußten, was falsch war, und in Zweifelsfällen hatte die Eine, Heilige, Römische, Katholische und Apostolische Kirche das letzte Wort. Sie wußten, daß Angela, unverheiratet, nicht das Recht hatte, in interessanten Umständen zu sein, weshalb sie Schritte unternehmen mußten.

Und sie unternahmen Schritte. Mit Jimmy und Tommy im Schlepp marschierten sie zur Flüsterkneipe in der Atlantic Avenue, in welcher Malachy an Freitagen zu finden war, am

Zahltag, wenn er einen Job hatte. Der Mann vom Flüster, Joey Cacciamani, wollte die Schwestern nicht reinlassen, aber Philomena sagte ihm, falls er auch weiterhin seine Nase am Gesicht und diese Tür da in den Angeln haben will, soll er lieber aufmachen, sie sind nämlich in Gottes Angelegenheiten da. Joey sagte, schone gute, schone gute, ihre Irenne. Jesusse! Ärgere, Ärgere.

Malachy, am hinteren Ende des Tresens, erbleichte, bedachte die Breitbrüstigen mit einem kränklichen Lächeln und bot ihnen was zu trinken an. Sie widerstanden dem Lächeln und verschmähten die Getränke. Delia sagte, wir wissen nicht mal, von welcher Sorte von Stamm im Norden von Irland du kommst. Philomena sagte, es besteht der Verdacht, du könntest Presbyterianer in der Familie haben, welches erklären würde, was du unserer Cousine angetan hast.

Jimmy sagte, na na, aber aber. Ist ja nicht seine Schuld, wenn er Presbyterianer in der Familie hat.

Delia sagte, duhaltsmaul.

Tommy mußte mitziehen. Was du diesem armen unglücklichen Mädchen angetan hast, ist eine Schmach für die irische Rasse, und du solltest dich lieber was schämen.

Och, tu ich ja auch, sagte Malachy. Ehrlich wahr.

Dir hat keiner das Wort erteilt, sagte Philomena. Du hast mit deinem Gequatsche schon genug Unheil gestiftet, also mach den Mund zu.

Und wo dein Mund gerade so schön zu ist, sagte Delia, wir sind hier, um dafür zu sorgen, daß du das, was du unserer armen Cousine Angela Sheehan angetan hast, wieder in Ordnung bringst.

Malachy sagte, *och,* aber klar, aber klar. In Ordnung, ich bringe alles in Ordnung, und ich spendiere euch gern jedem ein Getränk, während wir das alles bereden.

Dein Getränk, sagte Tommy, kannst du dir in den Arsch stecken.

Philomena sagte, unsere kleine Cousine ist noch nicht ganz vom Schiff runter, da fällst du sie schon an. Wir haben nämlich Moral in Limerick, verstehst du, Moral. Wir sind keine Rammler aus Antrim, wo es vor Presbyterianern nur so wimmelt.

Jimmy sagte, er sieht gar nicht aus wie ein Presbyterianer.

Duhaltsmaul, sagte Delia.

Noch was ist uns aufgefallen, sagte Philomena. Du hast so eine komische Art.

Malachy lächelte. Eine komische Art?

Genau, sagte Delia. Ich glaube, das war so ziemlich das erste, was uns an dir aufgefallen ist, diese komische Art, und die verursacht bei uns ein ziemlich unbehagliches Gefühl.

Das ist dies verschlagene Presbyterianerlächeln, sagte Philomena.

Och, sagte Malachy, das sind nur die schlechten Zähne.

Zähne hin, Zähne her, komische Art hin, komische Art her, du wirst das Mädchen heiraten, sagte Tommy. Zum Traualtar wirst du sie führen.

Och, sagte Malachy, ich hatte gar nicht vor zu heiraten, versteht ihr. Es gibt keine Arbeit, und wie soll ich eine Familie ... Heiraten ist genau das, was du sie wirst, sagte Delia.

Zum Traualtar, sagte Jimmy.

Duhaltsmaul, sagte Delia.

Malachy sah ihnen beim Verlassen der Kneipe zu. Jetzt bin ich dran, sagte er zu Joey Cacciamani.

Wohle wahre, sagte Joey. Wenn diese Puppene wolle zu mire, icke springe ine die ’udson River.

Malachy bedachte seine verzwickte Lage. Von seinem letzten Job hatte er ein paar Dollar in der Tasche, und er hatte einen Onkel in San Francisco oder in San Sowieso, auf jeden Fall in Kalifornien. Würde er sich in Kalifornien nicht viel besser stellen, weit weg von den breitbrüstigen Schwestern MacNamara und ihren ergrimmten Ehemännern? O doch, viel besser, und darauf brauchte er ein Tröpfchen Irischen, um Absicht und Abschied zu feiern. Joey schenkte ein, und das Getränk ätzte Malachy fast die innere Beschichtung von der Speiseröhre. Irisch, was? Er sagte Joey, dies sei eine ganz üble Prohibitionsmischung aus des Teufels eigener Brennerei. Joey zuckte die Achseln. Icke nixe wisse. Icke nure schenke eine. Immerhin, es war besser als gar nichts, und Malachy bestellte noch einen, und für dich auch einen, Joey, und frag doch auch die beiden liebenswürdigen italienischen Herrn, was sie gern hätten, und was redest du denn, natürlich hab ich Geld dabei.

Er erwachte auf einer Bank in einem Bahnhof der Long-Island-Vorortbahn, weil ein Polizist ihm mit seinem Schlagstock auf die Schuhe klopfte; das Geld für seine Flucht war weg, und die Schwestern MacNamara warteten nur darauf, ihn bei lebendigem Leibe zu verspeisen. In Brooklyn.

Zum Fest des heiligen Joseph, dem zweiten Mittwoch nach Ostern mit Oktav, einem bitterkalten Tag im März, vier Monate nach den vier Zitterknien, heiratete Malachy Angela, und im August wurde das Kind geboren. Im November betrank sich Malachy und entschied, es sei an der Zeit, die Geburt des Kindes standesamtlich eintragen zu lassen. Er dachte, er wollte das Kind Malachy, nach sich selbst, benennen lassen, aber sein aus dem Norden von Irland stammender Akzent und das alkoholbedingte Nuscheln verwirrten den Beamten so sehr, daß er einfach das Wort Männlich auf das Formular schrieb.

Erst gegen Ende Dezember trugen sie Männlich in die St. Paul's Church, auf daß er dort auf den Namen des Vaters seines Vaters und jenes reizenden Heiligen aus Assisi getauft werde, nämlich Francis. Angela wollte ihm einen zweiten

Vornamen geben, Munchin, nach dem Schutzheiligen von Limerick, aber Malachy sagte, nur über meine Leiche. Meine Söhne kriegen keine Namen, die aus Limerick stammen. Außerdem ist das mit dem Zwischennamen eine gräßliche Manie der Amerikaner, und man braucht keinen zweiten Vornamen, wenn man schon nach dem Manne aus Assisi heißt.

Am Tag der Taufe entstand eine Verzögerung, als John McErlaine, der als Patenonkel vorgesehen war, sich in der Flüsterkneipe betrank und seine Pflichten vergaß. Philomena sagte zu ihrem Mann Tommy, dann müsse eben er Patenonkel werden. Die Seele des Kindes ist in Gefahr, sagte sie. Tommy ließ den Kopf sinken und murrte. Na gut. Ich werde Patenonkel, aber meine Schuld ist es nicht, wenn er so wird wie sein Vater und immer nur Ärger macht und mit dieser komischen Art durchs Leben geht, denn wenn er das doch macht, dann kann er auch gleich zu John McErlaine in die Flüsterkneipe gehen. Der Priester sagte, wahr gesprochen, Tom, anständiger Mensch, der du bist, guter Mann, du, der du nie die Schwelle einer Flüsterkneipe betrittst. Malachy, selbst gerade frisch aus der Flüsterkneipe eingetroffen, fühlte sich beleidigt und wollte mit dem Priester streiten, gleich zwei Frevel auf einmal. Nimm diesen Kragen ab, und dann wollen wir doch mal sehen, wer ein Mann ist. Er mußte von den Breitbrüstigen und deren ergrimmten Männern zurückgehalten werden. Angela, noch nicht lange Mutter, aufgewühlt, vergaß, daß sie das Kind hielt, und ließ es ins Taufbecken gleiten – Taufe durch Untertauchen, wie bei den Protestanten. Der Meßdiener fischte den Säugling heraus und reichte ihn an Angela zurück, welche ihn schluchzend tropfnaß an ihren Busen drückte. Der Priester lachte und sagte, solche habe er ja noch nie gesehen, das Kind sei ja jetzt ein regelrechter kleiner Baptist und brauche kaum noch einen Priester. Dies erzürnte nun wieder Malachy, und er wollte sich auf den Priester stürzen, weil dieser das Kind als irgendeine Sorte von

Protestant bezeichnet habe. Der Priester sagte, stille doch, guter Mann, du bist im Hause Gottes, und als Malachy sagte, Hause Gottes, am Arsch, wurde er rausgeschmissen, direkt auf die Court Street, weil man im Hause Gottes nicht Arsch sagt.

Nach der Taufe sagte Philomena, bei ihr zu Hause um die Ecke gebe es Tee und Schinken und Kuchen. Malachy sagte, Tee? und sie sagte, ja, Tee, oder hättest du lieber Whiskey? Er sagte, Tee sei ganz toll, aber zuerst müsse er sich noch mit John McErlaine unterhalten, der nicht den Anstand besessen habe, seinen Pflichten als Patenonkel nachzukommen. Angela sagte, du suchst ja nur nach einem Vorwand, um in die Flüsterkneipe zu rennen, und er sagte, so wahr Gott mein Zeuge ist, an etwas zu trinken zu denken, käme mir ebenjetzt zuallerletzt in den Sinn. Angela begann zu weinen. Dein Sohn wird getauft, und du mußt saufen gehen. Delia sagte ihm, er sei ein ekelerregendes Exemplar, aber was konnte man sonst aus dem Norden von Irland erwarten.

Malachy blickte vom einen zum andern, trat von einem Fuß auf den andern, zog sich die Mütze tief über die Augen, rammte die Hände tief in die Hosentaschen, sagte, *och, aye,* wie sie es alle machen in den entlegenen Gebieten der Grafschaft Antrim, und eilte die Court Street entlang, der Flüsterkneipe in der Atlantic Avenue entgegen, wo man ihm, da war er ganz sicher, zu Ehren der Taufe seines Sohnes Gratisgetränke aufnötigen würde.

Bei Philomena aßen und tranken die Schwestern mit ihren Männern, während Angela in einer Ecke saß, dem Kind die Brust gab und weinte. Philomena stopfte sich den Mund mit Schinkenbrot voll und redete auf Angela ein. Das hast du nun davon, daß du so dumm bist. Noch nicht ganz vom Schiff runter, und schon fällst du auf diesen Wahnsinnigen herein. Du hättest ledig bleiben sollen, das Kind zur Adoption freigeben, dann wärst du heute ein freier Mensch. Angela weinte noch lauter, und Delia führte den Angriff fort. Hör bloß auf damit, Angela, hör bloß auf. Ist doch einzig und allein deine Schuld, wenn dich ein Trunkenbold aus dem Norden in so eine Lage bringt, ein Mann, der nicht mal katholisch aussieht, der mit seiner komischen Art. Ich würde sogar soweit gehen zu sagen, daß dieser ... dieser ... Malachy irgendwie was Presbyterianisches an sich hat. Duhaltsmaul, Jimmy.

Wenn ich du wäre, sagte Philomena, würde ich sichergehen, daß es bei dem einen Kind bleibt. Er hat keine Arbeit, Arbeit hat er nämlich schon mal nicht, und so, wie er säuft, kriegt er auch keine. Also: Keine weiteren Kinder, Angela. Hörst du mir überhaupt zu?

Ich höre jedes Wort, Philomena.

Ein Jahr später wurde ein zweites Kind geboren. Sie tauften ihn Malachy nach seinem Vater und gaben ihm einen zweiten Vornamen, Gerard, nach dem Bruder seines Vaters.

Die Schwestern MacNamara sagten, Angela vermehre sich wie die Karnickel, und sie wollten nichts mehr mit ihr zu tun haben, bis sie endlich zur Vernunft komme.

Ihre Männer fanden das auch.

Ich bin mit meinem Bruder Malachy auf einem Spielplatz in der Classon Avenue in Brooklyn. Er ist zwei, ich bin drei. Wir sitzen auf der Wippe.

Rauf, runter, rauf, runter.

Malachy wippt rauf. Ich steige ab.

Malachy wippt runter. Wippe haut auf den Boden. Er schreit. Er hat die Hand auf dem Mund. Blut.

O Gott. Blut ist schlimm. Meine Mutter bringt mich um.

Und da ist sie schon, sie trabt über den Spielplatz. Wegen ihres dicken Bauches kann sie nicht so schnell.

Sie sagt, was hast du da gemacht? Was hast du dem Kind angetan?

Ich weiß nicht, was ich sagen soll. Ich weiß nicht, was ich gemacht habe.

Sie zieht mich am Ohr. Geh nach Hause. Geh ins Bett.

Bett? Am hellichten Tag?

Sie schubst mich zum Ausgang. Geh.

Sie hebt Malachy auf und watschelt davon.

Mr. McAdorey, ein Freund meines Vaters, steht vor unserem Haus. Er steht mit seiner Frau Minnie am Rand des Bürgersteigs und betrachtet einen Hund, der im Rinnstein liegt. Am Kopf des Hundes ist überall Blut. Es hat dieselbe Farbe wie das Blut aus Malachys Mund.

Malachy hat Hundeblut, und der Hund hat Malachy-Blut.

Ich zupfe Mr. McAdorey an der Hand. Ich sage ihm, daß Malachy auch so ein Blut hat wie der Hund.

Ja, stimmt, Francis, tatsächlich, sagt er. Katzen auch. Und Eskimos. Alles das gleiche Blut.

Minnie sagt, laß das, Dan. Bring den kleinen Kerl nicht durcheinander. Sie sagt mir, der arme kleine Hund sei von einem Auto überfahren worden und hätte sich den ganzen Weg von der Mitte der Fahrbahn bis zum Rinnstein geschleppt, bevor er starb. Wollte nach Hause, die arme kleine Kreatur.

Mr. McAdorey sagt, geh lieber nach Hause, Francis. Ich weiß nicht, was du mit deinem kleinen Bruder angestellt hast, aber deine Mutter hat ihn ins Krankenhaus gebracht. Geh nach Hause, Kind.

Stirbt Malachy jetzt auch? Wie der Hund, Mr. McAdorey?

Minnie sagt, er hat sich auf die Zunge gebissen. Daran stirbt er nicht.

Warum ist der Hund gestorben?
Seine Zeit war gekommen, Francis.

Die Wohnung ist leer, und ich wandere zwischen den beiden Zimmern auf und ab, dem Schlafzimmer und der Küche. Mein Vater ist auf Arbeitsuche, und meine Mutter ist mit Malachy im Krankenhaus. Ich hätte gern etwas zu essen, aber im Eisschrank schwimmen nur ein paar Kohlblätter im geschmolzenen Eis. Mein Vater hat gesagt, iß nie etwas, was im Wasser schwimmt, wegen der Fäulnis, die im Wasser sein könnte. Ich schlafe auf dem Bett meiner Eltern ein, und als meine Mutter mich wachrüttelt, ist es schon fast dunkel. Dein kleiner Bruder wird jetzt lange schlafen. Hätte sich beinahe die Zunge abgebissen. Mußte genäht werden. Jede Menge Stiche. Geh ins andere Zimmer.

Mein Vater sitzt in der Küche und trinkt schwarzen Tee aus seiner großen weißen Emailletasse. Er hebt mich auf seinen Schoß.

Dad, erzählst du mir die Geschichte von Kuu ... Kuu ...?

Cuchulain. Sprich es mir nach: Kuu-huu-lin. Ich erzähl dir die Geschichte, wenn du den Namen richtig sagst. Ku-hu-lin. Ich sage ihn richtig, und er erzählt mir die Geschichte von Cuchulain, der als Junge noch anders hieß: Setanta. Er wuchs in Irland auf, wo Dad auch gewohnt hat, als *er* noch ein Junge war, in der Grafschaft Antrim. Setanta hatte einen Stock und einen Ball, und eines Tages schlug er den Ball mit seinem Stock, und der Ball flog einem großen Hund, der Culain gehörte, ins Maul, und der Hund erstickte. Oh, Culain war wütend, und er sagte, was soll ich nun machen ohne meinen großen Hund, der mein Haus und meine Frau und meine zehn kleinen Kinder bewacht und beschützt hat sowie zahlreiche Schweine, Hühner und Schafe?

Setanta sagte, es tut mir leid. Ich werde dein Haus hüten,

mit meinem Stock und mit meinem Ball, und ich werde meinen Namen ändern und fortan Cuchulain heißen, der Hund des Culain. So geschah es. Er hütete das Haus und die Gebiete, die jenseits davon lagen, und wurde ein großer Held, der Hund von Ulster persönlich. Dad sagte, er war ein größerer Held als Herkules oder Achilles, mit denen die Griechen immer prahlen, und in einem fairen Kampf konnte er es sogar mit König Artus und all seinen Rittern aufnehmen, aber ein fairer Kampf ist natürlich von einem Engländer ein bißchen viel verlangt.

Das ist meine Geschichte. Malachy oder den anderen Kindern auf unserer Etage kann Dad die Geschichte nicht erzählen.

Er erzählt die Geschichte zu Ende, und ich darf einen Schluck von seinem Tee trinken. Er ist bitter, aber dort, auf seinem Schoß, bin ich glücklich.

Malachys Zunge ist noch tagelang geschwollen, und er kann kaum einen Laut von sich geben, geschweige denn sprechen. Aber selbst wenn er könnte, würde niemand zuhören, weil wir zwei neue Babys haben, die mitten in der Nacht von einem Engel vorbeigebracht worden sind. Die Nachbarn sagen, ooh, aah, das sind aber niedliche Buben, seht euch mal die großen Augen an.

Malachy steht mitten im Zimmer, sieht von unten alle Leute an, zeigt auf seine Zunge und sagt, ugk, ugk. Als die Nachbarn sagen, siehst du nicht, daß wir uns deine kleinen Brüder ansehen? weint er, bis Dad ihm den Kopf tätschelt. Zieh die Zunge ein, mein Sohn, geh vor die Tür und spiel mit Frankie. Nun mach schon.

Auf dem Spielplatz berichte ich Malachy von dem Hund, der auf der Straße gestorben ist, weil ihm jemand einen Ball ins Maul geschlagen hat. Malachy schüttelt den Kopf. Kein ugk Ball. Auto ugk Hund ügkerfahren. Er weint, weil seine Zunge weh tut und er kaum sprechen kann und es schrecklich ist, wenn man nicht sprechen kann. Er setzt sich auf die Schaukel und will nicht, daß ich ihn anschubse. Er sagt, auf der ugk Wippe wolltest du mich ugkbringkn. Freddie Leibowitz soll ihn anschubsen, und er ist glücklich und lacht und schaukelt bis zum Himmel hoch. Freddie ist schon groß, er ist sieben, und ich bitte ihn, daß er mich auch anschubst. Er sagt, nein, du hast versucht, deinen Bruder umzubringen.

Ich versuche, die Schaukel allein in Schwung zu bringen, aber mehr als ein bißchen Auf und Ab schaffe ich nicht, und ich bin sauer, weil Freddie und Malachy darüber lachen, wie ich nicht schaukeln kann. Sie sind jetzt dicke Freunde, Freddie sieben, Malachy zwei. Sie lachen jeden Tag, und Malachys Zunge geht es von dem vielen Lachen immer besser.

Wenn er lacht, kann man sehen, wie weiß und klein und hübsch seine Zähne sind, und man kann sehen, wie seine Augen leuchten. Er hat blaue Augen wie meine Mutter. Er hat goldenes Haar und rosa Backen. Ich habe braune Augen wie Dad. Ich habe schwarze Haare, und meine Backen sind im Spiegel weiß. Meine Mutter sagt zu Mrs. Leibowitz im selben Stock, daß Malachy das glücklichste Kind von der ganzen Welt ist. Sie sagt zu Mrs. Leibowitz im selben Stock, daß Frankie diese komische Art hat, genau wie sein Vater. Ich wüßte gern, was die komische Art ist, aber ich kann nicht fragen, weil niemand wissen darf, daß ich heimlich zuhöre.

Ich würde gern bis in den Himmel hoch schaukeln, bis in die Wolken. Dann könnte ich vielleicht um die ganze Welt fliegen und müßte mir nicht mehr anhören, wie meine beiden neuen Brüder, Oliver und Eugene, mitten in der Nacht weinen. Meine Mutter sagt, sie haben immer Hunger. Sie weint auch mitten in der Nacht. Sie sagt, sie kann nicht mehr, Stillen und Füttern und Windelnwechseln und vier Jungs sind zuviel für sie. Lieber hätte sie ein kleines Mädchen ganz für sich allein. Für ein einziges kleines Mädchen würde sie alles geben.

Ich bin mit Malachy auf dem Spielplatz. Ich bin vier, er ist drei. Ich darf ihn anschubsen, weil er noch nicht gut von selber schaukeln kann und weil Freddie Leibowitz in der Schule ist. Wir müssen auf dem Spielplatz bleiben, weil die Zwillinge schlafen und weil meine Mutter sagt, sie kann nicht mehr. Geht spielen, sagt sie, und gönnt mir ein bißchen Ruhe. Dad ist wieder unterwegs und sucht Arbeit, und manchmal riecht er nach Whiskey, wenn er nach Hause kommt und all die Lieder vom notleidenden Irland singt. Dann wird Mam wütend und sagt, Irland kann sie mal am Arsch lecken. Er sagt, das sind ja schöne Ausdrücke, und das in Gegenwart der Kinder, und sie sagt, er soll sich mal um die Ausdrücke keine Sorgen machen, sie will was zu essen auf den Tisch und kein notleidendes Irland. Sie sagt, das war ein trauriger Tag, an dem die Prohibition aufgehoben wurde, denn jetzt kommt Dad an seine Getränke, indem er die Runde durch die Kneipen macht und sagt, für einen Whiskey oder ein Bier fegt er die Gaststätte oder schleppt Fässer. Manchmal bringt er was von seinem kostenlosen Mittagessen mit nach Hause, Corned beef auf Roggenbrot, saure Gurken. Er legt das Essen auf den Tisch und trinkt selber Tee. Er sagt, Nahrung ist ein Schock für den Verdauungsapparat, und er weiß nicht, woher wir immer unseren Appetit haben. Mam sagt, ihren Appetit haben sie daher, daß sie fast immer am Verhungern sind.

Wenn Dad Arbeit findet, ist Mam fröhlich, und dann singt sie:

> Von deinem Mund wollte ich einen Kuß.
> Aus gutem Grund sagte ich mir: Ich muß!
> Denn ich trau mir nicht zu,

Daß jemand wie du
Mich lieben könnte, mich lieben …

Wenn Dad den ersten Wochenlohn nach Hause bringt, ist Mam entzückt, weil sie den reizenden italienischen Mann im Lebensmittelladen bezahlen kann, und sie kann wieder erhobenen Hauptes vor die Tür gehen, denn es gibt nichts Schlimmeres auf der Welt, als jemandem etwas schuldig zu bleiben und für etwas verpflichtet zu sein. Sie macht die Küche sauber, wäscht Tassen und Teller, wischt Krümel und Essensreste vom Tisch, reinigt den Eisschrank und bestellt einen frischen Eisblock bei einem anderen Italiener. Sie kauft Klopapier, welches wir mitnehmen können aufs Etagenklo und welches, sagt sie, besser ist, als sich von den Schlagzeilen der Daily News einen schwarzen Arsch zu holen. Sie kocht Wasser auf dem Herd und verbringt einen ganzen Tag am großen Blechbottich, in dem sie unsere Hemden und Socken wäscht, Windeln für die Zwillinge, unsere zwei Laken, unsere drei Handtücher. Sie hängt alles auf die Wäscheleine hinter dem Mietshaus, und wir können zusehen, wie unsere Klamotten in Wind und Sonne tanzen. Sie sagt, man will zwar nicht, daß die Nachbarn sehen, was man für Wäsche hat, aber es geht eben doch nichts über den Duft von Wäsche, die an der Sonne getrocknet ist.

Wenn Dad freitagabends den ersten Wochenlohn nach Hause bringt, wissen wir, daß das Wochenende wunderbar wird. Am Samstagabend wird Mam auf dem Herd Wasser kochen und uns in der großen Blechwanne waschen, und Dad wird uns abtrocknen. Malachy wird sich umdrehen und seinen Hintern zeigen. Dad wird so tun, als wäre er schockiert, und wir werden alle lachen. Mam wird heißen Kakao machen, und wir werden lange aufbleiben dürfen, während Dad uns eine Geschichte aus seinem Kopf erzählt. Wir müssen nur einen Namen sagen, Mr. McAdorey oder Mr. Leibowitz auf derselben Etage, und schon erzählt Dad, wie die beiden in Brasilien einen Fluß hinaufrudern und dabei von Indianern mit grünen Nasen und rotbraunen Schultern gejagt werden. An so einem Abend können wir ganz allmählich in den Schlaf hinüberschlittern, und beim Einschlafen wissen wir, daß es ein Frühstück geben wird, mit Eiern, gebratenen Tomaten und geröstetem Brot, Tee mit massenhaft Zucker und Milch, und später am Tage ein großes Mittagessen mit Kartoffelbrei und Erbsen und Schinken und einer Nachspeise, die nur Mam machen kann: ein Trifle mit Schichten aus Obst und warmer, köstlicher Vanillesauce auf einem Tortenboden, der mit Sherry getränkt ist.

Wenn Dad den ersten Wochenlohn nach Hause bringt und das Wetter schön ist, geht Mam mit uns auf den Spielplatz. Sie sitzt auf einer Bank und unterhält sich mit Minnie McAdorey. Sie erzählt Minnie Geschichten über Leute in Limerick, und Minnie erzählt ihr Geschichten über Leute in Belfast, und dann lachen sie, denn es wohnen komische Menschen in Irland, im Norden wie im Süden. Dann bringen sie sich gegenseitig traurige Lieder bei, und Malachy und ich steigen von der Wippe oder der Schaukel herunter, um bei ihnen auf der Bank zu sitzen und zu singen:

> Ein Zug Rekruten im Felde bei Nacht
> Sprach über das Liebste, was man so hat.
> Guter Dinge ein jeder, nur ein junger Soldat
> Schien ihnen traurig und matt.
> Komm und schließ dich uns an, sagte einer der Jungs,
> Erzähl schon und zier dich nicht so.
> Doch Ned schüttelt den Kopf und sagt nur ganz glatt:
> Ich lieb nämlich zwo, wie eine Mutter mir lieb,
> Und für keine gibt es Ersatz.
> Meine Mutter die eine, Gott geb' ihr das Seine,
> Die andere aber mein Schatz.

Malachy und ich singen dieses Lied, und Mam und Minnie lachen, bis sie weinen müssen, weil Malachy am Schluß eine tiefe Verbeugung macht und Mam seine Arme entgegenstreckt. Dan McAdorey kommt auf dem Weg von der Arbeit vorbei und sagt, Rudy Vallee soll schon mal anfangen, sich Sorgen zu machen, bei der Konkurrenz.

Wenn wir wieder zu Hause sind, macht Mam Tee und Marmeladenbrot oder Kartoffelbrei mit Butter und Salz. Dad trinkt den Tee und ißt nichts. Mam sagt, Gott in der Höhe, wie kannst du den ganzen Tag arbeiten und dann nichts essen? Er sagt, der Tee ist völlig ausreichend. Sie sagt, du wirst dir deine Gesundheit ruinieren, und er sagt ihr wieder, Nahrung sei ein Schock für den Verdauungsapparat. Er trinkt seinen Tee und erzählt uns Geschichten und zeigt uns Buchstaben und Wörter in der Daily News, oder er raucht eine Zigarette, leckt sich die Lippen und starrt die Wand an.

Wenn Dads Arbeit in die dritte Woche geht, bringt er den Lohn nicht mehr nach Hause. Am Freitagabend warten wir auf ihn, und Mam gibt uns Brot und Tee. Die Dunkelheit senkt sich herab, und auf der Classon Avenue gehen die Lichter an. Andere Männer, die Arbeit haben, sind schon zu Hause, und es gibt Eier zum Abendessen, weil man freitags kein Fleisch essen darf. Man hört, wie die Familien ein Stockwerk höher und ein Stockwerk tiefer und auf derselben Etage reden, und im Radio singt Bing Crosby Brother, Can You Spare a Dime?

Malachy und ich spielen mit den Zwillingen. Wir wissen, daß Mam nicht Von deinem Mund wollte ich einen Kuß singen wird. Sie sitzt am Küchentisch und spricht mit sich selbst, was soll ich bloß machen? bis es schon spät ist und Daddy die Treppe heraufwankt und Roddy McCorley singt. Er stößt die Tür auf und ruft nach uns, wo sind meine Truppen? Wo sind meine vier Krieger? Mam sagt, laß diese Jungs zufrieden. Sie sind halbhungrig ins Bett gegangen, weil du dir den Bauch mit Whiskey füllen mußt.

Er kommt an die Schlafzimmertür. Auf, Jungens, auf. Fünf Cent für jeden, der verspricht, daß er für Irland sterben will. Wir sind zwar vielleicht in Amerika, aber unser Herz ist in Irland.

Nach Kanada, wo man die Baumriesen sägt,
Von einer strahlenden Insel geflohn –
Hier ist es zwar schön, doch das Herz, ach, es schlägt
Für Irland trotz Hunger und Fron.

Auf, Jungens, auf. Francis, Malachy, Oliver, Eugene. Die Ritter vom Roten Zweig, die wackeren Gälen, die IRA. Sie leben hoch, steht auf, steht auf.

Mam steht am Küchentisch und zittert, das Haar hängt ihr feucht ins Gesicht, das Gesicht ist naß. Kannst du sie nicht zufrieden lassen? sagt sie. Jesus, Maria und Joseph, ist es denn nicht genug, daß du ohne einen Penny in der Tasche nach Hause kommst, mußt du da auch noch die Kinder veralbern? Sie kommt zu uns. Geht zurück ins Bett, sagt sie.

Ich will, daß sie auf sind, sagt er. Ich will, daß sie bereit sind für den Tag, da Irland frei ist von aller Tyrannei.

Wag dich bloß nicht an mir vorbei, sagt sie, denn wenn du dich an mir vorbeiwagst, wird das ein trauriger Tag im Hause deiner Mutter sein.

Er zieht sich die Mütze ins Gesicht und jammert, meine arme Mutter. Armes Irland. *Och,* was sollen wir bloß tun? Mam sagt, du bist ganz einfach stockverrückt, und wieder sagt sie uns, wir sollen ins Bett gehen.

Am Morgen des vierten Freitags von Dads Arbeit fragt Mam ihn, ob er heute abend mit seinem Lohn nach Hause kommt oder ob er ihn wieder komplett vertrunken haben wird. Er sieht uns an, dann sieht er Mam an und schüttelt den Kopf, als wollte er sagen, *och,* so spricht man aber nicht in Gegenwart der Kinder.

Mam bleibt an ihm dran. Ich frage dich, kommst du nach Hause, so daß wir ein bißchen zum Abendessen haben, oder wird es Mitternacht ohne Geld in der Tasche und du singst Kevin Barry und die übrigen traurigen Lieder?

Er setzt die Mütze auf, rammt die Hände in die Hosentaschen, seufzt und blickt zur Zimmerdecke. Ich habe dir doch schon gesagt, daß ich nach Hause komme, sagt er.

Später am Tag zieht Mam uns an. Sie stopft die Zwillinge in den Kinderwagen, und wir brechen auf, marschieren durch die langen Straßen von Brooklyn. Manchmal darf Malachy im Kinderwagen sitzen, wenn er nicht mehr neben ihr hertraben will. Zu mir sagt sie, ich bin zu groß für den Kinderwagen. Ich könnte ihr sagen, daß mir, wenn ich immer mit ihr Schritt halten muß, die Beine weh tun, aber sie singt nicht, und ich weiß, heute ist nicht der Tag, an dem ich über meine Schmerzen sprechen kann.

Wir kommen an ein großes Tor, wo ein Mann in einem Kasten steht, der an allen vier Seiten Fenster hat. Mam spricht mit dem Mann. Sie will wissen, ob sie hinein darf, dahin, wo die Männer bezahlt werden, und vielleicht könnten sie ihr etwas von Dads Lohn geben, damit er ihn nicht in den Kneipen ausgeben kann. Der Mann schüttelt den Kopf. Tut mir leid, Lady, aber wenn wir das machen, stürmt die Hälfte der weiblichen Bevölkerung von Brooklyn den Laden. Viele Männer haben das Alkoholproblem, aber da gibt es nichts nichts nichts, was wir dagegen unternehmen können, solang sie hier nüchtern erscheinen und ihre Arbeit machen.

Wir warten auf der anderen Straßenseite. Ich darf mich auf den Bürgersteig setzen, den Rücken gegen die Mauer gelehnt. Den Zwillingen gibt sie ihre Flaschen mit Zuckerwasser, aber Malachy und ich müssen warten, bis sie von Dad Geld kriegt, damit wir zum Italiener gehen können, um Tee und Brot und Eier zu kaufen.

Als um halb sechs die Fabrikpfeife ertönt, schwärmen Männer mit Mütze und Blaumann durch das Tor, Gesichter und Hände schwarz von der Arbeit. Mam sagt uns, paßt genau auf, wann Dad kommt, weil sie kaum bis über die Straße sehen kann, so schlecht sind ihre Augen. Erst kommen Dutzende von Männern, dann noch ein paar, dann keiner mehr. Mam weint, warum habt ihr ihn nicht gesehen? Seid ihr blind oder was?

Sie geht wieder zu dem Mann im Kasten. Ist auch bestimmt keiner mehr drin?

Nein, Lady, sagt er. Alle draußen. Ich weiß auch nicht, wie er sich an Ihnen vorbeigedrückt hat.

Wir gehen zurück, durch die langen Straßen von Brooklyn. Die Zwillinge halten ihre Flaschen in die Luft und brüllen nach mehr Zuckerwasser. Malachy sagt, er hat Hunger, und Mam sagt, warte noch ein bißchen, dann gibt Dad uns Geld, und dann gibt es für uns alle ein schönes Abendessen.

Wir werden zu dem Italiener gehen und Eier holen und mit den Flammen auf dem Herd Toast machen, und da kommt dann Marmelade drauf. Genauso werden wir es machen, und wir werden es warm und gemütlich haben.

Auf der Atlantic Avenue ist es dunkel, und alle Kneipen um den Bahnhof der Long Island Railroad herum sind hell und laut. Wir gehen von einer Kneipe zur anderen und suchen Dad. Mam läßt uns mit dem Kinderwagen draußen stehen, wenn sie hineingeht, oder sie schickt mich hinein. Dort sind Massen lärmender Männer und abgestandene Gerüche, die mich an Dad erinnern, wenn er nach Hause kommt und den Geruch des Whiskeys an sich hat.

Der Mann hinterm Tresen sagt, na, Kleiner, was willst du? Du darfst hier gar nicht rein, weißt du das?

Ich suche meinen Vater. Ist mein Vater da?

Nee, Kleiner, woher soll ich das denn wissen? Wer ist denn dein Vater?

Er heißt Malachy und er singt Kevin Barry.

Malarkey?

Nein, Malachy.

Malachy? Und er singt Kevin Barry?

Er ruft den Männern in der Kneipe zu, he, ihr da, kennt ihr einen Malachy, der Kevin Barry singt?

Männer schütteln den Kopf. Einer sagt, er kannte mal einen Michael, der Kevin Barry gesungen hat, aber der ist an den Getränken gestorben, die er wegen seiner Kriegsverletzungen zu sich nehmen mußte. Der Barmann sagt, Mensch, Pete, du solltest mir ja nicht die ganze Geschichte der Welt erzählen oder wie. Nein, Kleiner, wir lassen hier keinen singen. Macht nur Ärger. Besonders bei den Iren. Kaum singen sie, schon fliegen die Fäuste. Außerdem hab ich hier noch nie von einem Malachy gehört. Nein, Kleiner, hier gibt es keinen Malachy.

Der Mann, der Pete heißt, hält mir sein Glas hin. Hier, Kleiner, trink mal, aber der Barmann sagt, was soll das denn, Pete? Versuchst das Gör besoffen zu machen? Noch einmal, und ich reiß dir den Arsch auf, Pete.

Mam versucht es in allen Kneipen um den Bahnhof herum, bevor sie aufgibt. Sie lehnt sich gegen eine Mauer und weint. Jesus, jetzt müssen wir noch den ganzen Weg bis zur Classon Avenue gehen, und ich habe vier hungerleidende Kinder. Sie schickt mich zurück in die Bar, in der Pete mir einen Schluck angeboten hat, damit ich den Barmann frage, ob er vielleicht die Flaschen der Zwillinge mit Wasser füllen kann und vielleicht noch in jede ein bißchen Zucker geben. Die Männer in der Bar finden es sehr komisch, daß der Barmann in Babyflaschen einschenken soll, aber er ist groß und sagt ihnen, sie sollen die Backe halten. Er sagt zu mir, Babys sollten Milch trinken, kein Wasser, und als ich ihm sage, Mam hat kein Geld für Milch, gießt er die Babyflaschen aus und füllt sie mit Milch. Er sagt, sag deiner Mutter, das brauchen sie für die Zähne und die Knochen. Von Zuckerwasser kriegt man nur Rachitis. Sag das deiner Mutter.

Mam freut sich über die Milch. Sie sagt, sie weiß alles über Zähne und Knochen und Rachitis, aber in der Not frißt der Teufel Fliegen.

Als wir die Classon Avenue erreichen, geht sie direkt in den italienischen Laden. Sie sagt dem Italiener, ihr Mann kommt heute später, wahrscheinlich macht er Überstunden, und ob es wohl irgendwie möglich ist, ein paar Kleinigkeiten zu bekommen, und morgen kommt sie ganz bestimmt?

Der Italiener sagt, Missus, früher oder später zahlen Sie immer, und Sie können alles haben, was es in diesem Laden gibt.

Ich will ja gar nicht viel, sagt sie.

Alles, was Sie wollen, Missus, denn ich weiß, daß Sie eine ehrliche Frau sind und einen Haufen liebe Kinderchen haben.

Es gibt Eier und Toast und Marmelade, und wir kriegen die Zähne kaum noch zum Kauen auseinander, so müde haben uns die langen Straßen von Brooklyn gemacht. Die Zwillinge schlafen sofort nach dem Essen ein, und Mam legt sie aufs Bett, um die Windeln zu wechseln. Sie schickt mich zum Klo am Ende des Ganges, wo ich die Windeln ausspüle, damit sie aufgehängt werden können und am Morgen trocken sind und wieder benutzt werden können. Malachy hilft ihr, den Zwillingen den Po zu waschen, obwohl er auch zum Umfallen müde ist.

Ich krieche zu Malachy und den Zwillingen ins Bett. Bevor ich einschlafe, höre ich Mam am Küchentisch; sie raucht eine Zigarette, trinkt Tee und weint. Am liebsten würde ich aufstehen und ihr sagen, daß ich bald ein Mann bin und in der Fabrik mit dem großen Tor Arbeit kriege und jeden Freitagabend mit Geld für Eier und Toast und Marmelade nach Hause komme, so daß sie wieder Von deinem Mund wollte ich einen Kuß singen kann.

In der nächsten Woche verliert Dad seinen Job. Am Freitag abend kommt er nach Hause, schmeißt seinen Lohn auf den Tisch und sagt zu Mam, bist du jetzt glücklich? Du stehst vor dem Tor rum und jammerst und machst mich schlecht, und schon feuern sie mich. Die haben nur nach einem Vorwand gesucht, und du hast ihn ihnen geliefert.

Er nimmt ein paar Dollar von seinem Lohn und geht weg. Spät in der Nacht kommt er wieder nach Hause, mit Gesang und Gebrüll. Die Zwillinge weinen, und Mam beruhigt sie und weint dann längere Zeit selber.

Wir verbringen viele Stunden auf dem Spielplatz, wenn die Zwillinge schlafen, wenn Mam müde ist und wenn Dad mit dem Whiskeygeruch nach Hause kommt und grölt, daß Kevin Barry an einem Montagmorgen gehängt wird, oder das Lied über Roddy McCorley:

> So kommt er die Straße heran ohne Eil',
> Jung, lächelnd und ohne zu quengeln.
> Stolz trägt um den Hals er das hanfene Seil,
> Wo die goldenen Locken sich schlängeln.
> Keine Träne den Glanz seines Auges je trübt,
> Denn blau kündet es von Irlands Ruhm,
> Als sich Roddy McCorley zum Sterben begibt,
> Heute noch, auf der Brücke von Toome.

Wenn er singt, marschiert er um den Tisch herum, und Mam weint, und die Zwillinge heulen mit ihr. Sie sagt, geh an die Luft, Frankie, geh an die Luft, Malachy. Ihr sollt euern Vater nicht so sehen. Bleibt schön auf dem Spielplatz.

Wir gehen gern auf den Spielplatz. Wir können mit den Blättern spielen, die dick den Boden bedecken, und wir können uns gegenseitig auf der Schaukel anschubsen, aber dann kommt der Winter in die Classon Avenue, und die Schaukeln frieren ein, und man kann sie nicht mal mehr bewegen. Minnie McAdorey sagt, Gott helfe diesen armen kleinwinzigen Buben. Keinen einzigen Handschuh haben sie insgesamt. Da muß ich lachen, weil ich weiß, daß Malachy und ich insgesamt vier Hände haben, weswegen ein Handschuh dumm wäre. Malachy weiß nicht, worüber ich lache; er weiß überhaupt nicht viel; das kommt erst, wenn er vier ist. Oder schon fast fünf.

Minnie nimmt uns mit zu sich nach Hause und gibt uns Tee und Haferbrei mit Marmelade drin. Mr. McAdorey sitzt mit Maisie, dem neuen Baby, auf einem Sessel und singt. Er hält ihre Flasche und singt:

Klatscht in die Hände, klatscht in die Hände,
Unser Dad kommt heim.
Hat die Taschen voll Gebäck
Für Maisie ganz allein.
Klatscht in die Hände, klatscht in die Hände,
Unser Dad kommt heim.
Hat die Taschen voller Geld,
Und Mammy, die hat keins.

Malachy versucht, das Lied zu singen, aber ich sage zu ihm, er soll das lassen, das Lied gehört Maisie. Er fängt an zu weinen, und Minnie sagt, na na na, du kannst das Lied gern singen, es gehört allen Kindern. Mr. McAdorey lächelt Malachy an, und ich frage mich, was das für eine Welt ist, wo jeder die Lieder anderer Leute singen kann, wie es ihm gerade paßt.

Minnie sagt, zieh die Stirn nicht so in Falten, Frankie. Davon kriegst du nur ein finsteres Gesicht, und es ist weiß Gott so schon finster genug. Eines Tages hast du eine kleine Schwester, und dann kannst du ihr das Lied vorsingen. *Och, aye.* Bestimmt kriegst du noch eine kleine Schwester.

Minnie hat recht, und Mams Wunsch geht in Erfüllung. Bald gibt es ein neues Baby, ein Mädchen, und sie nennen es Margaret. Wir alle lieben Margaret. Sie hat schwarzes lockiges Haar und blaue Augen wie Mam, und sie winkt mit ihren kleinen Händen und zwitschert wie alle kleinen Vögel auf den Bäumen entlang der Classon Avenue. Minnie sagt, der Tag, an dem Margaret gemacht wurde, war ein Festtag im Himmel. Mrs. Leibowitz sagt, nie hat die Welt solche Augen gesehen, so ein Lachen, so ein Glück. Ich muß tanzen, wenn ich sie sehe, sagt Mrs. Leibowitz.

Als Dad von der Arbeitsuche nach Hause kommt, packt er sich Margaret auf den Arm und singt ihr was vor:

Der Winkel war schattig, die Nacht war mondhell,
Als den Wichtelmann ich fand.
Die Mütze so rot und die Joppe so grün,
Und ein Krüglein neben ihm stand.
Und sein Hammer machte tackeditack
Auf einem winzigen Schuh.
Ich muß lachen, wenn ich denk, sie haben ihn erwischt,
Doch auch der Wichtelmann lachte dazu.

Er spaziert mit ihr in der Küche herum und spricht mit ihr. Er sagt ihr, wie hübsch sie ist mit ihren schwarzen Locken und den blauen Augen von ihrer Mutter. Er sagt ihr, er nimmt sie mit nach Irland, und sie werden durch die Schluchten von Antrim wandern und im Lough Neagh schwimmen. Bald bekommt er Arbeit, ganz bestimmt, und dann kriegt sie Kleider aus Seide und Schuhe mit Schnallen aus eitel Silber.

Je mehr Dad Margaret vorsingt, desto weniger weint sie, und wie so die Tage vergehen, fängt sie sogar an zu lachen. Mam sagt, seht euch an, wie er mit diesem Kind auf dem Arm zu tanzen versucht, der mit seinen zwei linken Füßen. Sie lacht, und dann lachen wir alle.

Die Zwillinge haben geweint, als sie noch klein waren, und Dad und Mam sagten pscht und whscht und hscht und fütterten sie und gingen wieder ins Bett. Aber wenn Margaret weint, ist so ein hochnoteinsames Gefühl in der Luft, und Dad ist in Sekundenschnelle aus dem Bett, drückt sie an sich, tanzt langsam mit ihr um den Tisch, singt ihr vor, macht Geräusche wie eine Mutter. Wenn er am Fenster vorbeikommt, wo die Straßenlaternen hereinscheinen, kann man Tränen auf seinen Wangen sehen, und das ist merkwürdig, weil er nie um jemanden weint, außer wenn er die Getränke zu sich genommen hat und das Lied über Kevin Barry und das Lied über Roddy McCorley singt. Jetzt weint er wegen Margaret, und er riecht gar nicht nach Getränk dabei.

Mam sagt zu Minnie McAdorey, seit diesem Kind ist er im siebten Himmel. Seit sie geboren ist, hat er keinen Tropfen angerührt. Ich hätte schon viel früher ein kleines Mädchen kriegen sollen.

Och, sie ist ja aber auch *zu* süß, sagt Minnie. Die kleinen Jungs sind zwar auch eine Pracht, aber für dich selbst brauchst du ein kleines Mädchen.

Meine Mutter lacht. Für mich selbst? Herr im Himmel, wenn ich sie nicht stillen müßte, käme ich nicht mal in ihre Nähe, so wie er sie Tag und Nacht an sich preßt.

Minnie sagt, trotzdem ist es wunderschön, wenn man sieht, wie verzaubert ein Mann von seiner kleinen Tochter ist. Ist ja aber auch kein Wunder, ist denn etwa nicht jeder von ihr verzaubert?

Jeder.

Die Zwillinge können stehen und gehen und haben ständig Unfälle. Ihr Po ist wund, weil sie immer naß und vollgeschissen sind. Sie stopfen sich schmutzige Sachen in den Mund, Papierschnipsel, Federn, Schuhsenkel, und dann ist ihnen schlecht. Mam sagt, wir treiben sie alle in den Wahnsinn. Sie zieht die Zwillinge an, steckt sie in den Kinderwagen, und Malachy und ich gehen mit ihnen auf den Spielplatz. Das kalte Wetter ist vorbei, und die Classon Avenue rauf und runter sind grüne Blätter an den Bäumen.

Wir schieben den Kinderwagen in rasender Fahrt über den Spielplatz, und die Zwillinge lachen und machen guu-guu, bis sie Hunger kriegen und anfangen zu weinen. Im Kinderwagen sind zwei Flaschen mit Zuckerwasser, und das stellt sie erst mal ruhig, bis sie wieder Hunger haben und so schlimm weinen, daß ich nicht weiß, was ich machen soll, weil sie so klein sind, und ich würde ihnen so gern alles mögliche zu essen geben, damit sie wieder lachen und die Babygeräusche machen. Sie lieben das Matschessen, das Mam ihnen in einem Topf macht: Brot, in Milch und Wasser und Zucker aufgeweicht. Mam nennt das Brot mit Lecker drauf.

Wenn ich die Zwillinge nach Hause bringe, schreit Mam mich an, weil ich ihr keine Ruhe gönne oder weil ich Margaret wecke. Wir müssen auf dem Spielplatz bleiben, bis Mam den Kopf aus dem Fenster steckt und uns ruft. Ich schneide den Zwillingen Grimassen, damit sie aufhören zu weinen, und ich schiebe den Kinderwagen durch die Gegend, während Malachy mit Freddie Leibowitz an den Schaukeln spielt. Malachy versucht, Freddie alles darüber zu erzählen, wie Setanta zu Cuchulain wurde. Ich sage ihm, er soll aufhören, diese Geschichte zu erzählen; das ist meine Geschichte. Er hört aber nicht auf. Ich schubse ihn, und er weint, waah, waah. Das sag ich Mam. Freddie schubst mich, und alles wird dunkel in meinem Kopf, und ich stürze mich auf ihn, mit Fäusten und Knien und Füßen, bis er schreit, he, aufhören, aufhören, und ich höre nicht auf, weil ich nicht aufhören kann, ich weiß nicht, wie, und wenn ich aufhöre, nimmt mir Malachy meine Geschichte weg. Freddie befreit sich von mir und rennt weg und brüllt, Frankie wollte mich umbringen, Frankie wollte mich umbringen. Ich weiß nicht, was ich machen soll, weil ich vorher noch nie jemanden umbringen wollte, und jetzt weint Malachy auf der Schaukel. Bring mich nicht um, Frankie, und er sieht so hilflos aus, daß ich ihn in die Arme nehme und ihm von der Schaukel runterhelfe. Er umarmt mich. Ich erzähl deine Geschichte auch bestimmt nie mehr. Ich sag Freddie nichts über Kuu ... Kuu ... Ich möchte lachen, aber ich kann nicht, weil im Kinderwagen die Zwillinge weinen, und auf dem Spielplatz ist es dunkel, und was nützt es schon, wenn man im Dunkeln Grimassen schneidet?

Der italienische Lebensmittelladen ist auf der anderen Straßenseite, und ich sehe Bananen, Äpfel, Apfelsinen. Ich weiß, daß die Zwillinge Bananen essen können. Malachy liebt Bananen, und ich mag sie auch. Aber man braucht Geld. Italiener sind nicht dafür bekannt, daß sie Bananen verschenken, und schon gar nicht an die McCourts, die ihnen bereits Geld für Lebensmittel schulden.

Meine Mutter sagt mir ständig, geht nie, nie, nie vom Spielplatz runter, außer wenn ihr nach Hause geht. Aber was soll ich tun, wenn doch die Zwillinge im Kinderwagen vor Hunger plärren? Ich sage Malachy, ich bin gleich wieder da. Ich vergewissere mich, daß niemand kuckt, schnappe mir ein Büschel Bananen von der Auslage vor dem italienischen Lebensmittelladen und renne über die Myrtle Avenue – vom Spielplatz weg, einmal um den Block und auf der entgegengesetzten Seite zurück, wo ein Loch im Zaun ist. Wir schieben den Kinderwagen in eine dunkle Ecke und schälen die Bananen für die Zwillinge. Fünf große Bananen habe ich erwischt, und in der dunklen Ecke fressen wir sie genüßlich in uns hinein. Die Zwillinge mampfen und kauen und sauen sich Gesicht und Haare und Klamotten mit Banane ein. Da wird mir klar, daß man mir Fragen stellen wird. Mam wird wissen wollen, warum die Zwillinge über und über mit Banane vollgeschmiert sind. Wo habt ihr die her? Ich kann ihr nicht sagen, von dem italienischen Laden auf der anderen Straßenseite. Ich werde sagen müssen, ein Mann.

Das werde ich sagen.

Dann passiert das Seltsame. Ein Mann steht am Tor vom Spielplatz. Er ruft mich. O Gott, es ist der Italiener. He, Kleiner, komm mal her. He, ich sprech mit dir. Komm her.

Ich gehe zu ihm hin.

Bist du der mit den kleinen Brüdern? Zwillinge?

Ja, Sir.

Hier. Eine Tüte Obst. Wenn ich's euch nicht gebe, schmeiß ich's weg. Stimmt's? Also ... Nimm die Tüte. Da habt ihr Äpfel, Apfelsinen, Bananen. Ihr mögt doch Bananen, oder? Nehm ich doch an, daß ihr Bananen mögt, was? Haha. Hier, nimm die Tüte. Eine nette Mutter hast du. Dein Vater? Na ja, er hat da dies Problem, diese irische Sache. Gib diesen Zwillingen eine Banane. Damit sie das Maul halten. Die sind ja bis in mein Geschäft zu hören.

Vielen Dank, Sir.

Mannomann. Höfliches Kind, was? Wo hast du das gelernt? Mein Vater hat gesagt, ich soll mich immer bedanken, Sir.

Dein Vater? Sosoo, na jaa ...

Dad sitzt am Tisch und liest Zeitung. Er sagt, daß Präsident Roosevelt ein guter Mann ist und daß bald alle in Amerika Arbeit haben werden. Mam sitzt ihm gegenüber und gibt Margaret die Flasche. Sie hat diesen strengen Ausdruck im Gesicht, vor dem ich Angst habe. Wo hast du das Obst her?

Der Mann.

Was für ein Mann?

Der italienische Mann hat es mir geschenkt.

Hast du dieses Obst gestohlen?

Malachy sagt, der Mann. Der Mann hat Frankie die Tüte geschenkt.

Und was hast du mit Freddie Leibowitz gemacht? Seine Mutter war da. So eine nette Frau. Ich weiß nicht, was wir ohne sie und Minnie McAdorey anfangen würden. Und du mußtest den armen Freddie angreifen.

Malachy hüpft auf der Stelle. Gar nicht wahr. Gar nicht wahr. Er wollte Freddie gar nicht umbringen. Und mich auch nicht. Dad sagt, whscht, Malachy, whscht. Komm her zu mir. Und er schnappt sich Malachy und packt ihn sich auf den Schoß.

Meine Mutter sagt, geh über den Flur und sag Freddie, es tut dir leid.

Aber Dad sagt, *möchtest* du Freddie denn sagen, daß es dir leid tut?

Nein.

Meine Eltern sehen sich an. Dad sagt, Freddie ist ein guter Junge. Er hat deinen kleinen Bruder doch nur auf der Schaukel angeschubst. Stimmt doch, oder?

Er hat versucht, mir meine Cuchulain-Geschichte zu stehlen.

Och, na na. Freddie ist deine Cuchulain-Ceschichte doch ganz egal. Er hat seine eigene Geschichte. Hunderte von Geschichten. Er ist Jude.

Was ist ein Jude?

Dad lacht. Juden sind ... Juden sind Leute mit ihren eigenen Geschichten. Sie brauchen Cuchulain nicht. Sie haben Moses. Sie haben Samson.

Was ist Samson?

Wenn du jetzt hingehst und mit Freddie sprichst, erzähl ich dir später von Samson. Du kannst Freddie sagen, daß es dir leid tut und daß du das nie wieder machst, und du kannst ihn sogar nach Samson fragen. Alles, was du willst, solang du nur mit Freddie sprichst. Meinst du, du machst das mal?

Das Baby stößt in den Armen meiner Mutter einen kleinen Schrei aus, und Dad springt auf, und Malachy fällt auf den

Fußboden. Was ist mit ihr? Geht's ihr gut? Meine Mutter sagt, natürlich geht es ihr gut. Sie kriegt doch gerade die Flasche. Gott in der Höhe, du bist ein richtiges Nervenbündel.

Jetzt sprechen sie über Margaret, und ich bin vergessen. Ist mir auch recht. Ich gehe über den Flur, um Freddie wegen Samson zu befragen, um zu erfahren, ob Samson auch so gut ist wie Cuchulain, um zu erfahren, ob Freddie seine eigene Geschichte hat oder ob er immer noch Cuchulain klauen will. Malachy will mit, weil mein Vater jetzt steht und keinen Schoß mehr hat.

Mrs. Leibowitz sagt, O Frankie, Frankie, kum arain, kum arain. Und der kleine Malachy. Nu sug mir, Frankie, wus hast du angetan dem Freddie? Hast ihn versucht umzubringen? Asoj a gites Jingalach ist der Freddie, Frankie. Liest sein Buch. Hört Radio mit seinem Papa. Schaukelt deinen Bruder auf der Schaukel. Und du versuchst ihn umzubringen. O Frankie, Frankie. Und dann deine arme Mutter und ihr krankes Baby.

Sie ist nicht krank, Mrs. Leibowitz.

Doch, Gottenju, krank ist das Kind. Ich kenn mich aus in kranken Kindern. Ich arbeite im Hostipel. Erzähl mir nichts, Frankie. Kum arain, kum arain. Freddie, Frankie ist da. Kum arojs. Frankie will dich nicht mehr umbringen. Dich und den kleinen Malachy. Asoj a schejner jiddischer Name, Schtickl Kuchen, nu? Far wus haben sie dir gegeben an jiddischen Namen, nu? So ... Glas Milch, Schtickl Kuchen. So dünne Jingalach, keine guten Esser, die Iren.

Wir sitzen mit Freddie am Tisch, essen Kuchen, trinken Milch. Mr. Leibowitz sitzt auf einem Sessel, liest Zeitung, hört Radio. Manchmal spricht er mit Mrs. Leibowitz, und ich verstehe nichts, weil seltsame Laute aus seinem Mund kommen. Freddie versteht es. Mr. Leibowitz macht komische Geräusche, und Freddie bringt ihm ein Stück Kuchen. Mr. Leibowitz lächelt Freddie an und tätschelt ihm den Kopf, und Freddie lächelt zurück und macht die merkwürdigen Geräusche.

Mrs. Leibowitz sieht Malachy an, schüttelt den Kopf und sagt, oy, so dünn. Sie sagt so oft oy, daß Malachy lacht und oy sagt, und die Leibowitzens lachen, und Mr. Leibowitz sagt Wörter, die wir verstehen können: *When Irish oyes are smiling.* Mrs. Leibowitz lacht so heftig, daß ihr ganzer Körper wackelt und sie sich den Bauch halten muß, und Malachy sagt wieder oy, weil er weiß, daß dann alle lachen. Ich sage auch oy, aber niemand lacht, und ich weiß, daß das Oy Malachy gehört, so wie Cuchulain mir gehört, und Malachy kann sein Oy behalten. Ich sage, Mrs. Leibowitz, mein Vater sagt, Freddie hat eine Lieblingsgeschichte.

Malachy sagt, Sam ... Sam ... oy. Wieder lachen alle, aber ich lache nicht, weil ich nicht darauf komme, was nach Sam kommt. Samson, murmelt Freddie durch seinen Kuchen hindurch, und Mrs. Leibowitz sagt, mer redt sach nischt mit fullem Mojl, und ich muß lachen, weil sie als Erwachsene Maul sagt und nicht Mund. Malachy lacht, weil ich lache, und die Leibowitzens sehen sich an und lächeln. Freddie sagt, nicht Samson. Meine Lieblingsgeschichte ist David und der Riese Goliath. David hat ihn mit einer Schleuder totgeschossen, einen Stein in den Kopf. Und sein ganzer Hirn fiel auf den Fußboden.

Sein gan*zes* Hirn, sagt Mr. Leibowitz.

Ja, Papa.

Papa. So nennt Freddie seinen Vater, und ich nenne meinen Vater Dad.

Das Geflüster meiner Mutter weckt mich auf. Was ist mit dem Kind los? Es ist noch früh, und im Zimmer ist noch nicht viel Morgen, aber man kann Dad am Fenster sehen, mit Margaret auf dem Arm. Er wiegt sie und seufzt, *och.*

Mam sagt, ist sie ... Ist sie krank?

Och, sie ist ein bißchen still und ein bißchen kalt, sagt Dad.

Schon ist meine Mutter aus dem Bett und nimmt das Kind. Geh zum Doktor. Geh um Himmels willen, und mein Vater zieht sich die Hose übers Hemd, keine Jacke, nur Schuhe, ohne Socken an diesem bitteren Tag.

Wir warten im Zimmer, die Zwillinge schlafen ganz unten im Bett, Malachy wird neben mir wach. Frankie, ich will einen Schluck Wasser. Mam wälzt sich im Bett mit dem Baby in den Armen. O Margaret, Margaret, meine liebste kleine Liebe. Mach deine schönen blauen Augen auf, mein kleines *leanbh.*

Ich lasse Wasser in eine Tasse laufen, für Malachy und mich, und meine Mutter jammert, ach ja, Wasser für euch, was? Und nichts für eure Schwester. Eure arme kleine Schwester. Habt ihr gefragt, ob sie vielleicht auch einen Mund im Kopf hat? Habt ihr gefragt, ob sie vielleicht auch einen Tropfen Wasser möchte? Keineswegs. Los, trinkt ihr ruhig euer Wasser, du und dein Bruder, als wäre nichts geschehen. Für euch ist das ein ganz normaler Tag, stimmt's? Und die Zwillinge schlafen, als gäbe es keine Sorgen auf der Welt, und hier liegt ihre arme kleine Schwester krank in meinen Armen. Krank in meinen Armen. Ach, süßer Jesus, der Du bist im Himmel. Warum spricht sie so? Heute spricht sie gar nicht wie meine Mutter. Ich will meinen Vater. Wo ist mein Vater?

Ich gehe wieder ins Bett und fange an zu weinen. Malachy sagt, warum weinst du? Warum weinst du? bis Mam wieder auf mich losgeht. Deine Schwester liegt krank in meinen Armen, und du plärrst und flennst. Wenn ich zu dem Bett da gehe, dann geb ich dir Grund zum Plärren.

Dad ist mit dem Doktor zurück. Dad hat den Whiskeygeruch an sich. Der Doktor untersucht das Baby, er gibt Margaret einen Stups, hebt ihre Augenlider an, befühlt Hals, Arme, Beine. Er richtet sich auf und schüttelt den Kopf: Es ist vorbei. Mam greift nach ihr, umarmt sie, wendet sich ab. Der Doktor will wissen, hat es einen Unfall gegeben? Hat jemand das Baby fallen lassen? Haben die Jungs zu wild mit ihr gespielt? Irgendwas?

Mein Vater schüttelt den Kopf. Der Doktor sagt, er muß sie mitnehmen und untersuchen, und Dad unterschreibt ein Stück Papier. Meine Mutter bettelt, nur noch ein paar Minuten mit ihrem Baby, aber der Doktor sagt, er hat nicht den ganzen Tag Zeit. Als Dad Margaret nehmen will, dreht sie sich wieder mit dem Baby zur Wand. Sie hat diesen wilden Ausdruck: Die schwarzen Locken liegen feucht auf ihrer Stirn, und auf ihrem Gesicht ist überall Schweiß, ihre Augen sind weit offen, und ihr Gesicht glänzt von Tränen; sie schüttelt nur den Kopf und sagt, bitte nicht, bitte nicht, bis Dad ihr das Baby behutsam aus den Armen nimmt. Der Doktor wickelt Margaret komplett in eine Decke ein, und meine Mutter schreit, o Jesus, Sie werden sie ersticken. Jesus, Maria und Joseph, so helft mir doch. Der Doktor geht. Meine Mutter dreht sich zur Wand und bewegt sich nicht und sagt nichts. Die Zwillinge sind wach, weinen vor Hunger, aber Dad steht mitten im Zimmer und starrt die Zimmerdecke an. Sein Gesicht ist weiß, und er schlägt sich mit den Fäusten auf die Oberschenkel. Er kommt ans Bett, legt mir die Hand auf den Kopf. Seine Hand zittert. Francis, ich geh mal Zigaretten holen.

Mam bleibt den ganzen Tag im Bett und bewegt sich kaum. Malachy und ich füllen die Flaschen der Zwillinge mit Wasser und Zucker. In der Küche finden wir einen halben Laib altbackenes Brot und zwei kalte Würste. Wir können keinen Tee machen, weil die Milch im Eisschrank sauer ist, wo wieder das Eis geschmolzen ist, und jedermann weiß, daß man Tee nicht ohne Milch trinken kann, es sei denn, der Vater läßt einen aus seiner Tasse trinken, während er einem von Cuchulain erzählt.

Die Zwillinge haben schon wieder Hunger, aber ich weiß, daß ich ihnen nicht den ganzen Tag und die ganze Nacht Zuckerwasser geben kann. Ich koche saure Milch in einem Topf, mansche etwas von dem altbackenen Brot hinein und versuche, sie aus einer Tasse zu füttern, Brot mit Lecker. Sie schneiden Grimassen und weinen und laufen zu Mam ans Bett. Sie wollen das Brot mit Lecker nicht essen, bis ich den Geschmack der sauren Milch mit Zucker abtöte. Jetzt essen und lächeln sie und schmieren sich das Lecker übers ganze Gesicht. Malachy will auch was, und wenn er das essen kann, kann ich es auch. Wir sitzen alle auf dem Fußboden, essen das Lecker und kauen kalte Wurst und trinken Wasser, das meine Mutter in einer Milchflasche im Eisschrank aufbewahrt.

Nachdem wir gegessen und getrunken haben, gehen wir ans Ende des Ganges zum Klo, aber wir können nicht hinein, weil Mrs. Leibowitz schon drin ist und summt und singt. Sie sagt, wartet, Kinderlach, wartet, Darlinks, nur noch anderthalb Sekunden. Malachy klatscht in die Hände und tanzt und singt, wartet Kinderlach wartet Darlinks. Mrs. Leibowitz macht die Klotür auf. Seht ihn an. Schojn itzt a kleiner Versteller. So, Kinder, wie geht's eurer Mutter?

Sie ist im Bett, Mrs. Leibowitz. Der Doktor hat Margaret mitgenommen, und mein Vater ist Zigaretten holen gegangen.

Ach, Frankie, Frankie. Ich hab doch gesagt, das Kind ist krank.

Malachy hält es nicht mehr aus. Muß mal klein, muß mal klein.

Nu, so pisch doch. Ihr Jingalach pischt, und dann werden wir sehen nach eurer Mutter.

Nachdem wir gepischt haben, kommt Mrs. Leibowitz, um nach Mam zu sehen. Oh, Mrs. McCourt. Oy wäj, Darlink. Seht euch das an. Seht euch an diese Zwillinge. Nackt. Mrs. McCourt, was ist denn los, nu? Das Baby, ist es krank? Reden

Sie mit mir. Arme Frau. Hier, drehnse sach um, Missis. Oy, asuj a Schlimasl. Reden Sie mit mir, Mrs. McCourt.

Sie hilft meiner Mutter, daß sie sich aufsetzt und gegen die Wand lehnen kann. Mam wirkt viel kleiner als sonst. Mrs. Leibowitz sagt, sie wird etwas Suppe bringen, und mir sagt sie, ich soll Wasser holen, um meiner Mutter das Gesicht zu waschen. Ich tunke ein Handtuch in kaltes Wasser und betupfe ihr die Stirn. Sie preßt meine Hand gegen ihre Wangen, mal die eine, mal die andere. O Jesus, Frankie. O Jesus. Sie läßt meine Hand nicht wieder los, und ich habe Angst, weil ich sie noch nie so gesehen habe. Sie sagt nur Frankie, weil sie gerade meine Hand hält, aber in Gedanken ist sie bei Margaret und nicht bei mir. Deine wunderschöne kleine Schwester ist tot, Frankie. Tot. Und wo ist dein Vater? Sie läßt meine Hand fallen. Wo ist dein Vater? habe ich gesagt. Säuft. Da ist er nämlich. Kein Penny ist im Haus. Er kriegt keine Arbeit, aber er findet Geld für Getränke, Geld für Getränke, Geld für Getränke. Sie bäumt sich auf, knallt den Kopf gegen die Wand und schreit, wo ist sie? Wo ist sie? Wo ist mein kleines Mädchen? O Jesus, Maria und Joseph, steht mir bei in dieser Nacht, sonst werd ich noch ganz verrückt.

Mrs. Leibowitz kommt hereingerauscht. Missis, Missis, was ist denn? Das kleine Mäjdelach? Wo ist es?

Wieder schreit meine Mutter, tot, Mrs. Leibowitz. Tot. Ihr Kopf sinkt vornüber, und sie wiegt sich auf und ab. Mitten in der Nacht, Mrs. Leibowitz. In ihrem Kinderwagen. Ich hätte auf sie aufpassen sollen. Sieben Wochen waren ihr vergönnt auf dieser Welt, dann stirbt sie mitten in der Nacht, allein, Mrs. Leibowitz, ganz allein in diesem Kinderwagen.

Mrs. Leibowitz hält meine Mutter in den Armen. Nu scha, nu scha. So gehen Babys eben. Es geschieht, Missis. Gott nimmt sie.

Im Kinderwagen, Mrs. Leibowitz. Ganz nah an meinem Bett. Ich hätte sie nehmen können, und sie hätte nicht sterben müssen, stimmt's? Gott will keine kleinen Babys. Was soll Gott denn mit kleinen Babys anfangen?

Ich weiß es nicht, Missis. Ich weiß nichts von Gott. Nehmen Sie Suppe. Gute Suppe. Wird Sie machen stark. Ihr, Jingalach! Holt euch tiefe Teller. Ich geb euch Suppe.

Was sind tiefe Teller, Mrs. Leibowitz?

O Frankie! Du kennst keinen tiefen Teller? Für die Suppe, Darlink! Ihr habt keinen tiefen Teller? Dann hoi Tassen für die Suppe. Ich hab gemischte Erbsen- und Linsensuppe. Ohne Schinken. Iren mögen den Schinken. Kein Schinken, Frankie. Trinken Sie, Missis. Trinken Sie Ihre Suppe.

Sie löffelt meiner Mutter die Suppe in den Mund, wischt ihr das Gekleckerte vom Kinn. Malachy und ich sitzen auf dem Boden und trinken aus den großen Teetassen. Wir löffeln den Zwillingen die Suppe in den Mund. Sie ist wunderbar und heiß und schmeckt nach was. Meine Mutter macht nie solche Suppe, und ich frage mich, ob Mrs. Leibowitz je meine Mutter werden könnte. Dafür könnte dann Freddie meine Mutter und meinen Vater kriegen, und Malachy und die Zwillinge könnte er zu Brüdern haben. Margaret kann er nicht mehr haben, denn die ist wie der Hund auf der Straße, den sie weggeschafft haben. Ich weiß nicht, warum sie weggeschafft wurde. Meine Mutter hat gesagt, sie ist in ihrem Kinderwagen gestorben, und das ist wohl so, als würde man vom Auto überfahren, denn hinterher schaffen sie einen weg.

Ich wünsche mir, daß Margaret wieder da ist, wegen der Suppe. Ich könnte sie mit einem Löffel füttern, so wie Mrs. Leibowitz meine Mutter füttert, und sie würde glucksen und lachen wie bei Dad. Sie würde nicht mehr weinen, und meine Mutter würde nicht mehr Tag und Nacht im Bett liegen, und Dad würde mir Cuchulain-Geschichten erzählen, und ich würde nicht mehr wollen, daß Mrs. Leibowitz meine Mutter ist. Mrs. Leibowitz ist nett, aber lieber wäre es mir, daß mein Vater mir Cuchulain-Geschichten erzählt und daß Margaret zwitschert und daß Mam lacht, wenn Dad mit seinen zwei linken Füßen tanzt.

Minnie McAdorey kommt, um zu helfen. Heilige Muttergottes, Mrs. Leibowitz, diese Zwillinge stinken zum Himmel.

Ob Gott eine Mamme hat, weiß ich nicht, Minnie, aber diese Zwillinge brauchen ein Bad. Sie brauchen saubere Windeln. Frankie, wo sind die sauberen Windeln?

Weiß ich nicht.

Minnie sagt, als Windeln tragen sie immer Lumpen. Ich hol uns welche von Maisie. Frankie, du ziehst ihnen diese Lumpen aus und schmeißt sie weg.

Malachy entfernt Olivers Lumpen, und ich kämpfe mit Eugene. Die Sicherheitsnadel klemmt, und als er zappelt, geht sie ab, sticht ihm in die Hüfte, und sofort plärrt er nach Mam. Aber Minnie ist schon wieder da, mit einem Handtuch und Seife und heißem Wasser. Ich helfe ihr, die verkrustete Scheiße abzuwaschen, und darf dafür den Zwillingen die wunde Haut pudern. Sie sagt, sie sind liebe kleine Jungs, und sie hat eine große Überraschung für sie. Sie geht über den Korridor und bringt einen Topf Kartoffelbrei für alle mit. Der Kartoffelbrei ist mit ganz viel Salz und Butter, und ich frage mich, ob vielleicht die Möglichkeit besteht, daß Minnie meine Mutter wird, damit ich immer so was essen kann. Wenn ich beide gleichzeitig als Mutter haben könnte, Mrs. Leibowitz und Minnie, dann hätte ich Suppe und Kartoffelbrei für immer und ewig.

Minnie und Mrs. Leibowitz sitzen am Tisch. Mrs. Leibowitz sagt, es muß etwas geschehen. Diese Kinder verwildern, und wo ist der Vater? Ich höre Minnie flüstern, er ergibt sich dem Trunk. Mrs. Leibowitz sagt, schrecklich, schrecklich, wie die Iren trinken. Minnie sagt, ihr Dan trinkt nicht. Rührt das Zeug nicht an, und Dan hat ihr gesagt, als das Baby gestorben war, ist dieser arme Mann, Malachy McCourt, wie ein Wahnsinniger durch die Flatbush Avenue und die Atlantic Avenue gestürmt und aus allen Kneipen um den Bahnhof von Long Island herum rausgeschmissen worden, und die Polizei hätte ihn glatt ins Gefängnis gesteckt, wenn es was anderes gewesen wäre, als daß dies wunderschöne kleine Baby gestorben ist.

Hier hat er vier wunderschöne kleine Buben, sagt Minnie, aber das ist ihm kein Trost. Dieses kleine Mädchen hat etwas in ihm zum Vorschein gebracht. Sie wissen ja, nachdem sie geboren war, hat er nicht mal mehr getrunken, und das war ein Wunder.

Mrs. Leibowitz will wissen, wo Mams Cousinen sind, die großen Frauen mit den stillen Männern. Minnie wird sie finden und ihnen sagen, daß die Kinder vernachlässigt werden, daß sie verwildern, daß ihr Arsch wund ist und alles.

Zwei Tage später kehrt Dad von seiner Zigarettenjagd zurück. Es ist mitten in der Nacht, aber er holt Malachy und mich aus dem Bett. Er riecht nach Getränken. In der Küche müssen wir Stillgestanden machen. Wir sind Soldaten. Er sagt uns, wir müssen versprechen, daß wir für Irland sterben. Machen wir, Dad, machen wir.

Alle zusammen singen wir Kevin Barry.

In Mountjoy, am Montag morgen,
Oben an dem Galgenbaum
Schwand Kevin Barrys junges Leben
Für der Freiheit süßen Traum.
Ein Bursche nur von achtzehn Sommern –
Es zu bestreiten wär nicht klug:
Als er in den Tod marschierte,
Daß er den Kopf erhoben trug.

Es wird an die Tür geklopft – Mr. McAdorey. Malachy, um Gottes willen, es ist drei Uhr früh. Du hast mit dem Gesang das ganze Haus geweckt.

Och, Dan, ich bring doch nur den Jungs bei, daß sie für Irland sterben.

Daß sie für Irland sterben, kannst du ihnen auch tagsüber beibringen, Malachy.

's eilt aber, Dan, 's eilt.

Ich weiß, Malachy, aber sie sind doch noch Kinder. Babys. Du geh jetzt ins Bett wie ein anständiger Mensch.

Ins Bett, Dan? Was soll ich denn im Bett? Bei Tag und Nacht ist dort immer nur ihr kleines Gesicht, die wunderschönen blauen Augen. Jesus, Maria und Joseph, nein, Dan, was werd ich nur tun? Hat sie der Hunger umgebracht, Dan?

Natürlich nicht. Deine Missis hat sie doch gestillt, da kann sie keinen Hunger gelitten haben. Gott hat sie zu Sich genommen. Er hat Seine Gründe.

Nur noch ein Lied, Dan, bevor wir ins Bett gehen.

Gute Nacht, Malachy.

Los, Jungs. Singt.

Weil er das Heimatland geliebt
Und seiner Fahne Grün,
Schickt er sich in sein Schicksal drein
Mit freudig stolzer Mien';
Treu bis zuletzt, oh! treu bis zuletzt,
Durch Tod empor zum Ruhm:
Roddy McCorley opfert sich jetzt
Heute noch, auf der Brücke von Toome.

Ihr werdet für Irland sterben, oder etwa nicht, Jungs?

Doch, wir werden für Irland sterben, Dad.

Und im Himmel sehen wir dann alle eure kleine Schwester wieder, oder etwa nicht, Jungs?

Doch, wir werden sie wiedersehen, Dad.

Mein Bruder drückt sein Gesicht gegen ein Tischbein und schläft im Stehen. Dad hebt ihn hoch, schwankt durch das Zimmer und legt ihn zu meiner Mutter ins Bett. Ich klettere ins Bett, und mein Vater, immer noch angezogen, legt sich neben mich. Ich hoffe, daß er seine Arme um mich legen wird, aber er singt weiter über Roddy McCorley und spricht mit Margaret. Oh, mein kleiner Lockenkopf, meine kleine Liebe mit den blauen Augen, ich würde dich in Seide kleiden und zum Lough Neagh mitnehmen, bis der Tag am Fenster ist und ich einschlafe.

In der Nacht kommt Cuchulain zu mir. Ein großer grüner Vogel sitzt auf seiner Schulter, und der singt in einer Tour von Kevin Barry und Roddy McCorley, und ich mag diesen Vogel nicht, weil ihm Blut aus dem Schnabel tropft, wenn er singt. In einer Hand trägt Cuchulain den *gae bolga,* den Speer, der so mächtig ist, daß nur er ihn werfen kann. In der anderen Hand trägt er eine Banane, die er immer wieder dem Vogel anbietet, aber der gackert nur heiser und bespuckt ihn mit Blut. Man fragt sich, warum Cuchulain sich das von so einem Vogel bieten läßt. Wenn ich den Zwillingen eine Banane anbiete, und sie spucken mich mit Blut an, dann haue ich ihnen aber, glaube ich, die Banane an den Kopf.

Am Morgen sitzt mein Vater am Küchentisch, und ich erzähle ihm meinen Traum. Er sagt, in den alten Zeiten gab es in Irland noch keine Bananen, und selbst wenn es welche gegeben hätte, hätte Cuchulain diesem Vogel nie eine angeboten, denn das war genau der Vogel, der für den Sommer aus England herübergekommen ist und sich auf seine Schulter gesetzt hat, als er im Sterben lag, das heißt, er saß aufrecht gegen einen Felsen gelehnt, und als die Männer von Erin, das bedeutet Irland, ihn töten wollten, hatten sie Angst, bis sie sahen, daß der Vogel Cuchulains Blut trank, und da wußten sie, daß es ungefährlich war, ihn anzugreifen, die feigen Mistkerle. Nimm dich also vor Vögeln in acht, Francis, vor Vögeln und Engländern.

Die längste Zeit des Tages liegt Mam mit dem Gesicht zur Wand im Bett. Wenn sie Tee trinkt oder etwas ißt, bricht sie es in den Eimer unter dem Bett, und ich muß ihn auf dem Klo am anderen Ende des Ganges ausleeren und ausspülen. Mrs. Leibowitz bringt ihre Suppe und komisches verbogenes Brot. Mam versucht, es in Scheiben zu schneiden, aber Mrs. Leibowitz lacht und sagt, ziehnse einfach dran. Malachy nennt es Ziehbrot, aber Mrs. Leibowitz sagt, nein, das ist Challah, und bringt uns bei, wie man es spricht. Sie schüttelt den Kopf und sagt, oy, ihr Iren. Und wenn ihr ewig lebt, Challah werdet ihr nie sagen können wie ein Jude.

Minnie McAdorey bringt Kartoffeln mit Kohl, und manchmal ist ein Stück Fleisch dabei. Die Zeiten sind hart, Angela, aber dieser wunderbare Mann, Mr. Roosevelt, wird für jeden Arbeit finden, und dann hat dein Mann auch Arbeit. Der arme Mann, ist ja nicht seine Schuld, wenn Depression ist. Bei Tag und bei Nacht sucht er Arbeit. Mein Dan hat Glück; vier Jahre bei der Stadt, und er trinkt nicht. Er ist zusammen mit deinem Mann in Toome aufgewachsen. Manche trinken. Manche nicht. Der Fluch, der auf den Iren lastet. Jetzt iß, Angela. Bau dich auf nach dem Verlust.

Mr. McAdorey sagt Dad, durch die Arbeitsbeschaffungsmaßnahmen der Regierung gibt es jetzt Arbeit, und als er die Arbeit kriegt, ist Geld für Essen da, und Mam verläßt das Bett, um die Zwillinge sauberzumachen und uns zu essen zu geben. Wenn Dad nach Hause kommt und nach Getränken riecht, gibt es kein Geld, und Mam schreit ihn an, bis die Zwillinge weinen, und Malachy und ich rennen raus auf den Spielplatz. In diesen Nächten kriecht Mam zurück ins Bett, und Dad singt die traurigen Lieder über Irland. Warum drückt er sie nicht und hilft ihr schlafen, wie er das bei meiner kleinen Schwester gemacht hat, die gestorben ist? Warum singt er kein Margaret-Lied oder ein Lied, das Mams Tränen trocknet? Immer noch holt er Malachy und mich aus dem Bett, und wir müssen uns im Hemd hinstellen und versprechen, daß wir für Irland sterben. Eines Nachts wollte er die Zwillinge dazu bringen, daß sie versprechen, für Irland zu sterben, aber sie können noch gar nicht sprechen, und Mam hat ihn angeschrien, du wahnsinniger alter Bastard, kannst du nicht die Kinder zufrieden lassen?

Er will uns fünf Cent für ein Eis geben, wenn wir versprechen, daß wir für Irland sterben, und wir versprechen es, aber die fünf Cent kriegen wir nie.

Wir kriegen Suppe von Mrs. Leibowitz und Kartoffelbrei von Minnie McAdorey, und sie zeigen uns, wie man die Zwillinge versorgt, wie man ihnen den Po wäscht und wie man die Lumpenwindeln wäscht, wenn sie sie vollgeschissen haben. Mrs. Leibowitz nennt sie Windeln, und Minnie nennt sie Binden, aber das ist egal, denn vollscheißen tun die Zwillinge sie sowieso. Wenn Mam im Bett bleibt und Dad Arbeit suchen geht, können wir den ganzen Tag lang tun, was wir wollen. Wir können die Zwillinge auf die kleinen Schaukeln im Park setzen und sie schaukeln, bis sie Hunger haben und weinen.

Der italienische Mann ruft mir von der anderen Straßenseite zu, he, Frankie, komm her. Paß auf, wenn du über die Straße gehst. Haben die Zwillinge wieder Hunger? Er gibt uns ein paar Stücke Käse und Schinken und ein paar Bananen, aber ich kann keine Bananen mehr sehen, nachdem der Vogel Cuchulain so mit Blut angespuckt hat.

Der Mann sagt, er heißt Mr. Dimino, und das hinter dem

Ladentisch ist seine Frau Angela. Ich sage ihm, so heißt meine Mutter. Tatsache, Kleiner? Deine Mutter heißt Angela? Wußte gar nicht, daß die Iren Angelas haben. He, Angela, seine Mutter heißt Angela. Sie lächelt. Sie sagt, dasse iste ja nette.

Mr. Dimino fragt mich nach Mam und Dad und wer für uns kocht. Ich sage ihm, wir kriegen von Mrs. Leibowitz und Minnie McAdorey was zu essen. Ich erzähle ihm alles über die Windeln und die Binden und wie sie trotzdem vollgeschissen werden, und er lacht. Angela, hörst du das? Danke Gott, daß du Italienerin bist, Angela. Er sagt, Kleiner, ich muß mal mit Mrs. Leibowitz reden. Ihr müßt doch Verwandte haben, die sich um euch kümmern können. Wenn du Minnie McAdorey siehst, sag ihr, sie soll mal herkommen und mit mir reden. Ihr verwildert ja.

Zwei große Frauen sind an der Tür. Sie sagen, wer bist *du* denn?

Ich bin Frank.

Frank! Wie alt bist du?

Ich bin vier, werd aber fünf.

Da bist du aber nicht groß für dein Alter, stimmt's?

Weiß ich nicht.

Ist deine Mutter da?

Die ist im Bett.

Was macht sie an so einem schönen Tag und am hellichten Tag im Bett?

Sie schläft.

Also, wir kommen erst mal rein. Wir müssen mit deiner Mutter reden.

Sie rauschen an mir vorbei ins Zimmer. Jesus, Maria und Joseph, wie das hier riecht. Und wer sind diese Kinder.

Malachy läuft zu den großen Frauen hin und lächelt. Wenn

er lächelt, kann man sehen, wie weiß und gerade und hübsch seine Zähne sind, und man kann das glänzende Blau seiner Augen sehen, das Rosa seiner Wangen.

Die großen Frauen sehen sich das alles an und lächeln, und ich frage mich, warum sie nicht gelächelt haben, als sie mit mir sprachen.

Malachy sagt, ich bin Malachy, und das ist Oliver, und das ist Eugene, die beiden sind Zwillinge, und das da hinten ist Frankie.

Die große Frau mit den braunen Haaren sagt, du bist ja wohl kein bißchen schüchtern, stimmt's? Ich bin die Cousine deiner Mutter, Philomena, und das ist die Cousine deiner Mutter, Delia. Ich bin Mrs. Flynn, und das ist Mrs. Fortune, und so nennst du uns auch. Wo ist deine Mutter?

Sie ist drin, im Bett.

Guter Gott, sagt Philomena. Diese Zwillinge sind nackt. Habt ihr denn keine Anziehsachen für die?

Malachy sagt, alles vollgeschissen.

Delia bellt. Na bitte. So was kommt dann dabei raus. Ein Mundwerk wie eine Kloake; auch kein Wunder bei einem Vater aus dem Norden. Das Wort sagt man nicht. Das ist ein schlimmes Wort, ein gottloser Ausdruck. Dafür kannst du in die Hölle kommen, wenn du so ein Wort gebrauchst.

Was ist die Hölle? fragt Malachy.

Das erfährst du früh genug, sagt Delia.

Die großen Frauen sitzen mit Mrs. Leibowitz und Minnie McAdorey am Tisch. Philomena sagt, es ist schrecklich, was mit Angelas kleinem Baby passiert ist. Sie haben alles darüber gehört, und da fragt man sich doch, oder etwa nicht, was sie mit der kleinen Leiche angestellt haben. Da fragt man sich doch, und da frage ich mich doch auch, aber Tommy Flynn hat sich nicht gefragt, Tommy Flynn hat es gleich gewußt. Tommy hat gesagt, daß dieser Malachy aus dem Norden Geld für das Baby gekriegt hat.

Geld? sagt Mrs. Leibowitz.

Das ist richtig, sagt Philomena. Geld. Sie nehmen Leichen jeden Alters und führen Experimente damit durch, und da bleibt nicht viel übrig, was man zurückkriegen könnte oder möchte, denn was soll man mit Stücken von einem Baby wenn man sie in dem Zustand nicht mal in geweihter Erde bestatten kann.

Das ist ja schrecklich, sagt Mrs. Leibowitz. Ein Vater oder eine Mutter würden das Baby doch niemals für so was hergeben.

O doch, sagt Delia, wenn das Verlangen nach Getränken sie packt, dann schon. Die eigene Mutter würden sie hergeben, wenn sie das Verlangen haben, da kommt's bei einem Baby, das sowieso schon tot ist und hinüber, gar nicht mehr so drauf an, oder?

Mrs. Leibowitz schüttelt den Kopf und wiegt sich auf ihrem Stuhl. Oy, sagt sie, oy, oy, oy. Das arme Baby. Die arme Mutter. Ich danke Gott, daß mein Mann nicht so ein – wie nennen Sie das? Verlangen? Richtig, Verlangen. Hat. So ein Verlangen haben nur die Iren.

Mein Mann nicht, sagt Philomena. Ich würde ihm das Gesicht brechen, wenn er mit dem Verlangen nach Hause käme. Allerdings, Delia ihr Jimmy, der hat das Verlangen. Jeden Freitagabend kann man sehen, wie er sich in den Saloon schleicht.

Du brauchst gar nicht erst anzufangen und meinen Jimmy zu beleidigen, sagt Delia. Er arbeitet. Er bringt seinen Lohn nach Hause.

Man sollte ein Auge auf ihn haben, sagt Philomena. Wenn er sich vom Verlangen unterkriegen läßt, haben wir es mit einem zweiten Malachy aus dem Norden zu tun.

Kümmer du dich verdammtnochmal um deinen eigenen Kram, sagt Delia. Immerhin ist Jimmy Ire und nicht in Brooklyn geboren wie dein Tommy.

Und darauf hat Philomena keine Antwort parat.

Minnie hält ihr Baby im Arm, und die großen Frauen sagen, sie ist ein süßes Baby, sauber, nicht wie diese Bande da, von Angela die, die hier rumläuft. Philomena sagt, sie weiß nicht, woher Angela ihre unsaubere Art hat, denn Angelas Mutter war makellos, so sauber, daß man bei ihr vom Fußboden essen konnte.

Ich frage mich, warum man vom Fußboden essen möchte, wenn man einen Tisch und einen Stuhl hat.

Delia sagt, es muß etwas mit Angela und diesen Kindern geschehen, denn die sind ja eine Schande, aber ja, da schämt man sich ja, verwandt zu sein. Man muß Angelas Mutter einen Brief schreiben. Philomena wird ihn schreiben, weil ein Lehrer in Limerick ihr mal gesagt hat, sie hätte keine Klaue. Delia muß Mrs. Leibowitz erklären, daß keine Klaue eine gute Handschrift bedeutet.

Mrs. Leibowitz geht ans andere Ende des Ganges, um von ihrem Mann den Füllfederhalter und Papier und einen Umschlag auszuborgen. Die vier Frauen sitzen am Tisch und entwerfen einen Brief, den sie der Mutter meiner Mutter schicken wollen:

Liebe Tante Margaret,
Ich ergreife die Feder um Dir diesen Brief zu schreiben und hoffe dies trifft Dich an wie es uns verlest in allerbester Gesundheit. Mein Mann Tommy ist in Hochform und arbeitet in einem fort und Delias Mann Jimmy ist in Hochform und arbeitet in einem fort und wir hoffen dies trifft Dich in Hochform an. Es tut mir sehr leid Dir mitzuteilen das Angela nicht in Hochform ist weil das Baby gestorben ist das kleine Mädchen, Margaret hat es geheisen nach Dir selber und Angela ist seitdem nicht mehr die selbe und liegt im Bett mit dem Gesicht zur Wand. Um es noch mehr schlimmer zu machen glauben wir sie ist schon wieder guter Hofnung und das geht

denn doch zu weit. Ein Kind verliert sie und in der selben Minute ist schon wieder eins unterwegs. Wir wissen nicht wie sie das macht. Vier Jahre verheiratet fünf Kinder und eins unterwegs. Das zeigt Dir was passieren kann wenn man einen aus dem Norden heiratet denn sie haben sich nicht unter Kontrolle die Protestanden einer wie der andere. Er geht jeden Tag arbeiten aber wir wissen das er seine ganze Zeit in den Salloons verbringt und ein Paar Dollar kriegt für ausfegen und Fässer schleppen und das gibt er an Ort u. Stelle wieder für Getränk aus. Es ist schlimm Tante Margaret und wir finden alle das es Angela u. den Kindern im Lande ihrer Geburt besser gehen würde. Wir haben nicht das Geld um die Überfahrt zu bezahlen weil die Zeiten schwer sind aber vielleicht findest Du eine Möglichkeit. In der Hofnung das Dich dies in Hochform antrifft wie es uns verlest Gott u. Seiner Allerh. Mutter der Jungfr. Maria sei dank.

Verbleibe ich Deine Dich liebende Nichte
Philomena Flynn (vormals
MacNamara)
und nicht zuletzt Deine Nichte
Delia Fortune (ebenfalls vormals
MacNamara, hahaha)

Großmutter Sheehan schickte Philomena und Delia Geld. Sie kauften die Schiffskarten, fanden einen Überseekoffer in der Gesellschaft des Hl. Vincent de Paul, mieteten einen Kleinlaster, der uns nach Manhattan an die Pier brachte, setzten uns aufs Schiff, sagten gute Fahrt und guten Wind und kommt bloß nicht wieder her, und gingen weg.

Das Schiff legte ab und fuhr übers Wasser. Mam sagte, das da ist die Freiheitsstatue, und das da ist Ellis Island, wo alle Immigranten reingekommen sind. Dann beugte sie sich seitlich vornüber und erbrach sich, und der Wind vom Atlantik wehte alles über uns und andere frohgestimmte Menschen, die die Aussicht genossen. Möwen schossen heran, um etwas von der Gabe abzubekommen, während Passagiere kreischend und gottlose Ausdrücke äußernd flohen und Mam schlaff und bleich an der Reling hing.

2

Nach einer Woche kamen wir in Moville in der Grafschaft Donegal an, wo wir einen Bus nach Belfast nahmen und von dort einen zweiten Bus noch Toome in der Grafschaft Antrim. Wir ließen den Überseekoffer in einem Laden und machten uns zu Fuß auf den zwei Meilen langen Weg über die Landstraße zum Haus von Großvater McCourt. Es war dunkel auf der Straße, die Morgendämmerung auf den Hügeln im Osten hatte noch kaum begonnen.

Dad trug die Zwillinge auf den Armen, und sie plärrten abwechselnd vor Hunger. Mam blieb alle paar Minuten stehen, um sich auf die Mauer aus Feldsteinen neben der Straße zu setzen und auszuruhen. Wir setzten uns zu ihr und beobachteten, wie der Himmel erst rot und dann blau wurde. Auf den Bäumen fingen Vögel an zu zwitschern und zu singen, und als dann die Morgendämmerung kam, sahen wir seltsame Geschöpfe auf den Feldern, die so dastanden und uns ansahen. Malachy sagte, was sindn das, Dad?

Kühe, mein Sohn.

Was sindn Kühe, Dad?

Kühe sind Kühe, mein Sohn.

Wir gingen weiter die immer heller werdende Straße entlang, und dann standen da andere Geschöpfe auf dem Feld, weiße, pelzige Geschöpfe.

Malachy sagte, was sindn das, Dad?

Schafe, mein Sohn.

Was sindn Schafe, Dad?

Mein Vater bellte ihn an, hört das denn nie auf mit deinen Fragen? Schafe sind Schafe, Kühe sind Kühe, und das da drüben ist eine Ziege. Eine Ziege ist eine Ziege. Die Ziege gibt Milch, das Schaf gibt Wolle, die Kuh gibt alles. Was willst du in Gottes Namen denn noch alles wissen?

Und Malachy jaulte vor Angst, weil Dad sonst nie so sprach, nie barsch zu uns war. Er mochte uns mitten in der Nacht aus dem Bett holen, und wir mußten versprechen, daß wir für Irland sterben, aber so gebellt hatte er noch nie. Malachy rannte zu Mam, und sie sagte, na na, wein doch nicht. Dad ist nur erschöpft, weil er die Zwillinge tragen muß, und es ist nicht leicht, all diese Fragen zu beantworten, wenn man Zwillinge durch die Welt schleppt.

Dad setzte die Zwillinge auf die Straße und machte: Wer kommt in meine Arme? für Malachy. Jetzt fingen die Zwillinge an zu weinen, und Malachy klammerte sich an Mam und schluchzte. Die Kühe muhten, die Schafe mähten, die Ziege ähähäte, die Vögel schlugen auf den Bäumen Krawall, und das Öööt-öööt eines Automobils übertönte alles. Ein Mann rief uns aus dem Automobil zu, grundgütiger Herrgott, was macht ihr Leute denn zu dieser Stunde an einem Ostersonntagmorgen auf der Landstraße?

Dad sagte, guten Morgen, Vater Prior.

Vater? sagte ich. Dad, ist das dein Vater?

Mam sagte, stell ihm bloß keine Fragen.

Dad sagte, nein, nein, das ist ein Priester.

Malachy sagte, was istn ein ...? aber Mam hielt ihm den Mund zu.

Der Priester hatte weißes Haar und einen weißen Kragen. Er sagte, wohin wollt ihr denn?

Dad sagte, immer geradeaus zu den McCourts aus Moneyglass, und der Priester lud uns in sein Automobil ein. Er sagte, er kennt die McCourts, eine angesehene Familie, gute Katholiken, einige kommen täglich zur Kommunion, und er hofft, er sieht uns alle in der Messe, besonders die kleinen Yankees, die nicht wissen, was ein Priester ist, der Herr steh uns bei.

Vor dem Haus greift meine Mutter nach dem Riegel am Tor. Dad sagt, nein, nein, so nicht. Nicht durch das vordere Tor. Durch das vordere Tor geht nur der Priester, wenn er zu Besuch kommt – oder der Sarg.

Wir gehen um das Haus herum zur Küchentür. Dad drückt die Tür auf, und da sitzt Großvater McCourt und trinkt Tee aus einer großen Tasse, und Großmutter McCourt brät irgendwas.

Och, sagt Großvater, da seid ihr ja.

Dad gibt es zu. Er zeigt auf meine Mutter. Das ist Angela, sagt er. Großvater sagt, *och,* du mußt erschöpft sein, Angela ... Großmutter sagt nichts; sie dreht sich wieder zu ihrer Bratpfanne um. Großvater führt uns durch die Küche in ein großes Zimmer mit einem langen Tisch und Stühlen. Setzt euch, es gibt Tee. Wollt ihr Boxty?

Malachy sagt, was istn Boxty?

Dad lacht. Pfannkuchen, mein Sohn. Pfannkuchen aus Kartoffeln.

Großvater sagt, wir haben Eier. Es ist Ostersonntag, und ihr könnt so viele Eier haben, wie ihr bei euch behalten könnt.

Wir trinken Tee und essen Boxty und hartgekochte Eier, und dann schlafen wir alle ein. Ich wache in einem Bett mit Malachy und den Zwillingen auf. Meine Eltern liegen in einem anderen Bett am Fenster. Wo bin ich? Es wird dunkel. Wir sind nicht auf dem Schiff. Mam schnarcht hink, Dad schnarcht honk. Ich stehe auf und pikse Dad mit dem Zeigefinger. Ich muß mal klein. Er sagt, nimm das Nachtgeschirr.

Was?

Unterm Bett, mein Sohn. Das Nachtgeschirr. Da sind Rosen

drauf und Mägdelein, die in der Schlucht herumtollen. Da kannst du reinpinkeln, mein Sohn.

Ich will ihn fragen, wovon er überhaupt spricht, denn selbst wenn ich platze, kommt es mir komisch vor, in einen Topf mit Rosen und herumtollenden Mägdelein zu pinkeln, egal was Mägdelein sind. In der Classon Avenue hatten wir so was nicht. Da sang Mrs. Leibowitz auf dem Klo, während wir auf dem Gang standen und uns alles verkniffen.

Jetzt muß Malachy das Nachtgeschirr benutzen, aber er will sich draufsetzen. Dad sagt, nein, das darfst du nicht, mein Sohn. Du mußt vor die Tür gehen. Als er das sagt, muß ich auch – mich hinsetzen. Er führt uns die Treppe hinunter und durch das große Zimmer, in dem Großvater vor dem Kamin sitzt und liest und Großmutter auf ihrem Sessel sitzt und döst. Draußen ist es dunkel, aber der Mond ist so hell, daß wir sehen können, wohin wir gehen. Dad öffnet die Tür eines kleinen Hauses, in dem ein Sitz mit einem Loch drin ist. Er zeigt Malachy und mir, wie man auf dem Loch sitzt und sich mit Zeitungspapier abputzt, welches auf einen Nagel gesteckt ist. Dann sagt er, wir sollen warten, und geht hinein, macht die Tür zu und grunzt. Der Mond scheint so hell, daß ich das Feld überblicken kann, auf dem die Dinger namens Kühe und Schafe stehen, und ich frage mich, warum die nicht nach Hause gehen.

Im Haus sind noch andere Leute in dem Zimmer bei meinen Großeltern. Dad sagt, das sind deine Tanten: Emily, Nora, Maggie, Vera. Deine Tante Eva hat selbst Kinder und wohnt in Ballymena. Meine Tanten sind nicht wie Mrs. Leibowitz und Minnie McAdorey; sie nicken uns zu, aber sie umarmen uns nicht und lächeln nicht. Mam kommt mit den Zwillingen ins Zimmer, und als Dad seinen Schwestern sagt, das ist Angela, und das sind die Zwillinge, nicken sie wieder nur.

Großmutter geht in die Küche, und bald gibt es Brot und Würste und Tee. Der einzige, der bei Tische spricht, ist Malachy. Er zeigt mit dem Löffel auf die Tanten und fragt noch einmal, wie sie heißen. Als Mam ihm sagt, er soll seine Wurst essen und still sein, kriegt er Tränen in die Augen, und Tante Nora streichelt ihn und sagt, na na, und ich frage mich, warum jeder na na sagt, wenn Malachy weint. Ich frage mich, was na na bedeutet. Am Tisch ist alles still, bis Dad sagt, in Amerika ist es schlimm. Großmutter sagt, *och, aye,* das hab ich in der Zeitung gelesen. Aber sie sagen doch, Mr. Roosevelt ist ein guter Mann, und wenn du dageblieben wärst, hättest du inzwischen auch Arbeit gefunden.

Dad schüttelt den Kopf, und Großmutter sagt, ich weiß nicht, was du machen sollst, Malachy. Hier ist es schlimmer als in Amerika. Hier gibt es keine Arbeit, und Gott weiß es, wir haben hier keinen Platz für sechs Leute mehr.

Dad sagt, ich dachte, ich könnte auf einem Bauernhof Arbeit finden. Dann könnten wir uns ein Häuschen zulegen.

Und wo wollt ihr bis dahin unterkommen? sagt Großmutter. Und wie willst du dich und deine Familie ernähren?

Och, ich könnte doch wohl vermutlich stempeln gehen.

Du kannst nicht frisch vom Schiff aus Amerika kommen und gleich stempeln gehen, sagt Großvater. Da muß man erst mal warten, und was machst du, während du wartest?

Dad sagt nichts, und Mam sieht die Wand an.

Im Freistaat würdest du dich besser stellen, sagt Großmutter. Dublin ist groß, und da oder auf den Bauernhöfen ringsum findest du bestimmt Arbeit.

Von der IRA steht dir doch auch Geld zu, sagt Großvater. Du hast deinen Beitrag geleistet, und im gesamten Freistaat verteilen sie Geld. Du könntest nach Dublin fahren und um Hilfe bitten. Die Busfahrt nach Dublin können wir dir vorstrecken. Die Zwillinge könnt ihr auf den Schoß nehmen, dann können sie umsonst mit.

Dad sagt, *och, aye,* und Mam starrt die Wand an und hat Tränen in den Augen.

Nach dem Essen gingen wir wieder ins Bett, und am nächsten Morgen saßen alle Erwachsenen um den Tisch herum und kuckten traurig. Bald kam ein Mann in einem Auto und fuhr uns zurück zu dem Laden, in dem unser Überseekoffer war. Sie hoben den Koffer auf das Dach eines Busses, und wir stiegen in den Bus. Dad sagte, wir fahren nach Dublin. Malachy sagte, was istn Dublin? aber niemand antwortete ihm. Dad hatte Eugene auf dem Schoß und Mam Oliver. Dad sah aus dem Fenster auf die Felder und sagte mir, hier sei Cuchulain gern spazierengegangen. Ich fragte ihn, wo Cuchulain dem Hund den Ball ins Maul geschlagen hat, und er sagte, ein paar Meilen von hier.

Malachy sagte, kucktma kucktma, und wir kuckten: Es war eine große silbrige Wasserfläche, und Dad sagte, das ist der Lough Neagh, der größte See von ganz Irland, der See, in dem Cuchulain nach seinen großen Schlachten zu schwimmen pflegte. Cuchulain wurde es immer so heiß, daß der Lough Neagh, wenn er hineinsprang, überkochte und tagelang die ganze Gegend heizte. Eines Tages würden wir alle zurückkommen und wie Cuchulain persönlich schwimmen gehen. Wir würden Aale fangen und sie in der Pfanne braten, anders als Cuchulain, der sie mit der Hand aus dem See fischte und lebendig runterschluckte, weil ein Aal große Macht besitzt.

Stimmt's, Dad?

Stimmt.

Mam sah nicht aus dem Fenster auf den Lough Neagh. Ihr Kinn lag auf Olivers Kopf, und sie starrte den Fußboden des Busses an.

Bald rollt der Bus in eine Stadt mit großen Häusern, Autos, Pferden, die Wagen ziehen, Menschen auf Fahrrädern und Hunderten von Fußgängern. Malachy ist aufgeregt. Dad, Dad, wo istn der Spielplatz, wo sindn die Schaukeln? Ich will zu Freddie Leibowitz.

Och, mein Sohn, du bist doch jetzt in Dublin, weit weg von der Classon Avenue. Du bist jetzt in Irland, ganz weit weg von New York.

Als der Bus anhält, wird der Überseekoffer vom Dach gewuchtet und auf den Fußboden vom Busbahnhof gestellt. Dad sagt zu Mam, sie kann sich auf eine Bank im Busbahnhof setzen, während er sich mit dem Mann von der IRA an einem Ort namens Terenure trifft. Er sagt, für die Jungens gibt es Toiletten im Busbahnhof, er bleibt nicht lange fort, wenn er wiederkommt, hat er das Geld, und dann gibt es für uns alle was zu essen. Er sagt, ich soll mitkommen, und Mam sagt, nein, ich brauche ihn hier, er muß mir helfen. Aber als Dad sagt, er muß mir doch das viele Geld tragen helfen, lacht sie und sagt, na gut, geh mit deinem Ollen.

Mit deinem Ollen. Das heißt, sie hat gute Laune. Wenn sie sagt, mit deinem Vater, heißt das, sie hat schlechte Laune.

Dad nimmt mich an die Hand, und ich trabe neben ihm her. Er kann schnell gehen, der Weg nach Terenure ist weit, und ich hoffe, daß er anhält und mich trägt, so wie er die Zwillinge in Toome getragen hat. Aber er stiefelt weiter und sagt nichts, außer daß er Leute fragt, wo Terenure ist. Später sagt er, jetzt sind wir in Terenure und müssen nur noch Mr. Charles Heggarty von der IRA finden. Ein Mann mit einem rosa Flicken auf dem Auge sagt uns, daß wir in der richtigen Straße sind, Charlie Heggarty wohnt Nummer vierzehn, Gott strafe ihn. Der Mann sagt zu Dad, wie ich sehe, sind Sie ein Mann, der seinen Beitrag geleistet hat. Dad sagt, *och,* ich habe meinen Beitrag geleistet, und der Mann sagt, ich habe meinen Beitrag ebenfalls geleistet, und was hab ich davon? Ein Auge weniger und eine Pension, von der man keinen Kanarienvogel ernähren könnte.

Aber Irland ist frei, sagt Dad, und das ist etwas Großartiges.

Frei am Arsch, sagt der Mann. Ich glaube, unter den Engländern ging's uns besser. Immerhin viel Glück, Mister, ich glaube nämlich, ich weiß, weshalb Sie hier sind.

Eine Frau macht in Nummer vierzehn die Tür auf. Ich fürchte, sagt sie, Mr. Heggarty hat zu tun. Dad sagt ihr, er ist gerade den ganzen Weg von Dublin Stadtmitte bis hierher mit seinem kleinen Sohn zu Fuß gegangen, am Busbahnhof warten Frau und drei Kinder auf ihn, und wenn Mr. Heggarty soviel zu tun hat, warten wir eben hier an der Türschwelle auf ihn.

Eine Minute später ist die Frau wieder da, um zu sagen, Mr. Heggarty hat nur ganz wenig Zeit, bitte hier entlang. Mr. Heggarty sitzt in der Nähe eines Kamins mit glühendem Torf an einem Schreibtisch. Er sagt, was kann ich für Sie tun? Dad steht vor dem Schreibtisch und sagt, ich bin gerade mit Frau und vier Kindern aus Amerika zurückgekommen. Wir haben nichts. Ich habe während der Unruhen in einer Speziellen Einsatzbrigade gekämpft, und ich hoffe, Sie können mir jetzt in Zeiten der Not helfen.

Mr. Heggarty schreibt sich Dads Namen auf und blättert in einem großen Buch auf seinem Schreibtisch. Er schüttelt den Kopf, nein, nein, wir haben hier keine Eintragung über Ihre Dienstzeit.

Dad hält eine lange Rede. Er sagt Mr. Heggarty, wie er gekämpft hat, wo, wann und wie er aus Irland hinausgeschmuggelt werden mußte, weil ein Preis auf seinen Kopf ausgesetzt war, wie er seine Söhne in der Liebe zu Irland großzog.

Mr. Heggarty sagt, tut ihm leid, aber er kann nicht an jeden Geld verteilen, der reinkommt und behauptet, er hat seinen Beitrag geleistet. Dad sagt zu mir, vergiß das nie, Francis. Dies ist das neue Irland. Kleine Männer auf kleinen Stühlen mit kleinen Zetteln Papier. Dies ist das Irland, für das Männer gestorben sind.

Mr. Heggarty sagt, er wird sich Dads Antrag mal ansehen,

und er sagt ihm ganz bestimmt Bescheid, wenn sich was ergibt. Er wird uns Geld für den Bus zurück in die Stadt geben. Dad sieht sich die Münzen in Mr. Heggartys Hand an und sagt, stocken Sie den Betrag doch auf, damit ich mir eine Pint leisten kann.

Ach, Sie wollen das Geld für Alkohol ausgeben, stimmt's?

Eine Pint ist ja wohl kaum Alkohol.

Sie würden meilenweit zu Fuß zurückgehen und den Jungen ebenfalls zu Fuß gehen lassen, weil Sie eine Pint wollen, sehe ich das richtig?

Ein kleiner Gang hat noch keinen umgebracht.

Ich möchte, daß Sie dieses Haus verlassen, sagt Mr. Heggarty, oder ich werde einen *gárda* rufen, und Sie können sicher sein, daß Sie nie wieder von mir hören. Wir verteilen schließlich kein Geld, um die Familie Guinness zu unterstützen.

Die Nacht senkt sich auf Dublins Straßen. Kinder lachen und spielen unter Straßenlaternen, Mütter rufen aus Haustüren heraus, von allen Seiten riecht es nach Kochen, durch die Fenster sehen wir Menschen, die an Tischen sitzen und essen. Ich bin müde und hungrig, und ich möchte, daß Dad mich trägt, aber ich weiß, es hat jetzt keinen Sinn, ihn zu fragen, wenn er so ein mürrisches, verschlossenes Gesicht macht. Ich lasse meine Hand in seiner Hand, und ich renne, um mit ihm Schritt zu halten, bis wir die Haltestelle erreichen, wo Mam mit meinen Brüdern wartet.

Sie sind alle auf der Bank eingeschlafen – meine Mutter und drei Brüder. Als Dad Mam berichtet, daß es kein Geld gibt, schüttelt sie den Kopf und schluchzt, ach Jesus, was sollen wir bloß tun? Ein Mann in einer blauen Uniform kommt herüber und fragt sie, was ist denn los, Missis? Dad sagt ihm, wir sitzen hier im Busbahnhof fest, wir haben kein Geld und keine Bleibe, und die Kinder haben Hunger. Der Mann sagt, er hat gleich dienstfrei, er nimmt uns mit auf die Polizeiwache, wo er sich sowieso melden muß, und die werden dann sehen, was man machen kann.

Der Mann in Uniform sagt, wir können *gárda* zu ihm sagen ... So nennt man Polizisten in Irland. Er fragt uns, wie man die Polizisten in Amerika nennt, und Malachy sagt: Cop. Der *gárda* tätschelt Malachy den Kopf und sagt ihm, er ist ein schlauer kleiner Yankee.

Auf der Polizeiwache sagt uns der Sergeant, wir können dort die Nacht verbringen. Es tut ihm leid, aber er kann uns nur den Fußboden anbieten. Es ist Donnerstag, und die Zellen sind voller Männer, die ihr Stempelgeld vertrunken und sich geweigert haben, die Kneipen zu verlassen.

Die *gárdaí* geben uns heißen süßen Tee und dicke Scheiben Brot, mit Butter und Marmelade beschmiert, und wir sind so froh, daß wir in der Wachstube herumrennen und spielen. Die *gárdaí* sagen, wir kleinen Yanks sind eine ganz prima Truppe, und sie würden uns gern mit nach Hause nehmen, aber ich sage nein, Malachy sagt nein, die Zwillinge sagen nein, nein, und alle *gárdaí* lachen. Männer in Zellen strecken die Arme aus und tätscheln uns den Kopf. Sie riechen wie Dad, wenn er nach Hause kommt und von Kevin Barry und von Roddy McCorley singt, die sich zum Sterben begeben. Die Männer sagen, lieber Herr Jesus, hört euch die an. Die hören sich ja an wie gottverdammte Filmstars oder sonstwas. Seid ihr vom Himmel gefallen oder sonstwas? Eine Frau spricht mit mir. Komm her, Süßer, willst du was zu naschen? Ich nicke, und sie sagt, gut, dann streck deine Hand aus. Sie pult sich etwas Klebriges aus dem Mund und legt es mir auf die Hand. Bitte sehr, sagt sie, ein leckres Karamelbonbon. Steck's dir in den Mund. Ich will es mir nicht in den Mund stecken, weil es klebt und naß ist von ihrem Mund, aber ich weiß nicht, was man macht, wenn eine Frau in einer Zelle einem ein klebriges Karamelbonbon anbietet, und ich will es mir schon in den Mund stecken, als ein *gárda* kommt, das Karamelbonbon nimmt und es der Frau an den Kopf schmeißt. Du versoffene Hure, sagt er, laß das Kind zufrieden, und alle Frauen lachen.

Der Sergeant gibt meiner Mutter eine Decke, und sie legt sich auf eine Bank und schläft. Wir anderen liegen auf dem Fußboden. Dad sitzt mit dem Rücken an die Wand gelehnt, die Augen unter seinem Mützenschirm offen, und er raucht, wenn die *gárdaí* ihm Zigaretten geben. Der *gárda,* der, der Frau das Karamelbonbon an den Kopf geschmissen hat, sagt, er ist aus Ballymena im Norden, und er redet mit Dad über Leute, die sie da kennen, und über Leute in anderen Städten wie Cushendall und Toome. Der *gárda* sagt, eines Tages wird er Pension kriegen, und dann wird er an den Ufern des Lough Neagh leben und den lieben langen Tag angeln. Aale, sagt er, jede Menge Aale. Lieber Herr Jesus, für einen gebratenen Aal vergeß ich mich doch glatt. Ich frage Dad, ist das Cuchulain? und der *gárda* lacht, bis er rot im Gesicht ist. Heilige Muttergottes, habt ihr das gehört? Der Bursche will wissen, ob ich Cuchulain bin. Ein kleiner Yank, und weiß alles über Cuchulain.

Dad sagt, nein, er ist nicht Cuchulain, aber er ist ein guter Mann, der an den Ufern des Lough Neagh leben und den lieben langen Tag angeln wird.

Dad schüttelt mich. Auf, Francis, auf. Es ist laut auf der Wache. Ein Junge wischt den Fußboden und singt:

> Von deinem Mund wollte ich einen Kuß.
> Aus gutem Grund sagte ich mir: Ich muß!
> Denn ich trau mir nicht zu,
> Daß jemand wie du
> Mich lieben könnte, mich lieben …

Ich sage ihm, das ist das Lied meiner Mutter und er soll aufhören zu singen, aber er pafft nur den Rauch von seiner Zigarette in die Luft und geht weiter, und ich frage mich, warum jemand die Lieder von anderen Leuten singen muß. Männer und Frauen kommen aus den Zellen und gähnen und grunzen. Die Frau, die mir das Karamelbonbon geschenkt hat, bleibt stehen und sagt, ich hatte einen Tropfen getrunken, Kind. Tut mir leid, daß ich dich angepflaumt habe, aber der *gárda* aus Ballymena sagt ihr, geh bloß weiter, du alte Hure, sonst sperr ich dich gleich wieder ein.

Kannst mich gern einsperren, sagt sie. Rein, raus. Ist doch mir so wurscht, du blauärschiger Schweinehund.

Mam setzt sich auf der Bank auf, die Decke hat sie um sich gewickelt. Eine Frau mit grauen Haaren bringt ihr eine große Tasse Tee und sagt, schon gut, ich bin die Frau vom Sergeant, und er hat gesagt, ihr braucht vielleicht Hilfe. Möchten Sie vielleicht ein schönes weichgekochtes Ei, Missis?

Mam schüttelt den Kopf, nein.

Na na, Missis, in Ihrem Zustand kommt aber doch ein schönes kleines Ei wie gerufen.

Aber Mam schüttelt den Kopf, und ich frage mich, wie sie zu einem weichgekochten Ei nein sagen kann, wo es doch auf der Welt nichts Schöneres gibt.

Na gut, Ma'am, sagt die Frau des Sergeants, dann eben ein bißchen Toast und etwas für die Kinder und Ihren armen Mann. Sie geht in ein anderes Zimmer zurück, und bald gibt es Tee und Brot. Dad trinkt seinen Tee, aber sein Brot gibt er uns, und Mam sagt, willst du wohl dein Brot essen, um Gottes willen. Du wirst uns nicht viel nützen, wenn du uns vor Hunger umkippst. Er schüttelt den Kopf und fragt die Frau des Sergeants, besteht wohl die Möglichkeit, eine Zigarette zu kriegen. Sie bringt ihm die Zigarette, und zu Mam sagt sie, die Männer auf dem Revier haben für uns gesammelt, damit wir mit dem Zug nach Limerick fahren können. Ein Auto wird unseren Überseekoffer und uns abholen und zum Bahnhof Kingsbridge fahren, und in drei bis vier Stunden seid ihr dann in Limerick.

Mam hebt die Arme und fällt der Frau des Sergeants um den Hals. Gott segne Sie und Ihren Mann und alle anderen auch, sagt Mam. Ich weiß nicht, was wir ohne Sie gemacht hätten. Gott weiß, es ist was Wunderschönes, wieder unter seinesgleichen zu sein.

Das ist doch das mindeste, was wir tun konnten, sagt die Frau des Sergeants. So liebe Kinder haben Sie, und ich selbst stamme aus Cork, und ich weiß, wie es ist, in Dublin zu sein, ohne auch nur zwei Pennies zu haben, die man gegeneinanderreiben kann. Dad sitzt am anderen Ende der Bank, raucht seine Zigarette, trinkt seinen Tee. So bleibt er sitzen, bis das Auto kommt, um uns durch die Straßen von Dublin zu fahren. Dad fragt den Fahrer, ob es ihm was ausmacht, am Hauptpostamt vorbeizufahren, und der Fahrer sagt, brauchen Sie eine Briefmarke oder was? Nein, sagt Dad. Ich habe gehört, sie haben da eine neue Statue von Cuchulain aufgestellt, um die Männer zu ehren, die neunzehn-sechzehn gestorben sind, und die würde ich gern meinem Sohn zeigen, der eine große Bewunderung für Cuchulain hegt.

Der Fahrer sagt, er hat auch nicht den Schimmer einer Ahnung, wer dieser Cuchulain ist, aber es macht ihm nicht die Bohne aus, dort vorbeizufahren und anzuhalten. Vielleicht schaut er auch selbst mit rein und sieht sich den Grund für all die Aufregung an, denn er war, seit er ein kleiner Junge war, nicht mehr auf dem Hauptpostamt, und die Engländer hätten es mit ihren großen Kanonen von der Liffey her fast kleingekriegt. Er sagt, die Einschüsse sieht man überall an der Vorderfront, und man sollte die da drinlassen, um die Iren stets an die englische Perfidie zu erinnern. Ich frage den Mann, was Perfidie ist, und er sagt, frag deinen Vater, was ich gerade tun will, aber da halten wir vor einem großen Gebäude mit Säulen, und das ist das Hauptpostamt.

Mam bleibt im Auto, während wir dem Fahrer in die Hauptpost folgen. Da ist er, sagt er. Da ist euer Mann Cuchulain.

Und ich spüre, wie mir die Tränen kommen, weil ich ihn endlich ansehen kann – Cuchulain auf seinem Sockel im Hauptpostamt. Er ist golden, und er hat langes Haar, er läßt den Kopf hängen, und auf seiner Schulter hockt ein großer Vogel.

Der Fahrer sagt, worum geht es hier denn überhaupt in Gottes Namen? Was macht der Bursche da mit den langen Haaren und dem Vogel auf der Schulter? Und könnten Sie mir freundlichst erklären, Mister, was das mit den Männern von neunzehn-sechzehn zu tun hat?

Dad sagt, Cuchulain hat bis ans Ende gekämpft, wie die Männer der Osterwoche. Seine Feinde hatten Angst davor, sich ihm zu nähern, bis sie sicher waren, daß er tot war, und als der Vogel auf ihm landete und von seinem Blut trank, wußten sie es.

Na, sagt der Fahrer, das ist ein trauriger Tag für die Männer von Irland, wenn sie einen Vogel brauchen, damit er ihnen sagt, daß ein Mann tot ist. Ich glaube, wir gehen jetzt lieber, sonst verpassen wir noch diesen Zug nach Limerick.

Die Frau des Sergeants hatte gesagt, sie schickt Oma ein Telegramm, damit sie uns in Limerick abholt, und da stand sie auf dem Bahnsteig, Oma, mit weißem Haar, verdrießlichem Blick, einem schwarzen Umhang und keinem Lächeln für meine Mutter oder irgendeinen von uns, nicht mal meinen Bruder Malachy, den mit dem strahlenden Lächeln und den hübschen weißen Zähnen. Mam zeigte auf Dad. Das ist Malachy, sagte sie, und Oma nickte und sah woandershin. Sie rief zwei Jungens, die am Bahnhof herumlungerten, und gab ihnen Geld, damit sie den Überseekoffer trugen. Die Jungens hatten den Kopf rasiert und Rotznasen und keine Schuhe, und wir folgten ihnen durch die Straßen von Limerick. Ich fragte Mam, warum sie keine Haare auf dem Kopf haben, und sie sagte, sie haben den Kopf wegen der Läuse kahlgeschoren. Malachy sagte, was istn der Läuse? und Mam sagte, nicht Läuse. Eine nennt man Laus. Oma sagte, hörts endlich auf damit! Was sind denn das für Reden? Die Jungens pfiffen und lachten und trabten weiter, als hätten sie Schuhe an, und Oma sagte zu ihnen, hörts auf zu lachen, sonst laßts noch den Koffer fallen, und dann ist er hin. Sie hörten auf zu pfeifen und zu lachen, und wir folgten ihnen in einen Park mit einer hohen Säule und einer Statue obendrauf, und ringsum war Gras, das war so grün, daß es einen blendete. Dad trug die Zwillinge, Mam trug in der einen Hand eine Tasche, und an der anderen Hand hatte sie Malachy. Sie blieb alle paar Minuten stehen, um Atem zu schöpfen, und Oma sagte, rauchst du etwa immer noch? Das Rauchen ist noch mal dein Tod. In Limerick hat's schon genug Schwindsucht, ohne daß man obendrein auch noch raucht, was ohnehin eine Narretei des reichen Mannes ist.

Links und rechts neben dem Pfad durch den Park waren Hunderte von Blumen in verschiedenen Farben, und die Zwillinge wurden ganz aufgeregt. Sie zeigten auf die Blumen und quiekten, und wir lachten, alle außer Oma, die zog sich den Umhang über den Kopf. Dad blieb stehen und stellte die Zwillinge ab, damit sie näher an den Blumen waren. Er sagte, Blumen, und sie liefen auf und ab und versuchten, es auch zu sagen, Blumen. Einer der Jungens mit dem Koffer sagte, Gott, sind das Amerikaner? und Mam sagte, ja, sind sie. In New York geboren. Alle meine Buben sind in New York geboren. Der Junge sagte zu dem anderen Jungen, Gott, das sind Amerikaner. Sie stellten den Koffer ab und starrten uns an, und wir starrten zurück, bis Oma sagte, wollts hier den ganzen Tag herumstehen und schauts die Blumen an und starrts euch gegenseitig an? Und wir gingen alle weiter, aus dem Park hinaus, durch eine enge Gasse und in eine andere Gasse bis zum Haus von Oma.

Auf beiden Seiten der Gasse steht eine Reihe kleiner Häuser, und Oma wohnt in einem der kleinen Häuser. In ihrer Küche steht ein glänzender polierter eiserner Herd, und hinter dem Rost glimmt ein Feuer. An der Wand unter dem Fenster steht ein Tisch und gegenüber ein Wandschrank mit Tassen und Untertassen und Vasen. Dieser Wandschrank ist immer abgeschlossen, und sie bewahrt den Schlüssel immer im Portemonnaie auf, weil man nichts aus dem Schrank benutzen darf, außer jemand stirbt oder kommt aus ausländischen Gegenden zurück, oder ein Priester kommt zu Besuch.

An der Wand mit dem Herd hängt ein Bild von einem Mann mit langen braunen Haaren und traurigen Augen. Er zeigt auf seine Brust, wo sich ein großes Herz befindet, aus dem Flammen kommen. Mam sagt, das ist ein Bild vom Allerheiligsten Herzen Jesu, und ich will wissen, warum das Herz des Mannes in Flammen steht, und warum gießt er dann kein Wasser drauf? Oma sagt, wissen diese Kinder denn gar nichts über ihre Religion? und Mam sagt ihr, daß es in Amerika anders ist. Oma sagt, das Allerheiligste Herz Jesu ist allgegenwärtig, und für diese Art Unwissenheit gibt es keine Entschuldigung.

Unter dem Bild von dem Mann mit dem brennenden Herzen ist ein Bord mit einem roten Glas, in dem eine flackernde Kerze steht, und daneben eine kleine Statue. Mam sagt uns, das ist das Jesuskindlein von Prag, und wenn ihr je was braucht, betet zu Ihm. Malachy sagt, Mam, könntest du diesem Ihm sagen, daß ich Hunger hab, und Mam legt den Finger auf die Lippen. Oma macht Tee und murrt in der Küche herum und sagt Mam, sie soll den Laib Brot schneiden, und schneide bloß die Scheiben nicht zu dick. Mam sitzt am Tisch und atmet schwer, aber sie sagt, gleich, sie schneidet das Brot sofort. Dad nimmt das Messer und beginnt, das Brot zu schneiden, und man kann sehen, daß Oma das gar nicht paßt. Sie sieht ihn an und runzelt die Stirn, aber sie sagt nichts, obwohl er dicke Scheiben abschneidet.

Es gibt nicht genug Stühle für alle, also sitze ich mit meinen Brüdern auf der Treppe, und es gibt Brot und Tee. Dad und Mam sitzen am Tisch, und Oma sitzt mit ihrer großen Tasse Tee unter dem Allerheiligsten Herzen. Sie sagt, ich weiß beim besten Willen nicht, was ihr hier wollts. In diesem Haus habts doch gar keinen Platz.

Malachy sagt, wollts wollts, habts habts, und fängt an zu kichern, und ich sage, wollts wollts, habts habts, und wir müssen so lachen, daß wir kaum unser Brot essen können.

Großmutter funkelt uns zornig an. Worüber lachts ihr denn. In diesem Haus hat's nichts zum Lachen. Benehmts euch lieber, sonst komm ich gleich mal zu euch.

Sie hört einfach nicht damit auf und sagt lachts und benehmts, und Malachy kann gar nicht mehr vor Lachen und spuckt sein Brot und seinen Tee wieder aus und wird ganz rot im Gesicht.

Dad sagt, Malachy, und du auch, Frank, hört sofort auf damit. Malachy kann aber nicht; er lacht weiter, bis Dad sagt, komm hierher. Er krempelt Malachy den Ärmel auf und hebt die Hand, um ihm auf den nackten Arm zu hauen.

Wirst du dich jetzt benehmen?

Malachys Augen füllen sich mit Tränen, und er nickt, ja, weil Dad noch nie so die Hand gegen ihn erhoben hat. Dad sagt, sei ein lieber Junge und setz dich zu deinen Brüdern, und er krempelt den Ärmel wieder herunter und tätschelt Malachy den Kopf.

An dem Abend kam Mams Schwester, Tante Aggie, von ihrer Arbeit in der Kleiderfabrik nach Hause. Sie war groß, wie die Schwestern MacNamara, und sie hatte flammendrote Haare. Sie schob ein großes Fahrrad in den kleinen Raum hinter der Küche und setzte sich an den Tisch, um Abendbrot zu essen. Sie wohnte bei Oma, weil sie Krach mit ihrem Mann Pa Keating hatte, der ihr, als er Getränke zu sich genommen hatte, sagte, du bist eine dicke, fette, alte Kuh, geh doch zurück zu deiner Mutter. Das erzählte Oma Mam, und deshalb war kein Platz für uns in Omas Haus. Bei ihr wohnten nun schon sie selbst, Tante Aggie und ihr Sohn Pat, der mein Onkel und gerade unterwegs war, Zeitungen verkaufen.

Tante Aggie beschwerte sich, als Oma ihr sagte, daß Mam in dieser Nacht bei ihr schlafen mußte. Oma sagte, nun mach doch bloß den Mund zu. Nur die eine Nacht, das bringt dich doch nicht um, und wenn's dir nicht paßt, kannst du zu deinem Mann zurück, wo du auch hingehörst, anstatt zu mir ins Haus gerannt zu kommen. Jesus, Maria und heiliger Joseph, sehts euch dieses Haus an – du und Pat und Angela und ihre amerikanische Rasselbande. Wird mir wohl am hinteren Ende meines Lebens ein wenig Friede beschieden sein?

Sie breitete Mäntel und Lumpen auf dem Fußboden des kleinen Hinterzimmers aus, und da schliefen wir dann beim Fahrrad. Dad blieb auf einem Stuhl in der Küche, brachte uns aufs Klo im Hinterhof, wenn wir's brauchten, und in der Nacht beruhigte er die Zwillinge, wenn sie vor Kälte weinten. Am Morgen kam Tante Aggie, um ihr Fahrrad zu holen, und sagte, paßts doch mal auf, gehts mir doch mal aus dem Weg.

Als sie weg war, sagte Malachy immer wieder, paßts doch mal auf, und ich konnte hören, wie Dad in der Küche lachte, bis Oma herunterkam und er Malachy sagen mußte, er soll ruhig sein.

An dem Tag gingen Oma und Mam weg und fanden ein möbliertes Zimmer in der Windmill Street, wo Tante Aggie mit ihrem Mann Pa Keating eine Wohnung hatte. Oma zahlte die Miete, zehn Shilling für zwei Wochen. Sie gab Mam Geld für Essen, lieh uns einen Kessel, einen Topf, eine Bratpfanne, Messer und Löffel, Marmeladengläser, die wir als Tassen benutzen sollten, eine Decke und ein Kissen. Sie sagte, mehr kann sie sich nicht leisten, Dad soll mal seinen Arsch lüften, sich Arbeit suchen, stempeln gehen, bei der Gesellschaft des Hl. Vincent de Paul um Unterstützung bitten, von der Fürsorge leben. Das Zimmer hatte eine Feuerstelle, wo wir Wasser für unseren Tee kochen konnten oder ein Ei, falls wir je zu Geld kommen sollten. Wir hatten einen Tisch und drei Stühle und ein Bett, und Mam sagte, so ein großes Bett hat sie ja noch nie gesehen. Wir waren froh über das Bett, endlich, nach den Nächten auf dem Fußboden in Dublin und bei Oma. Es war nicht schlimm, daß wir zu sechst in dem Bett waren; wir waren beieinander, weg von Großmüttern und *gárdaí,* Malachy konnte paßts-doch-mal-auf sagen, sooft er wollte, und wir konnten lachen, wenn uns danach war.

Dad und Mam lagen am Kopfende, Malachy und ich am Fußende, die Zwillinge, wo es ihnen gerade am besten gefiel. Malachy brachte uns noch mal zum Lachen. Schlafts, schlafts, schlafts, sagte er, dann sagte er oy, und dann schlief er ein. Mam machte das leise Hink-hink-Geräusch, an dem man merkte, daß sie schlief. Im Licht des Mondes konnte ich die ganze Länge des Betts überblicken und sah, daß Dad noch wach war, und als Oliver im Schlaf weinte, griff Dad nach ihm und hielt ihn. Whscht, sagte er. Whscht.

Dann fuhr Eugene auf und kreischte und zerrte an sich herum. Ah, ah, Mammy, Mammy. Dad setzte sich auf. Was? Was ist los, mein Sohn? Eugene weinte weiter, und als Dad aus dem Bett sprang und die Gaslampe anmachte, sahen wir die Flöhe – sie hüpften, sprangen, verbissen sich in unserem Fleisch. Wir hauten auf sie drauf, aber sie hüpften einfach weiter von Körper zu Körper, sie hüpften und bissen. Wir kratzten an den Bissen, bis sie bluteten. Wir sprangen aus dem Bett, die Zwillinge weinten, Mam stöhnte, o Jesus, kommen wir denn nie zur Ruhe! Dad goß Wasser und Salz in ein Marmeladenglas und betupfte unsere Bisse. Das Salz brannte, aber er sagte, bald würden wir uns besser fühlen.

Mam saß mit den Zwillingen auf dem Schoß bei der Feuerstelle. Dad zog sich seine Hose an und zerrte die Matratze vom Bett und auf die Straße hinaus. Er goß Wasser in den Kessel und in den Topf, stellte die Matratze gegen die Hauswand, drosch mit einem Schuh auf sie ein, sagte mir, ich soll ständig Wasser auf die Erde schütten, damit die Flöhe ertrinken, die hineinfallen. Der Mond von Limerick war so hell, daß ich Stücke davon im Wasser schimmern sah, und ich hätte gern die Mondstücke aufgeschöpft, aber wie konnte ich das mit den Flöhen, die mir an die Beine sprangen. Dad drosch weiter mit dem Schuh, und ich mußte durchs Haus zurückrennen, zum Wasserhahn auf dem Hinterhof, um immer noch mehr Wasser für den Kessel und den Topf zu holen. Mam sagte, sieh dich an. Deine Schuhe sind pitschnaß, und du wirst dir den Tod holen, und dein Vater wird sich bestimmt die Lungenentzündung holen ohne seinen Schuh am Fuß.

Ein Mann auf einem Fahrrad hielt an und wollte wissen, warum Dad diese Matratze schlug. Muttergottes, sagte er, von so einer Kur gegen Flöhe habe ich noch nie gehört. Wußten Sie, daß, wenn ein Mann so springen könnte wie ein Floh, ein Sprung ihn halbwegs bis zum Mond tragen würde? Was man machen muß, ist folgendes: Wenn ihr mit dieser Matratze zurück ins Haus geht, legt sie verkehrt rum auf das Bett, und das wird die kleinen Scheißkerle verwirren. Sie werden nicht wissen, wo sie sind, und dann beißen sie die Matratze oder sich gegenseitig, und das ist die beste Kur von allen. Nachdem sie das menschliche Wesen gebissen haben, sind sie im Rausch, versteht ihr, denn um sie herum sind andere Flöhe, die ebenfalls das menschliche Wesen gebissen haben, und der Geruch des Blutes ist zuviel für sie, und sie verlieren den Verstand. Sie sind eine rechte gottverdammte Qual, und ich weiß, wovon ich rede, oder bin ich etwa nicht in Limerick aufgewachsen, unten in Irishtown, und die dortigen Flöhe waren so zahlreich und dreist, daß sie sich einem auf die Schuhspitze setzten und Irlands jammervolle Geschichte mit einem diskutierten. Es heißt, im alten Irland habe es keine Flöhe gegeben, die Engländer sollen sie eingeschleppt haben, damit wir endgültig überschnappen, und ich muß sagen, zuzutrauen wäre es ihnen. Und ist es nicht überaus seltsam, daß Sankt Patrick die Schlangen aus Irland vertrieben hat, und die Engländer haben uns die Flöhe gebracht. Jahrhundertelang war Irland ein herrlicher, friedlicher Ort, die Schlangen weg und keine Spur von einem Floh. Man konnte über die vier grünen Felder von Irland schlendern, ohne Angst vor Schlangen zu haben, und anschließend erwartete einen eine erquickende Nachtruhe ohne Flöhe, die einen behelligen konnten. Diese Schlangen haben ohnehin keinen Schaden angerichtet, sie haben einen nicht belästigt, wenn sie nicht in die Enge getrieben wurden, und sie haben sich von anderen Geschöpfen ernährt, die sich unter Büschen und ähnlichen Orten bewegten, wohingegen der Floh Ihnen das Blut am Morgen, zu Mittag, gegen Abend und in der Nacht aussaugt, denn das liegt in seiner Natur begründet, und er kann nichts dagegen unternehmen. Ich habe zuverlässig gehört, daß Orte, an denen es von Schlangen wimmelt, keine Flöhe haben. Arizona zum Beispiel. Ständig hört man von den Schlangen in Arizona, aber haben Sie je von den Flöhen in Arizona gehört? Ich wünsche euch viel Glück. Ich muß mich vorsehen, wenn ich hier stehe, denn wenn einer von ihnen auf meine Kleidung gelangt, kann ich auch gleich seine ganze Familie zu mir nach Hause einladen.

Dad sagte, Sie haben wohl nicht zufällig eine Zigarette?

Eine Zigarette? Doch, klar, natürlich. Bittesehr. Haben die Kippen mich etwa nicht auch schon so gut wie auf dem Gewissen, na bitte. Der gute alte trockene Husten, wissen Sie. So kraftvoll, daß er mich fast vom Fahrrad haut. Ich kann spüren, wie sich dieser Husten in meiner Magengrube regt und sich seinen Weg durch meine Eingeweide nach oben bahnt, bis er mir als nächstes die Schädeldecke wegsprengt.

Er riß ein Streichholz an der Streichholzschachtel an, zündete sich eine Zigarette an und hielt Dad das Streichholz hin. Natürlich, sagte er, kriegt man zwangsläufig den Husten, wenn man in Limerick wohnt, denn dies ist die Hauptstadt des schwachen Brustkorbs, und der schwache Brustkorb führt zur Schwindsucht. Wenn alle Menschen in Limerick, welche die Schwindsucht haben, stürben, wäre dies eine Geisterstadt, obwohl ich persönlich die Schwindsucht nicht habe. Nein, dieser Husten war ein Geschenk der Deutschen. Er legte eine Pause ein, zog an seiner Zigarette und kämpfte mit einem Hustenanfall. Jesus aber auch, entschuldigen Sie die Formulierung, aber die Scheißkippen werden mich letztendlich noch mal umbringen. Na ja, ich werde Sie jetzt Ihrer Matratze überlassen, und vergessen Sie nicht, was ich Ihnen gesagt habe: Verwirren Sie die kleinen Scheißkerle.

Er eierte auf seinem Fahrrad davon, die Zigarette baumelte ihm aus dem Mund, der Husten erschütterte seinen Körper. Dad sagte, die Männer von Limerick reden zuviel. Komm, wir bringen die Matratze zurück und sehen, ob es in dieser Nacht noch Schlaf für uns gibt.

Mam saß vor der Feuerstelle, die Zwillinge schliefen auf ihrem Schoß, und Malachy hatte sich zu ihren Füßen auf dem Boden zusammengerollt. Sie sagte, mit wem habt ihr da gesprochen? Es hat sich sehr nach Pa Keating angehört, Aggies Mann. Das hab ich an dem Husten gemerkt. Den Husten hat er sich in Frankreich geholt, im Krieg, als er das Gas geschluckt hat.

Den Rest der Nacht verbrachten wir schlafend, und am Morgen sahen wir, wo sich die Flöhe gütlich getan hatten: Rosa war unser Fleisch von Flohstriemen und rot von Blut, wo wir uns gekratzt hatten.

Mam machte Tee und gebratenes Brot, und Dad betupfte noch mal unsere Bisse mit dem salzigen Wasser. Dann schleppte er die Matratze wieder nach draußen, auf den

Hinterhof. An so einem kalten Tag erfrieren die Flöhe ganz bestimmt, und wir können heute nacht in Frieden durchschlafen.

Ein paar Tage später, als wir es uns gerade im Zimmer gemütlich gemacht haben, schüttelt Dad mich aus meinen Träumen. Auf, Francis, auf. Zieh dich an und lauf zu deiner Tante Aggie. Deine Mutter braucht sie. Lauf.

Mam stöhnt im Bett, ihr Gesicht ist reines Weiß. Dad holt Malachy und die Zwillinge aus dem Bett und setzt sie auf den Fußboden vor das tote Feuer. Ich laufe über die Straße und klopfe an Tante Aggies Tür. Sie wohnt jetzt wieder bei Onkel Pa Keating, das war tatsächlich der mit der Kur gegen Flöhe. Er hat ihr gesagt, sie ist doch keine fette Kuh, und sie ist von Oma aus- und in ihr Haus in unserer Straße eingezogen. Onkel Pa Keating kommt und hustet und grummelt, was ist denn los? Was ist denn los?

Meine Mutter liegt im Bett und stöhnt, Onkel Pa, und ich glaube, ihr ist schlecht.

Jetzt kommt Tante Aggie und grummelt, seit ihr aus Amerika gekommen seids, machts ihr nichts als Ärger.

Laß ihn zufrieden, Aggie, er ist doch nur ein Kind, das tut, was man ihm gesagt hat.

Sie sagt Onkel Pa, er soll wieder ins Bett gehen, er muß morgen früh zur Arbeit, im Gegensatz zu gewissen Leuten aus dem Norden, die sie lieber nicht erwähnen möchte. Er sagt, nein, ich komm mit, da stimmt was nicht mit Angela.

Dad sagt mir, ich soll mich zu meinen Brüdern setzen. Ich weiß nicht, was mit Mam los ist, weil alle flüstern, und ich kann kaum hören, wie Tante Aggie zu Onkel Pa sagt, das Kind hat sie verloren, lauf, hol einen Krankenwagen, und schon ist Onkel Pa zur Tür hinaus, und Tante Aggie sagt zu Mam, über Limerick kannst du sagen, was du willst, aber die Krankenwagen kommen immer schnell. Mit meinem Vater spricht sie nicht, sieht ihn nicht mal an.

Malachy sagt, Dad, ist Mammy krank?

Och, das wird schon wieder werden, mein Sohn. Sie muß zum Arzt.

Ich frage mich, welches Kind sie verloren hat, denn wir sind alle da, eins zwei drei vier, nirgends eine Spur von einem verlorenen Kind, und warum können sie mir nicht sagen, was mit meiner Mutter nicht stimmt. Onkel Pa kommt zurück, und draußen wartet der Krankenwagen. Ein Mann kommt mit einer Tragbahre herein, und nachdem sie Mam weggetragen haben, sind Blutflecken auf dem Fußboden beim Bett. Malachy hat sich auf die Zunge gebissen, und es hat geblutet, und der Hund auf der Straße hat geblutet, und sie haben uns meine Schwester Margaret weggenommen, und ich frage mich, ob Mam nun auch für alle Zeiten weg ist, aber Tante Aggie zu fragen hat keinen Sinn, ich habe Angst, sie beißt mir nur den Kopf ab.

Sie wischt die Blutflecken auf und sagt uns, marsch, zurück ins Bett und bleibts drin, bis Dad nach Hause kommt.

Es ist mitten in der Nacht, und wir vier haben es warm im Bett, und wir schlafen ein, bis Dad wieder da ist und uns sagt, Mam geht es gut, und im Krankenhaus ist es schön, und ganz bald ist sie wieder da.

Dad geht zum Arbeitsamt, um Stempelgeld zu beantragen. Für einen Hilfsarbeiter mit einem Akzent aus dem Norden von Irland gibt es in Limerick keine Hoffnung auf Arbeit.

Als er zurückkommt, sagt er Mam, wir werden neunzehn Shilling die Woche kriegen. Sie sagt, das reicht gerade, daß wir alle davon verhungern können. Neunzehn Shilling für uns sechs? Das ist weniger als vier Dollar in amerikanischem Geld, und wie sollen wir davon leben? Was sollen wir tun, wenn wir in vierzehn Tagen Miete zahlen müssen? Wenn die Miete für das Zimmer fünf Shilling die Woche beträgt, haben wir vierzehn Shilling für Essen und Kleidung und Kohle, um das Wasser für den Tee zu kochen.

Dad schüttelt den Kopf, trinkt in kleinen Schlucken seinen Tee aus einem Marmeladenglas und pfeift The Boys of Wexford. Malachy und Oliver klatschen in die Hände und tanzen durch das Zimmer, und Dad weiß nicht, ob er pfeifen oder lächeln soll, denn beides geht nicht, und jetzt weiß er nicht weiter. Er muß aufhören und lächeln und Oliver den Kopf tätscheln und kann erst danach weiterpfeifen. Mam lächelt auch, aber es ist ein sehr schnelles Lächeln, und als sie ins kalte Feuer blickt, kann man die Sorge sehen, wo sich ihre Mundwinkel nach unten senken.

Am nächsten Tag sagt sie zu Dad, er soll auf die Zwillinge aufpassen, und nimmt Malachy und mich mit zur Gesellschaft des Hl. Vincent de Paul. Wir stehen zusammen mit Frauen, die schwarze Umhänge tragen, in der Schlange. Sie fragen, wie wir heißen, und lächeln, als wir es sagen. Sie sagen, Gott in der Höhe, hört euch diese kleinen Yankees an, und sie wundern sich, daß Mam mit ihrem amerikanischen Mantel Almosen will, wo doch kaum genug für die armen Menschen von Limerick da ist, ohne daß Yanks herüberkommen und ihnen das Brot aus dem Mund nehmen.

Mam sagt ihnen, daß ihr eine Cousine den Mantel in Brooklyn geschenkt hat, daß ihr Mann keine Arbeit hat, daß sie noch zwei andere Kinder zu Hause hat, Zwillinge, beides Buben. Die Frauen schniefen und ziehen sich ihre Umhänge enger um den Körper, sie haben ihre eigenen Sorgen. Mam sagt ihnen, sie mußte Amerika verlassen, weil sie es nicht ertragen konnte, nachdem ihr kleines Mädchen gestorben war. Wieder schniefen die Frauen, aber diesmal, weil Mam weint. Einige sagen, sie haben ebenfalls was Kleines eingebüßt, und es gibt nichts Schlimmeres auf der Welt, man könnte so alt werden wie Methusalems Frau, ohne drüber wegzukommen. Kein Mann kann je ermessen, was es heißt, eine Mutter zu sein, die ein Kind verloren hat, auch nicht, wenn er länger lebt als zwei Methusalems.

Sie weinen sich alle ordentlich aus, bis eine rothaarige Frau eine kleine rote Schachtel herumreicht. Die Frauen nehmen mit zwei Fingern etwas aus der Schachtel und stecken es sich in die Nase. Eine junge Frau niest, und die rothaarige Frau lacht. Na klar, Biddy, dieser Knaster ist noch zu stark für dich. Kommt her, ihr kleinen Yankees, hier habt ihr eine Prise. Sie stopft uns das braune Zeug in die Nasenlöcher, und wir niesen so laut, daß die Frauen aufhören zu weinen und statt dessen lachen, bis sie sich die Tränen mit den Umhängen abwischen müssen. Mam sagt uns, das tut euch gut, das macht den Kopf frei.

Die junge Frau, Biddy, sagt Mam, wir sind zwei ganz süße Buben. Sie zeigt auf Malachy. Der kleine Bursche mit den goldenen Korkenzieherlocken, ist er nicht zum Anbeißen? Filmstar könnte er werden und mit Shirley Temple spielen. Und Malachy lächelt und wärmt damit die ganze Schlange.

Die Frau mit dem Schnupftabak sagt zu Mam, Missis, ich will ja nicht vorlaut sein, aber Sie sind weiß wie die Wand, und ich finde, Sie sollten sich hinsetzen, wissen Sie.

Eine andere macht sich Sorgen, ah, nein, das mögen die nicht. Wer mag was nicht?

Mensch, Nora Molloy, das haben sie doch nicht gern, wenn wir auf der Treppe sitzen. Sie wollen, daß wir mit dem Rücken zur Wand stehen.

Am Arsch können die mich lecken, sagt Nora, die rothaarige Frau. Setzen Sie sich hierhin, Missis, auf die Stufe da, und ich setz mich neben Sie, und wenn wir auch nur ein einziges Wort aus der Gesellschaft vom Hl. Vincent de Paul dagegen hören, demoliere ich den Laden, aber ehrlich. Rauchen Sie, Missis?

Ja, sagt Mam, ich hab aber keine.

Nora nimmt eine Zigarette aus ihrer Schürzentasche, bricht sie durch und bietet Mam die Hälfte an.

Die besorgte Frau sagt, das mögen sie auch nicht. Sie sagen, jede Kippe, die man raucht, bedeutet, daß man Nahrung aus dem Munde seines Kindes stiehlt. Mr. Quinlivan da drin kann es auf den Tod nicht ausstehen. Er sagt, wenn man Geld für die Kippen hat, hat man auch Geld für Essen.

Quinlivan kann mich ebenfalls am Arsch lecken, der alte Schweinehund mit seinem ewigen Grinsen. Wird er uns einen Zug aus einer Kippe mißgönnen, den einzigen Trost, der uns auf dieser Welt noch bleibt?

Am Ende des Korridors geht eine Tür auf, und ein Mann erscheint. Wartets vielleicht auf Kinderschuhe?

Frauen heben die Hand. Ja, ich. Ja, ich.

Also, Schuhe gibt es nicht mehr. Ihr müßts nächsten Monat wiederkommen.

Aber mein Mikey braucht Schuhe für die Schule.

Es gibt keine mehr, ich hab's euch doch gesagt.

Aber draußen ist es kalt, Mr. Quinlivan.

Schuhe könnts vergessen. Da kann ich auch nichts machen ... Was ist das denn? Wer raucht denn da?

Nora winkt mit ihrer Zigarette. Ich, sagt sie, und ich genieße es bis zur allerletzten Asche.

Er sagt, jeder Zug aus einer Kippe ...

Ich weiß, sagt sie. Bedeutet, daß ich Nahrung aus dem Munde meiner Kinder stehle.

Sie sind unverschämt, Frau. Sie werden hier keine Unterstützung erfahren.

Tatsache? Na, Mr. Quinlivan, wenn ich hier keine kriege, weiß ich, wo ich welche kriege.

Wovon sprechen Sie überhaupt?

Ich gehe zu den Quäkern. Die werden mir zeigen, wie barmherzig sie sind.

Mr. Quinlivan tritt auf Nora zu und zeigt mit dem Finger auf sie. Wißt ihr, was wir hier haben? Wir haben eine Suppenseele in unserer Mitte. Die Suppenseelen hatten wir schon während der Großen Kartoffelhungersnot. Die Protestanten sind herumgegangen und haben guten Katholiken erzählt, wenn sie ihren Glauben aufgeben und Protestanten werden, bekommen sie mehr Suppe als in ihre Mägen paßt, und, Gott helfe uns, einige wenige Katholiken nahmen die Suppe an, verloren ihre unsterbliche Seele und sind seitdem und immerdar als Suppenseelen bekannt. Und Sie, wenn Sie zu den Quäkern gehen, werden Sie Ihre unsterbliche Seele verlieren und die Seelen Ihrer Kinder gleich noch obendrein.

Dann, Mr. Quinlivan, werden Sie uns retten müssen, stimmt's?

Er starrt sie an, und sie starrt zurück. Sein Blick wandert zu den anderen Frauen. Eine legt sich die Hand vor den Mund, um ein Lachen zu unterdrücken.

Was gibt's denn da zu kichern? bellt er.

Äh, gar nichts, Mr. Quinlivan. Nichts, bei Gott.

Ich sag's euch noch einmal: keine Schuhe. Und er knallt die Tür hinter sich zu. Eine nach der anderen werden die Frauen in die Stube gerufen. Als Nora herauskommt, lächelt sie und wedelt mit einem Zettel. Schuhe, sagt sie. Drei Paar krieg ich für meine Kinder. Man muß den Männern da drin nur mit den Quäkern drohen, schon zerren sie sich die Unterhose vom Arsch und geben sie einem.

Als Mam aufgerufen wird, nimmt sie Malachy und mich mit hinein. Wir stehen vor einem Tisch, an dem drei Männer sitzen und Fragen stellen. Mr. Quinlivan will etwas sagen, aber der Mann in der Mitte sagt, Sie hatten bereits das Wort, Mr. Quinlivan. Wenn wir Sie ganz allein reden ließen, würden wir die armen Leute von Limerick in Scharen den Protestanten in die Arme treiben.

Er wendet sich Mam zu; er will wissen, woher sie diesen feinen Mantel hat. Sie wiederholt, was sie den Frauen draußen erzählt hat, und als sie an die Stelle mit Margarets Tod kommt, schüttelt es sie, und sie fängt an zu schluchzen. Sie sagt den Männern, es tut ihr sehr leid, daß sie so weint, aber es ist erst ein paar Monate her, und sie ist noch nicht drüber weg, wo sie doch nicht mal weiß, wo ihr Baby beerdigt ist, falls es überhaupt beerdigt ist, und sie nicht mal weiß, ob es überhaupt getauft ist, weil sie von den vier Buben her so schwach war, daß sie nicht die Energie hatte, wegen der Taufe in die Kirche zu gehen, und es verbrüht einem das Herz, wenn man daran denkt, daß Margaret vielleicht die Ewigkeit in der Vorhölle verbringen muß, ohne jede Hoffnung, uns je wiederzusehen, sei dies nun im Himmel oder, Gott helfe uns, in der Hölle als solcher.

Mr. Quinlivan bringt ihr seinen Stuhl. Na na na, Missis. Na na na. Setzen Sie sich doch. Na na na.

Die anderen Männer sehen den Tisch an, sehen die Zimmerdecke an. Der Mann in der Mitte sagt, er gibt Mam eine Bescheinigung, damit kann sie im Laden von McCrath in der Parnell Street für eine Woche Lebensmittel beziehen, dafür gibt es Tee, Zucker, Mehl, Butter, sowie eine separate Bescheinigung für einen Sack Kohlen von Sutton's Kohlenhandlung in der Dock Road.

Der dritte Mann sagt, das bekommen Sie natürlich nicht jede Woche, Missis. Wir werden Sie zu Hause besuchen, um zu sehen, ob echte Bedürftigkeit vorliegt. Das müssen wir, Missis, um Ihren Antrag befürworten zu können.

Mam wischt sich das Gesicht am Ärmel ab und nimmt die Bescheinigung. Sie sagt zu den Männern, Gott segne Sie für Ihre Freundlichkeit. Sie nicken und sehen auf den Tisch und an die Decke und sagen ihr, sie soll die nächste Frau reinschicken.

Die Frauen draußen sagen Mam, wenn Sie zu McCrath gehen, behalten Sie die alte Schlampe im Auge, die betrügt nämlich beim Wiegen. Sie tut Zeug auf ein Stück Papier, das auf der Waage liegt, und auf ihrer Seite vom Ladentisch, wo sie glaubt, daß man es nicht sehen kann, hängt das Papier herunter. Dann zieht sie an dem Papier, und man hat noch Glück gehabt, wenn man halb soviel kriegt, wie einem zusteht. Und im ganzen Laden hat sie Bilder von der Jungfrau Maria und vom Allerheiligsten Herzen Jesu, und ständig rutscht sie außerhalb des Ladens in der Kapelle zum heiligen Joseph auf den Knien herum und klackert mit ihrem Rosenkranz und schnauft wie eine jungfräuliche Märtyrerin, die alte Schlampe.

Nora sagt, ich komme mit, Missis. Ich bin derselben Mrs. McGrath zugeteilt, und ich merke, wenn sie Sie betrügt.

Sie führt uns zu dem Geschäft in der Parnell Street. Die Frau hinterm Ladentisch ist nett zu Mam mit ihrem amerikanischen Mantel, bis Mam ihr die Bescheinigung vom Hl. Vincent de Paul zeigt. Die Frau sagt, ich weiß nicht, was Sie zu dieser Stunde des Tages hier zu suchen haben. Die Wohltätigkeitsfälle bediene ich erst nach sechs Uhr abends. Aber das ist jetzt bei Ihnen das erste Mal, und da mache ich eine Ausnahme.

Sie sagt zu Nora, haben Sie auch eine Bescheinigung?

Nein. Ich bin eine Bekannte, und ich helfe dieser armen Familie beim Einlösen ihres ersten Gutscheins der Gesellschaft vom Hl. Vincent de Paul.

Die Frau legt ein Blatt Zeitungspapier auf die Waage und schüttet aus einer großen Tüte Mehl darauf. Als sie mit Schütten aufhört, sagt sie, bitte, ein Pfund Mehl.

Glaub ich nicht, sagt Nora. Das ist aber ein sehr kleines Pfund Mehl.

Die Frau wird rot und kuckt böse. Wollen Sie mir etwas unterstellen?

Aber nein, Mrs. McCrath, sagt Nora. Ich glaube, da ist ein kleines Mißgeschick passiert, und Ihre Hüfte wurde gegen das

Papier gedrückt, und Sie haben gar nicht gemerkt, daß dabei das Papier ein bißchen heruntergezogen wurde. Mein Gott, nein. Eine Frau wie Sie, beständig vor der Jungfrau Maria auf den Knien zugange, ist uns allen doch Vorbild, und ist das da unten vielleicht Ihr Geld auf dem Fußboden?

Mrs. McGrath tritt eilig einen Schritt zurück, und die Nadel von der Waage hüpft und zittert. Was für ein Geld? sagt sie, dann sieht sie Nora an – und weiß Bescheid. Nora strahlt. Muß eine Täuschung sein, ein Schatten, der auf die Waage fiel, sagt sie und lächelt die Waage an. Ein Fehler liegt allerdings vor, denn nun zeigt die Waage kaum ein halbes Pfund Mehl an.

Immer Ärger mit dieser Waage, sagt Mrs. McCrath.

Davon bin ich überzeugt, sagt Nora.

Aber mein Gewissen ist rein vor Gott, sagt Mrs. McCrath.

Davon bin ich überzeugt, sagt Nora, und in der Gesellschaft vom Hl. Vincent de Paul sind Sie Gegenstand allgemeiner Bewunderung.

Ich versuche, eine gute Katholikin zu sein.

Sie versuchen es? Gott weiß, daß Sie es nicht nur auf einen Versuch ankommen lassen, denn Ihr mildtätiges Herz ist wohlbekannt, und ich habe mich gerade gefragt, ob Sie wohl ein paar Bonbons für die kleinen Buben übrig haben.

Tja, nun, ich bin zwar keine Millionärin, aber hier, bitte ...

Gott segne Sie, Mrs. McGrath, und ich weiß, daß es ein bißchen viel verlangt ist, aber könnten Sie mir unter Umständen ein paar Zigaretten borgen?

Tja, nun, sie stehen nicht auf dem Bezugsschein. Ich bin schließlich nicht dazu da, Sie mit Luxusgütern zu versorgen.

Wenn Sie es doch ermöglichen könnten, Missis, würde ich Ihre Freundlichkeit ganz bestimmt gegenüber der Gesellschaft vom Hl. Vincent de Paul erwähnen.

Na gut, na schön, sagt Mrs. McGrath. Hier. Einmal Zigaretten und nie wieder.

Gott segne Sie, sagt Nora, und es tut mir leid, daß Ihnen diese Waage soviel Ärger gemacht hat.

Auf dem Weg nach Hause kamen wir durch den Volkspark und setzten uns auf eine Bank, und Malachy und ich lutschten unsere Bonbons, und Mam und Nora rauchten ihre Zigaretten. Als Nora rauchte, hustete sie und sagte Mam, die Zigaretten würden sie letztendlich noch mal umbringen, und eine leichte Anlage zur Schwindsucht liege bei ihr in der Familie, und niemand lebe je lange genug, um ein reifes Greisenalter zu erreichen, aber wer wolle denn schon an einem Ort wie Limerick lange leben, einer Stadt, in der einem als erstes auffalle, wie selten man graue Haare sieht, da alle Grauhaarigen sich entweder auf dem Friedhof oder jenseits des Atlantiks befänden, wo sie bei der Eisenbahn arbeiteten oder in Polizeiuniformen herumstrolchten.

Sie haben Glück, Missis, daß Sie ein bißchen was von der Welt gesehen haben. O Gott, ich würde alles geben, wenn ich mal New York sehen könnte, all die Menschen, wie sie unbeschwert den Broadway rauf und runter tanzen. Nein, ich mußte ja auf den Weltmeister der Pintstrinker hereinfallen, auf Peter Molloy, der den Charme hatte und mich erst ins Bett und dann vor den Traualtar getrieben hat, als ich eben siebzehn war. Ich war unwissend, Missis. Wir sind unwissend herangewachsen in Limerick, und das ist nur die Wahrheit, keinen Schimmer hatten wir von gar nichts und woran man was merkt; wir sind Mütter, bevor wir Frauen sind. Und nichts gibt es hier, nur Regen und Hutzelweiblein, die den Rosenkranz beten. Meine Zähne würde ich dafür eintauschen, um hier rauszukommen, nach Amerika zu gehen oder meinetwegen sogar nach England als solchem. Der Weltmeister der Pintstrinker bringt nie mehr nach Hause als sein Stempelgeld, und manchmal versäuft er auch das noch; er treibt mich noch so in den Wahnsinn, daß ich im Irrenhaus lande.

Sie zog an ihrer Zigarette und erstickte fast daran, sie hustete, bis es ihren ganzen Körper schüttelte, und zwischen den Hustern wimmerte sie, Jesus, Jesus. Als der Husten abgeklungen war, sagte sie, sie muß nach Hause und ihre Medizin nehmen. Sie sagte, dann bis nächste Woche, Missis, beim Hl. Vincent de Paul. Wenn Sie irgendwas brauchen, lassen Sie mir eine Nachricht zukommen, ich wohne in Vize's Field. Fragen Sie nach der Frau von Peter Molloy, dem Weltmeister der Pintstrinker.

Eugene schläft unter einem Mantel auf dem Bett. Dad sitzt vor der Feuerstelle und hat Oliver auf dem Schoß. Ich frage mich, warum Dad Oliver eine Cuchulain-Geschichte erzählt. Er weiß, daß die Cuchulain-Geschichten mir gehören, aber als ich Oliver ansehe, macht es mir nichts mehr aus. Seine Backen sind leuchtend rot, er starrt ins ausgebrannte Feuer, und man kann sehen, daß er sich nicht für Cuchulain interessiert. Mam legt ihm die Hand auf die Stirn. Ich glaube, er hat Fieber, sagt sie. Ich wünschte, ich hätte eine Zwiebel, dann wurde ich sie in Milch mit Pfeffer kochen. Das ist gut bei Fieber. Aber selbst wenn ich eine Zwiebel hätte – worauf würde ich die Milch kochen? Wir brauchen Kohle für das Feuer.

Sie gibt Dad die Bescheinigung für die Kohlen aus der Dock Road. Er nimmt mich mit, aber es ist schon dunkel, und alle Kohlenhandlungen sind geschlossen. Was machen wir jetzt, Dad?

Ich weiß es nicht, mein Sohn.

Vor uns sind Frauen mit Umhängen und kleine Kinder, die entlang der Straße Kohlen aufsammeln.

Da, Dad, da ist Kohle.

Och, nein, mein Sohn. Wir sammeln keine Kohle von der Straße auf. Wir sind doch keine Bettler.

Er sagt Mam, die Kohlenhandlungen sind zu, und heute abend werden wir Milch trinken und Brot essen müssen, aber als ich ihr von den Frauen berichte, gibt sie ihm Eugene. Wenn du zu fein bist, Kohle aufzusammeln, ziehe ich meinen Mantel an und gehe in die Dock Road.

Sie holt sich eine Tasche und nimmt Malachy und mich mit. Hinter der Dock Road ist etwas Weites und Dunkles, in dem Lichter blinken. Mam sagt, das ist ein Fluß, der Shannon. Sie sagt, das hat sie am allermeisten in Amerika vermißt, den Shannon. Der Hudson war nicht schlecht, aber der Shannon singt. Ich kann das Lied nicht hören, aber meine Mutter hört es, und das macht sie froh. Die anderen Frauen sind schon weg, aber wir suchen nach den Kohlestückchen, die von Lastwagen fallen. Mam sagt, wir sollen alles suchen, was brennt, Kohle, Holz, Pappe, Papier. Sie sagt, es gibt auch Leute, die Pferdeäpfel verbrennen, aber so tief sind wir noch nicht gesunken. Als ihre Tasche fast voll ist, sagt sie, jetzt müssen wir für Oliver eine Zwiebel finden. Malachy sagt, er wird eine finden, aber sie sagt ihm, nein, Zwiebeln findet man nicht auf der Straße. Die kriegt man im Geschäft.

Als wir an einem Laden vorbeikommen, schreit er, da ist ein Geschäft, und rennt sofort hinein.

Zwiiie-Bell, sagt er. Zwiiie-Bell für Oliver.

Mam läuft in den Laden und sagt zu der Frau hinter dem Ladentisch, entschuldigen Sie, tut mir leid. Die Frau sagt, Gott, ist der niedlich. Ist er Amerikaner oder so was?

Mam sagt, ja, ist er. Die Frau lächelt und zeigt zwei Zähne, einen oben links und einen oben rechts. Der ist aber auch zu niedlich, sagt sie, und sehen Sie sich diese hinreißenden goldenen Locken an. Und was will er? Irgendwas Süßes?

Nein, nein, sagt Mam. Eine Zwiebel.

Die Frau lacht. Eine Zwiebel? So was hab ich ja noch nie gehört. Ein Kind, das eine Zwiebel will. Mögen das die Kinder in Amerika?

Mam sagt, ich hab nur erwähnt, daß ich eine Zwiebel für mein anderes Kind brauche, welches krank ist. Die Zwiebel in Milch kochen, wissen Sie.

Wie recht Sie haben, Missis. Es geht doch nichts über die in Milch gekochte Zwiebel. Und sieh mal, kleiner Junge, hier hast du ein Bonbon für dich und hier noch eins für den anderen kleinen Jungen, den Bruder, nehme ich mal an.

Mam sagt, aber aber, das sollen Sie doch nicht. Sagt schön danke.

Die Frau sagt, hier ist eine schöne Zwiebel für das kranke Kind, Missis.

Mam sagt, ach, ich kann die Zwiebel aber jetzt nicht kaufen. Ich habe keinen einzigen Penny dabei.

Ich schenke Ihnen die Zwiebel, Missis. Soll nie einer sagen, in Limerick ist ein Kind krank geblieben, weil keine Zwiebel da war. Und vergessen Sie nicht, ein bißchen Pfeffer reinzustreuen. Pfeffer haben Sie doch, Missis?

Ach, nein, aber den kann ich mir schon besorgen.

Bitte, hier, Missis. Pfeffer und ein bißchen Salz. Tun Sie dem Kind was Gutes.

Mam sagt, Gott segne Sie, und ihre Augen sind wäßrig.

Dad geht mit Oliver auf den Armen auf und ab. Eugene sitzt auf dem Buden und spielt mit einem Topf und einem Löffel. Dad sagt, habt ihr die Zwiebel gekriegt?

Ich hab eine besorgt, sagt Mam, und noch mehr. Ich hab auch noch Kohle und Zeug zum Anmachen besorgt.

Ich hab's gewußt. Ich habe zum heiligen Judas gebetet. Er ist mein Lieblingsheiliger, Schutzpatron für verzweifelte Fälle.

Ich hab die Kohle besorgt. Ich hab die Zwiebel besorgt. Ohne Hilfe vom heiligen Judas.

Dad sagt, du solltest keine Kohle von der Straße aufsammeln wie ein ganz gewöhnlicher Bettler. Das ist nicht richtig. Ein schlechtes Beispiel für die Jungs.

Dann hättest du den heiligen Judas in die Dock Road schicken sollen.

Malachy sagt, ich hab Hunger, und ich sage, ich hab auch Hunger, aber Mam sagt, wartets, bis Oliver seine in Milch gekochte Zwiebel intus hat.

Sie bringt das Feuer in Gang, halbiert die Zwiebel, wirft sie in die kochende Milch, tut ein bißchen Butter dazu und streut Pfeffer in die Milch. Sie setzt sich Oliver auf den Schoß und versucht, ihn zu füttern, aber er wendet sich ab und sieht ins Feuer.

Nun komm schon, mein Schatz, sagt sie. Tut dir gut. Macht dich groß und stark.

Er preßt die Lippen zusammen, wenn Mam mit dem Löffel kommt. Sie stellt den Topf ab, wiegt Oliver, bis er einschläft, legt ihn aufs Bett und sagt uns, wir sollen still sein, oder sie demoliert uns. Sie schneidet die andere Hälfte der Zwiebel in Scheiben und brät sie mit Brot in Butter. Sie sagt, wir sollen uns im Halbkreis auf den Boden vor das Feuer setzen, und wir essen das gebratene Brot und trinken den siedend heißen süßen Tee in kleinen Schlucken aus den Marmeladengläsern. Sie sagt, das Feuer ist schön hell, da können wir die Gaslampe abstellen, bis wir Geld für den Zähler haben.

Das Feuer macht das Zimmer warm, und so wie die Flammen in der Kohle tanzen, kann man Gesichter sehen und Berge und Täler und springende Tiere. Eugene schläft auf dem Fußboden ein, und Dad hebt ihn auf und legt ihn neben Oliver ins Bett. Mam stellt den Topf mit der gekochten Zwiebel auf den Sims über der Feuerstelle, damit keine Maus oder Ratte drangeht. Sie sagt, der Tag hat sie müde gemacht: die Gesellschaft vom Hl. Vincent de Paul, der Laden von Mrs. McGrath, die Kohlensuche in der Dock Road, die Sorge um Oliver, der die gekochte Zwiebel nicht wollte, und wenn er morgen wieder so ist, bringt sie ihn zum Doktor, und jetzt geht sie ins Bett.

Bald liegen wir alle im Bett, und wenn auch noch der eine oder andere Floh dasein sollte, dann ist mir das egal, denn zu sechst ist es warm im Bett, und ich liebe es, wie das Feuer auf Wänden und Zimmerdecke tanzt und alles rot und schwarz macht, rot und schwarz, bis es nur noch weiß und schwarz ist, und alles, was man hören kann, ist ein leiser Schrei von Oliver, wenn er sich in den Armen meiner Mutter umdreht.

Am Morgen zündet Dad das Feuer an, macht Tee, schneidet Brot. Er ist schon angezogen und sagt zu Mam, beeil dich, zieh dich an. Er sagt zu mir, Francis, dein kleiner Bruder ist krank, und wir bringen ihn ins Krankenhaus. Du mußt ein artiger Junge sein und dich um deine beiden Brüder kümmern. Wir sind bald wieder da.

Mam sagt, wenn wir nicht da sind, nimm nicht zuviel Zucker. Wir sind keine Millionäre.

Als Mam Oliver aus dem Bett nimmt und in einen Mantel wickelt, stellt Eugene sich im Bett aufrecht hin. Ich will Ollie, sagt er. Ollie spielen.

Ollie ist ja bald wieder da, sagt sie, und dann kannst du mit ihm spielen. Jetzt kanst du mit Malachy und Frank spielen.

Ollie, Ollie, ich will Ollie.

Als sie gehen, folgt er Oliver mit den Augen, und als sie weg sind, setzt er sich aufs Bett und sieht aus dem Fenster. Als Malachy sagt, Ginny, Ginny, wir haben Brot, wir haben Tee, du kannst Zuckerbrot kriegen, Ginny, schüttelt er den Kopf und schiebt das Brot weg, das Malachy ihm anbietet. Er kriecht dahin, wo Oliver bei Mam geschlafen hat, läßt den Kopf hängen und starrt aus dem Fenster.

Oma ist an der Tür. Ich hab gehört, wie dein Vater und deine Mutter mit dem Kind auf den Armen durch die Henry Street gerannt sind. Wohin wollten die denn?

Oliver ist krank, sage ich. Er wollte die gekochte Zwiebel in Milch nicht essen.

Was redest du denn da für einen Unsinn?

Wollte die gekochte Zwiebel nicht essen und ist krank geworden.

Und ihr seids ohne jemanden zum Aufpassen da?

Ich paß auf.

Und was ist mit dem Kind im Bett? Wie heißt es noch mal?

Das ist Eugene. Er hat Sehnsucht nach Oliver. Sie sind Zwillinge.

Ich weiß, daß sie Zwillinge sind. Das Kind sieht verhungert aus. Habts ihr keinen Haferschleim im Haus?

Was istn Haferschleim? sagt Malachy.

Jesus, Maria und heiliger Joseph! Was istn Haferschleim! Haferschleim ist Haferschleim. Das ist Haferschleim. Ihr seids die ahnungsloseste Bande von Yanks, die mir je untergekommen ist. Kommts, ziehts euch was an, und dann gehen wir über die Straße zu eurer Tante Aggie, und die gibt euch Haferschleim.

Sie schnappt sich Eugene, wickelt ihn in ihren Umhang, und wir gehen über die Straße zu Tante Aggie. Habts ihr Haferschleim im Haus? sagt Oma zu Tante Aggie.

Haferschleim? Soll ich etwa diese Bande von Yanks mit Haferschleim füttern?

Du kannst einem leid tun, sagt Oma. Das bringt dich doch nicht um, wenn du ihnen ein bißchen Haferschleim gibst.

Und dann wollen sie wahrscheinlich noch Milch und Zucker obendrauf, und nächstes Mal schlagen sie mir dann die Tür ein, weil sie ein Ei haben wollen. Ich weiß nicht, warum wir für Angelas Fehler zahlen müssen.

Jesus, sagt Oma. Nur gut, daß dieser Stall in Bethlehem nicht dir gehört hat. Dann wäre die Heilige Familie immer noch in der Welt unterwegs.

Oma schubst Tante Aggie beiseite, setzt Eugene auf einen Stuhl beim Feuer und macht den Haferschleim.

Aus einem anderen Zimmer kommt ein Mann herein. Er hat schwarze lockige Haare, und seine Haut ist schwarz, und ich mag seine Augen, weil sie sehr blau sind und zum Lächeln bereit. Er ist Tante Aggies Mann, der Mann, der in der Nacht, als wir die Flöhe angriffen, angehalten hat und uns alles über

Flöhe und Schlangen erzählt hat, der Mann mit dem Husten, den er sich geholt hat, als er im Krieg Gas geschluckt hat.

Malachy sagt, warum bistn du so schwarz? und Onkel Pa Keating lacht und hustet so heftig, daß er sich mit einer Zigarette Linderung verschaffen muß. Ach, die kleinen Yanks, sagt er. Kein bißchen schüchtern. Ich bin schwarz, weil ich bei den Limerick-Gaswerken arbeite. Da schaufle ich Kohle und Koks in die Öfen. In Frankreich ins Gas und zurück nach Limerick in die Gaswerke. Wenn du mal groß bist, lachst du drüber.

Malachy und ich müssen den Tisch verlassen, damit die Großen sitzen und Tee trinken können. Sie trinken ihren Tee, aber Onkel Pa Keating, der nur mein Onkel ist, weil er mit Tante Aggie verheiratet ist, schnappt sich Eugene und packt ihn sich auf den Schoß.

Er sagt, das ist aber ein trauriger kleiner Bursche, und schneidet Grimassen und macht alberne Geräusche. Malachy und ich lachen, aber Eugene faßt nur nach oben, um Pa Keatings schwarze Haut berühren zu können, und dann, als Pa so tut, als wollte er ihm in die kleine Hand beißen, lacht Eugene, und alle anderen im Zimmer lachen auch. Malachy geht zu Eugene und versucht, ihn noch mehr zum Lachen zu bringen, aber Eugene wendet sich ab und versteckt das Gesicht in Pa Keatings Hemd.

Ich glaub, er mag mich, sagt Pa, und das ist der Moment, als Tante Aggie ihre Teetasse abstellt und zu plärren anfängt, waah, waah, waah, und dicke Tränentropfen kullern ihr über das dicke rote Gesicht.

Ah, Jesus, sagt Oma, jetzt geht das wieder los. Was hast du denn diesmal?

Und Tante Aggie flennt, Pa hier mit einem Kind auf dem Schoß sehen zu müssen und ich so ganz ohne Hoffnung auf was Eigenes.

Oma schnauzt sie an, hör sofort damit auf, in dieser Form

vor den Kindern zu reden. Hast du denn gar kein Schamgefühl? Sobald es Gott gefällt, wird Er dich mit einer Familie beschenken.

Tante Aggie schluchzt, da hat Angela nun schon fünf auf die Welt gebracht, und sie ist so nutzlos, daß sie keinen Fußboden schrubben könnte, und ich kann schrubben und saubermachen wie nur jemand, und jede Sorte Eintopf oder Braten kann ich auch.

Pa Keating lacht. Ich glaube, sagt er, ich werd den kleinen Burschen behalten.

Malachy rennt zu ihm hin. Nein, nein, nein. Das ist mein Bruder, das ist Eugene. Und ich sage, nein, nein, nein, das ist unser Bruder.

Tante Aggie tupft sich die Tränen auf den Backen ab. Sie sagt, von Angela will ich gar nichts. Ich will nichts, was halb Limerick und halb nördliches Irland ist, ich nicht, ihr könnts ihn also wieder mitnehmen. Eines Tages werde ich mein eigenes Kind haben, und wenn es mich hundert Novenen für die Jungfrau Maria und ihre Mutter, die heilige Anna, kostet, oder wenn ich auf diesen meinen zwei Knien von hier bis nach Lourdes rutschen muß.

Oma sagt, das reicht. Ihr habts euern Haferschleim gehabt, und jetzt wird's Zeit, daß ihr mit mir zu euch nach Hause gehts und sehts, ob euer Vater und eure Mutter aus dem Spital zurück sind.

Sie hängt sich ihren Umhang um, schiebt Malachy und mich zur Tür und will Eugene von Onkel Pa Keatings Schoß heben und mitnehmen, aber der klammert sich so fest an Pa Keatings Hemd, daß sie ihn wegzerren muß, und er sieht sich so lange nach Pa Keating um, bis wir aus der Tür sind.

Wir folgten Oma zurück in unser Zimmer. Sie legte Eugene in das Bett und gab ihm Wasser zu trinken. Sie sagte ihm, er soll ein braver Junge sein und schlafen, denn bald kommt sein Bruder Oliver nach Hause, und dann können sie wieder auf dem Fußboden spielen.

Aber er sah nur aus dem Fenster.

Sie sagte Malachy und mir, wir dürften auf dem Fußboden sitzen und spielen, aber wir sollten still sein, weil sie jetzt ihre Gebete aufsagen wolle. Malachy setzte sich aufs Bett zu Eugene, und ich setzte mich an den Tisch und versuchte, Wörter aus der Zeitung zu entziffern, die unser Tischtuch war. Alles, was man im Zimmer hören konnte, war Malachy, der flüsterte, um Eugene aufzuheitern, und Oma, die zum Klicken der Perlen ihres Rosenkranzes murmelte. Es war so still, daß ich den Kopf auf den Tisch legte und einschlief.

Dad berührt mich an der Schulter. Komm, Francis, du mußt dich um deine kleinen Brüder kümmern.

Mam sitzt zusammengesunken auf der Bettkante und macht kleine Weingeräusche wie ein Vogel. Oma hängt sich ihren Umhang um. Sie sagt, ich geh jetzt zu Thompson, dem Bestatter, wegen dem Sarg und dem Wagen. Die Gesellschaft vom Hl. Vincent de Paul kommt bestimmt dafür auf, weiß Gott.

Sie geht zur Tür hinaus. Dad steht mit dem Gesicht zur Wand vorm Herd, schlägt sich mit den Fäusten gegen die Oberschenkel und seufzt, *och, och, och.*

Dad macht mir angst mit seinem *Och, och, och,* und Mam macht mir mit ihren Vogellauten angst, und ich weiß nicht, was ich machen soll, aber ich frage mich, ob wohl jemand das Feuer im Herd anmachen wird, damit wir Tee und Brot kriegen, denn der Haferschleim ist lange her. Wenn Dad von der Feuerstelle wegginge, könnte ich auch selbst Feuer machen. Man braucht nur Papier, ein paar Stück Kohle oder Torf und ein Streichholz. Er macht aber nicht Platz, also versuche ich, um seine Beine herumzukommen, während er sich auf die Oberschenkel boxt, aber er bemerkt mich und will wissen, warum ich versuche, Feuer zu machen. Ich sage ihm, wir haben alle Hunger, und er stößt ein irres Lachen aus. Hunger? sagt er. *Och,* Francis, dein kleinwinziger Bruder Oliver ist tot. Deine kleinwinzige Schwester ist tot, und nun ist auch noch dein kleinwinziger Bruder tot.

Er hebt mich auf und umarmt mich so sehr, daß ich weinen muß. Dann weint Malachy, meine Mutter weint, Dad weint, ich weine, aber Eugene bleibt still. Dann schnieft Dad, wir werden ein Festessen haben. Komm mit, Francis.

Er sagt meiner Mutter, wir kommen später wieder, aber sie hat Malachy und Eugene im Bett auf dem Schoß und blickt nicht hoch. Er trägt mich durch die Straßen von Limerick, und wir gehen von Laden zu Laden, und er bittet um etwas zu essen oder irgendwas, was sie einer Familie geben können, die in einem Jahr zwei Kinder verloren hat, eins in Amerika, eins in Limerick, und in der Gefahr schwebt, aus Mangel an Essen und Trinken drei weitere einzubüßen. Die meisten Krämer schütteln den Kopf. Tut mir leid, daß Sie in Not sind, aber Sie könnten doch zur Gesellschaft vom Hl. Vincent de Paul gehen oder Sozialhilfe beantragen.

Dad sagt, er ist froh, den Geist Christi in Limerick so lebendig zu sehen, und sie sagen ihm, auf Leute wie ihn haben sie gerade noch gewartet, um sich mit nördlichem Akzent was über Christus erzählen zu lassen, und er soll sich sowieso was schämen, daß er mit einem Kind herumzieht wie ein ganz gewöhnlicher Bettler, ein Kesselflicker, ein Abdecker.

Ein paar Ladenbesitzer geben Brot, Kartoffeln, Dosenbohnen, und Dad sagt, jetzt gehen wir nach Hause, und dann kriegt ihr Jungs was zu essen, aber wir begegnen Onkel Pa Keating, und der sagt zu Dad, es tut ihm alles sehr leid, und ob Dad vielleicht Lust auf eine Pint in der Kneipe hier hat?

Da sitzen dann Männer, und vor ihnen stehen große Gläser mit schwarzem Zeug. Onkel Pa Keating und Dad kriegen auch von dem schwarzen Zeug. Sie heben vorsichtig ihre Gläser und trinken langsam. Auf ihren Lippen ist sahniges weißes Zeug, und das lecken sie mit kleinen Seufzern ab. Onkel Pa besorgt mir eine Flasche Limonade, und Dad gibt mir ein Stück Brot, und ich habe gar keinen Hunger mehr. Trotzdem frage ich mich, wie lange wir hier noch sitzen werden, mit Malachy und Eugene hungrig zu Hause, viele Stunden nach dem Haferschleim, und Eugene hat sowieso nichts gegessen.

Dad und Onkel Pa trinken ihre Gläser mit schwarzem Zeug und dann noch zwei. Onkel Pa sagt, Frankie, dies ist die Pint. Dies ist das wichtigste Nahrungsmittel. Dies ist das Beste für stillende Mütter ebenso wie für solche Personen, die schon lange entwöhnt sind.

Er lacht, und Dad lächelt, und ich lache, weil ich glaube, daß man lachen soll, wenn Onkel Pa etwas sagt. Er lacht nicht, als er den anderen Männern davon erzählt, daß Oliver gestorben ist. Die anderen Männer sehen Dad an und tippen sich an die Mütze. Tut uns ehrlich leid, Mister, und Sie nehmen doch sicher noch eine Pint.

Dad sagt ja zu den Pints, und bald singt er Roddy McCorley und Kevin Barry und einen Haufen Lieder, die ich noch nie gehört habe, und beweint sein wunderschönes kleines Mädchen Margaret, das in Amerika gestorben ist, und seinen kleinen Jungen Oliver, tot im Städtischen Heimkrankenhaus. Es macht mir angst, wie er schreit und weint und singt, und ich wäre gern zu Hause bei meinen drei kleinen Brüdern, nein, zwei kleinen Brüdern, und bei meiner Mutter.

Der Mann hinterm Tresen sagt zu Dad, ich glaube, Mister, Sie haben jetzt genug intus. Uns tut ja alles sehr leid, aber Sie müssen jetzt mit dem Kind nach Hause zu seiner Mutter, die sicher mit gebrochenem Herzen am Kamin sitzt.

Dad sagt, nur ... nur noch ... nur noch eine letzte Pint, ja? und der Mann sagt nein. Dad schüttelt die Faust. Ich habe meinen Beitrag für Irland geleistet, und als der Mann hinter seinem Tresen hervorkommt und Dads Arm nimmt, versucht Dad, ihn wegzuschubsen.

Onkel Pa sagt, komm schon, Malachy, hör auf zu randalieren. Du mußt nach Haus zu Angela. Du hast morgen eine Beerdigung und jetzt wunderbare Kinder, die auf dich warten.

Aber Dad wehrt sich, bis ein paar Männer ihn hinaus in die Dunkelheit stoßen. Onkel Pa kommt mit der Tasche mit den Nahrungsmitteln herausgestolpert. Los, komm, sagt er. Wir gehen jetzt zu euerm Zimmer.

Dad will noch woanders hingehen, um eine letzte Pint zu trinken, aber Onkel Pa sagt, er hat kein Geld mehr. Dad sagt, er wird allen von seinem Kummer erzählen, und dann geben sie ihm einen aus. Onkel Pa sagt, so was macht man nicht, so was ist erbärmlich, und Dad weint ihm auf die Schulter. Du bist ein guter Freund, sagt er zu Onkel Pa. Und wieder weint er, bis Onkel Pa ihm auf den Rücken klopft. Es ist schrecklich, ganz schrecklich, sagt Onkel Pa, aber mit der Zeit wirst du drüber wegkommen.

Dad richtet sich auf und sieht ihn an. Nie, sagt er. Nie.

Am nächsten Morgen fuhren wir mit einem Pferdewagen zum Krankenhaus.

Sie legten Oliver in eine weiße Kiste, die mit uns auf dem Wagen gekommen war, und wir haben ihn dann zum Friedhof gebracht. Sie haben die weiße Kiste in ein Loch im Boden getan und mit Erde bedeckt. Meine Mutter und Tante Aggie weinten; Oma sah wütend aus; Dad, Onkel Pa Keating und Onkel Pat Sheehan sahen traurig aus, weinten aber nicht, und ich dachte, wenn man ein Mann ist, darf man nur weinen, wenn man das schwarze Zeug trinkt, welches sie die Pint nennen.

Ich mochte die Dohlen nicht, die auf Bäumen und Grabsteinen hockten, und ich wollte ihnen Oliver nicht überlassen. Ich warf einen Stein nach einer Dohle, die zu Olivers Grab watschelte. Dad sagte, ich soll auf Dohlen nicht mit Steinen schmeißen, sie könnten die Seelen von jemandem sein. Ich wußte nicht, was eine Seele ist, aber ich habe ihn nicht gefragt, weil es mir egal war. Oliver war tot, und ich haßte Dohlen. Eines Tages würde ich ein Mann sein, und dann wollte ich mit einem Sack Steine wiederkommen und überall auf dem Friedhof tote Dohlen hinterlassen.

Am Morgen nach Olivers Beerdigung ging Dad aufs Arbeitsamt, um zu unterschreiben und die erste Woche Stempelgeld abzuholen, neunzehn Shilling und sechs Pence. Er sagte, gegen Mittag ist er wieder zu Hause, er holt Kohlen und macht Feuer, es gibt Eier mit Speckstreifen und Tee zu Ehren von Oliver, und vielleicht gibt es sogar ein oder zwei Bonbons.

Um zwölf war er nicht zu Hause, um eins nicht, um zwei nicht, und wir kochten und aßen die paar Kartoffeln, die ihm einen Tag vorher der Gemüsemann gegeben hatte. Er kam überhaupt nicht, bevor an jenem Tag im Mai die Sonne untergegangen war. Es war von ihm nichts zu sehen und zu hören, aber dann haben wir ihn doch gehört, lange nachdem die Kneipen geschlossen hatten, wie er durch die Windmill Street torkelte und sang:

> Wenn alles ringsum Wache hält –
> Der Westen schläft, taub für die Welt.
> Ganz Erin zag der Kummer quält,
> Wenn Connaught tief in Schlummer fällt.
> See lacht und Eb'ne grad und quer,
> Fels trutzig ragt wie Reiterheer.

Singt: Daß den Menschen Freiheit lehr'
Der geißelnde Wind, das peitschende Meer.

Er stolperte ins Zimmer und hielt sich an der Wand fest. Rotz quoll aus seiner Nase, und er wischte ihn mit dem Handrücken ab. Er versuchte zu sprechen. Dieje Kinder jollten längcht im Bett jein. March, Kinder, inch Bett, inch Bett.

Mam trat ihm entgegen. Diese Kinder haben Hunger. Wo ist das Stempelgeld? Dann holen wir Fisch und Fritten, damit die Kinder was im Bauch haben, bevor sie ins Bett marschieren.

Sie versuchte, ihre Hände in seine Taschen zu stecken, aber er stieß sie weg. Ein bichjen Rechpeck, sagte er. Rechpeck in Anwejenheit der Kinder.

Sie kämpfte, um an seine Taschen zu kommen. Wo ist das Geld? Die Kinder haben Hunger. Du verrückter Schweinehund, hast du wieder das ganze Geld vertrunken? Genau wie in Brooklyn.

Er flennte, *ach,* meine arme Angela. Und die arme kleinwinzige Margaret und der arme kleinwinzige Oliver.

Er taumelte auf mich zu und umarmte mich, und ich roch das Getränk, das ich schon in Amerika gerochen hatte. Mein Gesicht war naß von seinen Tränen und seiner Spucke und seinem Rotz, und ich hatte Hunger, und ich wußte nicht, was ich sagen sollte, als er anfing, mir den ganzen Kopf vollzuweinen. Dann ließ er mich los und umarmte Malachy und machte immer weiter mit der kleinwinzigen Schwester und dem kleinwinzigen Bruder, kalt in der Erde, und daß wir alle beten müssen und brav sein, daß wir gehorchen müssen und immer tun, was uns unsere Mutter sagt. Er sagte, wir haben unseren Kummer, aber für Malachy und mich wird es Zeit, mit der Schule anzufangen, denn es gibt nichts Besseres als eine Bildung, eine Bildung ist und bleibt die beste Waffe, und ihr müßt bereit sein, euren Beitrag für Irland zu leisten.

Mam sagt, sie erträgt keine weitere Minute in diesem Zimmer in der Windmill Street. Sie kann nicht schlafen, sie denkt immer an Oliver in diesem Zimmer, Oliver in dem Bett, Oliver, der auf dem Fußboden spielt, Oliver, der am Feuer bei Dad auf dem Schoß sitzt. Sie sagt, es ist nicht gut für Eugene, wenn er hier ist; ein Zwilling leidet mehr unter dem Tod seines Bruders als selbst eine Mutter ermessen kann. In der Hartstonge Street gibt es ein Zimmer mit zwei Betten, anstatt des einen Bettes, das wir hier zu sechst haben – nein, zu fünft. Das Zimmer besorgen wir uns, und damit das auch klappt, geht sie ganz bestimmt am Donnerstag mit Dad aufs Arbeitsamt, um das Geld sicherzustellen, sobald er es ausgezahlt bekommt. Er sagt, das kann er nicht machen, da blamiert er sich ja vor den anderen Männern. Das Arbeitsamt ist ein Ort für Männer, nicht für Frauen, die ihnen das Geld vor der Nase wegschnappen. Sie sagt, du kannst einem echt leid tun. Wenn du das Geld nicht in den Kneipen durchgebracht hättest, müßte ich nicht hinter dir her sein wie damals in Brooklyn.

Er sagt ihr, diese Schande verkraftet er nicht. Sie sagt, das ist ihr egal. Sie will dieses Zimmer in der Hartstonge Street, ein schönes, warmes, behagliches Zimmer mit Klo am Ende des Ganges, genau wie in Brooklyn, ein Zimmer ohne Flöhe und die todbringende Feuchtigkeit. Sie will dieses Zimmer, weil es in derselben Straße ist wie Leamy's National School, und Malachy und ich können zum Mittagessen nach Hause kommen, und dann kriegen wir Tee und eine Scheibe gebratenes Brot.

Am Donnerstag folgt Mam Dad aufs Arbeitsamt. Sie marschiert hinter ihm hinein, und als der Mann Dad das Geld hinschiebt, nimmt sie es an sich. Die anderen Männer, die da ihr Stempelgeld abholen, stupsen sich an und grinsen, und Dad ist entehrt, weil eine Frau sich nie am Stempelgeld eines Mannes vergehen darf. Er könnte ja Sixpence auf ein Pferdchen setzen oder eine Pint zu sich nehmen wollen, und wenn alle Frauen so anfangen wie Mam, laufen die Pferdchen nicht mehr, und Guinness geht pleite. Aber jetzt hat sie das Geld, und wir ziehen in die Hartstonge Street. Dann trägt sie Eugene auf den Armen, und wir gehen zu Leamy's National School. Der Schulleiter, Mr. Scallan, sagt, wir sollen am Montag mit einem Aufsatzheft, einem Bleistift und einem Federhalter mit guter, spitzer Stahlfeder wiederkommen. Nicht zur Schule kommen sollen wir, wenn wir Kopfläuse oder Scherpilzflechte haben, und die Nase sollen wir uns immer und ausschließlich nicht etwa in den Ärmel schneuzen, sondern in ein Taschen- oder anderes vergleichbares sauberes Stück Tuch. Er fragt uns, ob wir brave Jungens sind, und als wir ja, sind wir sagen, sagt er, Grundgütiger, was ist das denn? Sind das Yanks oder was?

Mam erzählt ihm von Margaret und Oliver, und er sagt, Herr im Himmel, Herr im Himmel, groß ist das Leid auf Erden. Wie auch immer, wir werden den kleinen Burschen Malachy in die Vorschulklasse und seinen Bruder in die erste Klasse gehen lassen. Dann sind sie im selben Klassenzimmer und haben denselben Lehrer. Also, Montag morgen, um Punkt neun.

Die Buben in der Schule wollen wissen, warum wir so sprechen. Seids ihr etwa Yanks? Und als wir ihnen sagen, wir sind aus Amerika, wollen sie wissen, seids ihr Gangster oder Cowboys?

Ein großer Junge baut sich vor mir auf. Ich hab euch etwas gefragt, sagt er. Seids ihr Gangster oder Cowboys?

Ich sage, ich weiß nicht, und als er mich mit dem Zeigefinger in den Brustkorb pikst, sagt Malachy, ich bin ein Gangster, Frank ist ein Cowboy. Der große Junge sagt, dein kleiner Bruder ist schlau, und du bist ein dummer Yank.

Die Jungs um uns herum sind aufgeregt. Schlagts euch, schreien sie, schlagts euch, und er schubst mich so heftig, daß ich hinfalle. Ich will eigentlich weinen, aber dann kommt die Schwärze über mich, wie bei Freddie Leibowitz, und ich stürze mich auf ihn und trete und haue. Ich schlage ihn nieder und versuche, ihn an den Haaren zu packen, um seinen Kopf auf den Boden knallen zu können, aber ich spüre einen scharfen Schmerz in den Kniekehlen und werde von ihm weggezerrt.

Mr. Benson, der Lehrer, hat mich am Ohr gepackt und prügelt mir quer über die Beine. Du kleiner Rowdy, sagt er. Ist dies das Benehmen, das du aus Amerika mitgebracht hast? Du wirst dich bei Gott benehmen, bevor ich mit dir fertig bin. Er sagt, ich soll erst eine und dann die andere Hand ausstrecken, und schlägt mir mit seinem Stock einmal auf jede Hand. Geh jetzt nach Hause, sagt er, und sag deiner Mutter, was für ein böser Junge du gewesen bist. Du bist ein böser Yank. Sprich es mir nach: Ich bin ein böser Junge.

Ich bin ein böser Junge.

Jetzt sag, ich bin ein böser Yank.

Ich bin ein böser Yank.

Malachy sagt, er ist kein böser Junge. Der große Junge da, der ist ein böser Junge. Er hat gesagt, wir sind Cowboys und Gangster.

Stimmt das, Heffernan?

Ich hab doch nur Spaß gemacht, Sir.

Keine Späße mehr, Heffernan.

Nein, Sir.

Und du, Heffernan, solltest jeden Abend Gott auf Knien danken, daß du kein Yank bist, denn wenn du einer wärest, Heffernan, dann wärst du der schlimmste Gangster zu beiden Seiten des Atlantiks. Al Capone würde bei dir Unterricht nehmen. Du wirst diese beiden Yanks nicht mehr belästigen, Heffernan.

Nein, Sir.

Und wenn du es doch wagst, hänge ich mir dein Fell an die Wand. Und jetzt gehts nach Hause, alle drei.

An Leamy's National School sind sieben Lehrer, und alle haben Lederriemen, Rohrstöcke und Schwarzdornzweige. Damit schlagen sie einem auf die Schultern, den Rücken und, ganz besonders, auf die Hände. Wenn sie einem auf die Hände schlagen, nennt man das einen Tatzenhieb. Sie schlagen einen, wenn man zu spät kommt, wenn die Feder vom Federhalter tropft, wenn man lacht, wenn man redet und wenn man was nicht weiß.

Sie schlagen einen, wenn man nicht weiß, warum Gott die Welt erschaffen hat, wenn man den Schutzheiligen von Limerick nicht weiß, wenn man das Apostolische Glaubensbekenntnis nicht aufsagen kann, wenn man nicht neunzehn und siebenundvierzig addieren kann, wenn man neunzehn nicht von siebenundvierzig subtrahieren kann, wenn man die wichtigsten Städte und Erzeugnisse der zweiunddreißig Grafschaften von Irland nicht weiß, wenn man Bulgarien auf der großen Wandkarte nicht findet, die fleckig von Spucke und Rotz ist und von Tinte aus Tintenfässern, von wütenden Schülern geschmissen, nachdem sie von der Schule geflogen sind.

Sie schlagen einen, wenn man seinen Namen nicht auf irisch sagen kann, wenn man das Ave-Maria nicht auf irisch aufsagen kann, wenn man nicht auf irisch Darf ich mal austreten? fragen kann. Es ist gut, den großen Jungens eine Klasse höher zuzuhören. Sie können einem von dem Lehrer berichten, den man jetzt hat, was er mag und was er haßt.

Ein Lehrer wird einen schlagen, wenn man nicht weiß, daß Eamon De Valera der bedeutendste Mann ist, der je gelebt hat. Ein anderer Lehrer wird einen schlagen, wenn man nicht weiß, daß Michael Collins der bedeutendste Mann war, der je gelebt hat.

Mr. Benson haßt Amerika, und man darf nicht vergessen, Amerika zu hassen, sonst schlägt er einen.

Mr. O'Dea haßt England, und man darf nicht vergessen, England zu hassen, sonst schlägt er einen.

Sie alle schlagen einen, wenn man irgendwas Günstiges über Oliver Cromwell sagt.

Selbst wenn sie einem mit dem Eschenzweig oder dem Schwarzdorn mit den Knubbeln sechsmal auf jede Hand schlagen, darf man nicht weinen. Es gibt Jungens, die einen vielleicht auf der Straße auslachen und verspotten, aber sie müssen vorsichtig sein, denn der Tag wird kommen, da schlägt und prügelt der Lehrer sie auch, und dann müssen sie die Tränen hinter den Augen halten, oder sie sind für alle Zeiten blamiert. Manche Jungens sagen, es ist besser, wenn man weint, weil das den Lehrern gefällt. Wenn man nicht weint, hassen einen die Lehrer, weil sie dann vor der Klasse schwach aussehen, und sie schwören sich, beim nächsten Mal gibt es Tränen oder Blut oder beides.

Große Jungens in der fünften Klasse sagen uns, daß Mr. O'Dea sich gern vor der Klasse aufstellt, so daß er hinter einem stehen kann, und dann zwickt er einem in die Schläfen, zieht sie hoch, sagt, hoch, hoch, bis man auf Zehenspitzen steht und die Augen voller Tränen hat. Man möchte nicht, daß die Jungens in der Klasse sehen, wie man weint, aber beim Schläfenziehen muß man nun mal weinen, ob man will oder nicht, und das mag der Lehrer. Mr. O'Dea ist der einzige Lehrer, dem es immer gelingt, Tränen und Blamage über einen zu bringen.

Es ist besser, wenn man nicht weint, denn die Lehrer wechseln, aber mit den Schülern bleibt man zusammen, und den Lehrern möchte man auf keinen Fall die Genugtuung gönnen.

Wenn der Lehrer einen schlägt, hat es gar keinen Sinn, sich bei Vater oder Mutter zu beschweren. Sie werden immer sagen, wenn der Lehrer dich schlägt, dann hast du's auch verdient. Stell dich nicht so an.

Ich weiß, daß Oliver tot ist, und Malachy weiß, daß Oliver tot ist, aber Eugene ist zu klein, um irgendwas zu wissen. Wenn er morgens aufwacht, sagt er, Ollie, Ollie, und krabbelt im Zimmer herum und sieht unter den Betten nach, oder er klettert auf das Bett am Fenster und zeigt auf Kinder draußen auf der Straße, besonders Kinder, die blond sind, so wie er und Oliver. Ollie, Ollie, sagt er, und Mam hebt ihn auf, schluchzt, umarmt ihn. Er strampelt und will wieder runter, weil er nicht aufgehoben und umarmt werden will. Er will Oliver finden.

Dad und Mam sagen ihm, Oliver ist im Himmel und spielt mit Engeln, und eines Tages werden wir ihn alle wiedersehen, aber er versteht es nicht, weil er erst zwei ist und noch keine Wörter hat, und das ist das Schlimmste auf der Welt.

Malachy und ich spielen mit ihm. Wir versuchen, ihn zum Lachen zu bringen. Wir schneiden Grimassen. Wir setzen uns einen Topf auf den Kopf und tun so, als ob wir ihn fallen lassen. Wir nehmen ihn mit in den Volkspark, um die schönen Blumen zu betrachten und mit Hunden zu spielen und uns im Gras zu wälzen.

Er sieht kleine blonde Kinder wie Oliver. Er sagt nicht mehr Ollie. Er zeigt nur noch mit dem Finger.

Dad sagt, Eugene hat Glück, daß er solche Brüder hat wie Malachy und mich, denn wir helfen ihm beim Vergessen, und bald wird er, mit Gottes Hilfe, gar keine Erinnerung an Oliver mehr haben.

Er ist dann sowieso gestorben.

Sechs Monate nach Olivers Heimgang wachten wir an einem ekligen Novembermorgen auf, und da lag Eugene kalt neben uns im Bett. Dr. Troy kam und sagte, dieses Kind ist an Lungenentzündung gestorben, und warum war es nicht schon längst im Krankenhaus? Dad sagte, er hat es nicht gewußt, und Mam sagte, sie hat es nicht gewußt, und Dr. Troy sagte, genau daran sterben Kinder. Daran, daß die Menschen nichts wissen. Er sagte, beim geringsten Anzeichen von Husten oder Rasseln im Hals sollten Malachy oder ich sofort zu ihm gebracht werden, egal zu welcher Tages- oder Nachtzeit. Wir sollten zu jeder Zeit auf trockne Füße und Kleidung achten, denn es scheine in der Familie zu liegen, daß wir etwas schwach auf der Brust seien. Er sagte Mam, es tut ihm sehr leid, daß wir soviel Kummer hatten, und er gibt ihr ein Rezept für die Schmerzen, die in den nächsten Tagen noch auf sie zukommen werden. Er sagte, Gott verlangt ein bißchen viel, verdammt, zuviel.

Oma kam uns mit Tante Aggie in unserem Zimmer besuchen. Sie wusch Eugene, und Tante Aggie ging in ein Geschäft, um ein kleines weißes Hemd und einen Rosenkranz zu besorgen. Sie zogen ihm das weiße Hemdchen an und legten ihn auf das Bett beim Fenster, aus dem er immer nach Oliver Ausschau gehalten hat. Sie legten ihm seine Hände auf die Brust, eine Hand auf die andere, mit der kleinen weißen Rosenkranzkette aneinandergefesselt. Oma strich ihm das Haar aus Augen und Stirn, und sie sagte, hat er nicht wunderbar weiches seidiges Haar? Mam ging zum Bett und legte ihm eine Decke über die Beine, um ihn warm zu halten. Oma und Tante Aggie sahen sich an und sagten nichts. Dad stand am Fußende, schlug sich mit den Fäusten gegen die Oberschenkel, sprach mit Eugene und sagte ihm, *och,* es war der Shannon, der dir was zuleide getan hat, die Feuchtigkeit von diesem Fluß, die gekommen ist und dich und Oliver geholt hat. Oma sagte, hörst du wohl damit auf? Du machst das ganze Haus nervös. Sie nahm Dr. Troys Rezept und sagte zu mir, lauf hinüber zu O'Connor, dem Apotheker, wegen der Pillen, und dank der Freundlichkeit von Dr. Troy kosten sie nichts, soll ich sagen. Dad sagte, er kommt mit, wir gehen in die Jesuitenkirche und sprechen ein Gebet für Margaret und Oliver und Eugene, alle froh im Himmel versammelt. Der Apotheker gab uns die Pillen, wir gingen bei der Kirche vorbei, um die Gebete zu sprechen, und als wir ins Zimmer zurückkamen, gab Oma Dad Geld, um ein paar Flaschen Stout aus der Kneipe zu holen. Mam sagte, nein, nein, aber Oma sagte, er hat die Pillen nicht, um seinen Schmerz zu lindern, Gott helfe uns, und eine Flasche Stout wird ein kleiner, schwacher Trost sein. Dann sagte sie ihm, er muß morgen zum Bestatter, um den Sarg mit dem Pferdewagen abzuholen. Mir sagte sie, geh mit deinem Vater und paß auf, daß er nicht die ganze Nacht in den Kneipen bleibt und das ganze Geld vertrinkt. Dad sagte, *och,* Frankie sollte sich nicht in Kneipen aufhalten, und sie sagte, dann bleib eben nicht drin. Er setzte sich seine Mütze auf, und wir gingen in South's Kneipe, und an der Tür sagte er mir, ich kann jetzt nach Hause gehen, er kommt nach einer Pint nach. Ich sagte nein, und er sagte, sei nicht ungehorsam. Geh nach Hause zu deiner armen Mutter. Ich sagte nein, und er sagte, ich bin ein unartiger Junge, und Gott ist das gar nicht recht. Ich sagte, ohne ihn gehe ich nicht nach Hause, und er sagte, *och,* wo soll das nur hinführen mit dieser Welt? In der Kneipe trank er eine schnelle Pint Porter, und dann gingen wir mit den Stoutflaschen nach Hause. Pa Keating war in unserem Zimmer, er hatte eine kleine Flasche Whiskey und ein paar Flaschen Stout mitgebracht, und Onkel Pat Sheehan hatte sich zwei Flaschen Stout mitgebracht. Onkel Pat saß auf dem Fußboden, hielt seine Flaschen mit den Armen umklammert und sagte immer wieder, alles meins, alles meins, weil er Angst hatte, sie werden ihm wieder abgenommen. Menschen, die auf den Kopf gefallen sind, haben immer Angst, jemand nimmt ihnen ihr Stout weg. Oma sagte, schon gut, Pat, trink dein Stout selber. Tut dir ja keiner was. Sie und Tante Aggie saßen bei Eugene auf dem Bett. Pa Keating saß am Küchentisch, trank von seinem Stout und bot allen einen Schluck von seinem Whiskey an. Mam nahm ihre Pillen und saß mit Malachy auf dem Schoß beim Feuer. Sie sagte immer wieder, Malachy hat das gleiche Haar wie Eugene, und Tante Aggie sagte immer wieder, nein, hat er nicht, bis Oma ihr den Ellenbogen in die Brust rammte und sagte, sie soll den Mund halten. Dad stand an der Wand zwischen dem Feuer und Eugenes Bett und trank sein Stout. Pa Keating erzählte Geschichten, und die Leute lachten, obwohl sie nicht lachen wollten oder nicht lachen durften in Gegenwart eines toten Kindes. Er sagte, als er mit der englischen Armee in Frankreich war, haben die Deutschen Gas herübergeschickt, wovon er so krank wurde, daß er ins Lazarett geschafft werden mußte. Im Lazarett haben sie ihn eine Weile dabehalten, und dann haben sie ihn wieder in den Graben geschickt. Englische Soldaten haben sie nach Hause geschickt, aber bei irischen Soldaten hat es sie keinen Fiedlerfurz geschert, ob sie lebten oder starben. Statt zu sterben, hat Pa ein Riesenvermögen gescheffelt. Er sagte, er hat eins der großen Probleme des Grabenkriegs gelöst. Im Graben war es so naß und matschig, daß es ihnen schier unmöglich war, das Wasser für den Tee zu kochen. Er sagte sich, Jesusnochmal, da hab ich dies ganze Gas im Organismus, und es ist eine üble Verschwendung, wenn man nichts damit macht. Also stopfte er sich ein Rohr in den Arsch, entfachte ein Zündholz und hatte in Sekundenschnelle eine feine Flamme, mit deren Hilfe man in jedem Kochgeschirr Wasser erhitzen konnte. Aus den Gräben ringsum kamen die Tommys angerannt, als sie davon erfuhren, und gaben ihm jeden gewünschten Betrag, wenn er sie Wasser kochen ließ. Er verdiente so viel Geld, daß er die Generäle dazu bestechen konnte, ihn aus der Armee zu entlassen, und daraufhin setzte er sich nach Paris ab, wo er es sich wohl sein ließ und mit Künstlern und Mannequins trank. Er hat es sich so wohl sein lassen, daß er sein ganzes Geld ausgab, und als er wieder nach Limerick kam, war der einzige Job, den er kriegen konnte, Kohlenschipper bei der Gasanstalt. Er sagte, er hat immer noch so viel Gas im Organismus, daß er eine Kleinstadt ein Jahr lang mit Licht versorgen könnte. Tante Aggie schniefte und sagte, das ist keine passende Geschichte, die man in Gegenwart eines toten Kindes erzählt, und Oma sagte, besser so eine Geschichte, als mit langem Gesicht herumsitzen. Onkel Pat Sheehan, der mit seinem Stout auf dem Fußboden saß, sagte, er singt jetzt ein Lied. Nur zu, nur zu, sagte Pa Keating, und Onkel Pat sang Die Straße nach Rasheen. Er sagte immer nur, Rasheen, Rasheen, alles verziehn, und das Lied ergab gar keinen Sinn, weil sein Vater ihn vor langer Zeit hat auf den Kopf fallen lassen, und jedesmal, wenn er das Lied sang, hatte es einen anderen Text. Oma sagte, das war aber ein schönes Lied, und Pa Keating sagte, Caruso kann schon mal einpacken. Dad ging zu dem Bett in der Ecke, in dem er mit Mam schlief. Er setzte sich auf die Bettkante, stellte seine Flasche auf dem Fußboden ab, hielt sich die Hände vors Gesicht und weinte. Er sagte, Frank, Frank, komm her zu mir, und ich mußte zu ihm gehen, damit er mich genauso umarmen konnte, wie Mam Malachy umarmte. Oma sagte, wir gehen jetzt lieber und schlafen noch ein bißchen, bevor morgen die Beerdigung anfängt. Sie knieten sich alle vor dem Bett hin und sprachen ein Gebet und küßten Eugene auf die Stirn. Dad ließ mich vom Schoß runter, stand auf und nickte ihnen beim Hinausgehen zu. Als sie weg waren, setzte er jede einzelne Stoutflasche an und leerte die allerletzte Neige in seinen Mund. Er steckte den Zeigefinger in die Whiskeyflasche und leckte ihn ab. Er blies die Flamme in der Paraffinöllampe aus, und er sagte, es ist Zeit für Malachy und mich, ins Bett zu gehen. Wir müßten bei ihm und Mam schlafen, weil Eugene das Bett selber braucht. Jetzt war es dunkel im Zimmer, und nur noch ein Scheibchen Licht fiel von der Straße auf Eugenes schönes seidenweiches Haar.

Am Morgen macht Dad Feuer an, brüht Tee auf, toastet das Brot im Feuer. Er bringt Mam Toast mit Tee, aber sie winkt ab und dreht sich zur Wand. Er führt Malachy und mich zu Eugene, damit wir niederknien und ein Gebet sprechen. Er sagt, die Gebete von einem Kind wie uns sind im Himmel mehr wert als die Gebete von zehn Kardinälen und vierzig Bischöfen. Er zeigt uns, wie man sich bekreuzigt, im Namen des Vaters und des Sohnes und des Heiligen Geistes. Amen, und er sagt, lieber Gott, das willst Du doch, oder? Du willst meinen Sohn, Eugene. Du hast seinen Bruder, Oliver, genommen, Du hast seine Schwester, Margaret, genommen. Ich darf das nicht in Frage stellen, stimmt's? Lieber Gott im Himmel, ich weiß nicht, warum Kinder sterben müssen, aber Dein Wille geschehe. Du hast dem Fluß befohlen, er soll töten, und der Shannon hat getötet. Könntest Du allmählich mal Gnade walten lassen? Könntest Du uns die Kinder lassen, die wir noch haben? Mehr verlangen wir gar nicht. Amen.

Er hilft Malachy und mir beim Kopf- und Füßewaschen, damit wir für Eugenes Beerdigung sauber sind. Wir müssen ganz leise sein, sogar als er uns die Ohren mit einer Ecke des Handtuchs ausputzt, das wir aus Amerika mitgebracht haben. Wir müssen leise sein, weil Eugene die Augen zu hat, und wir wollen ihn doch nicht wecken, damit er dann wieder aus dem Fenster kuckt und Oliver sucht.

Oma kommt und sagt zu Mam, sie muß aufstehen. Es sind Kinder gestorben, sagt sie, aber es sind auch Kinder am Leben, und die brauchen ihre Mutter. Sie bringt Mam etwas Tee in einer großen Tasse, damit sie die Pillen hinunterspülen kann, die den Schmerz dämpfen sollen. Dad sagt Oma, es ist Donnerstag, und er muß wegen des Stempelgelds aufs Arbeitsamt und dann zum Bestatter, um den Leichenwagen und den Sarg zu holen. Oma sagt ihm, er soll mich mitnehmen, aber er sagt, für mich ist es besser, wenn ich dableibe und für meinen kleinen Bruder bete, der da im Bett liegt. Oma sagt, sag mal, spinnst du? Für ein kleines Kind beten, das noch keine zwei Jahre alt ist und bereits mit seinem Bruder im Himmel spielt? Du wirst jetzt deinen Sohn mitnehmen, und er wird dich daran erinnern, daß heute nicht der Tag für die Kneipen ist. Sie sieht ihn an, und er sieht sie an, und dann setzt er sich seine Mütze auf.

Auf dem Arbeitsamt stellen wir uns ans Ende der Schlange, bis ein Mann hinter dem Schalter hervorkommt und Dad sagt, wie leid es ihm tut, daß er soviel Kummer hat, und er soll sich doch an so einem Tag des Jammers ganz vorne anstellen. Männer tippen sich an die Mütze und sagen, tut ihnen leid, der ganze Kummer, und manche tätscheln mir den Kopf und geben mir Pennies, vierundzwanzig einzelne Pennies, zwei Shilling. Dad sagt mir, jetzt bin ich reich, und ich soll mir dafür was Süßes kaufen, während er noch rasch wohin geht. Ich weiß, daß, wohin er gehen will, eine Kneipe ist, und ich weiß, daß er das schwarze Zeug will, welches man eine Pint nennt, aber ich sage nichts, denn ich möchte in den Laden nebenan gehen, um mir ein Karamelbonbon zu holen. Ich kaue mein Karamelbonbon, bis es schmilzt und mein Mund ganz süß und klebrig ist. Dad ist noch in der Kneipe, und ich frage mich, ob ich mir noch ein zweites Karamelbonbon besorge, solang er dort mit seiner Pint beschäftigt ist. Ich will der Frau im Laden gerade das Geld geben, als mir auf die Hand gehauen wird, und da ist Tante Aggie und tobt. Ist es das, was du am Tag der Beerdigung deines Bruders tust? Schlägst dir den Magen mit Süßigkeiten voll. Und wo ist dein Vater?

Er ... Er ist ... in der Kneipe.

Natürlich ist er in der Kneipe. Du stopfst dich hier mit Süßigkeiten voll, und er sitzt da drüben und läßt sich volllaufen, bis er nur noch torkeln kann, und das beides an dem Tag, an dem dein armer kleiner Bruder auf den Friedhof kommt. Ganz der Vater, sagt sie zu der Frau im Laden. Die gleiche komische Art, das gleiche dumme Geschwätz.

Sie sagt mir, ich soll in die Kneipe gehen und meinem Vater sagen, er soll aufhören zu saufen und lieber den Sarg und den Wagen holen. Sie wird keinen Fuß über die Schwelle dieser Kneipe setzen, denn der Suff ist der Fluch dieses armen gottverlassenen Landes.

Dad sitzt hinten in der Kneipe mit einem Mann zusammen, der ein schmutziges Gesicht hat und Haare, die ihm aus der Nase wachsen. Sie reden nicht, sondern sie starren vor sich hin, und ihre schwarzen Pints stehen auf einem kleinen weißen Sarg auf dem Stuhl zwischen ihnen. Ich weiß, daß das Eugenes Sarg ist, weil Oliver genau so einen hatte, und ich möchte weinen, als ich die schwarzen Pints auf dem Sarg sehe. Jetzt tut es mir leid, daß ich das Karamelbonbon gegessen habe, und ich würde es gern wieder aus meinem Bauch herausholen und der Frau im Laden zurückgeben, weil es nicht richtig ist, Karamelbonbons zu essen, wenn Eugene tot im Bett liegt und ich Angst vor den beiden schwarzen Pints auf seinem weißen Sarg habe. Der Mann neben Dad sagt, nein, Mister, man kann heutzutage einen Kindersarg nicht mehr auf dem Wagen lassen. Einmal hab ich's gemacht und bin auf eine Pint gegangen, und sie haben mir den kleinen Sarg aus dem verdammten Leichenwagen rausgeklaut. Können Sie sich das vorstellen? Er war leer, Gott sei Dank, aber so was gibt's. Schlimme Zeiten sind das, schlimme Zeiten. Der Mann neben Dad hebt seine Pint und nimmt einen langen Schluck, und als er sein Glas wieder abstellt, macht das ein hohles Geräusch im Sarg. Dad nickt mir zu. In einer Minute gehen wir mein Sohn, aber als er nach dem langen Schluck sein Glas auf den Sarg stellen will, schiebe ich das Glas beiseite.

Der gehört Eugene. Ich werde Mam sagen, daß du dein Glas auf Eugenes Sarg abgestellt hast.

Na na, mein Sohn. Na na, mein Sohn.

Das, das ist Eugenes Sarg.

Der andere Mann sagt, nehmen wir jetzt noch eine Pint, Mister?

Dad sagt zu mir, warte nur noch schnell ein paar Minuten draußen, Francis.

Nein.

Sei kein unartiger Junge.

Nein.

Der andere Mann sagt, bei Gott, wenn das mein Sohn wäre, würde ich ihm in den Arsch treten, daß er bis in die Grafschaft Kerry fliegt. Er hat nicht das Recht, in diesem Ton an einem Tag der Trauer mit seinem Vater zu sprechen. Wenn ein Mann am Tage einer Beerdigung keine Pint trinken darf, was soll dann überhaupt das Leben.

Dad sagt, schon gut, wir gehen.

Sie trinken ihre Pints aus und wischen die nassen braunen Flecken auf dem Sarg mit dem Ärmel ab. Der Mann klettert auf den Kutschbock vom Leichenwagen, und Dad und ich fahren innen mit.

Zu Hause ist das Zimmer voll mit Großen: Mam, Oma, Tante Aggie, ihr Mann Pa Keating, Onkel Pat Sheehan, Onkel Tom Sheehan, der Mams ältester Bruder ist und der sich immer von uns ferngehalten hat, weil er Menschen aus dem Norden von Irland haßt. Onkel Tom hat seine Frau Jane dabei. Sie ist aus Galway und die Leute sagen, sie sieht aus wie eine Spanierin, und deswegen spricht keiner aus der Familie mit ihr. Der Mann nimmt Dad den Sarg ab, und als er ihn ins Zimmer bringt, stöhnt Mam, O Gott, nein, O Gott, nein. Der Mann sagt zu Oma, er ist bald wieder zurück, und dann wird er uns zum Friedhof bringen. Oma sagt ihm, er soll lieber nicht in betrunkenem Zustand zurückkommen, denn dieses Kind, das jetzt seine letzte Fahrt antritt, hat schwer gelitten und verdient ein bißchen Würde, und einen Kutscher, der betrunken ist und jederzeit vom Bock fallen kann, lasse ich mir nicht bieten.

Der Mann sagt, Missis, ich hab schon Dutzende von Kindern zum Friedhof gekarrt und bin noch nie vom Bock gefallen.

Die Männer trinken wieder Stout aus der Flasche, und die Frauen nippen an Marmeladegläsern mit Sherry. Onkel Pat Sheehan sagt zu allen, mein Bier, mein Bier, und Oma sagt, ist ja schon gut, Pat, niemand trinkt dir was weg. Dann sagt er, er will Die Straße nach Rasheen singen, bis Pa Keating sagt, nein, Pat, am Tag der Beerdigung darf man nicht singen. Am Abend vorher kann man singen. Aber Onkel Pat sagt immer wieder, das ist mein Bier, und ich will Die Straße nach Rasheen singen, und jeder weiß, daß er so spricht, weil er auf den Kopf gefallen ist.

Er fängt an zu singen, hört aber gleich wieder auf, als Oma den Deckel vom Sarg hebt und Mam schluchzt, o Jesus, o Jesus, hört das denn nie auf. Wird mir ein Kind übrigbleiben?

Mam sitzt auf einem Stuhl am Kopfende des Bettes. Sie streichelt Eugenes Haar und Gesicht und seine Hände. Sie sagt ihm, von allen Kindern der Welt war er das süßeste und das zarteste und das liebevollste. Sie sagt ihm, es ist schrecklich, ihn zu verlieren, aber ist er jetzt nicht im Himmel, bei seinem Bruder und seiner Schwester, und ist uns das nicht ein Trost? Zu wissen, daß Oliver nicht mehr ohne seinen Zwillingsbruder auskommen muß. Trotzdem legt sie ihren Kopf ganz nah an Eugene dran und weint so heftig, daß alle Frauen im Zimmer mitweinen. Sie weint, bis Pa Keating zu ihr geht und ihr sagt, wir müssen los, bevor es dunkel wird, und daß man sich nach Einbruch der Dunkelheit nicht auf Friedhöfen aufhalten kann.

Oma flüstert Tante Aggie zu, wer wird das Kind in den Sarg legen? und Tante Aggie flüstert, ich nicht. Das ist Aufgabe der Mutter. Onkel Pat hört sie. Ich werde das Kind in den Sarg legen, sagt er. Er hinkt zum Bett und legt Mam die Arme um die Schultern.

Sie sieht zu ihm auf, und ihr Gesicht ist pitschnaß.

Er sagt, ich werde das Kind in den Sarg legen, Angela.

Ach, Pat, sagt sie. Pat.

Ich kann das, sagt er. Er ist zwar nur ein kleines Kind, und ich hab noch nie ein kleines Kind hochgehoben in meinem Leben. Ich hab noch nie ein kleines Kind im Arm gehabt. Aber ich laß ihn nicht fallen, Angela. Bestimmt nicht. Schwör ich bei Gott, ich laß ihn nicht fallen.

Ich weiß ja, daß du ihn nicht fallen läßt, Pat. Das weiß ich doch.

Ich werde ihn hochheben, und ich werde nicht Die Straße nach Rasheen singen.

Das weiß ich doch, Pat, sagt Mam.

Pat zieht die Decke herunter, die Mam dort hingelegt hatte, um Eugene warm zu halten. Eugenes Füße sind strahlend weiß mit kleinen blauen Adern. Pat beugt sich vor, hebt Eugene auf und drückt ihn an seine Brust. Er küßt Eugene auf die Stirn, und dann küßt jeder im Zimmer Eugene. Er legt Eugene in den Sarg und tritt einen Schritt zurück. Wir sind alle im Kreis versammelt und sehen Eugene zum letztenmal an.

Onkel Pat sagt, siehst du, Angela, ich hab ihn nicht fallen gelassen, und sie faßt sein Gesicht an.

Tante Aggie geht zur Kneipe, um den Kutscher zu holen. Er legt den Deckel auf den Sarg und schraubt ihn fest. Er sagt, wer fährt bei mir mit? und trägt den Sarg zur Kutsche. Platz ist nur für Mam und Dad, Malachy und mich. Oma sagt, fahrts ihr zum Friedhof, und wir warten hier.

Ich weiß nicht, warum wir Eugene nicht behalten können. Ich weiß nicht, warum sie ihn mit diesem Mann wegschicken müssen, der seine Pint auf dem weißen Sarg abstellt. Ich weiß nicht, warum sie Margaret wegschicken mußten und Oliver. Es ist schlimm, meine Schwester und meine Brüder in eine Kiste zu stecken, und ich würde gern jemandem was sagen.

Das Pferd ging klippediklapp durch die Straßen von Limerick. Malachy sagte, sehen wir jetzt Oliver? und Dad sagte, nein, Oliver ist im Himmel, und frag mich nicht, was der Himmel ist, ich weiß es nämlich nicht.

Mam sagte, der Himmel ist ein Ort, an dem Oliver und Eugene und Margaret fröhlich sind und es warm haben, und da sehen wir sie eines Tages wieder.

Malachy sagte, das Pferd hat sein Pipi auf die Straße gemacht, und das hat gerochen, und Mam und Dad lächelten.

Auf dem Friedhof klettert der Kutscher vom Bock und öffnet die Tür. Gebts mir den Sarg, sagt er, und ich trag ihn ans Grab. Er zerrt an dem Sarg und stolpert. Mam sagt, in diesem Zustand werden Sie mein Kind nicht tragen. Zu Dad sagt sie, du trägst ihn.

Machts, was ihr wollts, sagt der Kutscher. Machts, was ihr verdammtnochmal wollts, und er klettert wieder auf seinen Bock. Es wird jetzt dunkel, und der Sarg sieht in Dads Armen noch weißer aus. Mam nimmt uns an der Hand, und wir folgen Dad zwischen den Gräbern hindurch. Die Dohlen sitzen still auf ihren Bäumen, denn ihr Tag ist fast vorbei, und sie müssen sich ausruhen, damit sie morgens früh aufstehen können und ihre Babys füttern.

Zwei Männer mit Schaufeln warten neben einem kleinen offenen Grab. Ein Mann sagt, ihr kommts aber spät. Ihr habts Glück, daß es nicht viel Arbeit macht, sonst wären wir schon fort. Er klettert ins Grab. Her damit, sagt er, und Dad gibt ihm den Sarg.

Der Mann streut etwas Stroh und Gras auf den Sarg, und als er heraussteigt, schaufelt der andere Mann die Erde hinein. Mam schreit langgezogen, o Jesus, Jesus, und eine Dohle krächzt auf einem Baum. Ich hätte gern mit einem Stein nach ihr geworfen.

Als die Männer mit Erdeschaufeln fertig sind, wischen sie sich die Stirn und warten. Einer sagt, äh, nun, ja, normalerweise gibt es eine Kleinigkeit gegen den Durst, der damit verbunden ist.

Dad sagt, ach so, ja, ja, und gibt ihnen Geld.

Sie sagen, tut uns leid, der ganze Kummer, und sie gehen.

Wir machen uns auf den Weg zurück zur Kutsche am Friedhofstor, aber die Kutsche ist weg. Dad sieht sich in der Dunkelheit um und kommt kopfschüttelnd zurück. Mam sagt, dieser Kutscher ist nichts als ein dreckiger, alter Trunkenbold, möge Gott mir verzeihn.

Zu Fuß ist es ein langer Weg vom Friedhof bis zu unserem Zimmer. Mam sagt zu Dad, diese Kinder brauchen etwas zu essen, und du hast von heute früh noch Stempelgeld übrig. Wenn du denkst, du kannst heute abend in die Kneipen gehen, dann kannst du's vergessen. Wir nehmen sie mit zu Naughton, und da können sie Fisch mit Fritten und Limonade kriegen, denn einen Bruder beerdigen sie ja nicht jeden Tag.

Der Fisch und die Fritten sind köstlich, mit Essig und Salz, und die Limonade rinnt uns säuerlich die Kehle hinunter.

Als wir nach Hause kommen, ist das Zimmer leer. Auf dem Tisch stehen leere Stoutflaschen, und das Feuer ist ausgegangen. Dad zündet die Paraffinöllampe an, und man kann die Mulde sehen, die Eugenes Kopf auf dem Kissen hinterlassen hat. Man erwartet ihn gleich zu hören und zu sehen, wie er durchs Zimmer krabbelt und auf das Bett klettert, um aus dem Fenster zu sehen, ob Oliver da ist.

Dad sagt Mam, er geht noch ein bißchen spazieren. Sie sagt nein. Sie weiß, was er vorhat, daß er es nicht erwarten kann, seine letzten paar Shilling in den Kneipen auszugeben. Na gut, sagt er. Er macht Feuer an, und Mam kocht Tee, und bald sind wir im Bett.

Malachy und ich sind wieder in dem Bett, in dem Eugene gestorben ist. Ich hoffe, ihm ist nicht kalt in diesem weißen Sarg auf dem Friedhof, obwohl ich weiß, daß er da gar nicht mehr ist, denn Engel kommen auf den Friedhof und machen den Sarg auf, und er ist weit weg von der Feuchtigkeit des Shannon, die einen umbringt, oben im Himmel bei Oliver und Margaret, und da gibt es jede Menge Fisch, Fritten und Karamelbonbons und keine Tanten, die einen ärgern, und alle Väter bringen ihr Stempelgeld vom Arbeitsamt nach Hause, und man braucht nicht in den Kneipen herumzurennen, um sie zu finden.

3

Mam sagt, sie erträgt es keine Minute mehr in dem Zimmer in der Hartstonge Street. Sie sieht Eugene morgens, mittags, abends und in der Nacht. Sie sieht, wie er aufs Bett klettert, um nachzusehen, ob Oliver draußen auf der Straße ist, und manchmal sieht sie Oliver draußen und Eugene drinnen, und die beiden schwatzen um die Wette. Sie ist froh, daß sie so schwatzen, aber sie will sie nicht bis an ihr Lebensende sehen und hören. Es ist eine Schande umzuziehen, wenn man so nah an Leamy's National School wohnt, aber wenn sie nicht bald umzieht, wird sie wahnsinnig und kommt womöglich noch ins Irrenhaus.

Wir ziehen in die Roden Lane ganz oben in einem Stadtteil namens Barrack Hill. In der Gasse sind sechs Häuser auf der einen Straßenseite, und eins steht auf der anderen. Die Häuser heißen Zwei-oben-zwei-unten: zwei Zimmer oben, zwei Zimmer unten. Unser Haus ist das am Ende der Gasse, das letzte von den sechs. Gleich daneben steht ein kleiner Verschlag – ein Klo – und gleich daneben ein Stall.

Mam geht zur Gesellschaft des Hl. Vincent de Paul, um zu sehen, ob vielleicht die Möglichkeit besteht, daß wir Möbel kriegen. Der Mann sagt, er gibt uns eine Bescheinigung für einen Tisch, zwei Stühle und zwei Betten. Er sagt, wir müssen in eine Gebrauchtmöbelhandlung in Irishtown gehen und die Möbel selbst nach Hause transportieren. Mam sagt, wir können den Kinderwagen nehmen, den sie für die Zwillinge hatte, und als sie das sagt, weint sie. Sie wischt sich mit dem Ärmel die Augen ab und fragt den Mann, ob die Betten, die wir kriegen, auch gebraucht sind. Er sagt, natürlich sind die auch gebraucht, und sie sagt, das macht ihr große Sorgen, in einem Bett zu schlafen, in dem vielleicht schon mal jemand gestorben ist, besonders wenn die Betreffenden die Schwindsucht hatten. Der Mann sagt, tut mir sehr leid, aber 'nem geschenkten Gaul sieht man nicht ins Maul.

Wir brauchen den ganzen Tag, um die Möbel mit dem Kinderwagen vom einen Ende von Limerick bis ans andere zu schleppen. Der Kinderwagen hat vier Räder, aber eins ist bockig, es will immer in eine andere Richtung. Wir haben jetzt zwei Betten, eine Kommode mit einem Spiegel, einen Tisch und zwei Stühle. Wir sind froh über das Haus. Wir können von einem Zimmer ins andere und die Treppe rauf und runter. Man kommt sich sehr reich vor, wenn man den ganzen Tag nach Herzenslust die Treppe rauf und runter kann. Dad macht Feuer an, und Mam kocht Tee. Er sitzt am Tisch auf dem einen Stuhl, sie sitzt auf dem anderen, und Malachy und ich sitzen auf dem Überseekoffer, den wir aus Amerika mitgebracht haben. Während wir unseren Tee trinken, kommt ein alter Mann mit einem Eimer an unserer Haustür vorbei. Er leert den Eimer ins Klo und spült, und in unserer Küche stinkt es gewaltig. Mam geht an die Tür und sagt, warum leeren Sie Ihren Eimer in unser Klo? Er zieht vor ihr die Mütze. Ihr Klo, Missis? O nein. Da machen Sie einen kleinen Fehler, haha. Das ist nicht Ihr Klo. Dies ist vielmehr das Klo für die ganze Gasse. Sie werden die Eimer von elf Familien an sich vorüberziehen sehen, und ich kann Ihnen sagen, in der warmen Jahreszeit wird das sehr kraftvoll, sehr, sehr kraftvoll. Jetzt haben wir Dezember, Gott sei Dank, es liegt Kälte in der Luft, und Weihnachten steht vor der Tür, und das Klo ist halb so schlimm, aber der Tag wird kommen, an dem Sie nach einer Gasmaske verlangen. Nun wünsche ich Ihnen eine gute Nacht, Missis, und ich hoffe, Sie werden glücklich in Ihrem Haus.

Mam sagt, Augenblick mal. Könnten Sie mir sagen, wer das Klo saubermacht?

Saubermacht? Lieber Jesus, das ist eine gute Frage. Saubermacht, sagt sie. Scherzen Sie möglicherweise? Diese Häuser wurden zur Zeit von Königin Victoria persönlich erbaut, und falls dieses Klo seitdem jemals saubergemacht worden sein sollte, so muß dies im Schutze der Nacht geschehen sein, als es niemand bemerkte.

Und er schlurft die Gasse hinauf und kriegt sich kaum ein vor Lachen.

Mam kommt zu ihrem Stuhl und ihrem Tee zurück. Hier können wir nicht bleiben, sagt sie. Dieses Klo wird uns alle mit Krankheiten umbringen.

Dad sagt, wir können nicht schon wieder umziehen. Wo kriegen wir denn ein Haus für sechs Shilling die Woche? Wir werden das Klo selbst sauberhalten. Wir werden eimerweise kochendes Wasser hineinschütten.

Ach ja? sagt Mam. Und woher kriegen wir Kohle oder Torf oder Briketts, um das Wasser zu kochen?

Dad sagt nichts. Er trinkt seinen Tee aus und sucht einen Nagel, um unser einziges Bild aufzuhängen. Der Mann auf dem Bild hat ein dünnes Gesicht. Er trägt ein gelbes Käppchen und ein schwarzes Gewand mit einem Kreuz auf der Brust. Dad sagt, er war Papst, Leo der Dreizehnte, ein großer Freund des Arbeiters. Er hat das Bild die ganze Strecke von Amerika mitgebracht, wo er es gefunden hatte; jemand, dem das Los des Arbeiters nicht am Herzen lag, hatte es weggeschmissen. Mam sagt, er redet ziemlichen Quatsch, und er sagt, sie soll in Anwesenheit der Kinder nicht Quatsch sagen. Dad findet einen Nagel, fragt sich aber, wie er den Nagel ohne Hammer in die Wand kriegen soll. Mam sagt, er kann sich einen von den Leuten nebenan borgen, aber er sagt, man läuft nicht in der Gegend rum und borgt sich Sachen von Leuten, die man nicht kennt. Er stellt das Bild an die Wand und schlägt den Nagel mit dem Boden eines Marmeladenglases ein. Das Marmeladenglas zerbricht und schneidet ihm die Hand auf, und ein Klecks Blut fällt dem Papst auf den Kopf. Er wickelt seine Hand ins Geschirrtuch und sagt zu Mam, schnell, schnell, wisch das Blut ab, bevor es trocknet. Sie versucht, das Blut mit dem Ärmel abzuwischen, aber der Ärmel ist aus Wolle, und das Blut wird nur verteilt, bis die eine Seite vom Gesicht des Papstes ganz eingesaut ist. Dad sagt, Gott in der Höhe, Angela, jetzt hast du den Papst völlig zerstört, und sie sagt, *arrah,* hör auf zu winseln, wir besorgen uns Farbe und bringen sein Gesicht irgendwann mal in Ordnung, und Dad sagt, er ist der einzige Papst, der jemals ein Freund des Arbeiters war, und was sollen wir bloß sagen, wenn jemand von der Gesellschaft vom Hl. Vincent de Paul reinkommt und sieht, daß er über und über mit Blut besudelt ist? Mam sagt, weiß ich nicht. Es ist dein Blut, und es ist traurig, wenn ein Mann nicht mal einen Nagel gerade einschlagen kann. Das zeigt nur wieder, wie nutzlos du bist. Auf einem Acker wärst du weit besser aufgehoben, und außerdem ist mir das sowieso alles egal, mir tut der Rücken weh, und ich geh jetzt ins Bett.

Och, was soll ich nur tun? sagt Dad.

Nimm den Papst von der Wand und versteck ihn im Kohlenkasten unter der Treppe, wo man ihn nicht sehen kann und wo er keinen Schaden anrichtet.

Kann ich nicht, sagt Dad. So was bedeutet Pech. Einen Papst sperrt man nicht in den Kohlenkasten. Wenn der Papst hängt, dann hängt er.

Mach doch, was du willst, sagt Mam.

Mach ich auch, sagt Dad.

Das sind jetzt unsere ersten Weihnachten in Limerick, und die Mädchen sind draußen auf der Gasse, springen Seil und singen:

Weihnachten kommt,
Die Gans wird fett und gut.
Bitte einen Penny
Dem Armen in den Hut.
Hast du keinen Penny,
Tust du mir leid, hoho,
Und hast du keinen halben Penny,
Geht es auch so.

Die Jungs uzen die Mädchen und singen statt dessen:

Und deine Mutter soll krepieren
Draußen aufem Klo.

Mam sagt, sie hätte so gern ein schönes Weihnachtsessen, aber was kann man schon machen, wenn das Arbeitsamt das Stempelgeld auf sechzehn Shilling kürzt, nachdem Oliver und Eugene gestorben sind? Man muß die sechs Shilling Miete zahlen, da bleiben einem zehn Shilling, und was nützt einem das bei vier Personen?

Dad kriegt keine Arbeit. Er steht an Wochentagen früh auf, macht das Feuer an, kocht Wasser für den Tee und seine Rasierschale. Er zieht sich ein Hemd an und befestigt einen Kragen daran. Er bindet sich den Schlips um und setzt sich die Mütze auf und geht aufs Arbeitsamt, um für das Stempelgeld zu unterschreiben. Nie verläßt er das Haus ohne Schlips und Kragen. Ein Mann ohne Schlips und Kragen ist ein Mann ohne Selbstachtung. Man weiß nie, wann der Mann beim Arbeitsamt einem vielleicht mal sagt, in Rank's Mühle oder bei der Limerick-Zementfabrik ist was frei geworden, und selbst wenn es nur ein Aushilfsjob ist, was halten die von einem, wenn man ohne Schlips und Kragen erscheint?

Bosse und Vorarbeiter bekunden ihm immer ihren Respekt und sagen, sie stellen ihn gern ein, aber sobald er den Mund aufmacht und sie den Akzent aus dem Norden von Irland hören, nehmen sie statt dessen einen Mann aus Limerick. Das erzählt er Mam am Kamin, und wenn sie sagt, warum ziehst du dich nicht an wie ein anständiger Arbeiter? sagt er, er wird keinen Zollbreit nachgeben, nie sollen sie es erfahren, und wenn sie sagt, warum kannst du nicht versuchen zu reden wie einer aus Limerick? sagt er, so tief wird er nie sinken, und der größte Kummer in seinem Leben ist, daß jetzt der Akzent von Limerick seine Söhne heimgesucht hat. Sie sagt, das tut mir aber leid, daß du so schlimmen Kummer hast, hoffentlich wird er nicht noch schlimmer, und er sagt, eines Tages, mit Gottes Hilfe, werden wir Limerick verlassen und weit weg sein vom todbringenden Shannon.

Ich frage Dad, was heißt heimgesucht, und er sagt, Heimsuchung, das ist eine schwere Krankheit, mein Sohn, und Sachen, die nicht zueinander passen.

Wenn er keine Arbeit sucht, unternimmt Dad lange Gänge, meilenweit aufs Land hinaus. Er fragt Bauern, ob sie vielleicht Hilfe brauchen, sagt, daß er auf dem Bauernhof aufgewachsen ist und alles kann. Wenn sie ihn nehmen, macht er sich sofort an die Arbeit, mit Schlips und Kragen. Er arbeitet so schwer und so lange, daß die Bauern ihm sagen müssen, er soll aufhören. Sie fragen sich, wie ein Mann an einem langen, heißen Tag durcharbeiten kann, ohne einen Gedanken an Essen oder Trinken zu verschwenden. Dad lächelt. Das Geld, das er bei den Bauern verdient, bringt er nie nach Hause. Das Geld scheint etwas anderes zu sein als das Stempelgeld, welches er zu Hause abliefern soll. Das Bauerngeld trägt er in die Kneipe und vertrinkt es. Wenn er beim Angelusläuten um sechs Uhr nicht zu Hause ist, weiß Mam, daß er einen Tag Arbeit hatte. Sie hofft, er denkt vielleicht mal an seine Familie und geht wenigstens einmal an der Kneipe vorbei, aber soweit kommt es nie. Sie hofft, er bringt vielleicht mal was vom Bauern mit nach Hause, Kartoffeln, Kohl, Steckrüben, Mohrrüben, aber er wird nie etwas mit nach Hause bringen, denn so tief wird er nie sinken, daß er einen Bauern um etwas bittet. Mam sagt, für sie ist es ja ganz normal, daß sie bei der Gesellschaft vom Hl. Vincent de Paul um eine Bescheinigung für Essen bettelt, aber er kann sich keine paar lumpigen Kartoffeln in die Tasche stecken. Er sagt, bei einem Mann ist das anders. Man muß die Würde bewahren, Schlips und Kragen tragen, aufs Äußere achten und nie um etwas bitten. Mam sagt, na, dann weiterhin viel Erfolg.

Wenn das Bauerngeld weg ist, kommt er nach Hause gewankt und besingt und beweint Irland und seine toten Kinder, aber häufiger Irland. Wenn er Roddy McCorley singt, heißt das, daß er sich nur ein bis zwei Pints leisten konnte. Wenn er Kevin Barry singt, heißt das, daß er einen guten Tag hatte, daß er bis zum Umfallen betrunken ist, bereit, uns aus dem Bett zu holen, antreten zu lassen und uns das Versprechen abzunehmen, daß wir für Irland sterben werden, es sei denn, Mam sagt ihm, er soll uns in Frieden lassen, oder sie schlägt ihm mit dem Schüreisen den Schädel ein.

Das würdest du doch nicht tun, Angela.

Das und noch viel mehr. Hör bloß mit dem Blödsinn auf und geh ins Bett.

Bett, Bett, Bett. Was bringt das denn, wenn ich ins Bett gehe? Wenn ich ins Bett gehe, muß ich doch nur wieder aufstehen, und ich kann nicht schlafen, wo es einen Fluß gibt, der uns mit Dunst und Nebel sein Gift herüberschickt.

Er geht ins Bett, singt ein trauriges Lied und hämmert dazu gegen die Wand und schläft ein. Wenn der Morgen dämmert, ist er wieder auf den Beinen, denn niemand, sagt er, sollte bei Tageslicht schlafen. Er weckt Malachy und mich, und wir sind müde, weil er uns die Nacht zuvor mit Reden und Singen wach gehalten hat. Wir beschweren uns und sagen, uns ist schlecht, wir sind müde, aber er zieht die Mäntel weg, mit denen wir zugedeckt sind, und wir müssen auf den Fußboden treten. Es ist Dezember, und es friert, und wir können unseren Atem sehen. Wir pinkeln in den Eimer bei der Schlafzimmertür und rennen die Treppe hinunter, zur Wärme des Feuers, das Dad bereits gemacht hat. Wir waschen uns Gesicht und Hände in einem Becken unter dem Wasserhahn neben der Tür. Das Rohr, welches zum Wasserhahn führt, muß mit einem Stück Bindfaden, das um einen Nagel gewickelt ist, an der Wand festgehalten werden. Um den Wasserhahn herum ist alles feucht – der Fußboden, die Wand, der Stuhl, auf dem das Becken steht. Das Wasser aus dem Hahn ist eisig, und unsere Finger werden gefühllos. Dad sagt, das ist gut für uns, das macht Männer aus uns. Er schüttet sich das eisige Wasser auf Gesicht und Hals und Brust, um zu zeigen, daß gar nichts dabei ist, wenn man so was macht. Wir halten die Hände ans Feuer, wegen der Wärme, die in dem Feuer ist, aber wir können nicht lange da bleiben, weil wir unseren Tee trinken und unser Brot essen und in die Schule gehen müssen. Dad sorgt dafür, daß wir vor den Mahlzeiten und nach den Mahlzeiten das Tischgebet sprechen, und er sagt uns, wir sollen in der Schule artig sein, denn Gott beobachtet jeden Mucks, und bei der geringsten Ungehorsamkeit fahren wir sofort und direkt zur Hölle, wo wir uns wegen der Kälte nie wieder Sorgen zu machen brauchen.

Und dann lächelt er.

Zwei Wochen vor Weihnachten kommen Malachy und ich bei strömendem Regen aus der Schule nach Hause, und als wir die Tür aufstoßen, ist die Küche leer. Tisch und Stühle und Überseekoffer sind weg, und das Feuer im Herd ist erloschen. Der Papst ist noch da, und das bedeutet, daß wir nicht schon wieder umgezogen sind. Dad würde nie ohne den Papst umziehen. Der Küchenfußboden ist naß, überall kleine Wasserpfützen, und die Wände glitzern vor Feuchtigkeit. Oben hören wir etwas, und als wir hochgehen, finden wir Dad und Mam und die fehlenden Möbel. Hier ist es schön und warm, und im Herd funkelt ein Feuer, und Mam sitzt im Bett, und Dad sitzt rauchend am Herd und liest die Irish Press. Mam sagt uns, daß es eine schreckliche Überschwemmung gegeben hat, daß der Regen die Gasse heruntergekommen ist und unter unserer Tür hindurch hereingeflossen kam. Sie haben versucht, ihn mit Tüchern und Lumpen aufzuhalten, aber die haben sich sofort vollgesogen und haben ihn hereingelassen. Die Leute, die ihre Eimer ausleerten, haben es noch schlimmer gemacht, und in der Küche konnte einem schlecht werden vor Gestank. Sie meint, wir sollen so lange oben bleiben, wie es regnet. Dann haben wir es die Wintermonate über warm, und im Frühling können wir wieder nach unten ziehen, wenn sich an den Wänden oder auf dem Fußboden erste Anzeichen von Trockenheit bemerkbar machen. Dad sagt, das ist, wie wenn man in den Ferien an irgendeinen warmen ausländischen Ort fährt, nach Italien zum Beispiel. So nennen wir seitdem das obere Stockwerk: Italien. Malachy sagt, der Papst ist immer noch unten an der Wand, und ihm ist kalt, und könnten wir ihn nicht raufholen, aber Mam sagt, nein, er bleibt, wo er ist, denn ich will nicht, daß er mich von der Wand anstarrt, wenn ich im Bett bin. Langt es denn nicht, daß wir ihn den ganzen Weg von Brooklyn nach Belfast nach Dublin nach Limerick mitgeschleppt haben? Alles, was ich jetzt will, ist ein wenig Frieden, Behaglichkeit und Trost.

Mam nimmt Malachy und mich mit in die Gesellschaft vom Hl. Vincent de Paul, damit wir mit Schlange stehen und sehen, ob vielleicht die Möglichkeit besteht, daß man was fürs Weihnachtsessen kriegt, eine Gans oder einen Schinken, aber der Mann sagt, diese Weihnachten geht es in Limerick allen verzweifelt schlecht. Er gibt ihr einen Bezugsschein für Lebensmittel bei McGrath und einen für den Schlachter.

Keine Gans, sagt der Schlachter, und keinen Schinken. Überhaupt nichts Schickes mit einer Bescheinigung vom Hl. Vincent de Paul. Was Sie haben können, Missis, ist Blutwurst und Kutteln oder ein Hammelkopf oder ein schöner Schweinskopf. Spricht doch nichts gegen einen Schweinskopf, Missis, jede Menge Fleisch dran, und Kinder lieben das, schneiden Sie die Backe auf, klatschen Sie ordentlich Senf drauf, was Besseres gibt's gar nicht, obwohl ich mir vorstellen könnte, daß es so was in Amerika gar nicht gibt, wo sie verrückt sind nach dem Steak und allen Klassen von Geflügel, fliegend, zu Fuß oder sogar schwimmend.

Er sagt Mam, nein, sie kann keinen gekochten Speck haben, auch keine Würste, und wenn sie einen Funken gesunden Menschenverstand hat, nimmt sie den Schweinskopf, bevor der auch noch weg ist, denn die armen Leute von Limerick sind ganz wild danach.

Mam sagt, der Schweinskopf ist nicht das Richtige für Weihnachten, und er sagt, er ist mehr als die Heilige Familie in jenem kalten Stall in Bethlehem vor langer Zeit hatte. Die würden sich nicht beklagen, wenn sie einen schönen, fetten Schweinskopf angeboten kriegten.

Nein, beklagen würden sie sich nicht, sagt Mam, aber essen würden sie den Schweinskopf nie. Sie waren nämlich Juden.

Und was hat das damit zu tun? Ein Schweinskopf ist ein Schweinskopf. Und ein Jude ist ein Jude, und es ist gegen ihre Religion, und ich kann es ihnen nicht mal verübeln.

Der Schlachter sagt, sind Sie ein bißchen ein Experte, Missis, was die Juden und das Schwein betrifft.

Bin ich nicht, sagt Mam, aber es gab da eine jüdische Frau, Mrs. Leibowitz, in New York, und ich weiß nicht, was wir ohne sie getan hätten.

Der Schlachter nimmt den Schweinskopf von einem Regal, und als Malachy sagt, ooh, kuckt mal, der tote Hund, müssen der Schlachter und Mam sehr lachen. Er wickelt den Kopf in Zeitungspapier, gibt ihn Mam und sagt, fröhliche Weihnachten. Dann wickelt er ein paar Würstchen ein und sagt ihr, hier, die Würstchen sind für euer Frühstück am ersten Weihnachtstag. Mam sagt, aber Würstchen kann ich mir nicht leisten, und er sagt, verlang ich denn Geld? Haben Sie was gehört? Nehmen Sie diese Würstchen. Vielleicht trösten die Sie ja über den Mangel an Gans oder Schinken hinweg.

Das müssen Sie aber doch nicht, sagt Mam.

Das weiß ich auch, Missis. Wenn ich müßte, würde ich's nämlich nicht machen.

Mam sagt, sie hat Rückenschmerzen, ich soll den Schweinskopf tragen. Ich drücke ihn gegen meine Brust, aber er ist feucht, und als das Zeitungspapier anfängt abzugehen, kann jeder den Kopf sehen. Mam sagt, ich schäme mich in Grund und Boden; die ganze Welt erfährt, daß es bei uns zu Weihnachten Schweinskopf gibt. Jungens von Leamy's National School sehen mich und zeigen auf uns und lachen. Gottogott, schauts euch Frankie McCourt mit seiner Schweineschnauze an. Eßts ihr Yanks das immer zu Weihnachten, Frankie?

Einer ruft dem anderen zu, hey, Christy, weißt du, wie man Schweinskopf ißt?

Nein, weiß ich nicht, Paddy.

Man hält ihn an den Ohren fest und kaut ihm das Gesicht weg. Und Christy sagt, hey, Paddy, kennst du den einzigen Teil vom Schwein, den die McCourts nicht mitessen?

Nein, kenn ich nicht, Christy.

Der einzige Teil, den sie nicht mitessen, ist das Oink.

Ein paar Straßen weiter ist das Papier ganz weg, und jeder kann den Schweinskopf sehen. Seine Nase ist flach gegen meine Brust gedrückt und zeigt direkt nach oben auf mein Kinn, und er tut mir leid, weil er tot ist und die ganze Welt über ihn lacht. Meine Schwester und zwei Brüder sind auch tot, aber wenn über die jemand lacht, kriegt er von mir einen Stein an den Kopf.

Wenn Dad nur kommen und uns helfen wollte! Mam muß alle paar Schritte stehenbleiben und sich an eine Mauer lehnen. Sie hält sich den Rücken und sagt uns, sie schafft es nie den Barrack Hill hinauf. Selbst wenn Dad käme, würde er uns nicht viel nützen, weil er nie was trägt – Tüten, Taschen, Pakete. Wenn man so was trägt, büßt man seine Würde ein. Das sagt er. Er hat die Zwillinge getragen, als sie nicht mehr konnten, und er hat den Papst getragen, aber das war ja auch nicht so etwas Gewöhnliches wie das Tragen eines Schweinskopfes. Er sagt zu Malachy und mir, wenn wir groß werden, müssen wir immer Schlips und Kragen tragen und dürfen nie Sachen schleppen.

Er sitzt oben am Feuer, raucht eine Zigarette und liest die Irish Press, die er liebt, weil sie De Valeras Zeitung ist, und er hält De Valera für den größten Mann der Welt. Er sieht mich und den Schweinskopf an und sagt Mam, es ist beschämend, einen Jungen einen Gegenstand wie diesen durch die Straßen von Limerick schleppen zu lassen. Sie zieht den Mantel aus, legt sich vorsichtig ins Bett und sagt ihm, nächste Weihnachten kann er vor die Tür gehen und eine Mahlzeit finden. Sie ist erschöpft und japst jetzt nach einer Tasse Tee, und könnte er bitte sein vornehmes Getue abstellen, das Wasser für den Tee kochen und etwas Brot braten, bevor seine beiden kleinen Söhne Hungers sterben.

Morgens am ersten Weihnachtstag macht er ganz früh Feuer an, damit wir Würstchen und Brot und Tee bekommen. Mam schickt mich zu Oma, um herauszufinden, ob wir einen Topf für den Schweinskopf borgen können. Oma sagt, was habts ihr denn als Weihnachtsschmaus? und als ich es ihr sage, sagt sie, Jesus, Maria und Joseph, tiefer kann man ja gar nicht sinken. Kann dein Vater denn nicht mal losziehen und allermindestens einen Schinken oder eine Gans auftreiben? Was ist das überhaupt für ein Mann überhaupt?

Mam stopft den Kopf in den Topf, eben so mit Wasser bedeckt, und während das Schwein vor sich hin kocht, nimmt Dad Malachy und mich mit zur Messe in die Erlöserkirche. In der Kirche ist es warm, und es riecht süß von den Blumen und dem Weihrauch und den Kerzen. Er geht mit uns zum Jesulein in der Krippe. Der ist ein großes, fettes Baby mit blonden Locken wie Malachy. Dad erzählt uns, das da ist seine Mutter Maria, die mit dem blauen Kleid, und sein Vater, der heilige Joseph, das ist der alte Mann mit dem Bart. Er sagt, sie sind traurig, weil sie wissen, daß Jesus, wenn er mal groß ist, umgebracht wird, damit wir alle in den Himmel kommen können. Ich frage, warum das Jesulein denn sterben muß, und Dad sagt, solche Fragen stellt man nicht. Malachy sagt, warum nicht? und Dad sagt, sei still.

Zu Hause ist Mam in einem schrecklichen Zustand. Es ist nicht genug Kohle da, um das Essen zu kochen, und das Wasser siedet schon nicht mehr, und sie sagt, die Sorgen bringen sie schier um den Verstand. Wir werden wieder in die Dock Road gehen müssen, um zu sehen, ob da Kohle oder Torf von den Lastwagen herumliegt. Wenn wir jemals was finden, dann heute. Selbst die Ärmsten der Armen gehen am Weihnachtstag nicht auf die Straße, um Kohle aufzusammeln. Dad brauchen wir gar nicht erst zu fragen, ob er mitkommt, denn so tief würde er sich nie herablassen, und selbst wenn, dann wurde er keine Sachen durch die Straßen schleppen. Mam kann nicht wegen ihrer Rückenschmerzen.

Sie sagt, du wirst gehen müssen, Frank, und nimm Malachy mit.

Die Dock Road ist weit, aber uns macht das nichts aus, weil unsere Bäuche mit Würstchen und Brot gefüllt sind und es gerade mal nicht regnet. Wir tragen einen Beutel aus Segeltuch, den wir uns bei Mrs. Hannon von nebenan ausgeborgt haben, und Mam hat recht, in der Dock Road ist kein Mensch. Die Armen sind alle zu Hause und essen Schweinskopf oder vielleicht eine Gans, und wir haben die Dock Road für uns. Wir finden kleine Stücke Kohle und Torf, die in den Ritzen des Pflasters und der Mauern bei den Kohlenhandlungen steckengeblieben sind. Wir finden Papierschnipsel und Pappe, und das ist nützlich, wenn das Feuer wieder angezündet werden soll. Wir wandern herum und versuchen, den Beutel vollzukriegen, als Pa Keating vorbeikommt. Er muß sich für Weihnachten gewaschen haben, weil er nicht so schwarz ist wie damals, als Eugene gestorben ist. Er will wissen, was wir mit dem Beutel machen, und als Malachy es ihm sagt, sagt er, Jesus, Maria und heiliger Joseph! Weihnachten, und ihr habt kein Feuer für euern Schweinskopf. Tiefer kann man ja gar nicht sinken.

Er nimmt uns mit in South's Kneipe, die eigentlich gar nicht geöffnet hat, aber er ist Stammgast, und es gibt eine Hintertür für Männer, die ihre Pint brauchen, um den Geburtstag vom Jesulein da oben in der Krippe zu feiern. Er bestellt sich seine Pint und für uns Limonade und fragt den Mann, ob wohl die Möglichkeit besteht, daß er bei ihm ein paar Klumpen Kohle kriegen kann. Der Mann sagt, er schenkt nun schon seit siebenundzwanzig Jahren Getränke aus, und um Kohle hat ihn noch nie jemand gebeten. Pa sagt, er würde ihm einen großen Gefallen damit tun, und der Mann sagt, wenn Pa ihn um den Mond bittet, fliegt er hinauf und bringt ihn mit. Der Mann führt uns zum Kohlenkasten unter der Treppe und sagt uns, wir sollen soviel nehmen, wie wir tragen können. Es ist echte Kohle, keine kleinen Stückchen von der Dock Road, und wenn wir sie nicht tragen können, können wir sie hinter uns herziehen.

Wir brauchen lange von South's Kneipe bis zum Barrack Hill, weil wir ein Loch im Beutel haben. Ich ziehe den Beutel, und Malachys Aufgabe ist es, die Klumpen, die durch das

Loch fallen, aufzuheben und wieder in den Beutel zu tun. Dann fängt es an zu regnen, und wir können uns nicht in einem Hauseingang unterstellen, bis es aufhört, weil wir die Kohle dabeihaben, und sie macht eine schwarze Spur auf dem Pflaster, und Malachy wird dadurch, daß er die Klumpen aufhebt, in den Beutel zurückstopft und sich mit seinen nassen, schwarzen Händen den Regen vom Gesicht wischt, ganz schwarz. Ich sage ihm, er ist ja ganz schwarz, er sagt mir, ich bin ja ganz schwarz, und eine Frau in einem Geschäft sagt uns, wir sollen bloß machen, daß wir von der Tür wegkommen, sie will sich zu Weihnachten nicht Afrika ansehen müssen.

Wir müssen den Beutel weiterziehen, sonst kriegen wir nie unseren Weihnachtsschmaus. Es dauert ewig, bis das Feuer wieder brennt, und das Wasser muß kochen, wenn Mam den Kohlkopf und die Kartoffeln hineintut, damit sie dem Schwein im Topf Gesellschaft leisten. Wir zerren den Beutel die O'Connell Avenue hinauf, und wir sehen Menschen in ihren Häusern, die um den Tisch herumsitzen, und alle Arten von Schmuck und helle Lichter. In einem Haus drücken sie das Fenster hoch, und die Kinder zeigen auf uns und lachen und rufen, sehts euch mal die Zulus an. Wo habts ihr denn eure Speere?

Malachy schneidet ihnen Grimassen und will mit Kohlen schmeißen, aber ich sage ihm, wenn er mit Kohlen schmeißt, ist weniger für das Schwein da, und wir kriegen nie was zu essen.

Das Unten in unserem Haus ist wieder ein See, weil der Regen unter der Tür hereingekommen ist, aber das ist nicht schlimm, weil wir sowieso pitschnaß sind und durch das Wasser waten können. Dad kommt herunter und zerrt den Beutel die Treppe hoch nach Italien. Er sagt, wir sind tüchtige Jungs, weil wir soviel Kohle besorgt haben, die Dock Road muß ja förmlich mit Kohle bedeckt gewesen sein. Als Mam uns sieht, fängt sie an zu lachen, und dann weint sie. Sie lacht, weil wir so schwarz sind, und sie weint, weil wir so durchnäßt sind. Sie sagt uns, wir sollen alles ausziehen, und sie wäscht uns die Kohle von Händen und Gesicht. Sie sagt Dad, der Schweinskopf soll sich erst mal etwas gedulden, damit wir ein Marmeladenglas heißen Tee kriegen.

Draußen regnet es, unten ist ein See in unserer Küche, aber hier oben in Italien brennt das Feuer wieder, und das Zimmer ist so trocken und warm, daß Malachy und ich nach unserem Tee im Bett einduseln und erst wieder aufwachen, als Dad uns sagt, daß das Essen fertig ist. Unsere Sachen sind immer noch naß, deshalb sitzt Malachy auf dem Koffer und ist in Mams roten amerikanischen Mantel gewickelt, und ich bin in eine alte große Jacke gewickelt, die Mams Vater hinterlassen hat, als er nach Australien ging.

Köstliche Gerüche durchziehen das Zimmer – Kohl, Kartoffeln und der Schweinskopf –, aber als Dad den Kopf aus dem Topf holt und auf einen Teller legt, sagt Malachy, ach, das arme Schwein. Ich will das arme Schwein nicht essen.

Mam sagt, wenn du Hunger hättest, würdest du es essen. Jetzt hör auf mit dem Unsinn und iß dein Abendbrot.

Dad sagt, warte mal. Er schneidet Scheiben von den beiden Backen ab, legt sie auf unsere Teller und schmiert Senf drauf. Er nimmt den Teller mit dem Schweinskopf und stellt ihn unter den Tisch. Da, sagt er zu Malachy, das ist Schinken, und Malachy ißt, weil er nicht sieht, woher das kommt, und es kein Schweinskopf mehr ist. Der Kohl ist weich und heiß, und es gibt jede Menge Kartoffeln mit Butter und Salz. Mam pellt uns unsere Kartoffeln, aber Dad ißt seine mit Pelle und allem. Er sagt, alle wertvollen Nährstoffe der Kartoffel sind in der Pelle, und Mam sagt, nur gut, daß er keine Eier ißt, die würde er ebenfalls mit der Schale und allem wegkauen.

Er sagt, klar würde er das, und es ist eine Schande, daß die Iren jeden Tag Millionen von Kartoffelschalen wegschmeißen, und deshalb sterben sie zu Tausenden an der Schwindsucht, und klar sind Nährstoffe in Eierschalen, und überhaupt ist Verschwendung die achte Todsünde. Wenn es nach ihm ginge ... Mam sagt, geht es aber nicht. Iß.

Er ißt eine halbe Kartoffel mit der Pelle und tut die andere Hälfte zurück in den Topf. Er ißt eine kleine Scheibe Schweinebacke und ein Kohlblatt und läßt den Rest für Malachy und mich auf seinem Teller. Er macht noch mehr Tee, und zum Tee gibt es Marmeladenbrot, damit niemand sagen kann, wir hätten Weihnachten nichts Süßes gehabt.

Jetzt ist es dunkel, und draußen regnet es immer noch, und die Kohle glüht, und Mam und Dad rauchen ihre Zigaretten. Es gibt nichts zu tun, wenn die Sachen naß sind, man kann nur ins Bett gehen, wo es mollig warm und gemütlich ist, und der Vater kann einem eine Geschichte erzählen, wie Cuchulain katholisch wurde, und man schläft ein und träumt von dem Schwein, das in der Krippe von der Erlöserkirche steht und weint, weil es selbst und das Jesulein und Cuchulain alle sterben müssen, wenn sie groß sind.

Nach ein paar Wochen kommt der Engel, der Margaret gebracht hat, wieder und bringt uns einen neuen Bruder, Michael. Dad sagt, er hat Michael auf der siebten Stufe der Treppe gefunden, die hinauf nach Italien führt. Er sagt, darauf muß man achten, wenn man sich ein neues Baby wünscht – den Engel auf der siebten Stufe.

Malachy will wissen, wie man vom Engel auf der siebten Stufe einen neuen Bruder kriegen kann, wenn man in einem Haus ohne Treppe wohnt, und Dad sagt ihm, wer zu viele Fragen stellt, ist eine Heimsuchung.

Malachy will wissen, was eine Heimsuchung ist.

Heimsuchung. Ich will auch wissen, was das Wort bedeutet.

Aber Dad sagt, *och,* Kind, die ganze Welt ist eine Heimsuchung und alles, was auf ihr drauf ist, setzt seine Mütze auf und geht ins Bedford Row Hospital, um Mam und Michael zu besuchen. Sie ist im Krankenhaus mit ihren Rückenschmerzen, und sie hat das Baby bei sich, um sicherzugehen, daß es gesund war, als es auf der siebten Stufe hinterlassen wurde. Ich verstehe das nicht, denn ich bin sicher, daß Engel nie ein krankes Baby auf der siebten Stufe liegen lassen würden. Es hat keinen Sinn, Dad oder Mam danach zu fragen. Sie sagen, du wirst schon genauso schlimm wie dein Bruder mit deinen ewigen Fragen. Geh spielen.

Ich weiß, daß die Großen Fragen von Kindern nicht mögen. Sie können soviel fragen, wie sie wollen, wie war's in der Schule? Bist du ein artiger Junge gewesen? Hast du gebetet? aber wenn man sie fragt, ob sie gebetet haben, hauen sie einem vielleicht auf den Kopf.

Dad bringt Mam mit dem neuen Baby nach Hause, und sie muß mit ihren Rückenschmerzen ein paar Tage im Bett bleiben. Sie sagt, dies Baby sieht seiner verstorbenen Schwester ähnlich wie gespuckt, mit seinen gewellten schwarzen Haaren, seinen schönen blauen Augen und den sagenhaften Augenbrauen. Das sagt Mam.

Ich will wissen, ob das Baby spuckt oder ähnlich spuckt. Außerdem will ich wissen, welches die siebte Stufe ist, denn unsere Treppe hat neun Stufen, und ich wüßte gern, ob man von oben oder von unten zählt. Diese Frage beantwortet Dad gern. Engel kommen immer von oben herab, sagt er, und nicht von unten herauf, aus Küchen, die von Oktober bis April Seen sind.

Also finde ich die siebte Stufe, indem ich von oben aus zähle.

Das Baby Michael hat eine Erkältung. Sein Kopf ist verstopft, und er kann kaum atmen. Mam macht sich Sorgen, weil Sonntag ist und die Armenapotheke geschlossen hat. Wenn man dahin geht, wo der Arzt wohnt, und das Dienstmädchen sieht, daß man den unteren Schichten angehört, sagt sie einem, man soll zur Armenapotheke gehen, wo man hingehört. Wenn man ihr sagt, das Kind stirbt in meinen Armen, sagt sie, der Doktor ist auf dem Land und reitet auf seinem Pferd.

Mam weint,weil das Baby verzweifelt versucht, durch den Mund Luft zu kriegen. Sie versucht, ihm die Nasenlöcher mit etwas zusammengerolltem Papier freizumachen, aber sie hat Angst, sie schiebt das Papier zu weit rauf. Dad sagt, das ist doch nicht nötig. Man soll Kindern keine Sachen in den Kopf stopfen. Es sieht aus, als wollte er das Baby küssen. Statt dessen hat er den Mund auf die kleine Nase gedrückt, und er saugt, saugt, saugt Michael das schlimme Zeug aus dem Kopf. Er spuckt es ins Feuer, Michael stößt einen lauten Schrei aus, und man kann sehen, wie er die Luft einzieht, tief in seinen Kopf hinein, und er strampelt und lacht. Mam sieht Dad an, als wäre er gerade eben vom Himmel herabgestiegen, und Dad sagt, das haben wir in Antrim schon immer so gemacht, lange bevor es Ärzte gab, die auf ihrem Pferd ritten.

Michael berechtigt uns zu ein paar Shilling Stempelgeld extra, aber Mam sagt, das genügt nicht, und jetzt muß sie wieder wegen Nahrungsmitteln zur Gesellschaft vom Hl. Vincent de Paul. Eines Abends klopft jemand an die Tür, und Mam schickt mich nach unten, damit ich nachsehe, wer es ist. Da stehen zwei Männer von der Gesellschaft vom Hl. Vincent de Paul, und sie wollen meine Mutter und meinen Vater sprechen. Ich sage ihnen, meine Eltern sind oben in Italien, und sie sagen, was?

Oben, wo es trocken ist. Ich werd ihnen Bescheid sagen.

Sie wollen wissen, was das für ein kleiner Verschlag neben der Haustür ist. Ich sage ihnen, das ist das Klo. Sie wollen wissen, warum es nicht hinterm Haus steht, und ich sage ihnen, es ist das Klo für die ganze Gasse, und Gott sei Dank steht es nicht hinterm Haus, das würde uns gar nicht passen, wenn die Leute mit ihren Eimern durch unsere Küche latschen, denn von manchen Eimern kann einem richtig schlecht werden.

Sie sagen, bist du sicher, daß es nur ein Klo für die ganze Gasse gibt?

Ja.

Sie sagen, heilige Muttergottes.

Mam ruft von Italien herunter. Wer ist denn da unten?

Die Männer.

Was für Männer?

Vom Hl. Vincent de Paul.

Sie sind ganz vorsichtig, wie sie in den See in der Küche steigen, und sie machen Ts-ts- und Uijui-Geräusche und sagen zueinander, ist es nicht eine Schande? bis sie oben in Italien sind. Sie sagen Mam und Dad, sie wollen ja eigentlich nicht stören, aber die Gesellschaft muß sicher sein, daß sie nur wirklich bedürftigen Fällen hilft. Mam bietet ihnen eine Tasse Tee an, aber sie sehen sich um und sagen, nein, vielen Dank, sehr freundlich. Sie wollen wissen, warum wir oben wohnen. Sie wollen wissen, wie das mit dem Klo ist. Sie stellen Fragen, denn die Großen dürfen soviel fragen, wie sie wollen, und sie dürfen in kleine Bücher schreiben, besonders wenn sie Schlips und Kragen und Anzug anhaben. Sie fragen, wie alt Michael ist, wieviel Dad beim Arbeitsamt kriegt, wann hatte er zuletzt Arbeit, warum hat er jetzt keine Arbeit, und was ist das überhaupt für ein Akzent, mit dem er da spricht?

Dad sagt ihnen, das Klo könnte uns mit jeder Sorte von Krankheit umbringen, daß die Küche im Winter überflutet ist und wir nach oben ziehen mußten, um trocken zu bleiben. Er sagt, der Shannon ist für die Feuchtigkeit in der Welt verantwortlich und bringt uns einen nach dem andern um.

Malachy sagt ihnen, wir wohnen in Italien, und sie lächeln.

Mam fragt, ob wohl die Möglichkeit besteht, Schuhe für Malachy und mich zu kriegen, und sie sagen, sie muß ins Ozanam House gehen und einen Antrag stellen. Sie sagt, seit das Baby gekommen ist, geht es ihr nicht mehr so gut, und lange in der Schlange stehen könnte sie nicht, aber sie sagen, es müssen alle gleich behandelt werden, sogar eine Frau unten aus Irishtown mit Drillingen, und, danke schön, wir werden der Gesellschaft einen Bericht schreiben.

Als sie gehen, will Malachy ihnen zeigen, wo der Engel Michael auf der siebten Stufe gelassen hat, aber Dad sagt zu ihm, nicht jetzt, nicht jetzt. Malachy weint, und einer der Männer gibt ihm ein Karamelbonbon aus seiner Jackentasche, und ich hätte gern auch etwas zu weinen, damit ich auch eins kriege.

Ich muß wieder nach unten und den Männern zeigen, wo sie hintreten sollen, damit sie keine nassen Füße kriegen. Sie schütteln immer wieder den Kopf und sagen, Allmächtiger! und heilige Muttergottes, das ist ja entsetzlich. Das da oben ist nicht Italien, das ist Kalkutta.

Oben in Italien sagt Dad zu Mam, sie soll nie so betteln.

Was meinst du damit, betteln?

Hast du denn gar keinen Stolz? So um Schuhe zu betteln?

Und was würden Sie unternehmen, Herr von Großkotz? Willst du sie barfuß gehen lassen?

Ich würde ihnen eher die Schuhe reparieren, die sie haben.

Die Schuhe, die sie haben, fallen auseinander.

Ich kann sie reparieren, sagt er.

Du kannst gar nichts reparieren. Du bist nutzlos, sagt sie.

Am nächsten Tag kommt er mit einem alten Fahrradreifen nach Hause. Er schickt mich nach nebenan zu Mr. Hannon, um einen Leisten und einen Hammer zu borgen. Er nimmt Mams scharfes Messer und hackt auf den Reifen ein, bis er Stücke hat, die auf die Sohlen und Hacken unserer Schuhe passen. Mam sagt, er wird die Schuhe noch vollends zerstören, aber er hämmert mit dem Hammer drauflos, drischt die Nägel durch die Gummistücke und in die Schuhe hinein. Mam sagt, Gott in der Höhe, wenn du die Schuhe in Frieden gelassen hättest, hätten sie noch bis Ostern gehalten, aber mindestens, und vielleicht besorgen die uns vom Hl. Vincent de Paul ja auch tatsächlich welche. Aber er hört nicht auf, bis die Sohlen und Hacken mit viereckigen Stücken Gummireifen bedeckt sind, die auf beiden Seiten des Schuhs in die Gegend ragen und vorne und hinten bei jedem Schritt flapp machen. Er befiehlt uns, die Schuhe anzuziehen, und sagt uns, jetzt haben unsere Füße es gut und warm, aber wir wollen sie nicht mehr tragen, weil die Reifenstücke so klumpig sind, daß wir stolpern, wenn wir in Italien herumlaufen. Er schickt mich mit Leisten und Hammer zurück zu Mr. Hannon, und Mrs. Hannon sagt, Gott in der Höhe, was ist denn mit euern Schuhen los? Sie lacht, und Mr. Hannon schüttelt den Kopf, und ich schäme mich. Am nächsten Morgen will ich nicht in die Schule, und ich tue, als wäre ich krank, aber Dad holt uns aus dem Bett und gibt uns unser gebratenes Brot mit Tee und sagt uns, wir sollten dankbar sein, daß wir überhaupt Schuhe haben, und auf Leamy's National School gibt es Jungens, die müssen an bitterkalten Tagen barfuß in die Schule gehen. Auf dem Schulweg lachen uns die anderen Jungs aus, weil die Reifenstücke so dick sind, daß wir ein paar Zoll größer wirken, und die Jungs sagen, wie ist die Luft da oben? In meiner Klasse sind sechs oder sieben Barfußkinder, und die sagen gar nichts, und ich frage mich, ob es besser ist, Schuhe mit Gummibereifung zu haben, in denen man immer stolpert, oder barfuß zu gehen. Ganz ohne Schuhe hat man sofort alle Barfußkinder auf seiner Seite. Mit Gummireifen an den Schuhen steht man mit seinem Bruder ganz alleine da, und man muß seine eigenen Schlachten schlagen. Ich setze mich auf eine Bank im Pausenklo und ziehe meine Schuhe und Strümpfe aus, aber als ich in die Klasse komme, will der Lehrer wissen, wo meine

Schuhe sind. Er weiß, daß ich keins der Barfußkinder bin, und ich muß zurück auf den Schulhof, die Schuhe holen und sie anziehen. Dann sagt er zur Klasse, hier wird schadenfroh gefeixt. Hier wird schadenfroh gespottet. Hier wird sich über das Elend anderer lustig gemacht. Ist hier jemand in der Klasse, der sich für vollkommen hält? Bitte die Hand hoch.

Niemand hebt die Hand.

Ist hier jemand in der Klasse, der aus einer reichen Familie stammt, mit Geld in Hülle und Fülle, das man für Schuhe ausgeben kann? Bitte die Hand hoch.

Niemand hebt die Hand.

Er sagt, es sind hier Knaben, die ihre Schuhe mit den Mitteln, die ihnen zu Gebote stehen, flicken müssen. Es sind hier Knaben in der Klasse, die gar keine Schuhe haben. Es ist nicht ihre Schuld, und es ist keine Schande. Unser Herr hatte keine Schuhe. Er starb barfuß. Seht ihr Ihn mit schicken Schuhen am Kreuz hängen? Nun?

Nein, Sir.

Wie seht ihr unseren Herrn nicht?

Mit schicken Schuhen am Kreuz hängen, Sir.

Wenn ich also merke, daß einer von euch Knaben über McCourt oder seinen Bruder wegen ihrer Schuhe spottet oder feixt, kommt der Stock heraus. Was kommt dann heraus?

Der Stock, Sir.

Und der Stock wird singen, das kann ich euch versprechen. Er wird durch die Luft pfeifen, und er wird auf dem Knaben landen, der spottet, und er wird auf dem Knaben landen, der feixt. Wo wird er landen?

Auf dem Knaben, der spottet, Sir.

Und wo noch?

Auf dem Knaben, der feixt, Sir.

Die Jungens lassen uns in Ruhe, und wir tragen unsere Schuhe mit den Gummireifen die paar Wochen bis Ostern, da uns dann die Gesellschaft vom Hl. Vincent de Paul mit neuen Schuhen beschenkt.

Wenn ich mitten in der Nacht aufstehen muß, um in den Eimer zu pinkeln, gehe ich zur Treppe und sehe hinunter, ob der Engel vielleicht auf der siebten Stufe ist. Manchmal bin ich sicher, daß da ein Licht ist, und wenn alle schlafen, setze ich mich auf die Stufe, falls der Engel wieder ein Baby bringt oder nur mal zu Besuch kommt. Ich habe Mam gefragt, ob der Engel die Babys nur bringt und dann vergißt. Sie hat gesagt, natürlich nicht. Der Engel vergißt die Babys nie und kommt immer wieder zurück, um sich zu vergewissern, daß das Baby glücklich ist.

Ich könnte dem Engel alle möglichen Fragen stellen, und er würde sie auch bestimmt beantworten – wenn er kein Mädchen-Engel ist. Aber ein Mädchen-Engel würde bestimmt auch Fragen beantworten. Ich habe noch nie gehört, daß die keine Fragen beantworten.

Ich sitze lange auf der siebten Stufe, und ich bin sicher, daß der Engel da ist. Ich sage ihm alles, was man seiner Mutter oder seinem Vater nicht erzählen kann, weil man Angst hat, daß sie einem auf den Kopf hauen oder sagen, man soll spielen gehen. Ich erzähle ihm alles über die Schule und wie ich Angst vor dem Lehrer und seinem Stock habe, wenn er uns auf irisch anbrüllt und ich immer noch nicht weiß, wovon er überhaupt redet, weil ich doch aus Amerika gekommen bin und die anderen Jungens ein Jahr vor mir mit Irisch angefangen haben.

Ich bleibe auf der siebten Stufe, bis es zu kalt wird oder Dad aufsteht und mir sagt, ich soll wieder ins Bett gehen. Dabei hat er mir doch gesagt, daß der Engel zur siebten Stufe kommt, und man sollte annehmen, daß er weiß, warum ich da sitze. Ich habe ihm mal nachts gesagt, daß ich auf den Engel warte, und er hat gesagt, *och,* Mensch, Francis, du bist ein ziemlicher Träumer.

Ich krieche wieder ins Bett, aber ich kann hören, wie er meiner Mutter zuflüstert, der arme kleine Kerl hat auf der Treppe mit einem Engel geschwatzt.

Er lacht, und meine Mutter lacht, und ich denke, wie merkwürdig, daß die Großen über den Engel lachen, der ihnen ein neues Kind gebracht hat.

Vor Ostern ziehen wir wieder hinunter nach Irland. Ostern ist besser als Weihnachten, weil die Luft wärmer ist, die Wände tropfen nicht vor lauter Feuchtigkeit, und die Küche ist kein See mehr, und wenn wir morgens früh aufstehen, erwischen wir vielleicht die Sonne, wie sie eine Minute lang schräg durchs Fenster fällt.

Bei schönem Wetter sitzen die Männer draußen und rauchen Zigaretten, wenn sie welche haben, betrachten die Welt und sehen uns beim Spielen zu. Die Frauen stehen mit verschränkten Armen und reden. Sie sitzen nicht, weil sie den ganzen Tag nur zu Hause bleiben, sich um die Kinder kümmern, das Haus saubermachen und ein bißchen kochen. Die Männer stehen nicht, weil sie davon, daß sie jeden Tag aufs Arbeitsamt müssen, um das Stempelgeld zu quittieren, und davon, daß sie die Probleme der Welt erörtern und überlegen, was sie mit dem übrigen Tag anfangen sollen, so abgekämpft sind. Manche schauen beim Buchmacher vorbei, um die Tagesform der Pferdchen zu studieren oder einen Shilling oder zwei auf eine sichere Sache zu setzen. Manche verbringen Stunden in der Carnegie-Bücherei und lesen englische und irische Zeitungen. Ein Mann, der stempeln geht, muß immer auf dem laufenden sein, was die Weltereignisse betrifft, weil alle Männer, die stempeln gehen, darin Experten sind. Ein Mann, der stempeln geht, muß stets vorbereitet sein, falls ein anderer Mann, der stempeln geht, die Rede auf Hitler oder Mussolini oder den schrecklichen Zustand der chinesischen Massen bringt. Ein Mann, der stempeln geht, begibt sich nach einem Tag beim Buchmacher oder mit der Zeitung ins traute Heim zurück, und seine Frau wird ihm die paar Minuten des Behagens und Friedens nicht mißgönnen, die seine Zigarette spendet, und auch nicht seinen Tee und nicht die Zeit, in der er auf seinem Stuhl sitzt und über die Welt nachdenkt.

Ostern ist besser als Weihnachten, weil Dad uns in die Erlöserkirche mitnimmt, wo alle Priester weiße Sachen anhaben und singen. Sie sind froh, weil unser Herr im Himmel ist. Ich frage Dad, ob das Baby in der Krippe tot ist, und er sagt, nein, Er war dreiunddreißig, als Er starb, und da ist Er, siehst du, und hängt am Kreuz. Ich verstehe nicht, wie Er so schnell erwachsen wurde, daß Er jetzt da hängt, mit einem Hut aus Dornen und überall Blut, das von Seinem Kopf tropft, und von Seinen Händen und von Seinen Füßen und aus einem großen Loch über Seinem Bauch.

Dad sagt, das verstehe ich, wenn ich größer bin. Das sagt er jetzt ständig, und ich wäre gern so groß wie Dad, damit ich alles verstehe. Es muß richtig nett sein, morgens aufzuwachen und alles zu verstehen. Ich wäre gern wie all die Großen in der Kirche, die stehen und knien und beten und alles verstehen.

Während der Messe gehen Leute nach vorne zum Altar, und der Priester steckt ihnen etwas in den Mund. Sie kommen zurück zu ihrem Platz, halten den Kopf gesenkt und bewegen den Mund. Malachy sagt, er hat Hunger und will auch was. Dad sagt, pscht, das ist die heilige Kommunion, der Leib und das Blut unseres Herrn.

Aber, Dad ...

Pscht, das ist ein Mysterium, sagt er.

Es hat keinen Sinn, weitere Fragen zu stellen. Wenn man etwas fragt, sagen sie einem, es ist ein Mysterium, das verstehst du, wenn du größer bist, sei ein artiger Junge, frag deine Mutter, frag deinen Vater, um der Liebe Jesu willen, laß mich in Ruhe, geh raus zum Spielen.

Dad bekommt zum erstenmal in Limerick Arbeit, bei der Zementfabrik, und Mam ist glücklich. Jetzt braucht sie nicht mehr bei der Gesellschaft vom Hl. Vincent de Paul um Sachen und Schuhe für Malachy und mich anzustehen. Sie sagt, es ist nicht gebettelt, sondern tätige Nächstenliebe genossen, aber Dad sagt, es ist gebettelt und eine Schande. Mam sagt, jetzt kann sie die paar Pfund zurückzahlen, die sie in Kathleen O'Connells Laden schuldet, und sie kann zurückzahlen, was sie ihrer eigenen Mutter schuldet. Sie haßt es, jemandem verpflichtet zu sein, besonders ihrer eigenen Mutter.

Die Zementfabrik ist Meilen außerhalb von Limerick, und das bedeutet, daß Dad gegen sechs Uhr morgens aus dem Haus sein muß. Das macht ihm nichts aus, weil er die langen Spaziergänge gewohnt ist. Am Abend vorher macht Mam ihm eine Flasche Tee, eine Stulle und ein hartes Ei. Er tut ihr leid, weil er drei Meilen hin und drei Meilen zurück zu Fuß muß. Ein Fahrrad wäre praktisch, aber um sich so was leisten zu können, müßte man ein Jahr arbeiten.

Freitag ist Zahltag, und Mam steht früh auf, macht das Haus sauber und singt.

Von deinem Mund wollte ich einen Kuß.
Aus gutem Grund sagte ich mir: Ich muß ...

Viel gibt es nicht im Haus zum Saubermachen. Sie fegt den Küchenfußboden und oben den Boden von Italien. Sie wäscht die vier Marmeladengläser, die wir als Tassen verwenden. Sie sagt, wenn Dad länger Arbeit hat, können wir uns ordentliche Tassen und vielleicht sogar Untertassen anschaffen, und eines Tages, mit Gottes und Seiner Mutter Hilfe, die gebenedeit ist unter den Weibern, kriegen wir Laken für das Bett, und wenn wir ganz lange sparen, eine Decke oder sogar zwei, anstatt dieser alten Mäntel, die von ihren Besitzern zur Zeit der Großen Kartoffelhungersnot zurückgelassen worden sein müssen. Sie kocht Wasser und wäscht die Lumpen, die Michael davon abhalten, den ganzen Kinderwagen und das Haus als solches vollzuscheißen. Ha, sagt sie, das gibt ein schönes Abendessen, wenn euer Oller heute abend mit dem Lohn nach Hause kommt.

Oller. Sie hat gute Laune.

In der ganzen Stadt lärmen Sirenen und Pfeifen, wenn die Männer um halb sechs mit der Arbeit fertig sind. Malachy und ich sind aufgeregt, denn wir wissen, wenn der Vater Arbeit hat und seinen Lohn nach Hause bringt, kriegt man den Freitagspenny. Das wissen wir von anderen Jungens, deren Väter arbeiten, und wir wissen, daß man nach dem Abendessen in den Laden von Kathleen O'Connell gehen und Süßigkeiten kaufen kann. Wenn die Mutter gute Laune hat, gibt sie einem vielleicht sogar zwei Pence, so daß man am nächsten Tag ins Lyric Cinema gehen kann, um sich einen Film mit James Cagney anzusehen.

Die Männer, die in Fabriken und Läden in der Stadt arbeiten, kommen in die Gasse, um zu Abend zu essen, sich zu waschen und in die Kneipe zu gehen. Die Frauen gehen ins Kino, ins Coliseum oder ins Lyric Cinema. Sie kaufen sich Süßigkeiten und Wild-Woodbine-Zigaretten, und wenn ihre Männer schon länger Arbeit haben, gönnen sie sich Black-Magic-Pralinen. Sie lieben die Liebesfilme und amüsieren sich prächtig und weinen sich die Augen aus, wenn es kein Happy-End gibt oder ein Geliebter in die Fremde geht, um sich von Hindus oder anderen Nicht-Katholiken erschießen zu lassen.

Wir müssen lange warten, bis Dad die Meilen von der Zementfabrik zu uns zurückgelegt hat. Wir können nicht zu Abend essen, bevor er zu Hause ist, und das ist hart, weil man riecht, was bei den anderen Familien in der Gasse gekocht wird. Mam sagt, gut, daß Freitag Zahltag ist, wenn man kein Fleisch essen kann, denn der Geruch von Speck oder Würstchen in den anderen Häusern würde sie um den Verstand bringen. Immerhin gibt es bei uns Käsebrot und ein schönes Marmeladenglas Tee mit ordentlich Milch und Zucker, und was will man denn mehr?

Die Frauen sind in den Kinos, die Männer sind in den Kneipen, und Dad ist immer noch nicht zu Hause. Mam sagt, es ist ein weiter Weg bis zur Zementfabrik, auch wenn er schnell geht. Sie sagt das, aber ihre Augen sind wäßrig, und sie singt nicht mehr. Sie sitzt am Feuer und raucht eine Wild Woodbine, die sie bei Kathleen O'Connell auf Kredit gekriegt hat. Die Kippe ist ihr einziger Luxus, und diese Herzensgüte wird sie Kathleen nie vergessen. Sie weiß nicht, wie lange sie das Wasser im Kessel noch am Kochen halten kann. Es hat keinen Sinn, Tee zu machen, solang Dad noch nicht zu Hause ist, denn dann wird er suppig, matschig, dick wie Teer und untrinkbar. Malachy sagt, er hat Hunger, und sie gibt ihm ein Käsebrot, damit er durchhält. Sie sagt, dieser Job könnte unsere Rettung sein. Es ist schon schwer genug für ihn, mit seinem nördlichen Akzent einen Job zu kriegen, und wenn er den wieder verliert, weiß ich nicht, was wir treiben werden.

Die Dunkelheit ist in der Gasse, und wir müssen eine Kerze anzünden. Sie muß uns unseren Tee und unser Käsebrot geben, denn wir sind so hungrig, daß wir keine Minute mehr warten können. Sie sitzt am Tisch, ißt ein bißchen Käsebrot, raucht ihre Wild Woodbine. Sie geht zur Tür, um zu sehen, ob Dad schon durch die Gasse kommt, und sie spricht von den Zahltagen, an denen wir ganz Brooklyn nach ihm abgesucht haben. Sie sagt, eines Tages gehen wir alle zurück nach Amerika, und dann haben wir eine schöne warme Wohnung und ein Klo am anderen Ende des Korridors wie das in der Classon Avenue und nicht dies dreckige Ding da draußen.

Die Frauen kommen lachend aus den Kinos nach Hause und die Männer singend aus den Kneipen. Mam sagt, es hat gar keinen Zweck, noch länger zu warten. Wenn Dad bis zur Sperrstunde in den Kneipen bleibt, ist von seinem Lohn nichts mehr übrig, und da können wir genausogut ins Bett gehen.

Sie liegt in ihrem Bett und hat Michael in den Armen. Es ist still in der Gasse, und ich kann meine Mutter weinen hören, obwohl sie sich einen alten Mantel übers Gesicht zieht, und in der Ferne höre ich jetzt auch meinen Vater.

Ich weiß, daß es mein Vater ist, weil er der einzige in Limerick ist, der dieses Lied aus dem Norden singt, in dem sich Roddy McCorley zum Sterben begibt, heute noch, auf der Brücke von Toome. Wo die Gasse anfängt, biegt er um die Ecke und fängt mit Kevin Barry an. Er singt eine Strophe, bleibt stehen, hält sich an einer Häuserwand fest, weint wegen Kevin Barry.

Leute stecken den Kopf aus Fenstern und Türen und sagen ihm, um Jesu willen, stopf dir eine Socke rein. Manche von uns müssen morgens aufstehen und zur Arbeit. Geh nach Hause und sing da deine, äh, verdampften patriotischen Lieder.

Er steht mitten auf der Gasse und sagt der Welt, sie soll rauskommen, er ist bereit zu kämpfen, bereit, für Irland zu kämpfen und zu sterben, und das ist mehr, als man über die Männer von Limerick sagen kann, die auf der ganzen Welt der Länge und der Breite nach dafür bekannt sind, daß sie mit dem Sachsen, dem perfiden, kollaborieren.

Er stößt unsere Tür auf und singt.

> Wenn alles ringsum Wache hält –
> Der Westen schläft, taub für die Welt.
> Ganz Erin zag der Kummer quält,
> Wenn Connaught tief in Schlummer fällt.
> Doch horcht! die Stimm' wie Donner sprach:

Wach ist der Westen, wach, wach, wach!
Hurra, nun Englands Joch ich brach
Und tilg auf ewig Erins Schmach!

Er ruft von unten herauf, Angela, Angela, haben wir einen Tropfen Tee im Hause?

Sie antwortet nicht, und jetzt ruft er, Francis, Malachy, kommt zu mir herunter. Ich habe den Freitagspenny für euch.

Ich will nach unten laufen, um mir meinen Freitagspenny zu holen, aber Mam schluchzt mit dem Mantel über ihrem Mund, und Malachy sagt, ich will seinen ollen Freitagspenny gar nicht.

Dad taumelt die Treppe hoch und hält eine Rede, in der es darum geht, daß wir alle für Irland sterben müssen. Er zündet ein Streichholz an und hält es an die Kerze neben Mams Bett. Er hält die Kerze hoch über seinem Kopf und marschiert im Zimmer herum und singt:

Seht, wer da kommt durch die rotblüh'nde Heide,
Grün küßt ihr Banner die Bergluft so rein.
Kopf hoch, Blick voran, jeder Kerl wie Geschmeide;
Die Freiheit, sie thront in ihrer Herzen Schrein.

Michael wacht auf und schreit laut, die Hannons ballern nebenan an die Wand, Mam sagt Dad, er ist ein Schandfleck, und er soll nicht nur das Zimmer, sondern auch gleich das Haus verlassen. Er steht mitten auf dem Fußboden und hält die Kerze hoch über seinem Kopf. Er zieht einen Penny aus der Tasche und winkt Malachy und mir damit zu.

Euer Freitagspenny, Jungs, sagt er. Ich will, daß ihr jetzt aus dem Bett springt und euch aufstellt wie zwei Soldaten und versprecht, daß ihr für Irland sterbt, und dann gebe ich euch den Freitagspenny.

Malachy setzt sich im Bett auf. Ich will ihn gar nicht, sagt er dann.

Und ich sage ihm, ich will ihn auch nicht.

Dad steht eine Minute schwankend da und steckt dann den Penny zurück in seine Tasche. Er will etwas zu Mam sagen, und sie sagt, heute nacht schläfst du nicht in diesem Bett. Er findet mit der Kerze den Weg die Treppe hinunter, schläft auf einem Stuhl, kommt morgens zu spät zur Arbeit, verliert den Job in der Zementfabrik, und wir sind wieder auf Stempelgeld angewiesen.

4

Der Lehrer sagt, es ist Zeit, sich auf die erste Beichte und die hl. Erstkommunion vorzubereiten, alle Fragen und Antworten im Kathezismus zu wissen und zu behalten, ein guter Katholik zu werden, den Unterschied zwischen richtig und falsch zu kennen, für den Glauben zu sterben, falls das verlangt wird.

Der Lehrer sagt, es ist herrlich, für den Glauben zu sterben, und Dad sagt, es ist herrlich, für Irland zu sterben, und ich frage mich, ob es wohl auf der Welt jemanden gibt, der möchte, daß wir leben. Meine Brüder sind tot, und meine Schwester ist tot, und ich frage mich, ob sie für Irland gestorben sind oder für den Glauben. Dad sagt, sie waren zu jung, um für irgendwas zu sterben. Mam sagt, es waren Krankheit und Hunger und weil er nie Arbeit hat. Dad sagt, *och,* Angela, setzt sich die Mütze auf und geht lange spazieren.

Der Lehrer sagt, wir sollen alle drei Pence mitbringen für den Erstkommunionskathezismus mit dem grünen Einband. In dem Kathezismus stehen alle Fragen und Antworten, die wir auswendig wissen müssen, bevor wir die hl. Erstkommunion empfangen können. Ältere Jungens in der fünften Klasse haben den dicken Firmungskathezismus mit dem roten Einband, und der kostet Sixpence. Ich wäre gern groß und wichtig und würde auch gern mit dem roten Firmungskathezismus unterm Arm herumlaufen, aber ich glaube nicht, daß ich lange genug lebe, so wie von mir erwartet wird, daß ich für dies oder jenes sterbe. Ich würde gern fragen, warum es so viele Große gibt, die nicht für Irland oder den Glauben gestorben sind, aber ich weiß, wenn man so eine Frage stellt, gibt es was auf den Kopf, oder man soll spielen gehen.

Es ist sehr praktisch, daß Mikey Molloy um die Ecke von mir wohnt. Er ist elf, er hat Anfälle, und hinter seinem Rücken nennen wir ihn Molloy-der-Anfall. Die Leute in der Gasse sagen, der Anfall ist eine Heimsuchung, und jetzt weiß ich endlich, was Heimsuchung bedeutet. Mikey weiß alles, weil er bei seinen Anfällen Visionen hat und weil er Bücher liest. In der Gasse ist er der Experte für Mädchenkörper-und-Säuisches-im-allgemeinen, und er verspricht, ich werd dir alles sagen, Frankie, wenn du auch elf bist wie ich und nicht mehr so dumm und unwissend.

Es ist gut, daß er Frankie sagt, da weiß ich, daß er mit mir spricht, weil er nämlich schielt und man nie weiß, wen er gerade ansieht. Wenn er mit Malachy spricht, und ich glaube, er spricht mit mir, wird er vielleicht wütend und kriegt einen Anfall, der ihn hinwegrafft. Er sagt, Schielen ist eine Gabe, weil man wie ein Gott ist, der gleichzeitig in zwei Richtungen blickt, und wenn man zum Beispiel im alten Rom schielte, kriegte man problemlos einen guten Job. Wenn du Bilder von römischen Kaisern betrachtest, wirst du feststellen, daß da immer eine starke Anlage zum Schielen vorhanden ist. Wenn er keinen Anfall hat, sitzt er ganz oben in der Gasse auf der Erde und liest die Bücher, die sein Vater aus der Carnegie-Bücherei mit nach Hause bringt. Seine Mutter sagt, Bücher Bücher Bücher, er verdirbt sich die Augen mit der Leserei, er braucht eine Operation, damit die Augen auf die Reihe kommen, aber wer soll das bezahlen. Sie sagt ihm, wenn er weiter seine Augen so überanstrengt, werden sie ineinanderfließen, bis er nur noch ein Auge in der Mitte des Kopfes hat. Seitdem nennt sein Vater ihn Zyklop, nach dem Einäugigen, der in einer griechischen Geschichte vorkommt. Nora Molloy kennt meine Mutter vom Schlangestehen bei der Gesellschaft vom Hl. Vincent de Paul. Sie sagt Mam, daß Mikey mehr Verstand hat als zwölf Männer, die Pints in einer Kneipe trinken. Er kennt die Namen sämtlicher Päpste von Petrus bis Pius dem Elften. Er ist erst elf, aber er ist schon ein Mann, allerdings, ein Mann. So manche Woche rettet er die Familie vor dem schieren Verhungern. Er leiht sich einen Handwagen bei Aidan Farrell und klopft in ganz Limerick an die Tür, um zu sehen, ob Leute Kohle oder Torf frei Haus geliefert haben wollen, und dann geht er hinunter in die Dock Road und schleppt riesenhafte Säcke an, einen Zentner oder noch schwererer. Er macht Botengänge für alte Leute, die nicht gehen können, und wenn sie keinen Penny für ihn haben, genügt auch ein Gebet.

Wenn er ein bißchen Geld verdient, gibt er es seiner Mutter, die ihren Mikey liebt. Er ist ihre Welt, ihr Herzblut, ihr Pulsschlag, und wenn ihm je etwas zustoßen solle, kann man sie auch gleich in die Irrenanstalt stecken und den Schlüssel wegschmeißen.

Mikeys Vater, Peter, ist ein großer Weltmeister. Er gewinnt Wetten in den Kneipen, indem er mehr Pints trinkt als irgend jemand sonst. Er geht einfach raus aufs Klo, steckt sich den Finger in den Hals, und alles kommt wieder hoch, so daß er von vorne anfangen kann. Peter ist so ein Weltmeister, daß er auf dem Klo stehen und kotzen kann, ohne den Finger zu benutzen. Er ist so ein Weltmeister, daß man ihm die Finger abhacken könnte, und er würde weitermachen, als wäre nichts. Er gewinnt das ganze Geld, bringt es aber nicht nach Hause. Manchmal ist er wie mein Vater und vertrinkt das Stempelgeld als solches, und deshalb wird Nora Molloy so oft in die Irrenanstalt gekarrt, außer sich vor Sorge um ihre ausgehungerte Familie. Sie weiß, daß man, solang man in der Anstalt ist, sicher ist vor der Welt und ihren Peinigungen, man kann sowieso nichts machen, man ist geschützt, und Sorgenmachen bringt nichts. Es ist wohlbekannt, daß alle Irren in die Anstalt gezerrt werden müssen, aber sie ist die einzige, die herausgezerrt werden muß, zurück zu den fünf Kindern und dem Weltmeister aller Pintstrinker.

Daß Nora Molloy reif für die Anstalt ist, merkt man daran, daß ihre Kinder vom Schädel bis zum Zeh weiß herumlaufen. Das passiert, wenn Peter das Stempelgeld vertrinkt und sie verzweifelt ist und weiß, daß die Männer kommen werden, um sie abzuholen. Man weiß, daß sie innerlich rast, weil sie backen muß. Sie möchte sichergehen, daß die Kinder nicht verhungern, während sie weg ist, und sie zieht durch ganz Limerick und bettelt um Mehl. Sie geht zu Priestern, Nonnen, Protestanten, Quäkern.

Sie geht zu Rank's Getreidemühle und bittet um das, was auf dem Fußboden zusammengefegt wird. Sie bäckt Tag und Nacht, Peter fleht sie an, damit aufzuhören, aber sie kreischt, das kommt davon, wenn man das Stempelgeld versäuft. Er sagt ihr, das Brot wird doch nur altbacken. Es hat keinen Sinn, mit ihr zu reden. Backen backen backen. Wenn sie das Geld hätte, würde sie alles Mehl in Limerick und Umgebung verbacken. Wenn nicht die Männer von der Irrenanstalt kämen, um sie abzuholen, würde sie backen, bis sie umfällt.

Die Kinder stopfen sich mit soviel Brot voll, daß die Leute sagen, sie sehen aus wie Brotlaibe. Trotzdem wird das Brot altbacken, und Mikey ist von dieser Verschwendung so bekümmert, daß er mit einer reichen Frau spricht, die ein Kochbuch hat, und die sagt ihm, er soll Brotpudding machen. Er kocht das harte Brot in Wasser und saurer Milch und schmeißt eine Tasse Zucker hinein, und seine Brüder lieben es, selbst wenn sie die zwei Wochen, die ihre Mutter in der Irrenanstalt ist, nichts anderes kriegen.

Mein Vater sagt, holen sie sie ab, weil sie beim Brotbacken

verrückt geworden ist, oder wird sie beim Brotbacken verrückt, weil sie sie abholen?

Nora kommt ganz ruhig nach Hause, als wäre sie an der See gewesen. Sie sagt immer, wo ist Mikey? Lebt er? Sie macht sich wegen Mikey Sorgen, weil er kein ordentlicher Katholik ist, und wenn er einen Anfall hat und stirbt, wer weiß, wo er das nächste Leben verbringt. Er ist kein ordentlicher Katholik, weil er Angst hat, wenn man ihm etwas auf die Zunge legt, kriegt er vielleicht einen Anfall und erstickt daran, weshalb er die hl. Erstkommunion nie empfangen hat. Der Lehrer hat es immer wieder mit Schnipseln vom Limerick Leader versucht, aber Mikey hat sie immer wieder ausgespuckt, bis der Lehrer Zustände kriegte und ihn zum Priester geschickt hat, der dem Bischof schrieb, welcher sagte, laßt mich zufrieden, regelt das selber. Der Lehrer schickte eine Mitteilung nach Hause, in der stand, Mikey soll das Empfangen der Kommunion mit seinem Vater oder seiner Mutter üben, aber nicht mal die konnten ihn dazu bringen, daß er ein Stück Limerick Leader in Form einer Oblate schluckt. Sie haben es sogar mit einem oblatenförmigen Stück Marmeladenbrot versucht, und es hat nicht geklappt. Der Priester sagt Mrs. Molloy, sie soll sich keine Sorgen machen. Rätselhaft sind die Wege des Herrn, da Er Seine Wunder wirkt, und bestimmt hat Er noch was ganz Besonderes mit Mikey vor, einschließlich der Anfälle und so weiter. Sie sagt, ist es nicht bemerkenswert, wie er alle Arten von Süßigkeiten und Rosinenbrötchen schlucken kann, aber wenn er den Leib unseres Herrn schlucken soll, kriegt er einen Anfall? Sie hat Sorge, Mikey kriegt vielleicht den Anfall und stirbt und fährt, falls er irgendeine Sorte von Sünde auf der Seele hat, zur Hölle, obwohl jedermann weiß, daß er ein Engelchen direkt vom Himmel hoch ist. Mikey sagt ihr, Gott sucht einen doch nicht mit dem Anfall heim und befördert einen dann auch noch zu allem Überfluß mit einem Arschtritt in die Hölle. Was wäre denn das für ein Gott, der so was macht?

Bist du sicher, Mikey?

Aber ja. Ich hab's in einem Buch gelesen.

Er sitzt unter dem Laternenpfahl ganz oben in der Gasse und lacht über den Tag seiner Erstkommunion, der ein einziger Schwindel war. Er konnte die Oblate nicht schlucken, aber hat das seine Mutter davon abgehalten, mit ihm in seinem kleinen schwarzen Anzug durch Limerick zu stolzieren und die Kollekte zu machen? Sie sagte zu Mikey, ich lüge ja immerhin nicht. Ich sage nur zu den Nachbarn, hier ist Mikey in seinem Erstkommunionsanzug. Mehr sag ich ja gar nicht.

Hier ist Mikey. Wenn sie glauben, du hättest deine Erstkommunion geschluckt, wer bin ich denn, daß ich ihnen widerspreche und sie enttäusche? Mikeys Vater sagte, mach dir keine Sorgen, Zyklop. Du hast jede Menge Zeit. Jesus war auch kein ordentlicher Katholik, bevor er beim Letzten Abendmahl Brot und Wein zu sich nahm, und da war er schon dreiunddreißig Jahre alt. Nora Molloy sagte, wirst du wohl aufhören, ihn Zyklop zu nennen? Er hat zwei Augen im Kopf, und er ist kein Grieche. Aber Mikeys Vater, Weltmeister aller Pintstrinker, ist wie mein Onkel Pa Keating, es schert ihn keinen Fiedlerfurz, was die Welt sagt, und so wäre ich auch gern.

Mikey sagt mir, das Beste an der Erstkommunion ist die Kollekte. Die Mutter muß einem irgendwie einen neuen Anzug besorgen, damit sie mit dir bei den Nachbarn und Verwandten angeben kann, und sie geben einem Süßigkeiten und Geld, und man kann ins Lyric Cinema gehen und sich Charlie Chaplin ansehen.

Und was ist mit James Cagney?

James Cagney kannst du vergessen. Alles nur Gequatsche. Charlie Chaplin ist das einzig Wahre. Aber man muß bei der Kollekte die Mutter dabeihaben. Die Großen in Limerick geben nicht jeder x-beliebigen Rotznase im Erstkommunionsanzug Geld, wenn die Mutter nicht dabei ist.

Mikey hat an seinem Erstkommunionstag über fünf Shilling eingenommen und so viele Süßigkeiten und Rosinenbrötchen gegessen, daß er sich im Lyric Cinema übergeben hat und von Frank Goggin, dem Eintrittskartenmann, mit einem Tritt rausgeschmissen wurde. Er sagt, das war ihm egal, weil er noch Geld übrig hatte und noch am selben Tag ins Savoy gegangen ist, um sich einen Piratenfilm anzusehen, und da hat er so viel Cadbury-Schokolade gegessen und so viel Limonade getrunken, daß er einen Bauch hatte bis hier. Er kann es gar nicht erwarten, daß endlich Firmung ist, denn dann ist man älter, es gibt wieder eine Kollekte, und die bringt viel mehr Geld als die Erstkommunion. Er wird bis an sein Lebensende ins Kino gehen, sich neben Mädchen aus dem Gassenviertel setzen und wie ein Experte Säuisches treiben. Er liebt seine Mutter, aber er wird nie heiraten, weil er Angst hat, er kriegt eine Frau, die ständig in die Irrenanstalt eingeliefert und wieder entlassen wird. Wozu soll man heiraten, wenn man im Kino sitzen und mit den Mädchen aus dem Gassenviertel Säuisches treiben kann, denen sowieso egal ist, was man macht, weil sie es mit ihren Brüdern schon mal gemacht haben. Wenn man nicht heiratet, hat man keine Kinder zu Hause, die plärren, sie wollen Tee und Brot, und keuchen, wenn sie den Anfall haben, und mit den Augen über Kreuz in sämtliche Richtungen kucken. Wenn er älter ist, wird er wie sein Vater in die Kneipe gehen, jede Menge Pints trinken, sich den Finger in den Hals stecken, damit es wieder hochkommt, noch mehr Pints trinken, die Wetten gewinnen und das Geld bei seiner Mutter abliefern, damit sie nicht wahnsinnig wird. Er sagt, er ist kein ordentlicher Katholik, und das bedeutet, daß er verdammt ist und tun und lassen kann, was ihm verdammtnochmal paßt.

Er sagt, ich werde dir mehr erzählen, wenn du groß bist, Frankie. Jetzt bist du noch zu jung und weißt sowieso nicht, wo bei dir vorne und hinten ist.

Der Lehrer, Mr. Benson, ist sehr alt. Er brüllt und spuckt uns jeden Tag an. Die Jungens in der ersten Reihe hoffen, daß er keine Krankheiten hat, denn jedermann weiß, daß Spucke alle Krankheiten überträgt, und er könnte nach allen Seiten die Schwindsucht verbreiten. Er sagt uns, wir müssen den Kathezismus rückwärts, vorwärts und seitwärts auswendig können. Wir müssen die Zehn Gebote kennen, die sieben Tugenden – göttlich sowie moralisch –, die sieben Sakramente, die sieben Todsünden. Wir müssen alle Gebete auswendig können, das Ave-Maria, das Vaterunser, das Confiteor, das Apostolische Glaubensbekenntnis, das Bußgebet, die Litanei unserer Allerheiligsten Jungfrau Maria. Wir müssen sie auf irisch und auf englisch können, und wenn wir ein irisches Wort vergessen und statt dessen ein englisches nehmen, kriegt er einen Wutanfall und schlägt mit dem Stock um sich. Wenn es nach ihm ginge, würden wir unsere Religion auf lateinisch lernen, die Sprache der Heiligen, die mit Gott und Seiner Heiligen Mutter vertraulich verkehrten, die Sprache der frühen Christen, die zusammengepfercht in den Katakomben kauerten und ins Licht traten, um durch Folter und Schwert zu sterben, und in den schäumenden Rachen der ausgehungerten Löwen ihren Atem aushauchten. Irisch ist gut für Patrioten, Englisch für Verräter und Informanten, aber nur Latein gewährt uns Zugang zum Himmel als solchem. Auf lateinisch haben die Märtyrer gebetet, als ihnen die Barbaren die Zehen- und Fingernägel herausrissen und ihnen die Haut stückchenweise abzogen. Er sagt uns, wir sind eine Schande für Irland und dessen lange, traurige Geschichte und daß es uns besser anstünde, in Afrika vor Büschen und Bäumen zu beten. Er sagt uns, bei uns ist sowieso Hopfen und Malz verloren, die schlechteste Klasse, die er je im Erstkommunionsunterricht hatte, aber so wahr Gott die kleinen Äpfel erschuf, so wahr wird er Katholiken aus uns machen, er wird die Faulenzerei aus uns raus- und die göttliche Gnade in uns reinprügeln.

Brendan Quigley hebt die Hand. Wir nennen ihn Quigley-den-Fragensteller oder einfach nur Frage, weil er andauernd Fragen stellt. Er kann nicht anders. Sir, was ist die göttliche Gnade?

Der Lehrer rollt die Augen himmelwärts. Jetzt bringt er Quigley bestimmt um. Nein, er bellt ihn an, die göttliche Gnade vergiß mal lieber, Quigley. Die geht dich gar nichts an. Du bist hier, damit du den Katechismus lernst und machst, was dir gesagt wird. Du bist nicht hier, damit du Fragen stellst. Es gibt einfach zu viele Menschen, die unsere Welt durchwandern und Fragen stellen, und genau das hat uns dorthin gebracht, wo wir jetzt leider sind, und wenn ich in dieser Klasse einen Knaben antreffen sollte, welcher Fragen stellt, dann weiß ich nicht, ob man mich für das, was als nächstes geschieht, wird verantwortlich machen können. Hast du das gehört, Quigley?

Ja.

Ja, was?

Ja, Sir.

Er fährt mit seiner Ansprache fort. Es gibt Knaben in dieser Klasse, welche die göttliche Gnade nie erfahren werden. Und weshalb nicht? Wegen der Habgier. Ich habe sie gehört, wie sie auf dem Schulhof über den Tag der heiligen Erstkommunion sprachen, den schönsten Tag eures Lebens. Und sprachen sie etwa darüber, daß sie endlich den Leib und das Blut unseres Heilands empfangen werden? O nein. Diese habgierigen kleinen Blagen sprechen über die sogenannte Kollekte, über das Geld, das sie bekommen werden. Sie werden, in ihre kleinen Anzüge gekleidet, von Haus zu Haus ziehen wie die Bettler, und zwar für die Kollekte. Und werden sie irgendeinen Zehnten von diesem Gelde nehmen und ihn den kleinen schwarzen Babys in Afrika zusenden? Werden sie je an diese kleinen Heiden denken, auf ewig der Verdammnis anheimgefallen, weil es ihnen an sowohl der Taufe gebricht als auch dem Wissen um den wahren Glauben? Diese kleinen schwarzen Babys, denen man das Wissen um das Mysterium des Leibes Christi vorenthält? Die Vorhölle ist vollgestopft mit kleinen schwarzen Babys, und sie fliegen dort durch die Gegend und schreien nach ihren Müttern, weil ihnen niemals die Gnade gewährt werden wird, in der unnennbaren Gegenwart unseres Herrn und der glorreichen Versammlung der Heiligen, Märtyrer und Jungfrauen zu weilen. O nein. In die Lichtspielhäuser rennen unsere Erstkommunionskinder, um sich in jenem Schmutz zu wälzen, wie ihn die Spießgesellen des Satans in Hollywood verbreiten. Stimmt das nicht, McCourt?

Stimmt, Sir.

Quigley-der-Fragesteller hebt wieder die Hand. In der Klasse tauschen wir Blicke und überlegen, ob er vielleicht auf Selbstmord aus ist.

Was sind Spießgesellen, Sir?

Das Gesicht des Lehrers wird erst weiß, dann rot. Seine Lippen werden zu einem Strich, dann öffnen sie sich, und links und rechts fliegt Spucke. Er läuft zu Frage und zerrt ihn aus der Bank. Er schnaubt und stottert, und seine Spucke fliegt durchs Klassenzimmer. Er prügelt Frage auf die Schultern, den Hintern, die Beine. Er packt ihn beim Kragen und zerrt ihn vor die Klasse. Seht euch dieses Exemplar an, brüllt er.

Frage zittert und weint. Tut mir leid, Sir.

Der Lehrer äfft ihn nach. Tut mir leid, Sir. Was tut dir leid?

Tut mir leid, daß ich eine Frage gestellt habe. Ich will nie wieder was fragen, Sir.

Und der Tag, an dem du es doch tust, Quigley, wird der Tag sein, an welchem du dir wünschen wirst, daß Gott dich zu Sich an Seinen Busen nimmt. Was wirst du dir wünschen, Quigley?

Daß Gott mich zu Sich an Seinen Busen nimmt, Sir.

Geh zurück an deinen Platz, du Einfaltspinsel, du Omadhaun, du Ding aus dem weit abgelegenen dunklen Winkel eines Sumpfes.

Er setzt sich, der Stock liegt vor ihm auf dem Pult. Er sagt Frage, er soll das Gewimmer einstellen und ein Mann sein. Wenn er in dieser Klasse auch nur einen einzigen Knaben hört, der dumme Fragen stellt oder wieder von der Kollekte redet, wird er den betreffenden Knaben prügeln, bis das Blut spritzt.

Was werde ich tun?

Den betreffenden Knaben prügeln, Sir.

Bis?

Bis das Blut spritzt, Sir.

Nun, Clohessy, wie lautet das sechste Gebot?

Du sollst nicht ehebrechen.

Du sollst nicht ehebrechen, was?

Du sollst nicht ehebrechen, Sir.

Und was ist Ehebruch, Clohessy?

Unreine Gedanken, unreine Worte, unreine Taten, Sir.

Gut, Clohessy. Du bist ein braver Junge. Zwar magst du in der Sir-Abteilung langsam und vergeßlich sein, zwar mögen deine Füße keine Schuhe zieren, aber beim sechsten Gebot kann dir keiner was vormachen, und das wird dich rein erhalten.

Paddy Clohessy hat keinen Schuh am Fuß, seine Mutter rasiert ihm den Kopf, um die Läuse fernzuhalten, seine Augen sind rot, seine Nase immer rotzig. Die wunden Stellen auf seinen Knien heilen nie, weil er immer den Schorf abknibbelt und in den Mund steckt. Seine Kleider sind Lumpen, die er sich mit sechs Brüdern und einer Schwester teilen muß, und wenn er mit einer blutigen Nase oder einem blauen Auge in die Schule kommt, weiß man, daß er morgens eine Schlägerei wegen der Klamotten hatte. Er haßt die Schule. Er ist sieben und wird bald acht, und er ist der größte und älteste Junge in der Klasse, und er kann es gar nicht erwarten, daß er erwachsen ist und vierzehn, damit er durchbrennen und für siebzehn gehalten werden und zur englischen Armee und dann nach Indien kann, wo es schön ist und warm und wo er in einem Zelt wohnen kann, mit einem dunkelhäutigen Mädchen mit dem roten Punkt auf der Stirn, und da liegt er dann und ißt Feigen, das ißt man nämlich in Indien, Feigen, und sie kocht bei Tag und Nacht Curry und macht plonk auf einer Ukulele, und wenn er genug Geld hat, läßt er die ganze Familie nachkommen, und dann wohnen sie alle in dem Zelt, besonders sein armer Vater, der zu Hause sitzt und große Klumpen Blut hustet wegen der Schwindsucht. Als meine Mutter ihn auf der Straße sieht, sagt sie, *wisha,* sieh dir das arme Kind an. Ein Gerippe mit Lumpen ist er, und wenn sie einen Film über die Hungersnot drehen wollten, würden sie ihn bestimmt mittenreintun.

Ich glaube, Paddy mag mich wegen der Rosine, und ich fühle mich ein bißchen schuldig, weil ich nicht von vornherein so großzügig war. Der Lehrer, Mr. Benson, hatte gesagt, die Regierung spendiert uns gratis ein Mittagessen, damit wir nicht bei dem eisigen Wetter nach Hause müssen. Er führte uns in ein kaltes Zimmer in den Verliesen von Leamy's School, wo die Putzfrau, Nellie Ahearn, 0,3 Liter Milch und ein Rosinenbrötchen an jeden verteilte. Die Milch war in den Flaschen gefroren, und wir mußten sie zwischen unseren Oberschenkeln schmelzen. Die Jungens machten Witze und sagten, die Flaschen würden uns die Dinger abfrieren, und der Lehrer brüllte, noch ein solches Wort, und ich wärme die Flaschen an euren Hinterköpfen an. Wir alle untersuchten unsere Brötchen, aber wir konnten keine Rosinen finden, und Nellie sagte, sie müssen vergessen haben, sie reinzutun, und sie wird den Mann fragen, der sie geliefert hat. Wir suchten jeden Tag weiter, bis ich zum Schluß in meinem Brötchen eine Rosine fand und in die Luft hielt. Die Jungens fingen an zu murren und sagten, sie wollen auch eine Rosine, und Nellie sagte, es ist nicht ihre Schuld. Sie fragt den Mann noch mal. Jetzt bettelten mich die Jungens um die Rosine an und boten mir alles mögliche dafür, einen Schluck von ihrer Milch, einen Bleistift, ein Schundheft. Toby Mackey sagte, ich kann seine Schwester haben, und Mr. Benson hörte ihn und nahm ihn mit in den Flur und drosch auf ihn ein, bis er laut heulte. Ich hätte die Rosine gern behalten, aber ich sah, wie Paddy Clohessy in der Ecke stand, ohne Schuhe, und das Zimmer war eiskalt, und er zitterte wie ein Hund, den man getreten hat, und getretene Hunde haben mir schon immer leid getan, und deshalb ging ich hin und gab Paddy die Rosine, weil ich nicht wußte, was ich sonst machen soll, und alle Jungens schrien, daß ich blöd bin und ein Scheiß-Schwachkopf und den Tag noch bitter bereuen werde, und nachdem ich Paddy die Rosine gegeben hatte, bekam ich große Sehnsucht nach ihr, aber jetzt war es zu spät, denn er stopfte sie sich direkt in den Mund und schluckte sie hinunter und sah mich an und sagte nichts, und ich sagte mir im stillen, was bist du doch für ein Schwachkopf, daß du deine Rosine verschenkst.

Mr. Benson sah mich an und sagte nichts, und Nellie Ahearn sagte, du bist ein toller alter Yankee, Frankie.

Bald wird der Priester kommen, um uns auf den Kathezismus und alles andere zu prüfen. Der Lehrer persönlich muß uns vorher zeigen, wie man die heilige Kommunion empfängt. Er sagt uns, wir sollen uns um ihn herum aufstellen. Er füllt seinen Hut mit dem Limerick Leader, den er in kleine Schnipsel zerrissen hat. Er gibt Paddy Clohessy den Hut, kniet sich auf den Fußboden und sagt Paddy, er soll einen Papierschnipsel nehmen und ihn ihm auf die Zunge legen. Er zeigt uns, wie man die Zunge herausstreckt, den Papierschnipsel empfängt, ihn einen Augenblick lang auf der Zunge behält, die Zunge einzieht, die Hände im Gebet faltet, gen Himmel blickt, die Augen in Anbetung schließt, darauf wartet, daß das Papier im Munde schmilzt, es runterschluckt und Gott für die Gabe und Seine Barmherzigkeit dankt. Als er seine Zunge herausstreckt, müssen wir uns das Lachen verkneifen, weil wir noch nie eine große lila Zunge gesehen haben. Er macht die Augen auf, um zu sehen, wer kichert, aber er kann nichts sagen, weil er immer noch Gott auf der Zunge hat und es ein heiliger Moment ist. Er steht wieder auf und sagt, jetzt sollen wir uns auf die ganze Klasse verteilt hinknien, um die heilige Kommunion einzuüben. Er geht durch die Klasse, legt uns Papierschnipsel auf die Zunge und murmelt auf lateinisch. Manche kichern, und er brüllt, wenn das Kichern nicht sofort aufhört, dann kriegen wir keine heilige Erstkommunion, sondern das genaue Gegenteil davon, und wie heißt das betreffende Sakrament, McCourt?

Letzte Ölung, Sir.

Das stimmt, McCourt. Nicht schlecht für einen Yank, der frisch aus dem New Yorker Sündenpfuhl kommt.

Er sagt uns, wir sollen aufpassen, daß wir die Zunge weit genug herausstrecken, damit die Oblate nicht auf den Fußboden fällt. Er sagt, das ist das Schlimmste, was einem Priester passieren kann, denn wenn er die Oblate fallen läßt, muß er auf seine beiden Knie runter, die Oblate mit seiner eigenen Zunge aufheben und den Fußboden um die Oblate herum ablecken, falls sie noch herumgehopst ist, bevor sie liegenblieb. Dabei kann sich der Priester einen Splitter zuziehen, der seine Zunge bis auf die Größe einer Steckrübe anschwellen läßt, und das kann zum endgültigen Tod durch Ersticken führen.

Er sagt uns, die Kommunionsoblate ist das Heiligste auf der ganzen Welt, heiliger ist höchstens noch eine Reliquie vom echten Kreuz zu Golgatha, und unsere Erstkommunion ist der heiligste Augenblick in unserem Leben. Das Reden über die Erstkommunion regt den Lehrer richtig auf. Er schreitet auf und ab, fuchtelt mit dem Stock und sagt uns, wir dürfen nie vergessen, daß wir in dem Moment, in dem uns die heilige Kommunion auf die Zunge gelegt wird, Mitglieder jener so überaus glorreichen Gemeinde werden, der Einen, Heiligen, Römischen, Katholischen und Apostolischen Kirche, daß nun schon seit zweitausend Jahren Männer, Frauen und Kinder für den Glauben gestorben sind, daß die Iren sich in der Märtyrer-Abteilung vor keinem zu verstecken brauchen. Haben wir die Welt etwa nicht reichlich mit Märtyrern versorgt? Haben wir unsere Hälse etwa nicht unter der protestantischen Axt entblößt? Sind wir etwa nicht aufs Schafott gestiegen, und zwar singend, als brächen wir zu einem Picknick auf? Stimmt's?

Stimmt, Sir.

Was haben wir?

Unsere Hälse unter der protestantischen Axt entblößt, Sir.
Und was sind wir?

Aufs Schafott gestiegen, und zwar singend, Sir.

Als was?

Als brächen wir zu einem Picknick auf, Sir.

Er sagt, in dieser Klasse befindet sich vielleicht, vielleicht ein zukünftiger Priester oder ein Märtyrer für den Glauben, obwohl er es stark bezweifelt, sind wir doch die faulste Bande von Ignoranten, die er jemals unterrichten zu müssen das Mißgeschick hatte.

Aber es muß auch solche geben, sagt er, und bestimmt hat sich Gott etwas dabei gedacht, als er euresgleichen aussandte, um die Erde zu verseuchen. Bestimmt hat sich Gott etwas dabei gedacht, als er Clohessy ohne Schuhe in unsre Mitte sandte, Quigley mit seinen gottlosen Fragen und McCourt frisch von den sündigen Küsten Amerikas. Und merkt euch dieses, ihr Bande, Gott sandte Seinen einzigen eingeborenen Sohn nicht aus, auf daß Er am Kreuze hänge, damit ihr am Tage eurer heiligen Erstkommunion eure klebrigen kleinen Pratzen nach der Kollekte ausstreckt. Unser Herr starb, auf daß ihr erlöset werdet. Es genügt völlig, die Gabe des Glaubens zu empfangen. Hört ihr mir überhaupt zu?

Ja, Sir.

Und was genügt völlig?

Die Gabe des Glaubens, Sir.

Gut. Geht nach Hause.

Abends sitzen drei von uns unter dem Laternenpfahl oben in der Gasse und lesen: Mikey, Malachy und ich. Die Molloys sind wie wir; ihr Vater vertrinkt oft das Stempelgeld oder den Lohn, und dann ist kein Geld für Kerzen oder Paraffinöl da. Mikey liest Bücher, und wir anderen lesen Comics. Sein Vater bringt Bücher aus der Carnegie-Bücherei mit, damit er etwas zu tun hat, wenn er keine Pints trinkt oder sich während der Anstaltsaufenthalte von Mrs. Molloy um die Familie kümmert. Er läßt Mikey lesen, was er will, und jetzt liest Mikey ein Buch über Cuchulain und redet, als wüßte er alles über ihn. Ich würde ihm gern sagen, daß ich schon alles über Cuchulain wußte, als ich noch keine vier Jahre alt war, daß ich Cuchulain in Dublin gesehen habe, daß Cuchulain nichts dagegen hat, in meinen Träumen vorbeizuschauen. Ich will ihm sagen, er soll nicht weiterreden über Cuchulain, denn der gehört mir, hat schon vor Jahren, als ich noch jung war, mir gehört, aber ich kann nicht, weil Mikey uns eine Geschichte vorliest, von der ich noch nie gehört habe, eine schmutzige Geschichte über Cuchulain, die ich nie meinem Vater oder meiner Mutter erzählen kann, die Geschichte, wie Emer Cuchulains Frau wurde.

Cuchulain wurde allmählich ein alter Mann von einundzwanzig. Er war einsam und wollte heiraten, was ihn schwach machte, sagt Mikey und ihn dann schließlich auch umgebracht hat. Alle Frauen in Irland waren verrückt nach Cuchulain, und alle wollten ihn heiraten. Er sagte, das wäre doch toll, er hätte nichts dagegen, alle Frauen von Irland zu heiraten. Wenn er mit allen Männern von Irland kämpfen konnte, warum konnte er dann nicht auch alle Frauen heiraten? Aber der König, Conor MacNessa, sagte, für dich mag das alles gut und schön sein, Cu, aber die Männer von Irland wollen in den langen Stunden der Nacht nicht einsam sein. Der König entschied, daß ein Wettkampf stattfinden sollte, damit man sieht, wer Cuchulain heiraten darf, und es sollte ein Pißwettkampf sein. Alle Frauen von Irland versammelten sich auf den Ebenen von Muirthemne, um zu sehen, welche am weitesten pissen konnte, und das war dann Emer. Sie wurde irische Weitpißmeisterin und heiratete Cuchulain, und deshalb nennt man sie bis zum heutigen Tage Emer-mit-der-großen-Blase.

Mikey und Malachy lachen über diese Geschichte, obwohl ich nicht glaube, daß Malachy sie versteht. Er ist jung und hat die hl. Erstkommunion noch weit vor sich, und er lacht nur über das Pißwort. Dann sagt mir Mikey, ich habe eine Sünde begangen, indem ich mir eine Geschichte angehört habe, in der dieses Wort vorkommt, und wenn ich zu meiner ersten Beichte gehe, muß ich das dem Priester sagen. Malachy sagt, stimmt. Pisse ist ein schlimmes Wort, und du mußt es dem Priester sagen, weil es ein Sündenwort ist.

Ich weiß nicht, was ich machen soll. Wie kann ich zum Priester gehen und ihm bei meiner ersten Beichte diese schreckliche Sache sagen? Alle Jungens wissen, welche Sünden sie beichten werden, so daß sie die hl. Erstkommunion kriegen und die Kollekte veranstalten und James Cagney sehen und im Lyric Cinema Süßigkeiten und Kekse essen können. Der Lehrer hat uns bei unseren Sünden geholfen, und jeder hat dieselben Sünden. Ich habe meinen Bruder geschlagen. Ich habe gelogen. Ich habe meiner Mutter einen Penny aus dem

Portemonnaie gestohlen. Ich war meinen Eltern ungehorsam. Ich habe am Freitag Wurst gegessen.

Aber jetzt habe ich eine Sünde, die sonst keiner hat, und der Priester wird schockiert sein und mich wahrscheinlich aus dem Beichtstuhl zerren, in den Mittelgang und auf die Straße hinaus, und jeder wird erfahren, daß ich mir eine Geschichte angehört habe, in der Cuchulains Frau als irische Weitpißmeisterin vorkommt. Ich werde nie meine hl. Erstkommunion schaffen, und Mütter werden ihre kleinen Kinder hochheben und auf mich zeigen und sagen, sieh dir den an. Der ist wie Mikey Molloy, hat nie seine hl. Erstkommunion geschafft, wandelt im Stande der Sünde einher, hat nie die Kollekte gemacht, hat nie James Cagney gesehen.

Es tut mir leid, daß ich je von der Erstkommunion und der Kollekte gehört habe. Mir ist schlecht, und ich will keinen Tee und kein Brot und gar nichts. Mam sagt zu Dad, es ist seltsam, wenn ein Kind kein Brot und keinen Tee will, und Dad sagt, *och,* er ist nervös wegen seiner Erstkommunion ... Ich möchte zu ihm gehen und mich auf seinen Schoß setzen und ihm sagen, was Mikey Molloy mir angetan hat, aber ich bin zu groß, um auf Schößen herumzusitzen, und wenn ich es doch täte, würde Malachy vor die Tür gehen und allen erzählen, daß ich ein großes Baby bin. Ich würde meine Sorgen gern dem Engel auf der siebten Stufe berichten, aber der hat zu tun und bringt Müttern auf der ganzen Welt die Babys. Trotzdem, ich werde Dad fragen.

Dad, hat der Engel auf der siebten Stufe noch mehr zu tun, als Babys zu bringen?

Ja.

Würde dir der Engel auf der siebten Stufe sagen, was du tun sollst, wenn du nicht wüßtest, was du tun sollst?

Och, bestimmt, mein Sohn, ganz bestimmt. Genau das hat ein Engel ja zu tun, sogar der auf der siebten Stufe.

Dad macht einen langen Spaziergang, Mam nimmt Michael

und geht Oma besuchen, Malachy spielt auf der Gasse, und ich habe das Haus für mich, so daß ich mich auf die siebte Stufe setzen und mit dem Engel reden kann. Ich weiß, daß er da ist, denn die siebte Stufe fühlt sich wärmer an als die anderen, und in meinem Kopf ist ein Licht, wenn ich da sitze. Ich berichte ihm meine Sorgen, und ich höre eine Stimme. Nicht sollst du dich fürchten, sagt die Stimme.

Er spricht rückwärts, und ich sage ihm, daß ich nicht kapiere, was er sagt.

Du sollst dich nicht fürchten, sagt die Stimme. Sag dem Priester deine Sünde, und dir wird vergeben werden.

Am nächsten Morgen stehe ich früh auf und trinke Tee mit Dad und erzähle ihm von dem Engel auf der siebten Stufe. Er faßt mir an die Stirn und fragt, ob es mir gutgeht. Er fragt, ob ich sicher bin, daß ich ein Licht im Kopf hatte und eine Stimme gehört habe, und was hat die Stimme gesagt?

Ich sage ihm, die Stimme hat gesagt, nicht sollst du dich fürchten, und das heißt, du sollst dich nicht fürchten.

Dad sagt mir, der Engel hat ganz recht, ich soll keine Angst haben, und ich sage ihm, was Mikey Molloy mir angetan hat. Ich erzähle ihm von Emer-mit-der-großen-Blase, und ich gebrauche sogar das Pißwort, weil der Engel sagte, nicht sollst du dich fürchten. Dad stellt sein Marmeladenglas mit Tee hin, zieht mich an sich und lacht mir den ganzen Kopf voll. Ich frage mich, ob er jetzt auch den Verstand verliert wie Mrs. Molloy, immer rein in die Irrenanstalt und wieder raus aus der Irrenanstalt, aber er sagt, war es das, was dich gestern nacht so bekümmert hat?

Ich sage ja, und er sagt, es ist keine Sünde, und ich brauche es dem Priester nicht zu sagen.

Der Engel auf der siebten Stufe hat aber doch gesagt, ich soll es ihm sagen.

Na schön. Sag es dem Priester, wenn du willst, aber der Engel auf der siebten Stufe hat das nur gesagt, weil du es mir nicht vorher gesagt hast. Ist es nicht besser, wenn man seinem Vater seine Sorgen erzählen kann als einem Engel, der ein Licht und eine Stimme im Kopf ist?

Doch, Dad.

Am Tag vor der hl. Erstkommunion führt uns der Lehrer zur ersten Beichte in die Josephskirche. Wir marschieren in Zweierreihen, und wenn wir auf den Straßen von Limerick auch nur eine Lippe bewegen, bringt er uns an Ort und Stelle um und jagt uns, aufgedunsen von unseren Sünden, wie wir sind, zur Hölle. Davon hört aber das Geprahle mit den großen Sünden nicht auf. Willie Harold flüstert von seiner großen Sünde, daß er nämlich den nackten Leib seiner Schwester betrachtet hat. Paddy Hartigan sagt, er hat zehn Shilling aus dem Portemonnaie seiner Tante gestohlen und so viel Eis und Fritten gegessen, daß ihm schlecht wurde. Quigley-der-Fragensteller sagt, er ist von zu Hause weggelaufen und hat die halbe Nacht in einem Graben mit vier Ziegen verbracht. Ich versuche, ihnen von Cuchulain und Emer zu erzählen, aber der Lehrer merkt es und haut mir auf den Kopf.

Wir knien in den Kirchenbänken vor dem Beichtstuhl nieder, und ich frage mich, ob meine Emer-Sünde so schlimm ist wie das Betrachten des nackten Leibes der Schwester, denn inzwischen weiß ich, daß manche Sachen auf der Welt schlimmer sind als andere. Deswegen gibt es verschiedene Sünden, das Sakrileg, die Todsünde, die läßliche Sünde. Und dann reden die Lehrer und die Erwachsenen normalerweise immer noch über die unverzeihliche Sünde, die ein großes Mysterium ist. Keiner weiß, was das ist, und man fragt sich, wie soll man wissen, ob man sie begangen hat, wenn man gar nicht weiß, was das ist. Wenn ich dem Priester von Emer-mit-der-großen-Blase und dem Weitpißwettbewerb erzähle, sagt er vielleicht, das ist die unverzeihliche Sünde, und wirft mich aus dem Beichtstuhl, und ich kann mich in ganz Limerick nirgends mehr blicken lassen und muß auf ewig in der Hölle schmoren, gequält von Teufeln, die nichts Besseres zu tun haben, als mich mit glühenden Mistgabeln zu piksen, bis ich nicht mehr kann.

Ich versuche, Willies Beichte zu hören, als er hineingeht, aber ich höre nur ein Zischen vom Priester, und als Willie wieder herauskommt, weint er.

Jetzt bin ich dran. Der Beichtstuhl ist dunkel, und über meinem Kopf hängt ein großes Kruzifix. Ich kann hören, wie ein anderer Junge auf der anderen Seite seine Beichte murmelt. Ich frage mich, ob es wohl Sinn hat, wenn ich versuche, mit dem Engel auf der siebten Stufe zu sprechen. Ich weiß, daß er in Beichtstühlen überhaupt nichts zu suchen hat, aber ich spüre das Licht in meinem Kopf, und die Stimme sagt zu mir, nicht sollst du dich fürchten.

Das Brett gleitet vor meinem Gesicht zur Seite, und der Priester sagt, ja, mein Kind?

Segnen Sie mich, Vater, denn ich habe gesündigt. Dies ist meine erste Beichte.

Ja, mein Kind, und welche Sünden hast du begangen?

Ich habe gelogen. Ich habe meinen Bruder geschlagen. Ich habe meiner Mutter einen Penny aus dem Portemonnaie gestohlen. Ich habe geflucht.

Ja, mein Kind. Noch etwas?

Ich ... Ich ... habe einer Geschichte über Cuchulain und Emer gelauscht.

Das ist gewißlich keine Sünde, mein Kind. Immerhin versichern uns verschiedene Autoren, daß Cuchulain sich in seinen letzten Augenblicken zum Katholizismus bekehrte, wie übrigens sein König, Conor MacNessa, ebenfalls.

Es geht um Emer, Herr Pfarrer, und wie sie ihn geheiratet hat.

Und wie war das, mein Kind?

Sie hat ihn bei einem Wettpissen gewonnen.

Man hört schweres Atmen. Der Priester hat die Hand vor den Mund gelegt und macht Geräusche, als wenn er gleich erstickt, und murmelt vor sich hin, heilige Maria Muttergottes.

Wer ... wer ... hat dir diese Geschichte erzählt, mein Kind?

Mikey Molloy, Herr Pfarrer.

Und wo hat er die gehört?

Er hat sie in einem Buch gelesen, Herr Pfarrer. Aha, in einem Buch. Bücher können für Kinder gefährlich sein, mein Kind. Vergiß diese albernen Geschichten, und denke lieber an die Heiligen und wie sie gelebt haben. Denke an den heiligen Joseph, an die Kleine Blume, an den lieben, sanften heiligen Franziskus von Assisi, der die Vögel im Himmel liebte und die Kreaturen auf der Erde. Wirst du das tun, mein Kind?

Ja, Herr Pfarrer.

Gibt es noch andere Sünden, mein Kind?

Nein, Herr Pfarrer.

Zur Buße sagst du drei Ave-Maria, drei Vaterunser, und für mich sprichst du auch ein Gebet.

Gern, Herr Pfarrer ... Herr Pfarrer, war das die schlimmste Sünde?

Nein, mein Kind, du hast noch viel vor dir. Jetzt sprich ein Bußgebet und denk daran, daß unser Herr dich zu jeder Minute beobachtet. Gott segne dich, mein Kind.

Der Tag der hl. Erstkommunion ist der schönste Tag im ganzen Leben, weil danach die Kollekte und James Cagney im Lyric Cinema kommen. Ich war die ganze Nacht so aufgeregt, daß ich erst gegen Morgen eingeschlafen bin. Ich würde immer noch schlafen, wenn meine Oma nicht gegen die Tür geballert hätte. Aufstehen! Aufstehen! Schmeißts doch mal das Kind aus dem Bett. Der schönste Tag seines Lebens, und er schnarcht oben im Bett.

Ich bin in die Küche gerannt. Zieh das Hemd aus, hat sie gesagt. Ich habe das Hemd ausgezogen, und sie hat mich in eine Zinkwanne mit eiskaltem Wasser gesteckt. Meine Mutter hat mich geschrubbt, meine Großmutter hat mich geschrubbt. Ich war wund- und rotgeschrubbt.

Sie haben mich abgetrocknet. Sie haben mir meinen schwarzen Erstkommunionssamtanzug mit dem weißen Rüschenhemd, der kurzen Hose, den weißen Strümpfen und den schwarzen Lackschuhen angezogen. Um den Arm gab es eine weiße Satinschleife und ans Revers das Heilige Herz Jesu, aus dem unten Blut herausgetropft kam, und ringsum luderten Flammen, und obendrauf war eine ziemlich übel aussehende Dornenkrone.

Komm her, ich kämm dich, sagte Oma. Seht euch diesen Mop an, so was von widerborstig. Den hast du aber nicht von meiner Seite der Familie. Das ist das nordirische Haar, das hast du vom Vater. Das ist die Art Haar, die man an Presbyterianern sieht. Wenn deine Mutter einen properen, anständigen Limerickmann geheiratet hätte, hättest du jetzt nicht dies strubbelige nordirische Presbyterianerhaar.

Sie spuckte mir zweimal auf den Kopf.

Oma, hörst du bitte auf, mir auf den Kopf zu spucken.

Wenn du was zu sagen hast, halt den Mund. Ein bißchen Spucke bringt dich schon nicht um. Los, wir kommen noch zu spät in die Messe.

Wir rannten zur Kirche. Meine Mutter keuchte hinterher, mit Michael in den Armen. Wir sind gerade noch rechtzeitig in die Kirche gekommen; der letzte Junge verließ eben die Kommunionbank. Der Priester stand mit Kelch und Hostie da und starrte mich feindselig an. Dann legte er mir die Oblate auf die Zunge, den Leib und das Blut Christi. Endlich, endlich.

Sie liegt auf meiner Zunge. Ich ziehe die Zunge ein.

Sie klebte fest.

Ich hatte Gott am Gaumen kleben. Ich konnte die Stimme des Lehrers hören, kommt bloß nicht mit der Hostie gegen die Zähne, denn wenn ihr Gott entzweibeißt, werdet ihr in Ewigkeit in der Hölle rösten.

Ich versuchte, Gott mit der Zunge abzukriegen, aber der Priester fauchte mich an, hör auf zu schnalzen und geh zurück an deinen Platz.

Gott war gut zu mir. Er schmolz, und ich schluckte ihn hinunter, und jetzt, endlich, war ich ein Mitglied der alleinseligmachenden Kirche, ein offizieller Sünder.

Als die Messe zu Ende war, standen sie an der Kirchentür, meine Mutter mit Michael auf den Armen, meine Großmutter. Alle umarmten mich und drückten mich an ihren Busen. Sie sagten mir alle noch mal, daß dies der schönste Tag meines Lebens ist. Sie weinten mir alle auf den Kopf, und nach dem Beitrag meiner Großmutter heute morgen war mein Kopf ein Morast.

Mam, darf ich jetzt weg und die Kollekte machen?

Sie sagte, zuerst gibt es ein kleines Frühstück.

Nein, sagte Oma. Du machst keinerlei Kollekte, bevor du nicht bei mir zu Hause ein anständiges Erstkommunionsfrühstück bekommen hast. Los.

Wir folgten ihr.

Sie dröhnte und schepperte mit Töpfen und Pfannen und beschwerte sich, daß die ganze Welt von ihr erwartet, daß sie, Oma, nach ihrer, der Welt, Pfeife tanzt.

Ich aß das Ei, ich aß das Würstchen, und als ich mir mehr Zucker für meinen Tee nehmen wollte, haute sie mir die Hand weg.

Sachte mit dem Zucker. Hältst du mich für eine Millionärin? Eine Amerikanerin? Glaubst du, ich bin über und über mit glitzernden Juwelen geschmückt? Bis zum Ersticken in modische Pelze gehüllt?

Das Essen in meinem Bauch strebte nach oben. Ich würgte.

Ich rannte in ihren Hinterhof und brach alles aus. Sie kam mir nach.

Seht euch an, was er gemacht hat. Sein Erstkommunionsfrühstück erbrochen. Leib und Blut Jesu Christi erbrochen. Ich habe Gott auf dem Hinterhof. Was soll ich bloß tun? Ich werd ihn mit zu den Jesuiten nehmen, denn die wissen noch mehr als der Papst.

Sie zerrte mich durch die Straßen von Limerick. Sie berichtete den Nachbarn und fremden Passanten von Gott auf ihrem Hinterhof. Sie stieß mich in den Beichtstuhl.

Im Namen des Vaters, des Sohnes und des Heiligen Geistes. Segnen Sie mich, Vater, denn ich habe gesündigt. Meine letzte Beichte liegt einen Tag zurück.

Einen Tag? Und welche Sünden hast du an einem Tag begangen, mein Kind?

Ich habe verschlafen. Ich habe beinahe meine Erstkommunion verpaßt. Meine Großmutter sagt, ich habe widerborstiges, nordirisches Presbyterianerhaar. Ich habe mein Erstkommunionsfrühstück erbrochen. Jetzt sagt Oma, sie hat Gott auf dem Hinterhof, und was soll sie jetzt tun.

Der Priester ist genau wie der Erstkommunionspriester. Das gleiche schwere Atmen und die Erstickungsgeräusche.

Ähh ... äh ... Sag deiner Großmutter, sie soll Gott mit Wasser abwaschen, und als Buße sprichst du ein Ave-Maria und ein Vaterunser. Sprich für mich auch noch ein Gebet, und Gott segne dich, mein Kind.

Oma und Mam warteten in der Nähe des Beichtstuhls. Oma sagte, hast du diesem Priester im Beichtstuhl Witze erzählt? Wenn ich je erfahre, daß du Jesuiten Witze erzählt hast, reiße ich dir deine Nieren aus dem Leibe, bei Gott. Also, was hat er über Gott auf meinem Hinterhof gesagt?

Er hat gesagt, du sollst Ihn mit Wasser abwaschen, Oma.

Weihwasser oder normales?

Hat er nicht gesagt, Oma.

Dann geh zurück und frag ihn.

Aber, Oma ...

Sie stieß mich wieder in den Beichtstuhl.

Segnen Sie mich, Vater, denn ich habe gesündigt. Meine letzte Beichte liegt eine Minute zurück.

Eine Minute! Bist du der Junge, der gerade da war?

Ja, Herr Pfarrer.

Worum geht es denn diesmal?

Meine Oma sagt, Weihwasser oder normales?

Normales Wasser, und sag deiner Oma, sie soll mich in Frieden lassen.

Ich sagte ihr, normales Wasser, Oma, und er hat gesagt, du sollst ihn in Frieden lassen.

Ihn in Frieden lassen. Dieser ignorante Torftölpel.

Ich fragte Mam, kann ich jetzt los und die Kollekte machen? Ich will James Cagney sehen.

Oma sagte, die Kollekte und James Cagney, kannst du vergessen, denn so, wie du Gott auf der Erde hinterlassen hast, bist du gar kein echter Katholik. Los, geh nach Hause.

Mam sagte, Augenblick mal. Das ist mein Sohn. Das ist mein Sohn am Tage seiner heiligen Erstkommunion. Er wird James Cagney sehen.

Nein, wird er nicht.

Doch, wird er doch.

Oma sagte, dann nimm ihn mit zu James Cagney und sieh selber, ob das seine presbyterianische, amerikanische Seele aus dem Norden von Irland retten wird. Nur zu.

Sie zog ihren Umhang zurecht und ging weg.

Mam sagte, Gott, es wird ein bißchen spät für die Kollekte, und du kriegst James Cagney nie zu sehen. Wir gehen zum Lyric Cinema und sehen, ob sie dich mit deinem Kommunionsanzug auch so reinlassen. In der Barrington Street trafen wir Mikey Molloy. Er fragte mich, ob ich ins Lyric wollte, und ich sagte, ich versuch's jedenfalls.

Du versuchst es? sagte er. Hast du kein Geld?

Ich schämte mich, nein zu sagen, ich mußte aber, und er sagte, das macht nichts. Ich krieg dich mit rein. Mit Hilfe eines Ablenkungsmanövers.

Was ist ein Ablenkungsmanöver?

Ich hab das Geld für das Kino, und wenn ich hineingehe, tue ich so, als hätte ich den Anfall, und der Eintrittskartenmann wird durchdrehen, und du kannst dich hineinmogeln, wenn ich den großen Schrei rauslasse. Ich behalte die Tür im Auge, und sobald du drin bist, bin ich auf wundersame Weise geheilt. Das ist ein Ablenkungsmanöver. Das ist das, was ich immer mache, um meine Brüder ins Kino zu kriegen.

Mam sagte, na, ich weiß nicht, Mikey, ich weiß nicht. Wäre das nicht eine Sünde, und du möchtest doch sicher nicht, daß Frank am Tage seiner heiligen Erstkommunion eine Sünde begeht.

Mikey sagte, wenn es eine Sünde sein sollte, würde sie seine Seele beflecken, er sei aber kein richtiger Katholik, und deshalb sei es eh wurscht.

Er ließ seinen Schrei raus, und ich mogelte mich hinein und setzte mich neben Quigley-den-Fragensteller, und der Eintrittskartenmann Frank Goggin war so besorgt wegen Mikey, daß er gar nichts bemerkte. Es war ein spannender Film, aber traurig am Schluß, weil James Cagney ein Staatsfeind war, und als sie ihn erschossen hatten, haben sie ihn in Bandagen gewickelt und vor die Haustür geworfen und seine arme alte irische Mutter verschreckt, und so ging der Tag meiner hl. Erstkommunion zu Ende.

5

Oma spricht nicht mehr mit Mam, weil ich das mit Gott auf ihrem Hinterhof gemacht habe. Mam spricht nicht mit ihrer Schwester, Tante Aggie, und nicht mit ihrem Bruder, Onkel Tom. Dad spricht mit niemandem in Mams Familie, und sie sprechen nicht mit ihm, weil er aus dem Norden kommt und weil er diese komische Art hat. Niemand spricht mit der Frau von Onkel Tom, Jane, weil sie aus Calway kommt und so spanisch aussieht. Jeder spricht mit Mams Bruder, Onkel Pat, weil er auf den Kopf gefallen ist, weil er ein einfacher Mensch ist und weil er Zeitungen verkauft. Alle nennen ihn Abt oder Ab Sheehan, und keiner weiß, warum. Alle sprechen mit Onkel Pa Keating, weil er im Krieg Gas abgekriegt und Tante Aggie geheiratet hat, und wenn sie nicht mit ihm sprächen, würde ihn das sowieso keinen feuchten Fiedlerfurz kümmern.

So wäre ich auch gern auf der Welt: Nichts kümmert mich einen feuchten Fiedlerfurz, und das sage ich auch dem Engel auf der siebten Stufe, aber dann fällt mir ein, daß man in Gegenwart eines Engels nicht Furz sagt. Onkel Tom und Galway-Jane haben Kinder, aber mit denen sollen wir nicht sprechen, weil unsere Eltern nicht miteinander sprechen. Mam schreit uns an, wenn wir mit Gerry und Peggy Sheehan sprechen, aber wir wissen nicht, wie man das macht, daß man nicht mit seinem Cousin und seiner Cousine spricht.

Die Menschen in den Familien in unserem Stadtteil wissen,

wie man nicht miteinander spricht, und das erfordert jahrelange Übung. Es gibt welche, die nicht miteinander sprechen, weil ihre Väter im Bürgerkrieg von neunzehnhundertzweiundzwanzig auf verschiedenen Seiten standen. Wenn ein Mann in die englische Armee eintritt, kann seine Familie gleich in einen anderen Stadtteil von Limerick ziehen, wo Familien wohnen, die Männer in der englischen Armee haben. Wenn man jemanden in der Familie hat, der in den letzten siebenhundert Jahren auch nur ein bißchen nett zu den Engländern war, wird das ausgegraben und einem um die Ohren gehauen, und dann kann man auch gleich nach Dublin ziehen, wo das den Leuten wurscht ist. Es gibt Familien, die sich schämen, weil ihre Vorfahren ihre Religion wegen eines Tellers protestantischer Suppe während der Großen Kartoffelhungersnot aufgaben, und diese Familien sind für alle Zeiten als Suppenseelen bekannt. Es ist schrecklich, eine Suppenseele zu sein, weil man auf ewig in den Suppenseelenteil der Hölle verbannt ist, aber noch schlimmer ist es, ein Informant zu sein. Der Lehrer in der Schule hat gesagt, daß jedesmal, wenn die Iren die Engländer gerade in einem fairen Kampf vernichten wollten, ein dreckiger Informant sie betrogen hat. Ein Mann, von dem sich herausstellt, daß er ein Informant ist, verdient, gehängt zu werden oder, noch schlimmer, daß niemand mit ihm spricht.

In jeder Gasse gibt es immer jemanden, der nicht mit jemandem spricht, oder alle sprechen mit jemandem nicht, oder jemand spricht mit allen nicht. Wenn Leute nicht miteinander sprechen, merkt man das immer daran, wie sie aneinander vorbeigehen. Die Frauen klappen die Nase hoch, machen den Mund klein und wenden sich ab. Wenn die Frau einen Umhang trägt, nimmt sie eine Ecke des Umhangs und wirft ihn sich über die Schulter, als wollte sie sagen, ein Wort oder Blick von dir, du schafsgesichtige Zicke, und ich reiß dir das Antlitz vorne vom Kopf ab.

Es ist schlimm, wenn Oma nicht mit uns spricht, denn dann können wir nicht zu ihr rennen, wenn wir Zucker oder Tee oder Milch ausborgen müssen. Zu Tante Aggie braucht man gar nicht erst zu gehen. Sie beißt einem nur den Kopf ab. Geht nach Hause, sagt sie, und sagt euerm Vater, er soll mal seinen nördlichen Arsch lüften und sich Arbeit suchen wie die anständigen Männer von Limerick.

Es heißt, sie ist immer so wütend, weil sie so rote Haare hat, oder sie hat so rote Haare, weil sie immer so wütend ist.

Mam ist nett zu Bridey Hannon, die nebenan bei ihren Eltern wohnt.

Mam und Bridey sprechen die ganze Zeit miteinander. Wenn mein Vater seinen langen Spaziergang macht, kommt Bridey, und sie und Mam sitzen beim Feuer und trinken Tee und rauchen Zigaretten. Wenn Mam nichts im Hause hat, bringt Bridey Tee, Zucker und Milch mit. Manchmal verwenden sie dieselben Teeblätter immer wieder, und dann sagt Mam, der Tee ist suppig, matschig und dick wie Teer.

Mam und Bridey sitzen so nah am Feuer, daß ihre Schienbeine rot und lila und blau werden. Sie reden stundenlang, und sie flüstern und lachen über geheime Dinge. Die geheimen Dinge sollen wir nicht hören, also sagt sie uns, wir sollen vor die Tür gehen und spielen. Draußen kann es in Strömen regnen, aber Mam sagt, sich regen bringt Segen, und dann sagt sie noch, wenn ihr euern Vater kommen seht, lauft nach Haus und sagt Bescheid.

Mam sagt zu Bridey, hast du jemals das Gedicht gehört, das jemand über ihn und mich erfunden haben muß?

Welches Gedicht, Angela?

Es heißt Der Mann aus dem Norden. Ich habe das Gedicht von Minnie McAdorey in Amerika.

Ich habe das Gedicht noch nie gehört. Sag's mir auf.

Mam sagt das Gedicht auf, aber sie lacht von vorn bis hinten, und ich weiß nicht, warum:

Er kam schweigend von Norden, und er war
hier noch neu,
Doch die Stimme war freundlich, und das Herz
war getreu.
Aus den Augen blickte nicht Arg, doch Verstand,
Und so nahm ich den Mann aus dem nördlichen Land.

In Carryowen man fröhlicher feiern kann
Als vom Lough Neagh mein friedlicher Mann,
Und ich weiß, daß die Sonne mehr Strahlen ergießt
Auf den Fluß, der durch meine Heimatstadt fließt.

Doch es gibt keinen – und das sage ich
freudigen Sinns –
Beßren Mann in der ganzen Munster-Provinz,
Und keine Frau ist in Limerick froher geworden
Als ich mit meinem Mann aus dem Norden.

Ach, wüßte in Limerick doch jedes Kind,
Wie lieb und freundlich die Nachbarn hier sind –
Der Haß wär' vorbei, es währte der Frieden
Zwischen dem nördlichen Land und dem Süden.

Sie wiederholt immer die dritte Strophe und lacht dabei so heftig, daß sie weint, und ich weiß nicht, warum. Sie wird völlig hysterisch, wenn sie sagt,

Und keine Frau ist in Limerick froher geworden
Als ich mit meinem Mann aus dem Norden.

Wenn er früher nach Hause kommt und Bridey in der Küche sieht, sagt der Mann aus dem Norden, Tratsch, Tratsch, Tratsch, und bleibt mit der Mütze auf dem Kopf so lange stehen, bis sie geht.

Brideys Mutter und andere Leute aus unserer Gasse und auch noch aus anderen Gassen kommen an die Tür und fragen, ob Dad ihnen einen Brief an die Regierung oder an einen Verwandten an einem weit entfernten Ort schreiben will. Er sitzt am Tisch mit seinem Federhalter und seinem Tintenfaß, und wenn die Leute ihm sagen, was er schreiben soll, sagt er, *och,* das wollt ihr aber doch gar nicht sagen, und dann schreibt er, was er für richtig hält. Die Leute sagen ihm, das war genau das, was sie eigentlich sagen wollten, daß er großartig mit der englischen Sprache umgehen kann und daß er keine Klaue beim Schreiben hat. Sie bieten ihm Sixpence für seine Mühe an, aber er winkt ab, und sie geben Mam das Geld, weil es unter seiner Würde ist, Sixpence anzunehmen. Wenn die Leute weg sind, nimmt er die Sixpence und schickt mich zu Kathleen O'Connell zum Zigarettenholen.

Oma schläft im ersten Stock in einem großen Bett mit einem Bild des Allerheiligsten Herzens Jesu über ihrem Kopf und einer Statue des Allerheiligsten Herzens auf dem Kaminsims. Eines Tages will sie von Gaslicht auf elektrisches Licht umsteigen, damit sie ewig ein rotes Lämpchen unter der Statue hat. Die Verehrung, die sie für das Allerheiligste Herz hegt, ist die Gasse rauf und runter sowie in den angrenzenden Gassen bekannt.

Onkel Pat schläft in einem kleinen Bett in einer Ecke desselben Zimmers, wo Oma überprüfen kann, daß er zu einer angemessenen Zeit nach Hause kommt und sich beim Bett hinkniet, um seine Gebete zu sprechen. Er mag zwar vielleicht auf den Kopf gefallen sein, er mag zwar nicht lesen und schreiben können, er mag zwar gelegentlich eine Pint zuviel trinken, aber es gibt keine Entschuldigung dafür, daß er vor dem Schlafengehen seine Gebete nicht spricht.

Onkel Pat sagt Oma, er hat einen Mann kennengelernt, der

etwas sucht, wo er wohnen kann, wo er sich morgens und abends waschen kann und zwei Mahlzeiten am Tag kriegt, Mittagessen und Abendbrot. Er heißt Bill Calvin, und er hat einen guten Job im Kalkofen. Er ist ständig mit weißem Kalkstaub bedeckt, aber das ist auf jeden Fall besser als Kohlenstaub. Oma wird ihr Bett aufgeben und in das kleine Zimmer ziehen müssen. Sie wird das Bild mit dem Allerheiligsten Herzen mitnehmen und die Statue dalassen, damit sie über die beiden Männer wacht. Außerdem hat sie in ihrem kleinen Zimmer keinen Platz für die Statue.

Bill Calvin kommt nach der Arbeit, um sich das Zimmer anzusehen. Er ist klein, ganz weiß, und er schnüffelt wie ein Hund. Er fragt Oma, ob es ihr was ausmacht, die Statue da herunterzunehmen, weil er Protestant ist und sonst nicht einschlafen kann. Oma kläfft Onkel Pat an, was ihm einfällt, ihr einen Protestanten ins Haus zu schleppen. Jesus, sagt sie, die Gasse rauf und runter sowie in den angrenzenden Gassen wird es Getratsche geben.

Onkel Pat sagt, er wußte nicht, daß Bill Calvin Protestant ist. Das sieht man doch nicht durch bloßes Ankucken, wo er noch dazu überall mit Kalk bedeckt ist. Er sieht aus wie ein ganz gewöhnlicher Katholik, und woher soll man denn wissen, daß ein Protestant Kalk schippt.

Bill Calvin sagt, seine arme Frau, die gerade gestorben ist, war katholisch, und bei ihr waren die Wände mit Bildern des Allerheiligsten Herzens und der Jungfrau Maria bedeckt, die ebenfalls ihr Herz vorzeigte. Er hat gar nichts gegen das Allerheiligste Herz als solches, aber der Anblick der Statue wird ihn an seine arme Frau erinnern, und dann wird das Herz ihm schwer.

Oma sagt, na, Gott helfe uns, warum haben Sie mir das nicht gleich gesagt. Klar kann ich die Statue auf das Fensterbrett in meinem Fenster stellen, dann wird Ihr Herz nicht durch ihren Anblick gepeinigt.

Jeden Vormittag kocht Oma Mittagessen für Bill und bringt es ihm dann zum Kalkofen. Mam will wissen, warum er es nicht morgens mitnehmen kann, und Oma sagt, soll ich etwa im Morgengrauen aufstehen, um dem hohen Herrn Kohl mit Schweinsfüßen zu kochen, damit er das Gericht im Henkelmann mitnehmen kann?

Mam sagt ihr, in einer Woche sind Ferien, und wenn du Frank Sixpence pro Woche gibst, bringt er bestimmt mit Freuden Bill Calvin sein Mittagessen.

Ich will nicht jeden Tag zu Oma müssen. Ich will Bill Calvin nicht den ganzen Weg die Dock Road entlang sein Mittagessen bringen, aber Mam sagt, die Sixpence können wir gut gebrauchen, und wenn ich das nicht tue, brauche ich mir gar nichts anderes mehr vorzunehmen.

Du bleibst im Haus, sagt sie. Und gehst nicht mit deinen Kumpels spielen.

Oma warnt mich, ich soll den Henkelmann schnurstracks hinbringen und keine Umwege machen und nicht nach links und rechts schauen und nicht mit Dosen Fußball spielen und mir damit vorne die Schuhe ruinieren. Das Mittagessen ist heiß, und genauso will Bill Calvin es auch kriegen.

Aus dem Henkelmann kommt ein herrlicher Geruch, gekochter Speck und Kohl und zwei große, mehlige, weiße Kartoffeln. Das merkt er bestimmt nicht, wenn ich eine halbe Kartoffel probiere. Bei Oma beschwert er sich sowieso nicht, weil er, außer daß er ein- bis zweimal schnüffelt, kaum etwas sagt.

Es ist besser, wenn ich die andere Hälfte der Kartoffel auch esse, damit er nicht fragt, warum er nur eine halbe Kartoffel bekommen hat. Den Speck und den Kohl könnte ich genausogut auch mal probieren, und wenn ich die andere Kartoffel esse, glaubt er bestimmt, sie hätte gar keine Kartoffeln geschickt. Die zweite Kartoffel schmilzt in meinem Mund, und ich muß noch ein bißchen von dem Kohl probieren und noch ein ganz kleines bißchen von dem Speck. Jetzt ist nicht mehr viel übrig, und das wird ihm sehr verdächtig vorkommen, und deshalb kann ich den Rest auch gleich aufessen.

Was soll ich nun tun? Oma wird mich umbringen, Mam wird mich ein Jahr lang einsperren. Bill Calvin wird mich in ungelöschtem Kalk begraben. Ich werde ihm sagen, auf der Dock Road hat mich ein Hund angefallen, und der hat das ganze Mittagessen aufgefressen, und ich habe noch Glück gehabt, daß ich entkommen bin, ohne ebenfalls gefressen zu werden.

Ach, tatsächlich? sagt Bill Calvin. Und was ist mit dem Stückchen Kohl, das dir da von der Nase baumelt? Hat der Hund dich mit seiner Kohlschnauze abgeleckt? Geh nach Hause und sag deiner Großmutter, daß du mein ganzes Mittagessen aufgegessen hast, und ich falle hier vor Hunger beim Kalkofen um.

Sie wird mich umbringen.

Sag ihr, sie soll dich nicht umbringen, bevor sie mir irgendeine Sorte von Mittagessen geschickt hat, und wenn du jetzt nicht losgehst und mir ein Mittagessen holst, bringe ich dich um und werfe deine Leiche da hinten in den Kalk, und dann wird von dir nicht viel übrigbleiben, worüber deine Mutter trauern kann.

Oma sagt, wozu schleppst du den Henkelmann an? Den hätte er doch selbst wieder herbringen können.

Er will Nachschlag.

Was meinst du mit Nachschlag? Jesus in der Höhe, hat der Mann ein Loch im Bein?

Er fällt vor Hunger beim Kalkofen um.

Machst du dich über mich lustig?

Er sagt, du sollst ihm irgendeine Sorte von Mittagessen schicken.

Ich werde mich hüten. Ich habe ihm bereits sein Mittagessen geschickt.

Er hat's nicht gekriegt.
Nein? Warum nicht?
Ich hab's aufgegessen.
Was?
Ich hatte Hunger und hab's probiert und konnte nicht mehr aufhören.
Jesus, Maria und heiliger Joseph.
Sie haut mir auf den Kopf, daß mir die Tränen in die Augen schießen. Sie kreischt mich an wie eine Todesfee und springt in der Küche herum und droht, sie schleppt mich zum Priester, zum Bischof, zum Papst persönlich, wenn er um die Ecke wohnte. Sie schneidet Brot und fuchtelt mit dem Messer vor meiner Nase herum und macht belegte Brote mit Sülze und kalten Kartoffeln drauf.
Nimm diese Klappstullen mit zu Bill Calvin, und wenn du sie auch nur verstohlen musterst, ziehe ich dir das Fell ab.
Natürlich rennt sie zu Mam, und die beiden sind sich einig, daß ich meine Sünde nur büßen kann, indem ich Bill Calvin sein Mittagessen vierzehn Tage lang gebührenfrei anliefere. Ich muß den Henkelmann jeden Tag wieder zurückbringen, und das bedeutet, daß ich da sitzen muß und zusehen, wie er sich das Essen ins Maul stopft, und er gehört nicht zu der Sorte, die einen jemals fragen würde, ob man zufällig einen Mund im Kopf hat. Jeden Tag läßt Oma mich, wenn ich den Henkelmann zurückbringe, vor der Statue des Allerheiligsten Herzens Jesu niederknien und Ihm sagen, daß es mir leid tut, und das alles wegen Bill Calvin, wegen eines Protestanten.

Mam sagt, die Kippen sind ein Martyrium für mich und für deinen Vater ebenfalls.
Es mag im Hause Mangel an Tee oder Brot sein, aber Mam und Dad schaffen es immer, sich Kippen zu kaufen, die Wild Woodbines. Die Woodbines brauchen sie, und zwar morgens

und jedesmal, wenn sie tagsüber Tee trinken. Jeden Tag sagen sie uns, wir sollen nie mit Rauchen anfangen, es ist schlecht für die Lunge, es ist schlecht für die Brust, es hemmt das Wachstum, aber sie selbst sitzen am Feuer und paffen, daß es eine Art hat. Mam sagt, wenn ich dich jemals mit einer Kippe im Maul erwische, breche ich dir das Gesicht. Sie sagen uns, von Zigaretten kriegt man schlechte Zähne, und man kann sehen, daß sie nicht lügen. In ihrem Kopf werden die Zähne erst braun, dann schwarz, und dann fallen sie nacheinander aus. Dad sagt, er hat Löcher in den Zähnen, groß genug, daß ein Spatz eine Familie drin gründen kann. Er hat noch ein paar übrig, aber er läßt sie sich in der Klinik ziehen und beantragt ein Gebiß. Als er mit den neuen Zähnen nach Hause kommt, zeigt er sein großes neues weißes Lächeln, mit dem er aussieht wie ein Amerikaner, und immer, wenn er uns am Feuer eine Gespenstergeschichte erzählt, drückt er die unteren Zähne über die Lippe bis unter die Nase nach oben und gruselt uns zu Tode. Mams Zähne sind so schlecht, daß sie in Barrington's Hospital muß, um sich alle gleichzeitig ziehen zu lassen, und als sie nach Hause kommt, schießt ihr das Blut aus den Wunden, und sie hält sich einen Lappen vors Gesicht, der strahlendrot von Blut ist. Sie muß die ganze Nacht aufrecht vorm Kamin sitzen, denn wenn einem das Blut aus dem Zahnfleisch schießt, kann man sich nicht hinlegen, weil man sonst im Schlaf erstickt. Sie sagt, sie gewöhnt sich das Rauchen ganz ab, wenn nur endlich das Geblute aufhört, aber jetzt braucht sie erst mal einen Zug an der Kippe, das ist ihr einziger Trost. Sie sagt Malachy, er soll in Kathleen O'Connells Laden gehen und sie fragen, ob sie ihm wohl fünf Woodbines überläßt, bis Dad am Donnerstag sein Stempelgeld kriegt. Wenn jemand Kathleen die Kippen entlocken kann, dann Malachy. Er hat den Charme, und dich brauche ich gar nicht erst loszuschicken, sagt sie zu mir, mit deinem langen Gesicht und dieser komischen Art, die du von deinem Vater hast.

Als das Geblute aufhört und Mams Zahnfleisch heilt, geht sie wegen ihrer falschen Zähne in die Klinik. Sie sagt, sie gewöhnt sich das Rauchen ab, sobald sie die neuen Zähne trägt, aber das macht sie nie. Die neuen Zähne reiben sich an ihrem Zahnfleisch, und es wird wund, und der Rauch von den Woodbines lindert den Schmerz. Sie sitzt mit Dad am Feuer, wenn wir eins haben, und sie rauchen ihre Zigaretten, und wenn sie reden, klackern ihre Zähne. Sie versuchen, das Klackern zu verhindern, indem sie die Kinnlade vorwärts und rückwärts schieben, aber das macht es noch schlimmer, und sie verfluchen die Zahnärzte und die Leute da oben in Dublin, die die Zähne gemacht haben, und während sie fluchen, klackern sie. Dad behauptet, diese Zähne seien für reiche Leute in Dublin gemacht wurden und hätten nicht gepaßt und wären deshalb an die Armen von Limerick weitergereicht worden, denen es nichts ausmacht, denn wenn man arm ist, hat man sowieso nicht viel zu kauen, und man ist dankbar, wenn man überhaupt irgendeine Sorte von Zähnen im Kopf hat. Wenn sie zu lange reden, wird das Zahnfleisch wund, und die Zähne müssen raus. Dann sitzen sie mit eingeschnurrten Gesichtern am Feuer. Jede Nacht lassen sie die Zähne in Marmeladengläsern voller Wasser in der Küche stehen. Malachy will wissen, warum, und Dad sagt ihm, dadurch werden sie sauber. Mam sagt, nein, man kann die Zähne nicht im Kopf haben, wenn man schläft, denn dann verrutschen sie, und dann erstickt man endgültig und stirbt.

Die Zähne sind der Grund dafür, daß Malachy in Barrington's Hospital geschafft werden und ich mich operieren lassen muß. Malachy flüstert mir mitten in der Nacht zu, wollen wir mal nach unten und sehen, ob wir die Zähne tragen können?

Die Zähne sind so groß, daß wir Schwierigkeiten haben, sie in den Mund zu bekommen, aber Malachy gibt nicht auf. Er zwingt sich Dads obere Zähne in den Mund und kriegt sie nicht wieder heraus. Seine Lippen sind nach hinten gezogen, und die Zähne grinsen breit. Er sieht aus wie ein Filmmonster, und ich muß lachen, aber er zerrt an ihnen und grunzt, ugk, ugk, und er hat Tränen in den Augen. Je mehr er ugk, ugk macht, desto mehr muß ich lachen, bis Dad von oben ruft, was macht ihr Bengels denn da unten? Malachy rennt von mir weg, die Treppe hoch, und jetzt höre ich, wie Dad und Mam lachen, bis sie merken, daß er an den Zähnen ersticken kann. Sie stecken ihm beide die Finger in den Mund, um die Zähne herauszuziehen, aber Malachy kriegt Angst und macht verzweifelte Ukg-ugk-Geräusche. Mam sagt, wir müssen ihn ins Krankenhaus bringen, und Dad sagt, er geht.

Ich muß mit, falls der Arzt Fragen hat, weil ich älter bin als Malachy, und das bedeutet, daß ich damit angefangen haben muß.

Dad rast mit Malachy in den Armen durch die Straßen, und ich versuche Schritt zu halten. Mir tut Malachy da oben mit seinem Gesicht auf Dads Schulter leid, Tränen auf den Backen, und die Backen dick und rund von Dads Zähnen. Der Arzt in Barrington's Hospital sagt, gar nicht schlimm. Er gießt Malachy Öl in den Mund und hat die Zähne in Null Komma nix draußen. Dann sieht er mich an und sagt zu Dad, warum steht das Kind da so mit sperrangelweit offenem Mund herum?

Dad sagt, das ist eine Angewohnheit von ihm, daß er mit offenem Mund herumsteht.

Der Arzt sagt, komm mal her zu mir. Er sieht mir in die Nase, in die Ohren, in den Rachen und betastet meinen Hals.

Die Mandeln, sagt er. Die Polypen. Die müssen raus. Je früher, desto besser, sonst sieht er aus wie ein Idiot, wenn er groß wird, und sein Maul klafft offen wie ein Schuh. Am nächsten Tag kriegt Malachy ein großes Karamelbonbon zur Belohnung, weil er sich Zähne in den Mund gestopft hat, die er nicht wieder rauskriegt, und ich muß ins Krankenhaus und mich operieren lassen, damit ich den Mund zumache.

Eines Samstagmorgens trinkt Mam ihren Tee aus und sagt, du wirst tanzen.

Tanzen? Warum?

Du bist sieben Jahre alt, du hast deine Erstkommunion, und jetzt wird es Zeit fürs Tanzen. Ich nehme dich mit in die Catherine Street in Mrs. O'Connors Irische Volkstanzkurse. Da gehst du jeden Samstagvormittag hin, und das wird dich von der Straße fernhalten. Das wird dich davon abhalten, mit jugendlichen Rabauken durch Limerick zu stromern.

Sie sagt mir, ich soll mir das Gesicht waschen und Ohren und Hals nicht vergessen, Haare kämmen, Nase putzen, nicht so kucken, wie kucken? egal, jedenfalls nicht so, Strümpfe und Erstkommunionsschuhe anziehen, die, sagt sie, sowieso schon kaputt sind, weil ich an keiner Dose und an keinem Stein vorbeigehen kann, ohne dagegenzutreten. Ihr steht es bis hier, immer bei der Gesellschaft vom Hl. Vincent de Paul Schlange zu stehen und um Schuhe für mich und Malachy zu betteln, damit wir die Schuhe dann mit unserem Gekicke ruinieren. Dein Vater sagt, es ist nie zu spät, die Lieder und Tänze deiner Vorfahren zu erlernen.

Was sind Vorfahren?

Egal, sagt sie, du wirst tanzen.

Ich frage mich, wie ich für Irland sterben kann, wenn ich auch noch für Irland singen und tanzen soll. Ich frage mich, warum sie nie sagen, man soll für Irland Bonbons essen und Schule schwänzen und schwimmen gehen.

Mam sagt, sei nicht so vorlaut, sonst mach ich dir ein warmes Ohr.

Cyril Benson tanzt. Ihm hängen die Medaillen von den Schultern bis zu den Kniescheiben. In ganz Irland gewinnt er Tanzwettbewerbe, und er sieht wunderschön aus in seinem safrangelben Kilt. Er macht seiner Mutter Ehre, und ständig ist sein Name in der Zeitung, und ganz bestimmt bringt er das eine oder andere zusätzliche Pfund nach Hause. Man sieht ihn nie durch die Straßen streunen und gegen alles treten, was in Sicht kommt, bis ihm die Zehen vorne aus den Schuhen hängen, aber nein, er ist ein guter Junge, der für seine arme Mutter tanzt.

Mam macht ein altes Handtuch naß und schrubbt mir das Gesicht, bis es brennt, sie wickelt sich das Handtuch um den Finger und steckt ihn mir in die Ohren und behauptet, da sei ja genug Ohrenschmalz drin, um Kartoffeln anzubauen, sie macht mir das Haar naß, damit es besser anliegt, sie sagt mir, ich soll den Mund halten und mit dem Gewimmer aufhören, diese Tanzstunden kosten sie jeden Samstag Sixpence, die ich verdienen hätte können, wenn ich Bill Calvin sein Mittagessen gebracht hätte, und Gott weiß, daß sie sich die Sixpence kaum leisten kann. Ich versuche zu sagen, weißt du, Mam, du brauchst mich doch wirklich nicht zur Tanzstunde zu schicken, wenn du statt dessen eine schöne Woodbine rauchen und ein Täßchen Tee dazu trinken könntest, aber sie sagt, na, bist du aber schlau. Du gehst zur Tanzstunde, und wenn ich dafür ewig auf die Kippen verzichten muß.

Wenn meine Kumpels meine Mutter sehen, wie sie mich durch die Straßen zum Irischen Volkstanz zerrt, werde ich vollends entehrt sein. Sie finden, es geht in Ordnung, wenn man tanzt und so tut, als wäre man Fred Astaire, weil man dann mit Ginger Rogers über die Leinwand springen kann. Beim Irischen Volkstanz gibt es keine Ginger Rogers, und groß herumspringen kann man auch nicht. Man stellt sich stocksteif hin, behält die Arme am Leib, trampelt mal gerade und mal krumm und lächelt nie. Mein Onkel Pa Keating sagt, Irischer Volkstanz sieht aus, als hätten die Tänzer eine Stahlstange im Arsch, aber das kann ich Mam nicht sagen, dann bringt sie mich um.

Bei Mrs. O'Connor gibt es ein Grammophon, das spielt eine Jig oder einen Reel, und Jungen und Mädchen tanzen herum, indem sie die Beine vom Leib schmeißen und dabei die Hände an der Hosennaht lassen. Mrs. O'Connor ist eine große, dicke

Frau, und wenn sie die Schallplatte anhält, um uns die Schritte zu zeigen, wabbelt ihr ganzes Fett vom Kinn bis zu den Fußknöcheln, und ich frage mich, warum sie ausgerechnet Tanzlehrerin geworden ist. Sie geht durch den Saal zu meiner Mutter und sagt, das ist also der kleine Frankie? Ich glaube, hier haben wir jemanden, der zum Tänzer taugt. Buben und Mädchen, wen haben wir hier?

Jemanden, der zum Tänzer taugt, Mrs. O'Connor.

Mam sagt, die Sixpence habe ich dabei, Mrs. O'Connor.

Ah ja, Mrs. McCourt, einen Augenblick bitte.

Sie watschelt zu einem Tisch und kommt mit dem Kopf eines schwarzen Jungen zurück, der welliges Haar, große Augen, breite, rote Lippen und einen offenen Mund hat. Sie sagt mir, ich soll die Sixpence in den Mund stecken und die Hand zurückziehen, bevor der schwarze Junge mich beißt. Alle Buben und Mädchen sehen zu und lächeln verhalten. Ich werfe die Sixpence hinein und ziehe die Hand zurück, bevor der Mund zuschnappt. Alle lachen, und ich weiß, daß sie sehen wollten, wie meine Hand im Mund steckenbleibt. Mrs. O'Connor keucht und lacht und sagt zu meiner Mutter, na, ist das nicht zum Brüllen komisch? Mam sagt, es ist zum Brüllen komisch. Sie sagt mir, ich soll mich benehmen und tanzend nach Hause kommen.

Ich will da nicht bleiben, wo Mrs. O'Connor die Sixpence nicht selbst entgegennehmen kann, sondern wo ich beinahe die Hand im Mund des schwarzen Jungen einbüße. Ich will da nicht bleiben, wo man mit Buben und Mädchen in Reih und Glied stehen muß und den Rücken gerade machen, Hände an die Hosennaht, Augen geradeaus, nicht nach unten kucken, die Füße bewegen, die Füße bewegen, seht euch Cyril an, seht euch Cyril an, und da tanzt Cyril, aufgedonnert mit seinem safrangelben Kilt, und die Medaillen klimpern, Medaillen für dies und Medaillen für jenes, und die Mädchen lieben Cyril, und Mrs. O'Connor liebt Cyril, denn hat er nicht zu ihrem guten Ruf beigetragen, und hat sie ihm etwa nicht jeden Schritt beigebracht, den er jetzt beherrscht, oh, tanze, Cyril, tanze, ach Jesus, wie er durch den Raum schwebt, ein leibhaftiger Engel, und zieh nicht so ein Gesicht, Frankie McCourt, sonst kriegst du eine Schnute wie ein Pfund Kutteln, tanze, Frankie, tanze, hoch mit den Füßen um der Liebe Jesu willen, einszweidreivierfünfsechssieben einszweidrei und die einszweidrei, Maura, hilf doch bitte mal Frankie McCourt, bevor sich seine Beine endgültig unterm Po verheddern, hilf ihm, Maura.

Maura ist schon groß und etwa zehn. Sie tanzt mit ihren weißen Zähnen in ihrem Tanzkleid auf mich zu, auf dem lauter goldene und gelbe und grüne Figuren sind, die angeblich aus den alten Zeiten stammen, und sie sagt, gib mir die Hand, kleiner Junge, und sie wirbelt mich durch den Saal, bis ich schwindlig werde und mich zum kompletten Blödmann mache und rot werde und dumm im Kopf, bis ich nur noch weinen möchte, aber ich werde dann doch gerettet, als die Schallplatte aufhört und das Grammophon huusch huusch macht.

Mrs. O'Connor sagt, vielen Dank, Maura, und nächste Woche, Cyril, kannst du Frankie ein paar von den Schritten zeigen, die dich berühmt gemacht haben. Nächste Woche, Buben und Mädchen, und vergeßt nicht die Sixpence für den kleinen schwarzen Jungen.

Die Buben und Mädchen gehen zusammen weg. Ich gehe alleine die Treppe hinunter und zur Tür hinaus und hoffe, daß meine Kumpels mich nicht mit Jungens sehen, die Kilts tragen, und mit Mädchen, die weiße Zähne und modische Kleider aus alten Zeiten haben.

Mam trinkt Tee mit Bridey Hannon, ihrer Freundin von nebenan. Mam sagt, was hast du gelernt? und ich muß durch die Küche tanzen, einszweidreivierfünfsechssieben einszweidrei und die einszweidrei. Sie lacht sich mit Bridey ordentlich kaputt. Gar nicht übel fürs erste Mal. In einem Monat bist du ein regelrechter Cyril Benson.

Ich will nicht Cyril Benson sein. Ich will Fred Astaire sein.

Sie drehen vollends durch vor Lachen, Tee spritzt ihnen aus dem Mund. Wie ist er doch gottvoll, sagt Bridey. Und die hohe Meinung, die er von sich hat. Wie geht's denn, Fred Astaire?

Mam sagt, Fred Astaire ist jeden Samstag zum Unterricht gegangen und hat nicht ständig gekickt, bis ihm die Zehen vorne aus den Schuhen hingen, und wenn ich so sein wollte wie er, müßte ich jede Woche zu Mrs. O'Connor gehen.

Am vierten Samstagvormittag klopft Billy Campbell gegen unsere Tür. Mrs. McCourt, kann Frankie zum Spielen raus? Mam sagt zu ihm, nein, Billy, Frankie geht in seine Tanzstunde.

Unten am Barrack Hill wartet er auf mich. Er will wissen, warum ich tanze, wo doch jeder weiß, daß Tanzen was für Waschlappen ist, und ich werde noch enden wie Cyril Benson und einen Kilt mit Medaillen tragen und in einem fort mit Mädchen tanzen. Er sagt, als nächstes sitze ich in der Küche und stricke Socken. Er sagt, das Tanzen wird mich zugrunde richten, und ich werde nicht mehr in der Lage sein, irgendeine Art von Fußball zu spielen – Football, Fußball, Rugby und gälischen Fußball schon gar nicht –, weil man sich durch Tanzen den Laufstil versaut, und dann läuft man wie ein Waschlappen, und alle lachen.

Ich sage ihm, mit dem Tanzen bin ich fertig, in der Tasche habe ich noch Sixpence für Mrs. O'Connor, die eigentlich in den Mund des schwarzen Jungen gehören, und ich gehe jetzt statt dessen ins Lyric Cinema. Mit den Sixpence kommen wir beide rein und haben noch zwei Pence für zwei Vierecke Cleeves' Karamel übrig, so daß wir uns mit Genuß Fuzzy, der Schrecken von Texas ansehen können.

Dad sitzt mit Mam vor dem Kamin, und sie wollen wissen, welche Schritte ich heute gelernt habe und wie sie heißen. Ich habe immer Die Belagerung von Ennis und Die Mauern von Limerick vorgemacht, und das sind richtige Tänze. Jetzt muß ich Namen und Tänze erfinden. Mam sagt, von Der Belagerung von Dingle hat sie noch nie gehört, aber wenn ich den gelernt habe, nur zu, mach vor, und ich tanze mit den Händen an der Hosennaht durch die Küche und mache meine eigene Musik, tüdelü ü die ü die ü tudelu u wie du wie du, und Dad und Mam klatschen im Takt zu meinen Füßen in die Hände. Dad sagt, *och,* das ist ein schöner Tanz, und du wirst ein kraftvoller irischer Volkstänzer werden und den Männern, die für ihr Vaterland starben, Ehre machen. Mam sagt, für Sixpence war das aber nicht viel.

In der nächsten Woche ist es ein Film mit George Raft und in der Woche danach ein Cowboyfilm mit George O'Brien. Dann ist es James Cagney, und ich kann Billy nicht mitnehmen, weil ich zu meinem Cleeves' Karamel gern noch eine kleine Tafel Schokolade hätte, und der Film ist ein Hochgenuß, bis ich plötzlich einen gräßlichen Schmerz im Kiefer spüre, und ein Zahn steckt im Karamel fest, und der Schmerz bringt mich um. Das Karamelbonbon kann ich aber trotzdem nicht vergeuden, also ziehe ich mir den Zahn und stecke ihn in die Tasche und kaue das Karamelbonbon auf der anderen Seite des Mundes, mit Blut und allem Drum und Dran. Auf der einen Seite ist der Schmerz und köstliches Karamel auf der anderen, und mir fällt ein, was mein Onkel Pa Keating sagen würde: Manchmal weiß man nicht – muß man nötiger scheißen, oder wird man doch lieber blind.

Jetzt muß ich nach Hause und mir Sorgen machen, denn man kann nicht mit einem Zahn weniger durch die Welt gehen, ohne daß es die Mutter merkt. Mütter merken immer alles, und sie blicken einem ständig in den Mund, um herauszufinden, ob dort irgendeine Sorte von Krankheit nistet. Sie sitzt da am Kamin, und Dad ist auch da, und sie stellen mir die gleichen alten Fragen, Tanz sowie Name des Tanzes. Ich sage ihnen, ich habe Die Mauern von Cork gelernt, und tanze in der Küche umher und versuche, eine erfundene Melodie zu summen, und sterbe vor Zahnschmerz. Mam sagt, Die Mauern von Cork, ich glaub es wohl, so einen Tanz gibt es gar nicht, und Dad sagt, komm her zu mir. Stell dich hierhin. Sag uns die Wahrheit: Bist du heute in deinen Tanzunterricht gegangen?

Ich kann nicht weiterlügen, weil mein Kiefer mich umbringt und mein Mund voll Blut ist. Außerdem weiß ich, daß sie alles wissen, und das sagen sie mir nun. Irgendeine falsche Schlange von einem Buben aus der Tanzschule hat gesehen, wie ich ins Lyric Cinema gegangen bin, und hat gepetzt, und Mrs. O'Connor hat eine Nachricht geschickt, sie hätte mich seit einer Ewigkeit nicht gesehen, und ob ich wohlauf sei, weil ich nämlich vielversprechende Anlagen zeigte und in die Fußstapfen des großen Cyril Benson treten könnte.

Dad sind mein Zahn und alles andere ganz egal. Er sagt, ich muß zur Beichte, und er zerrt mich zur Erlöserkirche, weil Samstag ist und den ganzen Tag Beichte. Er sagt mir, ich bin ein böser Junge, er schämt sich für mich, weil ich ins Kino gegangen bin, anstatt Irlands nationale Tänze zu erlernen, die Jig, den Reel, die Tänze, für die Männer und Frauen all die traurigen Jahrhunderte hindurch gekämpft haben und gestorben sind. Er sagt, so mancher junge Mann wurde gehängt und verwest nun in einer Kalkgrube, der froh wäre, wenn er sich erheben und die irischen Tänze tanzen könnte.

Der Priester ist schon alt, und ich muß ihm meine Sünden ins Ohr brüllen, und er sagt mir, ich bin ein Rabauke, weil ich ins Kino gehe und nicht in meine Tanzstunde, obwohl er persönlich findet, daß Tanzen fast so gefährlich ist wie die Filme, daß es zu Gedanken aufstachelt, die als solche sündig sind, aber so verabscheuungswürdig der Tanz auch sein mag, so habe ich doch gesündigt, indem ich die Sixpence meiner Mutter nahm und gelogen habe, und für meinesgleichen ist eine heiße Stelle in der Hölle reserviert, bete ein Gesätz und bitte Gott um Vergebung, denn du tanzt bereits vor den Toren der Hölle, mein Kind.

Ich bin sieben, acht, neun, und Dad hat immer noch keine Arbeit. Er trinkt morgens seinen Tee, unterschreibt für sein Stempelgeld auf dem Arbeitsamt, liest die Zeitungen in der Carnegie-Bücherei, macht seine langen Spaziergänge über Land. Wenn er in der Limerick-Zementfabrik oder in Rank's Getreidemühle Arbeit kriegt, verliert er sie in der dritten Woche wieder. Er verliert sie, weil er am dritten Freitag seines Arbeitsverhältnisses in die Kneipen geht, seinen ganzen Lohn vertrinkt und den halben Arbeitstag am Samstagvormittag versäumt.

Mam sagt, warum kann er nicht sein wie die anderen Männer aus diesem Viertel? Vor dem Angelusläuten um sechs sind sie zu Hause, geben ihren Lohn ab, wechseln das Hemd, trinken ihren Tee, kriegen ein paar Shilling von der Frau, und dann ab in die Kneipe für ein bis zwei Pints.

Mam sagt zu Bridey Hannon, daß Dad nicht so sein kann und nie so sein wird. Sie sagt, er ist ein gottverdammter Narr, wie er in die Kneipen geht und anderen Männern Pints ausgibt, während seinen eigenen Kindern zu Hause der Magen an der Wirbelsäule klebt, weil sie kein anständiges Abendessen kriegen. Er wird der Welt vorprahlen, daß er seinen Beitrag für Irland geleistet hat, als das weder populär noch profitabel war, daß er mit Freuden für Irland sterben wird, wenn der Ruf ergeht, daß er bedauert, nur ein Leben zu haben, welches er seinem armen unglückseligen Land opfern kann, und wenn jemand anderer Meinung ist, dann soll er doch bitte schön mit nach draußen kommen, dann klären wir das ein für allemal.

Aber nein, sagt Mam, keiner ist anderer Meinung, und keiner kommt mit nach draußen, dieser Trupp von Kesselflickern und Abdeckern und Geizhälsen, die sich in den Kneipen herumtreiben. Sie sagen ihm, er ist ein ganz toller Hecht, obwohl er aus dem Norden stammt, und es wäre eine Ehre, von einem solchen Patrioten eine Pint spendiert zu bekommen.

Mam sagt zu Bridey, ich weiß nicht unter Gott und weit

und breit, was ich tun soll. Das Stempelgeld beträgt pro Woche neunzehn Shilling Sixpence, die Miete kostet sechs-sechs, und davon bleiben dreizehn Shilling, um fünf Menschen zu ernähren und zu kleiden und uns im Winter warm zu halten. Bridey zieht an ihrer Woodbine, trinkt ihren Tee und verkündet, daß Gott gut ist. Mam sagt, sie ist sicher, daß Gott irgendwo zu irgendwem gut ist, aber in diesem Viertel von Limerick hat Er sich in letzter Zeit nicht blicken lassen.

Bridey lacht. Mensch, Angela, für so was kannst du in die Hölle kommen, und Mam sagt, bin ich da nicht schon, Bridey? Und sie lachen und trinken ihren Tee und rauchen ihre Woodbines, und eine sagt zur anderen, ist doch unser einziger Trost, stimmt's?

Stimmt.

Quigley-der-Fragensteller sagt mir, ich soll am Freitag in die Erlöserkirche gehen und Mitglied in der Knabenabteilung der Bruderschaft werden. Das muß man. Da kann man nicht nein sagen. Alle Jungens, die in den Gassen und Gängen wohnen und Väter haben, die Arbeitslosenunterstützung kriegen oder Gelegenheitsarbeiter sind, müssen da Mitglied werden.

Frage sagt, dein Vater ist ein Ausländer aus dem Norden, und um ihn ist es sowieso wurscht, aber du mußt Mitglied werden.

Jeder weiß, daß Limerick die heiligste Stadt von ganz Irland ist, denn hier befindet sich die Erzbruderschaft der Heiligen Familie, die größte karitative Bruderschaft der Welt. Jede Stadt kann eine Bruderschaft haben, nur Limerick hat die Erz.

Unsere Bruderschaft füllt die Erlöserkirche fünfmal pro Woche, dreimal die Männer, einmal die Frauen, einmal die Knaben. Es gibt Benedictio und Hymnensingen auf englisch, irisch und lateinisch und als Allerbestes die große, kraftvolle Rede, für welche die Erlösungspriester berühmt sind. Die

Rede ist es, die Chinesen und andere Heiden davor bewahrt, bei den Protestanten in der Hölle zu enden.

Frage sagt, man muß Mitglied in der Bruderschaft werden, damit die Mutter das bei der Gesellschaft vom Hl. Vincent de Paul erzählen kann, und dann wissen sie, daß man ein guter Katholik ist. Er sagt, sein Vater ist da loyales Mitglied und hat auf diese Weise einen guten Job mit Pensionsanspruch als Klomann auf dem Bahnhof gekriegt, und wenn er selbst mal erwachsen wird, kriegt er auch einen guten Job, es sei denn, er reißt aus und geht zur Royal Canadian Mounted Police, so daß er I'll Be Calling You-uuh-uuh-uuh singen kann, genau wie Nelson Eddy, der das Jeanette MacDonald vorsingt, während sie schwindsüchtig und in den letzten Zügen da auf dem Sofa liegt. Wenn er mich der Bruderschaft zuführt, wird der Mann im Büro seinen Namen in ein großes Buch eintragen, und eines Tages wird er vielleicht zum Sektionspräfekt befördert, was, gleich nach dem Tragen einer Mountie-Uniform, sein zweitgrößter Wunsch im Leben ist.

Der Präfekt steht einer Sektion vor, und das sind dreißig Jungens aus denselben Gassen und Straßen. Jede Sektion hat den Namen eines Heiligen, der auf einen Wappenschild gemalt ist. Der Schild steckt oben auf einem Pfahl hinter dem Platz des Präfekten in der Kirchenbank. Der Präfekt und sein Assistent überprüfen die Anwesenheit und behalten uns im Auge, damit sie uns auf den Kopf hauen können, falls wir während der Benedictio lachen oder anderen Frevel begehen. Wenn man einen Abend fehlt, will der Mann im Büro wissen, warum, will wissen, ob man beginnt, der Bruderschaft zu entgleiten, oder er sagt vielleicht zu dem anderen Mann in dem Büro, ich glaube, unser kleiner Freund hier hat von der Suppe genossen. Das ist das Schlimmste, was man zu einem Katholiken in Limerick oder Irland überhaupt sagen kann, wegen dem, was damals während der Großen Kartoffelhungersnot passiert ist. Wenn man zweimal fehlt, schickt einem der

Mann im Büro eine gelbe Vorladung, daß man erscheinen und sich rechtfertigen soll, und wenn man dreimal fehlt, schickt er das Aufgebot, welches aus fünf bis sechs großen Jungens aus derselben Sektion besteht, welche die Straßen absuchen, um sicherzugehen, daß man sich nicht amüsiert, während man doch eigentlich mit der Bruderschaft auf den Knien für die Chinesen und andere verlorene Seelen beten sollte. Das Aufgebot geht bis zu einem nach Hause und sagt der Mutter, daß deine unsterbliche Seele in Gefahr ist. Manche Mütter machen sich dann Sorgen, aber andere sagen, verschwindet von meiner Schwelle, oder ich komm raus und trete jedem von euch gesondert in den Arsch. Das sind keine guten Bruderschaftsmütter, und dann sagt der Direktor, wir sollen für sie beten, damit sie einsehen, wie fehlgeleitet sie sind.

Das Allerschlimmste ist ein Besuch vom Direktor der Bruderschaft persönlich, von Pater Gorey. Der steht dann am Anfang der Gasse und röhrt mit der Stimme, welche die chinesischen Millionen bekehrt hat, wo ist das Haus von Frank McCourt? Er röhrt, obwohl er die Adresse in seiner Tasche hat und sehr wohl weiß, wo man wohnt. Er röhrt, damit die ganze Welt erfährt, daß man der Bruderschaft entgleitet und seine unsterbliche Seele in Gefahr bringt. Dann sind die Mütter verängstigt, und die Väter flüstern, ich bin nicht da, ich bin nicht da, und danach passen sie auf, daß man von nun an immer zur Bruderschaft geht, damit nicht vollends die Schmach und die Schande über sie kommen und die Nachbarn hinter vorgehaltener Hand tuscheln.

Frage nimmt mich mit zur Sektion St. Finbarr, und der Präfekt sagt zu mir, setz dich da hin und halt den Mund. Er heißt Declan Cullopy, er ist vierzehn, und er hat klumpige Pickel auf der Stirn, die aussehen wie Hörner. Er hat dicke kupferrote Augenbrauen, die in der Mitte zusammenstoßen und ihm über die Augen hängen, und seine Arme hängen ihm bis auf die Kniescheiben hinunter. Er sagt mir, er versucht, die beste Sektion in der ganzen Bruderschaft auf die Beine zu stellen, und wenn ich jemals fehlen sollte, reißt er mir den Arsch auf und schickt meiner Mutter die Fetzen. Für Fehlen gibt es keine Entschuldigung, denn in einer anderen Sektion lag ein Junge im Sterben, und sie haben ihn auf der Tragbahre hergeschafft. Wenn du jemals fehlst, dann höchstens wegen eines Todesfalls, und zwar nicht wegen eines Todesfalls in der Familie, sondern wegen deines eigenen Todesfalls. Hast du das kapiert?

Ja, Declan.

Jungens aus meiner Sektion sagen mir, daß die Präfekten Belohnungen kriegen, wenn sie hundertprozentige Anwesenheit vorweisen können. Declan will so schnell wie möglich von der Schule abgehen und in dem großen Laden von Cannock in der Patrick Street Linoleum verkaufen. Sein Onkel Foncey hat dort jahrelang Linoleum verkauft und genug Geld verdient, um seinen eigenen Laden in Dublin aufzumachen, wo seine drei Söhne jetzt Linoleum verkaufen. Pater Gorey, der Direktor, kann Declan leicht einen Job bei Cannock verschaffen, wenn er ein guter Präfekt ist und in seiner Sektion hundertprozentige Anwesenheit hat, und deshalb wird Declan uns vernichten, wenn wir fehlen. Er sagt zu uns, niemand stellt sich zwischen mich und das Linoleum.

Declan mag Quigley-den-Fragensteller und gibt ihm manchmal einen Freitagabend frei, weil Frage gesagt hat, Declan, wenn ich groß bin und heirate, lege ich mein Haus komplett mit Linoleum aus, und das kaufe ich alles bei dir.

Andere Jungens in der Sektion versuchen es ebenfalls bei Declan mit diesem Trick, aber zu denen sagt er, sehts bloß zu, daß ihr weiterkommts, ihr könnts von Glück sagen, wenn ihr einen Pißpott habts, in den ihr pissen könnts, und Linoleum drunter könnts ihr euch eh nicht leisten.

Dad sagt, als er in Toome in meinem Alter war, hat er jahrelang als Meßdiener gewirkt, und für mich wird es nun auch Zeit. Mam sagt, wozu denn? Das Kind hat nicht mal anständige Anziehsachen für die Schule, geschweige für den Altar. Dad sagt, das Meßdienergewand wird die Anziehsachen verdecken, und sie sagt, wir haben nicht das Geld für Meßgewänder und die Wäsche, die sie jede Woche brauchen.

Er sagt, der Herr wird's schon geben, und ich muß auf dem Küchenfußboden niederknien. Er übernimmt die Rolle des Priesters, denn er hat die gesamte Messe im Kopf, und ich muß die Antworten wissen. Er sagt, introibo ad altarem Dei, und ich muß sagen, ad Deum qui laetificat iuventutem meam.

Jeden Abend nach dem Abendessen muß ich wegen des Lateins niederknien und darf mich nicht bewegen, bevor ich es perfekt beherrsche. Mam sagt, er könnte sich wenigstens hinsetzen, aber er sagt, Latein ist heilig und muß auf den Knien gelernt und aufgesagt werden. Den Papst sieht man ja auch nie im Sitzen und mit einem Täßchen Tee, während er das Latein spricht.

Das Latein ist schwer, und meine Knie sind wund und verschorft, und ich wäre lieber draußen auf der Gasse beim Spielen, obwohl ich trotzdem gern Meßdiener werden würde, der dem Priester in der Sakristei beim Ankleiden hilft, und oben hinter dem Altar, von oben bis unten in meine weißen und roten Gewänder gehüllt wie mein Kumpel, Jimmy Clark, dem Priester auf lateinisch antworten und das große Buch von einem Ende des Tabernakels zum anderen tragen und Wasser und Wein in den Kelch gießen und dem Priester Wasser über die Hände und bei der Wandlung mit dem Glöckchen klingeln und knien und sich verbeugen und das Räuchergefäß schwenken und dann ganz ernst mit den Handflächen auf den Knien seitlich beim Altar sitzen, während er seine Predigt hält, und alle in der Kirche vom hl. Joseph sehen mich an und bewundern meine ganze Art.

Vierzehn Tage später habe ich die Messe im Kopf, und es wird Zeit, in die Josephskirche zu gehen, um mit dem Sakristan, Stephen Carey, zu sprechen, der für die Meßdiener zuständig ist. Dad poliert meine Schuhe. Mam stopft meine Socken und wirft extra Kohle ins Feuer, um das Bügeleisen für mein Hemd heiß zu machen. Sie kocht Wasser, um mir Kopf, Hals, Hände und Knie und jeden Zollbreit sichtbare Haut zu schrubben. Sie schrubbt, bis mir die Haut brennt, und sagt Dad, das gönnt sie der Welt nicht, daß es heißt, ihr Sohn wäre schmutzig vor den Altar gestiegen. Sie wünschte sich bloß, daß meine Knie nicht so verschorft wären, weil ich immer Dosen durch die Gegend kicken und hinfallen muß und so tun, als wäre ich Fußballweltmeister. Sie wünschte sich außerdem bloß, daß wir ein Tröpfchen Haaröl im Hause hätten, aber Wasser und Spucke tun es auch, damit mir die Haare nicht vom Kopf abstehen wie schwarzes Stroh aus einer kaputten Matratze. Sie warnt mich, ich soll bloß deutlich sprechen, wenn ich in die Josephskirche gehe, und weder auf lateinisch noch auf englisch nuscheln. Sie sagt, es ist zu schade, daß du aus deinem Erstkommunionsanzug herausgewachsen bist, aber es gibt nichts, wessen du dich schämen müßtest, denn du kommst aus gutem Geblüt, von den McCourts, den Sheehans oder meiner Familie mütterlicherseits, den Guilfoyles, die in der Grafschaft Limerick Hektar um Hektar Land besaßen, bevor es die Engländer wegnahmen und an Straßenräuber aus London verteilten.

Dad hält mich an der Hand, während wir durch die Straßen gehen, und die Leute sehen uns an, weil wir vorwärts und rückwärts lateinisch reden. Er klopft an die Tür der Sakristei und sagt zu Stephen Carey, dies ist mein Sohn, Frank, der das Lateinische kann und bereit ist, Meßdiener zu werden.

Stephen Carey sieht erst ihn an und dann mich. Er sagt, wir haben keinen Platz für ihn, und macht die Tür wieder zu.

Dad hält mich immer noch an der Hand, und er drückt sie,

bis sie weh tut und ich laut weinen möchte. Auf dem Nachhauseweg sagt er nichts. Er nimmt die Mütze ab, setzt sich ans Feuer und steckt sich eine Woodbine an. Mam raucht ebenfalls. Und? sagt sie. Wird er nun Meßdiener?

Sie haben keinen Platz für ihn.

Oh. Sie pafft an ihrer Woodbine. Ich werde dir sagen, woran es liegt, sagt sie. Es liegt am Klassenunterschied. Sie wollen keine Jungs aus dem Gassenviertel hinter dem Altar. Sie wollen keine mit verschorften Knien und abstehenden Haaren. O nein, sie wollen die netten Jungs mit Haaröl und neuen Schuhen, die Väter mit Anzug und Schlips und geregeltem Einkommen haben. Daran liegt es, und es ist schwer, am Glauben festzuhalten, wenn man sieht, welcher Dünkel damit verbunden ist.

Och, aye.

Ach, *och aye* am Arsch. Was anderes fällt dir nie ein. Du könntest doch zum Priester gehen und ihm sagen, daß du einen Sohn mit einem Kopf hast, der mit Latein vollgestopft ist, und warum er kein Meßdiener werden kann und was er mit diesem ganzen Latein anfangen soll?

Och, er könnte ja später mal Priester werden.

Ich frage ihn, ob ich vor die Tür und spielen gehen darf. Ja, sagt er, geh vor die Tür und spiel.

Mam sagt, ja, warum eigentlich nicht.

6

Mr. O'Neill ist der Lehrer in der vierten Klasse. Wir nennen ihn Dotty, Pünktchen, weil er so klein ist wie ein Punkt. Er unterrichtet in dem einen Klassenzimmer, das vorne eine Plattform hat, damit er über uns stehen und uns mit seinem Eschenstock drohen und seinen Apfel so schälen kann, daß wir es alle sehen. Am ersten Schultag im September schreibt er drei Wörter an die Tafel, die das ganze Jahr dort stehenbleiben sollen, Euklid, Geometrie, Idiot. Er sagt, wenn er einen Knaben dabei erwischt, daß er sich an diesen Wörtern zu schaffen macht, dann wird dieser Knabe sein weiteres Leben mit nur einer Hand zubringen müssen. Er sagt, jeder, der die Theoreme des Euklid nicht versteht, ist ein Idiot. Jetzt wiederholt, was ich gesagt habe, jeder, der die Theoreme des Euklid nicht versteht, ist ein Idiot. Natürlich wissen wir alle, was ein Idiot ist, denn daß wir welche sind, sagen uns die Lehrer ständig.

Brendan Quigley hebt die Hand. Sir, was ist ein Theorem und was ist ein Euklid?

Wir erwarten, daß Dotty Brendan abkanzelt, wie alle Lehrer, wenn man ihnen eine Frage stellt, aber er blickt Brendan mit leichtem Lächeln an. Aha, hier haben wir einen Knaben, der nicht eine Frage hat, sondern deren zwei. Wie heißt du, Knabe?

Brendan Quigley, Sir.

Dies ist ein Knabe, der es noch weit bringen wird. Wohin wird er es bringen, ihr Knaben?

Noch weit, Sir.

Allerdings, das wird er auch. Der Knabe, der etwas über die Anmut, Eleganz und Schönheit von Euklid erfahren will, der kann gar nicht anders, der wird seinen Weg machen. Was kann er gar nicht anders, und was wird er machen, ihr Knaben?

Seinen Weg, Sir.

Ohne Euklid wäre die Mathematik hinfällig und bresthaft. Ohne Euklid könnten wir uns nicht von hier nach da begeben. Ohne Euklid könnte das Flugzeug nicht die Wolken reiten. Ohne Euklid hätte das Fahrrad kein Rad. Ohne Euklid hätte der heilige Joseph nicht Zimmermann sein können, denn das Zimmerhandwerk ist Geometrie, und Geometrie ist Zimmerhandwerk. Ohne Euklid hätte diese Schule nicht gebaut werden können.

Paddy Clohessy brummelt hinter mir, Scheiß-Euklid.

Dotty blafft ihn an. Du, Knabe, wie heißt du?

Clohessy, Sir.

Ah, der Knabe fliegt mit einem Flügel. Wie lautet dein Vorname?

Paddy.

Paddy, was?

Paddy, Sir.

Und was, Paddy, hast du zu McCourt gesagt?

Ich habe gesagt, wir sollten niederknien und Gott auf unseren zwei Knien für Euklid danken.

Davon bin ich überzeugt, Clohessy. Ich sehe, wie die Lüge zwischen deinen Zähnen schwärt. Was sehe ich, ihr Knaben?
Die Lüge, Sir.

Und was macht die Lüge, ihr Knaben?

Sie schwärt, Sir.

Wo? Nun? Wo?

Zwischen seinen Zähnen, Sir.
Euklid war Grieche. Was, Clohessy, ist ein Grieche?
Irgendeine Sorte von Ausländer, Sir.
Clohessy, du bist ein Schwachkopf. Nun, Brendan, du weißt doch sicherlich, was ein Grieche ist?
Ja, Sir. Euklid war ein Grieche.
Dotty hat wieder dies leichte Lächeln. Er sagt Clohessy, er soll sich Quigley zum Vorbild nehmen, denn der weiß, was ein Grieche ist. Er zeichnet zwei Striche nebeneinander und sagt uns, das seien parallele Geraden, und das Zaubrische und Geheimnisvolle daran sei, daß sie sich nie schnitten, nicht, wenn sie bis in die Unendlichkeit ausgedehnt würden, nicht, wenn sie bis zu den Schultern Gottes ausgedehnt würden, und das, ihr Knaben, ist ein weiter Weg, obwohl es da jetzt einen deutschen Juden gibt, der die ganze Welt mit seinen Ideen zu den Parallelen in Aufregung versetzt.
Wir hören Dotty zu und fragen uns, was das alles mit dem gegenwärtigen Zustand der Welt zu tun haben soll, mit den Deutschen, die überall einmarschieren und alles bombardieren, was steht. Selber können wir ihn nicht fragen, aber wir können Brendan Quigley dazu bringen, daß er ihn fragt. Jeder kann sehen, daß Brendan Dottys Lieblingsschüler ist, und das bedeutet, er kann ihn fragen, was er will. Nach der Schule sagen wir Brendan, morgen muß er folgende Frage stellen: Wozu sind Euklid und diese ganzen Striche gut, die immer länger werden, wenn die Deutschen Bomben auf alles schmeißen? Brendan sagt, er will gar kein Lieblingsschüler sein, er hat gar nicht darum gebeten, und er will die Frage nicht stellen. Er hat Angst, wenn er die Frage stellt, macht Dotty ihn zur Sau. Wir sagen ihm, wenn er die Frage nicht stellt, machen wir ihn zur Sau. Am nächsten Tag hebt Brendan die Hand. Dotty schenkt ihm dies leichte Lächeln. Sir, wozu sind Euklid und diese ganzen Striche gut, wenn die Deutschen Bomben auf alles schmeißen, was steht?

Das leichte Lächeln ist weg. Ach, Brendan. Ach, Quigley. Ach, ihr Knaben. Ach, ihr Knaben.

Er legt seinen Stock aufs Pult und steht mit geschlossenen Augen auf der Plattform. Wozu ist Euklid gut? sagt er. Gut wozu? Ohne Euklid hätte die Messerschmitt sich nie in den Himmel aufschwingen können. Ohne Euklid könnte die Spitfire nicht von Wolke zu Wolke flitzen. Euklid bringt uns Anmut und Schönheit und Eleganz. Was bringt er uns, ihr Knaben?

Anmut, Sir.

Und?

Schönheit, Sir.

Und?

Eleganz, Sir.

Euklid ist in sich vollkommen und in der Anwendung göttlich. Versteht ihr das, ihr Knaben?

Ja, Sir.

Das bezweifle ich, ihr Knaben, das bezweifle ich. Euklid lieben heißt allein sein auf dieser Welt.

Er öffnet die Augen und seufzt, und man kann sehen, daß die Augen ein bißchen wäßrig sind.

Als Paddy Clohessy an dem Tag aus der Schule kommt, hält Mr. O'Dea, der die fünfte Klasse unterrichtet, ihn fest. Mr. O'Dea sagt, du, wie heißt du?

Clohessy, Sir.

In welche Klasse gehst du?

Vierte Klasse, Sir.

Nun sage mir, Clohessy, spricht euer Lehrer mit euch über Euklid?

Ja, Sir.

Und was sagt er?

Er sagt, er ist Grieche.

Natürlich ist er Grieche, du schlotternder Omadhaun. Und weiter?

Er sagt, ohne Euklid gäbe es keine Schule.

Aha. Und zeichnet er irgendwas an die Tafel?

Er zeichnet Striche nebeneinander, die sich nie treffen, nicht mal, wenn sie auf Gottes Schultern landen.

Heilige Muttergottes.

Nein, Sir. Gottes Schultern.

Ich weiß, du Idiot. Geh nach Hause.

Am nächsten Tag ist lauter Lärm vor unserer Klassenzimmertür, und Mr. O'Dea schreit, kommen Sie heraus, O'Neill, Sie Defraudant, Sie gleisnerischer, feiger Wicht. Weil die Scheibe über der Tür kaputt ist, können wir alles genau verstehen.

Der neue Schulleiter, Mr. O'Halloran, sagt, na na, Mr. O'Dea. Mäßigen Sie sich. Keinen Streit in Gegenwart unserer Schüler.

Dann sagen Sie ihm auch bitte, Mr. Halloran, daß er aufhören soll, die Geometrie zu unterrichten. Die Geometrie ist für die fünfte Klasse, nicht die vierte. Die Geometrie gehört mir. Sagen Sie ihm, er soll die schriftliche Division unterrichten und Euklid mir überlassen. Schöne lange schriftliche Divisionsaufgaben werden auch seinen Intellekt wachsen lassen, klein, wie er ist, möge Gott uns helfen. Ich möchte nicht, daß der Geist dieser jungen Menschen von so einem Hochstapler zerstört wird, der auf seiner Plattform steht, Apfelschalen verteilt und links und rechts Diarrhöe verursacht. Sagen Sie ihm, daß Euklid mir gehört, Mr. O'Halloran, oder ich werde seinem Amoklauf ein Ende bereiten.

Mr. O'Halloran sagt Mr. O'Dea, er soll zurück in seine Klasse gehen, und bittet Mr. O'Neill auf den Flur. Mr. O'Halloran sagt, aber aber, Mr. O'Neill, ich habe Sie doch bereits darum gebeten, sich von Euklid fernzuhalten.

Das haben Sie, Mr. O'Halloran, aber Sie könnten mich genausogut bitten, daß ich meinen täglichen Apfel nicht mehr esse.

Ich muß darauf bestehen, Mr. O'Neill. Keinerlei Euklid mehr.

Mr. O'Neill kommt zurück in die Klasse, und wieder sind seine Augen wäßrig. Er sagt, seit den Griechen hat sich wenig geändert, denn die Barbaren sind mitten unter uns, und ihre Zahl ist Legion. Was hat sich seit den Griechen geändert, ihr Knaben?

Wenig, Sir.

Und wen finden wir mitten unter uns vor?

Die Barbaren, Sir.

Und worauf beläuft sich ihre Zahl?

Legion, Sir.

Es ist eine Qual, Mr. O'Neill jeden Tag dabei zu beobachten, wie er den Apfel schält, in voller Länge, rot oder grün, und wenn man vorne sitzt, kriegt man den frischen Duft des Apfels in die Nase. Wenn man an dem Tag der Musterschüler ist und die Fragen beantwortet, die er einem stellt, gibt er einem die Schale, und man darf sie in Ruhe in seiner Bank aufessen, und niemand kann sie einem streitig machen, was in der Pause auf dem Hof schon passieren würde. Dann würden sie einen peinigen, gib mir was ab, gib mir was ab, und man könnte von Glück sagen, wenn man noch ein Fitzelchen für sich selbst übrigbehielte.

Es gibt Tage, an denen die Fragen zu schwer sind, und dann quält er uns, indem er die Apfelschale in den Papierkorb fallen läßt. Dann borgt er sich einen Schüler aus einer anderen Klasse aus, der den Papierkorb in den Heizungskeller tragen soll, um Papier und Apfelschale zu verbrennen, oder er läßt die Schale für die Putzfrau da, Nellie Ahearn, damit sie alles zusammen in ihrem großen Leinensack wegschleppt. Wir würden Nellie gern bitten, daß sie uns die Schale herauslegt, bevor die Ratten sie kriegen, aber sie ist erschöpft, weil sie die ganze Schule alleine saubermachen muß, und schnauzt uns an, ich hab noch andere Dinge mit meinem Leben vor, als mit anzusehen, wie eine räudige Horde nach der Haut eines Apfels wühlt. Machts bloß, daß ihr verschwindets.

Langsam schält er den Apfel. Er sieht sich mit dem leichten Lächeln in der Klasse um. Er foppt uns, was meint ihr Knaben, soll ich dies den Tauben auf dem Fenstersims überlassen? Wir sagen, nein, Sir, Tauben essen keine Äpfel. Paddy Clohessy ruft, davon kriegen sie Dünnpfiff, Sir, und wir kriegen es dann in der Pause draußen auf den Kopf.

Clohessy, du bist ein Omadhaun. Weißt du, was ein Omadhaun ist?

Nein, Sir.

Das ist Irisch, Clohessy, deine Muttersprache, Clohessy. Ein Omadhaun ist ein Tölpel, Clohessy. Du bist ein Omadhaun. Was ist er, ihr Knaben?

Ein Omadhaun, Sir.

Clohessy sagt, so hat mich Mr. O'Dea genannt, Sir, einen schlotternden Omadhaun.

Er hält mit seinem Schälen inne, um uns Fragen über alles zu stellen, was es gibt auf der Welt, und der Junge mit den besten Antworten gewinnt. Hoch die Hände, sagt er, wer ist der Präsident der Vereinigten Staaten von Amerika?

Jede Hand in der Klasse geht nach oben, und wir sind alle angewidert, wenn er eine Frage stellt, die jeder Omadhaun beantworten kann. Wir rufen, Roosevelt.

Dann sagt er, du, Mulcahy, wer stand am Fuße des Kreuzes, als unser Herr gekreuzigt wurde?

Mulcahy ist langsam. Die zwölf Apostel, Sir.

Mulcahy, wie lautet das irische Wort für Tölpel?

Omadhaun, Sir.

Und was bist du, Mulcahy?

Ein Omadhaun, Sir.

Fintan Slattery hebt die Hand. Ich weiß, wer am Fuße des Kreuzes stand, Sir.

Natürlich weiß Fintan, wer am Fuße des Kreuzes stand. Wie denn auch nicht? Ständig rennt er in die Messe mit seiner Mutter, die für ihre Heiligkeit bekannt ist. Sie ist so heilig, daß ihr Mann nach Kanada weggelaufen ist, um Bäume zu fällen, froh, daß er weg war, und man nie wieder etwas von ihm hörte. Sie und Fintan sprechen jeden Abend den Rosenkranz auf den Knien in der Küche und lesen alle möglichen religiösen Zeitschriften: Den Kleinen Boten vom Allerheiligsten Herzen, Die Laterne, Den Fernen Osten sowie jedes Buch, das die Katholische Wahrheitsgesellschaft druckt. Sie gehen bei jedem Wetter in die Messe und zur Kommunion, und jeden Samstag beichten sie bei den Jesuiten, die bekannt für ihr Interesse an intelligenten Sünden sind, nicht an den üblichen Sünden, die man von den Leuten hört, welche in den Gassen wohnen und dafür bekannt sind, daß sie sich betrinken und manchmal freitags Fleisch essen, bevor es schlecht wird, und obendrein noch fluchen. Fintan und seine Mutter wohnen in der Catherine Street, und Mrs. Slatterys Nachbarn nennen sie Mrs. Bringedar, denn egal, was passiert, ein Beinbruch, eine verschüttete Tasse Tee, ein verschwundener Ehemann, sie sagt, je nun, ich bringe es dar, ein weiterer kleiner Genuß, der mich, da er mir entgangen, in den Himmel bringen wird. Fintan ist genauso schlimm. Wenn man ihn auf dem Schulhof schubst oder blöder Hund nennt, lächelt er und sagt einem, er wird für einen beten, und das Gebet bringt er seiner und deiner Seele dar. Die Jungens in Leamy's wollen nicht, daß er für sie betet, und sie drohen, er kriegt einen ordentlichen Tritt in den Arsch, wenn sie ihn dabei erwischen, daß er für sie betet. Er sagt, wenn er groß ist, will er Heiliger werden, was lachhaft ist, weil man nicht Heiliger werden kann, bevor man tot ist. Er sagt, unsere Enkel werden zu seinem Bilde beten. Ein großer Junge sagt, meine Enkel werden auf dein Bild pissen, und Fintan lächelt nur. Seine Schwester ist nach England abgehauen, als sie siebzehn war, und jeder weiß, daß er zu Hause ihre Bluse anhat und sich jeden Samstag mit einer heißen Eisenzange Locken in die Haare dreht, damit er am Sonntag in der Messe hinreißend aussieht. Wenn er einen auf dem Weg zur Messe trifft, sagt er, ist mein Haar nicht hinreißend, Frankie? Er liebt das Wort hinreißend, und kein anderer Junge wird es jemals verwenden.

Natürlich weiß er, wer am Fuße des Kreuzes stand. Er weiß wahrscheinlich auch, was die anhatten und was es zum Frühstück gab, und jetzt sagt er Dotty O'Neill, daß es die drei Marien waren.

Dotty sagt, komm nach vorn, Fintan, und hol dir deine Belohnung ab.

Er läßt sich Zeit mit dem Weg bis zur Plattform, und wir trauen unseren Augen nicht, als er ein Taschenmesser hervorholt, um die Apfelschale in kleine Stücke zu schneiden, damit er sie nach und nach essen kann und sie sich nicht auf einen Happs ins Maul stopft wie wir anderen, wenn wir gewinnen. Er hebt die Hand, Sir, ich würde gern etwas von meinem Apfel abgeben.

Von deinem Apfel, Fintan? Daß ich nicht lache. Du hast den Apfel nicht, Fintan. Du hast die Schale, die schiere Schale. Weder hast du ihn, noch wirst du je so schwindelerregende Höhen erklimmen, dich am Apfel als solchem zu laben. Nicht an meinem Apfel, Fintan. Hörte ich dich gerade sagen, du wolltest etwas von deiner Belohnung abgeben?

Richtig, Sir. Ich möchte gern drei Stücke abgeben, und zwar an Quigley, Clohessy und McCourt.

Warum, Fintan?

Sie sind meine Freunde.

In der ganzen Klasse grinsen die Jungens und stupsen sich an, und ich schäme mich, weil sie sagen werden, ich mache mir Locken in die Haare, und auf dem Schulhof werden sie mich quälen, und warum glaubt er eigentlich, daß ich sein Freund bin? Wenn sie sagen, ich trage die Bluse meiner Schwester, hat es gar keinen Sinn, ihnen zu sagen, daß ich keine Schwester habe, denn dann sagen sie, wenn du aber eine hättest, würdest du dir ihre Bluse anziehen. Auf dem Schulhof hat es gar keinen Sinn, irgendwas zu sagen, denn einer hat immer eine Antwort, und man kann gar nichts machen, außer ihnen auf die Nase zu boxen, und wenn man jedem auf die Nase boxen wollte, der eine Antwort hat, würde man morgens, mittags und abends nur noch boxen.

Quigley nimmt sein Stück Apfelschale von Fintan entgegen. Danke, Fintan.

Die ganze Klasse sieht Clohessy an, denn er ist der Größte und der Stärkste, und wenn er danke sagt, sage ich auch danke. Er sagt, vielen Dank, Fintan, und wird rot, und ich sage, vielen Dank, Fintan, und versuche, nicht rot zu werden, aber es gelingt mir nicht, und wieder grinsen alle Jungens spöttisch, und ich würde sie gern hauen.

Nach der Schule rufen die Jungens Fintan zu, he, Fintan, gehst du jetzt nach Hause, um dir Locken in deine hinreißenden Haare zu drehen? Fintan lächelt und geht die Schulhoftreppe hinauf. Ein großer Junge aus der siebten Klasse sagt zu Paddy Clohessy, du würdest dir doch bestimmt auch Locken drehen, wenn du kein kahlrasierter Glatzkopf wärst. Paddy sagt, halts Maul, und der Junge sagt, und wenn nicht, was machst du dann? Paddy versucht, einen Boxhieb anzubringen, aber der große Junge haut ihm auf die Nase, daß Blut fließt. Ich versuche den großen Jungen zu hauen, aber er packt mich bei der Kehle und knallt meinen Kopf gegen die Mauer, bis ich Lichter und schwarze Punkte sehe. Paddy geht weg, hält sich die Nase und weint, und der große Junge schubst mich hinter ihm her. Fintan ist draußen auf der Straße, und er sagt, o Francis, Francis, o Patrick, Patrick, was ist denn los? Warum weinst du denn, Patrick? und Paddy sagt, ich hab Hunger. Ich kann mich mit keinem schlagen, weil ich am Hunger sterbe und hinfalle, und ich schäme mich.

Fintan sagt, komm mit, Patrick. Meine Mutter wird uns etwas geben, und Paddy sagt, nein, nein, ich hab Nasenbluten.

Mach dir keine Sorgen. Sie wird dir etwas auf die Nase tun oder einen Schlüssel auf den Nacken legen. Francis, du mußt auch kommen. Du siehst immer hungrig aus.

Lieber nicht, Fintan.

Ach doch, Francis.

Na gut, Fintan.

Fintans Wohnung ist wie eine Kapelle. Es gibt zwei große Bilder, das Allerheiligste Herz Jesu und das Unbefleckte Herz Mariens. Jesus zeigt sein Herz mit der Dornenkrone, dem Feuer, dem Blut. Sein Kopf ist nach links geneigt, damit man seinen großen Kummer sieht. Die Jungfrau Maria zeigt ebenfalls ihr Herz, und es wäre ein gutaussehendes Herz, wenn die Dornenkrone nicht wäre. Ihr Kopf ist nach rechts geneigt, damit man ihren Kummer sieht, denn sie weiß, daß es mit ihrem Sohn ein trauriges Ende nehmen wird.

An einer anderen Wand hängt ein Bild mit einem Mann, der ein braunes Gewand trägt, und überall auf ihm drauf sitzen Vögel. Fintan sagt, weißt du, wer das ist, Francis? Nein? Das ist dein Schutzheiliger, der heilige Franziskus von Assisi, und weißt du, was heute für ein Tag ist?

Der vierte Oktober.

Das stimmt, und heute ist sein Festtag und deiner ebenfalls, denn heute kannst du den heiligen Franziskus um alles bitten, und es wird in Erfüllung gehen. Deshalb wollte ich, daß du heute hierherkommst. Setz dich doch, Patrick, setz dich doch, Francis.

Mrs. Slattery kommt herein und hat ihren Rosenkranz in der Hand. Sie freut sich, Fintans neue Freunde kennenzulernen, und ob wir wohl ein Käsesandwich mögen? Und sieh mal deine arme Nase, Patrick. Sie berührt seine Nase mit dem Kreuz ihres Rosenkranzes und spricht ein kleines Gebet. Sie sagt uns, dieser Rosenkranz ist vom Papst persönlich gesegnet worden und könnte dem Fließen eines Flusses Einhalt gebieten, von Patricks armer Nase ganz zu schweigen.

Fintan sagt, er möchte lieber kein Sandwich, weil er für den Jungen, der Paddy und mich geschlagen hat, fastet und betet. Mrs. Slattery gibt ihm einen Kuß auf die Stirn und sagt ihm, er ist ein Heiliger direkt aus dem Himmel, und fragt, ob wir Senf auf unsere Sandwiches haben wollen, und ich sage, von Käse mit Senf habe ich ja noch nie gehört, danke, sehr gern sogar. Paddy sagt, ich weiß nicht. Ich hab im Leben noch nie ein Sengwitsch gegessen, und wir lachen alle, und ich frage mich, wie man es schafft, wie Paddy zehn Jahre alt zu werden und noch nie ein Sandwich gegessen zu haben. Paddy lacht auch, und man kann sehen, daß er weiß-schwarz-grüne Zähne hat.

Wir essen das Sandwich und trinken Tee, und Paddy möchte wissen, wo das Klo ist. Fintan nimmt ihn mit durch das Schlafzimmer in den Hinterhof, und als sie zurückkommen, sagt Paddy, ich muß nach Hause. Meine Mutter bringt mich um. Ich warte draußen auf dich, Frankie.

Jetzt muß ich aufs Klo, und Fintan führt mich auf den Hinterhof. Er sagt, ich muß auch mal, und als ich meinen Hosenschlitz aufknöpfe, kann ich nicht pinkeln, weil er mich ansieht, und er sagt, du wolltest mich zum Narren halten. Du mußt gar nicht. Ich sehe dich gern an, Francis. Das ist alles. Ich würde keinerlei Sorte von Sünde mit dir begehen wollen, wo wir doch nächstes Jahr Firmung haben.

Paddy und ich gehen zusammen weg. Ich platze fast und renne hinter eine Garage, um zu pinkeln. Paddy wartet auf mich, und als wir durch die Hartstonge Street gehen, sagt er, das war ein kraftvolles Sengwitsch, Frankie, und er und seine Mutter, die sind beide sehr heilig, aber ich möchte nie wieder in Fintans Wohnung gehen, weil er nämlich sehr merkwürdig ist, stimmt's, Frankie?

Stimmt, Paddy.

Wie er ihn ansieht, wenn man ihn rausholt, das ist doch merkwürdig, stimmt's, Frankie?

Stimmt, Paddy.

Ein paar Tage später flüstert Paddy, Fintan Slattery hat gesagt, wir könnten zum Mittagessen zu ihm in die Wohnung kommen. Seine Mutter ist nicht da, und sie hat ihm Mittagessen hingestellt. Vielleicht gibt er uns auch was, und er hat ganz prima Milch. Gehen wir hin?

Fintan sitzt zwei Reihen von uns entfernt. Er weiß, was Paddy zu mir sagt, und er bewegt die Augenbrauen auf und ab, als wollte er sagen, werdet ihr kommen? Ich flüstere zu Paddy, ja, und er nickt Fintan zu, und der Lehrer blafft uns an, wir sollen aufhören, mit den Augenbrauen und den Lippen zu wackeln, sonst wird die Esche ihr Lied auf unserem Hintern singen.

Auf dem Schulhof sehen Jungens uns drei weggehen und machen Bemerkungen. Ach Gottchen, seht euch Fintan und seine warmen Brüder an. Paddy sagt, Fintan, was heißt das? und Fintan sagt, nur ein altes Wort für gute Freunde. Er sagt uns, wir sollen uns an den Tisch in seiner Küche setzen, und wir können seine Comics lesen, wenn wir mögen, Film Fun, den Beano, den Dandy oder die religiösen Zeitschriften oder die Romanhefte seiner Mutter, Miracle und Oracle, in denen immer Geschichten über arme, aber bildschöne Mädchen stehen, die in der Fabrik arbeiten und die Söhne von Grafen lieben und umgekehrt, und das Fabrikmädchen wirft sich zum Schluß aus lauter Hoffnungslosigkeit in die Themse, wird aber von einem des Weges kommenden Zimmermann gerettet, der arm, aber ehrlich ist und der das Fabrikmädchen für das lieben wird, was sie bescheidenerweise ist, obwohl sich herausstellt, daß der des Weges kommende Zimmermann in Wirklichkeit der Sohn eines Herzogs ist, was viel feiner ist als ein Graf, so daß das arme Fabrikmädchen jetzt eine Herzogin ist und auf den Grafen herabblicken kann, der sie einst verschmähte, denn jetzt pflegt sie fröhlich ihre Rosen auf dem Abertausende von Hektar umfassenden Anwesen in Shropshire und ist nett zu ihrer armen, alten Mutter, die ihre bescheidene kleine Hütte für alles Geld dieser Welt nicht verlassen möchte.

Paddy sagt, ich will nichts lesen, ist doch alles Schwindel, die ganzen Geschichten. Fintan entfernt das Tuch, welches über sein Sandwich und sein Glas Milch gebreitet ist. Die Milch sieht sahnig und kühl und köstlich aus, und das Brot vom Sandwich ist fast genauso weiß. Paddy sagt, ist das ein Schinkensengwitsch? und Fintan sagt ja. Paddy sagt, das Sengwitsch sieht ja wirklich wunderschön aus, und ist da wieder Senf drauf? Fintan nickt und schneidet das Sandwich in zwei Teile. Senf sickert heraus. Er leckt ihn sich von den Fingern und trinkt einen tüchtigen Mundvoll Milch. Wieder schneidet er das Sandwich, in Viertel, in Achtel, in Sechzehntel, nimmt den Kleinen Boten vom Allerheiligsten Herzen vom Zeitschriftenstapel und liest, während er seine Stullenstückchen ißt und seine Milch trinkt, und Paddy und ich sehen ihn an, und ich weiß, daß Paddy sich fragt, was wir hier überhaupt sollen, wir hier, denn das frage ich mich ebenfalls und hoffe, daß Fintan mal den Teller zu uns herüberschiebt, aber das tut er nicht, er trinkt die Milch aus, läßt ein paar Sandwichstückchen auf dem Teller, breitet das Tuch drüber, wischt sich mit einer anmutigen Handbewegung die Lippen, senkt den Kopf, bekreuzigt sich und spricht das Tischgebet für nach den Mahlzeiten und, Gott, wir kommen noch zu spät zur Schule, bekreuzigt sich auf dem Weg nach draußen noch einmal mit Weihwasser aus dem kleinen Porzellantaufstein, der neben der Tür unter dem kleinen Bild der Jungfrau Maria hängt, die ihr Herz zeigt und mit zwei Fingern drauf deutet, als wüßten wir sonst nicht, wo es ist.

Für Paddy und mich ist es zu spät, um zu Nellie Ahearn zu rennen und das Brötchen und die Milch zu holen, und ich weiß nicht, wie ich das von jetzt bis nachher durchstehen soll, wenn ich endlich nach Hause kann und ein Stück Brot kriege. Paddy bleibt vor dem Schultor stehen. Er sagt, ich geh da nicht rein, ich hab doch so 'n Hunger, ich schlaf vor Hunger ein, und dann bringt Dotty mich um.

Fintan ist besorgt. Los, los, wir kommen zu spät. Komm schon, Francis, beeil dich.

Ich geh da auch nicht rein, Fintan. Du hast dein Mittagessen gehabt. Wir nicht.

Paddy explodiert. Du bist ein Scheißschummler, Fintan. Das bist du nämlich, und ein Scheißgierhals mit deinem Scheißsengwitsch und deinem Scheiß-Allerheiligsten-Herzen-Jesu an der Wand und deinem Scheißweihwasser. Du kannst mich mal am Arsch lecken, Fintan.

Aber, Patrick.

Scheiß-Aberpatrick, Fintan. Komm mit, Frankie.

Fintan rennt in die Schule, und Paddy und ich wandern nach Ballinacurra zu einem Obstgarten. Wir klettern über eine Mauer, und ein böser Hund fällt uns an, bis Paddy mit ihm spricht und ihm sagt, er ist ein lieber Hund, und wir haben Hunger, und er soll schön nach Haus zu seiner Mutter gehen. Der Hund leckt Paddy das Gesicht ab und trabt schwanzwedelnd davon, und Paddy ist sehr zufrieden mit sich. Wir stopfen uns Äpfel ins Hemd, bis wir kaum noch über die Mauer zurückklettern können, um schnell auf ein großes Feld zu laufen, wo wir uns unter eine Hecke setzen und die Äpfel essen, bis wir keinen Bissen mehr runterkriegen, und dann tunken wir das Gesicht in einen Bach und trinken das köstliche kalte Wasser. Dann rennen wir zu einem Graben, Paddy hockt sich an das eine Ufer, ich mich ans andere, und scheißen und wischen uns den Arsch mit Gras und dicken Blättern ab. Paddy hockt und sagt, es geht auf der Welt doch nichts über ordentlich Äpfel futtern, ordentlich Wasser trinken und ordentlich scheißen, ist doch besser als jedes Käsesengwitsch mit Senf, und Dotty O'Neill kann sich seinen Apfel in den Arsch stecken, aber jederzeit.

Auf einem Feld stehen drei Kühe, die den Kopf über ein Mäuerchen stecken und muh zu uns sagen. Paddy sagt, Jesusnochmal, Zeit zum Melken, und rüber über die Mauer und sich unter eine Kuh gelegt, und ihr dickes Euter hängt ihm direkt ins Gesicht. Er zieht an einer Zitze und spritzt sich Milch in den Mund. Er hört auf zu spritzen und sagt, los, Frankie, frische Milch. Lecker. Schnapp dir die andere Kuh da, die wollen alle gemolken werden.

Ich lege mich unter eine Kuh und ziehe an einer Zitze, aber sie tritt und bewegt sich, und ich bin sicher, daß sie mich umbringen wird. Paddy kommt herüber und zeigt mir, wie es geht, feste und gerade ziehen, und dann kommt die Milch in kraftvollem Strahl. Wir legen uns beide unter die eine Kuh und füllen uns gepflegt mit Milch ab, als plötzlich Gebrüll ertönt und ein Mann mit einem Stock quer über das Feld herangestürmt kommt. Wir schwingen uns über die Mauer, und er kann uns nicht nach, weil er mit seinen Gummistiefeln abrutscht. Er steht an seiner Mauer und schwingt seinen Stock und ruft, wenn er uns je erwischt, tritt er uns mit seinem Gummistiefel bis zum Schaft in den Arsch, und wir lachen, weil wir in Sicherheit sind, und ich frage mich, warum irgend jemand in einer Welt voller Milch und Äpfel Hunger leiden sollte.

Für Paddy ist das völlig in Ordnung, wenn er sagt, Dotty kann sich den Apfel in den Arsch stecken, aber ich will nicht immer nur Obstplantagen ausrauben und Kühe melken gehen, und ich werde immer versuchen, Dottys Apfelschale zu gewinnen, damit ich danach zu Hause Dad berichten kann, wie ich die schweren Fragen beantwortet habe.

Wir gehen durch Ballinacurra zurück. Es regnet und blitzt, und wir rennen, aber für mich ist es schwierig, weil meine Schuhsohle schlappt und ich immer fast stolpere. Paddy kann mit seinen langen nackten Füßen rennen, wie er's braucht, und man hört sie auf das Pflaster patschen. Meine Schuhe und Strümpfe sind pitschnaß, und sie machen ihr eigenes Geräusch, plitsch, plitsch. Paddy bemerkt das, und wir machen ein Lied aus unseren zwei Geräuschen, patsch patsch, plitsch plitsch, patsch plitsch, plitsch patsch. Wir lachen so sehr über unser Lied, daß wir uns aneinander festhalten müssen. Der Regen wird schlimmer, und wir wissen, daß wir uns nicht unter einem Baum unterstellen können, weil wir dann komplett gebraten werden, also stellen wir uns in einen Hauseingang, und sofort wird die Tür von einem dicken Dienstmädchen mit einer weißen Haube und einem schwarzen Kleid mit einer kleinen weißen Schürze geöffnet, die uns sagt, wir sollen machen, daß wir von der Tür wegkommen, wir sind ein Schandfleck. Wir rennen weg, und Paddy ruft ihr zu, Färse aus Mullingar, saftig, fett und wunderbar, und er lacht, bis er fast erstickt und sich vor Schwäche gegen eine Mauer lehnen muß. Es hat keinen Sinn mehr, sich unterzustellen, wir sind sowieso bis auf die Haut durchnäßt, also gehen wir gemächlich die O'Connell Avenue entlang. Paddy sagt, er hat das mit der Färse aus Mullingar von seinem Onkel Peter gelernt, von dem, der mit der englischen Armee in Indien war, und sie haben ein Foto von ihm, auf dem er mit einem Trupp Soldaten samt Helmen und Gewehren und Patronengurten um die Brust herumsteht, und außerdem stehen da noch dunkle Männer in Uniform, und das sind Inder, die dem König treu ergeben sind. Onkel Peter hat sich da, an einem Ort namens Kaschmir, glänzend amüsiert, und da ist es viel schöner als in Killarney, mit dem sie immer angeben und über das sie immer singen. Paddy sagt, er will abhauen und später mal in Indien in einem silbernen Zelt mit dem Mädchen wohnen, das den roten Punkt auf der Stirn hat, und dann gibt es Curry und Feigen, und ich kriege schon wieder Hunger, obwohl ich mich doch mit Äpfeln und Milch vollgestopft habe.

Der Regen läßt nach, und über uns tuten Vögel. Paddy sagt, das sind Enten oder Gänse oder so was auf dem Weg nach Afrika, wo es schön ist und warm. Die Vögel haben mehr Verstand als die Iren. Sie kommen in den Ferien an den Shannon, und dann geht es wieder dahin zurück, wo es warm ist, vielleicht sogar nach Indien. Er sagt, er schreibt mir einen Brief, wenn er drüben ist, und ich kann nach Indien kommen und mein eigenes Mädchen mit einem roten Punkt haben.

Wozu ist der rote Punkt gut, Paddy?

Er zeigt, daß sie Klasse haben, die Qualität.

Aber, Paddy, würde die Qualität in Indien mit dir reden, wenn sie wüßten, daß du aus einer Gasse in Limerick kommst und keine Schuhe hast?

'türlich würden sie das, nur die englische Qualität nicht. Die englische Qualität würde dich nicht mal am Dampf ihrer Pisse riechen lassen.

Am Dampf ihrer Pisse? Gott, Paddy hast du dir das selbst ausgedacht?

Nö, nö, das sagt mein Vater unten im Bett, wenn er Klumpen hustet und den Engländern für alles die Schuld in die Schuhe schiebt.

Und ich denke, der Dampf ihrer Pisse. Das werde ich für mich behalten. Ich werde durch Limerick gehen und es leise vor mich hin sagen, Dampf ihrer Pisse, Dampf ihrer Pisse, und wenn ich eines Tages nach Amerika gehe, werde ich der einzige sein, der das kennt.

Quigley-der-Fragensteller wackelt mit einem großen Damenfahrrad auf uns zu und ruft mir zu, he, Frank McCourt, du wirst gleich umgebracht. Dotty O'Neill hat eine Benachrichtigung zu dir nach Hause geschickt, daß du nach dem Mittagessen nicht wieder in die Schule gegangen bist, daß du mit Paddy Clohessy geschwänzt hast. Deine Mutter bringt dich um. Dein Vater sucht dich schon, und der bringt dich auch um.

O Gott, ich fühle mich kalt und leer und wäre gern in Indien, wo es schön ist und warm, und es gibt dort keine Schule, und mein Vater würde mich nie finden, um mich umzubringen. Paddy sagt zu Frage, er hat gar nicht geschwänzt, und ich hab auch nicht geschwänzt. Fintan Slattery hat uns ausgehungert, und wir wären fast gestorben, und dann war es zu spät für das Brötchen und die Milch. Dann sagt Paddy zu mir, laß dir von denen keine Angst machen, ist doch alles Schwindel. Uns schicken sie auch immer Benachrichtigungen nach Hause, und wir wischen uns den Arsch damit ab.

Meine Mutter und mein Vater würden sich nie den Arsch mit einer Benachrichtigung vom Lehrer abwischen, und jetzt habe ich Angst, nach Hause zu gehen. Frage fährt auf dem Fahrrad davon und lacht, und ich weiß nicht, warum, schließlich ist er mal von zu Hause weggelaufen und hat in einem Graben mit vier Ziegen geschlafen, und das finde ich jederzeit schlimmer als einen halben Tag Schule schwänzen.

Ich könnte jetzt in die Barrack Road einbiegen und nach Hause gehen und meinen Eltern sagen, es tut mir leid, daß ich Schule geschwänzt habe, und ich habe es aus Hunger getan, aber Paddy sagt, komm, wir gehen noch in die Dock Road und schmeißen Steine in den Shannon.

Wir schmeißen Steine in den Fluß, und wir schaukeln auf den Eisenketten am Ufer. Es wird dunkel, und ich weiß nicht, wo ich schlafen werde. Vielleicht muß ich hier am Shannon bleiben oder in einem Hauseingang, oder vielleicht muß ich wieder raus aufs Land und wie Brendan Quigley einen Graben mit vier Ziegen finden. Paddy sagt, ich kann mit ihm nach Hause kommen, ich kann auf dem Fußboden schlafen und trocknen.

Paddy wohnt in einem der großen Häuser am Arthur's Quay

mit Blick auf den Fluß. Jedermann in Limerick weiß, daß diese Häuser alt sind und jede Minute einstürzen können. Mam sagt oft, ich will nicht, daß einer von euch zum Arthur's Quay geht, und wenn ich euch da finde, zerschmetter ich euch das Gesicht. Die Leute da unten sind wild, und leicht könntet ihr da beraubt und umgebracht werden.

Es regnet wieder, und kleine Kinder spielen auf dem Flur und in den oberen Stockwerken. Paddy sagt, paß auf, denn einige Stufen fehlen, und auf denen, die noch da sind, ist Scheiße. Er sagt, das liegt daran, daß es nur einen Abort gibt, und der ist auf dem Hinterhof, und die Kinder schaffen es nicht rechtzeitig die Treppen hinunter, um ihren kleinen Arsch auf die Schüssel zu kriegen, möge Gott uns helfen.

Im vierten Stock sitzt eine Frau mit einem Umhang und raucht eine Zigarette. Sie sagt, bist du das, Paddy?

Ja, Mammy.

Ich bin völlig geschlaucht, Paddy. Diese Stufen bringen mich um. Hast du zu Abend gegessen?

Nein.

Ich weiß nicht, ob noch Brot da ist. Geh rauf und sieh nach.

Paddys Familie wohnt in einem einzigen großen Raum mit hoher Zimmerdecke und einem kleinen Herd. Es gibt zwei kleine Fenster, und man kann auf den Shannon hinaussehen. Sein Vater ist in einem Bett in der Ecke, er stöhnt und spuckt in einen Eimer. Paddys Brüder und Schwestern sind auf Matratzen auf dem Fußboden, sie schlafen, reden oder starren die Decke an. Ein nacktes Baby kriecht zum Eimer von Paddys Vater, und Paddy zieht es vom Eimer weg. Seine Mutter kommt herein und keucht wegen der Treppe. Jesus, ich bin tot, sagt sie. Sie findet etwas Brot und macht schwachen Tee für Paddy und mich. Ich weiß nicht, was ich machen soll. Sie sagen gar nichts. Sie sagen nicht, was machst du hier oder geh nach Hause oder irgendwas, bis Mr. Clohessy sagt, wer ist das? und Paddy ihm sagt, das ist Frankie McCourt.

Mr. Clohessy sagt, McCourt? Was für eine Klasse von Name ist das?

Mein Vater ist aus dem Norden, Mr. Cluhessy.

Und wie heißt deine Mutter?

Angela, Mr. Clohessy.

Ach, Jesusnochmal, nicht zufällig Angela Sheehan?

Doch, Mr. Clohessy.

Ach, Jesusnochmal, sagt er und kriegt einen Hustenanfall, der alle Sorten von Zeug aus seinem Innersten zutage fördert, und er hat erst mal mit dem Eimer zu tun. Als der Anfall vorüber ist, fällt er aufs Kissen zurück. Ach, Frankie, ich habe deine Mutter gut gekannt. Habe mit ihr getanzt, heilige Muttergottes, ich sterbe im Innern, mit ihr getanzt unten in der Wembley Hall, und eine meisterhafte Tänzerin war sie obendrein.

Wieder hängt er über dem Eimer. Er schnappt nach Luft und streckt die Arme aus, um sie einzufangen. Er leidet, hört aber nicht auf zu reden.

Meisterhafte Tänzerin, Frankie. Nicht dünn, o nein, aber eine Feder in meinen Armen, und es gab manch einen betrübten Mann, als sie Limerick verließ. Kannst du tanzen, Frankie?

Aber nein, Mr. Clohessy.

Paddy sagt, kann er doch, Dada. Er hat die Stunden bei Mrs. O'Connor und Cyril Benson genommen.

Na, dann tanze, Frankie. Im Haus herum und Vorsicht bei der Kommode, Frankie. Hoch mit dem Fuß, Bursche.

Ich kann nicht, Mr. Clohessy. Ich bin nicht gut.

Nicht gut? Angela Sheehans Sohn? Tanze, Frankie, oder ich werde mich von diesem Bett erheben und dich im Hause herumwirbeln.

Mein Schuh ist defekt, Mr. Clohessy.

Frankie, Frankie, du bringst mich ins Husten. Willst du jetzt bitte um der Liebe Jesu willen tanzen, damit ich mich meiner

Jugend mit deiner Mutter in der Wembley Hall entsinne. Zieh den Scheißschuh aus, Frankie, und tanze.

Ich muß Tänze und die dazu passenden Melodien erfinden, wie vor langer Zeit, als ich noch jung war. Ich tanze mit einem Schuh durch das Zimmer, weil ich vergessen habe, ihn auszuziehen. Ich versuche, einen Text zu erfinden, oh, die Mauern von Limerick, sie fallen, sie fallen, sie fallen um, die Mauern von Limerick fallen um, und der böse Shannon, er bringt uns alle um.

Mr. Clohessy lacht in seinem Bett. Ach, Jesusnochmal, dergleichen habe ich ja noch nie gehört, weder zu Lande noch auf See. Das ist ein hervorragendes Bein zum Tanzen, was du da am Leibe hast, Frankie. Jesusnochmal. Er hustet, und es kommen Stränge aus grünem und gelbem Kram hoch. Mir wird schlecht, wenn ich das sehe, und ich frage mich, ob ich nicht doch lieber all diese Krankheit und den Eimer verlassen und nach Hause gehen und mich von meinen Eltern umbringen lassen soll, wenn sie wollen.

Paddy legt sich auf eine Matratze beim Fenster, und ich lege mich neben ihn. Ich lasse wie alle anderen meine Sachen an und vergesse sogar, meinen anderen Schuh auszuziehen, der naß und klitschig und stinkig ist. Paddy schläft sofort ein, und ich betrachte seine Mutter, die vor dem restlichen Herdfeuer sitzt und noch eine Zigarette raucht. Paddys Vater stöhnt und hustet und spuckt in den Eimer. Er sagt, Scheißblut, und sie sagt, früher oder später mußt du ins Sanatorium.

Will ich aber nicht. Der Tag, an dem sie einen da reinschaffen, ist das Ende.

Du könntest die Kinder mit deiner Schwindsucht anstecken. Ich könnte die Polizei rufen, damit sie dich abholen, eine solche Gefahr bist du für die Kinder.

Wenn sie es kriegen sollten, hätten sie es längst.

Das Feuer stirbt ab, und Mrs. Clohessy klettert über ihn hinüber ins Bett. Eine Minute später ist sie eingeschlafen, obwohl er immer noch hustet und über die Zeiten lacht, als er mit Angela Sheehan, leicht wie eine Feder, in der Wembley Hall zu tanzen pflegte.

Es ist kalt in dem Zimmer, und ich bibbere in meinen nassen Sachen. Paddy bibbert auch, aber er schläft und weiß nicht, daß ihm kalt ist. Ich weiß nicht, ob ich hierbleiben oder aufstehen und nach Hause gehen soll, aber wer will schon durch die Straßen wandern, wenn ein Polizist kommen und einen fragen könnte, was man um die Zeit draußen treibt. Ich bin zum erstenmal von meiner Familie weg, und ich weiß, ich wäre lieber in meinem eigenen Haus mit dem stinkigen Klo und dem Stall gleich nebenan. Es ist schlimm, wenn unsere Küche ein See ist und wir nach Italien rauf müssen, aber bei den Clohessys ist es noch schlimmer, wo man vier Stockwerke tief aufs Klo muß und auf dem ganzen Weg nach unten auf Scheiße ausrutscht. Da ist man ja mit vier Ziegen in einem Graben besser dran.

Ich schlafe halb ein und wache mehrmals wieder halb auf, aber dann muß ich endgültig aufwachen, als Mrs. Clohessy die Runde macht und an ihrer Familie zerrt, um sie zu wecken. Sie sind alle angezogen ins Bett gegangen, deshalb brauchen sie sich nicht anzuziehen, und es gibt keinen Streit. Sie murren und rennen zur Tür hinaus, um schnell unten und auf dem Hinterhofklo zu sein. Ich muß auch mal, und ich renne mit Paddy hinunter, aber seine Schwester Peggy sitzt schon drauf, und wir müssen gegen eine Mauer pissen. Sie sagt, ich sag Ma, was ihr gemacht habts, und Paddy sagt, Schnauze, oder ich stopf dich in das Scheißklo. Sie springt vom Topf, zieht sich die Unterhose hoch, rennt die Treppe hinauf und schreit, das sag ich, das sag ich, und als wir zurück ins Zimmer kommen, gibt Mrs. Clohessy Paddy für das, was er seiner armen kleinen Schwester angetan hat, eine Kopfnuß. Paddy sagt nichts, denn Mrs. Clohessy löffelt Haferbrei in Tassen und Marmeladengläser und einen tiefen Teller und sagt uns, aufessen und ab in die Schule. Sie sitzt am Tisch und ißt ihren Haferschleim. Ihr Haar ist grauschwarz und schmutzig. Es baumelt in den tiefen Teller, Haferschleim und Milchtropfen bleiben dran kleben. Die Kinder schlürfen den Haferschleim und beklagen sich, sie hätten nicht genug gekriegt, sie stürben vor Hunger. Sie haben rotzige Nasen und entzündete Augen und schorfige Knie. Mr. Clohessy hustet und windet sich auf dem Bett und spuckt große Blutklumpen, und ich renne aus dem Zimmer und kotze auf die Treppe, wo eine Stufe fehlt, und einen Stock tiefer regnet es Haferschleim und Apfelstückchen auf die Leute, die auf das Hofklo gehen oder vom Hofklo kommen. Paddy kommt mir nach und sagt, ist nicht weiter schlimm. Auf der Treppe wird jedem mal übel, oder er scheißt gleich drauf, und das ganze Scheißhaus stürzt sowieso ein.

Ich weiß nicht, was ich jetzt tun soll. Wenn ich wieder in die Schule gehe, werde ich umgebracht, und warum soll ich in die Schule oder nach Hause, um mich umbringen zu lassen, wenn mir die Landstraße offensteht und ich mich für den Rest meines Lebens von Milch und Äpfeln ernähren kann, bis ich nach Amerika gehe. Paddy sagt, na komm. Schule ist sowieso Schwindel, und die Lehrer sind alles arme Irre.

Es wird an die Tür der Clohessys geklopft, und da ist Mam, mit meinem kleinen Bruder Michael an der Hand und *gárda* Dennehy, der für die Schulpflicht zuständig ist. Mam sieht mich und sagt, was machst du denn mit dem einen Schuh? und *gárda* Dennehy sagt, na, Missis, eine wichtigere Frage wäre wohl, was machst du denn ohne den anderen Schuh, haha.

Michael läuft zu mir. Mammy hat geweint. Mammy hat um dich geweint, Frankie.

Sie sagt, wo warst du die ganze Nacht?

Ich war hier.

Ich war außer mir vor Sorge. Dein Vater hat jede Straße in Limerick nach dir abgesucht.

Mr. Clohessy sagt, wer ist das an der Tür?

Es ist meine Mutter, Mr. Clohessy.

Gott im Himmel, ist das Angela?

Ja, Mr. Clohessy.

Er rappelt sich auf und stützt sich auf die Ellenbogen. Ja, um der Liebe Gottes willen, kommst du wohl herein, Angela. Kennst du mich nicht mehr?

Mam sieht verwirrt aus. Es ist dunkel in dem Zimmer, und sie versucht auszumachen, wer in dem Bett ist. Er sagt, ich bin's, Dennis Clohessy, Angela.

Nein.

Doch, Angela.

Nein.

Ich weiß, Angela. Ich hab mich verändert. Der Husten bringt mich um. Aber ich habe die Nächte in der Wembley Hall nicht vergessen. Jesusnochmal, du warst eine großartige Tänzerin. Nächte in der Wembley Hall, Angela, und hinterher Fisch mit Fritten. Ach ach, ach ach, ach Angela.

Meiner Mutter laufen Tränen über die Wangen. Sie sagt, du warst ebenfalls ein großartiger Tänzer, Dennis Clohessy.

Wir hätten Turniere gewinnen können, Angela. Fred und Ginger hätten aufpassen müssen, aber du mußtest ja nach Amerika durchbrennen, Jesusnochmal.

Er kriegt einen weiteren Hustenanfall, und wir müssen dabeistehen und zusehen, wie er wieder über dem Eimer hängt und den üblen Kram aus seinem Inneren herauswürgt. *Gárda* Dennehy sagt, ich glaube, Missis, wir haben den Jungen gefunden, und ich gehe dann mal lieber. Zu mir sagt er, wenn du jemals wieder die Schule schwänzt, stecken wir dich ins Gefängnis, Junge. Hörst du mir überhaupt zu, Junge?

Ja, Herr Wachtmeister.

Quäle deine Mutter nicht, Junge. Das ist etwas, womit sich die *gárdaí* nie abfinden werden, das Quälen von Müttern.

Bestimmt nicht, Herr Wachtmeister.

Er geht, und Mam geht zu dem Bett, um Mr. Clohessys Hand zu nehmen. Sein Gesicht ist um die Augen herum ganz eingefallen, und sein Haar glänzt schwarz von dem Schweiß, der ihm die Stirn herunterrinnt. Seine Kinder stehen um das Bett herum und sehen ihn an und sehen Mam an. Mrs. Clohessy sitzt vor dem Herd, rattert mit dem Schürhaken im Feuerloch und schubst das Baby weg, damit es sich nicht verbrennt. Sie sagt, er ist verdammtnochmal selbst schuld, wenn er nicht ins Krankenhaus will, ist aber doch wahr.

Mr. Clohessy keucht, mir wäre ja schon geholfen, wenn ich an einem trockenen Ort leben könnte. Angela, ist Amerika ein trockener Ort?

Ja, Dennis.

Der Doktor hat mir gesagt, ich soll nach Arizona gehen. Ein komischer Mann, dieser Doktor. Arizona, wie geht's. Ich hab nicht mal das Geld für eine Pint um die Ecke.

Mam sagt, du kommst schon wieder auf den Damm, Dennis. Ich werde eine Kerze für dich anzünden.

Spar dein Geld, Angela. Für mich sind die Tage des Tanzes vorüber.

Ich muß jetzt gehen, Dennis. Mein Sohn muß in die Schule.

Bevor du gehst, Angela, wirst du mir noch einen Gefallen tun? Gern, Dennis, wenn es in meiner Macht liegt.

Würdest du uns wohl eine Strophe dieses Liedes schenken, das du an dem Abend gesungen hast, bevor du nach Amerika gegangen bist?

Das ist ein schweres Lied, Dennis. Dafür fehlt es mir bestimmt an Atem.

Ach, komm schon, Angela. Nie mehr höre ich ein Lied. Es gibt kein Lied in diesem Hause. Die Frau da hat keine einzige Note im Kopf und keinen einzigen Tanzschritt im Fuß.

Mam sagt, na gut. Ich werd's versuchen.

Oh, die Nächte des Tanzes in Kerry,
oh, des Pfeifers Melodie –
Was gäb' für eine Stunde des Glücks ich,
dahin, ach, wie unsre Jugend, zu früh.
Als die Buben beisammen kamen
in der Schlucht einer Sommernacht
Und die Weise des Pfeifers von Kerry
die Tollheit in uns hat entfacht.

Sie hört auf und preßt die Hand gegen die Brust. Ach Gott, ich krieg keine Luft mehr. Hilf mir, Frank, mit dem Lied. Und ich singe mit ihr zusammen.

Oh, daran zu denken, oh, davon zu träumen;
mein Herz mit Tränen sich füllt.
Oh, die Nächte des Tanzes in Kerry,
oh, des Pfeifers Melodie –
Was gäb' für eine Stunde des Glücks ich,
dahin, ach, wie unsre Jugend, zu früh.

Mr. Clohessy versucht, mit uns zu singen, dahin, ach, wie unsre Jugend, zu früh, aber davon muß er husten. Er schüttelt den Kopf und weint, du hast ja so recht, Angela. Plötzlich ist alles wieder da. Gott segne dich.

Gott segne dich ebenfalls, Dennis, und haben Sie vielen Dank, Mrs. Clohessy, daß Sie sich um Frankie gekümmert haben und er von der Straße weg war.

Keine Ursache, Mrs. McCourt. Er ist ja eher still.

Eher still, sagt Mr. Clohessy, aber er ist nicht der Tänzer, den man bei einer solchen Mutter erwarten sollte.

Mam sagt, es ist nicht leicht, mit einem Schuh zu tanzen, Dennis.

Ich weiß, Angela. Aber man fragt sich doch, warum er ihn nicht ausgezogen hat. Ist er vielleicht ein bißchen komisch?

Ach, manchmal hat er diese komische Art wie sein Vater.

Ah ja. Der Vater ist aus dem Norden, Angela, und das würde einiges erklären. Mit einem Schuh tanzen? Im Norden finden sie das ganz normal.

Wir gehen die Patrick Street und die O'Connell Street entlang, Paddy Clohessy und Mam und Michael und ich, und Mam schluchzt den ganzen Weg. Michael sagt, weine nicht, Mammy. Frankie läuft nicht weg.

Sie hebt ihn hoch und umarmt ihn. Nein, Michael, ich weine doch nicht wegen Frankie. Es ist wegen Dennis Clohessy und wegen den durchtanzten Nächten in der Wembley Hall und wegen dem Fisch mit Fritten hinterher.

Sie kommt mit uns in die Schule. Mr. O'Neill sieht ungehalten aus und sagt uns, setzt euch hin, er kommt gleich. Vor der Tür spricht er lange mit meiner Mutter, und als sie gegangen ist, geht er durch die Reihen und tätschelt Paddy Clohessy den Kopf.

Es tut mir ja alles sehr leid mit den Clohessys und wie schlecht es ihnen geht, aber ich glaube, sie haben mir Ärger mit meiner Mutter erspart.

7

Es gibt Donnerstage, da kriegt Dad sein Stempelgeld auf dem Arbeitsamt, und ein Mann sagt, gehen wir noch auf eine Pint, Malachy? und Dad sagt, eine, nur eine einzige, und der Mann sagt, o Gott, ja, eine, und bevor die Nacht vorüber ist, ist das ganze Geld weg, und Dad kommt singend nach Hause und holt uns aus dem Bett, und wir müssen uns aufstellen und versprechen, daß wir für Irland sterben, wenn der Ruf ergeht. Er holt sogar Michael aus dem Bett, und der ist erst drei, aber da steht er schon und singt und verspricht, daß er bei der ersten sich bietenden Gelegenheit für Irland stirbt. So nennt Dad das, die erste sich bietende Gelegenheit. Ich bin neun, und Malachy ist acht, und wir kennen alle Lieder. Wir singen alle Strophen von Kevin Barry und Roddy McCorley und Wenn alles ringsum und O'Donnell Abu und The Boys of Wexford. Wir singen und versprechen zu sterben, weil man nie weiß, wann Dad vielleicht einen oder zwei Pennies vom Trinken übrig hat, und wenn er sie uns gibt, können wir am nächsten Tag zu Kathleen O'Connell rennen und Karamelbonbons kaufen. In manchen Nächten sagt er, Michael ist der beste Sänger von allen, und er gibt ihm den Penny. Malachy und ich fragen uns, was es für einen Sinn haben soll, acht und neun zu sein und alle Lieder zu können und zum Sterben bereit zu sein, wenn Michael den Penny kriegt und am nächsten Tag in den Laden gehen und sich das Maul mit Karamelbonbons vollstopfen kann. Niemand kann von ihm verlangen, daß er mit drei Jahren für Irland stirbt, nicht mal Padraig Pearse, der neunzehn-sechzehn in Dublin von den Engländern erschossen worden ist und von der ganzen Welt erwartet hat, daß sie mit ihm stirbt. Außerdem hat Mikey Molloys Vater gesagt, jeder, der für Irland sterben will, ist ein Affenarsch. Die Menschen sterben nun schon seit allem Anbeginn für Irland, und seht euch an, in welchem Zustand das Land ist.

Es ist schon schlimm genug, daß Dad seine Arbeit immer in der dritten Woche verliert, aber jetzt vertrinkt er auch noch einmal monatlich sein ganzes Stempelgeld. Mam ist verzweifelt, und morgens hat sie das bittere Gesicht und redet nicht mit ihm. Er trinkt seinen Tee und verläßt das Haus in aller Frühe und macht seinen langen Spaziergang über Land. Wenn er am Abend zurückkommt, spricht sie nicht mit ihm und macht ihm keinen Tee. Wenn das Feuer aus ist, weil es an Kohle oder Torf fehlt und man kein Wasser für den Tee kochen kann, trinkt er Wasser aus einem Marmeladenglas und schmatzt mit den Lippen, wie er das bei einer Pint machen würde. Er sagt, gutes Wasser ist alles, was ein Mann braucht, und Mam macht ein schnaubendes Geräusch. Wenn sie nicht mit ihm spricht, ist das Haus schwer und kalt, und wir wissen, daß wir auch nicht mit ihm sprechen dürfen, weil wir Angst haben, daß sie uns dann mit dem bitteren Gesicht ansieht. Wir wissen, daß Dad das Böse getan hat, und wir wissen, daß man jeden leiden lassen kann, wenn man nicht mit ihm spricht. Sogar der kleine Michael weiß, daß man, wenn Dad das Böse getan hat, von Freitag bis Montag nicht mit ihm spricht, und wenn er versucht, einen auf den Schoß zu nehmen, rennt man zu Mam.

Ich bin neun Jahre alt und habe einen Freund, Mickey Spellacy, dessen Verwandte einer nach dem anderen an der galoppierenden Schwindsucht eingehen. Ich beneide Mickey, denn jedesmal, wenn in seiner Familie jemand stirbt, kriegt er eine Woche schulfrei, und seine Mutter stickt ihm eine schwarze Raute auf den Ärmel, damit die Leute auf den Gassen wissen, daß er die Trauer hat, und sie tätscheln ihm den Kopf und geben ihm Geld und Süßigkeiten für seinen Kummer.

Aber diesen Sommer macht Mickey sich Sorgen. Seine Schwester, Brenda, wird vor Schwindsucht immer weniger, und es sind bald Ferien, und wenn sie vor September stirbt, kriegt er nicht schulfrei. Er kommt zu Billy Campbell und mir und fragt, ob wir um die Ecke in die Josephskirche gehen und für Brenda beten, damit sie bis September durchhält.

Was springt für uns dabei raus, Mickey, wenn wir um die Ecke gehen und beten?

Also wenn Brenda durchhält und ich meine Woche schulfrei kriege, könnt ihr zur Totenwache kommen, und dann kriegt ihr Schinken und Käse und Kuchen und Sherry und Limonade und alles, und ihr könnt euch die ganze Nacht die Lieder und Geschichten anhören.

Wer kann einem solchen Angebot widerstehen? Wenn man sich amüsieren will, gibt es nichts Besseres als eine Totenwache. Wir traben um die Ecke in die Kirche, wo sie Statuen vom hl. Joseph persönlich haben sowie vom Allerheiligsten Herzen Jesu, von der Jungfrau Maria und von der hl. Theresia vom Kinde Jesu und vom heiligsten Antlitz, genannt die Kleine Blume. Ich bete zu der Kleinen Blume, weil sie selber auch an der Schwindsucht gestorben ist und es verstehen wird. Eins unserer Gebete muß erhört worden sein, denn Brenda bleibt am Leben und stirbt erst am zweiten Schultag nach den Ferien. Wir sagen Mickey, wie leid es uns tut, aber er ist entzückt, weil er seine Woche schulfrei kriegt und weil die schwarze Raute am Ärmel das Geld und die Süßigkeiten bringen wird.

Das Wasser läuft mir im Munde zusammen, wenn ich an die Genüsse auf Brendas Totenwache denke. Billy klopft an die Tür. Mickeys Tante macht auf. Nun?

Wir wollten ein Gebet für Brenda sprechen, und Mickey hat gesagt, wir können zur Totenwache kommen.

Sie schreit, Mickey!

Was?

Komm her. Hast du dieser Bande gesagt, sie kann zur Totenwache deiner Schwester kommen?

Nein.

Aber, Mickey, du hast doch versprochen …

Sie knallt uns die Tür vor der Nase zu. Wir wissen nicht weiter, bis Billy Campbell sagt, wir gehen noch mal in die Josephskirche und beten, daß von jetzt an alle in Mickey Spellacys Familie mitten im Sommer sterben und er bis an sein Lebensende keinen einzigen Tag schulfrei mehr bekommt.

Eins unserer Gebete muß erhört worden sein, denn im nächsten Sommer wird Mickey selbst von der galoppierenden Schwindsucht dahingerafft und kriegt keinen einzigen Tag schulfrei, und das wird ihm bestimmt eine Lehre sein.

Proddy Woddy, Glocke bimmel,
Niemals kommst du in den Himmel.
Proddy Woddy, Glocke läute,
In der Hölle schmorst du heute.

Sonntagmorgens in Limerick beobachte ich sie, wie sie in die Kirche gehen, die Protestanten, und sie tun mir leid, besonders die Mädchen, die so wunderschön sind; sie haben so prächtige weiße Zähne, nicht wie unsere Zähne, die so tiefe Löcher haben, daß ein Spatz dort ein Nest bauen und eine Familie großziehen kann, wie mein Vater zu sagen pflegte. Die wunderschönen protestantischen Mädchen tun mir leid, sie sind der Verdammnis anheimgegeben.

Das sagen uns die Priester. Außerhalb der katholischen Kirche gibt es keine Rettung. Außerhalb der katholischen Kirche gibt es nur die Verdammnis. Und ich will sie retten. Protestantisches Mädchen, komm mit mir in die wahre, alleinseligmachende Kirche. Dann wirst du gerettet und fällst nicht der Verdammnis anheim. Sonntags nach der Messe gehe ich mit meinem Freund Billy Campbell hin und sehe ihnen beim Krocketspielen auf dem wunderschönen Rasen neben ihrer Kirche in der Barrington Street zu. Das ist ein protestantisches Spiel. Sie hauen mit dem Krocketschläger auf den Ball, tock und noch mal tock, und lachen. Ich frage mich, wie sie überhaupt lachen können. Wissen sie denn nicht, daß sie der Verdammnis anheimgegeben sind? Sie tun mir leid, und ich sage, Billy, was hat es für einen Sinn, Krocket zu spielen, wenn man der Verdammnis anheimgegeben ist?

Und er sagt, Frankie, was für einen Sinn hat es, *nicht* Krocket zu spielen, wenn man der Verdammnis anheimgegeben ist?

Oma sagt zu Mam, dein Bruder, Pat, mit seinem schlimmen Bein und allem anderen, hat schon mit acht Jahren in ganz Limerick Zeitungen verkauft, und dein Frank ist groß und häßlich genug zum Arbeiten.

Aber er ist doch erst neun und geht noch zur Schule.

Schule. Die Schule ist schuld daran, daß er ständig Widerworte gibt und mit saurem Gesicht herumläuft und diese komische Art hat ganz wie sein Vater. Er könnte sich doch mal ein bißchen tummeln und am Freitagabend dem armen Pat helfen, wenn der Limerick Leader eine Tonne wiegt. Bei den Kunden von Qualität könnte er Pat den Weg durch die langen Vorgärten abnehmen und seine armen Beine entlasten und obendrein noch ein paar Pennies verdienen.

Freitagabends muß er zur Bruderschaft.

Laß mich zufrieden mit der Bruderschaft. Im Kathezismus steht nichts über Bruderschaften.

Ich treffe Onkel Pat am Freitag abend um fünf beim Limerick Leader. Der Mann, der die Zeitungen ausgibt, sagt, meine Arme sind so dünn, daß ich Glück habe, wenn ich zwei Briefmarken tragen kann, aber Onkel Pat steckt mir unter jeden Arm acht Zeitungen. Er sagt mir, ich bring dich um, wenn du sie fallen läßt, draußen regnet es nämlich, kabelgarndick schüttet es aus den Himmeln herab. Er sagt mir, ich soll an den Hauswänden kleben, damit die Zeitungen trocken bleiben. Ich soll, wenn es einen gibt, durch den Lieferanteneingang, draußen die Treppe hoch, zur Tür hinein, innen die Treppe hoch, Zeitung! brüllen, das Geld kassieren, das sie ihm für eine Woche schulden, die Treppe runter, das Geld abliefern und weiter zum nächsten Abonnenten. Die Kunden geben ihm Trinkgeld für seine Mühen, und das behält er.

Wir arbeiten uns durch die O'Connell Avenue, hinaus nach Ballinacurra, die South Circular Road hinein, die Henry Street hinunter und zurück zur Geschäftsstelle, um neue Zeitungen zu holen. Onkel Pat trägt eine Mütze und so was Ähnliches wie einen Cowboy-Poncho, um seine Zeitungen trocken zu halten, aber er klagt, daß ihn seine Füße umbringen, und wir machen in einer Kneipe Station, damit er seinen armen Füßen eine Pint gönnen kann. Onkel Pa Keating ist, ganz schwarz, schon da und trinkt eine Pint, und er sagt zu Onkel Pat, Abt, willst du den Jungen da herumstehen lassen mit einem Gesicht von hier bis zum Schienbein vor lauter Japs auf eine Limonade?

Onkel Pat sagt, hä? und Onkel Pa wird ungeduldig. Himmel, er schleppt deine Scheißzeitungen durch ganz Limerick, und du, ach, was soll's. Timmy, gib dem Kind eine Limonade. Frankie, hast du denn zu Hause keinen Regenmantel?

Nein, Onkel Pa.

Bei diesem Wetter darfst du gar nicht draußen sein. Du bist

ja völlig durchnäßt. Wer hat dich denn in diesen Modder geschickt?

Oma hat gesagt, ich muß Onkel Pat mit seinem schlimmen Bein helfen.

'türlich hat sie das gesagt, der alte Drachen, aber sag das nicht weiter.

Onkel Pat kommt mit Mühe von seinem Hocker herunter und sammelt seine Zeitungen ein. Komm schon, es wird dunkel.

Er humpelt durch die Straßen und ruft Annalei Schwitzlei, was sich überhaupt nicht anhört wie Limerick Leader, und das macht nichts, weil jeder weiß, das ist Abt Sheehan, und der ist auf den Kopf gefallen. Hier, Abt, einmal den Leader, was macht dein armes Bein, danke, stimmt so, kauf dir dafür eine Kippe, Scheißwetter heute abend, wenn man die Scheißzeitungen verkaufen muß.

Dankeh, sagt mein Onkel, der Abt. Dankeh, dankeh, dankeh, und es ist schwer, mit ihm Schritt zu halten, trotz schlimmem Bein. Er sagt, wie viele Leader hast du noch unter der Achselhöhle?

Einen, Onkel Pat.

Bring Mr. Timoney diesen Leader. Er schuldet mir jetzt für vierzehn Tage. Kassier das Geld, und Trinkgeld gibt's auch. Er ist ein guter Mann, was das Trinkgeld betrifft, und wehe, du steckst es dir in die Tasche wie dein Vetter Gerry. In die eigene Tasche hat er es sich gesteckt, der kleine Mistkerl.

Ich knalle den Türklopfer gegen die Tür, und es ertönt ein lautes Geheul von einem Hund, der so groß ist, daß die Tür bebt. Eine Männerstimme sagt, Macushla, wenn du nicht sofort deine dämliche Fresse hältst, verpaß ich dir einen gepflegten Arschtritt, und den darfst du dann behalten. Der Lärm hört auf, die Tür wird geöffnet, und da steht der Mann, weiße Haare, dicke Brille, weißer Pullover, einen Stock in der Hand. Er sagt, wer ist da bitte? Wen haben wir denn hier?

Die Zeitung, Mr. Timoney.
Abt Sheehan haben wir hier nicht, oder?
Ich bin sein Neffe, Sir.
Haben wir es hier mit Gerry Sheehan zu tun?
Nein, Sir. Ich bin Frank McCourt.
Noch ein Neffe? Macht er die? Hat er eine kleine Neffenfabrik auf dem Hinterhof? Hier ist das Geld für die vierzehn Tage, und gib mir die Zeitung oder behalte sie. Was soll's? Lesen kann ich nicht mehr, und Mrs. Minihan, die mir eigentlich vorlesen soll, ist nicht gekommen. Der Sherry hat ihr die Beine weggesäbelt, so sieht es nämlich aus. Wie heißt du?
Frank, Sir.
Kannst du lesen?
Jawohl, Sir.
Willst du dir Sixpence verdienen?
Jawohl, Sir.
Komm morgen hierher. Du heißt Franziskus, stimmt's?
Frank, Sir.
Franziskus heißt du. Einen heiligen Frank hat es nie gegeben. Das ist ein Name für Gangster und Politiker. Komm morgen um elf hierher und lies mir vor.
Gern, Sir.
Bist du sicher, daß du lesen kannst?
Ja, Sir.
Du kannst Mr. Timoney zu mir sagen.
Gern, Mr. Timoney.
Onkel Pat grummelt am Gartentor und reibt sich das Bein. Wo ist mein Geld, und schwatzen sollst du aber nicht mit der Kundschaft, und ich steh hier mit dem Bein, vom Regen ruiniert. Er muß in der Kneipe am Punch's Cross Station machen, damit das ruinierte Bein eine Pint bekommt. Nach der Pint sagt er, er kann keinen Zoll weit mehr gehen, und wir steigen in einen Bus. Der Schaffner sagt, Fahrgeld, bitte das Fahrgeld, aber Onkel Pat sagt, gehen Sie weg und behelligen

Sie mich nicht, können Sie nicht sehen, in was für einem Zustand mein Bein ist?

Oh, schon gut, Abt, schon gut.

Der Bus hält beim O'Connell-Monument, und Onkel Pat geht ins Monument Fish and Chip Café, wo die Gerüche so köstlich sind, daß mir der Magen vor Hunger klopft. Er kauft sich für einen Shilling Fisch mit Fritten, und mir läuft das Wasser im Mund zusammen, aber als wir bei Oma vor der Tür sind, gibt er mir eine Drei-Penny-Münze und sagt, nächsten Freitagabend soll ich wiederkommen und jetzt zu meiner Mutter nach Hause gehen.

Macushla liegt vor Mr. Timoneys Haustür, und als ich die Gartenpforte öffne, stürzt sie sich auf mich und wirft mich zurück auf den Bürgersteig, und sie hätte mir das Gesicht weggefressen, wenn Mr. Timoney nicht herausgekommen wäre und mit seinem Stock auf sie eingedroschen und gebrüllt hätte, willst du wohl damit aufhören und reinkommen, du Hure, du zu groß geratene menschenfressende Tochter einer Hündin. Hast du etwa kein Frühstück gehabt, du Hure? Ist dir auch nichts passiert, Franziskus? Komm rein. Dieser Hund ist ein echter Hindu, Tatsache, und da habe ich auch ihre Mutter gefunden, als die durch Bangalore stromerte. Wenn du dir je einen Hund anschaffst, Franziskus, paß auf, daß es ein Buddhist ist. Gutartige Hunde, die Buddhisten. Schaff dir nie, nie einen Mohammedaner an. Die fressen dich im Schlaf. Und nie einen katholischen Hund. Die fressen dich jeden Tag, freitags inklusive. Setz dich und lies mir vor.

Den Limerick Leader, Mr. Timoney?

Nein, nicht den blöden Limerick Leader. Das Loch meines Arsches würde ich mir nicht mit dem Limerick Leader auswischen. Da drüben liegt ein Buch auf dem Tisch, Gullivers Reisen. Das sollst du mir aber gar nicht vorlesen. Sieh mal hinten nach, Ein bescheidener Vorschlag, wie man verhindern könnte und so weiter heißt das. Für jene, so auf zween Füßen wandeln, ist es ein melencholisch Ding, so fängt es an ... Hast du's? Ich hab den ganzen verdammten Text im Kopf, aber ich will trotzdem, daß du's mir vorliest.

Nach zwei oder drei Seiten unterbricht er mich. Du liest gut. Und was hältst du davon, Franziskus, daß ein junges, gesundes, wohlgenährtes Kind, ein Jahr alt, ein überaus schmackhaftes, nahrhaftes und gesundes Lebensmittel ist, gleichviel ob geschmort, gebraten, gebacken oder gekocht, na? Liebend gern hätte Macushla einen schönen drallen irischen Säugling zum Abendessen, stimmt's, du alte Tempelhure?

Er gibt mir Sixpence und sagt, ich soll nächsten Samstag wiederkommen.

Mam ist entzückt, weil ich Sixpence verdient habe, indem ich Mr. Timoney vorgelesen habe. Was wollte er vorgelesen kriegen, den Limerick Leader? Ich sage ihr, ich mußte den Bescheidenen Vorschlag hinten aus Gullivers Reisen vorlesen, und sie sagt, dann ist es gut, das ist ja nur ein Kinderbuch. Man könnte fast erwarten, daß er etwas Seltsames hören will, denn er ist ein bißchen daneben im Kopf nach den Jahren in der Sonne bei der englischen Armee in Indien, und es heißt, er war sogar mit einer von diesen indischen Frauen verheiratet, und sie wurde bei irgendeiner Sorte von Aufruhr aus Versehen von einem Soldaten erschossen. Wenn einem so was passiert, das treibt einen zu Kinderbüchern. Sie kennt diese Mrs. Minihan, die in dem Haus neben Mr. Timoney wohnt und bei ihm geputzt hat, aber dann hat sie es nicht mehr ertragen, wie er über die katholische Kirche gelacht und gesagt hat, was für den einen Mann Sünde ist, ist für den andern ein Jux. Gegen einen gelegentlichen Tropfen Sherry am Samstagvormittag hatte Mrs. Minihan gar nichts einzuwenden, aber dann hat er versucht, sie zum Buddhisten zu machen, was er, wie er sagte, selbst auch sei, und den Iren ganz generell ginge es viel besser, wenn sie unter einem Baum säßen und den Zehn Geboten und den sieben Todsünden dabei zuschauten, wie sie den Shannon hinab- und weit hinaus ins offene Meer trieben.

Am nächsten Freitag sieht Declan Collopy von der Bruderschaft mich auf der Straße mit meinem Onkel Pat Sheehan beim Zeitungsaustragen. He, Frankie McCourt, was machst du da mit Abt Sheehan?

Er ist mein Onkel.

Du solltest bei der Bruderschaft sein.

Ich arbeite, Declan.

Du sollst nicht arbeiten. Du bist noch nicht mal zehn, und du machst die hundertprozentige Anwesenheit in unserer Sektion kaputt. Wenn du nächsten Freitag nicht da bist, kriegst du von mir ordentlich eins in die Fresse, verstanden?

Onkel Pat sagt, geh weg, geh weg, sonst latsch ich über dich drüber.

Seien Sie bloß still, Herr Blöd, der auf den Kopf gefallen ist. Er schubst Onkel Pat an der Schulter und haut ihn gegen die Mauer. Ich lasse die Zeitungen fallen und renne auf ihn los, aber er tritt beiseite, haut mir gegen den Nacken, und meine Stirn wird gegen die Mauer gerammt, und das bringt mich so in Wut, daß ich ihn nicht mehr sehen kann. Ich gehe mit Armen und Beinen auf ihn los, und wenn ich ihm mit den Zähnen das Gesicht zerfetzen könnte, würde ich das tun, aber er hat lange Arme wie ein Gorilla, und er schubst mich immer einfach weg, so daß ich ihn nicht berühren kann. Er sagt, du Schwachkopf, du Scheißkerl, du Irrer, in der Bruderschaft mach ich dich fertig, und er läuft weg.

Onkel Pat sagt, du sollst dich doch nicht so prügeln, und du hast alle meine Zeitungen fallen gelassen, und jetzt sind ein paar naß, und wie soll ich denn nasse Zeitungen verkaufen, und da will ich mich auch noch auf ihn stürzen, weil er von Zeitungen spricht, nachdem ich Declan Collopy die Stirn geboten habe.

Am Ende des Abends gibt er mir drei Fritten aus seiner Tüte

und Sixpence anstatt drei. Er beschwert sich, das ist zuviel Geld, und das ist alles die Schuld meiner Mutter, weil sie Oma in den Ohren gelegen hat, daß er mir so wenig zahlt.

Mam ist entzückt, weil ich freitags von Onkel Pat Sixpence kriege und samstags Sixpence von Mr. Timoney. Ein Shilling pro Woche ist ein ziemlicher Unterschied, und sie gibt mir zwei Pence, damit ich mir im Lyric Sackgasse mit Humphrey Bogart ansehen kann, wenn ich mit Vorlesen fertig bin.

Am nächsten Morgen sagt Mr. Timoney, warte, bis wir zu Gulliver kommen, Franziskus. Dann merkst du, daß Jonathan Swift der größte irische Schriftsteller ist, der je gelebt hat, nein, der Größte überhaupt, der je Pergament mit seiner Feder berührt hat. Ein Riese von einem Mann, Franziskus. Er lacht durch den gesamten Bescheidenen Vorschlag hindurch, und ich frage mich, was es da zu lachen gibt, wenn es ausschließlich um das Kochen irischer Babys geht. Er sagt, wenn du größer bist, lachst du auch, Franziskus.

Man soll ja nicht frech antworten, wenn Erwachsene etwas sagen, aber Mr. Timoney ist anders, und ihm macht es nichts aus, wenn ich sage, Mr. Timoney, das sagen uns die Großen immer. Wenn du größer bist, lachst du auch. Das verstehst du, wenn du mal größer bist. Alles kommt erst, wenn man größer ist.

Er brüllt dermaßen vor Lachen, daß ich denke, gleich bricht er zusammen. Ach Muttergottes, Franziskus. Du bist ein Goldschatz. Was ist eigentlich mit dir? Hast du eine Biene im Arsch? Sag mir, was dich bedrückt.

Nichts, Mr. Timoney.

Ich glaube, du machst ein langes Gesicht, Franziskus, und ich wünschte, ich könnte es sehen. Geh hinüber zu dem Spieglein an der Wand, Schneewittchen, und sag mir, ob dein Gesicht lang ist. Na, laß nur. Sag mir, was los ist.

Gestern abend hat mich Declan Collopy gesehen, und ich hatte eine Schlägerei.

Ich muß ihm von der Bruderschaft berichten und von Declan und von meinem Onkel Pat Sheehan, der auf den Kopf gefallen ist, und dann sagt er mir, er kennt meinen Onkel Pa Keating, der im Krieg Gas abgekriegt hat und im Gaswerk arbeitet. Er sagt, Pa Keating ist ein Juwel von einem Mann. Und ich werd dir sagen, was ich tu, Franziskus. Ich werde mit Pa Keating reden, und dann gehen wir zu den Katholen von der Bruderschaft. Ich persönlich bin ja Buddhist und verabscheue körperliche Gewalt, aber manchmal ist der alte Adam stärker. Sie werden sich nicht an meinem kleinen Vorleser vergreifen, o nein, bei Jesus, die nicht.

Mr. Timoney ist ein alter Mann, aber er spricht wie ein Freund, und ich kann sagen, was ich meine. Dad würde nie so mit mir reden wie Mr. Timoney. Er würde sagen, *och, aye,* und dann würde er lange spazierengehen.

Onkel Pat Sheehan sagt Oma, er will nicht mehr, daß ich ihm helfe, Zeitungen auszutragen, er kann einen anderen Jungen viel billiger kriegen, und er findet, ich muß ihm von meinen Samstagvormittagssixpence was abgeben, weil ich ohne ihn nie den Vorlesejob gekriegt hätte.

Eine Frau, die im Haus neben Mr. Timoney wohnt, sagt mir, ich verschwende nur meine Zeit, wenn ich an die Tür klopfe, Macushla hat den Briefträger, den Milchmann und eine Nonne, die gerade des Weges kam, gebissen, alles am selben Tag, und Mr. Timoney konnte gar nicht mehr aufhören zu lachen, aber als sie kamen und den Hund abholten, um ihn einzuschläfern, hat er geweint. Man kann nach Belieben Briefträger und Milchmänner beißen, aber der Fall mit der des Weges kommenden Nonne geht bis ganz nach oben zum Bischof, und er unternimmt Schritte, besonders wenn der Eigentümer des Hundes als Buddhist bekannt ist und eine Gefahr für die guten Katholiken ringsum darstellt. Dies wurde Mr. Timoney gesagt, und er hat so heftig geweint und gelacht, daß der Doktor kam und gesagt hat, er sei für immer hinüber, also haben sie ihn ins Städtische Heim gekarrt, wo sie alte Leute verwahren, die hilflos oder verrückt sind.

Das ist das Ende meiner Samstagssixpence, aber ich werde Mr. Timoney vorlesen, ob ich Geld dafür kriege oder nicht. Ich warte unten auf der Straße, bis die Frau von nebenan reingeht, ich klettere bei Mr. Timoney zum Fenster hinein, hole mir Gullivers Reisen und gehe meilenweit bis zum Städtischen Heim, damit er seine Vorlesestunde nicht verpaßt. Der Mann am Tor sagt, was? Du willst reinkommen und einem alten Mann vorlesen? Willst du mich vergackeiern? Hau ab, bevor ich die Wärter rufe.

Könnte ich das Buch vielleicht für jemanden hierlassen, der es dann Mr. Timoney vorliest?

Laß es hier. Laß es hier und laß mich um Jesu willen zufrieden. Ich werd's ihm hochschicken.

Und er lacht.

Mam sagt, was ist denn los mit dir? Warum bläst du Trübsal? Und ich sage ihr, wie Onkel Pat mich nicht mehr will und wie sie Mr. Timoney wegen Lachens ins Städtische Heim geschafft haben, nur weil Macushla den Briefträger, den Milchmann und eine des Weges kommende Nonne gebissen hat. Da lacht sie auch, und ich bin sicher, daß die Welt verrückt geworden ist. Sie sagt, ach, tut mir leid, wie schade, daß du gleich zwei Jobs verloren hast. Da kannst du auch wieder zur Bruderschaft gehen, dann haben wir nicht das Aufgebot oder, noch schlimmer, den Direktor, Pater Gorey, am Hals.

Declan sagt mir, ich soll direkt vor ihm sitzen, und wenn ich irgendwas Niederträchtiges mache, bricht er mir den Scheißhals, denn solang er Präfekt ist, wird er mich im Auge behalten, und kein kleiner Scheißer wie ich wird ihn um sein Leben im Linoleum prellen.

Mam sagt, das Treppensteigen macht ihr Mühe, und sie zieht mit ihrem Bett in die Küche. Sie lacht, ich komm zurück nach Sorrent, wenn die Wände feucht sind und der Regen unter der Tür reinschwappt. Die Schule ist aus, und sie kann so lange im Bett in der Küche bleiben, wie sie will, weil sie nicht für uns aufstehen muß. Dad macht Feuer an, kocht den Tee, schneidet das Brot, paßt auf, daß wir uns das Gesicht waschen, und sagt uns, wir sollen spielen gehen. Er läßt uns auch im Bett bleiben, wenn wir wollen, aber man will doch nicht im Bett bleiben, wenn keine Schule ist. Sobald wir aufwachen, sind wir bereit, auf die Gasse zu rennen und zu spielen.

Dann sagt er eines Tages im Juli, wir dürfen nicht runterkommen. Wir müssen hier oben bleiben und spielen.

Warum, Dad?

Darum. Spiel jetzt hier oben mit Malachy und Michael, und später könnt ihr runterkommen, wenn ich es euch sage.

Er stellt sich an die Tür, falls es uns einfallen sollte, treppab zu wandern. Wir heben unsere Decke mit den Füßen hoch in die Luft und tun, als wären wir in einem Zelt, Robin Hood und seine muntere Schar. Wir jagen Flöhe und zerquetschen sie zwischen den Daumennägeln.

Dann hört man den Schrei eines Babys, und Malachy sagt, Dad, hat Mam ein neues Baby gekriegt?

Och, aye, mein Sohn.

Ich bin älter, also sage ich Malachy, das Bett steht in der Küche, damit der Engel hinunterfliegen und das Baby auf der siebten Stufe lassen kann, aber Malachy versteht nichts, weil er erst acht ist und neun wird und ich nächsten Monat schon zehn werde.

Mam ist mit dem neuen Baby im Bett. Es hat ein großes, dickes Gesicht und ist überall rot. In der Küche ist eine Frau in Schwesterntracht, und wir wissen, daß sie da ist, um das Baby zu waschen, weil Babys von der langen Reise mit dem Engel immer dreckig sind. Wir wollen das Baby kitzeln, aber sie sagt, nein, nein, anschauen könnts ihr es, aber anfassen wollen wir es doch lieber nicht.

Wir wollen es nicht anfassen. So reden Krankenschwestern.

Wir sitzen am Tisch und trinken Tee und essen Brot und sehen unseren neuen Bruder an, aber er macht nicht mal die Augen auf, um zu uns zurückzusehen, also gehen wir spielen.

Nach ein paar Tagen steht Mam aus dem Bett auf und hält das Baby vor dem Herd auf dem Schoß. Er hat die Augen offen, und wenn wir ihn kitzeln, macht er ein gurgelndes Geräusch, sein Bauch wackelt, und wir lachen. Dad kitzelt ihn und singt ein schottisches Lied:

Oh, oh, bitte nicht mehr kitzeln, Jock,
Nicht mehr kitzeln, Jock.
Nicht mehr kitzeln,
Kitze katze itzeln,
Bitte nicht mehr kitzeln, Jock.

Dad hat Arbeit, deshalb kann Bridey Hannon Mam und das Baby besuchen, wann sie will, und ausnahmsweise sagt Mam uns nicht, wir sollen spielen gehen, damit sie über Geheimnisse reden können. Sie sitzen rauchend beim Feuer und sprechen über Namen. Mam sagt, sie mag die Namen Kevin und Sean, aber Bridey sagt, ach nein, davon gibt es zu viele in Limerick. Ogottogott, Angela, wenn du den Kopf zur Tür rausstreckst und rufst, Kevin oder Sean, Abendbrot! stürmt dir halb Limerick die Bude.

Bridey sagt, wenn sie einen Sohn hätte, was, so es Gott gefällt, eines Tages geschehen wird, nennt sie ihn Ronald, weil sie so für Ronald Coleman schwärmt, den man im Coliseum Cinema zu sehen kriegt. Oder Errol, ebenfalls ein wunderschöner Name, Errol Flynn.

Mam sagt, hör bloß auf mit so was, Bridey. Ich könnte nie den Kopf zur Tür hinausstrecken und sagen, Errol, Errol, Abendbrot. Da lachen sich ja alle kaputt über das arme Kind.

Ronald, sagt Bridey, Ronald. Er ist hinreißend.

Nein, sagt Mam, es muß was Irisches sein. Denn haben wir nicht all die Jahre dafür gekämpft? Wozu bekämpft man jahrhundertelang die Engländer, wenn wir unsere Kinder dann Ronald nennen?

Gott, Angela, du hörst dich ja schon an wie er selbst, mit seinem irischen Dies und seinem englischen Das.

Trotz- und alledem, Bridey, er hat recht.

Plötzlich keucht Bridey, Gott, Angela, da stimmt was nicht mit dem Kind.

Mam springt vom Stuhl auf, umarmt das Kind, stöhnt, ach Gott, Bridey, er erstickt.

Bridey sagt, ich hol schnell meine Mutter, rennt weg und ist eine Minute später mit Mrs. Hannon wieder da. Rizinusöl, sagt Mrs. Hannon. Habt ihr so was? Irgendein Öl. Lebertran? Her damit.

Sie gießt dem Baby Lebertran in den Mund, legt es auf den Bauch, drückt ihm auf den Rücken, dreht es wieder um, steckt ihm einen Löffel in den Hals und holt eine weiße Kugel heraus. Na bitte, sagt sie. Die Milch. Die sammelt sich an und wird hart in dem kleinen Hals, deshalb muß man den Klumpen mit irgendeinem Öl lockern.

Mam weint, Gott, ich hätte ihn beinah verloren. Das hätte ich nicht überlebt, das nicht.

Sie umklammert das Baby und weint und versucht, Mrs. Hannon zu danken.

Yerra, schon gut, Missus. Nehmen Sie das Kind und gehen Sie zurück in das Bett, denn ihr beiden habts einen großen Schock gehabt.

Während Bridey und Mrs. Hannon Mam ins Bett helfen, bemerke ich Blutstropfen auf Mams Stuhl. Verblutet meine Mutter? Ist es in Ordnung, wenn man sagt, seht mal, da ist Blut auf Mams Stuhl? Nein, man kann gar nichts sagen, weil sie immer Geheimnisse haben. Ich weiß, wenn man irgendwas sagt, sagen einem die Erwachsenen, egal, was gibt's denn da zu glotzen, geht dich nichts an, geh spielen.

Ich muß es für mich behalten, oder ich kann mit dem Engel sprechen. Mrs. Hannon und Bridey gehen, und ich setze mich auf die siebte Stufe. Ich versuche dem Engel zu sagen, daß Mam verblutet. Ich will, daß er zu mir sagt, nicht sollst du dich fürchten, aber die Stufe ist kalt, kein Licht, keine Stimme. Er ist bestimmt für alle Zeiten weg, und ich frage mich, ob das nicht sowieso normal ist, wenn man neun ist und zehn wird.

Mam verblutet nicht. Am nächsten Tag steht sie aus dem Bett auf und macht das Kind für die Taufe fertig und sagt zu Bridey, nie würde sie es sich verzeihen, wenn das Baby in den Limbus käme, einen Ort für ungetaufte Babys, wo es zwar schön und warm sein mag, aber doch immerhin ewig finster und keine Hoffnung auf Entrinnen, nicht mal am Jüngsten Tag.

Oma ist zum Helfen gekommen, und sie sagt, das stimmt, keinerlei Hoffnung im Himmel, wenn ein Kindlein nicht getauft ist.

Bridey sagt, das wäre aber ein sehr strenger Gott, wenn er so Sachen macht.

Er muß streng sein, sagt Oma, sonst würden doch alle Sorten von Babys plärren, daß sie in den Himmel wollen, Protestanten und alles, und warum sollen die reinkommen, nach allem, was sie uns achthundert Jahre lang angetan haben?

Die Babys waren das doch nicht, sagt Bridey. Die sind doch noch zu klein.

Würden sie aber, wenn man sie ließe, sagt Oma. Die sind darauf gedrillt.

Sie ziehen dem Baby das Kleid mit Limerick-Stickerei an, in dem wir alle getauft wurden. Mam sagt, wir dürfen alle mit in die Josephskirche, und wir sind aufgeregt, weil es hinterher Limonade und Rosinenbrötchen gibt.

Malachy sagt, Mam, wie heißt das Baby denn?

Alphonsus Joseph.

Die Wörter fliegen mir aus dem Mund, das ist ein blöder Name. Der ist ja nicht mal irisch.

Oma starrt mich mit ihren alten roten Augen feindselig an. Sie sagt, dem Bürschchen muß mal jemand ordentlich was aufs Maul verpassen. Mam haut mir eine runter, daß ich durch die Küche fliege. Mein Herz hämmert, und ich möchte weinen, aber ich kann nicht, weil mein Vater nicht da ist und ich jetzt der Mann in der Familie bin. Mam sagt, du gehst nach oben mit deinem großen Mund, und rühr dich nicht aus dem Zimmer.

Auf der siebten Stufe bleibe ich kurz stehen, aber sie ist immer noch kalt, kein Licht, keine Stimme.

Das Haus ist still, als alle in die Kapelle gegangen sind. Ich sitze oben und warte, klopfe mir die Flöhe von Armen und Beinen und hätte Dad gern bei mir und denke an meinen kleinen Bruder und seinen ausländischen Namen, Alphonsus, eine Heimsuchung von einem Namen.

Später sind unten Stimmen zu hören, und die Rede ist von Tee, Sherry Limonade, Rosinenbrötchen, und ist das Kind nicht der süßeste kleine Bursche von der Welt der kleine Alphie ausländischer Name aber trotz- und alledem trotz- und alledem die ganze Zeit keinen Mucks gemacht so friedfertig ist er Gott segne ihn mit dieser ihm innewohnenden Süße wird er ewig leben der kleine Schatz sieht seiner Mutter seinem Vater seiner Oma seinen kleinen Brüdern tot sind sie und dahin ähnlich wie gespuckt.

Mam ruft herauf, Frank, komm runter, es gibt Limonade und ein Rosinenbrot für dich.

Will ich nicht. Könnt ihr behalten.

Ich habe gesagt, komm auf der Stelle herunter, denn wenn ich diese Treppe hinaufsteigen muß, dann wärme ich dir den Hintern, daß du den Tag maledeien wirst.

Maledeien? Was ist maledeien?

Egal, was maledeien ist. Komm sofort hier herunter.

Ihre Stimme ist scharf, und maledeien klingt gefährlich. Ich werde hinuntergehen.

In der Küche sagt Oma, sehts euch das lange Gesicht an. Man sollte meinen, er freut sich über seinen kleinen Bruder, aber nein, ein Junge, der neun ist und zehn wird, ist immer ein rechter Kotzbrocken, und wenn jemand das beurteilen kann, dann ich, hatte ja schließlich zwei von der Sorte.

Die Limonade und das Rosinenbrötchen sind köstlich, und Alphie, das neue Baby, zwitschert fröhlich und genießt seine Taufe und ist zu unschuldig, um zu wissen, daß sein Name eine Heimsuchung ist.

Opa im Norden schickt telegrafisch fünf Pfund für das Baby Alphie. Mam will das Geld abholen, aber sie kann sich noch nicht weit genug vom Bett entfernen. Dad sagt, er holt es auf dem Postamt ab. Sie sagt Malachy und mir, wir sollen mitgehen. Er kriegt das Geld und sagt zu uns, gut, Jungs, geht nach Hause und sagt eurer Mutter, ich bin in ein paar Minuten zu Hause.

Malachy sagt, Dad, du wirst nicht in die Kneipe gehen. Mam hat gesagt, du sollst das Geld nach Hause bringen. Du wirst die Pint nicht trinken.

Na na, mein Sohn. Geht nach Hause zu eurer Mutter.

Dad, gib uns das Geld. Dieses Geld ist für das Baby.

Jetzt sei kein unartiger Junge, Francis. Tu, was dein Vater dir sagt.

Er geht weg von uns und in South's Pub.

Mam sitzt mit Alphie in den Armen beim Feuer. Sie schüttelt den Kopf. Er ist in die Kneipe gegangen, stimmt's?

Stimmt.

Ich möchte, daß ihr zurück in diese Kneipe geht und ihn

da herausholt. Ich möchte, daß ihr euch mitten in die Kneipe stellt und jedermann erzählt, daß euer Vater das Geld für das Baby vertrinkt. Ihr sollt der Welt berichten, daß es in diesem Hause keinen Bissen zu essen gibt, keinen Klumpen Kohle, um das Feuer zu entfachen, keinen Tropfen Milch für die Flasche des Babys.

Wir gehen wieder los, und Malachy übt, so laut er kann, die Rede, Dad, Dad, die fünf Pfund sind für das neue Baby Sie sind nicht für Getränke. Oben liegt das Kind im Bett und plärrt und brüllt nach seiner Milch, und du trinkst die Pint.

In South's Pub ist er nicht mehr. Malachy will sich trotzdem aufstellen und seine Rede halten, aber ich sage ihm, wir müssen uns beeilen und in anderen Kneipen nachsehen, bevor Dad die ganzen fünf Pfund vertrunken hat. In den anderen Kneipen können wir ihn auch nicht finden. Er weiß, daß Mam ihn suchen kommt oder uns schickt, und an diesem Ende von Limerick und in der ganzen Gegend gibt es so viele Kneipen, daß wir einen Monat lang suchen könnten. Wir müssen Mam sagen, daß wir keine Spur von ihm gesehen haben, und sie sagt uns, wir sind zu rein gar nichts zu gebrauchen. Ach Gott, hätte ich doch meine Kraft, dann würde ich jede Kneipe in Limerick absuchen. Ich würde ihm den Mund aus dem Kopf reißen, aber ja. Los, geht wieder hin und sucht alle Kneipen um den Bahnhof herum ab, und versucht es auch in Naughton's Fisch-mit-Fritten-Bude.

Ich muß alleine gehen, weil Malachy Dünnpfiff hat und sich nicht weit genug vom Eimer entfernen kann. Ich suche alle Kneipen in der Parnell Street und Umgebung ab. Ich kucke sogar in den kleinen Abteilen, wo die Frauen trinken, und in den Männerklos nach. Ich habe Hunger, aber ich habe Angst, nach Hause zu gehen, bevor ich meinen Vater gefunden habe. Er ist nicht in Naughton's Fisch-mit-Fritten-Bude, aber an einem Tisch in der Ecke schläft ein betrunkener Mann, und sein Fisch und seine Fritten liegen, in ihren Limerick Leader gewickelt, auf dem Fußboden, und wenn ich sie mir nicht hole, holt sie sich die Katze, also stecke ich sie mir unter den Pullover, und schon bin ich wieder zur Tür hinaus und schnell die Straße hoch und setze mich auf die Treppe beim Bahnhof und beobachte die betrunkenen Soldaten, die mit kichernden Mädchen vorübergehen, und danke im Geiste dem betrunkenen Mann, weil er den Fisch und die Fritten in Essig ertränkt und mit Salz beschichtet hat, und dann fällt mir ein, daß ich, wenn ich heute abend sterbe, im Stand der Sünde bin, weil ich gestohlen habe, und mit Fisch und Fritten vollgestopft direkt zur Hölle fahren könnte, aber es ist Samstag, und falls die Priester noch in den Beichtstühlen sitzen, kann ich gleich nach dem Essen meine Seele reinwaschen.

Die Dominikanerkirche ist gleich hier ein Stück weiter in der Glentworth Street.

Segnen Sie mich, Vater, denn ich habe gesündigt, meine letzte Beichte liegt vierzehn Tage zurück. Ich sage ihm die üblichen Sünden und dann, ich habe einem betrunkenen Mann Fisch mit Fritten gestohlen.

Warum, mein Kind?

Ich hatte Hunger, Herr Pfarrer.

Und warum hattest du Hunger?

Ich hatte nichts im Bauch, Herr Pfarrer.

Er sagt nichts, und obwohl es dunkel ist, weiß ich, daß er den Kopf schüttelt. Mein liebes Kind, warum kannst du nicht nach Hause gehen und deine Mutter um etwas zu essen bitten?

Weil sie mich losgeschickt hat, damit ich meinen Vater in den Kneipen suche, Herr Pfarrer, und ich konnte ihn nicht finden, und sie hat keinen Bissen im Hause, weil er die fünf Pfund vertrinkt, die Opa aus dem Norden für das neue Baby geschickt hat, und jetzt tobt sie vor dem Kamin, weil ich meinen Vater nicht finden kann.

Ich frage mich, ob dieser Priester schläft, weil er so still ist, aber dann sagt er, mein Kind, ich sitze hier. Ich höre die Sünden der Armen. Ich beschließe die Buße, ich gebe Absolution. Ich sollte niederknien und ihnen die Füße waschen. Verstehst du mich, mein Kind?

Ich sage, ich verstehe ihn, aber ich verstehe ihn gar nicht.

Geh nach Hause, Kind. Bete für mich.

Keine Buße, Herr Pfarrer?

Nein, mein Kind.

Ich habe Fisch mit Fritten gestohlen. Ich bin verloren.

Dir ist vergeben. Geh. Bete für mich.

Er segnet mich in Latein, spricht mit sich selbst auf englisch, und ich frage mich, was ich ihm angetan habe.

Wenn ich nur meinen Vater finden könnte, damit ich zu Mam sagen könnte, hier ist er, und er hat noch drei Pfund in der Tasche. Weil ich jetzt keinen Hunger mehr habe, kann ich die O'Connell Street auf der einen Seite hoch- und auf der anderen Seite wieder runtergehen und auch die Kneipen in den Seitenstraßen absuchen, und da ist er, bei Gleeson's, eigentlich gar nicht zu überhören:

> Nur mich geht's was an, und niemand soll lachen,
> Wenn die Mädchen mir schöne Augen machen,
> Und nur mir soll es nutzen, nur mir soll es frommen,
> Wenn grü-hün die Täler von Antrim mich heißen
> willkommen.

Das Herz hämmert mir in der Brust, und ich weiß nicht, was ich machen soll, denn ich weiß, daß ich innerlich genauso tobe wie meine Mutter beim Feuer, und ich kann nur an eins denken: hineinrennen, ihm ordentlich ans Bein treten und wieder rausrennen, aber das tue ich nicht, denn wir haben ja auch die Vormittage am Feuer, wenn er mir von Cuchulain und De Valera und Roosevelt erzählt, und wenn er jetzt betrunken ist und vom Geld des Babys Pints spendiert, hat er die gleichen Augen wie Eugene, als er Oliver suchte, und ich kann auch gleich nach Hause gehen und meine Mutter anlügen, daß ich ihn nicht gesehen habe und ihn nicht finden konnte.

Sie ist mit dem Baby im Bett. Malachy und Michael schlafen oben in Italien. Ich weiß, ich brauche Mam gar nichts zu sagen, denn bald, wenn die Kneipen schließen, wird er singend nach Hause kommen und uns einen Penny anbieten, wenn wir für Irland sterben, und von jetzt an wird es anders sein, denn es ist schon schlimm genug, wenn ein Mann das Stempelgeld oder den Lohn vertrinkt, aber ein Mann, der das Geld für ein neues Baby vertrinkt, der ist tiefer gesunken als tief, wie meine Mutter sagen würde.

8

Ich bin zehn Jahre alt und werde bald in der Josephskirche gefirmt. In der Schule bereitet uns der Lehrer, Mr. O'Dea, darauf vor. Wir müssen alles über die alleinheiligmachende Gnade wissen, eine Perle von hohem Preis, für uns durch Jesum in Seinem Sterben erkauft. Mr. O'Dea rollt mit den Augen in seinem Kopf, als er uns sagt, daß wir mit der Firmung teilhaben werden am Göttlichen Wesen. Die sieben Gaben des Heiligen Geistes werden wir haben: die Gabe der Weisheit und des Verstandes, die Gabe des Rates und der Stärke, die Gabe der Wissenschaft und der Frömmigkeit und der Furcht des Herrn. Priester und Lehrer sagen uns, die Firmung bedeutet, daß man ein echter Soldat der Kirche ist, und damit hat man dann das Recht, zu sterben und Märtyrer zu werden, falls wir von Protestanten oder Mohammedanern oder jeder anderen Sorte von Heiden überfallen werden. Noch mehr Gesterbe. Ich möchte ihnen sagen, daß ich für den Glauben nicht werde sterben können, weil ich bereits dafür gebucht bin, daß ich für Irland sterbe.

Mikey Molloy sagt, machst du Witze? Das mit dem Für-den-Glauben-Sterben ist der reine Humbug. Das ist nur einer von ihren Sprüchen, damit man Angst kriegt. Und für Irland auch. Niemand stirbt mehr für irgendwas. Ich sterbe bestimmt nicht für Irland oder für den Glauben. Vielleicht sterbe ich für meine Mutter, aber das ist auch schon alles.

Mikey weiß Bescheid. Er ist vierzehn. Er hat die Anfälle. Er hat Visionen.

Die Großen sagen uns, es ist herrlich, für seinen Glauben zu sterben, aber dazu sind wir noch nicht bereit, denn am Tage der Firmung macht man wie am Tage der hl. Erstkommunion die Runden in der Nachbarschaft und kriegt Kekse und Süßigkeiten und Geld – die Kollekte.

Und hier kommt nun der arme Peter Dooley ins Spiel. Wir nennen ihn Quasimodo, weil er so einen Klotz auf dem Rücken hat, genau wie der Glöckner von Notre-Dame, der, wie wir wissen, in Wirklichkeit Charles Laughton heißt.

Quasimodo hat neun Schwestern, und es wird allgemein gesagt, daß seine Mutter ihn gar nicht wollte, aber der Engel hat ihn nun mal zu ihr gebracht, und es ist eine Sünde, nicht anzunehmen, was einem geschickt wird. Quasimodo ist alt, er ist schon fünfzehn. Seine roten Haare stehen ihm nach allen Seiten vom Kopf ab. Er hat zwei grüne Augen, aber eins rollt so sehr in seinem Kopf herum, daß er sich ständig gegen die Schläfe schlägt, um es unter Kontrolle zu kriegen. Sein rechtes Bein ist kurz und nach innen gedreht, und wenn er geht, ist das wie ein kleiner Tanz, rundherum mit Wechselschritt, und man weiß nie, wann er hinfallen wird. Und da staunt man dann. Er verflucht sein Bein, er verflucht die Welt, aber er flucht mit einem wunderschönen englischen Akzent, den er aus dem Radio hat, von der BBC. Bevor er das Haus verläßt, steckt er immer den Kopf zur Tür heraus und sagt an, das ist mein Kopf, der Arsch kommt erst noch. Als er zwölf war, beschloß Quasimodo, daß es für ihn, so wie er aussah und so wie die Welt ihn ansah, das beste wäre, sich auf einen Job vorzubereiten, bei dem man ihn hören, aber nicht sehen konnte, und was ist da besser, als hinter einem Mikrofon bei der BBC in London zu sitzen und die Nachrichten zu verlesen?

Aber ohne Geld schafft man es nicht bis London, und deshalb kommt er an dem Freitag vor unserer Firmung zu uns getanzt. Er hat eine Idee für Billy und mich. Er weiß, daß wir am nächsten Tag Firmungsgeld kriegen, und wenn wir ein Abkommen unterzeichnen, in welchem wir versprechen, daß jeder ihm einen Shilling zahlt, läßt er uns abends am Abflußrohr hinter seinem Haus hochklettern, damit wir ins Fenster kucken und die nackten Leiber seiner Schwestern betrachten können, während sie ihre wöchentliche Waschung vornehmen. Ich unterschreibe sofort. Billy sagt, ich habe meine eigene Schwester. Warum soll ich Geld ausgeben, um deine nackten Schwestern zu betrachten?

Quasimodo sagt, den nackten Leib der eigenen Schwester zu betrachten, ist die schlimmste Sünde von allen, und er weiß nicht, ob es auf der ganzen Welt auch nur einen einzigen Priester gibt, der einem das vergeben kann, daß Billy damit womöglich bis zum Bischof gehen muß, und jeder weiß, was einen da erwartet.

Billy unterschreibt.

Freitag abend klettern wir über die Mauer von Quasimodos Hinterhof. Es ist eine herrliche Nacht, der Junimond steht hoch über Limerick, und vom Shannon her spürt man eine warme Brise. Quasimodo will Billy Campbell gerade das Abflußrohr hinauflassen, als niemand anderer als Mikey-der-Anfall höchstpersönlich über die Mauer gekraxelt kommt, und Mikey-der-Anfall zischt Quasimodo zu, hier hast du einen Shilling, Quasimodo. Ich will die Röhre rauf. Mikey Molloy ist größer als wir alle und stark, weil er als Kohlenträger arbeitet. Er ist schwarz von der Kohle wie Onkel Pa Keating, und man kann nur das Weiße seiner Augen und den weißen Schaum auf seiner Unterlippe sehen, was bedeutet, daß er immer kurz vor einem Anfall steht.

Quasimodo sagt, warte, Mikey. Die sind zuerst dran. Warten am Arsch, sagt Mikey, und schon ist er das Abflußrohr hoch. Billy beschwert sich, aber Quasimodo schüttelt den Kopf. Ich kann nichts machen. Er kommt jede Woche mit dem Shilling. Ich muß ihn rauflassen, sonst verhaut er mich und sagt es meiner Mutter, und als nächstes sperrt sie mich den ganzen Tag zu den Ratten in den Kohlenkasten. Mikey hält sich mit einer Hand am Rohr fest. Die andere Hand ist in seiner Hosentasche und wackelt und wackelt, und als das Abflußrohr als solches ebenfalls zu wackeln und zu knarren beginnt, zischt Quasimodo, Molloy, am Rohr wird nicht gewichst. Er hüpft auf dem Hof herum und keckert. Sein BBC-Akzent ist weg, und er spricht reinstes Limerick. Jesusnochmal, Molloy, komm runter von dem Rohr, sonst, sonst sag ich's meiner Mutter. Mikeys Hand wird noch schneller in der Hosentasche, so schnell, daß das Rohr einen Ruck macht, und dann geht es endgültig von der Wand ab, und Mikey hängt am Rohr wie ein Stabhochspringer und schwingt über den Hinterhof, und dann bricht das Rohr, und Mikey landet mit dem Rücken auf dem Hof, jault, ich bin tot. Ich bin zerschmettert. O Gott. Man kann den Schaum vor seinem Mund sehen, und Blut ist auch dabei, weil er sich auf die Zunge gebissen hat.

Die Hintertür wird aufgerissen, auf dem Hof wird es hell, Quasimodos Mutter kreischt, um Jesu und des Himmels willen! und die Schwestern gackern aus dem Fenster im ersten Stock heraus. Billy versucht, über die Mauer zu entkommen, aber Quasimodos Mutter zerrt ihn wieder herunter. Sie sagt ihm, er soll zu O'Connor, dem Apotheker um die Ecke, laufen, damit der einen Krankenwagen oder einen Arzt oder irgendwas anderes für Mikey besorgt. Uns brüllt sie an, wir sollen machen, daß wir in die Küche kommen. Ihren Sohn befördert sie mit einem Tritt in die Diele. Er ist auf Händen und Knien, und sie zerrt ihn zum Kohlenkasten unter der Treppe und sperrt ihn ein. Da bleibst du, bis du wieder bei Sinnen bist.

Er weint und jammert sie in glockenreinem Limerick-Akzent an. Ach, Mama, Mama, laß mich raus. Hier sind die Ratten.

Ich will doch nur zur BBC, Mama. Ach lieber Jesus, ach liebe Mama, ach Jesus. Ich laß auch nie wieder einen die Röhre hoch. Ich schick dir auch immer Geld aus London, Mama.

Mama!

Draußen im Hinterhof liegt Mikey immer noch auf dem Rücken, er hat einen seiner Anfälle, strampelt und zuckt und schäumt aus dem Mund, bis er mit einer gebrochenen Schulter und einer zerfetzten Zunge ins Krankenhaus gebracht wird.

Unsere Mütter sind in Null Komma nix da. Mrs. Dooley sagt, ich bin in Unehre gefallen, jawohl, in Unehre. Meine Töchter können sich nicht mal an einem Freitagabend waschen, ohne daß die ganze Welt ins Fenster glotzt, und diese Buben da sind im Stande der Sünde und sollten ganz schnell zum Priester gebracht werden, damit sie beichten, bevor sie morgen Firmung haben.

Aber Mam sagt, ich weiß nicht, wie das mit dem Rest der Welt ist, aber ich habe das ganze Jahr auf Franks Firmungsanzug gespart, und ich geh doch jetzt nicht zum Priester, um mir erzählen zu lassen, daß mein Sohn noch nicht reif für die Firmung ist, damit ich noch ein Jahr warten kann, und dann ist er aus dem Anzug rausgewachsen, und das alles nur, weil er eine Regenröhre hochgeklettert ist, um einen unschuldigen Blick auf den hageren Arsch von Mona Dolley zu werfen.

Sie zerrt mich am Ohr nach Hause, und ich muß vor dem Papst niederknien. Schwöre, sagt sie, schwöre beim Papst, daß du Mona Dooleys hageren Arsch nie gesehen hast.

Ich schwöre.

Wenn du lügst, bist du morgen bei deiner Firmung nicht im Stande der Gnade, und das ist das schlimmste Sakrileg.

Ich schwöre.

Nur der Bischof höchstpersönlich kann dich von einem solchen Sakrileg lossprechen.

Ich schwöre.

Na gut. Geh jetzt ins Bett, und vom heutigen Tage an machst du einen großen Bogen um diesen Unglücksraben Quasimodo Dooley.

Am nächsten Tag werden wir alle gefirmt. Der Bischof stellt mir eine Frage aus dem Kathezismus, wie lautet das fünfte Gebot? und ich sage, du sollst deinen Vater und deine Mutter ehren. Er klopft mir auf die Backe, und jetzt bin ich ein Soldat der wahren Kirche. Ich knie da und denke an Quasimodo, der im Kohlenkasten unter der Treppe schmachtet, und ich frage mich, sollte ich ihm den Shilling für seine Karriere bei der BBC nicht doch geben?

Aber ich vergesse Quasimodo völlig, weil ich Nasenbluten kriege und mir schwindlig wird. Die Firmlinge, Knaben und Mädchen, stehen mit ihren Eltern vor der Josephskirche, überall wird geherzt und geküßt, die Sonne scheint, und mir ist es egal. Meine Mutter küßt mich, und mir ist es egal. Die Jungens sprechen über die Kollekte, und mir ist es egal. Meine Nase hört nicht auf zu bluten, und Mam macht sich Sorgen, daß ich mir den Anzug ruiniere. Sie rennt in die Kirche, um Stephen Carey, den Sakristan, zu fragen, ob er ihr einen Lumpen oder irgendein Stück Leinewand borgen kann, wovon ich dann eine wunde Nase kriege. Sie sagt, willst du jetzt deine Kollekte machen? und ich sage ihr, daß es mir egal ist. Malachy sagt, mach doch, mach doch, Frankie, und er ist traurig, weil ich ihm versprochen habe, daß ich ihn ins Lyric Cinema mitnehme, damit wir uns den Film ansehen und uns mit Süßigkeiten vollstopfen. Ich möchte mich hinlegen. Ich könnte mich hier auf den Stufen der Josephskirche hinlegen und immer nur schlafen. Mam sagt, Oma macht ein schönes Frühstück, und von dem Wort Frühstück wird mir so übel, daß ich an den Kantstein renne und mich übergebe, und die ganze Welt starrt mich an, und mir ist es egal. Mam sagt, sie bringt mich lieber ins Bett, und meine Kumpels staunen, wie jemand ins Bett gehen kann, wenn eine Kollekte winkt.

Sie hilft mir aus meinem Firmungsanzug und bringt mich ins Bett. Sie macht ein Tuch naß und legt es mir unter den Nacken, und irgendwann hört das Bluten auch tatsächlich auf. Sie bringt mir Tee, aber von dem Anblick wird mir schlecht, und ich muß mich in den Eimer übergeben. Mrs. Hannon kommt von nebenan, und ich kann hören, wie sie sagt, das ist ein sehr krankes Kind, und es braucht einen Arzt. Mam sagt, es ist Samstag, die Armenapotheke ist zu, und woher wollen wir jetzt einen Arzt kriegen?

Dad kommt von der Arbeit in Rank's Getreidemühle nach Hause und sagt Mam, ich bin jetzt in dem Alter, das sind Wachstumsschmerzen. Oma kommt an und sagt dasselbe. Wenn Jungs vom einstelligen Jahr, das ist neun, zum zweistelligen Jahr, das ist zehn, überwechseln, verändern sie sich und neigen zum Nasenbluten. Sie sagt, vielleicht habe ich sowieso zuviel Blut in mir, und so was putzt mal aus und schadet mir nicht den allerkleinsten Fitz.

Der Tag vergeht, mal schlafe ich ein, mal wache ich wieder auf. Malachy und Michael kommen am Abend ins Bett, und ich kann hören, wie Malachy sagt, Frankie ist sehr heiß. Michael sagt, er blutet mir aufs Bein. Mam legt mir das nasse Tuch auf die Nase und einen Schlüssel auf den Hals, aber davon hört das Bluten nicht auf. Am Sonntag morgen habe ich Blut auf der Brust und überall. Mam sagt Dad, ich blute auch aus dem Po, und er sagt, vielleicht habe ich Dünnpfiff, und das ist bei Wachstumsschmerzen normal.

Dr. Troy ist unser Arzt, aber er ist in Urlaub und verreist, und der Mann, der mich am Montag untersuchen kommt, riecht nach Whiskey Er untersucht mich und sagt, ich habe eine schwere Erkältung und soll im Bett bleiben. Tage vergehen, und ich schlafe und blute. Mam macht Tee und Fleischbrühe, und ich will nichts. Sie bringt sogar Eiskrem, und von dem Anblick wird mir schlecht. Mrs. Hannon kommt noch mal und sagt, dieser Arzt hat doch keine Ahnung, seht mal, ob Dr. Troy wieder da ist.

Mam kommt mit Dr. Troy. Er befühlt meine Stirn, zieht meine Augenlider hoch, dreht mich um und betrachtet meinen Rücken, schnappt mich und rennt zu seinem Auto. Mam rennt ihm nach, und er sagt ihr, ich habe Typhus. Mam schreit, o Gott, o Gott, soll ich denn die ganze Familie verlieren. Wird das je ein Ende haben? Sie steigt ins Auto, hält mich auf dem Schoß und stöhnt während der ganzen Fahrt zum Fieberhospital des Städtischen Heims vor sich hin.

Das Bett hat kühle weiße Laken. Die Krankenschwestern haben saubere weiße Uniformen, und die Nonne, Schwester Rita, ist ganz in Weiß. Dr. Humphrey und Dr. Campbell haben weiße Kittel, und vom Hals baumeln ihnen Dinger, die sie mir gegen die Brust und überallhin drücken. Ich schlafe und schlafe, aber ich bin wach, als sie Gläser mit knallrotem Zeug bringen, die an langen Stangen über meinem Bett hängen, und sie stecken mir Schläuche in die Fußgelenke und in den rechten Handrücken. Schwester Rita sagt, du bekommst Blut, Francis. Soldatenblut aus der Sarsfield-Kaserne.

Mam sitzt am Bett, und die Schwester sagt, wissen Sie was, Missis, das ist sehr ungewöhnlich. Niemand darf ins Fieberhospital, wegen der Ansteckungsgefahr, aber bei Ihnen haben sie eine Ausnahme gemacht, weil bei ihm jetzt die Krise kommt. Wenn er das übersteht, wird er bestimmt wieder gesund.

Ich schlafe ein. Mam ist weg, als ich aufwache, aber es ist Bewegung im Raum, und es ist der Priester, Pater Corey von der Bruderschaft, der an einem Tisch in der Ecke die Messe liest. Ich nicke wieder ein, und jetzt wecken sie mich und ziehen mir die Bettdecke weg. Pater Gorey berührt mich mit Öl und betet auf lateinisch. Ich weiß, daß das die Letzte Ölung ist, und das bedeutet, daß ich sterben werde, und es ist mir egal. Wieder wecken sie mich, damit ich die Kommunion empfange. Ich will es nicht, ich habe Angst, mir wird schlecht. Ich lasse die Oblate auf der Zunge und schlafe ein, und als ich wieder aufwache, ist sie weg.

Es ist dunkel, und Dr. Campbell sitzt an meinem Bett. Er hält mein Handgelenk und sieht auf seine Uhr. Er hat rotes Haar und eine Brille, und er lächelt immer, wenn er mit mir spricht. Jetzt sitzt er nur so da und summt und sieht aus dem Fenster. Die Augen fallen ihm zu, und er schnarcht ein bißchen. Er sinkt auf dem Stuhl ein wenig zur Seite und furzt und lächelt still, und ich weiß jetzt, daß es mir wieder bessergehen wird, denn ein Arzt würde nie in Gegenwart eines sterbenden Jungen furzen.

Schwester Ritas weißer Habit strahlt in der Sonne, die durchs Fenster scheint. Sie hält mein Handgelenk, sieht auf ihre Uhr und lächelt. Oh, sagt sie, wir sind ja wach, stimmt's? Nun, Francis, ich glaube, das Schlimmste haben wir überstanden. Unsere Gebete wurden erhört, unsere ebenso wie die Gebete von Hunderten kleiner Buben in der Bruderschaft. Kannst du dir das vorstellen? Hunderte von Buben, die für dich den Rosenkranz beten und ihre Kommunion darbringen.

Meine Fußgelenke und mein Handrücken pochen von den Schläuchen, die das Blut bringen, und daß Jungens für mich beten, ist mir egal. Ich kann das Rascheln von Schwester Ritas Habit und das Klicken ihrer Rosenkranzperlen hören, als sie das Zimmer verläßt. Ich schlafe ein, und als ich aufwache, ist es dunkel, und Dad sitzt am Bett, und seine Hand liegt auf meiner Hand.

Sohn, bist du wach.

Ich versuche zu sprechen, aber ich bin ausgetrocknet, nichts will herauskommen, und ich zeige auf meinen Mund.

Er hält mir ein Glas Wasser an die Lippen, und das Wasser ist süß und kühl. Er drückt meine Hand und sagt, ich bin ein wackerer alter Soldat, und warum auch nicht? Habe ich etwa kein Soldatenblut in mir?

Die Schläuche stecken nicht mehr in mir drin, und die Gläser sind auch weg.

Schwester Rita kommt rein und sagt Dad, er muß gehen. Ich will nicht, daß er geht, weil er traurig aussieht. Er ist wie Paddy Clohessy an dem Tag, als ich ihm die Rosine geschenkt habe. Wenn er traurig aussieht, ist das das Schlimmste auf der Welt, und ich fange an zu weinen. Na, was ist das denn? sagt Schwester Rita. Weinen? Und das mit all dem Soldatenblut in deinen Adern? Morgen gibt es eine große Überraschung für dich, Francis. Das errätst du nie. Na schön, ich werd's dir sagen, zum Frühstück gibt es morgen einen schönen Keks zum Tee. Ist das nicht eine Freude? Und in ein, zwei Tagen kommt auch dein Vater wieder zu Besuch, stimmt's, Mr. McCourt?

Dad nickt und legt wieder seine Hand auf meine Hand. Er sieht mich an, geht ein paar Schritte weg, bleibt stehen, kommt zurück, küßt mich zum erstenmal in meinem Leben auf die Stirn, und ich bin so froh, daß ich aus dem Bett schweben könnte.

Die anderen beiden Betten in meinem Zimmer sind leer. Die Schwester sagt, ich bin der einzige Typhuspatient, und ich bin ein Wunder, weil ich die Krise überstanden habe.

Das Zimmer nebenan ist auch leer, bis eines Morgens eine Mädchenstimme sagt, huhu, wer ist da?

Ich bin nicht sicher, ob sie mit mir oder mit jemandem im übernächsten Zimmer spricht.

Huhu, Junge mit dem Typhus, bist du wach?

Ja.

Geht es dir besser?

Ja.

Und warum bist du dann noch hier?

Ich weiß nicht. Ich liege immer noch im Bett. Sie stecken Nadeln in mich rein und geben mir Medizin.

Wie siehst du aus?

Ich frage mich, was ist denn das für eine Frage? Ich weiß nicht, was ich ihr sagen soll.

Huhu, bist du da, Typhusjunge?

Ja.

Wie heißt du?

Frank.

Das ist ein guter Name. Ich heiße Patricia Madigan. Wie alt bist du?

Zehn.

Oh. Sie klingt enttäuscht.

Aber im August werde ich elf. Nächsten Monat.

Na, immerhin besser als zehn. Ich werde im September vierzehn. Willst du wissen, warum ich im Fieberhospital bin?

Ja.

Ich habe Diphtherie und noch was.

Was ist noch was?

Das wissen sie nicht. Sie glauben, ich habe eine Krankheit aus dem Ausland, weil mein Vater früher in Afrika war. Ich bin fast gestorben. Sagst du mir nun, wie du aussiehst?

Ich habe schwarze Haare.

Millionen andere Leute auch.

Ich habe braune Augen mit einem bißchen Grün drin, und das nennt man haselnußbraun.

Tausende andere Leute auch.

Ich habe Stiche am rechten Handrücken und an den Füßen, wo sie Soldatenblut eingefüllt haben.

O Gott, tatsächlich?

Ja.

Dann kannst du ja gar nicht mehr aufhören mit Marschieren und Salutieren.

Man hört das Rascheln eines Habits und das Klicken von

Perlen und dann Schwester Ritas Stimme. Na na, was ist denn das? Es sollen keine Gespräche zwischen zwei Zimmern geführt werden, schon gar nicht, wenn es sich um einen Buben und ein Mädchen handelt. Hörst du, Patricia?

Ja, Schwester.

Hörst du, Francis?

Ja, Schwester.

Ihr könntet alle beide Gott danksagen für eure bemerkenswerte Heilung. Ihr könntet den Rosenkranz beten. Ihr könntet den Kleinen Boten vom Allerheiligsten Herzen lesen, der auf eurem Nachttisch liegt. Wenn ich zurückkomme, will ich euch nicht wieder beim Schwatzen erwischen.

Sie kommt in mein Zimmer und wackelt mit dem Zeigefinger. Besonders du, Francis, nachdem Tausende von Buben für dich in der Bruderschaft gebetet haben. Sage Dank, Francis, sage Dank.

Sie geht weg, und dann ist erst mal Stille. Dann flüstert Patricia, sage Dank, Francis, sage Dank und bete deinen Rosenkranz, und ich muß so sehr lachen, daß eine Krankenschwester reingelaufen kommt, um zu sehen, ob mir was fehlt. Sie ist eine sehr strenge Krankenschwester aus der Grafschaft Kerry, und sie macht mir angst. Was ist hier los, Francis? Gelächter? Was gibt es denn zu lachen? Sprichst du etwa mit der kleinen Madigan? Ich werde dich Schwester Rita melden. Es darf in keiner Weise gelacht werden, denn deine inneren Organe könnten ernsten Schaden nehmen.

Sie zockelt ab, und Patricia flüstert wieder, diesmal mit schwerem Kerry-Akzent, in keiner Weise lachen, Francis, sonst nehmen deine inneren Organe ernsten Schaden.

Sprich deinen Rosenkranz, Francis, und bete für deine inneren Organe.

Mam besucht mich an Donnerstagen. Meinen Vater würde ich auch gern sehen, aber ich bin außer Gefahr, die Krise ist vorbei, und mir ist nur ein Besucher gestattet. Außerdem, sagt sie, arbeitet er jetzt wieder in Rank's Getreidemühle, und, so Gott will, wird er diesen Job auch noch ein Weilchen behalten, wo doch Krieg ist und die Engländer verzweifelt Mehl brauchen. Sie bringt mir eine Tafel Schokolade mit, und das beweist, daß Dad Arbeit hat. Vom Stempelgeld könnte sie sich das nie leisten. Er schickt mir kleine Mitteilungen. Er teilt mir mit, daß meine Brüder für mich beten, daß ich ein braver Junge sein soll, den Ärzten, den Nonnen, den Krankenschwestern gehorchen und nicht vergessen soll, meine Gebete zu sprechen. Er ist sicher, daß der heilige Judas mir geholfen hat, die Krise zu überstehen, denn er ist der Schutzheilige der verzweifelten Fälle, und ich war ja tatsächlich ein verzweifelter Fall.

Patricia sagt, sie hat zwei Bücher auf ihrem Nachttisch. Eins ist ein Buch mit Gedichten, und das Buch liebt sie. Das andere ist eine kurze Geschichte Englands, und ob ich die haben möchte? Sie gibt sie Seumas, dem Mann, der jeden Tag die Fußböden wischt, und er bringt es mir. Er sagt, ich darf ja nichts aus einem Diphtheriezimmer in ein Typhuszimmer bringen, wo doch die ganzen Bazillen herumfliegen und sich zwischen den Seiten verstecken, und wenn du jemals zusätzlich zu deinem Typhus auch noch Diphtherie kriegst, wissen sie gleich Bescheid, und ich verliere meinen guten Job und lande auf der Straße, wo ich mit einer Blechtasse in der Hand patriotische Lieder singen muß, was mir allerdings leichtfallen würde, denn es ist noch kein Lied über Irlands Leiden geschrieben worden, das ich nicht kenne, plus noch ein paar Lieder über die Freuden des Whiskeys.

O ja, Roddy McCorley kennt er. Auf der Stelle singt er es mir vor, aber kaum hat er mit der ersten Strophe angefangen, als die Krankenschwester aus Kerry reingerauscht kommt. Was ist denn das, Seumas? Gesinge? Von allen Personen in diesem Krankenhaus sollten Sie die Regeln gegen das Singen am besten kennen. Ich hätte nicht übel Lust, Sie Schwester Rita zu melden.

Ach Gott, tun Sie das nicht, Schwester.

Nun gut, Seumas. Für diesmal werde ich es durchgehen lassen. Sie wissen doch, daß Gesang bei diesen Patienten zum Rückfall führen kann.

Als sie geht, flüstert er, er wird mir ein paar Lieder beibringen, denn Singen ist der beste Zeitvertreib, wenn man ganz allein in einem Typhuszimmer liegt. Er sagt, Patrcia ist ja so ein liebes Mädchen, wie sie ihm oft von ihren Pralinen aus der Schachtel, die ihr ihre Mutter alle vierzehn Tage schickt, abgibt. Er hört mit Wischen auf und ruft Patricia nebenan zu, ich sag grad zu Frankie, was du für ein liebes Mädchen bist, und sie sagt, du bist ein lieber Mann, Seumas. Er lächelt, weil er ein alter Mann von vierzig Jahren ist, und er hatte nie Kinder, außer denen, mit denen er hier im Fieberhospital sprechen kann. Er sagt, hier ist das Buch, Frankie. Ist es nicht sehr schade, daß du, nach allem, was sie uns angetan haben, alles über England lesen mußt, daß keine Geschichte Irlands in diesem Krankenhaus zu haben ist.

Das Buch berichtet mir alles über König Alfred und Wilhelm den Eroberer und alle Könige und Königinnen bis zu Edward, der ewig warten mußte, bis seine Mutter, Victoria, starb, bevor er König werden konnte. In dem Buch steht das allererste Stückchen Shakespeare, das ich je gelesen habe:

> Gewicht'ge Umständ haben mich bewogen
> Zu glauben, Sire, Ihr seid mein Feind.

Der Geschichtsschreiber sagt, dies sagt Katharina, die eine Frau von Heinrich dem Achten ist, zu Kardinal Wolsey, weil der will, daß ihr der Kopf abgeschnitten wird. Ich weiß nicht, was es bedeutet, und es ist mir auch egal, denn es ist Shakespeare, und es ist, als hätte ich Edelsteine im Mund, wenn ich die Worte sage. Mit einem ganzen Buch von Shakespeare könnten sie mich ein Jahr im Krankenhaus behalten.

Patricia sagt, sie weiß nicht, was bewogen heißt, oder gewicht'ge Umständ, und Shakespeare ist ihr egal, sie hat ihr Buch mit Gedichten, und hinter ihrer Wand liest sie mir ein Gedicht über einen Uhu und eine Miezekatze vor, die in einem grünen Boot mit Honig und Geld aufs Meer hinaus, ja hinaus gefahren sind, und der Uhu singt, und es ergibt gar keinen Sinn, und als ich das sage, ist Patricia beleidigt und sagt, das ist das letzte Gedicht, das sie mir jemals vorgelesen hat. Sie sagt, ich sage ständig die beiden Zeilen von Shakespeare auf, und die ergeben auch keinen Sinn. Seumas hört wieder mit Wischen auf und sagt, wir sollen nicht über Gedichte streiten, denn wir werden noch genug zu streiten haben, wenn wir groß sind und heiraten. Patricia sagt, es tut ihr leid, und mir tut es auch leid, und deshalb liest sie mir einen Teil aus einem anderen Gedicht vor, und das muß ich mir merken, damit ich es ihr frühmorgens oder spätabends, wenn keine Nonnen oder Krankenschwestern in der Nähe sind, wieder aufsagen kann.

Der Wind war ein Strudel von Dunkelheit,
die Bäume verschreckte die Bö,
Der Mond, einer Geistergaleone gleich,
geworfen auf wolkige See,
Die Straße ein Band nur aus Mondlicht war
über dem purpurnen Moor,
Und der Wegelagerer ritt heran –
Ritt heran – ritt heran –
Der Wegelagerer ritt heran zum alten Wirtshaustor.
Den welschen Dreispitz keck auf der Stirn,
am Kinn ein paar seidene Litzen,
Ein Wämslein fein von claret-rotem Samt
und die Hose aus Leder von Kitzen,
Faltenlos stramm angepaßt, und der Stiefel fast
ganz barg das Bein,

Und so ritt er heran, und er funkelte –
Je mehr es dunkelte, funkelte
Der Griff der Pistole, das Heft des Rapiers –
und ein Himmel wie Edelstein.

Ich kann es jeden Tag gar nicht erwarten, daß mich die Ärzte und Krankenschwestern endlich allein lassen, damit ich von Patricia eine neue Strophe lernen kann und herausfinden, was dem Wegelagerer und dem rotlippigen Wirtstöchterlein passiert. Ich liebe das Gedicht, weil es aufregend ist und fast so gut wie meine beiden Zeilen von Shakespeare. Die Rotröcke sind hinter dem Wegelagerer her, weil sie wissen, daß er ihr gesagt hat, im Mondschein werd ich bei dir, Liebste, sein, ob selbst die Höll' sich in den Weg mir stellt.

Das würde ich auch gern tun, im Mondschein bei ihr, Patricia, sein, und keinen Fiedlerfurz würde es mich scheren, ob selbst die Höll' sich in den Weg mir stellt. Gerade will sie die letzten paar Strophen vorlesen, da kommt die Krankenschwester aus Kerry rein und schreit sie an und schreit mich an, ich hab euch doch gesagt, es wird nicht von Zimmer zu Zimmer gesprochen. Diphtherie darf nie mit Typhus sprechen und umgekehrt. Ich habe euch gewarnt. Und sie ruft, Seumas, nehmen Sie den hier mit. Nehmen Sie den Jungen mit. Schwester Rita hat gesagt, noch ein Wort, und er muß nach oben. Wir haben euch gewarnt, ihr sollt aufhören zu schwatzen, aber ihr habt nicht gehorcht. Nehmen Sie den Jungen, Seumas, nehmen Sie ihn mit.

Aber aber, Schwester, der ist aber doch gutartig. Es war doch nur ein bißchen Poesie.

Nehmen Sie diesen Jungen, Seumas, nehmen Sie ihn auf der Stelle mit.

Er beugt sich über mich und flüstert, ach Gott, tut mir leid, Frankie. Hier ist dein englisches Geschichtsbuch. Er schmuggelt mir das Buch unters Hemd und hebt mich aus dem Bett hoch. Er flüstert, ich sei eine Feder. Ich versuche, Patricia zu sehen, als wir durch ihr Zimmer gehen, aber ich erkenne nur einen verschwommenen dunklen Kopf auf einem Kissen.

Schwester Rita hält uns auf dem Korridor auf, um mir zu sagen, daß ich für sie eine große Enttäuschung bin, daß sie erwartet hat, ich werde nach dem, was Gott für mich getan hat, ein artiger Junge sein, nach all den Gebeten, die Hunderte von Knaben in der Bruderschaft für mich gesprochen haben, nach all der Pflege und Fürsorge von den Nonnen und Krankenschwestern des Fieberhospitals, nachdem meine Mutter und mein Vater mich besuchen durften, was nur ganz selten erlaubt wird, und das ist nun der Dank, daß ich im Bett liege und alberne Gedichte vorwärts und rückwärts aufsage, noch dazu mit Patricia Madigan, die sehr wohl weiß, daß jede Unterhaltung zwischen Typhus und Diphtherie streng untersagt ist. Sie sagt, ich werde jetzt jede Menge Zeit haben, um auf der großen Station unterm Dach über meine Sünden nachzudenken, und ich soll Gott um Verzeihung für meinen Ungehorsam bitten, weil ich ein heidnisches englisches Gedicht über einen Dieb zu Pferde und eine Maid mit roten Lippen, die eine schreckliche Sünde begeht, aufgesagt habe, wenn ich hätte beten oder das Leben eines Heiligen lesen sollen. Sie fand, es ist ihre Pflicht, das Gedicht zu lesen, also hat sie es gelesen, und ich wäre gut beraten, dem Priester bei der Beichte davon zu berichten.

Die Krankenschwester aus Kerry folgt uns die Treppe hinauf und keucht und hält sich am Geländer fest. Sie sagt mir, ich soll mir gar nicht erst einbilden, daß sie jedesmal, wenn ich ein Wehwehchen oder Zipperlein habe, in diesen Teil der Welt gelaufen kommt.

Zwanzig Betten stehen auf der Station, alle weiß, alle leer. Die Krankenschwester sagt Seumas, er soll mich ganz ans Ende des Saales bringen, in die Ecke an die Wand, damit ich auch ganz bestimmt nicht mit jemandem reden kann, der vielleicht an der Tür vorbeigeht, was sehr unwahrscheinlich ist, weil es auf diesem ganzen Stockwerk keine einzige Seele außer mir gibt. Sie erzählt Seumas, daß dies während der Großen Hungersnot vor langer Zeit die Fieberstation war, und Gott allein weiß, wie viele hier gestorben sind, die zu spät gebracht wurden und nur noch gewaschen werden konnten, bevor man sie begrub, und es gibt Geschichten von Schreien und Seufzern in den entlegenen Bereichen der Nacht. Sie sagt, es würde einem das Herz brechen, wenn man bedächte, was die Engländer uns angetan haben, daß sie, wenn sie die Braunfäule schon nicht über die Kartoffel gebracht hätten, sie doch auch nicht viel unternommen hätten, um die Kartoffel wieder davon zu befreien. Kein Erbarmen. Überhaupt kein Gefühl für die Menschen, die genau auf dieser Station gestorben sind, Kinder, die hier litten und starben, während die Engländer sich in ihren großen Häusern an Roastbeef gütlich taten und dem allerbesten Wein zusprachen, und kleine Kinder hatten ganz grüne Münder, weil sie versuchten, das Gras auf den Feldern jenseits ihrer Hütten zu essen, Gott segne uns und errette uns und beschütze uns vor zukünftigen Hungersnöten.

Seumas sagt, das war, wohl wahr, ganz fürchterlich, und er möchte nicht im Dunkeln durch diese Hallen gehen, wenn all die kleinen grünen Münder ihn offen anklaffen. Die Krankenschwester mißt meine Temperatur, ein bißchen gestiegen, schlaf jetzt gut für dich allein, jetzt, wo du weg bist vom Geschwatze mit Patricia Madigan, die nie ein graues Haar kennenlernen wird.

Sie sieht Seumas an und schüttelt den Kopf, und Seumas schüttelt traurig zurück.

Krankenschwestern und Nonnen glauben nie, daß man weiß, wovon sie sprechen. Wenn man zehn ist und elf wird, soll man so einfältig sein wie mein Onkel Pat Sheehan, der auf den Kopf gefallen ist. Man kann keine Fragen stellen. Man kann nicht zeigen, daß man verstanden hat, was die

Krankenschwester über Patricia Madigan gesagt hat, daß sie sterben wird, und man kann nicht zeigen, daß man um dieses Mädchen weinen möchte, welches einem ein wunderschönes Gedicht beigebracht hat, was aber, sagt die Nonne, ganz schlecht ist.

Die Krankenschwester sagt Seumas, sie muß jetzt fort, und er soll den Mulm unter meinem Bett wegfegen und auf der Station ein bißchen wischen. Seumas sagt mir, sie ist eine rechte alte Zimtzicke, daß sie zu Schwester Rita gerannt ist und sich über das Gedicht beschwert hat, das von Zimmer zu Zimmer gegangen ist, daß man sich an einem Gedicht nicht anstecken kann, es sei denn, es ist Liebe, haha, und das ist verdammt unwahrscheinlich, wenn man, was? zehn ist und elf wird? So was hat er ja noch nie gehört, ein kleiner Kerl wird nach oben verlegt, weil er ein Gedicht aufgesagt hat, und er hat nicht übel Lust, zum Limerick Leader zu gehen und denen zu sagen, druckt das mal, außer daß er diesen Job hier hat, und den würde er verlieren, wenn Schwester Rita das rauskriegt. Na ja, Frankie, an einem dieser schönen Tage wirst du sowieso entlassen, und dann kannst du alle Gedichte lesen, die du lesen willst, obwohl, bei Patricia da unten, da weiß ich nicht, bei Patricia weiß ich nicht, Gott helfe uns.

Zwei Tage später weiß er über Patricia Bescheid, weil sie aus dem Bett aufgestanden ist, um aufs Klo zu gehen, obwohl sie die Bettpfanne hätte benutzen sollen, und dann ist sie zusammengebrochen und auf dem Klo gestorben. Seumas wischt den Fußboden, und er hat Tränen auf den Backen, und er sagt, es ist eine gottverdammte Sauerei, auf dem Klo zu sterben, wenn man als solches so was Liebes ist. Sie hat mir gesagt, es hat ihr leid getan, daß du ihretwegen das Gedicht aufgesagt hast und deshalb aus dem Zimmer verlegt worden bist, Frankie. Sie hat gesagt, es war ihre Schuld.

War es aber nicht, Seumas.

Ich weiß, und gesagt hab ich's ihr auch.

Patricia ist fort, und ich werde nie erfahren, was dem Wegelagerer und Bess, dem Wirtstöchterlein, passiert ist. Ich frage Seumas, aber er kennt überhaupt keine Gedichte und schon gar keine englischen Gedichte. Er kannte mal ein irisches Gedicht, aber da ging es um Feen, und es kam weit und breit kein Wegelagerer drin vor. Er wird trotzdem die Männer in seiner Stammkneipe fragen, denn da sagt immer jemand was auf. Will ich nicht bis dahin meine kurze Geschichte Englands lesen und alles über ihre Perfidie herausfinden. Das sagt Seumas, Perfidie, und ich weiß nicht, was es bedeutet, und er weiß nicht, was es bedeutet, aber wenn es etwas ist, was die Engländer machen, muß es gräßlich sein.

Er kommt dreimal die Woche, um den Fußboden zu wischen, und die Krankenschwester ist jeden Morgen da, um Temperatur und Puls zu messen. Der Arzt hört sich meine Brust mit einem Ding an, das er am Hals hängen hat. Sie sagen alle, und wie geht es unserem kleinen Soldaten heute? Ein Mädchen mit einem blauen Kleid bringt dreimal täglich Mahlzeiten und spricht nie mit mir. Seumas sagt, sie ist nicht richtig im Kopf, also sag kein Wort zu ihr.

Die Julitage sind lang, und ich habe Angst vor der Dunkelheit. Es gibt nur zwei Deckenlampen auf der Station, und die werden ausgeknipst, wenn das Abendbrottablett abgeräumt wird und die Krankenschwester mir Pillen gibt. Die Krankenschwester sagt mir, ich soll jetzt schlafen, aber ich kann nicht, und ich will auch nicht, weil ich in den neunzehn Betten der Station Menschen sehe, die alle sterben und grün um den Mund sind, wo sie versucht haben, Gras zu fressen, und sie stöhnen und wollen Suppe protestantische Suppe irgendeine Suppe und ich lege mir das Kopfkissen aufs Gesicht und hoffe sie kommen nicht und stehen um mein Bett herum und krallen sich an mir fest und heulen daß sie von der Tafel Schokolade was abhaben wollen die meine Mutter mir letzte Woche mitgebracht hat.

Nein, sie hat sie mir nicht mitgebracht. Sie mußte sie unten abgeben, weil ich keinen Besuch mehr kriegen kann. Schwester Rita sagt mir, ein Besuch auf der Fieberstation ist ein Privileg, und nach meinem schlechten Benehmen mit Patricia Madigan und diesem Gedicht habe ich das Privileg nicht mehr. Sie sagt, in ein paar Wochen darf ich nach Hause, und jetzt soll ich mich auf meine Genesung konzentrieren und wieder gehen lernen, nachdem ich sechs Wochen im Bett gelegen habe, und morgen nach dem Frühstück darf ich aufstehen. Ich weiß nicht, warum sie sagt, daß ich gehen lernen soll, wenn ich doch gehe, seitdem ich ein Baby war, aber als die Krankenschwester mich neben dem Bett hinstellt, falle ich um, und die Krankenschwester lacht, siehst du, du bist wieder ein Baby.

Ich übe, von Bett zu Bett und auf und ab und auf und ab zu gehen. Ich will kein Baby sein. Ich will nicht auf dieser leeren Station sein und keine Patricia da und kein Wegelagerer und kein rotlippiges Wirtstöchterlein. Ich will keine Geister von Kindern mit grünen Mündern, die mit knochigen Fingern auf mich zeigen und zetern, sie wollen was von meiner Tafel Schokolade abhaben.

Seumas sagt, ein Mann in seiner Kneipe kannte alle Strophen von dem Wegelagerergedicht, und es hat einen sehr traurigen Schluß. Ob ich möchte, daß er es aufsagt, weil er nämlich nie lesen gelernt hat und das Gedicht im Kopf mitbringen mußte? Er steht mitten im Krankenhaussaal, stützt sich auf seinen Mop und trägt vor.

> Tlot-tlot, in frostiger Stille! Tlot-tlot,
> in nachhallender Nacht!
> Näher kam er und näher! Ihr Gesicht war
> wie Feuer entfacht!
> Die Augen sich täten ihr weiten, rasch
> schöpfte sie Luft voller Not,

Dann ihr Finger sich rührte im Mondlicht,
  Ihre Muskete zerstörte das Mondlicht,
Zerstörte die Brust ihr im Mondlicht, ihn warnend –
                                        mit ihrem Tod.

Er hört den Schuß und entkommt, aber als er im Morgengrauen hört, wie Bess gestorben ist, packt ihn die Wut, und er kehrt zurück, um Rache zu üben, wird dabei aber von den Rotröcken niedergeschossen.

Weinrot war sein Wams, blutrot seine Sporen
                        in der goldenen Mittagshitze,
Als auf der Straße sie schossen ihn nieder,
  Wie einen Straßenköter ihn nieder.
In seinem Blut lag er dann auf der Straße, und
                        an der Kehle prunkte die Litze.

Seumas wischt sich mit dem Ärmel übers Gesicht und schnieft. Er sagt, es bestand überhaupt kein Anlaß, dich hier nach oben von Patricia weg zu verlegen, wo du noch nicht mal wußtest, was mit dem Wegelagerer und Bess passiert ist. Es ist eine sehr traurige Geschichte, und als ich sie meiner Frau gesagt habe, konnte sie den ganzen Abend nicht aufhören zu weinen, bis wir ins Bett gegangen sind. Sie hat gesagt, es bestand für die Rotröcke überhaupt kein Anlaß, diesen Wegelagerer zu erschießen, sie sind für die Hälfte des Ärgers auf der Welt verantwortlich, und mit den Iren hatten sie auch nie Erbarmen. Also wenn du noch mehr Gedichte kennenlernen möchtest, Frankie, sag mir Bescheid, ich hole sie dann in der Kneipe ab und bringe sie im Kopf hierher.

Das Mädchen mit dem blauen Kleid, das nicht richtig im Kopf ist, sagt eines Tages plötzlich, möchtest du ein Buch zum Lesen? und sie bringt mir Mr. Ernest Bliss und seine erstaunliche Suche nach dem Glück von E. Philips Oppenheim, in dem es ausschließlich um einen Engländer geht, der es satt hat und nicht weiß, was er jeden Tag mit sich anfangen soll, obwohl er so reich ist, daß er sein Geld nicht zählen kann. Sein Diener bringt ihm Morgenzeitung, Tee, Ei, Toast, Apfelsinenmarmelade, und er sagt, nehmen Sie das wieder mit, das Leben ist leer. Er kann seine Zeitung nicht lesen, er kann sein Ei nicht essen, und er kümmert vor sich hin. Sein Arzt sagt, leben Sie unter den Armen im East End von London dann lernen Sie das Leben lieben und das macht er auch und verliebt sich in ein Mädchen das arm aber ehrlich ist und sehr intelligent und sie heiraten und ziehen in sein Haus im West End was die reiche Gegend ist, denn es ist leichter den Armen zu helfen und es nicht satt zu haben, wenn es einem richtig gutgeht.

Seumas hat es gern, wenn ich ihm erzähle, was ich lese. Er sagt, diese Geschichte über Mr. Ernest Bliss ist eine erfundene Geschichte, denn kein normaler Mensch würde zum Doktor gehen müssen, weil er zuviel Geld hat und sein Ei nicht ißt, obwohl, man weiß ja nie. Vielleicht ist das in England so. In Irland findet man dergleichen Menschen jedenfalls nicht. Wenn man hier sein Ei nicht ißt, schaffen sie einen in die Irrenanstalt oder verständigen den Bischof.

Ich kann es nicht erwarten, wieder zu Hause zu sein und Malachy von dem Mann zu erzählen, der sein Ei nicht essen will. Malachy wird vor Lachen umfallen, weil so was nie passieren könnte. Er wird sagen, ich denke mir das aus, aber wenn ich ihm sage, daß es in der Geschichte um einen Engländer geht, wird er verstehen.

Ich kann dem Mädchen mit dem blauen Kleid nicht sagen, daß diese Geschichte albern war, denn dann hat sie vielleicht einen Anfall. Sie sagt, wenn du das Buch durch hast, bring ich dir ein neues, es gibt nämlich einen ganzen Karton mit Büchern, die früher mal von Patienten hiergelassen wurden. Sie bringt mir ein Buch namens Tom Brown geht zur Schule, was schwer zu lesen ist, und Bücher ohne Ende von P.G. Wodehouse, und über die Abenteuer eines Pumpgenies muß ich lachen und über Bertie Wooster und Jeeves und über all die Mulliners. Bertie Wooster ist auch reich, aber er ißt jeden Morgen sein Ei, weil er Angst hat, was Jeeves sonst sagt. Ich würde so gern mit dem Mädchen in dem blauen Kleid oder irgend jemandem über die Bücher reden, aber ich habe Angst, daß die Krankenschwester aus Kerry oder Schwester Rita was merken, und dann verlegen sie mich noch ein Stockwerk höher in eine noch größere Station mit fünfzig leeren Betten und jeder Menge Hungergeistern mit grünen Mündern und knochigen Zeigefingern. Nachts liege ich im Bett und denke an Tom Brown und seine Abenteuer auf der Schule in Rugby und an all die Figuren bei P.G. Wodehouse. Ich kann vom rotlippigen Wirtstöchterlein und vom Wegelagerer träumen, und die Krankenschwestern und Nonnen können nichts dagegen machen. Es ist wunderbar, wenn man weiß, daß die Welt sich nicht in das einmischen kann, was man innen im Kopf hat.

Es ist August, und ich bin elf. Ich bin nun schon seit zwei Monaten in diesem Krankenhaus, und ich frage mich, ob sie mich zu Weihnachten rauslassen. Die Krankenschwester aus Kerry sagt mir, ich soll auf meine zwei Knie niederknien und Gott dafür danken, daß ich lebe, anstatt mich zu beklagen.

Ich beklage mich gar nicht, Schwester, ich frage mich nur, ob ich zu Weihnachten wieder nach Hause darf.

Sie will mir nicht antworten. Sie sagt mir, ich soll mich benehmen, oder sie schickt Schwester Rita zu mir rauf, und dann werd ich mich benehmen.

Mam kommt an meinem Geburtstag zum Krankenhaus und schickt ein Päckchen nach oben mit zwei Tafeln Schokolade und einer Liste mit den Namen von Leuten in der Gasse, die mir gute Besserung wünschen und Komm bald nach Hause und Du bist ein guter Soldat, Frankie. Die Krankenschwester erlaubt, daß ich mit Mam durch das Fenster spreche, und das ist schwer, denn die Fenster sind hoch, und ich muß auf Seumas' Schultern stehen. Ich sage Mam, ich will nach Hause, aber sie sagt, ich bin noch ein bißchen zu schwach, und bestimmt bin ich in Null Komma nix draußen. Seumas sagt, es ist schon großartig, wenn man elf ist, und jeden Tag kann man zum Mann werden und sich rasieren und alles und hinaus ins Leben gehen und sich einen Job suchen und seine Pint trinken wie nur je ein Mann, und weißt du, was ich für dich habe, Frankie?

Nein, Seumas.

Ich habe ein Gedicht für dich, Frankie. Ich hab's von einem Schulmeister in der Kneipe, der aufgrund der Getränke nicht mehr unterrichten kann, und ich habe es für dich im Kopf. Es geht da um ein Lamm, das gefragt wird, wer es erschaffen hat. Hier ist das Gedicht, Frankie:

Kleines Lamm, wer hat dich gemacht?
Weißt du wohl, wer dich gemacht? usw.

Es ist ein hübsches Gedicht, aber es ist keine große Geschichte wie das Wegelagerergedicht, und Seumas sagt, es ist ein bißchen eigentümlich, aber da ist es nun in seinem Kopf, und er kann es ewig mit herumschleppen, und eines Tages wird er es seinen Kindern aufsagen, falls Gott ihm welche schickt. Es hat ihm Schmerzen im Kopf gemacht, es sich zu merken; nur gut, daß ich nicht ständig Geburtstag habe.

Nach vierzehn Wochen sagt mir Schwester Rita, ich kann nach Hause, und bin ich nicht ein Glückspilz, weil das genau der Tag des hl. Franziskus von Assisi ist. Sie sagt mir, ich war ein sehr guter Patient, bis auf das kleine Problem mit dem Gedicht und Patricia Madigan, möge sie im Herrn ruhen, und ich bin herzlich dazu eingeladen, wiederzukommen und an einem großen Weihnachtsessen teilzunehmen.

Mam kommt mich abholen, und mit meinen schwachen Beinen dauert es lang, bis wir zu Fuß die Bushaltestelle Union Cross erreicht haben. Sie sagt, laß dir Zeit. Nach dreieinhalb Monaten kommt es auf eine Stunde nicht an.

In der Barrack Road und in der Roden Lane stehen die Leute vor der Tür und sagen mir, es ist großartig, mich wiederzusehen, daß ich ein guter Soldat bin, daß ich meinem Vater und meiner Mutter Ehre mache. Malachy und Michael laufen mir auf der Gasse entgegen und sagen, Gott, gehst du langsam. Kannst du nicht mehr rennen?

Es ist ein strahlender Tag, und ich bin glücklich, bis ich Dad in der Küche sitzen sehe, mit Alphie auf dem Schoß, und da habe ich so ein leeres Gefühl im Herzen, weil ich weiß, daß er wieder keine Arbeit hat. Die ganze Zeit war ich sicher gewesen, daß er einen Job hat, Mam hatte gesagt, er hat einen, und ich dachte, es gibt Schuhe und was zu essen. Er lächelt mich an und sagt zu Alphie, *och,* da kommt dein großer Bruder aus dem Krankenhaus zurück. Mam sagt ihm, was der Arzt gesagt hat, daß ich viel nahrhaftes Essen und viel Ruhe brauche. Der Arzt hat gesagt, Rindfleisch wäre das richtige, um mich wieder aufzubauen. Dad nickt. Mam macht Fleischbrühe aus einem Brühwürfel, und Malachy und Mike sehen mir beim Trinken zu. Sie sagen, sie hätten auch gern was, aber Mam sagt, geht weg, ihr hattet den Typhus nicht. Sie sagt, der Arzt will, daß ich früh ins Bett gehe. Sie hat versucht, die Flöhe loszuwerden, aber sie sind bei dem warmen Wetter, das wir jetzt haben, schlimmer als je zuvor. Außerdem werden sie aus dir nicht viel rauskriegen, bist ja nur Knochen und wenig Haut. Ich liege in dem Bett und denke ans Krankenhaus, wo die weißen Laken jeden Tag gewechselt wurden und es keine Spur von einem Floh gab. Es gab ein Klo, auf dem man sitzen und sein Buch lesen konnte, bis jemand kam und fragte, ob man tot ist. Es gab ein Bad, wo man, solang man wollte, in heißem Wasser sitzen und

Gewicht'ge Umständ haben mich bewogen
Zu glauben, Sire, Ihr seid mein Feind

sagen konnte, und daß ich das jetzt sage, hilft mir beim Einschlafen.

Als Malachy und Michael morgens aufstehen, um in die Schule zu gehen, sagt Mam mir, ich darf im Bett bleiben. Malachy ist jetzt in der fünften Klasse bei Mr. O'Dea, und er erzählt gern allen, daß er den großen roten Kathezismus für die Firmung lernt und daß Mr. O'Dea ihnen alles über den Stand der Gnade und Euklid erzählt, und wie die Engländer die Iren achthundert lange Jahre hindurch gequält haben.

Ich will nicht mehr im Bett bleiben. Die Oktobertage sind wunderschön, und ich will draußen sitzen und die Gasse betrachten und die Sonne, wie sie auf die Hauswand gegenüber scheint. Mikey Molloy bringt mir Bücher von P.C. Wodehouse, die sein Vater in der Bibliothek ausleiht, und ich verbringe herrliche Tage mit dem Pumpgenie und Bertie Wooster und all den Mulliners. Dad leiht mir sein Lieblingsbuch, John Mitchels Gefängnistagebuch, in dem es um einen großen irischen Rebellen geht, den die Engländer zum Exil auf Van Diemen's Land in Australien verurteilten. Die Engländer sagen John Mitchel, er kann sich auf ganz Van Diemen's Land frei bewegen und kommen und gehen, wie es ihm paßt, wenn er sein Ehrenwort als Gentleman gibt, daß er nicht versucht zu entkommen. Er gibt sein Wort, bis ein Schiff kommt, um ihm bei der Flucht zu helfen, und geht zum Büro des englischen Friedensrichters und sagt, ich fliehe, schwingt sich auf sein Pferd und endet schließlich in New York. Dad sagt, ihm macht es nichts aus, wenn ich alberne englische Bücher von P.C. Wodehouse lese, solange ich nicht die Männer vergesse, die ihren Beitrag geleistet haben und ihr Leben für Irland gaben.

Ich kann nicht ewig zu Hause bleiben, und Mam geht mit mir im November in Leamy's Penne, um mich wieder einzuschulen. Der neue Schulleiter, Mr. O'Halloran, sagt, es tut ihm leid, daß ich mehr als zwei Monate Unterricht verpaßt habe, und ich muß zurück in die fünfte Klasse. Mam sagt, ich bin doch aber bestimmt reif genug für die sechste Klasse. Schließlich, sagt sie, hat er nur ein paar Wochen verpaßt. Mr. O'Halloran sagt, es tut ihm leid, bringen Sie den Jungen nach nebenan zu Mr. O'Dea.

Wir gehen über den Korridor, und ich sage Mam, ich will nicht in die fünfte Klasse gehen. Malachy ist in der Klasse, und ich will nicht in derselben Klasse sein wie mein Bruder, der ein Jahr jünger ist. Ich hatte letztes Jahr Firmung. Er nicht. Ich bin älter. Ich bin zwar nicht mehr größer, weil ich Typhus hatte, aber ich bin älter.

Mam sagt, das bringt dich nicht um.

Ihr ist es egal, und ich werde in dieselbe Klasse wie Malachy gesteckt und weiß, daß alle seine Freunde mich auslachen, weil ich sitzengeblieben bin. Mr. O'Dea setzt mich in die erste Reihe und sagt mir, ich soll die saure Miene ablegen, sonst bekomme ich das Ende seines Eschenzweiges zu spüren.

Dann geschieht ein Wunder, und das nur wegen des heiligen Franziskus von Assisi, der mein Lieblingsheiliger ist, und wegen unseres Herrn persönlich. An meinem ersten Schultag finde ich einen Penny auf der Straße, und ich will zu Kathleen O'Connell rennen, um mir ein großes Viereck Cleeves' Karamel zu holen, aber ich kann nicht rennen, weil meine Beine vom Typhus noch zu schwach sind und ich mich manchmal an einer Mauer festhalten muß. Ich brauche das Cleeves' Karamel ganz dringend, aber genauso dringend muß ich aus der fünften Klasse raus.

Ich weiß, ich muß zur Statue des heiligen Franziskus von Assisi. Er ist der einzige, der zuhören wird, aber er steht am anderen Ende von Limerick, und ich brauche eine Stunde, bis ich das zu Fuß geschafft habe, und zwischendurch setze ich mich immer auf Treppenstufen oder halte mich an Mauern fest. Es kostet einen Penny, eine Kerze anzuzünden, und ich frage mich, ob ich vielleicht einfach die Kerze anzünde und den Penny behalte. Nein, so was merkt der heilige Franziskus. Er liebt den Vogel in der Luft und den Fisch im Bach, aber er ist nicht blöd. Ich zünde die Kerze an, ich knie zu Füßen seines Standbildes nieder, und ich bitte ihn, mich aus der fünften Klasse rauszuholen, wo ich bei meinem Bruder gelandet bin, der jetzt wahrscheinlich überall in der Gasse damit prahlt, daß sein großer Bruder sitzengeblieben ist. Der heilige Franziskus sagt kein einziges Wort, aber ich weiß, daß er zuhört, und ich weiß, daß er mich aus dieser Klasse rausholen wird. Es ist das mindeste, was er tun könnte, nachdem ich mir die ganze Mühe gemacht habe und zu seiner Statue gekommen bin und auf Treppenstufen gesessen und mich an Mauern festgehalten habe, wo ich doch auch in die Josephskirche hätte gehen und eine Kerze für die Kleine Blume des Allerheiligsten Herzen Jesu persönlich anzünden können. Was hat es denn für einen Sinn, nach ihm benannt zu sein, wenn er mich in meiner Stunde der Not im Stich läßt.

Ich muß in Mr. O'Deas Klasse sitzen und mir den Kathezismus und den ganzen anderen Kram anhören, den er letztes Jahr unterrichtet hat. Ich würde mich gern melden und die Antworten geben, aber er sagt, sei still, laß deinen Bruder antworten. Er stellt ihnen Aufgaben in Mathematik, und ich soll sie korrigieren. Er diktiert ihnen auf irisch, und ich muß korrigieren, was sie geschrieben haben. Dann gibt er mir spezielle Aufsätze auf, und ich muß sie der Klasse vorlesen, um zu zeigen, was ich letztes Jahr alles bei ihm gelernt habe. Er sagt zur Klasse, Frank McCourt wird euch jetzt zeigen, wie gut er in der letzten Klasse Schreiben gelernt hat. Er wird einen Aufsatz über unsern Herrn schreiben, stimmt's, McCourt? Er wird uns erzählen, wie es wäre, wenn unser

Herr in Limerick aufgewachsen wäre, welches die Erzbruderschaft von der Heiligen Familie hat und welches die heiligste Stadt Irlands ist. Wir wissen, daß unser Herr, wäre er in Limerick aufgewachsen, nie gekreuzigt worden wäre, denn die Menschen von Limerick waren immer gute Katholiken und neigten nicht zu Kreuzigungen. Also, McCourt, du gehst jetzt nach Hause und schreibst diesen Aufsatz und bringst ihn morgen mit.

Dad sagt, Mr. O'Dea hat ja viel Phantasie, aber mußte unser Herr am Kreuz nicht schon genug leiden, ohne auch noch Limerick aufgehalst zu kriegen, mit der Feuchtigkeit vom Shannon. Er setzt sich seine Mütze auf und macht einen langen Spaziergang, und ich muß alleine über unsern Herrn nachdenken, und ich frage mich, was ich bis morgen schreiben werde.

Am nächsten Tag sagt Mr. O'Dea, also gut, McCourt, lies der Klasse deinen Aufsatz vor.

Der Name meines Aufsatzes lautet

Der Titel, McCourt, der Titel.

Der Titel meines Aufsatzes lautet, Jesus und das Wetter.

Was?

Jesus und das Wetter.

Na gut, lies vor.

Dies ist mein Aufsatz. Ich glaube nicht, Jesus, der unser Herr ist, hätte das Wetter in Limerick gemocht, weil es immer regnet und der Shannon die ganze Stadt feucht hält. Mein Vater sagt, der Shannon ist ein mörderischer Fluß, weil er meine beiden Brüder umgebracht hat. Wenn man Bilder von Jesus sieht, wandert Er immer nur mit einem Laken angezogen im alten Israel herum. Da regnet es nie, und man hört auch nie jemanden husten oder daß er Schwindsucht oder so was in der Art kriegt, und niemand hat Arbeit, weil alle nur herumstehen und Manna essen und mit den Fäusten drohen und zu Kreuzigungen gehen.

Immer wenn Jesus Hunger hatte, brauchte Er nur die Straße weiter zu einem Feigenbaum oder einem Apfelsinenbaum zu gehen und sich satt zu essen. Wenn Er eine Pint wollte, konnte Er mit der Hand über einem großen Glas wedeln, und schon hatte Er die Pint. Oder Er konnte Maria Magdalena und ihre Schwester, Martha, besuchen, und die gaben Ihm Sein Abendmahl und stellten keine dummen Fragen, und dann hat Er Sich mit Maria Magdalenas Haaren die Füße waschen und trocknen lassen, während Martha den Abwasch machte, was ich ungerecht finde. Warum soll sie den Abwasch machen, während ihre Schwester mit unserm Herrn tratscht? Es ist gut, daß Jesus beschlossen hat, als Jude in dieser warmen Gegend geboren zu werden, denn wenn er in Limerick geboren wäre, hätte er sich die Schwindsucht geholt und wäre einen Monat später tot gewesen, und es gäbe keine katholische Kirche, und es gäbe keine Kommunion oder Firmung, und wir müßten den Kathezismus nicht lernen und keine Aufsätze über Ihn schreiben. Ende.

Mr. O'Dea ist still und sieht mich seltsam an, und ich mache mir Sorgen, denn wenn er so still ist, bedeutet das, daß jemand leiden muß. Er sagt, McCourt, wer hat diesen Aufsatz geschrieben?

Ich, Sir.

Hat dein Vater diesen Aufsatz geschrieben?

Nein, Sir.

Komm mit, McCourt.

Ich folge ihm zur Tür hinaus, den Korridor entlang bis zur Klasse des Schulleiters. Mr. O'Dea zeigt ihm meinen Aufsatz, und Mr. O'Halloran sieht mich auch so seltsam an. Hast du diesen Aufsatz geschrieben?

Ja, Sir.

Ich werde aus der fünften Klasse herausgenommen und komme in die sechste Klasse zu allen Jungens, die ich kenne, Paddy Clohessy, Fintan Slattery, Frage Quigley, und als an dem Tag die Schule aus ist, muß ich zur Statue des heiligen Franziskus von Assisi, um ihm zu danken, obwohl meine Beine immer noch schwach sind vom Typhus und ich mich auf Treppenstufen setzen und an Mauern festhalten muß, und ich frage mich, ob es etwas Gutes war, was ich in dem Aufsatz geschrieben habe, oder etwas Schlechtes.

Mr. Thomas L. O'Halloran unterrichtet drei Klassen in einem Klassenzimmer, die sechste, die siebte, die achte. Er hat einen Kopf wie Präsident Roosevelt und trägt eine goldene Brille. Er hat Anzüge an, marineblau oder grau, und eine goldene Uhrkette hängt ihm von Westentasche zu Westentasche quer über den Bauch. Wir nennen ihn Hoppy, weil er ein kurzes Bein hat und beim Gehen hopst. Er weiß, wie wir ihn nennen, und er sagt, ja, ich bin Hoppy, und ich werde euch auf den Kopf hopsen. Er trägt einen langen Stock, einen Zeigestock, und wenn man nicht aufpaßt oder eine dumme Antwort gibt, haut er einem dreimal auf jede Hand, oder er schlägt einem gegen die Kniekehlen. Bei ihm muß man alles auswendig lernen, alles, und deshalb ist er der schwerste Lehrer in der Schule. Er liebt Amerika, und wir müssen alle amerikanischen Staaten in alphabetischer Reihenfolge lernen. Er fertigt zu Hause Tabellen mit irischer Grammatik, irischer Geschichte und Algebra, hängt sie an eine Staffelei, und wir müssen im Sprechchor die Fälle, Konjugationen und Deklinationen des Irischen und berühmte Namen und Schlachten, Regeldetri, rationale Zahlen und Gleichungen aufsagen. Wir müssen alle wichtigen Daten der irischen Geschichte wissen. Er sagt uns, was wichtig ist und warum. Noch nie hat uns ein Lehrer gesagt, warum. Wenn man fragte, wurde einem auf den Kopf gehauen. Hoppy nennt uns nicht Idioten, und wenn man was fragt, kriegt er keinen Wutanfall. Er ist der einzige Lehrer, der mittendrin aufhört und sagt, habts ihr verstanden, wovon ich spreche? Wollts ihr eine Frage stellen?

Es ist für alle ein Schock, als er sagt, die Schlacht von Kinsale im Jahre sechzehnhundertnulleins war das traurigste Datum der irischen Geschichte, eine Schlacht mit knappem Ausgang und Grausamkeit und Greueltaten auf beiden Seiten.

Grausamkeit auf beiden Seiten? Auf der irischen Seite auch? Wie konnte das sein? Alle anderen Lehrer haben uns gesagt, daß die Iren immer nobel gefochten, immer fair gekämpft haben. Er sagt auf, und wir müssen uns merken:

> Sie fielen im Kampfe, sie kämpften mit Mut,
> Die Augen stets über den finsteren Schilden.
> Kühn kämpften und edel sie, aber nicht gut,
> Und ließen, als wären verhext sie, ihr Blut.

Wenn sie verloren haben, dann lag das an Verrätern und Spitzeln. Aber ich möchte etwas über diese irischen Greueltaten erfahren.

Sir, haben die Iren in der Schlacht von Kinsale Greueltaten begangen?

Ja, allerdings. Es ist verzeichnet, daß sie Gefangene umgebracht haben, aber sie waren weder besser noch schlimmer als die Engländer.

Mr. O'Halloran kann nicht lügen. Er ist der Schulleiter. All die Jahre hat man uns erzählt, daß die Iren immer nobel waren, und tapfere Reden haben sie gehalten, bevor die Engländer sie hängten. Jetzt sagt Hoppy O'Halloran, die Iren hätten schlimme Sachen gemacht. Als nächstes wird er sagen, die Engländer hätten gute Sachen gemacht. Er sagt, ihr müßt studieren und lernen, damit ihr in Geschichte und allem anderen euren eigenen Kopf habt, und was nützt es, einen eigenen Kopf zu haben, wenn der Kopf leer ist? Richtet euren Kopf ein, richtet euren Kopf ein. Er ist eure Schatzkammer, und niemand auf der Welt kann sich da einmischen. Wenn ihr im irischen Pferdelotto gewonnen hättet, und ihr hättet euch ein Haus gekauft, das Möbel braucht, würdet ihr es mit Schrott und Scherben und Unrat füllen? Euer Kopf ist euer Haus, und wenn ihr ihn mit Unrat aus den Kinos füllt, wird dieser in eurem Kopf vergammeln. Ihr mögt arm sein, eure Schuhe mögen kaputt sein, aber euer Kopf ist ein Palast.

Er ruft uns einen nach dem anderen nach vorn und sieht unsere Schuhe an. Er will wissen, warum sie kaputt sind oder warum wir gar keine Schuhe haben. Er sagt uns, dies ist eine Schande, und er wird eine Tombola veranstalten, und von dem Geld, das dadurch hereinkommt, kriegen wir dann festes, warmes Schuhwerk für den Winter. Er gibt uns Billetthefte, und wir schwärmen für den Leamy-Schul-Schuh-Fonds in ganz Limerick aus, erster Preis fünf Pfund, fünf zweite Preise je ein Pfund. Elf Jungens ohne Schuhe kriegen neue Schuhe. Malachy und ich kriegen keine, weil wir schon Schuhe an den Füßen haben, auch wenn die Sohlen abgelatscht sind, und wir fragen uns, warum wir durch ganz Limerick gerannt sind und Lose verkauft haben, damit andere Jungens Schuhe kriegen. Fintan Slattery sagt, für Werke der Nächstenliebe erlangen wir vollkommenen Ablaß, und Paddy Clohessy sagt, Fintan, kannst du bitte mal scheißen gehen, und zwar ganz für dich allein.

Ich weiß, wann Dad das Böse tut. Ich weiß, wann er das Stempelgeld vertrinkt und Mam verzweifelt ist und bei der Gesellschaft vom Hl. Vincent de Paul betteln muß und in Kathleen O'Connells Laden anschreiben lassen muß, aber ich will ihn nicht im Stich lassen und zu Mam rennen. Wie kann ich das, wenn ich jeden Morgen mit ihm zusammen aufstehe, und die ganze Welt schläft noch? Er macht das Feuer an und macht den Tee und singt sich was vor oder liest mir mit einem Flüstern, von dem die übrige Familie nicht aufwacht, die Zeitung vor. Mikey Molloy hat Cuchulain gestohlen, der Engel von der siebten Stufe ist woandershin geflogen, aber mein Vater am Morgen gehört immer noch mir. Er kriegt die Irish Press schon ganz früh und erzählt mir von der Welt, von Hitler, Mussolini, Franco. Er sagt, dieser Krieg geht uns nichts an, die Engländer machen nur wieder ihre Mätzchen. Er erzählt mir von dem großen Roosevelt in Washington und dem großen De Valera in Dublin. Morgens haben wir die Welt für uns, und er sagt mir nie, ich soll für Irland sterben. Er erzählt mir von den alten Zeiten in Irland, als die Engländer nicht wollten, daß die Katholiken Schulen haben, weil sie wollten, daß das Volk unwissend blieb; daß die katholischen Kinder sich in sogenannten Heckenschulen trafen, weit draußen auf dem Land, wo sie Englisch, Irisch, Latein und Griechisch lernten. Die Menschen liebten das Lernen. Sie liebten Geschichten und Gedichte, auch wenn ihnen das nicht half, einen Job zu finden. Männer, Frauen und Kinder versammelten sich in Gräben, um diese großen Lehrer zu hören, und jeder fragte sich, wieviel ein einzelner Mensch in seinem Kopf tragen kann. Die Lehrer riskierten ihr Leben, wenn sie von Graben zu Graben und von Hecke zu Hecke gingen, denn wenn die Engländer sie beim Unterrichten erwischten, konnte ihnen blühen, daß sie in ausländische Gefilde transportiert wurden oder Schlimmeres. Er sagt mir, heute ist die Schule leicht, man braucht nicht mehr in einem Graben zu sitzen, um Rechnen oder die ruhmreiche Geschichte Irlands zu lernen. Ich soll gut in der Schule sein, und eines Tages werde ich zurück nach Amerika gehen und mir einen Job besorgen, den man nicht im Freien ausübt, wo ich an einem Schreibtisch sitze, mit zwei Füllfederhaltern in der Tasche, einem roten und einem blauen, und Entscheidungen treffe. Ich werde aus dem Regen raus sein und einen Anzug und Schuhe und eine warme Wohnung haben, und was will ein Mann denn mehr. Er sagt, in Amerika kannst du alles werden, es ist das Land der unbegrenzten Möglichkeiten. Du kannst in Maine Fischer werden oder Farmer in Kalifornien. Amerika ist nicht wie Limerick, ein graues Nest mit einem mörderischen Fluß. Wenn man seinen Vater beim Feuer morgens für sich allein hat, braucht man weder Cuchulain noch den Engel von der siebten Stufe oder sonstwas.

Abends hilft er uns bei unseren Übungen. Mam sagt, in Amerika nennen sie das Schularbeiten, aber hier sind es Übungen, Rechnen, Englisch, Irisch, Geschichte. Bei Irisch kann er uns nicht helfen, weil er aus dem Norden ist und es ihm an der Muttersprache gebricht. Malachy bietet ihm an, daß er ihm alle irischen Wörter beibringt, die er weiß, aber Dad sagt, es ist zu spät, ein alter Hund lernt kein neues Gebell mehr. Vor dem Zubettgehen sitzen wir um das Feuer, und wenn wir sagen, Dad, erzähl uns eine Geschichte, erfindet er eine über jemanden in der Gasse, und die Geschichte führt uns um die ganze Welt, hoch in die Luft, unter die Meeresoberfläche und zurück in die Gasse. Jeder in der Geschichte hat eine andere Farbe, und alles steht auf dem Kopf und geht andersrum. Autos und Flugzeuge fahren unter Wasser, und U-Boote fliegen durch die Luft. Haifische sitzen auf Bäumen, und riesige Lachse tollen mit Känguruhs auf dem Mund herum. Eisbären ringen mit Elefanten in Australien, und Pinguine bringen Zulus bei, wie man Dudelsack spielt. Nach der Schule nimmt er uns mit nach oben und kniet neben uns, während wir unsere Gebete sprechen. Wir sagen das Vaterunser, drei Ave-Maria, Gott segne den Papst, Gott segne Mam, Gott segne unsere tote Schwester und die toten Brüder, Gott segne Irland, Gott segne De Valera, und Gott segne jeden, der Dad einen Job gibt. Er sagt, schlaft jetzt, Jungs, denn der heilige Gott sieht euch, und Er weiß immer, wenn ihr nicht artig seid.

Ich glaube, mein Vater ist wie die Heilige Dreifaltigkeit mit drei Menschen in sich, der eine am Morgen mit der Zeitung, der eine am Abend mit den Geschichten und den Gebeten, und der eine, der das Böse tut und mit dem Geruch nach dem Whiskey nach Hause kommt und will, daß wir für Irland sterben. Ich bin traurig über das Böse, aber ich kann ihn nicht im Stich lassen, weil der am Morgen mein richtiger Vater ist, und wenn ich in Amerika wäre, könnte ich sagen, ich liebe dich, Dad, wie sie das in den Filmen machen, aber in Limerick kann man das nicht sagen, weil man Angst haben muß, daß sie einen auslachen. Erlaubt ist, wenn man sagt, daß man Gott liebt und Babys und Pferde, die als erste reinkommen, aber alles andere ist Spinnkram.

Bei Tag und Nacht werden wir in dieser Küche von Leuten gepeinigt, die ihren Eimer ausleeren. Mam sagt, nicht der Shannon wird uns umbringen, sondern der Gestank von dem Klo vor der Tür. Im Winter ist es schon schlimm genug, wenn alles überläuft und unter unserer Tür durchfließt, aber noch schlimmer ist es bei warmem Wetter, wenn es Fliegen und Schmeißfliegen und Ratten gibt.

Gleich neben dem Klo steht ein Stall, wo sie das große Pferd von Gabbett's Kohlenhandlung haben. Es heißt Finn-das-Pferd, und wir lieben es alle, aber der Stallmensch von der Kohlenhandlung kümmert sich nicht richtig um den Stall, und der Gestank zieht bis in unser Haus. Der Gestank vom Klo und vom Stall zieht Ratten an, und wir müssen sie mit unserem neuen Hund, Lucky, wegjagen. Am liebsten treibt er die Ratten in die Enge, und dann zerschmettern wir sie mit Steinen oder Stöcken oder spießen sie mit der Heugabel im Stall auf. Das Pferd selbst hat Angst vor den Ratten, und wir müssen vorsichtig sein, wenn es hinten ausschlägt. Es weiß, daß wir keine Ratten sind, weil wir ihm Äpfel mitbringen, wenn wir welche auf dem Land geklaut haben.

Manchmal entkommen die Ratten und rennen in unser Haus und in das Kohlenluch unter der Treppe, wo es pechschwarz ist und man sie nicht sehen kann. Selbst wenn wir eine Kerze holen, können wir sie nicht finden, weil sie überall Löcher graben und wir nicht wissen, wo wir suchen sollen. Wenn wir Feuer haben, können wir Wasser kochen und es langsam aus dem Teekessel da hineingießen, und das treibt sie aus dem Loch heraus und zwischen unseren Beinen hindurch und wieder vor die Tür, falls Lucky nicht schon da ist, um sie mit den Zähnen zu fangen und totzuschütteln. Eigentlich sollte man meinen, daß er die Ratten frißt, aber er läßt sie auf der Gasse liegen, und die Gedärme hängen ihnen heraus, und er rennt zu meinem Vater und holt sich ein Stück Brot, in Tee getunkt. Die Leute in der Gasse sagen, das ist ein eigentümliches Betragen für einen Hund, aber was will man von einem Hund, der den McCourts gehört, schon groß erwarten.

Sobald eine Spur von einer Ratte zu sehen ist oder auch nur erwähnt wird, ist Mam auch schon aus dem Haus und die Gasse hochgerannt. Lieber würde sie in Ewigkeit durch die Straßen von Limerick wandern, als eine Minute in einem Haus mit einer Ratte drin verbringen, und nie findet sie Ruhe, weil sie weiß, daß mit dem Stall und dem Klo immer eine Ratte in der Nähe ist, die samt Familie aufs Essen wartet. Wir bekämpfen die Ratten, und wir bekämpfen den Gestank von diesem Klo. Bei warmem Wetter würden wir gern die Tür offenlassen, aber das kann man nicht, wenn Leute die Gasse heruntergetrabt kommen, um ihre randvollen Eimer auszukippen. Manche Familien sind schlimmer als andere, und Dad haßt sie alle, obwohl Mam ihm sagt, es ist doch nicht deren Schuld, wenn die Bauherren vor hundert Jahren Häuser ohne Klo hingestellt haben, bis auf das eine vor unserer Tür. Dad sagt, die Leute sollen ihre Eimer mitten in der Nacht auskippen, wenn wir schlafen, damit wir von dem Gestank nicht gestört werden.

Die Fliegen sind fast so schlimm wie die Ratten. An warmen Tagen fliegen sie in Schwärmen zum Stall, und wenn ein Eimer ausgekippt wird, schwärmen sie in die Küche, und Dad sagt, es ist ekelhaft, wenn man bedenkt, daß die Fliege, die da auf der Zuckerdose sitzt, eben noch auf der Kloschüssel, oder was von ihr übrig ist, gesessen hat. Wenn man eine offene Wunde hat, finden sie sie und quälen einen. Tagsüber hat man die Fliegen, nachts hat man die Flöhe. Mam sagt, ein Gutes haben die Flöhe, sie sind sauber, aber Fliegen sind schmutzig, man weiß nie, wo sie herkommen, und sie schleppen jede Menge Krankheiten mit sich rum.

Wir können die Ratten jagen und umbringen. Wir können die Fliegen und die Flöhe totklatschen, aber gegen die Nachbarn mit ihren Eimern kann man nichts machen. Wenn wir draußen auf der Gasse spielen und jemanden mit einem Eimer sehen, rufen wir zu unserem Haus hinüber, Eimer kommt, Tür zu, Tür zu, und wer drin ist, rennt an die Tür und macht sie zu. Bei warmem Wetter rennen wir den ganzen Tag an die Tür, weil wir wissen, welche Familien die schlimmsten Eimer haben. Es gibt Familien, da hat der Vater Arbeit, und falls die sich angewöhnen, mit Curry zu kochen, dann wissen wir, daß der betreffende Eimer zum Himmel stinken und uns schlecht werden wird. Wo jetzt Krieg ist und die Männer Geld aus England schicken, kochen immer mehr Familien mit Curry, und unser Haus ist Tag und Nacht mit dem Gestank erfüllt. Wir kennen die Familien mit dem Curry, wir kennen die Familien mit dem Kohl. Mam ist ständig übel, Dad unternimmt immer längere Spaziergänge über Land, und wir spielen so oft wie möglich draußen und so weit wie möglich vom Klo entfernt. Dad beschwert sich nicht mehr über den Shannon. Jetzt weiß er, daß das Klo schlimmer ist, und er nimmt mich mit aufs Rathaus, um sich zu beschweren. Der Mann da sagt, Mister, alles, was ich Ihnen sagen kann, ist, Sie können umziehen. Dad sagt, das können wir uns nicht leisten, und der Mann sagt, da kann er auch nichts machen. Dad sagt, wir sind hier doch nicht in Indien. Das hier ist ein christliches Land. Die Gasse braucht mehr Klos.

Der Mann sagt, erwarten Sie von Limerick, daß es Klos in Häuser einbaut, die sowieso einstürzen und nach dem Krieg abgerissen werden? Dad sagt, das Klo könnte uns alle umbringen. Der Mann sagt, wir leben in gefährlichen Zeiten.

Mam sagt, es ist schon schwer genug, ein Feuer in Gang zu halten, um das Weihnachtsessen zu kochen, aber wenn ich zum Weihnachtsessen ins Krankenhaus gehe, werde ich mich von oben bis unten waschen müssen. Das gönnt sie Schwester Rita nicht, daß die sagt, ich wäre vernachlässigt oder reif für eine neue Krankheit. Frühmorgens vor der Messe kocht sie einen Topf mit Wasser und brüht mir fast die Haut vom Kopf. Sie scheuert mir die Ohren und schrubbt mir die Haut so doll, daß sie kribbelt. Sie zweigt zwei Pence für den Bus zum Krankenhaus ab, aber zurück werde ich zu Fuß gehen müssen, und das wird mir guttun, vollgefressen, wie ich sein werde, und jetzt muß sie das Feuer wieder in Gang bringen, damit der Schweinskopf mit Kohl und mehligweißen Kartoffeln was wird, den sie wieder mal dank der Freundlichkeit der Gesellschaft vom Hl. Vincent de Paul gekriegt hat, und sie hat fest beschlossen, daß dies das letzte Mal sein wird, daß wir die Geburt unseres Herrn mit Schweinskopf feiern. Nächstes Jahr gibt es eine Gans oder einen schönen Schinken, schließlich ist Limerick ja in der ganzen Welt für seinen Schinken bekannt oder etwa nicht?

Schwester Rita sagt, na, seht euch unseren kleinen Soldaten an, gesund wie das blühende Leben. Kein Fleisch auf den Knochen, aber immerhin. Nun sage mir, bist du heute morgen in die Messe gegangen?

Ja, Schwester.

Und hast du die Kommunion empfangen?

Ja, Schwester.

Sie bringt mich in einen leeren Krankensaal und sagt, ich

soll mich auf den Stuhl da setzen, es dauert nicht mehr lang, dann kriege ich mein Essen. Sie geht weg, und ich frage mich, ob ich mit Nonnen und Krankenschwestern essen werde, oder ob ich auf eine Station zu Kindern gebracht werde, die ihr Weihnachtsessen bekommen. Schließlich wird mir mein Essen von dem Mädchen mit dem blauen Kleid gebracht, das mir die Bücher gebracht hat. Sie stellt das Tablett auf einem Nachttisch ab, und ich ziehe mir einen Stuhl heran. Sie sieht mich böse an und macht eine Grimasse. Du, sagt sie, das ist dein Essen, und Bücher bring ich dir nicht.

Das Essen ist köstlich, Truthahn, Kartoffelbrei, Erbsen, Wackelpeter mit Vanillesauce und eine Kanne Tee. Der Wackelpeter mit Vanillesauce sieht köstlich aus, und ich kann mich nicht beherrschen und esse ihn als erstes, ist ja sowieso keiner da, der es merkt, aber als ich den Wackelpeter esse, kommt das Mädchen in dem blauen Kleid mit Brot und sagt, was machst du da?

Nichts.

Doch. Du ißt das Süße vor dem Essen, und sie rennt hinaus und ruft, Schwester Rita, Schwester Rita, kommen Sie schnell, und die Nonne rauscht eilig herein, Francis, geht es dir gut?

Ja, Schwester.

Gar nicht gut, Schwester. Er hat seinen Wackelpeter mit Vanillesauce vor dem Essen gegessen. Das ist eine Sünde, Schwester.

Aber aber, liebes Kind, nun lauf schon, und ich werde mit Francis darüber reden.

Bitte, ganz bestimmt, Schwester, sonst essen alle Kinder im Krankenhaus ihr Süßes vor dem Essen, und wo kommen wir dann hin?

Allerdings, allerdings, wo kommen wir dann hin? Nun lauf schon.

Das Mädchen geht, und Schwester Rita lächelt mich an.

Möge Gott sie lieben, nichts verpaßt sie, verwirrt, wie sie ist. Wir müssen geduldig mit ihr sein, Francis, mit ihrem kleinen Stich.

Sie geht, und es ist still auf dieser leeren Station, und als ich aufgegessen habe, weiß ich nicht, was ich tun soll, denn man soll nichts tun, bevor sie einem sagen, was man tun soll. Krankenhäuser und Schulen sagen einem immer, was man tun soll. Ich warte lange, bis das Mädchen mit dem blauen Kleid kommt und das Tablett holt. Bist du fertig? sagt sie.

Ja.

Ja, mehr kriegst du nicht, und jetzt kannst du gehen.

Mädchen, die nicht richtig im Kopf sind, können einem bestimmt nicht sagen, daß man nach Hause gehen soll, und ich frage mich, ob ich auf Schwester Rita warten soll, die alles unter sich hat. Eine Krankenschwester im Korridor sagt mir, Schwester Rita ist beim Essen und darf nicht gestört werden. Es ist ein langer Weg von Union Cross bis Barrack Hill, und als ich nach Hause komme, ist meine Familie oben in Italien und schon gut mit dem Schweinskopf und dem Kohl und den mehligweißen Kartoffeln zugange. Ich berichte ihnen von meinem Weihnachtsessen. Mam will wissen, ob ich mit den Krankenschwestern und Nonnen zusammen gegessen habe, und sie wird ein bißchen böse, als ich ihr sage, daß ich allein auf einer Station gegessen habe, und so kann man doch ein Kind nicht behandeln.

Sie sagt mir, setz dich und iß was von dem Schweinskopf, und ich zwinge mich dazu, mir etwas in den Mund zu stecken, und ich bin so vollgefressen, daß ich mich aufs Bett legen muß und mein Bauch eine Meile weit vorsteht.

Es ist früh am Morgen, und draußen steht ein Auto vor der Tür, das erste, das wir in unserer Gasse je gesehen haben. Da sind Männer mit Anzügen, die in den Stall von Finn-dem-

Pferd kucken, und irgendwas stimmt da nicht, denn man sieht nie Männer mit Anzügen in der Gasse.

Es ist Finn-das-Pferd. Es liegt auf dem Stallboden und sieht auf die Gasse hinaus, und ums Maul hat es so weißes Zeug, wie Milch. Der Stallmensch, der sich um Finn-das-Pferd kümmert, sagt, er hat es am Morgen so vorgefunden, und merkwürdig ist das, weil es sonst immer schon aufgestanden ist und auf sein Futter wartet. Die Männer schütteln den Kopf. Mein Bruder Michael sagt zu einem der Männer, Mister, was ist denn mit Finn?

Krankes Pferd, Junge. Geh nach Hause.

Der Stallmensch, der sich um Finn kümmert, hat den Whiskeygeruch an sich. Er sagt zu Michael, der Gaul ist hinüber. Wir müssen ihn erschießen.

Michael zieht an meiner Hand. Frank, die dürfen ihn nicht erschießen. Sag ihnen das. Du bist groß.

Der Stallmensch sagt, geh nach Hause, Junge. Geh nach Hause.

Michael greift ihn an, tritt ihn, kratzt ihm den Handrücken auf, und der Mann wirft ihn in hohem Bogen von sich. Halte deinen Bruder fest, sagt er zu mir, halt ihn fest.

Einer der anderen Männer holt etwas Gelbbraunes aus einer Tasche, geht zu Finn, hält es ihm an den Kopf, und man hört einen scharfen Knacks. Finn zittert. Michael schreit den Mann an und stürzt sich nun auch auf diesen Mann, aber der Mann sagt, das Pferd war krank, Kleiner. Jetzt geht's ihm besser.

Die Männer mit Anzügen fahren weg, und der Stallmensch sagt, er muß auf den Lastwagen warten, der Finn abholen kommt, er kann ihn nicht alleine hier lassen, sonst gehen die Ratten an ihn ran. Er will wissen, ob wir das Pferd mit unserem Hund Lucky im Auge behalten können, während er in die Kneipe geht, er hat nämlich einen Wahnsinnsschmachter auf eine Pint.

Gegen Michael mit seinem Stock hat, obwohl er noch so klein ist, keine Ratte eine Chance, auch nur in die Nähe von Finn-dem-Pferd zu kommen. Der Mann kommt zurück und riecht nach Porter, und dann ist da der große Lastwagen, um das Pferd wegzuschaffen, ein großer Lastwagen mit drei Männern und zwei langen, dicken Planken von der Ladefläche bis zu Finns Kopf. Die drei Männer und der Stallmensch binden Seile um Finn und ziehen ihn die Planken hoch, und die Leute auf der Gasse schreien die Männer an, weil die Nägel und Splitter von den Planken Finn das Fell aufreißen, und alles ist mit leuchtendrosa Pferdeblut bedeckt.

Ihr machts ja das Pferd kaputt.

Habts ihr keine Achtung vor den Toten?

Gebts doch acht, das arme Pferd.

Der Stallmensch sagt, um der Liebe Jesu willen, was gibts denn da zu plärren? Ist doch nur ein totes Pferd, und Michael stürzt sich wieder auf ihn, Kopf eingezogen, und die kleinen Fäuste fliegen, bis der Stallmensch ihm einen Schubs gibt und Michael auf den Rücken fällt und Mam mit einer solchen Wut auf den Stallmenschen losgeht, daß der die Planken hinauf und über den toten Finn rennt, um sich in Sicherheit zu bringen. Am Abend kommt er betrunken zurück, schläft seinen Rausch im Stall aus, und als er geht, kommt es im Heu zu einem Schwelbrand, und der Stall brennt ab, und die Ratten laufen durch die Gasse, und jeder Junge und jeder Hund hinterher, bis sie in die Straßen von respektablen Menschen entkommen.

9

Mam sagt, Alphie ist genug. Ich kann nicht mehr. Jetzt ist Schluß. Nie wieder Kinder.

Dad sagt, die gute katholische Frau muß ihre ehelichen Pflichten erfüllen und sich ihrem Manne beugen oder aber mit ewiger Verdammnis rechnen.

Mam sagt, solang ich keine weiteren Kinder kriege, soll mir die ewige Verdammnis recht sein.

Was soll Dad machen? Es ist Krieg. Englische Agenten rekrutieren Iren, die in ihren Munitionsfabriken arbeiten sollen, die Bezahlung ist gut, in Irland gibt es keine Arbeit, und wenn die Frau dir den Rücken kehrt, so herrscht doch keine Frauenknappheit in England, wo die wehrfähigen Männer alle weg sind und gegen Hitler und Mussolini kämpfen und wo man tun und lassen darf, was man will, solange man nicht vergißt, daß man Ire ist und Unterschicht, und sich nicht über seinen Stand zu erheben versucht.

Die Gasse rauf und runter bekommen Familien von ihren Vätern in England telegrafische Geldanweisungen. Sie sausen aufs Postamt, um das Geld abzuheben, damit sie einkaufen gehen und der Welt am Samstagabend und am Sonntagvormittag zeigen können, wie gut das Schicksal es mit ihnen meint. Am Samstag lassen die Jungens sich die Haare schneiden, die Frauen holen die Brennschere aus dem Kamin und machen sich Locken. Sehr großartig sind sie jetzt und zahlen

Sixpence oder sogar einen Shilling für Plätze im Savoy Cinema, wo man eine bessere Sorte von Menschen trifft als die unteren Klassen, welche sich auf den Zwei-Pence-Plätzen auf dem Olymp im Lyric Cinema breitmachen, und die schreien auch nie die Leinwand an, nicht die Art Leute, welche, denken Sie nur, die Afrikaner anfeuern, wenn sie Tarzan mit Speeren bewerfen, oder die Indianer, wenn sie die Kavallerie der Vereinigten Staaten skalpieren. Am Sonntag nach der Messe gehen die neuen Reichen ganz geziert nach Hause und stopfen sich mit Fleisch und Kartoffeln, Süßigkeiten und Torten voll und finden überhaupt nichts dabei, den Tee aus zerbrechlichen kleinen Tassen zu trinken, die auf Untertassen stehen, um den Tee aufzufangen, der überläuft, und wenn sie die Tasse zum Munde führen, spreizen sie den kleinen Finger ab, damit man sieht, wie vornehm sie sind. Manche gehen nicht mal mehr in die Fisch-mit-Fritten-Läden, weil man an solchen Orten nur betrunkene Soldaten und Nachtmädchen und Männer zu sehen bekommt, die ihr Stempelgeld vertrunken haben, und ihre Frauen, die kreischen, sie sollen nach Hause kommen. Die tapferen neuen Reichen sieht man im Savoy Restaurant oder im Stella, wo sie Tee trinken und kleine Küchlein essen und sich mit Servietten die Lippen tupfen, denken Sie nur, und mit dem Bus nach Hause fahren und sich beklagen, der Service sei ja auch nicht mehr das, was er mal war. Sie haben jetzt Elektrizität, damit sie Dinge sehen können, die sie noch nie gesehen haben, und wenn die Dunkelheit sich niedersenkt, drehen sie das Radio an, um zu hören, wie es mit dem Krieg weitergeht. Sie danken Gott für Hitler, denn wenn er nicht durch ganz Europa marschiert wäre, wären die Männer von Irland immer noch zu Hause und würden sich in der Schlange vor dem Arbeitsamt am Arsch kratzen.

Manche Familien singen:

Jipp hei didi heidi heio
Jipp hei didi heijee,
England und Frankreich sind am Arsch,
Wir rufen: Deutschland, vorwärts, marsch.

Sobald es ein wenig frisch wird, stellen sie ihren elektrischen Kamin an, weil er soviel Behaglichkeit bietet, und sitzen in ihrer Küche, hören Nachrichten und erklären, wie leid ihnen die englischen Frauen und Kinder tun, die unter den deutschen Bomben sterben, aber denken Sie auch mal daran, was England uns achthundert Jahre lang angetan hat.

Die Familien mit Vätern in England können es den Familien ohne Väter in England jetzt richtig zeigen. Zum Mittag- und zum Abendessen stehen die neuen reichen Mütter an der Haustür und rufen ihre Kinder, Mikey, Kathleen, Paddy, kommts zum Essen rein. Kommts zur köstlichen Lammkeule und den hinreißenden grünen Erbsen und den mehligweißen Kartoffeln rein.

Sean, Josie, Peggy, kommts sofortest rein zum frischen Brot mit guter Butter und dem hinreißenden blauen Entenei, das es bei sonst niemandem in der Gasse gibt.

Brendan, Annie, Patsy, kommts heim, es gibt gebratene Blutwurst und brutzelnde Schweinswürstchen und wunderbares Trifle, mit allerbestem spanischem Sherry getränkt.

In solchen Zeiten sagt Mam uns, wir sollen drin bleiben. Wir haben nur Brot und Tee, und sie will nicht, daß die quälenden Nachbarn uns sehen, wie wir mit hängender Zunge unter den köstlichen Düften leiden, die die Gasse rauf und runter wehen. Sie sagt, man sieht, daß die gewohnt sind, gar nichts zum Essen zu haben, so wie sie mit allem angeben. Daraus spricht echt Unterschicht, wenn man zur Tür hinausschreit und der Welt mitteilt, was es zum Abendessen gibt. Sie sagt, damit wollen sie uns doch nur ärgern, weil Dad ein Ausländer aus dem Norden ist und nichts mit ihnen zu tun haben will. Dad sagt, all das Essen wurde von englischem Gelde gekauft, und nichts Gutes wird denen daraus erwachsen, die es genommen, aber was kann man schon von Limerick erwarten, von Menschen, die von Hitlers Krieg profitieren, von Menschen, die bereit sind, für die Engländer zu arbeiten und zu kämpfen. Er sagt, er wird nie nach drüben gehen und den Engländern helfen, einen Krieg zu gewinnen. Mam sagt, nein, du wirst hierbleiben, wo es keine Arbeit gibt und kaum einen Klumpen Kohle, um das Wasser für den Tee zu kochen. Nein, du wirst hierbleiben und das Stempelgeld vertrinken, wenn dir danach ist. Du wirst deine Söhne betrachten, wie sie mit kaputten Schuhen herumlaufen und mit einem Arsch, der ihnen aus der Hose hängt. Jedes Haus in der Gasse hat Elektrizität, und wir können von Glück sagen, wenn wir mal eine Kerze haben. Gott in der Höhe, wenn ich das Geld für die Passage hätte, würde ich selbst nach England gehen, denn bestimmt brauchen die in den Fabriken auch Frauen.

Dad sagt, eine Fabrik ist kein Ort für eine Frau.

Mam sagt, auf dem Arsch beim Feuer sitzen ist kein Ort für einen Mann.

Ich sage zu ihm, warum kannst du nicht nach England gehen, Dad, damit wir Elektrizität und ein Radio kriegen und Mam an der Tür stehen und der Welt berichten kann, was es bei uns zu essen gibt?

Er sagt, hast du deinen Vater nicht gern hier bei dir zu Hause?

Doch, aber nach dem Krieg kannst du zurückkommen, und dann können wir alle nach Amerika.

Er seufzt, *och, aye, och, aye.* Na gut, im neuen Jahr geht er nach England, weil Amerika jetzt in den Krieg eingetreten ist, weshalb er eine gerechte Sache sein muß. Nie würde er nach England gehen, wenn die Amerikaner jetzt nicht auch dabei wären. Er sagt mir, dann muß ich der Mann im Haus sein, und er unterschreibt bei einem Agenten, daß er in einer Fabrik in Coventry arbeiten wird, welches, sagen alle, die meistbombardierte Stadt in England ist. Der Agent sagt, da gibt es eine Menge Arbeit für Männer, die bereit und willens sind. Du kannst Überstunden machen, bis du umfällist, und wenn du sparst, Kumpel, bist du bei Kriegsende Rockefeller.

Wir stehen früh auf, um Dad am Bahnhof zu verabschieden. Kathleen O'Connell im Laden weiß, daß Dad nach England geht und Geld zurückfließen wird, und ist sehr gern bereit, Mam einen Kredit für Tee, Milch, Zucker, Brot, Butter und ein Ei einzuräumen.

Ein Ei.

Mam sagt, dies Ei ist für euern Vater. Er braucht was Nahrhaftes für die lange Reise, die vor ihm liegt.

Es ist ein hartgekochtes Ei, und Dad macht die Schale ab. Er schneidet es in fünf Scheiben und gibt jedem von uns ein Scheibchen aufs Brot. Mam sagt, sei nicht so ein Narr. Dad sagt, was soll ein Mann denn mit einem ganzen Ei allein anfangen? Mam hat Tränen an den Wimpern. Sie zieht ihren Stuhl vor die Feuerstelle. Wir essen alle unser Eibrot und sehen ihr beim Weinen zu, bis sie sagt, was gaffts ihr denn so? und sich abwendet, um in die Asche zu starren. Ihr Brot mit Ei liegt immer noch auf dem Tisch, und ich frage mich, ob sie irgendwelche Pläne damit hat. Köstlich sieht das aus, und ich bin immer noch hungrig, aber Dad steht auf und bringt es ihr und Tee dazu. Sie schüttelt den Kopf, aber Dad drängt es ihr auf, und sie ißt und trinkt und schnieft und weint. Er setzt sich eine Zeitlang ihr gegenüber hin und schweigt, bis sie den Blick hebt, auf die Uhr sieht und sagt, 's wird Zeit. Er setzt seine Mütze auf und nimmt seinen Reisesack. Mam wickelt Alphie in eine alte Decke, und wir machen uns auf den Weg durch die Straßen von Limerick.

Es sind noch andere Familien auf der Straße. Die weggehenden Väter gehen voran, die Mütter tragen Babys oder schieben Kinderwagen. Eine Mutter mit Kinderwagen sagt zu den anderen Müttern, Gott in der Höhe, Missis, Sie müssen doch schon ganz geschafft sein vom Schleppen des Kindes. Ja, warum stopfen Sie es nicht hier in die Karre und schonen Ihre erschöpften Arme.

Es gibt Kinderwagen, die mit bis zu vier oder fünf Babys vollgestopft sind, und alle schreien wie am Spieß, weil die Kinderwagen alt und die Räder wacklig sind, und die Babys werden durchgeschüttelt, bis ihnen schlecht wird und sie ihr Lecker auskotzen.

Die Männer rufen sich zu, schöner Tag heute, Mick. Herrlicher Tag für die Reise, Joe. Wohl wahr, Mick. *Arrah,* wie wär's mit einer Pint, bevor es losgeht, Joe. Genau, wie wär's damit, Mick. Wie wär's damit, wenn wir nicht nüchtern wären, sondern eben nicht, Joe.

Sie lachen, und die Frauen hinter ihnen haben verquollene Augen und rote Nasen.

Die Kneipen am Bahnhof sind mit Männern überfüllt, die das Geld vertrinken, das ihnen die Agenten für Reiseproviant gegeben haben. Sie trinken die letzte Pint, den letzten Tropfen Whiskey auf irischem Boden, und das kann leicht, Gott weiß es wohl, der letzte sein, den wir je genossen haben werden, Mick, so wie die Jerrys England beharken, und zwar keine Minute zu früh, wenn man bedenkt, was es uns angetan hat, und ist es nicht rundherum tragisch, wie wir jetzt da drüben hin müssen, um dem altbösen Feind den Arsch zu retten.

Die Frauen bleiben vor den Kneipen stehen. Mam sagt zu Mrs. Meehan, sobald die erste Geldanweisung kommt, gehe ich in den Laden und kaufe ein großes Frühstück, damit wir alle am Sonntagmorgen ein eigenes Ei kriegen.

Ich sehe meinen Bruder, Malachy an. Hast du das gehört? Am Sonntagmorgen ein eigenes Ei. O Gott, ich hatte bereits Pläne mit meinem Ei. Oben anticken, sanft die Schale zerbrechen, das Oberste mit einem Löffel essen, einen Klacks Butter auf den Dotter, Salz, jetzt, ganz langsam, mit dem Löffel eintauchen, löffeln, noch mal Salz, noch mal Butter, in den Mund, o Gott in der Höhe, wenn der Himmel nach was schmeckt, dann wie ein Ei mit Butter und Salz, und gibt es nach dem Ei auf der ganzen Welt irgendwas Schöneres als frisches warmes Brot und eine große Tasse mit süßem goldenem Tee?

Manche Männer sind bereits zu betrunken zum Gehen, und die englischen Agenten bezahlen nüchterne Männer dafür, daß sie sie aus den Kneipen zerren und auf einen großen Pferdewagen werfen, damit man sie zum Bahnhof schaffen und in die Eisenbahn verladen kann. Die Agenten versuchen verzweifelt, alle aus den Kneipen herauszukriegen. Na los, Männer. Verpaßt den Zug, und ihr verpaßt einen guten Job. Na los, Männer, in England haben wir auch Guinness. Jameson ebenfalls. Na los, Männer, bitte, Männer. Ihr vertrinkt euer Essensgeld, und mehr kriegt ihr nicht.

Die Männer sagen den Agenten, sie können sie mal an ihrem irischen Arsch lecken, daß sie, die Agenten, Glück haben, daß sie überhaupt noch leben, Glück, daß sie nicht am nächsten Laternenpfahl hängen, nach allem, was sie Irland angetan haben. Und die Männer singen:

In Mountjoy, am Montag morgen,
Oben an dem Galgenbaum
Schwand Kevin Barrys junges Leben
Für der Freiheit süßen Traum.

Der Zug heult auf dem Bahnhof, und die Agenten flehen die Frauen an, sie sollen ihre Männer aus den Kneipen holen, und die Männer taumeln heraus und singen und weinen und umarmen ihre Frauen und Kinder und versprechen, sie werden so viel Geld schicken, daß Limerick in ein zweites New York verwandelt werden wird. Die Männer klettern die Stufen zum Bahnhof hinauf, und die Frauen und Kinder rufen ihnen nach:

Kevin, Liebster, paß auf dich auf und trag keine feuchten Hemden.

Häng die Socken zum Trocknen auf, Michael, oder dein entzündeter großer Zeh bringt dich vollends um.

Und, Paddy, Vorsicht mit den Getränken, hörst du überhaupt zu, Paddy?

Dad, Dad, geh nicht weg, Dad.

Tommy, vergiß nicht, das Geld zu schicken. Die Kinder sind Haut und Knochen.

Peter, vergiß nicht die Medizin für deine schwache Brust, der Herr steh' uns bei.

Larry, nimm dich vor den blöden Bomben in acht.

Christy, sprich nicht mit den Engländerinnen. Die sind voller Krankheiten.

Jackie, komm zurück. Wir kriegen das bestimmt wieder irgendwie hin. Fahr nicht weg, Jackiiiie, Jackiiiie, ach Jesus, bleib hier.

Dad tätschelt uns den Kopf. Er sagt uns, vergeßt eure religiösen Pflichten nicht, aber, vor allen Dingen, gehorcht eurer Mutter. Er steht vor ihr. Sie hat Baby Alphie auf dem Arm.

Sie sagt, paß auf dich auf. Er läßt den Reisesack fallen und legt die Arme um sie. So stehen sie einen Augenblick, bis das Baby zwischen ihnen aufjault. Er nickt, hebt den Sack wieder auf, geht die Bahnhofstreppe hinauf, dreht sich um, um zu winken, und ist weg.

Zu Hause sagt Mam, ist mir doch egal. Ich weiß, es klingt extravagant, aber ich mach jetzt Feuer an und noch ein bißchen Tee, denn euer Vater fährt schließlich nicht jeden Tag nach England. Wir sitzen ums Feuer und trinken unseren Tee und weinen, weil wir keinen Vater haben, bis Mam sagt, weint nicht, weint nicht. Jetzt, wo euer Vater nach England gegangen ist, hat unser Elend bestimmt bald ein Ende.

Bestimmt.

Mam und Bridey Hannon sitzen oben in Italien am Feuer, rauchen Woodbines, trinken Tee, und ich sitze auf der Treppe und höre zu. Wir haben einen Vater in England, so daß wir uns alles, was wir wollen, in Kathleen O'Connells Laden besorgen können, und zahlen tun wir, wenn er in vierzehn Tagen das erste Geld schickt. Mam sagt Bridey, sie kann es gar nicht erwarten, daß sie aus dieser verdammten Gasse rauskommt, und zwar wohin, wo es ein anständiges Klo gibt, das wir nicht mit der halben Welt teilen müssen. Wir werden alle neue Schuhe und Mäntel kriegen, die den Regen abhalten, und nicht völlig verhungert aus der Schule nach Hause kommen. Sonntags gibt es Eier mit Speckstreifen zum Frühstück und Schinken mit Kohl und Kartoffeln zum Mittagessen. Wir werden elektrisches Licht haben und warum eigentlich nicht? Sind Frank und Malachy etwa nicht in Amerika geboren, wo das jeder hat?

Alles, was wir jetzt tun müssen, ist, zwei Wochen warten, bis der Telegrammjunge an die Tür klopft. Dad wird sich bei seinem Job in England eingewöhnen und sich Arbeitskleidung kaufen und was zu wohnen besorgen müssen, deshalb wird die erste Geldanweisung nicht hoch sein, drei Pfund oder drei Pfund zehn, aber bald werden wir sein wie andere Familien in der Gasse, fünf Pfund die Woche, Schulden abzahlen, neue Sachen zum Anziehen kaufen, ein bißchen sparen für die Zeit, wenn wir zusammenpacken und ganz nach England gehen, und dann da sparen, um nach Amerika zu gehen. Mam könnte selbst einen Job in einer englischen Fabrik kriegen und Bomben oder irgendwas machen, und wir würden uns bei Gott nicht wiedererkennen mit dem ganzen Geld, das überall hereinfließt. Sie wäre zwar nicht froh, wenn wir mit einem englischen Akzent heranwüchsen, aber besser mit englischem Akzent als mit leerem Bauch. Bridey sagt, es ist egal, welche Sorte Akzent ein Ire hat, denn er wird nie vergessen, was die Engländer uns achthundert lange Jahre lang angetan haben.

Wir wissen, was Samstage in der Gasse bedeuten. Wir kennen einige Familien wie die Downes gegenüber, die ihr Telegramm schon früh bekommen, weil Mr. Downes ein solider Mensch ist, der weiß, wie man freitags ein bis zwei Pints trinkt und dann nach Hause ins Bett geht. Wir wissen, daß Männer wie er noch in derselben Minute, in der sie ihr Geld kriegen, aufs Postamt rennen, damit ihre Familien keine Minute des Wartens und der Sorge kennenlernen. Männer wie Mr. Downes schicken ihren Söhnen Royal-Air-Force-Abzeichen mit Flügeln, die sie auf der Jacke tragen können. So was wollen wir auch, und das haben wir Dad auch gesagt, bevor er uns verließ, vergiß die RAF-Abzeichen nicht, Dad.

Wir sehen die Telegrammjungens, wenn sie schwungvoll auf dem Fahrrad in unsere Gasse einbiegen. Es sind glückliche Telegrammjungens, denn die Trinkgelder, die sie in den Gassen kriegen, sind größer als alles, was sie in den tollen Straßen und Avenuen kriegen, wo einem die reichen Leute den Dampf ihrer Pisse nicht gönnen.

Die Familien mit den frühen Telegrammen haben dies zufriedene Aussehen. Sie haben den ganzen Samstag vor sich, um das Geld zu genießen. Sie werden einkaufen, sie werden essen, sie werden den ganzen Tag Zeit haben zu überlegen, was sie am Abend machen werden, und das ist schon fast so schön wie das, was sie dann am Abend machen, denn der Samstagabend, wenn man ein paar Shilling in der Tasche hat, ist der prachtvollste Abend der Woche.

Es gibt Familien, die das Telegramm nicht jede Woche kriegen, und man erkennt sie an ihrem besorgten Aussehen. Mrs. Meagher wartet schon seit zwei Monaten jeden Samstag an der Tür. Meine Mutter sagt, sie würde sich ihres Lebens schämen, so an der Tür zu warten. Alle Kinder spielen auf der Gasse und passen auf, wann der Telegrammjunge kommt. Hoi, Telegrammjunge, hast du was für Meagher dabei? und wenn er sagt, nein, sagen sie, bist du sicher? und er sagt, natürlich bin ich sicher. Ich weiß doch wohl, was ich in meiner beschissenen Tasche habe.

Jeder weiß, daß die Telegrammjungens nach dem Angelusläuten um sechs nicht mehr kommen, und die Dunkelheit bringt der Frau und den Kindern die Verzweiflung.

Telegrammjunge, kuckst du noch mal in deiner Tasche nach? Bitte. Ach, Gott.

Hab ich schon. Hab nix für euch.

Ach, Gott, bitte kuck nach. Wir heißen Meagher. Kuckst du nach?

Ich weiß verdammtnochmal, daß ihr Meagher heißts, und ich habe nachgekuckt.

Die Kinder klammern sich an ihn auf seinem Fahrrad, und er tritt nach ihnen, Herrgott, verschwindets endlich.

Sobald um sechs Uhr abends das Angelusläuten erklingt, ist der Tag vorüber. Die mit den Telegrammen essen, von ihrem elektrischen Licht taghell ausgeleuchtet, zu Abend, und die, die keine Telegramme gekriegt haben, müssen Kerzen anzünden und sehen, ob sie vielleicht noch einmal bei Kathleen O'Connell bis nächste Woche um dieselbe Zeit, wenn ganz bestimmt mit Gottes und Seiner Gebenedeiten Mutter Hilfe das Telegramm kommt, Tee und Brot anschreiben lassen können. Mr. Meehan oben in der Gasse ist zusammen mit Dad nach England gegangen, und als der Telegrammjunge bei den Meehans anhält, wissen wir, daß wir als nächstes dran sind. Mam hat ihren Mantel parat, um aufs Postamt zu gehen, aber sie wird den Stuhl beim Feuer in Italien nicht verlassen, bevor sie das Telegramm in Händen hält. Der Telegrammjunge fährt durch die Gasse und zu den Downes hinüber. Er überreicht ihnen ihr Telegramm, nimmt das Trinkgeld und wendet sein Fahrrad, um wieder aus der Gasse hinauszufahren. Malachy ruft, Telegrammjunge, hast du was für McCourt? Unseres kommt heute. Der Telegrammjunge schüttelt den Kopf und radelt davon.

Mam pafft an ihrer Woodbine. Na ja, wir haben ja noch den ganzen Tag, obwohl ich gern ein bißchen früher einkaufe, bevor bei Barry dem Metzger die besten Schinken weg sind. Sie muß beim Feuer bleiben, und wir müssen auf der Gasse bleiben, aus Angst, der Telegrammjunge könnte kommen und niemanden zu Hause vorfinden. Dann müßten wir bis Montag warten, um die Postanweisung einzulösen, und das wurde uns das ganze Wochenende verderben. Wir müßten mit ansehen, wie die Meehans und alle anderen in ihren neuen Klamotten herumstolzieren und mit Eiern und Kartoffeln und Würsten für den Sonntag beladen nach Hause wanken und am Samstag abend ins Kino abdampfen. Nein, keinen Zoll weit können wir uns entfernen, bis dieser Telegrammjunge kommt. Mam sagt, zwischen zwölf und zwei sollen wir uns nicht zuviel Sorgen machen, denn viele Telegrammjungens haben dann Mittagspause, und zwischen zwei und dem Angelusläuten kommt bestimmt der ganz große Andrang. Bis etwa sechs Uhr brauchen wir uns nicht die allergeringsten Sorgen zu machen. Wir halten jeden Telegrammjungen an. Wir sagen ihm, daß wir McCourt heißen, daß dies unser erstes Telegramm ist, drei Pfund oder noch mehr müßten es sein, vielleicht haben sie vergessen, unseren Namen draufzuschreiben oder unsere Adresse, ist er da auch ganz sicher? Ist er da auch ganz sicher? Ein Junge sagt uns, er wird sich auf dem Postamt erkundigen. Er sagt, er weiß, wie es ist, wenn man auf das Telegramm wartet, denn sein eigener Vater ist ein versoffener alter Scheißkerl in England drüben, der noch nie einen Penny geschickt hat. Mam hört im Haus, was er sagt, und sagt uns, man soll nie so über seinen Vater sprechen. Derselbe Telegrammjunge kommt kurz vor dem Angelusläuten um sechs noch mal und sagt uns, er hat Mrs. O'Connell vom Postamt gefragt, ob sie heute irgendwann was für McCourt reingekriegt haben, aber es war nichts. Mam wendet sich ab und starrt auf die tote Asche und saugt am allerletzten bißchen Genuß in der Woodbine, der sich zwischen dem braunen Daumen und dem verbrannten Mittelfinger gesammelt hat. Michael, der erst fünf ist und nichts versteht, bis er elf ist wie ich, will wissen, ob wir heute abend Fisch mit Fritten essen gehen, weil er nämlich Hunger hat. Mam sagt, nächste Woche, Schatz, und er geht wieder zurück zum Spielen auf die Gasse.

Man weiß nicht, was man mit sich anfangen soll, wenn das erste Telegramm nicht kommt. Man kann nicht den ganzen Abend auf der Gasse bleiben und mit seinen Brüdern spielen, weil alle anderen reingegangen sind und man sich schämen würde, draußen auf der Gasse zu bleiben und sich vom Geruch von Würsten, Speckstreifen und gebratenem Brot quälen zu lassen. Man will das elektrische Licht nicht sehen, das aus den Fenstern kommt, wenn es dunkel ist, und man will nicht die Nachrichten von der BBC oder Radio Eireann im Radio von anderen Leuten hören. Mrs. Meagher und ihre Kinder sind ins Haus gegangen, und aus ihrem Küchenfenster kommt nur das trübe Licht einer Kerze. Sie schämen sich auch. Am Samstagabend bleiben sie drin, und am Sonntagmorgen gehen sie nicht mal in die Messe. Bridey Hannon hat Mam gesagt, Mrs. Meagher befindet sich permanent in einem Zustand der Scham, weil sie solche Lumpen tragen, und sie ist so verzweifelt, daß sie zur Armenapotheke geht, um staatliche Unterstützung zu kriegen. Mam sagt, das ist das Schlimmste, was einer Familie passieren kann. Es ist schlimmer als Stempelngehen, es ist schlimmer, als zur Gesellschaft vom Hl. Vincent de Paul zu gehen, es ist schlimmer, als mit den Kesselflickern und Abdeckern auf der Straße zu betteln. Es ist das Letzte, was man tut, um selbst nicht ins Armenhaus zu kommen und damit die Kinder nicht ins Waisenhaus kommen.

Ich habe eine Stelle über der Nase zwischen den Augenbrauen, grau und rot, und sie juckt. Oma sagt, faß die Stelle nicht an und komm nicht mit Wasser in die Nähe, sonst breitet sie sich aus. Wenn man sich den Arm bräche, würde sie auch sagen, komm da nicht mit Wasser dran, sonst breitet es sich aus. Die Stelle breitet sich trotzdem bis in meine Augen aus, jetzt sind sie von dem nässenden Kram rot und gelb, und morgens kleben sie zusammen. Sie kleben so fest, daß ich meine Augenlider mit den Fingern auseinanderziehen muß, und Mam muß den gelben Kram mit Wasser und Borpuder abschrubben. Die Wimpern fallen aus, und jedes Staubkorn von Limerick weht mir an windigen Tagen in die Augen. Oma sagt mir, ich habe nackte Augen, und sie sagt, ich habe selber schuld, der ganze Ärger mit den Augen kommt nur daher, daß ich bei jedem Wetter unter dem Laternenpfahl sitze und die Nase in die Bücher stecke, und genau dasselbe wird mit Malachy passieren, wenn er's nicht drangibt mit dem ewigen Gelese. Und mit Michael wird es noch genauso schlimm, wie er die Nase in die Bücher steckt, statt draußen zu spielen wie ein gesundes Kind. Bücher, Bücher, Bücher, sagt Oma, ihr werdets euch die Augen noch mal endgültig ruinieren.

Sie trinkt Tee mit Mam, und ich höre sie flüstern, was er braucht, ist die Spucke des heiligen Antonius.

Was ist das? sagt Mam.

Die Fastenspucke am Morgen. Geh zu ihm, bevor er aufwacht, und spuck ihm auf die Augen, denn die Spucke einer fastenden Mutter hat große Heilkraft.

Aber ich bin immer vor Mam wach. Ich öffne gewaltsam die Augen, lange bevor sie sich regt. Ich kann hören, wie sie sich anschleicht, und wenn sie über mir steht, um zu spucken, mache ich die Augen auf. Gott, sagt sie, du hast die Augen offen.

Ich glaub, es geht ihnen schon besser.

Das ist gut, und sie geht wieder ins Bett.

Die Augen heilen nicht, und sie geht mit mir zur Armenapotheke, wo die armen Leute zum Arzt gehen und ihre Medizin kriegen. Da bewirbt man sich auch um staatliche Unterstützung, wenn ein Vater tot oder verschwunden ist und es kein Stempelgeld, keinen Lohn gibt.

An den Wänden vor den Arztpraxen stehen Bänke. Auf den Bänken sitzen immer dicht gedrängt Leute, die über ihre Gebrechen reden. Alte Männer und Frauen sitzen und stöhnen, und Babys kreischen, und Mütter sagen, ist ja gut, Kleines, ist ja gut. In der Mitte des Raumes steht eine hohe Plattform mit einem brusthohen Tresen rundherum. Wenn man irgendwas will, steht man in einer Schlange vor dieser Plattform, um mit Mr. Coffey oder Mr. Kane zu sprechen. Die Frauen in der Schlange sind wie die Frauen in der Gesellschaft vom Hl. Vincent de Paul. Sie tragen Umhänge, und sie bekunden Mr. Coffey und Mr. Kane Respekt, denn wenn sie das nicht tun, kriegen sie vielleicht gesagt, sie sollen weggehen und nächste Woche wiederkommen, wo sie aber doch genau jetzt in dieser Minute staatliche Unterstützung oder eine Bescheinigung für den Arzt brauchen. Mr. Coffey und Mr. Kane lachen gern und herzlich, wenn die Frauen da sind. Mr. Coffey und Mr. Kane entscheiden, ob man so ein verzweifelter Fall ist, daß man staatliche Unterstützung braucht, oder ob man krank genug ist, daß man einen Arzt braucht. Man muß ihnen vor versammelter Mannschaft erzählen, was einem fehlt, und darüber lachen sie dann gern herzlich. Sie sagen, und was wollen Sie, Mrs. O'Shea? Eine Bescheinigung für den Arzt, stimmt's? Was fehlt Ihnen denn, Mrs. O'Shea? Schmerzen, ach ja? Vielleicht eine kleine Blähung? Oder vielleicht zuviel Kohl. O ja, der Kohl ist an so manchem schuld. Sie lachen, und Mrs. O'Shea lacht, und alle Frauen lachen und sagen, Mr. Coffey und Mr. Kane sind ja urkomisch, wenn sie wollten, könnten sie Laurel und Hardy brotlos machen.

Mr. Coffey sagt, nun, Frau, wie heißen Sie?

Angela McCourt, Sir.

Und was ist mit Ihnen los?

Es ist mein Sohn, Sir. Seine beiden Augen sind nicht in Ordnung.

Das sind sie bei Gott wirklich nicht, gute Frau. Ganz verzweifelt schlecht sehen diese Augen aus. Sie sehen aus wie zwei aufgehende Sonnen. Die Japsen könnten sie auf ihrer Flagge verwenden, hahaha.

Hat er sich Säure ins Gesicht gekippt oder was?

Es ist irgendeine Sorte von Entzündung, Sir. Er hatte letztes Jahr den Typhus, und dann kam dies.

Schon gut, schon gut, wir brauchen nicht die ganze Lebensgeschichte. Hier ist Ihre Überweisung zu Dr. Troy.

Zwei lange Bänke sind voller Patienten für Dr. Troy. Mam sitzt neben einer Frau, die auf der Nase eine große Stelle hat, die nicht weggeht. Ich habe alles versucht, Missis, jede bekannte Behandlung auf Gottes wunderschöner Erde. An Jahren bin ich dreiundachtzig, und ich würde gern gesund ins Grab gehen. Ist es zuviel verlangt, wenn man mit gesunder Nase vor seinen Erlöser treten möchte? Und was ist mit Ihnen, Missis?

Mein Sohn. Die Augen.

Ach, Gott segne und errette uns, man sehe sich nur diese Augen an. Das sind ja die kränkesten Augen, die ich je in meinem Leben gesehen habe. So eine rote Farbe habe ich ja noch nie gesehen.

Es ist eine Infektion, Missis.

Da gibt es aber doch ein Mittel. Sie brauchen die Glückshaube.

Und was ist das?

Babys werden mit diesem Ding auf dem Kopf geboren, eine Art Häubchen, selten und magisch. Besorgen Sie sich eine Glückshaube, und setzen Sie sie ihm an einem Tag mit einer

Drei drin auf den Kopf, und dann muß er drei Minuten lang die Luft anhalten, und wenn Sie ihm dazu die Nase zuhalten müssen, und dann bespritzen Sie ihn dreimal von Kopf bis Zehennagel mit Weihwasser, und prompt werden seine Augen in der Morgendämmerung leuchten.

Und wo bekäme ich eine Glückshaube?

Haben denn die Hebammen nicht alle Glückshauben, Missis? Was ist eine Hebamme ohne Glückshaube? Sie heilt alle Sorten von Krankheiten und beugt gegen weitere vor.

Mam sagt, sie wird mit Schwester O'Halloran sprechen und sehen, ob sie eine Glückshaube übrig hat.

Dr. Troy sieht meine Augen an. Sofort ins Krankenhaus mit diesem Jungen. Bringen Sie ihn in die Augenabteilung vom Städtischen Heim. Hier ist die Überweisung, damit kommt er rein.

Was hat er denn, Herr Doktor?

Den schlimmsten Fall von Bindehautentzündung, den ich in meinem Leben gesehen habe, und noch etwas, was ich nicht klar erkenne. Er braucht den Augenmann.

Wie lange wird er im Krankenhaus bleiben müssen, Herr Doktor?

Das weiß nur Gott. Sie hätten schon vor Wochen mit dem Kind hierherkommen sollen.

Auf der Station stehen zwanzig Betten für Männer und Jungens mit Kopfverbänden, schwarzen Augenklappen, dicken Brillen. Manche gehen durch den Saal und klopfen mit einem Stock gegen die Betten. Ein Mann schreit die ganze Zeit, daß er nie wieder sehen wird, daß er doch noch viel zu jung ist, daß seine Kinder noch Babys sind, daß er sie nie wieder wird sehen können. Jesus Christus, o Jesus Christus, und die Nonnen sind schockiert, wie er den Namen des Herrn im Munde führt. Hören Sie auf, Maurice, hören Sie mit der Gotteslästerung auf. Sie sind doch gesund. Sie leben. Wir haben alle unsere Probleme. Bringen Sie es dar, und denken Sie an die

Leiden unseres Herrn am Kreuze, an die Dornenkrone, die Nägel in Seinen armen Händen und Füßen, die Wunde in Seiner Seite. Maurice sagt, o Jesus, sieh herab und hab Erbarmen mit mir. Schwester Bernadette warnt ihn, wenn er sich nicht mäßigt, stecken sie ihn ganz allein auf eine Station, und er sagt, himmlischer Gott, das ist ja längst nicht so schlimm, wie es Jesus Christus ergangen ist, und da ist sie dann zufrieden.

Am Morgen muß ich wegen meiner Tropfen nach unten. Setz dich auf diesen hohen Stuhl, und hier hast du ein schönes Bonbon. Der Arzt hat eine Flasche mit braunem Kram drin. Er sagt zu mir, Kopf in den Nacken, so ist es recht, jetzt auf damit. Augen auf, die Augen ganz weit auf, und er gießt mir den braunen Kram ins rechte Auge, und mir schießt eine Flamme durch den Schädel. Die Schwester sagt, jetzt das andere Auge auf, na los, sei ein braver Junge, und sie muß die Augenlider mit Gewalt öffnen, damit der Arzt die andere Seite meines Schädels in Brand setzen kann. Sie wischt mir die Backen ab und sagt mir, nun lauf wieder nach oben, aber ich kann kaum sehen und möchte mein Gesicht in einen eiskalten Bach tunken. Nun lauf, sei ein Mann, sei ein gutes Frontschwein.

Auf der Treppe ist die ganze Welt braun und verschwommen. Die anderen Patienten sitzen mit Essenstabletts neben ihren Betten. Mein Essen steht auch da, aber so wie mir der Schädel wütet, will ich es nicht. Ich sitze neben meinem Bett, und ein Junge gegenüber sagt, hoi, willst du dein Essen nicht? Dann nehme ich es, und er kommt, um es sich zu holen.

Ich versuche mich aufs Bett zu legen, aber eine Krankenschwester sagt, na na, na na, wir wollen uns doch nicht am hellerlichten Tag ins Bett legen. So ein schwerer Fall bist du doch nicht.

Krankenhäuser sind sonderbar. Man darf keine Gedichte über rotlippige Töchterlein und erschossene Wegelagerer aufsagen, man darf nicht mit Seumas, der die Station saubermacht, singen, sie stecken einen zum Weihnachtsessen ganz allein in ein Zimmer und kriegen einen Anfall, wenn man den Nachtisch vor dem Truthahn ißt. Man darf sich nicht hinlegen, wenn der Schädel in Flammen steht, man muß neben seinem Bett sitzen und sich anhören, wie die anderen Patienten stöhnen und klopfen und den himmlischen Gott anrufen.

Ich muß mit geschlossenen Augen dasitzen, und alles wird braun und schwarz, schwarz und braun, und ich bin sicher, ich träume, denn ich höre die Stimme von Seumas, der Krankenzimmer saubermacht, Herrgott in der Höhe, ist das der kleine Kerl mit dem Typhus, der kleine Frankie, der Mond, einer Geistergaleone gleich, geworfen auf wolkige See, bist du das selbst, Frankie, denn bin ich etwa nicht befördert und aus dem Fieberhospital versetzt worden, Gott sei Dank, wo es jede Sorte von Krankheit gibt und man nie weiß, welche Bazillen man der Frau zu Hause in der Kleidung mitbringt, und was ist mit dir, Frankie, und den beiden Augen in deinem Kopf, ganz braun sind sie geworden.

Ich hab eine Entzündung, Seumas.

Yerra, das gibt sich wieder, bevor du verheiratet bist, Frankie... Die Augen brauchen Übung. Der Blinzler ist von großem Wert für die Augen. Ich hatte einen Onkel mit schlechten Augen, und der Blinzler hat ihn gerettet. Jeden Tag saß er eine Stunde blinzelnd da, und das ist ihm bis zu seinem Ende geblieben. Endete mit kraftvollen Augen, o ja.

Ich möchte ihn weiter zum Blinzler und den kraftvollen Augen befragen, aber er sagt, und erinnerst du dich an das Gedicht, Frankie, das wunderschöne Gedicht von Patricia?

Er steht mit seinem Mop und seinem Eimer auf dem Gang zwischen den Betten und sagt das Wegelagerergedicht auf, und alle Patienten hören auf zu stöhnen, und die Nonnen und Krankenschwestern stehen und lauschen, und Seumas trägt vor und vor und vor, bis er zum Schluß kommt, und alle geraten völlig aus dem Häuschen und klatschen und lassen ihn hochleben, und er erzählt der Welt, er liebt dieses Gedicht, er wird es immer im Kopf haben, egal, wohin er geht, und wenn Frankie McCourt und sein Typhus, er hier, nicht gewesen wären und die arme Patricia Madigan mit der Diphtherie, verlassen hat sie uns, gebe Gott ihr die ewige Ruhe, hätte er das Gedicht nie kennengelernt, und hier bin ich, berühmt in der Augenabteilung des Städtischen Heimkrankenhauses, und alles wegen Seumas.

Mam kann mich nicht jeden Tag besuchen kommen, der Weg hier heraus ist weit, sie hat nicht immer das Geld für den Bus, und das Gehen ist übel für ihre Hühneraugen. Sie findet, meine Augen sehen schon besser aus, obwohl man das bei dem vielen braunen Kram nicht recht beurteilen kann, der aussieht und riecht wie Jod, und falls es so was ist wie Jod, muß es furchtbar brennen. Immerhin heißt es ja, nur bittere Pillen wirken schnell. Sie bekommt die Erlaubnis, mich, wenn das Wetter sich bessert, auf einen kleinen Gang über das Gelände mitzunehmen, und da bietet sich uns ein seltsamer Anblick, da steht nämlich Mr. Timoney mit dem Rücken gegen die Hauswand gelehnt, wo die alten Leute sind, die Augen gen Himmel gerichtet. Ich möchte mit ihm sprechen, und ich muß Mam um Erlaubnis fragen, weil man in einem Krankenhaus nie weiß, was richtig und falsch ist.

Mr. Timoney.

Wer ist das? Wen haben wir hier?

Frank McCourt, Sir.

Franziskus, ah, Franziskus.

Mam sagt, ich bin seine Mutter, Mr. Timoney.

Wie schön, da seid ihr beide ja gesegnet. Ich habe weder Kind noch Kegel, noch auch nur Macushla, meinen Hund. Und was führt dich an diesen Ort, Franziskus?

Ich habe eine Entzündung in meinen Augen.

Ach, Jesus, bitte nicht die Augen, Franziskus. Muttergottes, dazu bist du doch zu jung.

Mr. Timoney, soll ich Ihnen vielleicht vorlesen?

Mit den Augen, Franziskus? Nein, nein, mein Sohn. Schone die Augen. Ich habe das Lesen hinter mir. Ich habe alles im Kopf, was ich brauche. Ich war schlau genug, mir den Kopf in meiner Jugend zu füllen, und jetzt habe ich eine Bibliothek im Kopf. Die Engländer haben meine Frau erschossen. Die Iren haben meine arme unschuldige Macushla eingeschläfert. Ist diese Welt nicht ein Witz?

Mam sagt, schreckliche Welt, aber Gott ist gut.

Wohl wahr, Missis. Gott hat die Welt erschaffen, es ist eine schreckliche Welt, aber Gott ist gut. Lebe wohl, Franziskus. Ruhe deine Augen aus, und lies dann, bis sie dir aus dem Kopf fallen. Wir hatten viel Spaß mit dem alten Jonathan Swift, stimmt's, Franziskus?

Stimmt, Mr. Timoney.

Mam bringt mich zurück in die Augenabteilung. Sie sagt mir, nun wein doch nicht wegen Mr. Timoney, er ist doch nicht dein Vater. Außerdem ruinierst du dir damit die Augen. Seumas kommt dreimal die Woche auf die Station und bringt neue Gedichte in seinem Kopf mit. Er sagt, du hast Patricia traurig gemacht, Frankie, als du das über den Uhu und die Miezekatze nicht gemocht hast.

Tut mir leid, Seumas.

Ich habe es im Kopf, Frankie, und ich werde es für dich aufsagen, wenn du nicht sagst, daß es albern ist.

Bestimmt nicht, Seumas.

Er sagt das Gedicht auf, und jeder auf der Station liebt es. Sie wollen sich den Text merken, und er sagt es noch dreimal auf, bis die ganze Station im Chor sagt:

Der Uhu und die Miezekatze fuhren aufs Meer hinaus,
Ja, hinaus!
Das schöne Boot war erbsengrün, der Horizont war achteraus,

Achteraus!
An Bord haben wir viel Honig und Geld,
Und das Geld, das wickeln wir ein
In einen Schein aus fünnef Pfund Geld,
in einen Fünnefpfundschein.
Der Uhu sah zu den Sternen empor
Und sang zu der kleinen Gitarre,
Ach, Miezekatze, küsse mich,
  – Sse mich,
  – Sse mich,
Weil ich sonst bis inskünftig und darüber hinaus
Deines Kusses immer nur harre.

Jetzt sagen sie es zusammen mit Seumas auf, und als es vorbei ist, rufen sie hurra und klatschen, und Seumas lacht und ist von sich entzückt. Als er mit Mop und Eimer gegangen ist, kann man sie zu jeder Tages- und Nachtzeit hören:

Ach, Miezekatze, küsse mich,
  – Sse mich,
  – Sse mich,
Weil ich sonst bis inskünftig und darüber hinaus
Deines Kusses immer nur harre.

Dann kommt Seumas ohne Mop und Eimer, und ich habe Angst, er ist wegen der Dichtung gefeuert, aber er lächelt und sagt, er haut ab nach England, um in einer Fabrik zu arbeiten und zur Abwechslung mal einen anständigen Lohn zu verdienen. Er wird dort zwei Monate lang arbeiten und dann die Frau nachkommen lassen, und Gott gefällt es ja vielleicht, ihnen Kinder zu schicken, denn er muß etwas mit all den Gedichten in seinem Kopf anfangen, und was gibt es Besseres, als sie zur Erinnerung an jene süße Patricia Madigan, die an der Diphtherie gestorben ist, den Kleinen aufzusagen.

Lebe wohl, Frankie. Wenn ich die richtige Faust zum Schreiben hätte, würde ich dir schreiben, aber ich werde die Frau dazu anhalten, daß sie dir schreibt, sobald sie nachgekommen ist. Vielleicht lerne ich sogar selbst Lesen und Schreiben, damit das Kind, welches kommt, keinen Narren zum Vater hat.

Ich möchte weinen, aber man kann in der Augenabteilung nicht weinen, wenn man braunen Kram in den Augen hat und Krankenschwestern sagen, was denn was denn sei ein Mann, und Nonnen nörgeln, bring es dar, denk an die Leiden unseres Herrn am Kreuze, an die Dornenkrone, die Lanze in Seiner Seite, an Seine Hände und Füße, von Nägeln zerfetzt.

Ich bin jetzt einen Monat im Krankenhaus, und der Arzt sagt, ich kann nach Hause, obwohl immer noch ein bißchen Entzündung da ist, aber wenn ich die Augen mit Seife und sauberen Handtüchern sauberhalte und meine Gesundheit mit nahrhaftem Essen aufbaue, jede Menge Rindfleisch, reichlich Eier, werde ich in Null Komma nix ein schönes Paar funkelnder Augen haben, haha.

Mr. Downes von gegenüber kommt zur Beerdigung seiner Mutter aus England zurück. Er erzählt Mrs. Downes von meinem Vater. Sie sagt es Bridey Hannon, und Bridey sagt es meiner Mutter. Mr. Downes sagt, daß Malachy McCourt sich schier in den Wahnsinn getrunken hat, daß er seinen Lohn überall in Coventry in Kneipen durchbringt, daß er irische Rebellenlieder singt, was den Engländern egal ist, weil sie daran gewöhnt sind, wie die Iren sich über die Hunderte von Jahren des Leidens auslassen, aber mit einem Mann, der in einer Kneipe aufsteht und den König und die Königin von England beleidigt sowie ihre beiden reizenden Töchter und die Königinmutter persönlich, finden sie sich nicht so leicht ab. Die Königinmutter zu beleidigen, das geht weiter als zu weit. Was hat sie denn jemals jemandem getan, die arme alte Dame? Ein ums andre Mal vertrinkt Malachy seine Miete, und dann schläft er im Park, wenn der Hausbesitzer ihn rausschmeißt.

Er ist eine regelrechte Schande, das ist er, und Mr. Downes ist froh, daß McCourt nicht aus Limerick ist und Schande über diese altehrwürdige Stadt bringt. Die Friedensrichter in Coventry verlieren langsam die Geduld, und wenn Malachy McCourt nicht mit diesem verdammten Unsinn aufhört, wird er noch des ganzen Landes verwiesen.

Mam sagt Bridey, sie weiß nicht, was sie mit diesen Geschichten aus England machen soll, sie war noch nie im Leben so verzweifelt. Sie merkt bereits, daß Kathleen O'Connell ihr im Laden keinen Kredit mehr geben will, und ihre eigene Mutter kläfft sie an, wenn sie um ein Darlehen in Höhe eines Shillings bittet, und die Gesellschaft vom Hl. Vincent de Paul will wissen, wann sie nicht mehr um Almosen bettelt, besonders wo sie doch einen Mann in England hat. Sie schämt sich, wie wir aussehen mit den schmutzigen alten zerrissenen Hemden, zerlumpten Pullovern, kaputten Schuhen, Löchern in den Strümpfen. Nachts liegt sie wach und denkt, das Barmherzigste wäre, die vier Buben in ein Waisenhaus zu stecken, damit sie selbst nach England gehen und sich irgendeine Arbeit suchen kann, um uns nach einem Jahr alle nachkommen zu lassen, ins bessere Leben. Zwar gibt es da möglicherweise Bomben, aber Bomben sind ihr jederzeit lieber als die Schande, bei diesem und bei jenem zu betteln.

Nein, ganz egal, den Gedanken, uns ins Waisenhaus zu stecken, erträgt sie nicht. Das wäre schön und gut, wenn es hier so was gäbe wie Boys' Town in Amerika mit einem netten Priester wie Spencer Tracy, aber den Christlichen Brüdern draußen in Glin, die sich dadurch in Form halten, daß sie ihre Schutzbefohlenen verprügeln und aushungern, möchte man nicht trauen müssen.

Mam sagt, uns bleibt nur die Armenapotheke mit der staatlichen Unterstützung, die Fürsorge, und sie schämt sich ihres Lebens, daß sie da hingehen und darum bitten muß. Das bedeutet, daß man das Ende der Fahnenstange erreicht hat und vielleicht nur noch eine Handbreit über Kesselflickern, Abdeckern und Straßenbettlern im allgemeinen angesiedelt ist. Es bedeutet, daß man vor Mr. Coffey und Mr. Kane kriechen muß und Gott danken, weil die Armenapotheke am andern Ende der Stadt liegt, so daß die Leute in unserer Gasse nicht merken, daß wir Fürsorge kriegen.

Sie weiß von anderen Frauen, daß es weise ist, schon früh am Morgen dort zu sein, wenn Mr. Coffey und Mr. Kane vielleicht noch guter Stimmung sind. Wenn man später am Morgen hingeht, kann es gut sein, daß sie, nachdem sie Hunderte von Männern, Frauen und Kindern gesehen haben, die krank sind und um Hilfe bitten, griesgrämig sind. Sie wird uns mitnehmen, um zu beweisen, daß sie vier Kinder durchzufüttern hat. Sie steht früh auf und sagt uns, wir sollen uns einmal im Leben nicht das Gesicht waschen, uns nicht kämmen, uns die ältesten Lumpen anziehen. Mir sagt sie, ich soll mir die entzündeten Augen ordentlich reiben, damit sie richtig rot werden, denn je schlimmer man in der Armenapotheke aussieht, desto mehr Mitleid erregt man und desto besser stehen die Chancen, daß man die staatliche Unterstützung kriegt. Sie beklagt sich, weil Malachy, Michael und Alphie ausgerechnet an diesem Tag der Tage nicht den üblichen Schorf am Knie oder die gelegentlichen Schnittwunden oder wenigstens ein blaues Auge haben. Wenn wir auf der Gasse oder in den Straßen von Limerick jemanden treffen sollten, dürfen wir auf keinen Fall sagen, wohin wir gehen. Sie schämt sich schon genug, ohne daß man es der ganzen Welt erzählen und dann abwarten muß, bis die eigene Mutter es erfährt.

Vor der Armenapotheke ist bereits eine Schlange. Da sind Frauen wie Mam mit Kindern auf dem Arm, Babys wie Alphie, und Kinder, die auf dem Pflaster spielen. Die Frauen drücken wegen der Kälte die Babys an sich und schreien die spielenden Kinder an, damit sie nicht auf die Straße rennen und von einem Auto oder Fahrrad angefahren werden. Alte

Männer und Frauen kauern sich gegen die Mauer und reden mit sich selbst oder gar nicht.

Mam warnt uns, wir sollen ja nicht weggehen, und wir warten eine halbe Stunde, bis die große Tür geöffnet wird.

Ein Mann sagt uns, wir sollen immer schön der Reihe nach eintreten und uns ordentlich hintereinanderweg vor der Plattform aufstellen, und Mr. Coffey und Mr. Kane sind in einer Minute da, wenn sie im Nebenzimmer ihren Tee ausgetrunken haben.

Eine Frau beschwert sich, ihre Kinder frieren in der Kälte, und Coffey und Kane sollen sich mal ein bißchen beeilen mit ihrem blöden Tee.

Der Mann sagt, sie ist eine Unruhestifterin, aber diesmal schreibt er wegen der allgemein herrschenden Kälte am Morgen ihren Namen nicht auf, aber wenn er noch ein Wort hört, wird sie eine Frau sein, die etwas zu bereuen hat.

Mr. Coffey und Mr. Kane steigen auf die Plattform und beachten die Leute nicht weiter.

Mr. Kane setzt sich die Brille auf, nimmt sie wieder ab, poliert sie, setzt sie auf, blickt zur Decke hoch.

Mr. Coffey liest Papiere, schreibt etwas, gibt Papiere an Mr. Kane weiter. Sie tuscheln. Sie nehmen sich Zeit. Sie sehen uns nicht an.

Dann ruft Mr. Kane den ersten alten Mann zur Plattform. Wie heißen Sie?

Timothy Creagh, Sir.

Creagh, soso. Da haben Sie ja einen schönen alten Limericker Namen.

Ja, Sir. Allerdings.

Und was wollen Sie, Creagh?

Ach ja, ich habe wieder diese Schmerzen im Bauch, und ich würde gern zu Dr. Feeley.

Soso, Creagh, sind Sie sicher, daß es nicht die Pints sind vom Porter, gegen die Ihr Magen rebelliert.

Ach nein, bestimmt nicht, Sir. Bei den Schmerzen rühre ich die Pint schon lange kaum noch an. Meine Frau liegt zu Hause im Bett, und um die muß ich mich auch kümmern.

Es herrscht große Trägheit auf der Welt, Creagh. Und Mr. Kane sagt zu den Leuten in der Schlange, haben Sie das gehört, meine Damen? Große Trägheit, stimmt's?

Und die Frauen sagen, o ja, das stimmt, Mr. Kane, große Trägheit.

Mr. Creagh kriegt seine Überweisung für den Arzt, die Schlange bewegt sich weiter, und Mr. Kane ist bereit für Mam.

Die staatliche Unterstützung, ist es das, was Sie wollen, Frau, die Fürsorge?

Ja, Mr. Kane.

Und wo ist Ihr Mann?

Oh, der ist in England, aber

England, soso. Und wo bleibt das wöchentliche Telegramm, die dicken fünf Pfund?

Er schickt uns schon seit Monaten keinen Penny, Mr. Kane.

Tatsache? Nun, wir wissen ja, warum, stimmt's? Wir wissen, was die Männer von Irland in England vorhaben. Wir wissen, daß man den einen oder anderen Mann aus Limerick sehen kann, wie er mit einem Flittchen vom Piccadilly herumtrabt, stimmt's?

Er sieht die Leute in der Schlange an, und sie wissen, daß sie jetzt, stimmt, Mr. Kane, sagen sollen, und sie wissen, daß sie jetzt lächeln und lachen sollen, weil es sonst für sie hart wird, wenn sie bis zur Plattform vorgedrungen sind. Sie wissen, daß er sie an Mr. Coffey weiterleiten könnte, und der ist berüchtigt dafür, daß er zu allem nein sagt.

Mam sagt Mr. Kane, daß Dad in Coventry und alles andere als in der Nähe von Piccadilly ist, und Mr. Kane nimmt die Brille ab und starrt sie an. Was war das? War das eben ein kleiner Widerspruch?

O nein, Mr. Kane, um Gottes willen, nein.

Ich möchte, daß Sie eins wissen, Frau. Unsere Politik hier besteht darin, Frauen, deren Männer in England sind, keine Fürsorge zu zahlen. Ich möchte, daß Sie noch eins wissen. Sie nehmen Menschen, welche unsere Zuwendungen viel eher verdienen als Sie, Menschen, die im Lande bleiben und ihren Beitrag geleistet haben, das Brot aus dem Munde.

O ja, Mr. Kane.

Und wie heißen Sie?

McCourt, Sir.

Das ist kein Name aus Limerick. Wo haben Sie denn so einen Namen abgekriegt?

Mein Mann, Sir. Er ist aus dem Norden.

Er ist aus dem Norden, und er läßt Sie hier sitzen, damit Sie vom Freistaat Irland Unterstützung beziehen. Dafür haben wir also gekämpft, was?

Ich weiß nicht, Sir.

Sie wissen es nicht. Natürlich wissen Sie es nicht. Es herrscht große Unwissenheit auf der Welt.

Er sieht die Leute an, ich habe gesagt, es herrscht große Unwissenheit auf der Welt, und die Leute nicken und stimmen ihm zu, daß große Unwissenheit auf der Welt herrscht.

Er flüstert Mr. Coffey etwas zu, und sie sehen Mam an, sie sehen uns an. Schließlich sagt er Mam, sie kann staatliche Unterstützung haben, aber wenn sie auch nur einen einzigen Penny von ihrem Mann kriegt, darf sie keinerlei Ansprüche mehr geltend machen und muß das Geld an die Armenapotheke zurückzahlen. Das verspricht sie, und wir gehen.

Wir folgen ihr in Kathleen O'Connells Laden, um Tee und Brot und ein paar Torfsoden für das Feuer zu holen. Wir gehen die Treppe nach Italien hinauf und machen Feuer an und trinken gemütlich Tee. Wir sind alle sehr still, sogar das Baby Alphie, weil wir wissen, was Mr. Kane unserer Mutter angetan hat.

10

Unten in Irland ist es kalt und naß, aber wir sind oben in Italien. Mam sagt, wir sollten den armen Papst hochbringen und an der Wand gegenüber dem Fenster aufhängen. Schließlich ist er ein Freund des Arbeiters, er ist Italiener, und dieses Volk ist warmes Wetter gewohnt. Mam sitzt fröstelnd vor dem Feuer, und wir wissen, daß etwas nicht stimmt, als sie sich keine Zigarette anzünden will. Sie sagt, sie spürt, daß eine Erkältung im Anzug ist, und sie hätte gern etwas Säuerliches zu trinken, eine Limonade. Aber es ist kein Geld im Haus, nicht mal für Brot am Morgen. Sie trinkt Tee und geht ins Bett.

Das Bett quietscht die ganze Nacht, weil sie sich herumwirft und -wälzt, und wir können nicht einschlafen, weil sie immer stöhnt, sie will Wasser. Am Morgen bleibt sie im Bett, immer noch fröstelnd, und wir verhalten uns ganz still. Wenn sie lange genug schläft, ist es für Malachy und mich zu spät für die Schule. Stunden vergehen, und sie rührt sich immer noch nicht, und als ich weiß, daß die Gefahr des Schulbesuchs endgültig gebannt ist, mache ich Feuer für den Kessel an. Sie regt sich und ruft nach Limonade, aber ich gebe ihr ein Marmeladenglas mit Wasser. Ich frage sie, ob sie etwas Tee möchte, und sie benimmt sich wie eine Frau, die plötzlich taub geworden ist. Sie hat einen roten Kopf, und es ist seltsam, daß sie Zigaretten nicht mal erwähnt.

Wir sitzen still beim Feuer, Malachy, Michael, Alphie und ich. Wir trinken unseren Tee, während Alphie das letzte Stückchen Zuckerbrot kaut. Wir müssen darüber lachen, wie er sich den Zucker auf dem ganzen Gesicht verschmiert und uns mit seinen dicken klebrigen Backen anstrahlt. Aber zu sehr können wir nicht lachen, sonst springt Mam aus dem Bett und schickt Malachy und mich in die Schule, wo man uns umbringen wird, weil wir zu spät gekommen sind. Wir lachen nicht lange, denn es ist kein Brot mehr übrig, und wir haben Hunger, wir vier. Bei O'Connell können wir nicht mehr anschreiben lassen. In Omas Nähe wagen wir uns auch nicht. Sie schreit uns die ganze Zeit an, weil Dad aus dem Norden ist und aus England nie Geld nach Hause schickt, wo er doch in einer Munitionsfabrik arbeitet. Oma sagt, von ihr aus können wir gern verhungern. Das wäre Mam eine Lehre, daß man keinen Mann aus dem Norden mit bleicher Gesichtsfarbe, einer komischen Art und mit diesem ganz allgemein presbyterianischen Aussehen heiratet.

Trotzdem muß ich es noch einmal bei Kathleen O'Connell versuchen. Ich werde ihr sagen, meine Mutter liegt oben krank im Bett, meine Brüder verhungern, und bald sind wir alle aus Brotmangel tot.

Ich ziehe mir Schuhe an und laufe schnell durch die Straßen von Limerick, damit ich den Dezemberfrost nicht spüre. Es ist wunderschön, aus den Radios der Leute Weihnachtslieder zu hören, und ich denke, es muß wunderschön sein, in einer Küche zu sitzen und sich mit Marmeladenbrot vollzustopfen und Weihnachtsmusik zu hören. Man kann den Leuten in die Fenster kucken und sehen, wie gemütlich es in ihren Küchen ist, Kaminfeuer leuchten oder Herdplatten glänzen schwarz und heiß alles hell im elektrischen Licht Tassen und Untertassen auf dem Tisch mit Tellern und geschnittenem Brot drauf pfundweise Butter Gläser mit Marmelade Düfte von Spiegel- oder Rühreiern und Speckstreifen dringen durch die Fenster nach draußen daß einem das Wasser im Mund zusammenläuft und die Familien sitzen da und buddeln in all dem herum und lächeln und die Mutter resch und reinlich mit ihrer Schürze alle frisch gewaschen und das Allerheiligste Herz Jesu sieht von der Wand auf alle herunter leidend und traurig aber doch froh über das viele Essen und Licht und gute Katholiken beim Frühstück.

Ich versuche, im eigenen Kopf Musik zu finden, aber ich finde nur meine Mutter, die stöhnt, sie will Limonade.

Limonade. Da fährt gerade ein Lieferwagen vor South's Kneipe weg, der Bier- und Brausekästen abgeladen hat, und auf der Straße ist keine Menschenseele. In Sekundenschnelle habe ich zwei Flaschen Limonade unter dem Pulli, und ich schlendere so unschuldig wie möglich davon.

Vor Kathleen O'Connells Laden steht ein Brotwagen. Hinten ist die Ladefläche offen, und innen sind Regale mit dampfendem frischgebackenem Brot. Der Fahrer ist auf einen Tee und ein Rosinenbrötchen bei Kathleen im Laden, und es ist gar nicht schwer, einen Laib Brot zu nehmen. Es ist falsch, bei Kathleen zu stehlen, so gut, wie sie immer zu uns ist, aber wenn ich hineingehe und sie um Brot bitte, wird sie sich ärgern und mir sagen, ich vergälle ihr ihren Morgentee, den würde sie nämlich gern mal in Ruhe, Frieden und ohne Hetze zu sich nehmen, danke schön. Es ist leichter, das Brot unter meinen Pulli zur Limonade zu stopfen und zu geloben, daß ich alles in der Beichte sage.

Meine Brüder sind wieder im Bett und spielen unter den Mänteln, aber sie springen, als sie das Brot sehen. Wir reißen das Brot auseinander, weil wir zu hungrig sind, es in Scheiben zu schneiden, und wir machen noch einmal Tee aus den Teeblättern von heute morgen. Als meine Mutter sich rührt, hält Malachy ihr die Limonadenflasche an die Lippen, und sie schlürft keuchend, bis die Flasche leer ist. Wenn sie das so gern mag, muß ich noch mehr Limonade finden.

Wir legen die letzte Kohle aufs Feuer und sitzen im Kreis und erzählen Geschichten, die wir uns ausdenken, wie Dad es immer gemacht hat. Ich erzähle meinen Brüdern von meinen Abenteuern mit der Limonade und dem Brot, und ich erfinde Geschichten, wie ich von Kneipenwirten und Gemischtwarenhändlern gejagt wurde und wie ich in die Josephskirche gerannt bin, wohin einem niemand folgen darf, wenn man ein Verbrecher ist, nicht mal wenn man die eigene Mutter umgebracht hat. Malachy und Michael kucken schockiert, wie ich das Brot und die Limonade besorgt habe, aber dann sagt Malachy, das war nur das, was Robin Hood auch gemacht hätte, die Reichen beraubt und den Armen gegeben. Michael sagt, ich bin ein Geächteter und vogelfrei, und wenn sie mich fangen, knüpfen sie mich am höchsten Baum im Volkspark auf, genauso wie Geächtete in Filmen im Lyric Cinema aufgeknüpft werden. Malachy sagt, ich soll ja aufpassen, daß ich im Stande der Gnade bin, weil es sonst vielleicht schwer wird, einen Priester zu finden, der zu meiner Hinrichtung kommt. Ich sage ihm, ein Priester muß sowieso zu meiner Hinrichtung kommen. Dazu sind Priester da. Roddy McCorley hatte einen Priester und Kevin Barry auch. Malachy sagt, als Roddy McCorley und Kevin Barry gehängt wurden, waren keine Priester dabei, weil sie in den Liedern nicht erwähnt werden, und er beginnt die Lieder zu singen, um es zu beweisen, bis meine Mutter im Bett stöhnt und sagt, haltsmaul.

Alphie das Baby schläft auf dem Fußboden beim Feuer. Wenn wir ihn zu Mam ins Bett legen, damit er es warm hat, steckt er sich bei ihr an und stirbt. Wenn sie aufwacht und ihn neben sich tot im Bett findet, wird des Lamentierens kein Ende sein, und obendrein kriege ich dann noch die Schuld.

Wir drei gehen wieder in unser Bett, kuscheln uns unter den Mänteln zusammen und versuchen, nicht in das Loch in der Matratze zu fallen. Das ist ganz angenehm, bis Michael anfängt, sich Sorgen zu machen, daß Alphie Mams Krankheit kriegt und ich als Geächteter gehängt werde. Er sagt, das wäre nicht gerecht, weil er dann nur noch einen Bruder hat, und alle auf der Welt haben jede Menge Brüder. Vor lauter Sorgen schläft er ein, und bald nickt auch Malachy ein, und ich liege da und denke an Marmelade. Wäre es nicht wunderschön, noch einen Laib Brot zu haben und dazu ein Glas Erdbeermarmelade oder irgendeine Art von Marmelade? Ich erinnere mich nicht, je einen Marmeladenwagen gesehen zu haben, der eine Lieferung macht, und ich möchte nicht wie Jesse James in einen Laden platzen und verlangen, daß man die Marmelade herausgibt. Das würde bestimmt zum Tod durch den Strang führen.

Durch das Fenster kommt eine kalte Sonne, und ich bin sicher, daß es draußen wärmer ist, und wären meine Brüder nicht überrascht, wenn sie aufwachten, und ich wäre da, mit noch mehr Brot und Marmelade. Sie würden alles in sich hineinschlingen und sich dann über meine Sünden und die Hinrichtung auslassen.

Mam schläft immer noch, aber ihr Gesicht ist rot, und es klingt erstickt, wenn sie schnarcht.

Ich muß auf der Straße vorsichtig sein, denn heute ist Schule, und wenn *gárda* Dennehy mich sieht, wird er mich in die Schule zerren, und Mr. O'Dea wird mich durch die ganze Klasse prügeln. Der *gárda* ist für die Einhaltung der Schulpflicht zuständig, und er liebt es, einen mit dem Fahrrad zu jagen und am Ohr zur Schule zu schleifen.

Vor einem der großen Häuser in der Barrington Street steht ein Karton. Ich tue, als wenn ich an die Tür klopfe, um zu sehen, was in dem Karton ist, eine Flasche Milch, ein Laib Brot, Käse, Tomaten und, o Gott, ein Glas Orangenmarmelade. Ich kann mir das nicht alles unter den Pulli stopfen. O Gott. Soll ich den ganzen Karton nehmen? Die Leute gehen an mir vorbei, ohne auf mich zu achten. Da kann ich auch den ganzen Karton nehmen. Meine Mutter würde sagen, für ein Schaf hängt man genauso wie für ein Lamm. Ich hebe den Karton auf und versuche auszusehen wie ein Botenjunge, der etwas frei Haus liefert, und niemand sagt ein Wort.

Malachy und Michael sind völlig aus dem Häuschen, als sie sehen, was in dem Karton ist, und bald stopfen sie dicke Stullen in sich hinein, verschwenderisch mit goldener Orangenmarmelade beschmiert. Alphie hat die Orangenmarmelade überall im Gesicht und im Haar und auch noch ziemlich viel auf den Beinen und auf dem Bauch. Wir spülen das Essen mit kaltem Tee hinunter, weil wir kein Feuer haben.

Mam murmelt wieder, sie will Limonade haben, und ich gebe ihr die halbe zweite Flasche, damit sie still ist. Sie will noch mehr, und ich fülle die Flasche mit Wasser auf, um die Limonade zu strecken, weil ich mein Leben nicht damit verbringen kann, Limonade aus Kneipen zu stehlen. Wir amüsieren uns prächtig, bis Mam im Bett zu toben beginnt, daß man ihr die süße kleine Tochter genommen hat und die Zwillinge bevor sie noch drei Jahre alt waren und warum nimmt Gott nicht mal zur Abwechslung die Reichen zu sich und haben wir vielleicht Limonade im Haus? Michael möchte wissen, ob Mam sterben wird, und Malachy sagt ihm, man kann nicht sterben, bevor ein Priester kommt. Dann fragt Michael sich, ob wir je wieder ein Feuer und heißen Tee kriegen werden, weil er sogar unter den Mänteln aus alten Zeiten im Bett erfriert. Malachy sagt, wir könnten von Haus zu Haus gehen und um Torf und Kohle und Holz bitten und Alphies Kinderwagen mitnehmen, um dann die Ladung zu transportieren. Wir sollten Alphie mitnehmen, denn er ist klein und lächelt, und die Leute werden ihn sehen, und Alphie und wir werden ihnen leid tun. Wir versuchen, den ganzen Schmutz und Mulm und die Federn und klebrige Orangenmarmelade von Alphie abzuwaschen, aber sobald wir mit Wasser in seine Nähe kommen, heult er los. Michael sagt, im Kinderwagen wird er doch sowieso wieder dreckig, wozu ihn also waschen.

Michael ist klein, aber er sagt immer so bemerkenswerte Sachen.

Wir schieben den Kinderwagen zu den reichen Avenuen und Straßen, aber wenn wir an die Türen klopfen, sagen uns die Dienstmädchen, verschwindet, oder sie werden die zuständigen Stellen rufen, und es ist eine Schande, ein Baby in so einem Wrack von einem Kinderwagen durch die Gegend zu kajolen, welches zu den Himmeln stinkt, so ein verdrecktes Vehikel, kein Schwein möchte man damit zum Schlachthof karren müssen, dabei leben wir hier in einem katholischen Land, wo Babys geliebt und gehätschelt und am Leben gehalten werden sollten, damit sie den Glauben von Generation zu Generation weiterreichen. Malachy sagt zu einem Dienstmädchen, sie soll ihn bitte schön am Arsch lecken, und sie haut ihm dermaßen eine runter, daß er Tränen in den Augen hat und sagt, nie wieder wird er die Reichen um etwas bitten. Er sagt, Bitten hat sowieso keinen Zweck mehr, wir sollten von hinten an die Häuser herangehen, über die Mauern klettern und uns nehmen, was wir wollen. Michael kann vorne klingeln, um die Dienstmädchen abzulenken, und Malachy und ich können Kohle und Torf über die Mauer werfen und den Kinderwagen um Alphie herum vollmachen.

Auf diese Weise sammeln wir bei drei Häusern, aber dann wirft Malachy ein Stück Kohle über eine Mauer und trifft Alphie, und der fängt an zu plärren, und wir müssen wegrennen, wobei wir Michael vergessen, der immer noch an Türen klingelt und sich von Dienstmädchen beschimpfen läßt. Malachy sagt, wir sollten zuerst den Kinderwagen nach Hause bringen und dann Michael holen. Wir können jetzt nicht zurück, denn Alphie brüllt, und die Leute sehen uns böse an und sagen uns, wir sind eine Schande für unsere Mutter und für Irland ganz allgemein.

Als wir wieder zu Hause sind, dauert es etwas, bis wir Alphie unter der Ladung Kohle und Torf ausgegraben haben, und er hört nicht auf zu schreien, bis ich ihm ein Brot mit Orangenmarmelade gebe. Ich habe Angst, daß Mam aus dem Bett springt, aber sie murmelt immer nur von Dad und Suff und toten Babys.

Malachy kommt mit Michael zurück, der uns von seinen großen Klingelabenteuern erzählt. Eine reiche Frau ging selbst an die Tür und bat ihn in die Küche und gab ihm Kuchen und Milch und Marmeladenbrot. Sie fragte ihn über seine Familie aus, und er sagte ihr, sein Vater hat einen großen Job in England, aber seine Mutter liegt mit einer üblen bösen schlimmen Krankheit im Bett und schreit morgens, mittags und abends nach Limonade. Die reiche Frau wollte wissen, wer für uns sorgt, und Michael prahlte, daß wir selbst für uns sorgen und daß wir reichlich Brot und Orangenmarmelade haben. Die reiche Frau schrieb sich Michaels Namen und Adresse auf und sagte ihm, er soll ein braver Junge sein und nach Hause gehen zu seinen Brüdern und seiner Mutter im Bett.

Malachy kläfft Michael an, wie man nur so ein Idiot sein kann, daß man einer reichen Frau irgendwas erzählt. Jetzt verpetzt sie uns bestimmt, und in Null Komma nix ballern unten alle Priester dieser Welt gegen die Tür und stören uns. Es wird bereits gegen die Tür geballert. Aber es ist kein Priester, es ist *gárda* Dennehy. Er ruft herauf, hallo, hallo, ist jemand zu Hause? Sind Sie da, Mrs. McCourt?

Michael klopft ans Fenster und winkt dem *gárda* zu. Ich verpasse ihm einen ordentlichen Tritt, und Malachy haut ihm auf den Kopf, und er schreit, das sag ich dem Polizisten, das sag ich dem Polizisten. Die bringen mich um, Herr Polizist. Die hauen und treten.

Er hört nicht auf zu schreien, und *gárda* Dennehy ruft, wir sollen die Tür aufmachen. Ich rufe ihm aus dem Fenster zu, wir können die Tür nicht aufmachen, weil meine Mutter mit einer schrecklichen Krankheit im Bett liegt.

Wo ist euer Vater?

Der ist in England.

Dann komme ich jetzt rein und rede mit eurer Mutter.

Das geht nicht. Das geht nicht. Sie hat die Krankheit. Wir haben alle die Krankheit. Es könnte der Typhus sein. Es könnte die galoppierende Schwindsucht sein. Wir kriegen schon Flecken. Das Baby hat eine Beule. So was kann tödlich sein.

Er drückt die Tür ein und kommt gerade in dem Augenblick die Treppe nach Italien herauf, als Alphie unter dem Bett hervorkrabbelt, über und über mit Orangenmarmelade und Schmutz bedeckt. Er sieht ihn und meine Mutter und uns an, nimmt die Mütze ab und kratzt sich am Kopf. Er sagt, Jesus, Maria und Joseph, das ist eine verzweifelte Situation. Wie ist denn eure Mutter bloß so krank geworden?

Ich sage ihm, er soll ihr lieber nicht zu nah kommen, und als Malachy sagt, wir werden wahrscheinlich jahrelang nicht zur Schule gehen können, sagt der *gárda,* wir werden zur Schule gehen, egal, was passiert, denn wir sind auf Erden, um zur Schule zu gehen, so wie er auf Erden ist, um dafür zu sorgen, daß wir zur Schule gehen. Er möchte wissen, ob wir irgendwelche Verwandten haben, und er schickt mich los, damit ich Oma und Tante Aggie ausrichte, sie sollen zu uns nach Hause kommen.

Sie schreien mich an und sagen mir, ich bin schmutzig. Ich versuche zu erklären, daß Mam die Krankheit hat, daß ich nicht mehr kann, daß ich ständig versuche, uns durchzubringen, daß ich versuche, die Herdfeuer nicht ausgehen zu lassen, daß ich Limonade für Mam und Brot für meine Brüder besorge. Es hat keinen Sinn, ihnen von der Orangenmarmelade zu berichten, sonst schreien sie nur wieder. Es hat keinen Sinn, ihnen von der Schlechtigkeit reicher Leute und ihrer Dienstmädchen zu berichten.

Sie schubsen den ganzen Weg zurück bis zur Gasse an mir

herum, kläffen mich an und blamieren mich auf den Straßen von Limerick. *Gárda* Dennehy kratzt sich immer noch am Kopf. Er sagt, sehen Sie sich das an, eine Schande. So was kriegt man ja nicht mal in Bombay oder in der Bowery von New York als solchem zu sehen.

Oma jault meine Mutter an, Muttergottes, Angela, was ist mit dir, warum bist du im Bett? Was haben sie dir angetan? Meine Mutter fährt sich mit der Zunge über die trockenen Lippen und keucht, sie will noch Limonade.

Sie möchte Limonade, sagt Michael, und wir haben ihr welche besorgt und Brot und Orangenmarmelade, und jetzt sind wir Geächtete. Frankie war der erste Geächtete, bis wir überall in Limerick Kohlen geraubt haben.

Gárda Dennehy scheint sich dafür zu interessieren und geht mit Michael an der Hand nach unten, und ein paar Minuten später hören wir ihn lachen. Tante Aggie sagt, das ist schandbar, wenn man sich so benimmt, wo doch meine Mutter krank zu Bette liegt. Der *gárda* kommt zurück und sagt ihr, sie soll einen Arzt holen. Er hält sich immer die Mütze vors Gesicht, wenn er mich oder meine Brüder ansieht. Desperados, sagt er, Desperados.

Der Arzt kommt mit Tante Aggie in seinem Auto, und er muß meine Mutter so schnell wie möglich mit ihrer Lungenentzündung ins Krankenhaus fahren. Wir würden alle gern im Auto des Arztes mitfahren, aber Tante Aggie sagt, nein, ihr kommts mit zu mir, bis eure Mutter aus dem Krankenhaus entlassen wird.

Ich sage ihr, sie soll sich mal keine Sorgen machen. Ich bin zwölf und kann leicht für meine Brüder aufkommen. Es würde mir nichts ausmachen, nicht in die Schule zu gehen und mich darum zu kümmern, daß alle zu essen haben und sich waschen. Aber Oma kreischt, das kommt ja überhaupt nicht in Frage, und Tante Aggie haut mir ordentlich eine runter. *Gárda* Dennehy sagt, noch sei ich zu jung, Verbrecher oder Vater zu werden, ich hätte aber auf beiden Gebieten eine vielversprechende Zukunft vor mir.

Ziehts euch an, sagt Tante Aggie, ihr kommts mit zu mir, bis eure Mutter aus dem Krankenhaus entlassen wird. Jesus im Himmel, dieses Baby ist eine Schande.

Sie findet einen Lumpen und bindet ihn Alphie um den Po, damit er nicht den ganzen Kinderwagen vollscheißt. Dann sieht sie uns an und will wissen, warum wir herumstehen und Maulaffen feilhalten, nachdem sie uns doch gesagt hat, wir sollen uns anziehen. Ich habe Angst, sie wird mich hauen oder anschreien, wenn ich ihr sage, schon gut, wir sind angezogen, mehr haben wir nicht. Sie starrt mich an und schüttelt den Kopf. Hier, sagt sie, tu dem Kind etwas Zucker und Wasser in die Flasche. Sie sagt mir, ich muß Alphie durch die Straßen schieben, sie kann diesen Kinderwagen mit dem störrischen Rad nicht bedienen, immer ruckelt er auf und ab, und außerdem ist er ein erbärmliches Gerät, in das man keinen räudigen Hund stecken möchte, da müßte man sich ja schämen. Sie nimmt die drei alten Mäntel von unserem Bett und stapelt sie auf den Kinderwagen, bis man Alphie kaum noch sehen kann.

Oma kommt mit und kläfft mich den ganzen Weg von der Roden Lane bis zu Tante Aggies Wohnung in der Windmill Street an. Kannst du diesen Kinderwagen nicht ordentlich schieben? Herrgott, du bringst das Kind noch um. Fahr nicht immer im Zickzack, sonst kriegst du von mir eine aufs Maul, aber ordentlich. In Tante Aggies Wohnung will sie nicht mitkommen. Sie kann unseren Anblick keine Minute länger ertragen. Sie hat den gesamten McCourt-Klan schon seit den Tagen satt, als sie uns sechsmal die Schiffspassage schicken mußte, um uns alle aus Amerika zurückzuholen, und immer wieder Geld auf den Tisch, um tote Kinder zu beerdigen, und uns jedesmal was zu essen geben, wenn der Vater mal wieder das Stempelgeld oder den Lohn vertrunken hat, und Angela aushelfen, während dieser Spitzbube aus dem Norden seinen Lohn in ganz England vertrinkt. Ach, wie satt sie es hat, wie satt, und sie geht über die Henry Street davon, das schwarze Kopftuch um den weißen Kopf geschlungen, und hinkt in den hohen Schnürschuhen.

Wenn man zwölf ist und Brüder hat, die elf, sechs und zwei sind, weiß man nicht, was man machen soll, wenn man bei jemand anderem zu Hause ist, nicht mal, wenn es die Schwester der Mutter ist. Es wird einem gesagt, man soll den Kinderwagen im Korridor lassen und das Baby in die Küche bringen, aber wenn man nicht zu Hause ist, weiß man nicht, was man tun soll, sobald man in der Küche ist, aus Angst, daß die Tante einen anschreit oder einem auf den Schädel haut. Sie zieht sich den Mantel aus und bringt ihn ins Schlafzimmer, und man steht mit dem Baby auf dem Arm da und wartet, daß einem was gesagt wird. Wenn man einen Schritt nach vorn oder einen Schritt zur Seite geht, kommt sie vielleicht heraus und sagt, wo willst du denn hin, und man weiß nicht, was man antworten soll, weil man selbst nicht weiß, wohin man will. Wenn man irgendwas zu seinen Brüdern sagt, sagt sie vielleicht, du glaubst wohl, du kannst in meiner Küche was sagen. Wir müssen herumstehen und still sein, und das ist schwer, wenn aus dem Schlafzimmer so ein klimperndes Geräusch kommt und wir wissen, daß sie auf dem Nachtgeschirr sitzt und kräftig strullt. Ich will Malachy nicht ansehen. Wenn ich ihn ansehe, werde ich lächeln, und er wird lächeln, und Michael wird lächeln, und es besteht die Gefahr, daß wir dann lachen, und wenn das passiert, können wir tagelang nicht mehr aufhören, über das Bild in unseren Köpfen zu lachen, das Bild von Tante Aggies dickem weißem Hintern, auf ein kleines geblümtes Nachtgeschirr geklemmt. Ich kann mich beherrschen. Ich werde nicht lachen. Malachy und Michael werden auch nicht lachen, und man kann leicht sehen, daß wir alle stolz auf uns sind, weil wir nicht lachen und keinen Ärger mit Tante Aggie kriegen, bis Alphie in meinen Armen lächelt und guu guu sagt, und nun gibt es kein Halten mehr. Wir drei platzen laut los, und Alphie grinst mit seinem dreckigen Gesicht und sagt wieder guu guu, bis wir völlig hilflos sind und Tante Aggie aus dem Zimmer gedonnert kommt und sich den Rock herunterzieht und mir auf den Kopf haut, daß ich samt Baby gegen die Wand knalle. Malachy haut sie auch, und Michael versucht sie zu hauen, aber er rennt auf die andere Seite ihres runden Tisches, und sie kriegt ihn nicht zu fassen. Komm her, sagt sie, dann wisch ich dir das Grinsen vom Maul, aber Michael läuft einfach um den Tisch herum, und sie ist zu fett, um ihn einzuholen. Ich krieg dich doch noch, sagt sie, und dann wärm ich dir den Arsch, und du, Graf Rotz, sagt sie zu mir, leg das Kind vorm Herd auf den Fußboden. Sie räumt die alten Mäntel aus dem Kinderwagen auf den Fußboden, und da liegt Alphie mit seinem Zuckerwasser und sagt guu guu und lächelt. Sie sagt uns, ziehts jeden einzelnen Faden aus, den ihr am Leibe habts, gehts raus zum Wasserhahn auf dem Hinterhof und schrubbts jeden Zoll von eurem Körper. Wir dürfen nicht ins Haus zurück, bevor wir makellos rein sind. Ich möchte ihr sagen, daß es Mitte Februar ist, daß es draußen friert, daß wir alle sterben könnten, aber ich weiß, daß ich, wenn ich das Maul aufmache, schon vorher sterben könnte, hier, auf dem Küchenfußboden.

Wir stehen nackt auf dem Hof und überschütten uns mit eisigem Wasser aus dem Wasserhahn. Sie öffnet das Küchenfenster und wirft eine Wurzelbürste und ein großes Stück braune Seife heraus, genau die Seife, die bei Finn-dem-Pferd verwendet wurde. Sie befiehlt uns, wir sollen uns gegenseitig den Rücken abschrubben und nicht aufhören, bevor sie Bescheid sagt. Michael sagt, ihm fallen vor Kälte Hände und Füße ab, aber das ist ihr egal. Sie sagt ständig, wir sind immer noch dreckig, und wenn sie rauskommen muß, um uns zu schrubben, werden wir den Tag maledeien. Schon wieder dieses Wort. Ich schrubbe mich noch heftiger. Wir schrubben, bis wir rosarot sind und uns die Kinnladen scheppern. Tante Aggie genügt das nicht. Sie kommt mit einem Eimer heraus und schwappt überall kaltes Wasser über uns. Jetzt, sagt sie, kommts rein und trocknets euch ab. Wir stehen in dem kleinen Verschlag neben der Küche und trocknen uns mit einem einzigen Handtuch ab. Wir stehen und bibbern und warten, weil man ja nicht in ihre Küche marschieren kann, bevor sie einem Bescheid sagt. Wir hören, wie sie in der Küche Feuer macht, mit dem Schüreisen im Herd stochert und uns dann anbrüllt, wollts ihr den ganzen Tag da stehenbleiben? Kommts rein und ziehts euch an.

Sie gibt uns große Tassen Tee und gebratene Brotscheiben, und wir sitzen am Tisch und essen still, weil man nichts sagen darf, wenn sie nicht sagt, daß man was sagen soll. Michael bittet sie um ein zweites Stück gebratenes Brot, und wir erwarten, daß sie ihn für seine Frechheit vom Stuhl prügelt, aber sie grummelt nur, wo ihr herkommts, da ist der Weg weit zu zwei Stück gebraten Brot, und gibt jedem von uns noch ein Stück. Sie versucht, Alphie mit in Tee getränktem Brot zu füttern, aber das will er nicht essen, bis sie Zucker drauf streut, und als er fertig ist, strahlt er und pinkelt ihr den ganzen Schoß voll, und wir sind entzückt. Sie rennt in den kleinen Verschlag neben der Küche, um sich mit einem Handtuch abzutupfen, und das gibt uns die Möglichkeit, uns über den Tisch anzugrinsen und Alphie zu sagen, daß er als Baby Weltspitze ist. Onkel Pa Keating kommt ganz schwarz von der Arbeit im Gaswerk zur Tür herein. Ach, du meine Güte, sagt er, was ist das denn?

Michael sagt, meine Mutter ist im Krankenhaus, Onkel Pa.

Tatsache? Was hat sie denn?

Pf'neumonie, hat der Arzt gesagt, sagt Malachy.

Na, immer noch besser als Pf'altmonie.

Wir wissen nicht, warum er lacht, und Tante Aggie kommt aus dem Verschlag zurück und sagt ihm, daß Mam im Krankenhaus ist und daß wir bei ihnen bleiben müssen, bis sie entlassen wird. Er sagt, na großartig, na großartig, und geht in den Verschlag, um sich zu waschen, obwohl man, als er zurückkommt, nie merken würde, daß er überhaupt Wasser an sich rangelassen hat, so schwarz ist er immer noch.

Er setzt sich an den Tisch, und Tante Aggie gibt ihm sein Abendessen, welches gebratenes Brot und Schinken und Tomatenscheiben ist. Sie sagt uns, wir sollen machen, daß wir vom Tisch wegkommen und ihn nicht beim Essen anglotzen, und ihm sagt sie, er soll uns nicht immer Schinken und Tomate abgeben. Er sagt, *arrah,* um Jesu willen, Aggie, die Kinder haben Hunger, und sie sagt, das geht dich gar nichts an. Sind schließlich nicht deine Kinder. Sie sagt uns, wir sollen spielen gehen und gegen halb neun zum Zubettgehen wieder da sein. Wir wissen, daß es draußen friert, und wir würden lieber bei dem warmen Herd bleiben, aber es ist leichter, auf der Straße zu spielen, als sich drinnen das Gemecker von Tante Aggie anzuhören.

Später ruft sie mich rein und schickt mich nach oben, ich soll von einer Frau ein Gummilaken ausborgen, die mal ein Kind hatte, das gestorben ist. Die Frau sagt, sag deiner Tante, ich hätte das Gummilaken gern für das nächste Kind zurück. Tante Aggie sagt, vor zwölf Jahren ist dieses Kind gestorben, und immer noch behält sie dieses Gummilaken. Fünfundvierzig ist sie jetzt, und wenn da noch ein Kind kommt, müssen wir im Osten nach einem Stern Ausschau halten. Malachy sagt, wirklich wahr? Wieso? und sie sagt ihm, er soll sich um seinen eigenen Kram kümmern, er ist noch zu jung.

Tante Aggie legt das Gummilaken auf ihr Bett und Alphie zwischen sich und Onkel Pa. Sie schläft innen an der Wand und Onkel Pa außen, weil er morgens zur Arbeit muß. Wir sollen auf dem Fußboden an der anderen Wand schlafen, mit einem Mantel unter uns und zwei Mänteln auf uns. Sie sagt, wenn sie während der Nacht auch nur ein Wort von uns hört, wärmt sie uns den Arsch, und außerdem müssen wir morgen früh aufstehen, weil Aschermittwoch ist, und es würde uns überhaupt nicht schaden, in die Messe zu gehen und für unsere arme Mutter und ihre Lungenentzündung zu beten.

Der Wecker weckt uns mit Wucht. Tante Aggie liegt im Bett und ruft, ihr drei stehts auf und gehts in die Messe. Hörts ihr mich? Auf. Waschts euch das Gesicht und gehts zu den Jesuiten.

Ihr Hinterhof ist Frost und Eis, und unsere Hände stechen vom Leitungswasser. Wir spritzen uns ein bißchen aufs Gesicht und trocknen es mit dem Handtuch ab, das von gestern noch feucht ist. Malachy flüstert, das war aber nur Katzenwäsche, würde Mam sagen.

Die Straßen sind ebenfalls frostig und vereist, aber die Jesuitenkirche ist warm. Es muß fabelhaft sein, Jesuit zu sein. Man schläft in einem Bett mit Laken, Decken, Kissen und wacht in einem schönen warmen Haus auf und geht in eine schöne warme Kirche und braucht da außer Messe lesen, Beichte hören und Leute wegen ihrer Sünden anschreien nichts zu tun, kriegt warme Mahlzeiten serviert und liest noch rasch auf lateinisch das Hochamt, bevor man schlafen geht. Ich würde gern später mal Jesuit werden, aber da besteht wenig Hoffnung, wenn man in einer Gasse vom Barrack Hill aufwächst. Jesuiten sind sehr eigen. Sie mögen keine armen Leute. Sie mögen Menschen mit Autos, die den kleinen Finger abspreizen, wenn sie die Teetasse anfassen.

Die Kirche ist zur Sieben-Uhr-Messe voller Menschen, die sich Asche auf die Stirn machen lassen. Malachy flüstert, daß Michael die Asche gar nicht kriegen darf, weil er noch keine Erstkommunion hatte und es eine Sünde wäre. Michael fängt an zu weinen, ich will aber Asche, ich will aber Asche. Eine alte Frau hinter uns sagt, was macht ihr denn mit diesem süßen Kind? Malachy erklärt, das süße Kind hat noch keine Erstkommunion und steht nicht im Stande der Gnade. Malachy ist letztes Jahr gefirmt worden und protzt immer mit seinem Kathezismuswissen und redet ständig über den Stand der Gnade. Er will nicht zugeben, daß ich schon viel länger als er alles über den Stand der Gnade weiß, so lange, daß ich schon wieder anfange, es zu vergessen. Die alte Frau sagt, man braucht nicht im Stand der Gnade zu sein, um ein bißchen Asche auf die Stirn zu kriegen, und Malachy sagt sie, er soll aufhören, seinen armen kleinen Bruder zu quälen. Sie tätschelt Michael den Kopf und sagt ihm, er ist ein ganz süßes Kind, und geh jetzt da nach vorn und hol dir deine Asche. Er rennt zum Altar, und als er zurückkommt, gibt ihm die Frau zu seiner Asche noch einen Penny dazu.

Tante Aggie liegt immer noch mit Alphie im Bett. Sie sagt Malachy, er soll Milch in Alphies Flasche tun und sie ihm bringen. Sie sagt mir, ich soll Feuer im Herd machen, Papier und Holz sind in einer Kiste und Kohle im Kohlenkasten. Wenn das Feuer nicht brennen will, träufel ein bißchen Paraffinöl drauf. Das Feuer will nicht so recht, und es qualmt, und ich beträufle es mit dem Paraffinöl, und es gibt eine Riesenflamme, haschuuuf, die mir fast die Augenbrauen abbrennt. Überall ist Rauch, und Tante Aggie kommt in die Küche gerauscht. Sie schubst mich vom Herd weg. Jesus in der Höhe, kannst du denn gar nichts richtig machen? Man muß doch die Luftklappe öffnen, du Einfaltspinsel.

Ich verstehe nichts von Luftklappen. In unserem Haus haben wir unten in Irland eine Feuerstelle und oben eine in Italien und weit und breit keine Luftklappe. Dann geht man ins Haus seiner Tante und soll alles Wissenswerte über Luftklappen beherrschen. Es hat keinen Sinn, ihr zu sagen, daß dies das erste Feuer ist, das man je in einem Herd entfacht hat. Sie haut einem doch nur wieder auf den Kopf, daß man durch die Küche fliegt. Es ist schwer einzusehen, warum erwachsene Menschen sich über so kleine Dinge wie Luftklappen so aufregen können. Wenn ich ein Mann bin, werde ich nicht herumlaufen und kleine Kinder wegen Luftklappen oder wegen sonstwas hauen. Jetzt schnauzt sie mich an, da steht er wieder rum wie Graf Rotz. Würde es dir wohl mal einfallen, das Fenster aufzumachen und den Rauch rauszulassen? Natürlich nicht. Du hast das gleiche saure Gesicht wie dein Vater aus dem Norden. Meinst du, du kannst jetzt vielleicht mal das Wasser für den Tee kochen, ohne das Haus niederzubrennen?

Sie schneidet drei Scheiben Brot ab, streicht für uns Margarine drauf und geht wieder ins Bett. Wir trinken Tee und essen Brot, und an diesem Morgen sind wir froh, daß wir in die Schule müssen, wo es warm ist und wo es keine schnauzenden Tanten gibt.

Nach der Schule sagt sie zu mir, ich soll mich an den Tisch setzen und meinem Vater einen Brief schreiben, in dem steht, daß Mam im Krankenhaus ist und daß wir alle bei Tante Aggie sind, bis Mam entlassen wird. Ich soll ihm schreiben, daß wir alle froh und glücklich und bei bester Gesundheit sind, schicke bitte Geld, Nahrungsmittel sind sehr teuer, Jungens im Wachstum essen viel, haha, Alphie, das Baby, braucht Kleidung und Windeln.

Ich weiß nicht, warum sie immer wütend ist. Ihre Wohnung ist warm und trocken. Sie hat elektrisches Licht im Haus und ihr eigenes Klo auf dem Hinterhof. Onkel Pa hat eine geregelte Arbeit und bringt jeden Freitag seinen Lohn nach Hause. Er trinkt in South's Kneipe seine Pints, singt aber, wenn er nach Hause kommt, nie Lieder aus Irlands langer, jammervoller Geschichte. Er sagt, die Blattern auf all ihre Häuser! und er sagt, das Komischste an der Welt ist, daß wir alle einen Arsch haben, der abgewischt werden muß, und dem kann kein Mensch entkommen. Sobald ein Politiker oder ein Papst zu schwafeln anfängt, denkt Onkel Pa daran, wie er sich den

Arsch abwischt. Hitler und Roosevelt und Churchill wischen sich alle den Arsch ab. De Valera auch. Er sagt, die einzigen, denen man in dieser Abteilung trauen kann, sind die Mohammedaner, denn die essen mit der einen Hand und wischen mit der anderen. Die menschliche Hand als solche ist ein hinterlistiger kleiner Scheißkerl, und man weiß nicht, was sie gerade angestellt hat.

Es macht Spaß mit Onkel Pa, wenn Tante Aggie im Kleinen Saal vom Mechanikerfortbildungsheim zum Kartenspielen geht, Sechsundsechzig. Er sagt, zur Hölle mit den Mißgünstigen. Er holt sich bei South zwei Flaschen Stout und im Laden an der Ecke sechs Rosinenbrötchen und ein halbes Pfund Schinken. Er macht Tee, und wir sitzen am Herd, trinken den Tee, essen unsere Schinkenstullen und Rosinenbrötchen und lachen über Onkel Pa und darüber, wie er die Welt darstellt. Er sagt, ich habe das Gas geschluckt, ich trinke die Pint, ich schere mich keinen Fiedlerfurz um die Welt und ihren Cousin. Wenn der kleine Alphie müde und nörgelig wird und anfängt zu weinen, zieht Onkel Pa das Hemd hoch und sagt, hier, nimm mal einen schönen Schluck von der Mutterbrust. Der Anblick dieses flachen Brustkorbes samt Brustwarze schockiert Alphie, und dann ist er wieder lieb.

Bevor Tante Aggie nach Hause kommt, müssen wir die Tassen auswaschen und aufräumen, damit sie nicht merkt, daß wir uns mit Rosinenbrötchen und Schinkenstullen vollgestopft haben. Sie würde Onkel Pa einen Monat lang vollnölen, und das verstehe ich nicht. Warum läßt er sich von ihr so vollnölen? Er war im Ersten Weltkrieg, er hat Gas abgekriegt, er ist groß und stark, er hat Arbeit, er bringt die Welt zum Lachen. Es ist ein Mysterium. Das sagen einem die Priester und die Lehrer, alles ist ein Mysterium, und man muß glauben, was einem gesagt wird.

Ich könnte Onkel Pa ganz leicht zum Vater haben. Wir würden uns bestens amüsieren, wir würden vor dem Herdfeuer sitzen und Tee trinken und lachen, wenn er furzt und sagt, halt mal ein Streichholz dran. Ist ein Geschenk von den Deutschen.

Tante Aggie quält mich die ganze Zeit. Sie nennt mich Grindauge. Sie sagt, ich bin das Ebenbild meines Vaters, ich habe diese komische Art, ich habe dies typisch Hinterlistige, welches den Presbyterianer aus dem Norden auszeichnet, wahrscheinlich werde ich, wenn ich groß bin, einen Altar für Oliver Cromwell persönlich errichten, ich werde durchbrennen und ein englisches Flittchen heiraten und das ganze Haus mit Bildern der königlichen Familie tapezieren.

Ich will von ihr weg, und mir fällt nichts anderes ein, als krank zu werden und ins Krankenhaus zu müssen. Ich stehe mitten in der Nacht auf und gehe auf ihren Hinterhof. Ich kann so tun, als ginge ich aufs Klo. Ich stehe bei Frost im Freien und hoffe, daß ich mir die Lungenentzündung oder die galoppierende Schwindsucht hole, damit ich ins Krankenhaus muß, wo es die schönen sauberen Laken gibt und die Mahlzeiten ans Bett, und das Mädchen mit dem blauen Kleid bringt einem Bücher. Vielleicht begegne ich einer zweiten Patricia Madigan und lerne ein langes Gedicht. Ich stehe ewig lang im Hemd und barfuß auf dem Hinterhof und sehe zum Mond hinauf, einer Geistergaleone gleich, geworfen auf wolkige See ist er, und gehe bibbernd ins Bett zurück und hoffe, daß ich morgens mit einem gräßlichen Husten und vom Fieber geröteten Wangen aufwache. Aber nichts. Ich fühle mich frisch und munter, und ich wäre in Hochform, wenn ich jetzt mit meiner Mutter und mit meinen Brüdern zu Hause sein könnte.

Es gibt Tage, an denen Tante Aggie uns sagt, sie kann unseren Anblick keine Minute länger ertragen, machts bloß, daß ihr wegkommts. Hier, Grindauge, fahr Alphie in seinem Kinderwagen spazieren, nimm deine Brüder mit, gehts in den Park, und kommts erst zum Abendessen wieder, wenn ihr das Angelusläuten hörts, aber keine Minute später, habts ihr verstanden, keine Minute später. Es ist kalt, aber das ist uns egal. Wir schieben den Kinderwagen die O'Connell Avenue hinauf bis nach Ballinacurra oder in die Rosbrien Road hinauf. Wir lassen Alphie auf Feldern herumkriechen, damit er sich Kühe und Schafe ansehen kann, und wir lachen, wenn die Kühe ihn beschnobern. Ich gehe unter die Kühe und melke die Milch direkt in Alphies Mund, bis er satt ist und kotzt. Bauern jagen uns, bis sie sehen, wie klein Michael und Alphie noch sind. Malachy lacht die Bauern aus. Er sagt, na los, schlagt mich doch, mit dem Kind in meinem Arm. Dann hat er eine tolle Idee, warum gehen wir eigentlich nicht zu uns nach Hause und spielen da? Auf den Feldern finden wir Zweige und Holzstückchen, und dann rennen wir in die Roden Lane. Bei der Feuerstelle in Italien sind Streichhölzer, und in Null Komma nix haben wir ein gutes Feuer. Alphie schläft ein, und wir anderen duseln auch ein wenig weg, bis wir das Angelusläuten von der Erlöserkirche dröhnen hören, und wir wissen, jetzt gibt es Ärger mit Tante Aggie, weil wir zu spät kommen.

Das ist uns egal. Sie kann uns soviel anschreien, wie sie will, wir haben uns prächtig amüsiert, erst auf dem Lande mit den Kühen und den Schafen und dann mit dem schönen Feuer oben in Italien.

Man merkt, daß sie sich nie so prächtig amüsiert. Elektrisches Licht und ein Klo, aber kein Amüsement.

An Donnerstagen und Sonntagen kommt Oma zu ihr, und dann fahren sie mit dem Bus zum Krankenhaus, um Mam zu besuchen. Wir können nicht, weil Kinder da nicht zugelassen sind, und wenn wir sagen, wie geht es Mam? kucken sie griesgrämig und sagen uns, gut, gut, sie wird leben. Wir wüßten gern, wann sie aus dem Krankenhaus rauskommt, damit wir alle wieder nach Hause können, aber wir haben Angst, den Mund aufzumachen.

Eines Tages sagt Malachy zu Tante Aggie, er hat Hunger

und ob er bitte ein Stück Brot haben kann. Sie haut ihn mit einem zusammengerollten Kleinen Boten vom Allerheiligsten Herzen, und er hat Tränen an den Wimpern. Am nächsten Tag kommt er von der Schule nicht nach Hause, und als es Schlafenszeit ist, ist er immer noch weg. Tante Aggie sagt, na, der ist wohl ausgerissen. Gut, daß ich ihn los bin. Wenn er Hunger hätte, wäre er da. Soll er's sich in einem Graben bequem machen.

Am nächsten Tag kommt Michael von der Straße hereingerannt, Dad ist da, Dad ist da, und rennt wieder hinaus, und da sitzt Dad in der Diele auf dem Boden und umarmt Michael und weint, eure arme Mutter, eure arme Mutter, und er riecht nach Getränken. Tante Aggie lächelt, ach, da bist du ja, und sie macht Tee und Eier und Würste. Sie schickt mich eine Flasche Stout für Dad holen, und ich frage mich, warum sie plötzlich so nett und großzügig ist. Michael sagt, gehen wir jetzt wieder in unser eigenes Haus, Dad?

Ja, mein Sohn.

Alphie ist wieder im Kinderwagen, mit den drei alten Mänteln und Kohle und Holz für das Feuer. Tante Aggie steht vor ihrer Tür und sagt uns, seids schön brav, kommts zum Tee, wann ihr wollts, und in meinem Kopf ist ein böses Wort für sie, olle Zicke. Es ist in meinem Kopf, und ich kann nichts dagegen machen, und ich werde es dem Priester beichten müssen.

Malachy ist in keinem Graben, er ist bei uns zu Hause und ißt Fisch mit Fritten, die ein betrunkener Soldat vor dem Tor der Sarsfield-Kaserne fallen gelassen hat.

Zwei Tage später kommt Mam nach Hause. Sie ist schwach und weiß und geht langsam. Sie sagt, der Arzt hat mir befohlen, ich soll mich warm halten, mir viel Ruhe und nahrhaftes Essen gönnen, dreimal die Woche Fleisch und Eier. Gott helfe uns, diese armen Ärzte haben keine Ahnung. Dad macht Tee und toastet Brot für sie auf dem Feuer. Für uns brät er Brot, und wir verbringen einen wunderschönen Abend oben in Italien, wo es warm ist. Er sagt, er kann nicht ewig bleiben, er muß wieder nach Coventry zur Arbeit. Mam fragt sich, wie er ohne einen Penny in der Tasche nach Coventry kommen will. Er steht ganz früh am Karsamstag auf, und ich trinke vor dem Feuer Tee mit ihm. Er brät vier Stück Brot und wickelt sie in Seiten aus dem Limerick Chronicle, zwei Stück in jede Manteltasche. Mam liegt noch im Bett, und er ruft ihr von unten zu, ich gehe jetzt. Sie sagt, ja, gut. Schreib, wenn du gelandet bist. Mein Vater geht nach England, und sie steht nicht mal aus dem Bett auf. Ich frage, ob ich mit ihm zum Bahnhof gehen darf. Nein, da geht er nicht hin. Er geht zur Straße nach Dublin, um zu sehen, ob ihn jemand mitnimmt. Er tätschelt mir den Kopf, sagt, ich soll mich gut um meine Mutter und meine Brüder kümmern, und geht zur Tür hinaus. Ich sehe ihm nach, wie er die Gasse entlanggeht, bis er um die Ecke biegt. Ich laufe ihm nach, um zu sehen, wie er den Barrack Hill und die St. Joseph's Street hinuntergeht. Ich laufe den Hügel hinunter und folge ihm, so weit ich kann. Er weiß offenbar, daß ich ihm folge, denn er dreht sich um und ruft mir zu, geh nach Hause, Francis. Geh nach Hause zu deiner Mutter.

Eine Woche später kommt ein Brief, in dem steht, daß er sicher angekommen ist, daß wir brave Jungs sein sollen, daß wir unseren religiösen Pflichten nachkommen und, vor allen Dingen, unserer Mutter gehorchen sollen. Nach einer weiteren Woche kommt ein Geldtelegramm mit drei Pfund, und wir sind im Himmel. Wir werden reich sein, es wird Fisch mit Fritten geben, Götterspeise mit Vanillesauce, jeden Samstag Filme im Lyric, im Coliseum, im Carlton, im Atheneum, im Central und im schicksten von allen, im Savoy. Vielleicht enden wir sogar bei Keksen und Tee mit den besseren Leuten von Limerick im Savoy Café. Da wird dann aber der kleine Finger abgespreizt, daß es nur so rauscht.

Am nächsten Samstag kommt kein Telegramm und am übernächsten Samstag auch nicht und an allen folgenden Samstagen bis in alle Ewigkeit auch nicht. Mam bettelt wieder bei der Gesellschaft vom Hl. Vincent de Paul und lächelt in der Armenapotheke, wenn Mr. Coffey und Mr. Kane ein Witzchen darüber reißen, daß Dad ein Törtchen in Piccadilly hat. Michael will wissen, was ein Törtchen ist, und sie sagt ihm, das ist was, das man zum Tee ißt. Sie verbringt die meiste Zeit des Tages mit Bridey Hannon vor dem Feuer, pafft ihre Woodbines und trinkt schwachen Tee. Die Brotkrumen vom Morgen sind immer noch auf dem Tisch, wenn wir aus der Schule kommen. Nie wäscht sie die Marmeladengläser oder die Tassen, und im Zucker und überall, wo was Süßes ist, sind Fliegen.

Sie sagt, Malachy und ich müssen uns abwechselnd um Alphie kümmern und ihn im Kinderwagen mitnehmen, damit er mal an die frische Luft kommt. Das Kind kann sich nicht von Oktober bis April in Italien aufhalten. Wenn wir ihr sagen, wir möchten mit unseren Kumpels spielen, kann es passieren, daß sie einem einen rechten Haken an den Kopf verpaßt, von dem einem die Ohren brennen.

Wir spielen statt dessen mit Alphie und dem Kinderwagen. Ich stehe oben auf dem Barrack Hill, und Malachy steht unten. Wenn ich dem Kinderwagen einen Schubs gebe, soll er den Hügel hinunterrollen, und Malachy soll ihn einfangen, aber er beobachtet gerade einen Kumpel auf Rollschuhen, und der Kinderwagen rast an ihm vorbei über die Straße und durch die Schwingtüren von Leniston's Kneipe, wo die Männer eine friedliche Pint trinken und nicht mit einem Kinderwagen rechnen, in dem ein Kind mit ungewaschenem Gesicht guu guu guu guu sagt. Der Barmann ruft, dies ist eine Schande, ein Gesetz sollte es gegen diese Sorte von Benehmen geben, daß Babys in holprigen Kinderwagen zur Tür hereingetobt kommen, er hetzt uns die Polizei auf den Hals, und Alphie winkt ihm zu und lächelt, und er sagt, schon gut, schon gut, das Kind kann ein Bonbon und eine Limonade haben, die Brüder können auch Limonade haben, die beiden Lumpenhunde, und, Gott in der Höhe, es ist eine harte Welt, kaum glaubt man, es geht voran, schon scheppert ein Kinderwagen zur Tür herein und man verteilt links und rechts Süßigkeiten und Limonade, jetzt nehmts das Kind, ihr beiden, und gehts nach Haus zu eurer Mutter.

Malachy hat noch eine starke Idee, wir könnten nämlich wie Kesselflicker durch Limerick gehen und Alphie mit seinem Kinderwagen in Kneipen schieben, um Süßigkeiten und Limonade abzustauben, aber ich möchte nicht, daß Mam das herausfindet und mir ihren rechten Haken verpaßt. Malachy sagt, ich bin ein Spielverderber, und rennt weg. Ich schiebe den Kinderwagen in die Henry Street und an der Erlöserkirche vorbei. Es ist ein grauer Tag, die Kirche ist grau, und die kleine Menschenmenge vor der Tür des Pfarrhauses ist auch grau. Sie warten, bis sie um die Reste vom Mittagessen der Priester betteln können.

Mitten in der Menge steht in ihrem schmutzigen grauen Mantel meine Mutter.

Das ist meine eigene Mutter, und sie bettelt. Das ist schlimmer als das Stempelgeld, als die Gesellschaft vom Hl. Vincent de Paul, als die Armenapotheke. Es ist die schlimmste Art von Schande, fast so schlimm wie auf der Straße betteln, wo die Kesselflicker ihre grindigen Kinder in die Höhe halten, geben Sie uns einen Penny für das arme Kind, Mister, das arme Kind hat Hunger, Missis.

Jetzt ist meine Mutter eine Bettlerin, und wenn jemand aus der Gasse oder aus meiner Schule sie sieht, ist die Familie endgültig entehrt. Meine Kumpels werden sich neue Spitznamen einfallen lassen und mich auf dem Schulhof peinigen, und ich weiß auch schon, was sie sagen werden:

Frankie McCourt
Sohn der Bettlerin
Grindauge
Volkstänzer
Heulsuse
Japs.

Die Tür des Pfarrhauses geht auf, und die Leute drängeln mit ausgestreckter Hand hin. Ich kann sie hören. Pater, Pater, hier, Pater, ach, um der Liebe Gottes willen, Pater. Fünf Kinder zu Hause, Pater. Ich kann sehen, wie meine eigene Mutter mitgedrängelt wird. Ich kann sehen, wie verkniffen ihr Mund ist, als sie sich eine Tüte schnappt und sich von der Tür abwendet, und ich schiebe den Kinderwagen weiter, bevor sie mich sehen kann.

Ich will nicht mehr nach Hause. Ich schiebe den Kinderwagen zur Dock Road hinunter, hinaus nach Corkanree, wo aller Unrat und Abfall von Limerick abgeladen und verbrannt wird. Ich bleibe ein bißchen stehen und sehe den Jungens zu, wie sie Ratten jagen. Ich weiß nicht, warum sie Ratten foltern müssen, die nicht bei ihnen im Haus sind. Ich würde immer weiter aufs Land hinaus gehen, wenn ich nicht Alphie hätte, der vor Hunger plärrt, mit seinen dicken Beinchen strampelt, seine leere Flasche schwenkt.

Mam hat das Feuer an und etwas im Topf, was kocht. Malachy lächelt und sagt, sie hat Corned beef und ein paar Kartoffeln aus Kathleen O'Connells Laden mitgebracht. Er wäre weniger froh, wenn er wüßte, daß er der Sohn einer Bettlerin ist. Sie ruft uns ins Haus, und als wir am Tisch sitzen, kann ich meine Mutter, die Bettlerin, kaum ansehen. Sie stellt den Topf auf den Tisch, gibt jedem von uns eine Kartoffel und nimmt eine Gabel, um das Corned beef aus dem Topf zu heben.

Es ist gar kein Corned beef. Es ist ein großer Klumpen wabbeliges graues Fett, und das einzige Zeichen von Corned beef ist eine kleine Warze aus rotem Fleisch obendrauf. Wir starren dieses bißchen Fleisch an und fragen uns, wer es wohl kriegt. Mam sagt, das ist für Alphie. Er ist ein Baby, er wächst schnell, er braucht es. Sie tut es auf eine Untertasse und stellt sie vor ihm auf den Tisch. Er schiebt es erst mit dem Finger weg, dann faßt er es an. Er nimmt es, hält es sich vor den Mund, sieht sich in der Küche um, sieht Lucky-den-Hund und wirft es ihm hin.

Es hat keinen Zweck, etwas zu sagen. Das Fleisch ist weg. Wir essen unsere Kartoffeln mit viel Salz, und ich esse mein Fett und tue so, als wäre es die Warze aus rotem Fleisch.

11

Mam warnt uns, ihr sollts mit den Pfoten aus dem Überseekoffer bleiben, denn da ist nichts von für euch wie auch immer geartetem Interesse drin, und es geht euch auch nichts an.

Alles, was sie in dem Koffer hat, sind jede Menge Papiere, Geburts- und Taufscheine, ihr irischer Paß, Dads englischer Paß aus Belfast, unsere amerikanischen Pässe und ihr leuchtendrotes Charleston-Kleidchen mit Pailletten und schwarzen Rüschen, das sie den ganzen weiten Weg aus Amerika mitgebracht hat. Sie will das Kleid immer behalten, damit es sie daran erinnert, daß sie mal jung war und getanzt hat.

Mir ist egal, was sie in dem Koffer hat, bis ich mit Billy Campbell und Malachy zusammen eine Fußballmannschaft gründe. Wir können uns kein Turnzeug oder Stiefel leisten, und Billy sagt, woher soll die Welt wissen, wer wir sind? Wir haben ja nicht mal einen Namen.

Mir fällt das rote Kleid ein, und ein Name fällt mir ein, The Red Hearts of Limerick. Mam öffnet den Koffer sowieso nie, was macht es also, wenn ich ein Stück von dem Kleid abschneide, um sieben rote Herzen zu machen, die wir uns an die Brust heften können? Was ich nicht weiß, macht mich nicht heiß, sagt sie selbst immer.

Das Kleid ist unter den Papieren vergraben. Ich sehe mir mein Paßbild an, als ich noch klein war, und ich verstehe, warum sie mich Japs nennen. Auf einem Papier steht Heiratsurkunde und daß Malachy McCourt und Angela Sheehan am 28. März 1930 in den heiligen Stand der Ehe traten. Wie kann das sein? Ich bin am 19. August geboren, und Billy Campbell hat mir gesagt, daß Vater und Mutter neun Monate, bevor von einem Kind irgendwas da ist, heiraten müssen. Da bin ich nun, zur Welt gekommen in der Hälfte der Zeit. Das heißt, daß ich ein Wunder sein muß, und wenn ich groß bin, werde ich vielleicht ein Heiliger, und die Leute feiern das Fest des hl. Franziskus von Limerick.

Ich werde Mikey Molloy fragen müssen, der immer noch der Experte für Mädchenkörper-und-Sauereien-im-allgemeinen ist.

Billy sagt, wenn wir große Fußballer werden wollen, müssen wir trainieren, und wir sollen uns drüben im Park treffen. Die Jungs beschweren sich, als ich die Herzen verteile, und ich sage ihnen, wenn sie die nicht mögen, können sie gern nach Hause gehen und die Kleider und Blusen ihrer eigenen Mütter zerschnippeln.

Wir haben kein Geld für einen anständigen Ball, also bringt einer der Jungs eine Schafsblase voller Lumpen mit. Wir kicken die Blase auf der Wiese hin und her, bis sie Löcher hat und die Lumpen anfangen herauszufallen und wir keine Lust mehr haben, gegen eine Blase zu treten, die kaum noch da ist. Billy sagt, morgen früh, welches Samstag ist, treffen wir uns und gehen hinaus nach Ballinacurra und sehen, ob wir die reichen Jungs vom Crescent College zu einem anständigen Spielchen herausfordern können, jede Partei sieben Spieler. Er sagt, wir stecken uns die Herzen ans Hemd, auch wenn es nur rote Fetzen sind.

Malachy geht zum Abendessen nach Hause, aber ich kann nicht, weil ich Mikey Molloy noch fragen muß, warum ich in der halben Zeit geboren wurde. Mikey kommt zusammen mit seinem Vater, Peter, aus dem Haus. Mikey wird heute sechzehn, und sein Vater nimmt ihn mit auf seine erste Pint in

Bowles' Kneipe. Nora Molloy ist im Haus und kreischt hinter Peter her, wenn sie jetzt gehen, können sie gleich wegbleiben, sie hat das Brotbacken satt, sie geht nie wieder in die Irrenanstalt, wenn er ihr dieses Kind besoffen zu Hause anbringt, geht sie nach Schottland und verschwindet vom Antlitz der Erde.

Peter sagt zu Mikey, laß sie doch reden, Zyklop. Die Mütter von Irland sind immer Feinde der ersten Pint. Meine eigene Mutter hat versucht, meinen Vater mit der Bratpfanne umzubringen, als er mich auf die erste Pint mitgenommen hat.

Mikey fragt Peter, ob ich auf eine Limonade mitkommen kann.

Peter erzählt allen in der Kneipe, daß Mikey heute seine erste Pint trinken wird, und als alle Männer Mikey eine Pint spendieren wollen, sagt Peter, neinneinnein, nicht auszudenken, wenn er jetzt zuviel kriegt und eine Abneigung dagegen entwickelt.

Die Pints werden gezapft, und wir sitzen mit dem Rücken an der Wand, die Molloys mit ihren Pints und ich mit meiner Limonade. Die Männer wünschen Mikey alles erdenklich Gute für sein weiteres Leben, und war es nicht ein Gottesgeschenk, daß er vor Jahren von dieser Dachrinne gefallen ist und seitdem keinen Anfall mehr hatte, und ist es nicht jammerschade um diesen armen kleinen Scheißkerl, Quasimodo Dooley, von der Schwindsucht dahingerafft, nachdem er sich Jahr um Jahr abgemüht hatte, wie ein Engländer zu sprechen, damit er bei der BBC unterkommt, was ohnehin nicht der rechte Platz für einen Iren ist.

Peter spricht mit den Männern und mit Mikey, der an seiner Pint nippt und mir zuflüstert, ich glaub, ich mag das nicht, aber sag das nicht meinem Vater. Dann erzählt er mir, wie er heimlich den englischen Akzent übt, damit er BBC-Ansager werden kann, was Quasimodos Traum gewesen war. Er sagt, ich kann meinen Cuchulain zurückhaben, wenn man bei der

BBC Nachrichten verliest, kann man den sowieso nicht gebrauchen. Jetzt, wo er sechzehn ist, will er nach England, und wenn ich mir je ein Radio anschaffe: Der im BBC Home Service, das ist dann er.

Ich berichte ihm von dem Trauschein, daß Billy Campbell gesagt hat, es müßten neun Monate sein, ich wurde aber in der Hälfte der Zeit geboren, und weiß er vielleicht, ob ich möglicherweise eine Art Wunder bin.

Nö, sagt er, nö. Du bist ein Bastard. Du bist verdammt.

Du brauchst mich nicht zu beschimpfen, Mikey.

Ich beschimpf dich gar nicht. So nennt man Menschen, die nicht innerhalb dieser ehelichen neun Monate geboren wurden, Menschen, die außerhalb des ehelichen Alkovens gezeugt wurden.

Was ist das?

Was ist was?

Gezeugt.

Das ist, wenn das Sperma das Ei trifft, und es wächst, und da bist du dann neun Monate später.

Ich weiß nicht, wovon du sprichst.

Er flüstert, das Ding zwischen deinen Beinen ist die Aufregung. Die anderen Namen mag ich nicht, Pimmel, Altvater, Schnibbeldilderich, Nille. Also schiebt dein Vater seine Aufregung in deine Mutter, und es macht Spritz, und diese kleinen Bazillen gehen rauf in deine Mutter, wo ein Ei ist, und das wächst und bist dann du.

Ich bin kein Ei.

Doch, du bist ein Ei. Jeder war mal ein Ei.

Warum bin ich aber verdammt? Ist doch nicht meine Schuld, daß ich ein Bastard bin.

Alle Bastarde sind verdammt. Sie sind wie Babys, die nicht getauft sind. Sie werden in alle Ewigkeit in die Vorhölle geschickt und können nicht wieder raus, und es ist nicht ihre Schuld. Da fragt man sich doch, was das soll mit Gott da oben auf Seinem Thron und ohne Erbarmen mit den kleinen ungetauften Babys. Deshalb mache ich ja auch einen Bogen um die Kirche. Auf jeden Fall bist du verdammt. Dein Vater und deine Mutter hatten die Aufregung, und sie waren nicht verheiratet, und deshalb bist du nicht im Stand der Gnade.

Was soll ich machen?

Nichts. Du bist verdammt.

Kann ich nicht eine Kerze anzünden oder so was.

Du könntest es bei der Gebenedeiten Jungfrau versuchen. Die ist für Verdammnis zuständig.

Aber ich habe keinen Penny für die Kerze.

Schon gut, schon gut, hier hast du einen Penny. Kannst ihn zurückzahlen, wenn du in einer Million Jahre einen Job hast. Kostet mich ein Vermögen, der Experte für Mädchenkörper-und-Säuisches-im-allgemeinen zu sein.

Der Wirt löst gerade ein Kreuzworträtsel, und er sagt zu Peter, was ist das Gegenteil von Vormarsch?

Rückzug, sagt Peter.

Genau, sagt der Wirt. Alles hat ein Gegenteil.

Heilige Muttergottes, sagt Peter.

Was hast du denn, Peter? sagt der Wirt.

Was hast du gerade gesagt, Tommy?

Alles hat ein Gegenteil.

Heilige Muttergottes.

Fehlt dir was, Peter? Stimmt was nicht mit der Pint?

Die Pint ist großartig, Tommy, und ich bin der Weltmeister im Pintstrinken, stimmt's?

Das bist du bei Gott, Peter. Das wird dir keiner bestreiten.

Das bedeutet, daß ich auch Weltmeister vom Gegenteil sein könnte.

Wovon redest du eigentlich, Peter?

Ich könnte Weltmeister im Keinerleipintstrinken sein.

Na na, Peter, da gehst du, glaube ich, ein bißchen weit. Mit der Frau zu Hause alles klar?

Tommy räum diese Pint ab. Ich bin Weltmeister aller Klassen im Stehenlassen von Pints.

Peter dreht sich um und nimmt Mikey das Glas weg. Wir gehen nach Hause zu deiner Mutter, Mikey.

Du hast ja gar nicht Zyklop zu mir gesagt, Dad.

Du bist Mikey. Du bist Michael. Wir gehen nach England. Keine Pints mehr für mich, keine Pints für dich, kein Brotbacken mehr für deine Mutter. Komm.

Wir verlassen die Kneipe, und Tommy, der Wirt, ruft uns nach, weißt du, woran es liegt, Peter. An den ganzen verdammten Büchern, die du liest. Die haben deinen Kopf zerstört.

Peter und Mikey gehen nach Hause. Ich muß in die Josephskirche, um die Kerze anzuzünden, die mich vor der Verdammnis erretten wird, aber ich sehe ins Schaufenster von Counihans Laden, und mittendrin ist eine große Tafel Cleeves' Karamel und ein Schild, Zwei Stück für einen Penny. Ich weiß, daß ich verdammt bin, aber das Wasser läuft mir links und rechts von der Zunge zusammen, und als ich meinen Penny für Miss Counihan auf den Ladentisch lege, verspreche ich der Jungfrau Maria, daß ich ihr vom allernächsten Penny, den ich kriege, eine Kerze anzünde, und ob sie bitte mit ihrem Sohn sprechen kann und die Verdammnis noch ein bißchen aufschieben.

Für einen Penny Cleeves' Sahnekaramel hält nicht ewig, und als es weg ist, muß ich daran denken, nach Hause zu einer Mutter zu gehen, die es meinem Vater gestattet hat, daß er seine Aufregung in sie reinschiebt, damit ich in der Hälfte der Zeit geboren werden und zum Bastard heranwachsen kann. Wenn sie jemals ein Wort über das rote Kleid oder über irgendwas sagt, werde ich ihr sagen, daß ich alles über die Aufregung weiß, und das wird ihr einen Schock versetzen.

Am Samstag morgen treffe ich mich mit den Red Hearts of Limerick, und wir wandern auf der Suche nach einer Fußballherausforderung die Landstraße hinaus. Die Jungs meckern immer noch, daß die Stücke von dem roten Kleid nicht wie Herzen aussehen, bis Billy ihnen sagt, wenn sie nicht Fußball spielen wollen, sollen sie nach Hause gehen und mit den Puppen ihrer Schwestern spielen.

Auf einer Wiese in Ballinacurra spielen Jungens Fußball, und Billy fordert sie heraus. Sie haben acht Spieler, und wir haben nur sieben, aber das ist uns egal, weil einer von ihnen nur ein Auge hat und Billy uns sagt, bleibt auf seiner blinden Seite. Außerdem, sagt er, ist Frankie McCourt mit seinen beiden kaputten Augen fast blind, und das ist viel schlimmer. Die anderen sind alle piekfein mit blau-weißen Trikots und weißen Turnhosen und richtigen Fußballstiefeln ausgestattet. Einer sagt, wir sehen aus wie etwas, was die Katze reingeschleppt hat, und Malachy muß zurückgehalten werden, damit er sich nicht auf sie stürzt. Wir sind einverstanden, daß eine halbe Stunde gespielt wird, weil die Jungs aus Ballinacurra sagen, sie müssen dann zum Lunch. Lunch. Bei der ganzen Welt gibt es mitten am Tage Mittagessen, aber die müssen zum Lunch. Wenn in der halben Stunde keiner ein Tor schießt, ist es unentschieden. Wir spielen hin und her, bis Billy den Ball kriegt und so schnell an der Seitenlinie entlangrast und –tanzt, daß keiner ihn aufhalten kann, und der Ball ist drin und Tor. Die halbe Stunde ist schon fast vorbei, aber die Jungs aus Ballinacurra wollen noch eine halbe Stunde spielen, und die zweite halbe Stunde ist schon ziemlich weit gediehen, als ihnen der Anschlußtreffer gelingt. Dann geht der Ball über die Linie ins Aus. Es ist unser Ball. Billy steht auf der Auslinie und hält den Ball über den Kopf. Er tut, als wenn er Malachy ansieht, wirft aber mir den Ball zu. Er fliegt auf mich zu, als wäre er das einzige, was auf der ganzen Welt existiert. Er kommt direkt auf meinen Fuß, und alles, was ich jetzt noch machen muß, ist eine Linksdrehung und dann auf geradem Weg hinein, mit dem Ball ins Tor. In meinem Kopf ist alles weiß, und ich fühle mich wie ein Junge im Himmel. Ich schwebe über das ganze Feld, bis die Red Hearts of Limerick mir auf den Rücken klopfen und mir sagen, das war ein tolles Tor, Frankie, deins auch, Billy.

Wir gehen die O'Connell Avenue zurück, und ich denke immer daran, wie der Ball auf meinen Fuß kam, und er war bestimmt von Gott oder der Heiligen Jungfrau Maria gesandt, die eine solche Segnung bestimmt keinem zuteil werden läßt, der verdammt ist, weil er in der Hälfte der Zeit geboren wurde, und ich weiß, so lang ich lebe, werde ich diesen Ball, wie er von Billy Campbell kam, nicht vergessen, dieses Tor.

Auf der Gasse trifft Mam Bridey Hannon und ihre Mutter, und sie berichten ihr von Mr. Hannons schlimmen Beinen. Der arme John, es ist eine Prüfung für ihn, jeden Abend mit dem Fahrrad nach Hause zu fahren, nachdem er den ganzen Tag für die Kohlenhandlung in der Dock Road mit dem großen Pferdewagen Kohle und Torf frei Haus geliefert hat. Bezahlt wird er von acht Uhr morgens bis halb sechs, obwohl er das Pferd lange vor acht fertigmachen und lange nach halb sechs für die Nacht versorgen muß. Den ganzen Tag muß er rauf auf den Wagen und wieder runter und wieder rauf und Säcke mit Kohle und Torf schleppen, immer verzweifelt bemüht, daß die Binden an seinen Beinen bleiben, wo sie sind, damit der Schmutz nicht in die offenen Wunden kommt. Ständig kleben die Binden fest und müssen abgerissen werden, und wenn er nach Hause kommt, wäscht er die Wunden mit warmem Wasser und Seife, schmiert Salbe drauf und wickelt saubere Binden drumrum. Sie können sich nicht jeden Tag neue Verbände leisten, deshalb wäscht sie die alten immer und immer wieder, bis sie grau sind.

Mam sagt, Mr. Hannon soll doch mal zum Arzt gehen, und Mrs. Hannon sagt, klar, ein dutzendmal war er beim Arzt, und der Arzt sagt, tja, er soll nicht soviel mit den Beinen machen. Das ist alles. Er soll nicht soviel mit den Beinen machen. Wie soll er denn wohl weniger mit den Beinen machen? Er muß doch arbeiten. Wovon sollen wir denn leben, wenn er nicht arbeitet?

Mam sagt, vielleicht könnte Bridey sich selbst irgendeine Art Arbeit besorgen, und Bridey ist beleidigt. Weißt du denn nicht, daß ich eine schwache Brust habe? Weißt du denn nicht, daß ich akutes Rheuma hatte und jederzeit hinüber sein könnte? Ich muß aufpassen.

Mam spricht oft über Bridey und ihr akutes Rheuma und ihre schwache Brust. Sie sagt, diese Frau ist imstande, geschlagene Stunden hier zu sitzen und über ihre Gebrechen zu klagen, aber das hält sie nicht davon ab, eine Woodbine nach der anderen zu paffen.

Mam sagt Bridey, wie leid ihr das mit der schwachen Brust tut und wie schrecklich es ist, daß ihr Vater so zu leiden hat. Mrs. Hannon sagt meiner Mutter, daß es mit John von Tag zu Tag schlimmer wird, und was würden Sie davon halten, Mrs. McCourt, wenn Ihr Junge, Frankie, ein paar Stunden die Woche bei ihm auf dem Wagen mitfährt und ihm bei den Säcken zur Hand geht? Wir können es uns kaum leisten, aber Frankie könnte sich einen oder zwei Shilling verdienen, und John könnte seine armen Beine schonen.

Mam sagt, ich weiß nicht, er ist doch erst zwölf, und er hatte diesen Typhus, und der Kohlenstaub wäre bestimmt nicht gut für seine Augen.

Bridey sagt, er wäre an der frischen Luft, und es gibt nichts Besseres als frische Luft für jemanden mit schlechten Augen oder der den Typhus gehabt hat, etwa nicht, Frankie?

Doch, Bridey.

Ich kann es gar nicht erwarten, mit Mr. Hannon auf seinem großen Pferdefuhrwerk herumzufahren wie ein richtiger Arbeitsmann. Wenn ich das gut mache, brauche ich vielleicht nie wieder in die Schule, aber Mam sagt, meinetwegen, aber nur wenn die Schule nicht darunter zu leiden hat, und am Samstag morgen kann er anfangen.

Ich bin jetzt ein Mann, also mache ich ganz früh am Samstag morgen das Feuer an und mache mir meinen eigenen Tee und mein eigenes gebratenes Brot. Nebenan warte ich vor der Haustür darauf, daß Mr. Hannon mit dem Rad rauskommt, und durch das offene Fenster duftet es nach Speckstreifen mit Eiern. Mam sagt, Mr. Hannon kriegt immer nur vom Feinsten zu essen, weil Mrs. Hannon noch immer genauso verrückt nach ihm ist wie an ihrem Hochzeitstag. Sie sind wie zwei Liebende aus einem amerikanischen Film, so wie sie sich aufführen. Da ist er nun, er schiebt sein Rad und pafft an seiner Pfeife. Er sagt mir, ich soll auf die Stange von seinem Fahrrad klettern, und ab geht die Post, zu meinem ersten Job als Mann. Sein Kopf ist über meinem, und seine Pfeife duftet wunderbar. Seine Sachen riechen nach Kohle, und davon muß ich niesen.

Männer gehen oder radeln zu den Kohlenhandlungen und zu Rank's Getreidemühle und zur Limerick-Dampfschifffahrtsgesellschaft in der Dock Road. Mr. Hannon nimmt die Pfeife aus dem Mund und sagt mir, der Samstagmorgen ist der beste Morgen von allen, weil danach nur noch ein halber Tag kommt. Wir fangen um acht an, und etwa zum Angelusläuten um zwölf haben wir es schon wieder hinter uns.

Zuerst machen wir das Pferd fertig, striegeln es ein bißchen, füllen den Holztrog mit Hafer und den Eimer mit Wasser. Mr. Hannon zeigt mir, wie man das Geschirr anlegt, und ich darf das Pferd rückwärts zwischen die beiden Deichseln führen. Er sagt, Jee-suss, Frankie, du bist ja ein Naturtalent. Das macht mich so froh, daß ich hüpfen könnte, und ich will bis an mein Lebensende nur noch Fuhrwerk fahren.

Zwei Männer füllen Säcke mit Kohle und Torf und wiegen

sie auf der Eisenwaage, jeder Sack ein Zentner. Sie müssen die Säcke auf das Fuhrwerk laden, während Mr. Hannon wegen der Lieferscheine ins Büro geht. Die Sackmänner sind schnell, und schon kann unsere Runde losgehen. Mr. Hannon sitzt oben auf der linken Seite und schnalzt mit der Peitsche, um mir zu zeigen, wo ich sitzen soll, auf der rechten Seite. Es ist schwer, auf das Fuhrwerk zu klettern, weil es so hoch und mit Säcken beladen ist, und ich versuche, auf die Radspeichen zu steigen. Mr. Hannon sagt, ich soll nie wieder dergleichen tun. Komm nie mit Hand oder Bein in die Nähe eines Rades, wenn das Pferd angeschirrt zwischen den Deichseln steht. Ein Pferd könnte Lust auf einen kleinen Spaziergang kriegen, und da stehst du dann, und dein Bein oder dein Arm haben sich im Rad verfangen und sind dir aus dem Körper gedreht, und du kannst nur noch hinterherkucken. Er sagt zum Pferd, dann wolln wir mal, und das Pferd schüttelt den Kopf, und das Geschirr klimpert, und Mr. Hannon lacht. Dieses dumme Stück von einem Pferd liebt die Arbeit, sagt er. In ein paar Stunden wird es nicht mehr mit dem Geschirr klimpern.

Als es anfängt zu regnen, bedecken wir uns mit Kohlensäcken, und Mr. Hannon dreht die Pfeife im Mund mit dem Pfeifenkopf nach unten, damit der Tabak trocken bleibt. Er sagt, durch den Regen wird alles schwerer, aber was soll's. Genausogut könnte man sich über die Sonne in Afrika beklagen.

Wir fahren über die Sarsfield-Brücke, um die Ennis Road und die North Circular Road zu beliefern. Reiche Leute, sagt Mr. Hannon, und sehr langsam mit der Hand in der Tasche beim Trinkgeld.

Wir haben sechzehn Säcke abzuliefern. Mr. Hannon sagt, wir haben Glück, weil einige Häuser mehr als einen kriegen, und da braucht er nicht so oft auf das Fuhrwerk und wieder runter zu klettern, was seine Beine ruiniert. Wenn wir anhalten, steigt er ab, und ich wuchte den Sack an den Rand und lege ihn ihm auf die Schulter. Manche Häuser haben draußen einen Bereich, wo man eine Falltür hochzieht und den Sack hineinkippt, bis er leer ist, und das ist leicht. Andere Häuser haben einen langen Hinterhof, und dann sieht man, wie Mr. Hannon mit seinen Beinen leidet, wenn er die Säcke bis zu den Kohlenkästen bei den Hintertüren schleppen muß. Ach Gott, Frankie, ach Gott, mehr kriegt man von ihm an Gejammer nicht zu hören, und dann bittet er mich, ich soll ihm die Hand geben, als er wieder auf das Fuhrwerk klettert. Er sagt, wenn er einen Handwagen hätte, könnte er die Säcke vom Fuhrwerk zum Haus karren, und das wäre eine Segnung, aber ein Handwagen würde zwei Wochenlöhne kosten, und wer kann sich das leisten.

Die Säcke sind ausgeliefert, und die Sonne scheint, und das Pferd weiß, daß sein Arbeitstag vorüber ist. Es ist wunderschön, auf dem Fuhrwerk zu sitzen und die ganze Länge des Pferdes entlang vom Schwanz bis zum Kopf zu kucken, wie es durch die Ennis Road über den Shannon und die Dock Road hinaufschaukelt. Mr. Hannon sagt, der Mann, der sechzehn Zentner Kohle und Torf geliefert hat, verdient eine Pint, und der Junge, der ihm geholfen hat, verdient eine Limonade. Er sagt mir, ich soll zur Schule gehen und nicht wie er werden, er schuftet sich nur ab, und unter ihm faulen ihm die Beine weg. Geh zur Schule, Frankie, und raus aus Limerick, raus aus Irland als solchem. Eines Tages wird dieser Krieg vorüber sein, und dann kannst du nach Amerika oder Australien oder in sonst ein großes offenes Land, wo man den Blick heben kann und kein Ende abzusehen ist. Die Welt ist weit, und man kann große Abenteuer erleben. Wenn ich nicht diese beiden Beine hätte, wäre ich drüben in England und würde ein Vermögen in den Fabriken verdienen wie alle anderen Iren, wie dein Vater, nein, nicht wie dein Vater. Ich höre, er hat euch auf dem trockenen sitzen lassen? Ich weiß nicht, wie ein

Mann, der noch einigermaßen gescheit ist, weggehen und eine Frau und Familie verlassen kann, damit sie im Winter von Limerick hungern und frieren. Schule, Frankie, Schule. Die Bücher, die Bücher, die Bücher. Verlasse Limerick, bevor dir die Beine verfaulen und dein Verstand vollends zusammenbricht.

Das Pferd klappert weiter, und als wir zur Kohlenhandlung kommen, geben wir ihm Futter und Wasser und striegeln es. Mr. Hannon spricht die ganze Zeit mit ihm und sagt, na mein oller Klepper, und das Pferd schnobert und drückt die Nase gegen Mr. Hannons Brust. Liebend gern würde ich dieses Pferd mit nach Hause nehmen und unten wohnen lassen, wenn wir oben in Italien sind, aber selbst wenn ich es zur Tür hereinbekäme, würde meine Mutter mich anschreien, das letzte, was wir in diesem Haus gebrauchen können, ist ein Pferd.

Die Straßen von der Dock Road nach Hause sind zu hügelig für Mr. Hannon zum Radeln, mit mir auf der Stange, also gehen wir zu Fuß. Seine Beine sind wund von den Mühen des Tages, und es dauert lang, bis wir die Henry Street erreicht haben. Er stützt sich auf den Fahrradlenker, oder er setzt sich auf die Stufen vor Hauseingängen und knirscht mit den Zähnen auf dem Mundstück seiner Pfeife.

Ich frage mich, wann ich wohl das Geld für mein Tagewerk kriege, denn vielleicht läßt Mam mich ins Lyric Cinema gehen, wenn ich mit meinem Shilling oder wieviel Mr. Hannon mir gibt früh genug zu Hause bin. Jetzt sind wir vor der Tür von South's Kneipe, und er sagt zu mir, komm rein, hat er mir etwa keine Limonade versprochen?

Onkel Pa Keating sitzt in der Kneipe. Er ist wie üblich ganz schwarz, und er sitzt neben Bill Calvin, der wie üblich ganz weiß ist und schnieft und in großen Schlucken von seiner schwarzen Pint trinkt. Mr. Hannon sagt, wie geht's? und setzt sich auf die andere Seite von Bill Calvin, und jeder in der Kneipe lacht. Jesus, sagt der Barmann, seht euch das an, zwei

Klumpen Kohle und ein Schneeball. Männer kommen aus anderen Teilen der Kneipe, um die zwei kohlschwarzen Männer mit dem kalkweißen Mann in der Mitte zu sehen, und sie wollen dem Limerick Leader Bescheid sagen, damit die jemanden mit einer Kamera schicken.

Onkel Pa sagt, und warum bist du auch so schwarz, Frankie? Bist du in ein Bergwerk gefallen?

Ich habe Mr. Hannon auf dem Fuhrwerk geholfen.

Deine Augen sehen grauenhaft aus, Frankie. Pißlöcher im Schnee.

Das liegt am Kohlenstaub, Onkel Pa.

Wasch sie dir, wenn du nach Hause gehst.

Mach ich, Onkel Pa.

Mr. Hannon kauft mir eine Limonade, gibt mir einen Shilling für meine Arbeit am Vormittag und sagt mir, ich kann jetzt nach Hause gehen, ich bin ein großartiger Arbeiter, und nächste Woche nach der Schule kann ich ihm wieder helfen.

Auf dem Nachhauseweg sehe ich mich im Glas eines Schaufensters, ganz schwarz von der Kohle, und ich fühle mich wie ein Mann, ein Mann mit einem Shilling in der Tasche, ein Mann, der eine Limonade in einer Kneipe getrunken hat, mit zwei Kohlenmännern und einem Kalkmann. Ich bin kein Kind mehr, und ich könnte ganz leicht für immer von Leamy's Schule abgehen. Ich könnte jeden Tag mit Mr. Hannon arbeiten, und wenn seine Beine zu schlimm werden, könnte ich das Fuhrwerk übernehmen und den reichen Leuten bis an mein Lebensende Kohle liefern, und meine Mutter brauchte nicht vor dem Pfarrhaus der Erlöserkirche zu betteln.

Die Leute auf den Straßen und Gassen sehen mich neugierig an. Jungens und Mädchen lachen und rufen, da kommt der Schornsteinfeger. Was kostet das, wenn du einmal unsern Schornstein fegst? Bist du in den Kohlenkasten gefallen? Hast du dich verbrannt? Hast du zu lange im Dunkeln gestanden?

Sie wissen nichts. Sie wissen nicht, daß ich den ganzen Tag

zentnerweise Kohle und Torf geliefert habe. Sie wissen nicht, daß ich ein Mann bin.

Mam schläft mit Alphie oben in Italien, und vor dem Fenster hängt ein Mantel, um das Zimmer dunkel zu halten. Ich sage ihr, ich habe einen Shilling verdient, und sie sagt, ich kann ins Lyric gehen, ich hab's mir verdient. Nimm zwei Pence und laß den Rest vom Shilling unten auf dem Kaminsims, damit sie später zum Abendessen ein Brot holen lassen kann. Plötzlich fällt der Mantel vom Fenster, und das Zimmer ist hell. Mam sieht mich an, Gott in der Höhe, sieh dir deine Augen an. Geh nach unten, ich komm gleich nach und wasch sie dir.

Sie macht Wasser im Kessel heiß und betupft mir die Augen mit Borsäurepuder und sagt mir, heute kann ich nicht ins Lyric Cinema und auch an keinem anderen Tag, bis meine Augen wieder klar werden, obwohl nur Gott weiß, wann das sein wird. Sie sagt, du kannst in dem Zustand, in dem deine Augen sind, keine Kohle ausfahren. Ganz gewiß wird sie der Staub zerstören.

Ich möchte den Job. Ich möchte den Shilling nach Hause bringen. Ich möchte ein Mann sein.

Du kannst auch ein Mann sein, ohne einen Shilling nach Hause zu bringen. Geh nach oben und leg dich hin und ruhe deine Augen aus, sonst wirst du ein blinder Mann sein.

Ich möchte diesen Job. Ich wasche mir dreimal täglich die Augen mit dem Borsäurepuder. Ich denke an Seumas im Krankenhaus und wie die Augen seines Onkels durch die Blinzelübung geheilt wurden, und ich achte darauf, mich jeden Tag eine Stunde lang hinzusetzen und zu blinzeln. Der Blinzler ist unschlagbar für das starke Auge, hat er gesagt. Und jetzt blinzle und blinzle ich, bis Malachy zu meiner Mutter rennt, die draußen auf der Gasse mit Mrs. Hannon spricht, Mam, mit Frankie ist was, er sitzt oben und plinkert und plinkert.

Sie kommt raufgerannt. Was fehlt dir denn?

Von dieser Übung kriege ich starke Augen.
Welcher Übung?
Vom Blinzeln.
Blinzeln ist keine Übung.
Seumas im Krankenhaus sagt, für das starke Auge ist der Blinzler unschlagbar. Sein Onkel hatte vom Blinzeln kraftvolle Augen.
Sie sagt, ich werde wunderlich, und geht zurück zu ihrem Schwatz mit Mrs. Hannon auf die Gasse, und ich blinzle und bade meine Augen mit dem Borsäurepuder in warmem Wasser. Durchs Fenster kann ich Mrs. Hannon hören, Ihr kleiner Frankie ist ein Geschenk des Himmels für John, denn dies Klettern rauf aufs Fuhrwerk und wieder runter vom Fuhrwerk, das hat ihm vollends die Beine ruiniert.
Mam sagt nichts, und das bedeutet, Mr. Hannon tut ihr so leid, daß ich ihm an seinem schlimmsten Tag wieder helfen darf, am Donnerstag. Ich wasche mir dreimal täglich die Augen und blinzle, bis mir die Augenbrauen weh tun. Ich plinkere in der Schule, wenn der Lehrer es nicht sieht, und alle in der Klasse nennen mich Blinky, wodurch die Liste meiner Spitznamen noch länger wird:

Blinky McCourt
Sohn der Bettlerin
Grindauge
Heulsuse
Volkstänzer
Japs.

Inzwischen ist mir egal, wie sie mich nennen, solang meine Augen wieder klar werden und ich einen geregelten Job habe, der darin besteht, daß ich auf einem Fuhrwerk zentnerweise Kohle stemme. Schön wäre es, wenn sie mich am Donnerstag nach der Schule sehen könnten, wie ich auf dem Fuhrwerk sitze und Mr. Hannon mir die Zügel herüberreicht, damit er in Ruhe sein Pfeifchen rauchen kann. Hier, Frankie, immer sachte, denn dies ist ein gutes Pferd, und man braucht nicht dran zu zerren.

Die Peitsche überläßt er mir ebenfalls, aber bei diesem Pferd braucht man die Peitsche nie. Ist alles nur Schau, und ich schnalze nur ein bißchen in der Luft wie Mr. Hannon, oder ich schnippe eine Fliege von dem großartigen goldenen Pferdehintern, der zwischen den Deichseln schaukelt.

Ganz gewiß sieht die Welt mich an und bewundert die Art und Weise, mit der ich eins bin mit dem Fuhrwerk, die gelassene Art und Weise, die ich bei der Handhabung von Zügeln und Peitsche an den Tag lege. Ich hätte gern so eine Pfeife wie Mr. Hannon und eine Tweedmütze. Ich wäre gern ein richtiger Kohlenmann mit schwarzer Haut wie Mr. Hannon und Onkel Pa Keating, der der schwärzeste Mann von Limerick ist, und wenn ein Weiser aus dem Morgenland schwarz ist, bedeutet das, daß überall, wohin man geht auf der Welt, jemand Kohle liefert.

Das Pferd hebt den Schwanz, und große Klumpen aus dampfender gelber Scheiße fallen aus seinem Hintern. Ich will an den Zügeln ziehen, damit es anhalten kann und ein bißchen Ruhe für sich hat, aber Mr. Hannon sagt, nein, Frankie, laß ihn traben. Das ist eine der Segnungen, die Pferden zuteil geworden sind, sie scheißen im Trab, und sie sind nicht schmutzig und stinkig wie die menschliche Rasse, ganz und gar nicht, Frankie. Das Schlimmste auf der Welt ist, wenn man nach einem Mann aufs Klo geht, der vorher Schweinsfüße und eine Nachtvoll Pints zu sich genommen hat. Der Gestank kann einem starken Mann die Nasenlöcher verbiegen. Pferde sind anders. Alles, was sie fressen, ist Hafer und Heu, und was sie fallen lassen, ist sauber und natürlich.

Ich arbeite mit Mr. Hannon nach der Schule an Dienstagen und Donnerstagen und den halben Tag am Samstagvormittag, und das bedeutet drei Shilling für meine Mutter, obwohl sie sich die ganze Zeit Sorgen um meine Augen macht. Sobald ich nach Hause komme, wäscht sie sie, und ich muß mich eine halbe Stunde hinlegen.

Mr. Hannon sagt, er wird an Donnerstagen bei Leamy's Schule auf mich warten, nachdem er die Barrington Street beliefert hat. Jetzt werden die Jungs mich sehen. Jetzt werden sie erfahren, daß ich ein Arbeiter bin und mehr als eine grindäugige volkstanzende japanische Heulsuse. Mr. Hannon sagt, und rauf mit dir, und ich klettere auf das Fuhrwerk wie nur je ein Arbeitsmann. Ich sehe mir die Jungs an, wie sie mich anglotzen. Anglotzen. Ich sage Mr. Hannon, wenn er in Ruhe sein Pfeifchen rauchen möchte, nehme ich gern die Zügel, und als er sie mir herüberreicht, höre ich die Jungs ganz deutlich Luft holen. Ich sage zum Pferd, na, dann wolln wir mal, wie Mr. Hannon. Wir traben davon, und ich weiß, daß Dutzende von Knaben aus Leamy's Allgemeiner Grundschule für Knaben die Todsünde des Neides begehen. Noch einmal sage ich zum Pferd, na, dann wolln wir mal, damit es auch jeder gehört hat, damit sie wissen, daß ich das Fuhrwerk lenke und sonst keiner, damit sie nie vergessen, daß ich es war, den sie mit den Zügeln und der Peitsche auf dem Fuhrwerk gesehen haben. Es ist der beste Tag meines Lebens, besser als meine Erstkommunion, die Oma ruiniert hat, besser als meine Firmung, als ich Typhus hatte.

Sie rufen mir nichts mehr nach. Sie lachen nicht über meine grindigen Augen. Sie wollen wissen, wie ich im Alter von zwölf Jahren so einen guten Job ergattert habe und wieviel ich dafür kriege und ob ich den Job für alle Zeiten behalten werde. Sie wollen wissen, ob es im Kohlenhandel noch andere gute Jobs gibt und ob ich wohl ein gutes Wort für sie einlege. Dann gibt es noch große Jungs von vierzehn, die mir ihr Gesicht ins Gesicht stecken und sagen, eigentlich ist das ihr Job, weil sie größer sind, und ich bin nur ein magerer kleiner Mickerling ohne Schultern. Sie können soviel reden, wie sie wollen. Ich habe den Job, und Mr. Hannon sagt mir, ich sei kräftig.

An manchen Tagen ist es so schlimm mit seinen Beinen, daß er kaum noch gehen kann, und man sieht, wie Mrs. Hannon sich Sorgen macht. Sie gibt mir eine große Tasse Tee, und ich sehe zu, wie sie ihm die Hosenbeine aufkrempelt und die schmutzigen Binden abpellt. Die Wunden sind rot und gelb und mit Kohlenstaub verkrustet. Sie wäscht sie mit Seifenwasser und beschmiert sie mit einer gelben Salbe. Sie legt seine Beine auf einen Stuhl, und da bleibt er dann den ganzen Abend und liest Zeitung oder ein Buch vom Regal über seinem Kopf.

Mit den Beinen wird es so schlimm, daß er morgens eine Stunde früher aufstehen muß, um sie zu lockern und einen neuen Verband anzulegen. An einem Samstagmorgen ist es noch dunkel, als Mrs. Hannon an unsere Tür klopft und mich fragt, ob ich vielleicht zu einem Nachbarn gehe und da den Handwagen ausborge, damit wir den auf dem Fuhrwerk mitnehmen können, denn Mr. Hannon wird heute nie und nimmer in der Lage sein, die Säcke zu schleppen, und vielleicht rolle ich sie einfach für ihn mit der Handkarre. Er wird mich nicht auf der Fahrradstange mitnehmen können, also soll ich ihn mit der Handkarre bei der Kohlenhandlung treffen.

Der Nachbar sagt, für Mr. Hannon jederzeit, Gott segne ihn. Ich warte beim Tor von der Kohlenhandlung und beobachte, wie er herangeradelt kommt, langsamer als je zuvor. Er ist so steif, daß er kaum vom Rad kommt, und er sagt, du bist ein guter Mann, Frankie. Er läßt mich das Pferd fertigmachen, obwohl ich immer noch Schwierigkeiten mit dem Anschirren habe. Er läßt mich das Fuhrwerk vom Hof und hinaus auf die vereisten Straßen lenken, und ich würde gern immer so weiterfahren und nie mehr nach Hause müssen. Mr. Hannon zeigt mir, wie man die Säcke an den Rand des Fuhrwerks wuchtet und auf den Boden fallen läßt, so daß ich sie zum Handwagen zerren und dann bis zu den Häusern schieben kann. Er zeigt mir, wie man die Säcke hebt und schiebt, ohne daß ich mich überanstrenge, und gegen Mittag haben wir die sechzehn Säcke ausgeliefert.

Wenn die Jungs von Leamy's mich jetzt sehen könnten, wie ich das Pferd führe und die Säcke bewege, wie ich alles mache, während Mr. Hannon seine Beine schont. Wenn sie mich sehen könnten, wie ich den Handwagen vor South's Kneipe abstelle und meine Limonade trinke und Mr. Hannon und Onkel Pa und ich ganz schwarz und Bill Calvin ganz weiß. Gern würde ich der Welt die Trinkgelder zeigen, die ich, sagt Mr. Hannon, behalten darf, vier Shilling, und der Shilling, den er mir für die Arbeit eines Vormittags gibt, macht zusammen fünf Shilling.

Mam sitzt beim Feuer, und als ich ihr das Geld gebe, sieht sie mich an, läßt es in ihren Schoß fallen und weint. Ich bin verblüfft, weil Geld einen doch glücklich macht. Sieh dir deine Augen an, sagt sie. Geh zum Spiegel und sieh dir deine Augen an.

Mein Gesicht ist schwarz, und die Augen sind schlimmer als je zuvor. Das Weiße und die Augenlider sind rot, und der gelbe Kram quillt aus den Augenwinkeln und über die unteren Lider. Wenn der gelbe Kram längere Zeit an derselben Stelle bleibt, bildet er eine Kruste, die abgepopelt oder abgewaschen werden muß.

Mam sagt, das bedeutet das Ende. Kein Mr. Hannon mehr. Ich versuche zu erklären, daß Mr. Hannon mich braucht. Er kann doch kaum noch gehen. Ich mußte heute morgen alles machen, das Fuhrwerk fahren, den Handwagen mit den Säcken schieben, in der Kneipe sitzen, Limonade trinken, den Männern beim Diskutieren zuhören, wer der Beste ist, Rommel oder Montgomery.

Sie sagt, es tut ihr leid, daß Mr. Hannon solche Schwierigkeiten hat, aber wir haben unsere eigenen Schwierigkeiten, und das letzte, was sie jetzt braucht, ist ein blinder Sohn, der durch die Straßen von Limerick taumelt. Schlimm genug, daß du fast am Typhus gestorben wärst, jetzt willst du auch noch blind werden.

Und jetzt kann ich nicht mehr aufhören zu weinen, denn das war die Chance für mich, ein Mann zu sein und das Geld nach Hause zu bringen, das der Telegrammjunge nie von meinem Vater gebracht hat. Ich kann nicht aufhören zu weinen, weil ich nicht weiß, was Mr. Hannon am Montag morgen tun wird, wenn er niemanden hat, der ihm hilft, die Säcke an den Rand des Fuhrwerks zu zerren, die Säcke an die Häuser zu fahren. Ich kann nicht aufhören zu weinen, weil er so schön mit dem Pferd umgeht, und er sagt immer, das Pferd ist süß, weil er selbst so nett ist, und was macht das Pferd, wenn Mr. Hannon nicht da ist, um mit ihm loszufahren, wenn ich nicht da bin, um mit ihm loszufahren. Wird das Pferd tot umfallen, weil es keinen Hafer und kein Heu und keinen gelegentlichen Apfel kriegt?

Mam sagt, ich soll doch nicht weinen, das ist schlecht für die Augen. Sie sagt, wir werden sehen. Mehr kann ich dir jetzt auch nicht sagen. Wir werden sehen.

Sie wäscht mir die Augen und gibt mir Sixpence, damit ich Malachy ins Lyric mitnehme, wo wir uns Boris Karloff in Dem Galgen entwischt ansehen und zwei Stück Cleeves' Karamel kaufen. Es ist schwer, mit dem gelben Kram, der mir aus den Augen quillt, die Leinwand zu sehen, und Malachy muß mir erzählen, was passiert. Um uns herum sagen die Leute, halts Maul, sie würden gern hören, was Boris Karloff sagt, und als Malachy frech antwortet und ihnen sagt, er hilft nur seinem blinden Bruder, rufen sie den zuständigen Mann, Frank Goggin, und der sagt, wenn er von Malachy noch ein Wort hört, schmeißt er uns beide raus.

Das ist mir egal. Ich habe eine Methode, den Kram aus dem

einen Auge rauszudrücken, so daß es klar wird und ich die Leinwand sehen kann, während sich das andere Auge wieder füllt, und das mache ich immer abwechselnd, drücken, kucken, drücken, kucken, und alles, was ich sehe, ist gelb.

Am Montag morgen klopft Mrs. Hannon wieder an unsere Tür. Sie fragt Mam, ob Frank wohl so gut wäre, zur Kohlenhandlung zu gehen und dem Mann im Büro zu sagen, daß Mr. Hannon heute nicht kommen kann, daß er wegen seiner Beine zum Arzt muß, daß er morgen ganz bestimmt kommt, und was er heute nicht liefern kann, liefert er morgen. Mrs. Hannon nennt mich jetzt immer Frank. Niemand, der zentnerweise Kohle liefert, ist ein Frankie.

Der Mann im Büro sagt, hmpf. Ich finde, wir lassen uns von Hannon einiges bieten. Du, wie heißt du?

McCourt, Sir.

Sag Hannon, wir brauchen ein Attest vom Arzt. Hast du das verstanden?

Ja, Sir.

Der Arzt sagt Mr. Hannon, er muß ins Krankenhaus, sonst kriegt er Wundbrand, und dann übernimmt er keine Verantwortung mehr. Der Krankenwagen holt Mr. Hannon ab, und mein großer Job ist weg. Jetzt werde ich genauso weiß sein wie alle auf Leamy's Penne, kein Fuhrwerk, kein Pferd, keine Shillings, die ich meiner Mutter mit nach Hause bringen kann.

Ein paar Tage später kommt Bridey Hannon an unsere Tür. Sie sagt, ihre Mutter möchte, daß ich sie besuche und eine Tasse Tee mit ihr trinke. Mrs. Hannon sitzt am Kamin und hat eine Hand auf dem Stuhl von Mr. Hannon. Setz dich, Frank, sagt sie, und als ich mich auf einen der normalen Küchenstühle setzen will, sagt sie, nein, setz dich hierher. Setz dich auf seinen eigenen Stuhl. Weißt du, wie alt er ist, Frank?

Oh, er muß sehr alt sein, Mrs. Hannon. Er ist bestimmt schon fünfunddreißig.

Sie lächelt. Sie hat wunderschöne Zähne. Er ist neunundvierzig, Frank, und ein Mann in diesem Alter sollte nicht solche Beine haben.

Ganz bestimmt nicht, Mrs. Hannon.

Wußtest du, was für eine Freude du für ihn warst, als du auf dem Fuhrwerk mitgefahren bist?

Nein, Mrs. Hannon.

Eine große Freude. Wir hatten zwei Töchter, Bridey, die du ja kennst, und Kathleen, die Krankenschwester oben in Dublin. Aber keinen Sohn, und er hat gesagt, du hast ihm das Gefühl gegeben, einen Sohn zu haben.

Ich spüre, daß meine Augen brennen, und ich will nicht, daß sie mich weinen sieht, schon gar nicht, wenn ich nicht weiß, warum. Das tue ich in letzter Zeit nur noch. Liegt das am Job? Liegt das an Mr. Hannon? Meine Mutter sagt, ich glaub, die Blase liegt bei dir gleich hinter den Augen.

Ich glaube, ich weine, weil Mrs. Hannon so leise spricht und es an Mr. Hannon liegt, daß sie so leise spricht.

Wie ein Sohn, sagt sie, und ich bin froh, daß er dies Gefühl hatte. Seine Tage als Arbeiter sind vorüber. Von jetzt an muß er zu Hause bleiben. Vielleicht gibt es ja eine Heilung, und wenn es eine gibt, kann er vielleicht einen Job als Nachtwächter bekommen, wo er nicht zu heben und zu schleppen braucht.

Aber ich werde keinen Job mehr haben, Mrs. Hannon.

Du hast einen Job, Frank. Die Schule. Das ist dein Job.

Das ist doch kein Job, Mrs. Hannon.

So einen Job kriegst du nie wieder, Frank. Es bricht Mr. Hannon das Herz, wenn er daran denkt, wie du Kohlensäcke vom Fuhrwerk zerrst, und es bricht deiner Mutter das Herz, und es wird dir die Augen ruinieren. Gott weiß, wie leid es mir tut, daß ich dich da hineingebracht habe, denn dadurch stand deine arme Mutter zwischen deinen Augen und Mr. Hannons Beinen.

Kann ich ins Krankenhaus und Mr. Hannon besuchen?

Vielleicht lassen sie dich nicht rein, aber auf jeden Fall kannst du ihn hier besuchen. Außer Lesen und Aus-dem-Fenster-Kucken wird er weiß Gott nicht viel zu tun haben.

Zu Hause sagt mir Mam, du sollst doch nicht weinen, aber, immerhin, Tränen sind salzig, und sie werden das üble Zeug aus deinen Augen waschen.

12

Von Dad ist ein Brief da. Er kommt zwei Tage vor Weihnachten nach Hause. Er schreibt, ab jetzt wird alles anders, er ist ein neuer Mensch, er hofft, wir sind artige Jungs, gehorchen unserer Mutter, erfüllen unsere religiösen Pflichten, und wir kriegen alle zu Weihnachten etwas mitgebracht.

Mam nimmt mich mit zum Bahnhof, um ihn abzuholen. Der Bahnhof ist immer aufregend mit dem ganzen Kommen und Gehen, und die Leute lehnen sich aus den Fenstern und weinen und lächeln und winken zum Abschied, die Eisenbahn tutet und pfeift und rumpelt und macht Krach und versteckt sich in einer Dampfwolke, und auf dem Bahnsteig schniefen die Leute, und die Gleise werden in der Ferne immer silberner, immer weiter bis nach Dublin und in die Welt dahinter.

Jetzt ist es fast Mitternacht, und auf dem leeren Bahnsteig ist es kalt. Ein Mann mit einer Eisenbahnmütze fragt uns, ob wir nicht lieber im Warmen warten möchten. Mam sagt, vielen Dank, und lacht, als er uns ans Ende des Bahnsteigs führt, wo wir eine Leiter ins Stellwerk hinaufklettern müssen. Sie braucht etwas Zeit, weil sie schwer ist, und sie sagt immer wieder, o Gott, o Gott.

Wir sind weit über der Welt, und im Stellwerk ist es dunkel, bis auf die Lämpchen, die rot und grün und gelb blinken, wenn der Mann sich über das Schaltbrett beugt. Er sagt, ich eß nur rasch was zu Abend, und Sie sind herzlich eingeladen. Mam sagt, ach nein, vielen Dank, wir wollen Ihnen doch nicht Ihr Abendessen wegnehmen.

Er sagt, die Frau macht mir immer zuviel, und wenn ich eine ganze Woche hier im Stellwerk wäre, könnte ich nicht alles aufessen. Es ist ja auch nicht gerade Schwerstarbeit, wenn man Lämpchen betrachtet und gelegentlich an einem Hebel zieht.

Er schraubt eine Thermosflasche auf und schenkt Kakao in eine große Tasse. Hier, sagt er zu mir, laß ihn dir schmecken, den Kakao.

Er gibt Mam ein halbes Butterbrot. Ach nein, sagt sie, die können Sie doch Ihren Kindern mit nach Hause bringen.

Ich habe zwei Söhne, Missis, und die sind fort und kämpfen in den Streitkräften Seiner Majestät, des Königs von England. Einer hat unter Montgomery in Afrika seinen Beitrag geleistet, und der andere ist in Burma drüben oder an sonst einem verdammten Ort, wenn Sie den Ausdruck entschuldigen. Erst bekommen wir die Freiheit von England, und dann fechten wir seine Kriege aus. Also nehmen Sie, Missis, diesen schäbigen Rest vom Butterbrot.

Auf dem Schaltbrett klicken Lämpchen, und der Mann sagt, Ihr Zug kommt, Missis.

Vielen Dank und fröhliche Weihnachten.

Ihnen ebenfalls fröhliche Weihnachten, Missis, und ein fröhliches neues Jahr dazu. Vorsicht auf der Leiter, junger Mann. Hilf deiner Mutter.

Vielen Dank, Sir.

Wir warten wieder auf dem Bahnsteig, während der Zug in den Bahnhof donnert. Waggontüren werden aufgestoßen, und ein paar Männer mit Koffern steigen aus und gehen schnell zum Ausgang. Milchkannen scheppern auf den Bahnsteig. Ein Mann und zwei Jungens laden Zeitungen und Zeitschriften ab.

Von meinem Vater ist nichts zu sehen. Mam sagt, vielleicht

ist er in einem der Abteile eingeschlafen, aber wir wissen, daß er schon in seinem eigenen Bett kaum schläft. Sie sagt, vielleicht hat das Schiff aus Holyhead Verspätung gehabt, und dadurch hat er vielleicht den Zug verpaßt. Die Irische See ist zu dieser Jahreszeit immer ziemlich aufgewühlt.

Er kommt nicht, Mam. Wir sind ihm egal. Er sitzt jetzt drüben in England und ist betrunken.

Sprich nicht so über deinen Vater.

Ich sage nichts mehr. Ich sage ihr nicht, daß ich gern einen Vater hätte wie den Mann im Stellwerk, der einem Stullen und Kakao gibt.

Am nächsten Tag kommt Dad zur Tür herein. Seine oberen Zähne fehlen, und er hat einen Bluterguß unter dem linken Auge. Er sagt, die Irische See war rauh, und als er sich aus dem Schiff lehnte, fielen die Zähne raus. Mam sagt, es waren nicht zufällig Getränke im Spiel oder etwa doch? Es war nicht zufällig eine Schlägerei im Spiel?

Och, nein, Angela.

Michael sagt, du hast gesagt, du bringst uns was mit, Dad.

Stimmt genau.

Er holt eine Schachtel Pralinen aus seinem Koffer und überreicht sie Mam. Sie macht sie auf und zeigt uns, wie sie von innen aussieht, wo die Hälfte der Pralinen bereits weg ist.

Kannst du die noch entbehren? sagt sie. Sie macht die Schachtel wieder zu und stellt sie auf den Kaminsims. Morgen nach unserem Weihnachtsessen gibt es die Pralinen.

Mam fragt ihn, ob er wohl Geld mitgebracht hat. Er sagt ihr, die Zeiten sind schwer, Jobs sind dünn gesät, und sie sagt, das kann doch nicht dein Ernst sein. Es ist Krieg, und alles, was es in England überhaupt gibt, sind Jobs. Du hast das Geld vertrunken, stimmt's?

Du hast das Geld vertrunken, Dad.

Du hast das Geld vertrunken, Dad.

Du hast das Geld vertrunken, Dad.

Wir schreien so laut, daß Alphie anfängt zu weinen. Dad sagt, *och,* Jungs, na na, Jungs. Etwas Respekt für euern Vater, wenn ich bitten darf.

Er setzt seine Mütze auf. Er muß noch mit einem Mann reden. Mam sagt, geh, rede mit diesem Mann, aber komm nicht heute nacht betrunken nach Hause und singe nicht Roddy McCorley oder was anderes.

Er kommt betrunken nach Hause, aber er verhält sich ruhig und schläft auf dem Fußboden neben Mams Bett ein.

Am nächsten Tag gibt es ein Weihnachtsessen, weil Mam einen Essensgutschein von der Gesellschaft vom Hl. Vincent de Paul gekriegt hat. Es gibt Schafskopf, Kohl, mehligweiße Kartoffeln und eine Flasche Apfelwein, weil Weihnachten ist. Dad sagt, er hat keinen Hunger, er trinkt etwas Tee, pumpt Mam um eine Zigarette an. Sie sagt, iß was, es ist Weihnachten.

Er sagt ihr wieder, daß er keinen Hunger hat, aber wenn sie sonst keiner will, ißt er die Schafsaugen. Er sagt, das Auge ist voller Nährstoffe, und wir alle machen Geräusche des Ekels. Er spült sie mit seinem Tee hinunter und raucht den Rest seiner Woodbine. Er setzt seine Mütze auf und geht nach oben, um seinen Koffer zu holen.

Mam sagt, wohin willst du?

London.

Heute am Tag des Herrn? Weihnachten?

Das ist der beste Tag zum Reisen. Die Menschen in den Automobilen werden dem arbeitenden Manne immer eine Mitfahrgelegenheit nach Dublin verschaffen. Sie denken nämlich gerade an die Heilige Familie und wie schwer sie es hatte. Und wie willst du ohne einen Penny auf das Schiff nach Holyhead?

Genauso wie ich hergekommen bin. Irgendwann kuckt immer keiner.

Er küßt jeden von uns auf die Stirn, sagt uns, seid artige Jungs, gehorcht Mam, sprecht eure Gebete. Er sagt Mam, er wird schreiben, und sie sagt, o ja, genauso wie du immer schreibst. Er steht mit seinem Koffer vor ihr. Sie steht auf, holt die Pralinenschachtel und bietet allen was an. Sie steckt sich eine Praline in den Mund und nimmt sie wieder heraus, weil sie zu hart ist und sie sie nicht kauen kann. Ich habe eine weiche, und ich biete sie zum Tausch gegen die harte an, die länger halten wird. Sie ist sahnig und schwer, und in der Mitte ist eine Nuß. Malachy und Michael beschweren sich, weil sie keine Nuß abgekriegt haben, und warum kriegt Frank immer die Nuß? Mam sagt, was meint ihr mit immer? Dies ist die erste Schachtel Pralinen unseres Lebens.

Malachy sagt, in der Schule hat er die Rosine im Rosinenbrötchen abgekriegt, und alle Jungs haben gesagt, er hat sie an Paddy Clohessy weiterverschenkt, also warum hat er uns nicht die Nuß abgegeben?

Mam sagt, weil Weihnachten ist und er schlimme Augen hat und die Nuß gut für entzündete Augen ist.

Michael sagt, werden durch die Nuß seine Augen besser?

Ja.

Wird dadurch ein Auge besser, oder werden alle beide Augen besser?

Alle beide, glaube ich.

Malachy sagt, wenn ich noch eine Nuß hätte, würde ich sie ihm für seine Augen schenken.

Mam sagt, das weiß ich doch.

Dad beobachtet uns noch einen Moment beim Pralinenessen. Er hebt den Türriegel, geht hinaus und zieht die Tür hinter sich zu.

Mam sagt zu Bridey Hannon, Tage sind schlimm, aber Nächte sind noch schlimmer, und wird es je aufhören zu regnen? Sie versucht, sich die schlimmen Tage zu erleichtern, indem sie im Bett bleibt und Malachy und mich morgens Feuer anmachen läßt, während sie im Bett sitzt und Alphie mit Brot füttert und ihm die Tasse an den Mund hält, damit er Tee draus trinkt. Wir müssen hinunter nach Irland, um uns das Gesicht im Waschbecken unter dem Wasserhahn zu waschen und uns mit dem alten feuchten Hemd, das über der Stuhllehne hängt, versuchsweise abzutrocknen. Dann müssen wir vor dem Bett antreten, damit sie sehen kann, ob wir noch einen Schmutzring um den Hals haben, und wenn ja, geht es zurück nach Irland zu Wasserhahn und feuchtem Hemd. Wenn in einer Hose ein Loch ist, flickt sie es mit jedem Lumpen, den sie finden kann. Wir tragen kurze Hosen, bis wir dreizehn oder vierzehn sind, und unsere langen Strümpfe sind immer voller Löcher, die gestopft werden müssen. Wenn sie keine Wolle zum Stopfen hat und die Strümpfe sind dunkel, können wir uns wegen der damit verbundenen Wohlanständigkeit die Fußknöchel mit schwarzer Schuhwichse einschmieren. Es ist schrecklich, mit einer Haut durch diese Welt zu wandeln, die sich durch die Löcher in unseren Strümpfen zeigt. Wenn wir sie Woche um Woche tragen, werden die Löcher so groß, daß wir den Strumpf nach vorn unter die Zehen ziehen müssen, so daß das Loch unter der Wade im Schuh verborgen ist. An Regentagen sind die Strümpfe so pitschnaß, daß wir sie abends vor den Kamin hängen müssen und hoffen, daß sie am Morgen trocken sind. Dann sind sie hart vor Schmutz, und wir haben Angst, sie über die Füße zu ziehen, weil sie zerbrechen und vor unseren Augen stückweise zu Boden poltern könnten. Wenn es uns mit viel Glück gelungen ist, die Strümpfe anzuziehen, müssen wir immer noch die Löcher in den Schuhen abdichten, und ich schlage mich mit meinem Bruder, Malachy, um jedes bißchen Pappe oder Papier im Hause. Michael ist erst sieben, und er muß warten, ob etwas für ihn übrigbleibt, wenn Mam uns nicht vom Bett aus droht. Sie sagt, wenn ihr euerm Bruder nicht die Schuhe reparierts und ich aus diesem Bett aufstehen muß, dann setzt es einen bitteren

Disput. Michael kann einem leid tun, denn er ist zu alt, um mit Alphie zu spielen, und zu jung, um mit uns zu spielen, und genau aus diesen Gründen kann er sich auch mit niemandem schlagen.

Das übrige Anziehen ist leicht. Das Hemd, das ich im Bett anhatte, ist das Hemd, welches ich in der Schule tragen werde. Ich trage es tagein, tagaus. Es ist das Fußballhemd, das Kletterhemd, das Hemd zum Äpfelklauen. Ich gehe mit dem Hemd in die Messe und zur Bruderschaft, und die Menschen ziehen die Luft ein und setzen sich woandershin. Wenn Mam beim Hl. Vincent de Paul einen Gutschein für ein neues Hemd kriegt, wird das alte Hemd zum Handtuch ernannt und hängt monatelang feucht über dem Stuhl, oder vielleicht verwendet Mam Teile davon zum Flicken anderer Hemden. Vielleicht schneidet sie es auch klein und läßt es Alphie eine Zeitlang tragen, bevor es zusammengeknüllt und unten gegen die Tür gedrückt als Blockade gegen den Regen von der Gasse auf dem Fußboden endet.

Wir gehen durch Gassen und Seitenstraßen zur Schule, um nicht den hochachtbaren Jungs zu begegnen, die in die Schule der Christlichen Brüder gehen, oder den reichen Jungs, die auf die Jesuitenschule gehen, das Crescent College. Die Christlichen Brüderbuben tragen Tweedjacken, warme Wollpullover, Hemden, Schlipse und blankgewienerte neue Schuhe. Wir wissen, sie sind diejenigen, die Jobs im Öffentlichen Dienst kriegen und den Leute helfen werden, die die Welt regieren. Die vom Crescent College tragen Blazer und Schals in den Schulfarben um Hals und Schultern, damit man sieht, daß ihnen die Straße gehört. Sie haben lange Haare, die ihnen in die Stirn und über die Augen fallen, damit sie ihre Tolle mit einer stolzen Kopfbewegung zurückwerfen können wie die Engländer. Wir wissen, sie sind diejenigen, die zur Universität gehen werden, die die Firma des Vaters übernehmen werden, die die Regierung übernehmen werden, die die

Welt regieren werden. Wir werden die Botenjungs auf Fahrrädern sein, die ihnen die Einkäufe an die Haustür liefern, oder wir werden nach England gehen, um auf den Baustellen zu arbeiten. Unsere Schwestern werden auf ihre Kinder aufpassen oder ihre Fußböden schrubben, wenn sie nicht selbst auch nach England gehen. Wir wissen das. Wir schämen uns, weil wir so aussehen, und wenn Jungens aus den reichen Schulen Bemerkungen machen, geraten wir in eine Schlägerei und holen uns blutige Nasen oder zerrissene Klamotten. Unsere Lehrer werden für uns und unsere Schlägereien kein Verständnis aufbringen, weil ihre Söhne in die reichen Schulen gehen und, ihr habts kein Recht, die Hand gegen Menschen von Stand zu erheben, also laßt das gefälligst.

Man weiß nicht, wann man nach Hause kommt und Mam bei der Feuerstelle mit einer Frau und einem Kind schwatzend antrifft, beide wildfremd. Immer eine Frau mit Kind. Mam findet sie, wenn sie durch die Straßen wandert, und wenn sie fragen, hätten Sie vielleicht ein paar Pennies, Miss? bricht ihr das Herz. Sie hat nie Geld, also lädt sie sie nach Hause zu Tee und gebratenem Brot ein, und wenn schlechtes Wetter ist, läßt sie sie beim Feuer auf einem Stapel Lumpen in der Ecke schlafen. Das Brot, das sie ihnen gibt, kriegen wir dann nicht, und wenn wir uns beschweren, sagt sie, es gibt immer Menschen, denen es noch schlechter geht, und ein bißchen können wir ja bestimmt von dem, was wir haben, entbehren.

Michael ist genauso schlimm. Er bringt streunende Hunde und alte Männer mit nach Hause. Man weiß nie, wann man einen Hund bei ihm im Bett findet. Da gibt es Hunde mit offenen Wunden, Hunde ohne Ohren, ohne Schwanz. Einmal war es ein blindes Windspiel, das er im Park gefunden hat, als es von Kindern gequält wurde. Michael hat die Kinder weggeboxt, sich das Windspiel geschnappt, das größer war als er selbst, und zu Mam gesagt, es kann sein Abendessen haben. Mam sagt, welches Abendessen? Wir haben Glück, wenn eine Scheibe Brot im Hause ist. Michael sagt ihr, der Hund kann sein Brot haben. Mam sagt, morgen muß der Hund weg, und Michael weint die ganze Nacht und weint noch schlimmer am Morgen, als er merkt, daß der Hund tot neben ihm im Bett liegt. Er will nicht in die Schule, weil er draußen, wo der Stall war, ein Grab graben muß, und er will, daß wir alle mitgraben und den Rosenkranz beten. Malachy sagt, es ist sinnlos, für einen Hund zu beten, woher weißt du, ob er überhaupt katholisch war? Michael sagt, natürlich war es ein katholischer Hund, hatte ich ihn etwa nicht in den Armen? Er weint so heftig über den Hund, daß Mam uns allen erlaubt, die Schule zu schwänzen. Darüber sind wir so froh, daß wir Michael bereitwillig bei seinem Grab behilflich sind und drei Ave-Maria sprechen. Aber wir sind nicht bereit, herumzustehen und einen guten schulfreien Tag damit zu vergeuden, daß wir für ein totes Windspiel den Rosenkranz aufsagen. Michael ist erst sechs, aber wenn er alte Männer mit nach Hause bringt, schafft er es, das Feuer in Gang zu kriegen und ihnen Tee zu kredenzen. Mam sagt, es treibt sie in den Wahnsinn, wenn sie nach Hause kommt und diese alten Männer vorfindet, die beim Feuer aus ihrer Lieblingstasse trinken und murmeln und sich kratzen. Sie erzählt Bridey Hannon, daß Michael die Angewohnheit hat, alte Männer mit nach Hause zu bringen, die alle im Kopf schon ein wenig hinüber sind, und wenn er kein Brot für sie hat, klopft er bei den Nachbarn an die Tür und bettelt ganz schamlos. Schließlich sagt sie zu Michael, keine alten Männer mehr. Ein alter Mann hat uns Läuse dagelassen, und jetzt haben wir die Plage.

Die Läuse sind ekelhaft, schlimmer als Ratten. Wir haben sie auf dem Kopf und in den Ohren, und sie sitzen in der Höhlung des Schlüsselbeins. Sie graben sich in unsere Haut. Sie setzen sich in den Nähten fest, und sie sind überall in den

Mänteln, die wir als Bettdecken verwenden. Wir müssen jeden Zollbreit von Alphie untersuchen, denn er ist ein Baby und hilflos. Die Läuse sind schlimmer als die Flöhe. Läuse hocken und saugen, und durch ihre Haut können wir unser Blut sehen. Flöhe hüpfen und beißen, und sie sind sauber, und wir mögen sie lieber. Sachen, die hüpfen, sind sauberer als Sachen, die hocken.

Wir sind uns alle einig, daß jetzt Schluß ist mit streunenden Frauen und Kindern, Hunden und alten Männern. Wir wollen keine weiteren Krankheiten und Ansteckungen.

Michael weint.

Omas Nachbarin gleich nebenan, Mrs. Purcell, hat das einzige Radio in der Gasse. Die Regierung hat es ihr geschenkt, weil sie alt und blind ist. Ich will auch ein Radio. Meine Großmutter ist alt, aber nicht blind. Was hat eine Großmutter für einen Sinn, wenn sie nicht blind wird und kein Regierungsradio kriegt?

Sonntagabend sitze ich draußen auf dem Bürgersteig unter Mrs. Purcells Fenster und höre Stücke auf BBC und Radio Eireann, dem irischen Sender. Man kann Stücke von O'Casey, Shaw, Ibsen und vom Besten von allen, Shakespeare, hören, obwohl der Engländer ist. Shakespeare ist wie Kartoffelbrei; man kann nie genug davon kriegen. Und man kann seltsame Stücke hören, über Griechen, die sich die Augen aus dem Kopf rupfen, weil sie aus Versehen ihre Mutter geheiratet haben.

Eines Abends sitze ich unter Mrs. Purcells Fenster und höre Macbeth. Ihre Tochter, Kathleen, steckt den Kopf zur Tür heraus. Komm rein, Frankie. Meine Mutter sagt, du holst dir die Schwindsucht, wenn du bei diesem Wetter auf der Erde sitzt.

Ach nein, Kathleen. Ist nicht schlimm.

Doch. Komm rein.

Sie geben mir Tee und eine Riesenscheibe Brot, dick mit Brombeermarmelade beschmiert. Mrs. Purcell sagt, magst du den Shakespeare, Frankie?

Ich liebe den Shakespeare, Mrs. Purcell.

Ach, er ist Musik, Frankie, und er hat die besten Geschichten der Welt. Ich wüßte gar nicht, was ich an einem Sonntagabend mit mir anfangen sollte, wenn ich nicht den Shakespeare hätte.

Als das Stück zu Ende ist, läßt sie mich mit dem Knopf vom Radio herumspielen, und ich streune über die ganze Skala und suche auf Kurzwelle weit entfernte Laute, seltsames Geflüster und Gezische, das Rauschen des Ozeans, wenn er kommt und wenn er geht, und das Morse-Dididi-da. Ich höre Mandolinen, Gitarren, spanische Dudelsäcke, die Trommeln Afrikas, das Klagen der Ruderer auf dem Nil. Ich sehe Seeleute auf Wache, die heißen Kakao aus großen Tassen trinken. Ich sehe Kathedralen, Wolkenkratzer, Hütten. Ich sehe Beduinen in der Sahara und die französische Fremdenlegion, Cowboys auf der Prärie in Amerika. Ich sehe Ziegen die felsige Küste Griechenlands entlanghüpfen, wo die Hirten blind sind, weil sie aus Versehen ihre Mutter geheiratet haben. Ich sehe Menschen, die in Cafés schwatzen, an ihrem Wein nippen und über Boulevards und Avenuen wandeln. Ich sehe Nachtfrauen in Hauseingängen, Mönche beim Vespergottesdienst, und hier ist das große Dröhnen von Big Ben: *This is the BBC Overseas Service and here is the news…*

Mrs. Purcell sagt, laß das an, Frankie, damit wir wissen, wie es um die Welt steht.

Nach den Nachrichten stelle ich den AFN an, und es ist wunderschön, die amerikanischen Stimmen zu hören, sie sind so unbeschwert und voller Glanz, und jetzt kommt die Musik, o Mann, die Musik von Duke Ellington persönlich, der mir sagt, ich soll den A-Train nehmen, dorthin, wo Billie Holiday nur für mich singt:

I can't give you anything but love, baby.
That's the only thing I've plenty of, baby.

Ach, Billie, ich wär so gern bei dir in Amerika, Billie, und bei der ganzen Musik, wo niemand schlechte Zähne hat, wo die Leute Essen auf dem Teller übriglassen und jede Familie ihr eigenes Klo hat, und wenn sie nicht gestorben sind, dann leben sie noch heute.

Und Mrs. Purcell sagt, weißt du was, Frankie?

Was, Mrs. Purcell?

Dieser Shakespeare ist so gut, der war bestimmt ein Ire.

Der Mann, der die Miete kassiert, verliert die Geduld. Er sagt zu Mam, vier Wochen sind Sie im Rückstand, Missis. Das sind ein Pfund zwei Shilling. Das muß aufhören, oder ich muß ins Büro zurück und Sir Vincent Nash melden, daß die McCourts einen Monat im Rückstand sind. Wo bin ich denn dann, Missis? Am Arsch und arbeitslos und eine Mutter zu ernähren, die zweiundneunzig ist und jeden Tag in der Franziskanerkirche die Kommunion empfängt. Der Mietenkassierer kassiert die Miete, Missis, oder er verliert den Job. Nächste Woche bin ich wieder da, und wenn Sie dann das Geld nicht haben, ein Pfund acht Shilling Sixpence insgesamt, werden Sie auf dem Bürgersteig stehen, und die Himmel werden Ihnen auf die Möbel tropfen.

Mam kommt zurück nach Italien und setzt sich ans Feuer und fragt sich, wie sie denn bloß um Gottes willen die Miete für eine Woche auftreiben soll, von den Rückständen ganz zu schweigen. Eine Tasse Tee wäre jetzt schön, aber es ist nichts da, um das Wasser zu kochen, bis Malachy ein lockeres Brett von der Wand zwischen den beiden oberen Zimmern reißt. Mam sagt, na ja, jetzt ist es ab, da können wir es auch fürs Feuer kleinhacken. Wir kochen Wasser und nehmen den Rest vom Holz für den Morgentee, aber was ist mit heute abend und morgen und der gesamten Zukunft? Mam sagt, noch ein Brett von der Wand, eins noch, und kein weiteres. Sie warnt uns, wir sollen nicht die Balken anrühren, denn sie halten die Decke oben sowie das Haus als solches.

Oh, die Balken würden wir nie anrühren.

Sie geht Oma besuchen, und im Haus ist es so kalt, daß ich mir einen der Balken mit dem Beil vornehme. Malachy feuert mich an, und Michael klatscht vor Aufregung in die Hände. Ich ziehe an dem Balken, die Decke ächzt, und Mams Bett wird mit Verputz und Schiefer und Regen überschüttet. Malachy sagt, o Gott, jetzt bringt sie uns alle um, und Michael tanzt herum und singt, Frankie macht das Haus kaputt, Haus kaputt, Haus kaputt.

Wir rennen durch den Regen, um Mam davon zu berichten. Sie kuckt etwas verwirrt, weil Michael singt, Frankie macht das Haus kaputt, bis ich erkläre, daß das Haus ein Loch hat und einstürzt. Sie sagt, Jesus, und rennt los, und Oma versucht, Schritt zu halten.

Mam sieht ihr Bett, unter Putz und Schiefer begraben, und rauft sich die Haare, was sollen wir denn nur machen, was nur? und schreit mich an, weil ich an den Balken herumgemacht habe. Oma sagt, ich werde zum Büro des Hausbesitzers gehen und ihnen sagen, sie sollen das richten, bevor ihr alle endgültig ertrinkts.

In Null Komma nix ist sie mit dem Mietenkassierer wieder da. Er sagt, großer Gott im Himmel, wo ist das andere Zimmer?

Oma sagt, welches Zimmer?

Ich habe Ihnen hier oben zwei Zimmer vermietet, und eins ist weg. Wo ist das Zimmer?

Mam sagt, welches Zimmer?

Hier oben waren zwei Zimmer, und jetzt ist nur noch eins da. Und was ist mit der Wand passiert? Da war eine Wand.

Jetzt ist keine Wand mehr da. Ich erinnere mich überdeutlich an eine Wand, weil ich mich überdeutlich an ein Zimmer erinnere. Also wo ist diese Wand? Wo ist dieses Zimmer?

Oma sagt, ich erinnere mich an keine Wand, und wenn ich mich an keine Wand erinnere, wie soll ich mich an ein Zimmer erinnern?

Sie erinnern sich nicht? Ich erinnere mich aber. Da ist man nun seit vierzig Jahren Hausmeister, aber so was hab ich ja noch nie gesehen. Bei Gott, es ist eine rundherum verzweifelte Lage. Kaum wendet man sich ab, schon zahlen die Mieter ihre Miete nicht und lassen obendrein Wände und Zimmer verschwinden. Ich möchte wissen, wo diese Wand ist und was ihr mit dem Zimmer angestellt habts, möchte ich wissen.

Mam wendet sich an uns. Erinnert sich einer von euch an eine Wand?

Michael zupft sie an der Hand. Ist das die Wand, die wir im Feuer verbrannt haben?

Der Mietenkassierer sagt, lieber Gott im Himmel, das ist hier ja schlimmer als in Banagher, das schlägt dem Faß den gottverdammten Boden aus, das geht entschieden weiter als zu weit. Keine Miete, und was soll ich Sir Vincent in seinem Büro unten erzählen? Hinaus, Missis, ich werfe Sie hinaus. Heute in einer Woche werde ich an die Tür dieses Hauses klopfen, und dann möchte ich niemanden zu Hause vorfinden, dann müssen alle auf Nimmerwiedersehen verschwunden sein. Haben wir uns verstanden, Missis?

Mam macht ein strenges Gesicht. Zu schade, daß Sie die Zeiten nicht mehr erlebt haben, als die Engländer uns zur Räumung gezwungen und am Straßenrand ausgesetzt haben.

Riskieren Sie nicht auch noch eine dicke Lippe, Missis, sonst schicke ich die Männer, und dann fliegen Sie morgen schon raus.

Er geht zur Tür hinaus und läßt sie offen, um zu zeigen, was er von uns hält. Mam sagt, ich weiß bei Gott nicht, was ich machen soll. Oma sagt, ich habe zwar keinen Platz für euch, aber dein Vetter, Gerard Griffin, wohnt draußen in der Rosbrien Road in dem kleinen Haus von seiner Mutter, und er wäre bestimmt in der Lage, euch aufzunehmen, bis bessere Zeiten kommen. Es ist zwar spät und nachtschlafen, aber ich werde hingehen und sehen, was er sagt, und Frank kann mitkommen.

Sie sagt mir, ich soll einen Mantel anziehen, aber ich habe keinen, und sie sagt, wahrscheinlich hat es auch nicht viel Sinn zu fragen, ob du einen Schirm hast. Komm mit.

Sie zieht sich den Umhang über den Kopf, und ich folge ihr zur Tür hinaus, die Gasse hoch, durch den Regen fast zwei Meilen weit bis in die Rosbrien Road. Sie klopft an die Tür einer kleinen Hütte in einer langen Reihe kleiner Hütten. Bist du da, Laman? Ich weiß, daß du da drin bist. Mach die Tür auf.

Oma, warum nennst du ihn Laman? Heißt er nicht Gerard?

Woher soll ich das wissen? Weiß ich, warum die Welt deinen Onkel Pat Abt nennt? Jeder sagt Laman zu diesem Burschen. Mach die Tür auf. Wir gehen einfach rein. Vielleicht macht er Überstunden.

Sie drückt die Tür auf. Drinnen ist es dunkel, und es riecht feucht und süß im Zimmer. Es sieht aus wie die Küche, und gleich nebenan ist noch ein kleinerer Raum. Über dem Schlafzimmer ist ein kleiner Speicher mit einem Dachfenster, auf das der Regen trommelt. Überall sind Kartons, Zeitungen, Zeitschriften, Essensreste, Tassen, leere Dosen. Wir können zwei Betten sehen, die den gesamten Platz im Schlafzimmer einnehmen, ein Riesenbett, etwa so groß wie ein Kartoffelacker, und ein kleineres beim Fenster. Oma pikst in den Klumpen im großen Bett. Laman, bist du das? Steh auf, mach schon, steh auf.

Was? Was? Was? Was?

Es gibt Ärger. Angela wird mitsamt den Kindern vor die

Tür gesetzt, und es schüttet aus den Himmeln herab. Sie brauchen einen kleinen Unterschlupf, bis sie wieder auf die Beine kommen, und ich habe keinen Platz für sie. Du kannst sie auf dem Speicher unterbringen, wenn du willst, aber gut wäre das nicht, weil die Kleinen noch nicht klettern können und vielleicht wieder runterfallen und dabei vielleicht ums Leben kommen, also ziehst du nach oben, und sie können hier unten einziehen.

Ist gut, ist gut, ist gut, ist gut.

Er hievt sich aus dem Bett, und es riecht nach Whiskey. Er geht in die Küche und zieht den Tisch an die Wand, damit er auf den Speicher klettern kann. Oma sagt, gut so. Ihr könnts heut nacht hier einziehen und brauchts euch morgen nicht rausschmeißen lassen.

Oma sagt Mam, sie geht jetzt nach Hause. Sie ist müde und durchnäßt, und sie ist ja schließlich keine fünfundzwanzig mehr. Sie sagt, man braucht keine Betten oder Möbel mitzunehmen, bei dem vielen Zeugs, das bei Laman Griffin herumsteht. Wir stecken Alphie in den Kinderwagen und packen den Topf, die Pfanne, den Kessel, die Marmeladengläser und Tassen, den Papst und zwei Nackenrollen um ihn herum. Wir hängen uns die Mäntel von den Betten über die Köpfe und schieben den Kinderwagen durch die Straßen Mam sagt uns, wir sollen in der Gasse leise sein, sonst merken die Nachbarn, daß wir ausziehen mußten, und das ist dann eine Schande. Der Kinderwagen hat ein bockiges Rad, wodurch er immer kippelt und in alle möglichen Richtungen fährt. Wir versuchen, ihn gerade zu halten, und amüsieren uns prächtig, weil es bestimmt längst nach Mitternacht ist und Mam uns morgen sicher nicht in die Schule schickt. Wir ziehen jetzt so weit weg von Leamy's Schule, daß wir vielleicht nie wieder hin müssen. Sobald wir die Gasse hinter uns gelassen haben, haut Alphie mit dem Löffel auf den Topf, und Michael singt ein Lied, das er in einem Film mit Al Jolson gehört hat, Swanee, how I love ya, how I love ya, my dear old Swanee. Da müssen wir sehr lachen, weil er versucht, wie Al Jolson mit einer tiefen Stimme zu singen.

Mam sagt, sie ist froh, daß es so spät ist und niemand auf der Straße, der unsere Schande sieht.

Sobald wir zu dem Haus kommen, nehmen wir Alphie und alles andere aus dem Kinderwagen, damit Malachy und ich zurück in die Roden Lane laufen können, um den Überseekoffer zu holen. Mam sagt, sie würde sterben, wenn dieser Koffer mit allem, was drin ist, verlorenginge.

Malachy und ich schlafen Kopf bei Fuß und Fuß bei Kopf im kleineren Bett. Mam nimmt das große Bett, Alphie liegt neben ihr und Michael am Fußende. Alles ist feucht und vermodert, und Laman Griffin schnarcht über uns. Es gibt keine Treppe in diesem Haus, und das bedeutet, daß es nie einen Engel auf der siebten Stufe geben wird.

Aber ich bin dreizehn und werde vierzehn, und da ist man vielleicht zu alt für Engel.

Es ist noch dunkel, als morgens der Wecker lärmt, und Laman Griffin grunzt und schneuzt sich die Nase und hustet sich den Kram aus der Brust. Der Fußboden quietscht unter ihm, und als er eine Ewigkeit lang in sein Nachtgeschirr pißt, müssen wir uns die Mäntel in den Mund stopfen, um nicht zu lachen, und Mam zischt uns an, wir sollen still sein. Er brummt und grummelt über uns, bevor er herunterklettert, sich sein Fahrrad greift und mit Getöse zur Tür hinausgeht. Mam flüstert, die Luft ist rein, schlafts weiter. Heute könnts zu Hause bleiben.

Wir können nicht schlafen. Wir sind in einem neuen Haus, wir müssen pinkeln, und wir wollen alles erforschen. Das Klo ist draußen, etwa zehn Schritte von der Hintertür, unser eigenes Klo, mit einer Tür, die man zumachen kann, und einer richtigen Klobrille, auf der man sitzen und kleine Vierecke vom Limerick Leader lesen kann, die Laman Griffin zum Abwischen dagelassen hat. Es gibt einen langen Hinterhof, einen Garten mit hohem Gras und Unkraut, ein altes Fahrrad, das einem Riesen gehört haben muß, jede Menge Blechdosen, alte Zeitungen und Zeitschriften, die auf der Erde verrotten, eine verrostete Nähmaschine, eine tote Katze mit einem Strick um den Hals, die jemand über den Zaun geworfen haben muß.

In Michaels Kopf hat sich die Ansicht festgesetzt, daß dies Afrika ist, und er fragt immer wieder, wo ist Tarzan? Wo ist Tarzan? Er rennt ohne Hose im Hinterhof auf und ab und versucht nachzumachen, wie Tarzan von Ast zu Ast jodelt. Malachy sieht über die Zäune in die anderen Hinterhöfe und sagt uns, die haben Gärten. Die bauen Sachen an. Wir können auch Sachen anbauen. Wir können unsere eigenen Kartoffeln und alles haben.

Mam ruft von der Hintertür, sehts, ob ihr was zum Feueranmachen findets.

Hinten ans Haus ist ein hölzerner Verschlag gebaut. Er bricht bereits zusammen, und wir könnten gut etwas von dem Holz für das Feuer gebrauchen. Mam ekelt sich vor dem Holz, das wir ihr bringen. Sie sagt, es ist vergammelt und voller weißer Maden, aber in der Not frißt der Teufel Fliegen.

Das Holz brutzelt über dem brennenden Papier, und die Maden versuchen zu fliehen. Michael sagt, die weißen Maden tun ihm leid, wir wissen aber, daß ihm alles auf der Welt leid tut.

Mam sagt, dies Haus war früher ein Laden, Laman Griffins Mutter hat hier früher Waren durch das kleine Fenster verkauft, und dadurch konnte sie Laman aufs Rockwell College schicken, wodurch er später Offizier in der Royal Navy wurde. Tatsächlich, das war er mal. Offizier in der Royal Navy, und hier ist ein Bild von ihm mit den anderen Offizieren bei einem festlichen Abendessen mit einem berühmten amerikanischen Filmstar, Jean Harlow. Nachdem er Jean Harlow kennengelernt hatte, war er nie wieder derselbe. Er hat sich wahnsinnig in sie verliebt, aber wozu? Sie war Jean Harlow, und er war nur ein Offizier in der Royal Navy, und das hat ihn in den Suff getrieben, und da haben sie ihn bei der Marine rausgeschmissen. Und sieh ihn dir jetzt an, ein gewöhnlicher Hilfsarbeiter beim Elektrizitätswerk und ein Haus, daß es eine Schande ist. Wenn man das Haus so sieht, würde man nie annehmen, daß dort ein menschliches Wesen wohnt. Man merkt, daß Laman, seitdem seine Mutter tot ist, nichts mehr angefaßt und von hier nach da bewegt hat, und jetzt müssen wir saubermachen, damit wir hier wohnen können.

Es gibt Kartons voller Flaschen mit lila Haarpomade. Während Mam draußen auf dem Klo ist, machen wir eine Flasche auf und schmieren uns das Zeug auf den Kopf. Malachy sagt, der Geruch ist hinreißend, aber als Mam zurückkommt, sagt sie, was ist das für ein gräßlicher Gestank? und will wissen, warum wir plötzlich so fettige Köpfe haben. Wir müssen draußen den Kopf unter den Wasserhahn halten und uns mit einem alten Handtuch abtrocknen, das sie unter einem Stapel Zeitschriften hervorgezogen hat, die The Illustrated London News heißen und so alt sind, daß da drin noch Königin Victoria und Prinz Edward beim Winken abgebildet sind. Es gibt Pear's Seife und ein Buch namens Pear's Encyclopedia, welches mich Tag und Nacht wach hält, weil alles über alles drinsteht, und genau das ist alles, was ich wissen will.

Es gibt Flaschen mit Sloan's Liniment zum Einreiben, und Mam sagt, das ist günstig, wenn wir Krämpfe und Schmerzen von der Feuchtigkeit kriegen. Auf den Flaschen steht, Hier sitzt der Schmerz, wo bleibt mein Sloan's? Es gibt Schachteln mit Sicherheitsnadeln und Säcke voller Damenhüte, die zerbröseln, wenn man sie anfaßt, es gibt Tüten mit Korsetts, Strumpfbändern, Knöpfstiefeletten für Frauen und verschiedene Abführmittel, die rote Wangen, strahlende Augen und einen Lockenkopf versprechen. Es gibt Briefe von General Eoin O'Duffy an Gerard Griffin, Esq., in denen steht, willkommen in den Reihen der National Front, Abteilung Irische Blauhemden, daß es eine Ehre und ein Vorzug ist zu wissen, daß ein Mann wie Gerard Griffin sich für die Bewegung interessiert, ein Mann mit so exzellenten Kenntnissen, mit dieser seiner bei der Royal Navy genossenen Ausbildung, mit diesem Ruf als Rugbyspieler bei Young Munster, dem Gewinner der Landesmeisterschaften in Gestalt des Bateman-Pokals. Gegenwärtig schließt General O'Duffy die Reihen zur Bildung einer Irischen Brigade, welche in Kürze nach Spanien in See stechen wird, um an der Seite jenes großen Katholiken, Generalissimus Franco persönlich, zu kämpfen, und Mr. Griffin wäre da eine kraftvolle Bereicherung.

Mam erzählt uns, Lamans Mutter hat ihn nicht weggelassen. Sie hat sich doch nicht all die Jahre mit einem kleinen Laden krummgelegt, um ihn aufs College schicken zu können, damit er dann für Franco nach Spanien stromert, also ist er zu Hause geblieben und hat diesen Job gekriegt, der darin besteht, entlang den Landstraßen Löcher für die Masten des Elektrizitätswerks zu graben, und seine Mutter war froh, daß sie ihn jeden Abend zu Hause für sich hatte, außer freitags, wenn er seine Pint trank und wegen Jean Harlow stöhnte.

Mam ist froh, daß wir solche Ladungen Papier zum Feueranmachen haben, auch wenn das Holz von dem zusammenbrechenden Verschlag einen ekelerregenden Geruch hinterläßt und sie Angst hat, daß die weißen Maden entkommen und sich vermehren.

Wir arbeiten den ganzen Tag und schaffen Kartons und Beutel nach draußen zum Verschlag. Mam reißt alle Fenster auf, um das Haus zu lüften und den Geruch von Haarpomade und Jahren ohne Luft hinauszulassen.

Sie sagt, es ist ja eine solche Erleichterung, mal wieder den

Fußboden sehen zu können, und jetzt können wir uns hinsetzen und friedlich, behaglich und gemütlich eine schöne Tasse Tee trinken, und wäre es nicht traumschön, wenn das warme Wetter kommt und wir einen Garten haben könnten und dann vielleicht mit unserem Tee draußen säßen wie die Engländer.

Laman Griffin kommt jeden Abend außer freitags um sechs nach Hause, ißt was, trinkt Tee und geht bis zum nächsten Morgen ins Bett. Samstags geht er um ein Uhr mittags ins Bett und bleibt bis Montag morgen drin.

Er zieht den Küchentisch bis zur Wand unter dem Speicher, klettert auf einen Stuhl und von da auf den Tisch, stellt den Stuhl auf den Tisch, klettert wieder auf den Stuhl, hält sich an einem Bettpfosten fest und zieht sich hoch. Wenn er dafür freitags zu betrunken ist, muß ich hochklettern, um ihm Kopfkissen und Decken zu holen, und dann schläft er auf dem Küchenfußboden beim Feuer, oder er fällt zu mir und meinen Brüdern ins Bett und schnarcht und furzt die ganze Nacht.

Als wir eingezogen sind, hat er sich beschwert, daß er sein schönes Zimmer unten für diesen Speicher aufgegeben hat, und er hat es so satt, rauf- und runterzuklettern, um aufs Klo hinterm Haus zu gehen. Er ruft, Tisch her, Stuhl her, ich komme runter, und wir müssen den Tisch freiräumen und an die Wand ziehen. Er hat es satt, Schluß jetzt mit der elenden Kletterei, er wird das wunderschöne Nachtgeschirr seiner Mutter benutzen. Er liegt den ganzen Tag im Bett, liest Bücher aus der Leihbücherei, raucht Zigaretten Marke Gold Flake und wirft Mam ein paar Shilling herunter, damit sie einen von uns zum Laden schickt und er ein bißchen Gebäck zum Tee kriegt oder ein schönes Stück Schinken mit Tomatenscheiben. Dann ruft er, Angela, dieses Nachtgeschirr ist voll, und sie zerrt Stuhl und Tisch heran, um hochzuklettern und den Nachttopf zu holen, ihn draußen ins Klo zu kippen und auszuspülen und dann wieder zum Speicher hochzuklettern.

Sie kuckt streng, und sie sagt, haben Euer Lordschaft für

heute noch weitere Wünsche? und er lacht, Frauenarbeit, Angela, Frauenarbeit und außerdem mietfrei.

Laman wirft seinen Leserausweis für die Leihbücherei vom Speicher herab und sagt mir, ich soll ihm zwei Bücher besorgen, eins über Angeln und eins über Gärtnerei. Er schreibt der Bibliothekarin eine kleine Notiz, damit sie weiß, daß ihn seine Beine vom Löchergraben für das Elektrizitätswerk umbringen und daß von jetzt an Frank McCourt seine Bücher holen wird. Er weiß zwar, daß der Junge erst dreizehn ist und vierzehn wird, und er weiß auch, daß die Regeln strikt sind, was den Zugriff von Kindern auf Bücher aus der Erwachsenenabteilung der Bücherei betrifft, aber der Junge wird sich die Hände waschen und sich benehmen und tun, wie ihm geheißen, vielen Dank.

Die Bibliothekarin liest die Notiz und sagt, es ist wirklich jammerschade um Mr. Griffin, er ist ein wahrer Gentleman und ein Mensch von großer Gelehrsamkeit, du glaubst gar nicht, was er für Bücher liest, manchmal vier pro Woche, an diesem einen Tag hat er mal ein Buch auf französisch mit nach Hause genommen, französisch, stell dir das mal vor, über die Geschichte des Steuerruders, des Steuerruders, stell dir das mal vor, sie würde ja alles drum geben, wenn sie mal einen Blick in seinen Schädel werfen könnte, denn der muß ja mit allen Sorten von Gelehrsamkeit förmlich vollgepackt sein, stell dir das mal vor, vollgepackt.

Sie sucht ein hinreißendes Buch mit farbigen Bildern über englische Gärten heraus. Sie sagt, ich weiß, was er in der Fischerei-Abteilung mag, und wählt ein Buch, das Dem irischen Lachs auf der Spur heißt, von Brigadegeneral a. D. Hugh Colton. Oh, sagt die Bibliothekarin, er liest Hunderte von Büchern über englische Offiziere, die in Irland angeln. Ich habe aus reiner Neugier auch ein paar gelesen, und man versteht sofort, warum diese Offiziere froh sind, wenn sie nach allem, was sie sich in Indien und Afrika und an anderen verzweifelten Orten haben bieten lassen müssen, in Irland sind. Zumindest sind die Menschen hier höflich. Dafür sind wir bekannt, die Höflichkeit, wir laufen hier schließlich nicht herum und bewerfen die Leute mit Speeren.

Laman liegt im Bett, liest seine Bücher und spricht vom Speicher herab mit uns über den Tag, an dem seine Beine heilen werden und er dort hinten im Freien stehen und einen Garten pflanzen wird, der weit und breit für seine Farbenpracht und Schönheit berühmt sein wird, und wenn er mal nicht gärtnert, wird er die Flußniederungen um Limerick durchstreifen und einen Lachs nach Hause bringen, daß euch das Wasser im Munde zusammenläuft. Seine Mutter hat ihm ein Lachsrezept hinterlassen, welches ein Familiengeheimnis ist, und wenn er die Zeit hätte und seine Beine ihn nicht umbrächten, würde er es irgendwo in diesem Hause finden. Er sagt, jetzt, da ich verläßlich bin, kann ich mir auch jede Woche ein Buch holen, schlepp mir aber keinen Schmutz und Schund ins Haus.

Ich möchte wissen, was der Schmutz und Schund ist, aber er will es mir nicht sagen, also muß ich es selbst herausfinden.

Mam sagt, sie würde auch gern Mitglied bei der Leihbücherei werden, aber von Lamans Haus ist es so weit bis dorthin, zwei Meilen, und würde es mir was ausmachen, ihr jede Woche ein Buch zu holen, einen Roman von Charlotte M. Brame oder von einer anderen angesehenen Schriftstellerin. Sie möchte keine Bücher über englische Offiziere auf der Suche nach Lachs und keine Bücher über Leute, die sich gegenseitig totschießen. Es gibt schon genug Elend auf der Welt, ohne daß man auch noch über Menschen liest, die den Fischen und sich gegenseitig das Leben zur Hölle machen.

Oma hat sich in der Nacht, als wir den Ärger mit dem Haus in der Roden Lane hatten, erkältet, und aus der Erkältung wurde eine Lungenentzündung. Sie wurde ins Städtische Heimkrankenhaus gebracht, und jetzt ist sie tot.

Ihr ältester Sohn, mein Onkel Tom, dachte, er geht nach England, um dort wie andere Männer aus den Gassen von Limerick zu arbeiten, aber seine Schwindsucht hat sich verschlimmert, und da ist er nach Limerick zurückgekommen, und jetzt ist er tot.

Seine Frau, Galway-Jane, folgte ihm nach, und vier ihrer sechs Kinder mußten ins Waisenhaus. Der älteste Junge, Gerry, ist von zu Hause weggelaufen und zur irischen Armee gegangen, desertiert und zur englischen Armee übergelaufen. Das älteste Mädchen, Peggy, ist zu Tante Aggie gezogen und lebt dort unter Qualen.

Die irische Armee sucht Knaben, die musikalisch sind und sich gern in der Militärmusikschule ausbilden lassen möchten.

Mein Bruder, Malachy, besteht die Aufnahmeprüfung und geht nach Dublin, um Soldat zu werden und Trompete zu spielen.

Jetzt habe ich nur noch zwei Brüder zu Hause, und Mam sagt, ihre Familie schwindet vor ihren sehenden Augen dahin.

13

Jungens aus meiner Klasse in Leamy's Schule wollen übers Wochenende eine Radtour nach Killaloe machen. Sie sagen mir, ich soll mir ein Fahrrad leihen und mitkommen. Ich brauche nur eine Decke, ein paar Löffel Tee und Zucker und ein paar Scheiben Brot, um nicht schlappzumachen. Radfahren lernen werde ich jede Nacht auf dem Fahrrad von Laman Griffin, wenn er im Bett ist, und bestimmt leiht er es mir für die zwei Tage in Killaloe. Die beste Zeit, ihn um etwas zu bitten, ist Freitagnacht, wenn er nach seinem Trinkabend und seinem Abendessen guter Stimmung ist. Genau dieses Abendessen bringt er in den Manteltaschen mit, ein großes, bluttriefendes Steak, vier Kartoffeln, eine Zwiebel, eine Flasche Stout. Mam kocht die Kartoffeln und brät das Steak mit Zwiebelscheiben. Er behält den Mantel an, setzt sich an den Tisch und ißt das Steak mit den Händen. Das Fett und das Blut kullern ihm das Kinn herunter und auf den Mantel, an dem er sich die Hände abwischt. Er trinkt sein Stout und lacht, daß es nichts Schöneres gibt als ein großes blutiges Steak am Freitagabend, und wenn das die schlimmste Sünde ist, die er je begeht, fährt er mit Leib und Seele in den Himmel auf, hahaha.

Natürlich kannst du mein Fahrrad haben, sagt er. Ein Junge sollte in der Lage sein, hinaus aufs Land zu fahren. Natürlich. Aber du mußt es dir verdienen. Man kann nicht etwas für gar nichts kriegen, stimmt's?

Stimmt.

Und ich habe einen Job für dich. Du hast doch nichts gegen eine kleine Beschäftigung?

Nein.

Und du würdest gern deiner Mutter helfen?

Ja.

Tja, nun, jenes Nachtgeschirr ist nun schon seit heute morgen voll. Ich möchte, daß du hochkletterst und es holst und es aufs Klo trägst und es hinterher unter dem Wasserhahn ausspülst und dann wieder damit hochkletterst.

Ich möchte seinen Nachttopf nicht ausleeren, aber ich träume davon, meilenweit über die Landstraße nach Killaloe zu radeln, von Feldern und vom Himmel, vom Schwimmen im Shannon, vom Übernachten in einer Scheune. Ich ziehe den Tisch und den Stuhl gegen die Wand. Ich klettere hinauf, und unter dem Bett steht der weiße Nachttopf mit braunen und gelben Streifen, bis zum Rand mit Pisse und Scheiße gefüllt. Ich stelle ihn an den Rand des Speicherbodens, vorsichtig, damit er nicht überschwappt, steige auf den Stuhl hinunter, hole den Nachttopf nach, wende das Gesicht ab, halte ihn schön fest, als ich auf den Tisch steige, stelle ihn auf den Tisch, steige auf den Fußboden, bringe den Nachttopf aufs Klo, kippe ihn aus, und hinter dem Klo wird mir erst mal schlecht, bis ich mich an den Job gewöhnt habe.

Laman sagt, ich bin ein braver Junge, und das Fahrrad gehört mir, solang das Nachtgeschirr immer leer ist und ich ihm immer Zigaretten hole sowie Bücher aus der Leihbücherei und sonst alles mache, was er will. Er sagt, du hast wirklich ein Händchen für das Nachtgeschirr. Er lacht, und Mam starrt die tote Asche im Kamin an.

Eines Tages regnet es so heftig, daß Miss O'Riordan, die Bibliothekarin, sagt, geh bloß jetzt nicht in diesen Regen hinaus, sonst ruinierst du noch die Bücher. Setz dich da drüben hin und benimm dich. Während du wartest, kannst du alles über die Heiligen nachlesen.

Es gibt vier große, dicke Bücher, Das Leben der Heiligen von Butler. Ich will mein Leben nicht damit verbringen, alles mögliche über Heilige zu lesen, aber als ich anfange, finde ich, es könnte immer so weiterregnen. Immer wenn man Bilder von Heiligen sieht, egal, ob Männer oder Frauen, blicken sie gen Himmel empor, wo sich Wolken befinden, die mit kleinen fetten Engeln angefüllt sind, welche Blumen oder Harfen tragen und den Herrn preisen. Onkel Pa Keating sagt, er kann sich keinen einzigen Heiligen im Himmel vorstellen, mit dem er sich hinsetzen und eine Pint trinken möchte. Die Heiligen in diesen Büchern sind anders. Da gibt es Geschichten über Jungfrauen, Märtyrer, jungfräuliche Märtyrerinnen, und sie sind schlimmer als jeder Gruselfilm im Lyric Cinema.

Ich muß im Lexikon nachschlagen, um herauszufinden, was eine Jungfrau ist. Ich weiß, daß die Heilige Muttergottes die Jungfrau Maria ist, und man nennt sie so, weil sie keinen ordentlichen Ehemann hatte, nur den armen alten hl. Joseph. In Das Leben der Heiligen geraten die Jungfrauen immer in Schwierigkeiten, und ich weiß nicht, warum. Im Lexikon steht, Jungfrau, Frau (gewöhnlich jung), welche sich in einem Zustand unangetasteter Keuschheit befindet und in diesem verbleibt.

Jetzt muß ich unangetastet und Keuschheit nachschlagen, und alles, was ich hier finde, ist, daß unangetastet das Gegenteil von angetastet bedeutet, und Keuschheit bedeutet keusch, und das bedeutet frei von gesetzwidrigem geschlechtlichen Interkursus. Jetzt muß ich Interkursus nachschlagen, aber zwischen interkurrrierend und Interlaken steht nichts, und ich lese einfach weiter bis Intromission, Eindringen des männlichen Kopulationsorgans in die Scheide. Kopulation bedeutet Vereinigung der Geschlechter zum Zwecke der Fortpflanzung, und ich weiß nicht, was das bedeutet, und ich bin es leid, in dem schweren Lexikon von einem Wort zum andern geschickt zu werden wie ein Vollidiot, und das alles nur, weil die Leute, die das Lexikon geschrieben haben, nicht wollen, daß unsereins irgendwas erfährt.

Ich will doch nur wissen, wo ich hergekommen bin, aber wenn man jemanden fragt, sagen sie einem, man soll jemand anderen fragen, oder sie schicken einen von Wort zu Wort.

All diese jungfräulichen Märtyrerinnen kriegen von römischen Richtern gesagt, sie sollen ihren Glauben aufgeben und die römischen Götter anbeten, aber sie sagen nein, und die Richter lassen sie foltern und töten. Meine Lieblingsheilige ist St. Christina die Erstaunliche, bei der es endlos dauert, bis sie tot ist. Der Richter sagt, schneidet ihr die Brust ab, und als sie sie ihr abschneiden, schmeißt sie sie dem Richter ins Gesicht, und davon wird er taub, stumm und blind. Ein anderer Richter übernimmt den Fall, und der sagt, schneidet ihr auch noch die andere Brust ab, und es passiert das gleiche. Sie versuchen sie mit Pfeilen zu erschießen, aber die prallen einfach von ihr ab und töten die Soldaten, die sie abgeschossen haben. Sie versuchen sie in Öl zu sieden, aber sie schaukelt in dem Bottich und macht ein Nickerchen. Dann haben die Richter es satt und lassen ihr den Kopf abhacken, und das bringt es endlich. Der Tag der hl. Christina der Erstaunlichen ist der vierundzwanzigste Juli, und ich glaube, den werde ich, zusammen mit dem Tag des hl. Franziskus von Assisi, dem vierten Oktober, immer in Ehren halten.

Die Bibliothekarin sagt, du mußt jetzt nach Hause, es hat aufgehört zu regnen, und als ich zur Tür hinausgehe, ruft sie mich zurück. Sie will mir ein paar Zeilen an meine Mutter mitgeben, und ich darf sie notfalls auch gern selbst lesen. In dem Briefchen steht: Liebe Mrs. McCourt, gerade wenn man denkt, Irland ist endgültig vor die Hunde gegangen, sieht man einen Jungen, der in der Leihbücherei sitzt und so vertieft in Das Leben der Heiligen ist, daß er es nicht merkt, wenn es aufgehört hat zu regnen, und man ihn von oben erwähntem Leben förmlich losreißen muß. Ich glaube, liebe Mrs. McCourt, Sie haben da einen zukünftigen Priester im Hause, und in der Hoffnung, daß dies eintreffen möge, werde ich eine Kerze anzünden. Ich verbleibe hochachtungsvoll, Ihre Catherine O'Riordan, Bibl.-Ass.

Hoppy O'Halloran ist der einzige Lehrer in Leamy's Schule, der jemals sitzt. Das liegt daran, daß er der Schulleiter ist, oder daran, daß er sich von dem verdrehten Gang ausruhen muß, der von dem kurzen Bein kommt. Die anderen Lehrer gehen vorne im Klassenzimmer hin und her oder im Mittelgang auf und ab, und man weiß nie, wann man einen Hieb mit dem Stock oder einen Ratscher mit dem Riemen verpaßt kriegt, weil man die falsche Antwort gibt oder etwas schlampig schreibt. Wenn Hoppy einem etwas antun will, ruft er einen nach vorn und bestraft einen vor drei Klassen.

Es gibt gute Tage, da sitzt er hinter seinem Pult und spricht über Amerika. Er sagt, ihr Buben, von den gefrorenen Einöden Nord-Dakotas bis zu den duftenden Apfelsinenhainen Floridas genießen die Amerikaner ein jegliches Klima. Er spricht über amerikanische Geschichte und sagt, wenn der amerikanische Farmer, mit Steinschloßgewehr und Muskete, den Engländern einen Erdteil abringen konnte, dann können auch wir, Krieger seit je, gewißlich unsere Insel zurückerobern.

Wenn wir nicht wollen, daß er uns mit Algebra oder irischer Grammatik quält, brauchen wir ihm nur eine Frage über Amerika zu stellen, und das regt ihn so auf, daß er vielleicht den ganzen Tag beschäftigt ist.

Er sitzt an seinem Pult und rezitiert die Stämme und Häuptlinge, die er liebt. Arapaho, Cheyenne, Chippewa,

Sioux, Apatschen, Irokesen. Poesie, ihr Buben, Poesie. Und hört euch die Häuptlinge an, Kicking Bear, Rain-in-the-Face, Sitting Bull, Crazy Horse – und das Genie, Geronimo.

In der achten Klasse verteilt er ein kleines Buch, ein Gedicht, das sich über Seiten und Seiten und Seiten hinzieht, Das verlassene Dorf, von Oliver Goldsmith. Er sagt, dies scheint ein Gedicht über England zu sein, es ist aber ein Klagegesang über das Vaterland des Dichters, über unser eigenes Vaterland, über Irland. Wir kriegen dieses Gedicht zum Auswendiglernen auf, jeden Abend vierundzwanzig Zeilen, die morgens aufgesagt werden müssen. Sechs Jungens werden zum Aufsagen nach vorne gerufen, und wenn man eine Zeile ausläßt, kriegt man auf jede Hand je zwei Hiebe. Er sagt uns, legt die Bücher unters Pult, und die ganze Klasse sagt im Chor die Stelle über den Dorfschulmeister auf:

Jenseits des Zauns, der lang den Weg begleitet,
Jenseits des Ginsters, der mehr blüht, als er bedeutet,
Dort thronte einst ein Herrscherlein auf einem dürren Stuhle,
Und was er dort befehligte, war eine kleine Schule.
Ein Mann von strengem Äußern stets und stets von ernstem Brauch –
Wer in die Schule ging, gab acht (und wer sie schwänzte, auch),
Denn jedes Zucken jeder Runzel war von einigem Gewicht;
Des Tages Katastrophen las man früh schon im Gesicht.
Die Schüler lachten gründlich laut mit vorgetäuschter Wonne
Über jeden Pökelwitz aus seiner großen Tonne.
Gewisper, Tuscheln scharf erklang als Warnung vor dem Alten,
Unfrohe Botschaft barg es stets, zog er die Stirn in Falten.

Er schließt immer die Augen und lächelt, wenn wir zu den letzten Zeilen kommen:

> Zwar war er freundlich, und verließ ihn doch je die Geduld,
> So war meist nur die Liebe zur Gelehrsamkeit dran schuld.
> Man lobte ihn im ganzen Dorf, man pries ihn fern und nah:
> Die Rechtschreibung beherrschte er, sogar die Algebra.
> Ländergrenzen kannte er, Gestirne und Gezeiten,
> Luftdruck messen könne er, hieß es, und Blitz ableiten.
> Ganz besonders blühte auf der Lehrer im Dispute,
> Und selbst wenn er bezwungen war, gab er nicht nach, der Gute,
> Ließ donnernd kluge Wörter frei in immer läng'ren Sätzen.
> Das Landvolk starrte stumm ihn an in Staunen und Ergetzen.
> Und immer weiter starrten sie: Wie kann denn so was sein?
> Wie paßt in diesen kleinen Kopf so großes Wissen rein?

Wir wissen, daß er diese Stelle liebt, weil es da um einen Dorfschulmeister geht, um ihn selbst, und er hat recht, denn wir fragen uns tatsächlich, wie so großes Wissen in so einen kleinen Kopf reinpaßt. Er sagt, ach, ihr Buben, ihr Buben, immer mit dem Kopf durch die Wand, so ist's recht, aber richtet ihn vorher gut ein. Hört ihr mir überhaupt zu? Richtet euren Kopf ein, und ihr könnt prangend durch die Welt wandeln. Clarke, definiere prangend.

Ich glaube, es bedeutet glänzend.

Markig, Clarke, aber angemessen. McCourt, bilde uns einen Satz mit markig.

Clarke ist markig, aber angemessen, Sir.

Geschickt, McCourt. Du hast einen Kopf für die Priesterschaft, mein Junge, oder für die Politik. Denke darüber nach.

Ja, Sir.

Sag deiner Mutter, ich möchte mit ihr sprechen.

Ja, Sir.

Mam sagt, nein, ich könnte Mr. O'Halloran nie in die Nähe kommen. Ich habe kein anständiges Kleid und keinen ordentlichen Mantel. Weshalb will er denn mit mir sprechen?

Weiß ich nicht.

Dann frag ihn.

Kann ich nicht. Wenn er sagt, bring deine Mutter her, dann bringt man die Mutter hin, oder der Stock kommt raus.

Sie kommt mit und spricht mit ihm auf dem Flur. Er sagt ihr, daß ihr Sohn, Frank, mit der Schule weitermachen muß. Er darf nicht in die Botenjungenfalle tappen. Das führt nirgendwohin. Nehmen Sie ihn mit zu den Christlichen Brüdern, sagen Sie ihnen, ich habe Sie geschickt, sagen Sie ihnen, er ist ein aufgeweckter Junge und gehört auf die höhere Schule und dann auf die Universität.

Er sagt ihr, er ist nicht Schulleiter von Leamy's National School geworden, um einer Botenjungenakademie vorzustehen.

Mam sagt, vielen Dank, Mr. O'Halloran.

Ich wünschte, Mr. O'Halloran wollte sich um seinen eigenen Kram kümmern. Ich will nicht zu den Christlichen Brüdern. Ich will für alle Zeiten von der Schule abgehen und mir einen Job suchen, jeden Freitag meinen Lohn kriegen und Samstag abends ins Kino gehen wie jeder.

Ein paar Tage später sagt mir Mam, ich soll mir ordentlich Gesicht und Hände waschen, wir gehen zu den Christlichen Brüdern. Ich sage ihr, ich will da nicht hin, ich will arbeiten, ich will ein Mann sein. Sie sagt mir, ich soll aufhören zu winseln, ich werde auf die Oberschule gehen, und wir alle schaffen das schon irgendwie. Ich werde auf die Schule gehen, und wenn sie Fußböden schrubben muß, und an meinem Gesicht übt sie schon mal.

Sie klopft bei den Christlichen Brüdern an die Tür und sagt, sie möchte mit dem Vater Superior sprechen, Bruder Murray. Er kommt an die Tür, sieht meine Mutter und mich an und sagt, was?

Mam sagt, dies ist mein Sohn, Frank. Mr. O'Halloran von Leamy's Schule sagt, er ist aufgeweckt und ob vielleicht die Möglichkeit bestehe, daß er hier auf die Oberschule geht.

Wir haben keinen Platz für ihn, sagt Bruder Murray und knallt uns die Tür vor der Nase zu.

Mam dreht sich von der Tür weg, und der Weg nach Haus ist lang und still. Sie zieht den Mantel aus, macht Tee, setzt sich ans Feuer. Hör mir zu, sagt sie. Hörst du mir zu?

Ja.

Das ist das zweite Mal, daß dir die Kirche die Tür vor der Nase zugeschlagen hat.

Ja? Weiß ich gar nicht mehr.

Stephen Carey hat dir und deinem Vater gesagt, daß du nicht Meßdiener werden kannst, und hat euch die Tür vor der Nase zugeschlagen. Erinnerst du dich?

Ja.

Und jetzt knallt dir Bruder Murray die Tür vor der Nase zu.

Ist mir egal. Ich will mir Arbeit suchen.

Ihr Gesicht wird streng. Du wirst dir nie wieder von jemandem die Tür vor der Nase zuschlagen lassen, hörst du?

Sie fängt beim Feuer an zu weinen. O Gott, ich hab euch doch nicht auf die Welt gebracht, damit ihr eine Familie von Botenjungen werdets.

Ich weiß nicht, was ich tun oder sagen soll, ich bin so erleichtert, daß ich nicht noch fünf oder sechs Jahre in der Schule bleiben muß.

Ich bin frei.

Ich bin dreizehn und werde vierzehn, und es ist Juni, der letzte Monat vor den ganz großen, den ewigen Ferien. Mam nimmt mich mit zum Priester, Dr. Cowpar, und der soll sich dafür einsetzen, daß ich einen Job als Telegrammjunge kriege. Die Chefin vom Postamt, Mrs. O'Connell, sagt, kannst du radfahren? und ich lüge, ja, kann ich. Sie sagt, ich kann nicht anfangen, bevor ich vierzehn bin, also komm im August wieder. Mr. O'Halloran sagt der Klasse, es ist eine Schande, daß Buben wie McCourt, Clarke, Kennedy Holz hacken und Wasser holen müssen. Es widert ihn an, dies freie und unabhängige Irland, welches ein Klassensystem beibehält, das uns die Engländer angedreht haben, es widert ihn an, daß wir unsere begabten Kinder auf den Misthaufen werfen.

Ihr müßt dies Land verlassen, ihr Buben. Geh nach Amerika, McCourt. Hörst du?

Ja, Sir.

Priester kommen in die Schule, um uns für die Missionen im Ausland anzuwerben, Redemptoristen, Franziskaner, Missionare vom Heiligen Geist, alle bekehren sie die weiter entfernten Heiden. Ich kümmere mich gar nicht um sie. Ich will nach Amerika, bis ein Priester meine Aufmerksamkeit erregt. Er sagt, er kommt vom Orden der Weißen Väter, Missionare bei den nomadisierenden Beduinenstämmen und Feldgeistliche der französischen Fremdenlegion.

Ich lasse mir einen Antrag geben.

Ich werde einen Brief vom Gemeindepriester und eine Untersuchung vom Hausarzt brauchen. Der Gemeindepriester schreibt den Brief auf der Stelle. Wäre mich letztes Jahr schon gern losgewesen. Der Arzt sagt, was ist das?

Das ist ein Antrag auf Aufnahme bei den Weißen Vätern, Missionaren bei den nomadisierenden Beduinenstämmen und Feldgeistlichen der französischen Fremdenlegion.

Ah ja? Bei der französischen Fremdenlegion, ja? Kennst du die bevorzugte Art der Fortbewegung in der Wüste Sahara?

Mit der Eisenbahn?

Nein. Auf dem Kamel. Weißt du, was ein Kamel ist?

Es hat einen Höcker.

Es hat mehr als einen Höcker. Es hat eine abscheuliche, gemeine Veranlagung, seine Zähne sind grün vom Wundbrand, und es beißt. Weißt du, wo es beißt?

In der Sahara?

Nein, du Omadhaun. Es beißt dir in die Schulter, reißt sie dir einfach heraus. Läßt dich schief in der Sahara stehen. Wie würde dir das gefallen, hä? Und was würdest du für ein Schauspiel bieten, wenn du einseitig durch die Straßen von Limerick schlenderst? Welches Mädchen, das sie noch alle beisammen hat, wird einen Exweißenvater mit einer einzigen elenden dürren Schulter auch nur ansehen? Und sieh dir deine Augen an. Die sind hier in Limerick schon schlimm genug. In der Sahara werden sie schwären und verfaulen und dir aus dem Kopfe fallen. Wie alt bist du?

Dreizehn.

Geh nach Haus zu deiner Mutter.

Es ist nicht unser Haus, und wir fühlen uns nicht so frei wie in der Roden Lane, egal, ob oben in Italien oder unten in Irland. Wenn Laman nach Hause kommt, will er im Bett lesen oder schlafen, und wir müssen still sein. Wir bleiben bis lange nach Einbruch der Dunkelheit auf der Straße, und wenn wir nach Hause kommen, können wir nur noch ins Bett gehen und ein Buch lesen, wenn wir eine Kerze oder Paraffinöl für die Lampe haben. Mam sagt uns, geht ins Bett, in einer Minute kommt sie nach, sobald sie mit Lamans letzter Tasse Tee auf den Speicher geklettert ist. Oft schlafen wir ein, bevor sie hochklettert, aber es gibt Nächte, da hören wir sie sprechen, grunzen, stöhnen. Es gibt Nächte, da kommt sie gar nicht herunter, und Michael und Alphie haben das große Bett für sich. Michael sagt, sie bleibt oben, weil es für sie zu schwer ist, im Dunklen herunterzuklettern.

Er ist erst sieben, und er versteht es nicht.

Ich bin dreizehn, und ich glaube, sie machen da oben die Aufregung.

Ich weiß Bescheid über die Aufregung, und ich weiß, daß sie eine Sünde ist, aber wie kann sie eine Sünde sein, wenn sie in einem Traum zu mir kommt, in dem amerikanische Mädchen in Badeanzügen auf der Leinwand im Lyric Cinema posieren, und ich wache vom Schieben und Schobern auf dem Bauch auf? Es ist eine Sünde, wenn man hellwach ist und Hand an sich legt, so wie die Jungs auf dem Schulhof drüber geredet haben, nachdem Mr. O'Dea uns das sechste Gebot vorgebrüllt hatte, du sollst nicht ehebrechen, und das bedeutet, unreine Gedanken, unreine Worte, unreine Taten, und das ist Ehebruch, Säuisches im allgemeinen.

Ein Redemptoristenpriester kläfft uns die ganze Zeit im Hinblick auf das sechste Gebot an. Er sagt, Unreinheit ist eine so schwere Sünde, daß sich die Jungfrau Maria abwendet und weint.

Und warum weint sie, ihr Knaben? Sie weint euretwegen und um dessen, was ihr ihrem geliebten Sohn antut, willen. Sie weint, wenn sie die lange trübe Vedute der Zeit entlangblickt und mit Schrecken des Schauspiels innewird, welches ihr Knaben von Limerick bieten, die sich beflecken, die sich beschmutzen, die an sich herummachen, die Raubbau treiben an sich selbst, die ihre jungen Körper besudeln, welche die Tempel des Heiligen Geistes sind. Unsere Liebe Frau weint über diese Scheußlichkeiten, weiß sie doch, daß ihr jedesmal, wenn ihr an euch herumspielt, ihren heißgeliebten Sohn ans Kreuz nagelt, daß ihr Ihm abermals die Dornenkrone auf das teure Haupt rammt, daß ihr jene greulichen Wunden abermals öffnet. In einer Todesqual des Durstes hängt Er am Kreuze, und was bieten Ihm jene perfiden

Römer an? Einen Toilettenschwamm, in Essig und Galle getaucht, und schieben ihn Ihm in Seinen armen Mund, einen Mund, dessen Lippen sich außer zum Beten kaum je bewegen, denn Er betet auch für euch, ihr Knaben, sogar für euch, die ihr Ihn an jenes Kreuz genagelt habt. Bedenkt die Leiden unseres Herrn. Bedenkt die Dornenkrone. Bedenkt in euerm Sinn eine kleine Nadel, die euch in den Schädel getrieben wird, die Qual des Stechens, des Durchbohrens. Bedenkt sodann zwanzig Dornen, die in euern Schädel getrieben werden. Denkt, sinnt über die Nägel nach, die Seine Hände, Seine Füße zerrissen. Könntet ihr auch nur einen Bruchteil jener Qual ertragen? Nun nehmt wieder jene Nadel, jene schlichte Nadel. Stecht euch damit in die Seite. Vergrößert diese Empfindung um ein Hundertfaches, und ihr werdet von jener schaurigen Lanze durchbohrt. Oh, ihr Knaben, der Teufel will eure Seelen. Er will euch bei sich in der Hölle, und wisset dies, daß jedesmal, wenn ihr an euch herumspielt, jedesmal, wenn ihr euch der niedrigen Sünde der Selbstbefriedigung hingebt, dann nagelt ihr nicht nur Christus ans Kreuz, dann legt ihr einen weiteren Schritt auf dem Wege zur Hölle als solcher zurück. Tretet hinweg vom Abgrund, ihr Knaben. Widersteht dem Teufel und laßt eure Hände, wo sie sind.

Ich kann nicht damit aufhören, an mir herumzuspielen. Ich bete zur Jungfrau Maria und sage ihr, es tut mir leid, daß ich ihren Sohn wieder ans Kreuz genagelt habe, und ich werde es nie wieder tun, aber ich kann nicht anders, und ich schwöre, ich werde zur Beichte gehen, und danach, danach ganz bestimmt, werde ich es nie wieder tun. Ich will nicht in die Hölle, wo mich in alle Ewigkeit Teufel durch die Gegend jagen und mit heißen Heugabeln piksen werden.

Die Priester von Limerick haben keine Geduld mit meinesgleichen. Ich gehe zur Beichte, und sie zischen, daß ich nicht vom rechten Geist der Reue beseelt bin, wenn ich das nämlich wäre, würde ich von dieser grauenhaften Sünde ablassen. Ich gehe von einer Kirche zur anderen und suche einen leichten Priester, bis Paddy Clohessy mir sagt, daß es einen in der Dominikanerkirche gibt, der ist neunzig Jahre alt und taub wie eine Steckrübe. Alle paar Wochen hört sich der alte Priester meine Beichte an und murmelt, ich soll für ihn beten. Manchmal schläft er ein, und ich habe nicht den Nerv ihn zu wecken, also gehe ich am nächsten Tag ohne Buße und Absolution zur Kommunion. Es ist doch nicht meine Schuld, wenn Priester bei mir einschlafen, und wenn ich zur Beichte gehe, bin ich doch bestimmt im Stand der Gnade. Dann wird eines Tages das kleine Brett im Beichtstuhl beiseite geschoben, und es ist gar nicht mein Zuständiger, es ist ein junger Priester mit einem Ohr, so groß wie eine Jakobsmuschel. Der hört bestimmt alles.

Segnen Sie mich, Vater, denn ich habe gesündigt, seit meiner letzten Beichte sind vierzehn Tage vergangen.

Und was hast du seitdem getan, mein Kind?

Ich habe meinen Bruder geschlagen, ich habe die Schule geschwänzt, ich habe meine Mutter angelogen.

Ja, mein Kind, und was hast du noch getan?

Ich, ich, ich habe säuische Sachen gemacht, Vater.

Aha, mein Kind, war das mit dir selbst oder mit einem anderen oder gar nicht mit einem Menschenwesen?

Gar nicht mit einem Menschenwesen. Von so einer Sünde habe ich ja noch nie gehört. Der Priester muß vom Land sein, und wenn ja, dann eröffnet er mir neue Welten.

Am Abend, bevor ich nach Killaloe will, kommt Laman Griffin betrunken nach Hause und ißt am Tisch eine Riesentüte Fisch mit Fritten.

Er sagt Mam, sie soll Wasser für Tee kochen, und als sie sagt, sie hat weder Kohle noch Torf, schnauzt er sie an und nennt sie einen großen Trampel, der mit seiner Bälgerbrut umsonst unter seinem Dach lebt. Er wirft mir Geld für ein paar Soden Torf und Anmachholz zu.

Ich will nicht gehen. Ich möchte ihn lieber hauen, weil er meine Mutter schlecht behandelt, aber wenn ich irgendwas sage, gibt er mir morgen das Fahrrad nicht, nachdem ich drei Wochen gewartet habe.

Als Mam das Feuer angemacht hat und das Wasser kocht, erinnere ich ihn an sein Versprechen, mir das Rad zu leihen.

Hast du heute das Nachtgeschirr ausgeleert?

Oh, das hab ich vergessen. Mach ich sofort.

Er brüllt, du hast meinen verdammten Nachttopf nicht ausgeleert. Ich verspreche dir das Fahrrad. Ich gebe dir zwei Pence die Woche, damit du Botengänge für mich erledigst und den Nachttopf ausleerst, und du stehst da, und deine dicke Fresse hängt dir aus dem Gesicht raus, und du sagst mir, du hast es nicht gemacht.

Tut mir leid. Ich hab's vergessen. Ich mach es jetzt.

Machst du, machst du? Und wie, glaubst du, kommst du auf den Speicher? Willst du mir den Tisch unter meinem Fisch und meinen Fritten wegziehen?

Mam sagt, er war aber doch den ganzen Tag in der Schule und mußte zum Arzt wegen seiner Augen.

Na, das Fahrrad kannst du jedenfalls schon mal verdammtnochmal vergessen. Du hast deinen Teil des Vertrags nicht erfüllt.

Er konnte aber doch gar nicht, sagt Mam.

Er sagt ihr, sie soll das Maul halten und sich um ihren eigenen Kram kümmern, und sie macht sich schweigend am Feuer zu schaffen.

Er ißt weiter seinen Fisch mit Fritten, aber ich sage wieder zu ihm, du hast es mir versprochen. Ich hab drei Wochen lang deinen Nachttopf ausgeleert und Botengänge für dich gemacht.

Halts Maul und geh ins Bett.

Du kannst mir überhaupt nicht sagen, daß ich ins Bett gehen soll. Du bist nicht mein Vater, und du hast es mir versprochen.

Ich sage dir jetzt, so gewiß, wie Gott die kleinen Äpfel erschaffen hat, daß du, wenn ich mich von diesem Tisch erhebe, deinen Schutzpatron anrufen wirst.

Du hast es mir versprochen.

Er schiebt den Stuhl vom Tisch zurück. Er taumelt auf mich zu und sticht mir mit dem Finger zwischen die Augen. Ich sage dir, du sollst die Fresse halten, Grindauge.

Ich will aber nicht. Du hast es mir versprochen.

Er stößt mich an den Schultern, und als ich nicht still bin, holt er aus, um mir an den Kopf zu schlagen.

Meine Mutter springt auf, sie weint und versucht, ihn wegzuziehen.

Er schlägt und tritt mich bis ins Schlafzimmer, aber ich sage immer wieder, du hast es mir versprochen. Er drischt mich bis zum Bett meiner Mutter und haut weiter, bis ich Gesicht und Kopf mit den Armen bedecke.

Ich bring dich um, du kleiner Scheißkerl.

Mam kreischt und zerrt an ihm, bis er rückwärts in die Küche fällt. Sie sagt, komm doch, komm. Iß deinen Fisch mit Fritten. Er ist doch nur ein Kind. Das wächst sich zurecht.

Ich höre, wie er zu seinem Stuhl zurückgeht und ihn an den Tisch zieht. Ich höre, wie er beim Essen und Trinken schnieft und schmatzt und schlürft.

Gib mir die Streichhölzer, sagt er. Bei Jesus, danach brauch ich jetzt erst mal eine Kippe. Man hört ein Paffpaffgeräusch, wenn er an seiner Zigarette zieht, und ein Gewimmer von meiner Mutter.

Er sagt, ich geh jetzt ins Bett, und mit dem vielen Getränk in ihm dauert es ein Weilchen, bis er den Stuhl rauf- und auf den Tisch geklettert ist, den Stuhl hochgezogen hat und auf den

Speicher geklettert ist. Das Bett quietscht unter ihm, und er grunzt, als er sich die Schuhe auszieht und sie auf den Boden fallen läßt.

Ich kann Mam weinen hören, als sie in den Zylinder der Paraffinöllampe bläst und alles dunkel wird. Nach allem, was geschehen ist, will sie bestimmt in ihr eigenes Bett, und ich will bereits in das kleine Bett gehen, als ich höre, wie sie statt dessen auf den Stuhl, den Tisch, den Stuhl und weinend auf den Speicher klettert und zu Laman Griffin sagt, er ist doch noch ein Junge und mit seinen Augen geschlagen, und als Laman sagt, er ist ein kleiner Scheißkerl, und ich will ihn nicht mehr im Haus haben, weint und bettelt sie, bis geflüstert und gegrunzt und gestöhnt wird und dann nichts mehr.

Schließlich schnarchen sie auf dem Speicher, und um mich herum schlafen meine Brüder.

Ich kann in diesem Haus nicht bleiben, denn wenn Laman wieder auf mich losgeht, schlitze ich ihm mit einem Messer den Hals auf. Ich weiß nicht, was ich machen soll. Ich weiß nicht, wohin ich gehen soll.

Ich verlasse das Haus und gehe von der Sarsfield-Kaserne bis zum Monument Café. Ich träume, wie ich es Laman eines Tages heimzahlen werde. Ich werde nach Amerika gehen und Joe Louis kennenlernen. Ich werde ihm von meinen Schwierigkeiten berichten, und er wird mich verstehen, weil er aus einer armen Familie kommt. Er wird mir zeigen, wie man die Muskulatur aufbaut, wie ich die Hände halten muß und die richtige Beinarbeit. Er wird mir zeigen, wie ich das Kinn in die Schulter grabe, nämlich genau wie er, und wie ich mit einem rechten Uppercut rauskomme, daß Laman fliegen lernt. Ich werde Laman zum Friedhof nach Mungret zerren, wo seine Familie und Mams Familie beerdigt sind, und ich werde ihn bis zum Kinn mit Erde bedecken, so daß er sich nicht mehr bewegen kann, und er wird um sein Leben winseln, und ich werde sagen, Endstation, Laman, alles aussteigen tritt vor deinen Schöpfer und er wird flehen und flehen während ich Schmutz auf sein Gesicht rieseln lasse bis es komplett bedeckt ist und er wird keuchen und Gott um Vergebung bitten weil er mir nicht das Rad gegeben und weil er mich verhauen hat und im ganzen Haus herumgeschubst und weil er mit meiner Mutter die Aufregung gemacht hat und er wird so gewiß zur Hölle fahren wie Gott die kleinen Äpfel erschaffen hat wie er selbst so richtig sagte.

Die Straßen sind dunkel, und ich muß scharf aufpassen, falls ich wie Malachy vor langer Zeit Glück habe und Fisch mit Fritten finde, die betrunkene Soldaten irgendwo fallen gelassen haben.

Nichts liegt auf dem Boden. Wenn ich meinen Onkel, Ab Sheehan, finde, gibt er mir vielleicht von seinem Freitagabendfisch mit Fritten ab, aber im Café sagen sie mir, er war da und ist schon wieder weg. Ich bin jetzt dreizehn, also sage ich nicht mehr Onkel Pat zu ihm, sondern Ab oder Abt wie alle andern. Wenn ich zu Omas Haus gehe, gibt er mir bestimmt ein Stück Brot oder irgendwas, und vielleicht darf ich die Nacht über bleiben. Ich kann ihm sagen, daß ich in ein paar Wochen als Telegrammbote Arbeit habe und bei der Post dicke Trinkgelder kriege und für mich selbst aufkommen kann.

Er sitzt aufrecht im Bett und ißt den Rest von seinem Fisch mit Fritten, läßt den Limerick Leader, in den er eingewickelt war, fallen und wischt sich Mund und Hände an der Bettdecke ab.

Er sieht mich an, das Gesicht ist ja ganz geschwollen. Bist du auf das Gesicht da gefallen?

Ich sage ihm, ja, bin ich, weil es keinen Sinn hat, ihm irgendwas anderes zu erzählen. Er versteht ja doch nichts. Er sagt, du kannst heute nacht im Bett meiner Mutter bleiben. Mit dem Gesicht und den zwei roten Augen im Kopf kannst du dich nicht auf der Straße rumtreiben.

Er sagt, es gibt nichts zu essen im Haus, kein Stückchen Brot, und als er einschläft, hebe ich die fettige Zeitung vom Fußboden auf. Ich lecke die erste Seite ab, die ausschließlich aus Anzeigen für Filme und Tanzvergnügen in der Innenstadt besteht. Ich lecke die Schlagzeilen ab. Ich lecke die Großangriffe von Pattun und Montgomery in Frankreich und Deutschland ab. Ich lecke den Krieg im Pazifik ab. Ich lecke die Nachrufe und die traurigen Gedenkgedichte ab, die Sportseiten, die Marktpreise für Eier, Butter und Speck. Ich lutsche die Zeitung, bis kein Fitzchen Fett mehr dran ist.

Ich frage mich, was ich morgen tun werde.

14

Am Morgen gibt mir der Abt das Geld, damit ich zu Kathleen O'Connell gehen kann, um Brot, Margarine, Tee und Milch zu holen. Er kocht Wasser auf dem Gasring und sagt mir, ich kann eine Tasse Tee haben, und, Vorsicht mit dem Zucker, ich bin kein Millionär. Und schneide dir auch eine Scheibe Brot ab, aber nicht zu dick.

Es ist Juli, und die Schule ist für alle Zeiten aus. In ein paar Wochen werde ich bei der Post Telegramme zustellen, arbeiten wie ein Mann. In den Wochen meiner Untätigkeit kann ich tun, was ich will, morgens aufstehen, im Bett bleiben, lange Spaziergänge über Land unternehmen wie mein Vater, durch Limerick wandern. Wenn ich das Geld hätte, würde ich ins Lyric Cinema gehen, Süßigkeiten essen, mir ansehen, wie Errol alle in Sichtweite im Sturm erobert. Ich kann die englischen und irischen Zeitungen lesen, die der Abt mit nach Hause bringt, oder ich kann die Leserausweise von Laman Griffin und meiner Mutter benutzen, bis sie was merken.

Mam schickt Michael mit einer Milchflasche voll warmem Tee, ein paar Scheiben Brot mit Bratenfett und einer Nachricht, in der steht, daß Laman Griffin nicht mehr böse ist und ich zurückkommen kann. Michael sagt, kommst du nach Hause, Frankie?

Nein.

Ach doch, Frankie. Komm doch.

Ich wohne jetzt hier. Ich werde nie zurückkommen.

Aber Malachy ist zur Armee gegangen, und du bist hier, und ich habe keinen großen Bruder. Alle Jungs haben einen großen Bruder, und ich habe nur Alphie, der erst vier ist und noch nicht mal ordentlich sprechen kann.

Ich kann nicht zurück. Ich werde nie zurückkommen. Du kannst mich jederzeit hier besuchen kommen.

In seinen Augen glitzern Tränen, und das gibt mir einen solchen Stich ins Herz, daß ich sagen möchte, na gut, na schön, ich komme mit. Ich komme aber nicht mit. Ich weiß, ich werde Laman Griffin nie wieder ins Gesicht sehen können, und ich weiß nicht, ob ich meine Mutter noch ansehen kann. Ich beobachte Michael, wie er die Gasse entlanggeht, und die Sohle seines einen Schuhs ist kaputt und klackert auf dem Bürgersteig. Wenn ich mit diesem Job bei der Post anfange, kaufe ich ihm Schuhe, versprochen ist gehalten. Ich werde ihm ein Ei schenken und ihn mit ins Lyric Cinema nehmen, und dann gibt es den Film und die Süßigkeiten, und hinterher gehen wir zu Naughton's und essen Fisch mit Fritten, bis uns der Bauch eine Meile weit absteht. Eines Tages werde ich Geld für ein Haus oder eine Wohnung mit elektrischem Licht und einem Klo und Betten mit Laken, Decken, Kissen haben, wie der Rest der Welt. Wir werden in einer hellen Küche frühstücken, und draußen tanzen Blumen in einem Garten, und in der Küche sind zerbrechliche Tassen und Untertassen, Eierbecher, Eier, im Dotter noch weich und bereit, die üppige, sahnige Butter zu schmelzen, eine Teekanne mit Wärmehaube, Toast mit Butter und jeder Menge Apfelsinenmarmelade. Wir werden uns Zeit lassen und Musik von BBC oder AFN hören. Ich werde anständige Klamotten für die ganze Familie kaufen, damit uns nicht der Arsch aus der Hose hängt und wir keine Schande sind. Der Gedanke an unsere Schande gibt mir wieder einen Stich ins Herz, und ich fange an zu schniefen. Der Abt sagt, was ist denn mit dir los?

Hast du etwa kein Brot gekriegt? Hast du etwa keinen Tee gekriegt? Was willst du denn noch alles? Als nächstes willst du wahrscheinlich ein Ei.

Es hat keinen Sinn, mit jemandem zu sprechen, der auf den Kopf gefallen ist und Zeitungen verkauft.

Er mault, er kann mich nicht ewig durchfüttern, und ich muß mir mein Brot und meinen Tee selbst besorgen. Er will nicht nach Hause kommen, und dann sitze ich in der Küche und lese, und die elektrische Glühbirne leuchtet, daß es kracht. Er kann Zahlen lesen, allerdings, Zahlen kann er lesen, und wenn er weggeht, um Zeitungen zu verkaufen, liest er den Zählerstand am Stromzähler ab, damit er weiß, wieviel ich verbraucht habe, und wenn ich nicht aufhöre, dieses Licht anzuknipsen, dreht er die Sicherung raus und nimmt sie in der Manteltasche mit, und wenn ich eine andere Sicherung reinschraube, läßt er die ganze Elektrizität wieder rausnehmen und stellt sich wieder auf Gas um, was sowieso für seine arme tote Mutter gut genug war, und für ihn ist es auch völlig ausreichend, denn alles, was er zu Hause tut, ist aufrecht im Bett sitzen, um seinen Fisch mit Fritten zu essen und sein Geld zu zählen, bevor er einschläft.

Ich stehe morgens wie Dad früh auf und unternehme lange Spaziergänge über Land. Ich gehe über den Friedhof der alten Abtei in Mungret, wo die Verwandtschaft meiner Mutter begraben liegt, und ich gehe den verschlungenen Pfad zur Normannenburg in Carrigogunnell hinauf, wo Dad mich zweimal mit hingenommen hat. Ich steige bis ganz nach oben, und Irland liegt vor mir ausgebreitet, der Shannon funkelt bis zum Atlantik. Dad hat mir erzählt, daß diese Burg vor Hunderten von Jahren gebaut wurde, und wenn man wartet, daß die Lerchen da drüben mit ihrem Gesinge aufhören, kann man unten die Normannen hören, wie sie hämmern und reden und sich auf die Schlacht vorbereiten. Einmal ist er mit mir im Dunkeln hergekommen, so daß wir unten normannische und irische Stimmen durch die Jahrhunderte hindurch hören konnten, und ich habe sie gehört. Ich habe sie gehört.

Manchmal bin ich allein da oben auf den Höhen von Carrigogunnell und höre Stimmen von normannischen Mädchen aus alten Zeiten, die lachen und auf französisch singen, und als ich sie mit dem Geiste sehe, werde ich versucht, und ich klettere ganz oben auf die Burg, wo früher ein Turm war, und dort, wo ganz Irland mich sehen kann, spiele ich an mir herum und spritze über ganz Carrigogunnell und noch weiter über die Felder. Das ist eine Sünde, die ich nie einem Priester erzählen könnte. Große Höhen erklettern und vor ganz Irland an sich herumspielen ist bestimmt schlimmer, als es privat mit sich selbst oder mit einem anderen oder gar nicht mit einem Menschenwesen zu tun. Irgendwo da unten auf den Feldern oder an den Ufern des Shannon hat vielleicht ein Junge oder ein Milchmädchen hochgeblickt und mich in meiner Sünde gesehen, und wenn sie mich gesehen haben, bin ich verdammt, denn die Priester sagen immer, daß jeder, der ein Kind der Sünde aussetzt, einen Mühlstein um den Hals gebunden kriegt und ins Meer geworfen wird.

Trotzdem bringt der Gedanke, daß mich vielleicht jemand beobachtet, wieder die Aufregung mit sich. Ich möchte nicht, daß ein kleiner Junge mich beobachtet. Nein, nein, das würde bestimmt zum Mühlstein führen, aber wenn es ein Milchmädchen wäre, das hier heraufglotzt, würde sie bestimmt aufgeregt werden und Hand an sich legen, obwohl ich nicht weiß, ob Mädchen Hand an sich legen können, wenn sie nichts haben, woran die Hand sich festhalten kann. Keine Ausstattung, wie Mikey Molloy zu sagen pflegte.

Ich wünschte, dieser alte taube Dominikanerpriester würde zurückkommen, damit ich ihm von meinen Schwierigkeiten mit der Aufregung berichten kann, aber jetzt ist er tot, und ich muß mit einem Priester rechnen, der sich über den Mühlstein und die Verdammnis ausläßt.

Verdammnis. Das ist das Lieblingswort jedes Priesters in Limerick.

Ich gehe zurück durch die O'Connell Avenue und Ballinacurra, wo die Leute schon früh Brot und Milch an die Tür geliefert bekommen, und es ist bestimmt nichts dabei, wenn ich einen Laib oder eine Flasche ausborge, und zwar mit dem festen Vorsatz, alles zurückzugeben, sobald ich einen Job beim Postamt habe. Ich stehle nicht, ich borge nur, und das ist keine Todsünde. Außerdem habe ich heute morgen ganz oben auf einer Burg gestanden und eine viel schlimmere Sünde begangen, als Brot und Milch zu stehlen, und wenn man eine Sünde begeht, kann man genausogut noch ein paar mehr begehen, weil einen in der Hölle sowieso dieselbe Strafe erwartet. Eine Sünde – Ewigkeit. Ein Dutzend Sünden – Ewigkeit. Dann hängt man eben für ein Schaf und nicht für ein Lamm, wie meine Mutter sagen würde.

Ich trinke die Milch und lasse die leere Flasche da, damit der Milchmann nicht die Schuld kriegt, weil er keine geliefert hat. Ich mag Milchmänner, weil mir einer mal zwei kaputte Eier geschenkt hat, die ich roh mit kleinen Stückchen Schale und allem runtergeschluckt habe. Er sagte, ich werde groß und stark, auch wenn ich jeden Tag nichts anderes kriege als zwei rohe Eier in einer Pint Porter. Alles, was man braucht, ist im Ei, und alles, was man möchte, ist in der Pint.

Manche Häuser bekommen besseres Brot als andere. Es kostet mehr, und das nehme ich. Die reichen Leute tun mir leid, die morgens aufstehen und an die Tür gehen und merken, daß ihr Brot nicht da ist, aber deshalb kann ich nicht verhungern. Wenn ich verhungere, habe ich nicht die Kraft für meinen Job als Telegrammjunge bei der Post, und das bedeutet, daß ich nicht das Geld haben werde, das Brot und die Milch zu ersetzen, und daß ich nicht sparen kann, um nach Amerika zu gehen, und wenn ich nicht nach Amerika gehen kann, kann ich auch gleich in den Shannon springen. Es dauert doch nur noch ein paar Wochen, bis ich meinen ersten Lohn beim Postamt kriege, und bestimmt werden diese Reichen bis dahin nicht vor Hunger zusammenbrechen. Sie können jederzeit das Dienstmädchen schicken, daß es mehr holt. Das ist der Unterschied zwischen den Armen und den Reichen. Die Armen können niemanden schicken, der mehr holt, weil kein Geld da ist, für das mehr geholt werden könnte, und wenn Geld da wäre, hätten sie kein Dienstmädchen, das sie schicken können. Es sind die Dienstmädchen, um die ich mir Sorgen machen muß. Ich muß vorsichtig sein, wenn ich das Brot und die Milch ausborge und sie an der Tür sind und Türknäufe, Türklopfer und Briefkästen polieren. Wenn sie mich sehen, rennen sie zu ihrer Gnädigsten, o Madam, Madam, da ist ein Gassenjunge drauschen, der sich mit der ganzen Milch und dem ganzen Brot aus dem Staub macht.

Drauschen. So sprechen Dienstmädchen, weil sie alle vom Lande sind. Färsen aus Mullingar, sagt Paddy Clohessys Onkel, liefern Rindfleisch wunderbar, und sie gönnen einem nicht den Dampf ihrer Pisse. Ich bringe das Brot nach Hause, und selbst wenn der Abt sich wundert, sagt er nicht, wo hast du das her? weil er auf den Kopf gefallen ist, und so was haut die Neugier aus einem raus. Er sieht mich nur mit seinen großen Augen an, die in der Mitte blau und drum herum gelb sind, und schlürft seinen Tee aus der großen Tasse mit dem Sprung, die ihm seine Mutter hinterlassen hat. Er sagt mir, das ist meine Tasse, und trink du da deinen Tee nicht drausch rausch.

Drausch rausch. Das ist die Sprache der Elendsviertel von Limerick, die Dad immer so bekümmert hat. Er sagte, ich möchte nicht, daß meine Söhne in einer der Gassen von Limerick aufwachsen und drausch rausch sagen. So was ist gewöhnlich und Unterschicht. Sagt ordentlich daraus heraus.

Und Mam sagte, ich hoffe, es macht dir nichts aus, aber du unternimmst nicht gerade viel, damit wir hier drauschrauschkommen.

Draußen auf dem Lande, hinter Ballinacurra, klettere ich über die Mauern von Obstgärten, um Äpfel zu klauen. Wenn ein Hund da ist, gehe ich weiter, weil ich nicht wie Paddy Clohessy mit ihnen reden kann. Bauern stürzen sich auf mich, aber mit ihren Gummistiefeln sind sie immer zu langsam, und selbst wenn sie auf ein Fahrrad springen, um mich zu jagen, springe ich über Mauern, wohin sie das Rad nicht mitnehmen können.

Der Abt weiß, wo ich die Äpfel herhabe. Wenn man in den Gassen von Limerick aufwächst, plündert man zwangsläufig früher oder später den einen oder anderen Obstgarten. Selbst wenn man Äpfel haßt, muß man Äpfel klauen gehen, sonst sagen die Kumpels, man ist ein Waschlappen.

Ich biete dem Abt immer einen Apfel an, aber er ißt sie nie, wegen der Seltenheit der Zähne in seinem Kopf. Er hat noch fünf, und er will nicht riskieren, sie in einem Apfel zu lassen. Wenn ich den Apfel in Scheiben schneide, will er ihn immer noch nicht essen, denn so ißt man keine Äpfel. Das sagt er, und wenn ich sage, ein Brot schneidet man doch auch in Scheiben, bevor man es ißt, sagt er, Brot ist Brot, und Äpfel ist Äpfel.

So spricht man, wenn man auf den Kopf gefallen ist.

Michael kommt wieder mit warmem Tee in einer Milchflasche und zwei Scheiben gebratenem Brot. Ich sage ihm, ich brauche es nicht mehr. Sag Mam, ich kann für mich selbst sorgen, und ich brauche ihren Tee und ihr gebratenes Brot nicht, vielen herzlichen Dank. Michael ist entzückt, als ich ihm einen Apfel gebe, und ich sage ihm, du kannst jeden zweiten Tag wiederkommen, dann kriegst du wieder welche. Dadurch bittet er mich nicht mehr, ich soll doch zurück zu Laman Griffin kommen, und ich bin froh, daß er auch nicht mehr weint.

Unten in Irishtown ist ein Markt, wohin samstags die Bauern mit Gemüse, Hühnern, Eiern und Butter kommen. Wenn ich ganz früh da bin, geben sie mir ein paar Pennies dafür, daß ich ihnen beim Entladen ihrer Karren oder Automobile helfe. Am Ende des Tages geben sie mir Gemüse, das sie nicht verkaufen können, alles, was zermatscht, angestoßen oder teilweise vergammelt ist. Eine Bauersfrau gibt mir immer angestoßene Eier und sagt mir, brate diese Eier morgen, wenn du aus der Messe kommst und in einem Stand der Gnade bist, denn wenn du diese Eier mit einer Sünde auf der Seele ißt, bleiben sie dir im Halse stecken, o ja.

Sie ist eine Bauersfrau, und so sprechen die.

Ich selbst bin jetzt auch nicht viel besser als ein Bettler, so wie ich bei der Tür von Fisch-mit-Fritten-Läden stehe, wenn sie dichtmachen, und hoffe, daß sie vielleicht verkohlte Fritten übrig haben, oder Fisch, der noch im Fett herumschwimmt. Wenn sie es eilig haben, geben mir die Ladenbesitzer die Fritten und ein Stück Zeitungspapier zum Einwickeln.

Die Zeitung, die ich am liebsten mag, ist die News of the World. Die ist in Irland verboten, aber die Leute schmuggeln sie aus England herein, weil so schockierende Bilder von Mädchen in Badeanzügen drin sind, und die Badeanzüge sind fast nicht zu sehen. Dann gibt es noch Geschichten über Leute, die alle Arten von Sünden begehen, die man in Limerick nicht finden würde, sie lassen sich scheiden, sie begehen Ehebruch.

Ehebruch. Ich muß immer noch herausfinden, was das Wort bedeutet, muß es in der Leihbücherei nachschlagen. Ich bin sicher, es ist schlimmer als das, was die Lehrer uns beigebracht haben, schlimme Gedanken, schlimme Worte, schlimme Taten.

Ich nehme meine Fritten mit nach Hause und gehe ins Bett wie der Abt. Wenn er ein paar Pints intus hat, sitzt er aufrecht im Bett, ißt seine Fritten aus dem Limerick Leader und singt Die Straße nach Rasheen. Ich esse meine Fritten. Ich lecke die News of the World ab. Ich lecke die Geschichten über Leute, die schockierende Dinge tun, ab. Ich lecke die Mädchen in ihren Badeanzügen ab, und wenn nichts mehr zum Ablecken übrig ist, sehe ich die Mädchen an, bis der Abt das Licht ausbläst und ich unter der Bettdecke eine Todsünde begehe.

Ich kann jederzeit mit Mams oder Laman Griffins Leserausweis in die Bücherei gehen. Das wird nie herauskommen, weil Laman zu faul ist, an einem Samstag aus dem Bett aufzustehen, und Mam wird aus Scham über ihre Kleidung nie auch nur in die Nähe einer Leihbücherei gehen.

Miss O'Riordan lächelt. Das Leben der Heiligen wartet schon auf dich, Frank. Bände über Bände. Butler, O'Hanlon, Baring-Could. Ich habe der Chefbibliothekarin alles über dich erzählt, und sie ist davon so angetan, daß sie bereit ist, dir deinen eigenen Erwachsenenleserausweis zu geben. Ist das nicht wunderbar?

Danke, Miss O'Riordan.

Ich lese alles über die hl. Brigid, Jungfrau, erster Februar. Sie war so schön, daß die Männer in ganz Irland danach gejapst haben, sie zu heiraten, und ihr Vater wollte, daß sie jemand Wichtigen heiratet. Sie wollte gar keinen heiraten, also hat sie zu Gott um Hilfe gebetet, und Er hat gemacht, daß ihr ein Auge im Kopf schmolz, so daß es ihr die Wange hinunterkleckerte und einen so dicken Striemen hinterließ, daß die Männer Irlands das Interesse verloren.

Dann gibt es noch die hl. Wilgefortis, jungfräuliche Märtyrerin, zwanzigster Juli. Ihre Mutter kriegte neun Kinder, alle gleichzeitig, viermal einen Satz Zwillinge und Wilgefortis als das ungerade, und alle endeten als Märtyrer für den Glauben. Wilgefortis war wunderschön, und ihr Vater wollte sie nach auswärts an den König von Sizilien verheiraten. Wilgefortis war verzweifelt, und Gott half ihr, indem Er einem Bart gestattete, auf ihrem Gesicht zu wachsen, weshalb sich der König von Sizilien die Sache noch mal überlegte, was aber ihren Vater so aufbrachte, daß er sie kreuzigen ließ, mit Bart und allem. Zur hl. Wilgefortis betet man, wenn man Engländerin ist und Ärger mit dem Ehemann hat.

Die Priester erzählen uns nie etwas über jungfräuliche Märtyrerinnen wie die hl. Agatha, fünfter Februar. Der Februar ist ein kraftvoller Monat für jungfräuliche Märtyrerinnen. Sizilianische Heiden befahlen Agatha, sie soll ihren Glauben an Jesus aufgeben, und wie alle jungfräulichen Märtyrerinnen sagte sie nein. Sie folterten sie, zogen sie auf der Folterbank auseinander, rissen ihr die Seiten mit eisernen Haken auf, versengten sie mit Brandfackeln, und sie sagte, nein, ich werde unseren Herrn nicht leugnen. Sie zerquetschten ihr die Brüste und schnitten sie ab, aber als sie sie über glühende Kohlen rollten, war das mehr, als sie ertragen konnte, und sie hauchte ihre Seele aus und pries dabei den Herrn.

Jungfräuliche Märtyrerinnen starben immer Hymnen singend und den Herrn preisend, und es war ihnen ganz egal, ob Löwen ihnen dicke Brocken aus der Hüfte rissen und an Ort und Stelle runterschluckten.

Warum haben uns die Priester nie von der hl. Ursula und ihren elftausend unschuldigen Märtyrerinnen, einundzwanzigster Oktober, erzählt? Ihr Vater wollte, daß sie einen heidnischen König heiratet, aber sie sagte, ich fahre ein bißchen weg, drei Jahre, und denke drüber nach. Sie fährt also mit ihren tausend adligen Hofdamen und deren Reisebegleiterinnen, noch mal zehntausend, weg. Sie fuhren mit dem Schiff herum und klapperten verschiedene Länder ab, bis sie nach Köln kamen, wo der Häuptling der Hunnen Ursula einen Heiratsantrag machte. Nein, sagte sie, und die Hunnen brachten sie und die ganzen anderen Jungfrauen gleich mit um. Warum konnte sie nicht ja sagen und elftausend Jungfrauen das Leben retten? Warum mußten jungfräuliche Märtyrerinnen immer so stur sein?

Ich mag den hl. Moling, der ein irischer Bischof war. Er lebte nicht in einem Palast wie der Bischof von Limerick. Er wohnte auf einem Baum, und wenn andere ihn zum Essen besuchen kamen, saßen sie auf Ästen herum wie Vögel und amüsierten sich prächtig mit ihrem Wasser und ihrem trocken Brot. Eines Tages ging er mal spazieren, und ein Aussätziger sagte, hoi, Sankt Moling, wohin gehst du? Ich gehe in die Messe, sagt Sankt Moling. Tja, ich würde auch gern in die Messe, heb mich doch auf deinen Rücken und trage mich. Das tat der hl. Moling, aber kaum hatte er den Aussätzigen auf dem Buckel, als der sich auch schon beschwerte. Dein härenes Hemd, sagte er, fühlt sich an meinen offenen Wunden so kratzig an, zieh es doch aus. Der hl. Moling zog das Hemd aus, und es ging wieder weiter. Dann sagt der Aussätzige, ich muß mir mal die Nase putzen. Der hl. Moling sagt, ich habe keinerlei Taschentuch, nimm die Hand. Der Aussätzige sagt, ich kann mich nicht an dir festhalten und mir gleichzeitig die Nase putzen. Na schön, sagt der hl. Moling, du kannst dich in meine Hand schneuzen. Das wird nicht gehen, sagt der Aussätzige, ich habe ja wegen meines Aussatzes kaum noch eine Hand übrig und kann mich nicht gleichzeitig an dir festhalten und mich in deine Hand schneuzen. Wenn du ein anständiger Heiliger wärst, würdest du den Kopf verrenken und mir den Kram aus dem Kopf saugen. Sankt Moling hatte keine Lust, dem Aussätzigen den Rotz herauszusaugen, aber er hat es gemacht und es dargebracht und Gott für dieses Privileg gepriesen.

Ich habe verstanden, warum mein Vater den üblen Kram aus Michaels Kopf herausgesaugt hat, als er ein Baby war und es ihm so verzweifelt schlecht ging, aber ich verstehe nicht, warum Gott wollte, daß der hl. Moling herumläuft und Aussätzigen den Rotz aus dem Kopf saugt. Ich verstehe Gott überhaupt nicht, und selbst wenn ich gern ein Heiliger wäre, so daß alle mich anbeten müßten, würde ich nie einem Aussätzigen den Rotz heraussaugen. Ich wäre gern ein Heiliger, aber wenn man so was machen muß, bleibe ich, glaube ich, lieber, wie ich bin.

Trotzdem würde ich gern mein Leben lang in dieser Bücherei sitzen und alles über Jungfrauen und jungfräuliche Märtyrerinnen nachlesen, bis ich wegen eines Buches, das jemand auf dem Tisch liegengelassen hat, Ärger mit Miss O'Riordan kriege. Der Autor ist Lin Yu T'ang. Jeder kann sehen, daß das ein chinesischer Name ist, und ich bin neugierig zu erfahren, worüber die Chinesen so reden. Es ist ein Buch mit Aufsätzen über Liebe und den Körper, und eins seiner Wörter scheucht mich zum Lexikon. Turgeszieren. Er schreibt, das männliche Kopulationsorgan turgesziert und wird in die empfangsbereite weibliche Öffnung eingeführt.

Turgesziert. Das Lexikon sagt anschwellen, und genau das bin ich, angeschwollen, wie ich da stehe und das Lexikon betrachte, denn jetzt weiß ich, wovon Mikey Molloy die ganze Zeit geredet hat, daß wir auch nicht anders sind als die Hunde, die auf der Straße ineinander steckenbleiben und nicht mehr auseinander können, und es ist ein Schock, wenn man an all die Mütter und Väter denkt, die dergleichen tun.

Mein Vater hat mich jahrelang mit dem Engel auf der siebten Stufe angelogen.

Miss O'Riordan möchte wissen, welches Wort ich suche. Sie sieht immer besorgt aus, wenn ich beim Lexikon bin, also sage ich ihr, daß ich kanonisieren oder beatifizieren oder sonst irgendein religiöses Wort nachschlage.

Und was ist dies? Dies ist nicht Das Leben der Heiligen.

Sie hebt Lin Yu T'ang auf und beginnt, die Seite zu lesen, wo ich das Buch aufgeschlagen aufs Gesicht gelegt hatte.

Heilige Muttergottes. Hast du dies gelesen? Ich habe dies in deiner Hand gesehen.

Tja, ich, ich wollte nur sehen, ob die Chinesen, ob die Chinesen, äh, irgendwelche Heiligen hatten.

Ja, das kann ich mir lebhaft vorstellen. Dies ist schandbar. Schmutz. Schund. Kein Wunder, daß die Chinesen so sind, wie sie sind. Aber was kann man schon von Schlitzaugen und gelber Haut erwarten, und du, wenn ich dich jetzt so betrachte, hast auch ein bißchen vom geschlitzten Auge abgekriegt. Auf der Stelle verläßt du diese Bücherei.

Ich lese aber doch Das Leben der Heiligen.

Hinaus, oder ich rufe die Chefbibliothekarin, und die ruft die *gárdaí.* Hinaus. Du solltest zum Priester laufen und deine Sünden beichten. Hinaus, und bevor du gehst, händigst du mir die Leserausweise deiner armen Mutter und von Mr. Griffin aus. Ich habe nicht übel Lust, deiner armen Mutter zu schreiben, und genau das würde ich auch tun, wenn ich nicht fürchten müßte, daß ihr das endgültig den Rest gibt. Lin Yu T'ang, hat man Worte. Hinaus.

Es hat keinen Zweck, mit Bibliothekarinnen zu reden, wenn sie in dem Zustand sind. Man könnte eine Stunde dastehen und ihnen alles erzählen, was man über Brigid und Wilgefortis und Agatha und Ursula und die unschuldigen Märtyrerinnen gelesen hat, aber alles, woran sie denken, ist ein Wort auf einer Seite bei Lin Yu T'ang.

Der Volkspark ist hinter der Leihbücherei. Die Sonne scheint, das Gras ist trocken, und ich bin erschöpft. Es ist anstrengend, um Fritten zu betteln, und was man sich alles von Bibliothekarinnen bieten lassen muß, die wegen turgeszieren Zustände kriegen, und ich sehe zu den Wolken hoch, die über dem Denkmal vorbeitreiben, und ich lasse mich auch treiben, ganz angeschwollen, bis ich einen Traum habe, in dem jungfräuliche Märtyrerinnen mit Badeanzügen in der News of the World vorkommen, die chinesische Schriftsteller mit Schafsblasen bewerfen, und ich wache in einem Zustand der Aufregung auf, und etwas Heißes und Klebriges pumpt aus mir heraus o Gott mein männliches Kopulationsorgan steht eine Meile ab die Leute im Park sehen mich merkwürdig an und Mütter sagen ihren Kindern komm her Kleines komm von dem Kerl da weg kann nicht mal jemand die Polizei rufen.

Am Tag vor meinem vierzehnten Geburtstag sehe ich mich im Spiegel von Omas Anrichte. So wie ich aussehe, kann ich meinen Job beim Postamt nie antreten. Alles ist zerrissen, Hemd, Pulli, kurze Hose, Strümpfe, und meine Schuhe können mir jederzeit vollends von den Füßen bröseln. Dahin wie die Tage des Ruhms, würde meine Mutter sagen. Meine Klamotten sehen schon schlimm aus, aber ich sehe noch schlimmer aus. Egal, wie sehr ich mir die Haare unter dem Wasserhahn naß mache, sie stehen immer nach allen Seiten ab. Das beste Mittel gegen zu Berge stehendes Haar ist Spucke, es ist nur schwer, sich selbst auf den Kopf zu spucken. Man muß gut und reichlich in die Luft spucken und sich dann so geschickt ducken, daß einem die Spucke direkt auf den Kopf fällt. Meine Augen sind rot, gelb quillt es aus ihnen heraus, und dazu passend habe ich überall im Gesicht rotgelbe Pickel, und meine Schneidezähne sind so schwarz verfault, daß ich mein Lebtag nicht werde lächeln können.

Ich habe keine Schultern, und ich weiß, daß die ganze Welt Schultern bewundert. Wenn in Limerick ein Mann stirbt, sagen die Frauen immer, ein toller Mann war er, so breite Schultern, daß er seitwärts zur Tür reinkommen mußte. Wenn ich sterbe, werden sie sagen, armer kleiner Teufel, starb ohne die geringste Schulter. Ich hätte so gern ein bißchen Schulter, damit die Menschen merken, daß ich mindestens vierzehn Jahre alt bin. Alle Jungs auf Leamy's Penne hatten Schultern, außer Fintan Slattery, und wie der möchte ich nicht sein, ohne Schultern und mit vom Beten abgewetzten Knien. Wenn ich etwas Geld übrig hätte, würde ich dem hl. Franziskus eine Kerze anzünden und ihn fragen, ob wohl die Möglichkeit besteht, Gott zu überreden, daß Er bei meinen Schultern ein Wunder vollbringt. Oder wenn ich eine Briefmarke hätte, könnte ich Joe Louis schreiben und sagen, lieber Joe, besteht wohl die Möglichkeit, daß Du mir sagen kannst, woher Du Deine kraftvollen Schultern hast, obwohl Du doch arm warst?

Ich muß für meinen Job anständig aussehen, also ziehe ich alle Klamotten aus und stehe nackt auf dem Hinterhof und wasche sie unter dem Wasserhahn mit einem Stück Karbolseife. Ich hänge sie auf Omas Wäscheleine, Hemd, Pulli, Hose, Strümpfe, und bete zu Gott, daß es nicht regnet, bete, daß sie bis morgen trocken sind, denn morgen fängt mein Leben an.

Ich kann mit meinem nackten Pelz nirgendwohin gehen, also bleibe ich den ganzen Tag im Bett und lese alte Zeitungen und rege mich wegen der Mädchen in The News of the World auf und danke Gott für die Sonne, die meine Klamotten trocknet. Der Abt kommt um fünf nach Hause und macht unten Tee, und obwohl ich Hunger habe, weiß ich, daß er meckern wird, wenn ich ihn um etwas bitte. Er weiß, was mir am meisten Sorgen macht, ist, daß er zu Tante Aggie gehen und sich beschweren könnte, daß ich in Omas Haus wohne und in ihrem Bett schlafe, und wenn Tante Aggie das hört, kommt sie vorbei und wirft mich auf die Straße.

Er versteckt sein Brot, wenn er fertig gegessen hat, und ich kann es nie finden. Man sollte doch meinen, daß jemand, der noch nie auf den Kopf gefallen ist, das Brot findet, das jemand versteckt hat, der schon mal auf den Kopf gefallen ist. Dann wird mir klar, wenn das Brot nicht im Haus ist, muß er es in der Tasche des Mantels mitnehmen, den er sommers wie winters trägt. Sobald ich höre, wie er von der Küche zum Hinterhofklo trampelt, renne ich die Treppe hinunter, hole das Brot aus der Manteltasche, schneide eine dicke Scheibe ab, stopfe das Brot wieder zurück und Treppe hoch und rein ins

Bett. Er kann nie ein Wort sagen, mich nie beschuldigen. Man müßte schon die allerschlimmste Sorte von Dieb sein, wenn man eine Scheibe Brot stiehlt, und niemand würde ihm jemals glauben, nicht mal Tante Aggie. Außerdem würde sie ihn ankläffen und sagen, wieso läufst du denn überhaupt mit einem Laib Brot in der Manteltasche herum? Da bewahrt man doch kein Brot auf.

Ich kaue das Brot ganz langsam. Alle fünfzehn Minuten einen Mundvoll, dann hält es länger vor, und wenn ich es mit Wasser herunterspüle, wird das Brot in meinem Bauch aufquellen, und das verschafft mir dann das Gefühl der Sättigung. Ich sehe aus dem Hinterfenster, um sicherzugehen, daß die Abendsonne meine Klamotten trocknet. Auf anderen Hinterhöfen sind Wäscheleinen mit Wäsche, die lustig und bunt im Wind tanzt. Meine Sachen hängen an der Leine wie tote Hunde.

Die Sonne scheint, aber im Haus ist es kalt und feucht, und ich hätte gern etwas, was ich im Bett anhaben kann. Ich habe nichts anderes anzuziehen, und wenn ich etwas vom Abt anrühre, rennt er todsicher zu Tante Aggie. Alles, was ich im Kleiderschrank finde, ist Omas altes schwarzes Wollkleid. Man soll ja nicht das alte Kleid der Großmutter tragen, wenn sie schon tot ist und man ein Junge ist, aber das ist egal, wenn es einen warm hält und man im Bett unter den Decken ist, wo es niemand je erfährt. Das Kleid riecht nach alter toter Großmutter, und ich habe Angst, daß sie aus dem Grabe aufersteht und mich vor der ganzen Familie und sämtlichen Anwesenden verflucht. Ich bete zum hl. Franziskus, bitte ihn, er soll sie im Grab lassen, wo sie hingehört, verspreche ihm eine Kerze, sobald ich meinen Job angetreten habe, erinnere ihn daran, daß das Gewand, das er immer trug, auch nicht allzu weit von einem Kleid entfernt war, und niemand hat ihn deshalb gequält, und ich schlafe ein, und im Traum erscheint mir sein Gesicht.

Das Schlimmste auf der Welt ist, wenn man im Bett der toten Großmutter schläft und ihr schwarzes Kleid anhat, und man hat einen Onkel, genannt der Abt, welcher nach einer Nacht des Pintstrinkens vor South's Kneipe auf den Arsch fällt, und Menschen, die nicht wissen, wie man sich um seinen eigenen Kram kümmert, rennen zu Tante Aggies Haus, um ihr das zu sagen, und sie holt Onkel Pa Keating, damit er ihr hilft, den Abt nach Hause und die Treppe hoch zu tragen, dahin, wo man schläft, und kläfft einen an, was machst du in diesem Haus, was machst du in diesem Bett? Steh auf und setz einen Kessel mit Teewasser für deinen armen Onkel Pat auf, welcher gestürzt ist, und wenn man sich nicht rührt, zieht sie einem die Decken weg und fällt hintenüber wie jemand, der ein Gespenst sieht, und schreit, Heilige Muttergottes, was treibst du da im Kleid meiner toten Mutter?

Das ist das Allerschlimmste, denn es ist schwer zu erklären, daß man sich darauf vorbereitet, den großen Job seines Lebens anzutreten, daß man seine Sachen gewaschen hat und daß es so kalt war, daß man das einzige anziehen mußte, was in dem Haus zu finden war, und es ist noch schwerer, mit Tante Aggie zu reden, wenn der Abt im Bett stöhnt, mich brennen die Füße wie Feuer, kippt mich Wasser auf die Füße, und Onkel Pa Keating hält sich den Mund zu und fällt vor Lachen gegen die Wand und sagt einem, man sieht hinreißend aus, und Schwarz steht einem echt gut, und den Saum müßte man vielleicht links ein Ideechen auslassen. Man weiß nicht, was man machen soll, wenn Tante Aggie einem sagt, steh aus diesem Bett auf und setz unten Teewasser für deinen armen Onkel auf. Soll man nun das Kleid ausziehen und sich eine Bettdecke umlegen, oder soll man so gehen, wie man ist? In der einen Minute kreischt sie, was treibst du im Kleid meiner armen Mutter? und in der nächsten Minute sagt sie einem, man soll den verdammten Kessel aufsetzen. Ich sage ihr, ich habe meine Sachen für den großen Job gewaschen.

Was für einen großen Job?

Telegrammjunge beim Postamt.

Sie sagt, wenn das Postamt Leute wie dich anstellt, muß das Postamt auf dem letzten Loch pfeifen, geh runter und setz den Kessel auf.

Das Zweitschlimmste ist, wenn man draußen auf dem Hinterhof den Kessel unter dem Wasserhahn vollmacht, und der Mond scheint nur so, und Kathleen Purcell von nebenan hockt auf der Mauer, weil sie ihre Katze sucht. Gott, Frankie McCourt, was treibst du da im Kleid deiner Großmutter, und man muß da in dem Kleid mit dem Kessel in der Hand stehen und erklären, wie man seine Sachen gewaschen hat, welche da jetzt auf der Wäscheleine hängen, wo sie jeder sehen kann, und im Bett war einem so kalt, daß man das Kleid der Großmutter anziehen mußte, und dann fiel Onkel Pat, genannt Abt, hin und wurde von Tante Aggie und ihrem Mann, Pa Keating, nach Hause gebracht, und sie hat einen auf den Hinterhof gescheucht, damit man diesen Kessel vollmacht, und man wird dieses Kleid ausziehen, sobald endlich mal die Klamotten getrocknet sind, weil man nie auch nur den allergeringsten Wunsch verspürte, im Kleid der toten Großmutter durchs Leben zu gehen.

Jetzt stößt Kathleen Purcell einen Schrei aus, fällt von der Mauer, vergißt die Katze, und man kann hören, wie sie an ihre blinde Mutter hinkichert, Mammy, Mammy, rate mal, was Frankie McCourt auf dem Hinterhof mit dem Kleid seiner toten Großmutter treibt. Man weiß, daß, wenn Kathleen Purcell ein winziges Stückchen Skandal mitkriegt, die ganze Gasse es vor Tagesanbruch wissen wird, und man könnte genausogut den Kopf aus dem Fenster halten und eine allgemeine Erklärung zum Thema Ich und die Sache mit dem Kleid abgeben.

Bis der Kessel kocht, ist der Abt von den Getränken eingeschlafen, und Tante Aggie sagt, sie und Onkel Pa werden jetzt ihrerseits ein Tröpfchen Tee trinken, und sie hat nichts dagegen, wenn ich meinerseits auch ein Tröpfchen Tee trinke. Onkel Pa sagt, wenn er es recht bedenkt, könnte das schwarze Kleid die Soutane eines Dominikanerpriesters sein, und er kniet nieder und sagt, segnen Sie mich, Herr Pfarrer, denn ich habe gesündigt. Tante Aggie sagt, steh auf, du alter Tölpel, und mach dich nicht über die Religion lustig. Dann sagt sie, und du, was machst du in diesem Haus?

Ich kann ihr nichts über Mam und Laman Griffin und die Aufregung auf dem Speicher erzählen. Ich sage ihr, ich hätte mir überlegt, wegen der großen Entfernung von Lamans Haus zum Postamt erst mal ein Weilchen hier unterzukommen, und sobald ich auf eigenen Beinen stehe, finden wir bestimmt was Anständiges zum Wohnen, und dann ziehe ich mit Mutter und Brüdern und allem dahin.

Na, sagt sie, das ist immerhin mehr, als was dein Vater täte.

15

Es ist schwer zu schlafen, wenn man weiß, daß man am nächsten Tag vierzehn ist und seinen ersten Job als Mann antritt. Im Morgengrauen weckt mich stöhnend der Abt. Ob ich ihm wohl etwas Tee mache, und wenn ich gerade dabei bin, kann ich eine dicke Scheibe von dem halben Laib Brot in seiner Manteltasche abkriegen, wo er es aufbewahrt, damit es vor der gelegentlichen Ratte in Sicherheit ist, und wenn ich in Omas Grammophon nachsehe, wo sie die Schallplatten hatte, werde ich ein Glas Marmelade finden.

Er kann nicht lesen, er kann nicht schreiben, aber er weiß, wo man Marmelade verstecken muß.

Ich bringe dem Abt seinen Tee und sein Brot und mache mir auch was. Ich ziehe meine feuchten Sachen an und gehe wieder ins Bett und hoffe, daß sie von meiner eigenen Hitze trocknen werden, bevor ich zur Arbeit gehe. Mam sagt immer, es sind die nassen Sachen, von denen man Schwindsucht und ein frühes Grab kriegt. Der Abt sitzt aufrecht im Bett und sagt, er hat schreckliche Kopfschmerzen von einem Traum, in dem ich das schwarze Kleid seiner Mutter anhatte und sie herumflatterte und kreischte, Sünde, Sünde, das ist eine Sünde. Er trinkt seinen Tee aus und fällt in einen Schnarchschlaf, und ich warte, daß auf seiner Uhr halb acht steht, Zeit aufzustehen, damit ich um neun auf dem Postamt bin, auch wenn meine Sachen noch naß auf der Haut sind.

Als ich weggehe, frage ich mich, warum Tante Aggie die Gasse heraufkommt. Sie kommt wahrscheinlich, um zu sehen, ob der Abt tot ist oder einen Arzt braucht. Sie sagt, um wieviel Uhr mußt du bei diesem Job sein?

Neun.

In Ordnung.

Sie macht kehrt und geht mit mir zum Postamt in der Henry Street. Sie sagt kein Wort, und ich frage mich, ob sie mit zum Postamt geht, um da zu petzen, daß ich im Bett ihrer Großmutter geschlafen habe und ihr schwarzes Kleid anhatte. Sie sagt, geh rein und sag ihnen, deine Tante wartet draußen, und du kommst eine Stunde später. Wenn sie Streit wollen, komme ich rein und streite mich mit ihnen.

Warum soll ich eine Stunde später kommen?

Du tust, wie dir verdammtnochmal geheißen.

Auf einer Bank an einer Wand sitzen Telegrammjungen. An einem Schreibtisch sitzen zwei Frauen, eine dick, eine dünn. Die Dünne sagt, ja?

Ich heiße Frank McCourt, Miss, und ich bin hier, um mit der Arbeit anzufangen.

Und was für eine Art Arbeit wäre das?

Telegrammjunge, Miss.

Die Dünne gackert, o Gott, ich dachte, du bist hier, um die Toiletten zu putzen.

Nein, Miss. Meine Mutter ist mit einem Schreiben vom Priester, Dr. Cowpar, gekommen, und angeblich gibt es hier Arbeit für mich.

Ach ja? Arbeit? Für dich? Und weißt du auch, was heute für ein Tag ist?

Ja, Miss. Heute ist mein Geburtstag. Ich bin vierzehn.

Ist das nicht großartig, sagt die dicke Frau.

Heute ist Donnerstag, sagt die dünne Frau. Dein Job beginnt am Montag. Geh weg und wasch dich und komm dann wieder.

Die Telegrammjungens an der Wand lachen. Ich weiß nicht, warum, aber ich spüre, daß mein Gesicht heiß wird. Ich sage zu der Frau, danke schön, und auf dem Weg hinaus höre ich die Dünne sagen, Jesus in der Höhe, Maureen, wer hat denn das Exemplar angeschleppt? und sie lachen zusammen mit den Telegrammjungens.

Tante Aggie sagt, nun? und ich sage ihr, ich fange erst Montag an. Sie sagt, meine Sachen sind eine Schande, und worin ich sie gewaschen habe.

Karbolseife.

Sie riechen nach toten Tauben, und du machst die ganze Familie zum Gespött.

Sie nimmt mich mit zu Roche's und kauft mir ein Hemd, einen Wollpulli, eine kurze Hose, zwei Paar Strümpfe und im Ausverkauf ein Paar Sommerschuhe. Sie gibt mir zwei Shilling, damit ich mir zum Geburtstag Tee und ein Rosinenbrötchen leisten kann. Sie steigt in den Bus, um zurück in die O'Connell Street zu fahren, zu fett und faul zum Gehen. Fett und faul, und ich bin nicht mal ihr Sohn, und trotzdem kauft sie mir die Sachen für meinen neuen Job.

Das Paket mit den neuen Sachen unter dem Arm, gehe ich zum Arthur's Quay und ich muß mich ans Ufer des Shannon stellen, mit dem Gesicht zum Fluß, damit nicht die ganze Welt am Tag, an dem er vierzehn wurde, die Tränen eines Mannes sieht.

Am Montag morgen stehe ich früh auf, um mir das Gesicht zu waschen und die Haare mit Wasser und Spucke zu glätten. Der Abt sieht mich in meinen neuen Sachen. Jeeesus, sagt er, hast du heute Hochzeit oder was? und schläft wieder ein.

Mrs. O'Connell, die dicke Frau, sagt, na aber, wir sind ja nach dem letzten Schrei der Mode eingekleidet, und die Dünne, Miss Barry sagt, hast du am Wochenende eine

Bank überfallen? und groß ist das Gelächter von den Telegrammjungens auf der Bank an der Wand.

Ich soll mich ans Ende der Bank setzen und warten, bis ich mit Telegrammaustragen an der Reihe bin. Die Telegrammjungens mit Uniformen sind die Unbefristeten, die die Prüfung gemacht haben. Sie können immer bei der Post bleiben, wenn sie wollen, dann können sie die nächste Prüfung für Briefträger machen und dann die für Schalterbeamter, dann dürfen sie drinnen arbeiten und unten im Parterre am Schalter Briefmarken verkaufen und Geldanweisungen auszahlen. Das Postamt gibt unbefristeten Jungens große wasserdichte Capes für das schlechte Wetter, und sie kriegen jedes Jahr zwei Wochen Urlaub. Jeder sagt, das sind gute Jobs, krisenfest, mit Pensionsberechtigung und respektabel, und wenn man so einen Job kriegt, braucht man sich sein Leben lang nie wieder Sorgen zu machen, nie wieder.

Befristete Telegrammjungens dürfen den Job nur machen, bis sie sechzehn sind. Es gibt keine Uniformen, keinen Urlaub, man kriegt weniger bezahlt, und wenn man einen Tag krankfeiert, kann man gefeuert werden. Keine Ausreden. Es gibt keine wasserdichten Capes. Bring deinen eigenen Regenmantel mit oder weiche den Regentropfen aus.

Mrs. O'Connell ruft mich an ihren Schreibtisch, um mir einen schwarzen Gürtel und eine Umhängetasche zu geben. Sie sagt, es herrscht eine große Fahrradknappheit, also werde ich meinen ersten Packen Telegramme zu Fuß austragen müssen. Ich soll zuerst zur am weitesten entfernten Adresse gehen und mich dann zum Postamt zurückarbeiten und nicht den ganzen Tag brauchen. Sie ist lange genug bei der Post, um zu wissen, wie lang man für sechs Telegramme braucht, auch zu Fuß. Ich soll nicht in Kneipen, bei Buchmachern oder auch nur zu Hause auf eine Tasse Tee haltmachen, und wenn ich das doch tue, kriegt sie das heraus. Ich soll auch nicht in Kirchen haltmachen, um ein Gebet zu sprechen. Wenn ich unbedingt beten muß, dann auf dem Huf oder auf dem Fahrrad. Wenn es regnet, kümmer dich nicht drum. Stell die Telegramme zu und sei kein Waschlappen.

Ein Telegramm ist an Mrs. Clohessy, Arthur's Quay, adressiert, und das kann ja wohl nur Paddys Mutter sein.

Bist du das, Frankie McCourt? sagt sie. Gott, ich hätte dich gar nicht erkannt, so groß bist du geworden. Komm doch rein.

Sie trägt einen bunten Kittel mit Blumen drauf und blitzblanke neue Schuhe. Auf dem Fußboden spielen zwei Kinder mit einer Eisenbahn. Auf dem Tisch stehen eine Teekanne, Tassen mit Untertassen, eine Flasche Milch, ein Laib Brot, Butter, Marmelade. Beim Fenster stehen zwei Betten, die da vorher nicht gestanden haben. Das große Bett in der Ecke ist leer, und sie errät, was ich mich frage. Er ist weg, sagt sie, aber er ist nicht tot. Mit Paddy nach England gegangen. Trink doch ein bißchen Tee und iß ein bißchen Brot. Du kannst es gebrauchen, Gott helfe uns. Du siehst aus wie einer, der von der Großen Hungersnot damals übriggeblieben ist. Iß das Brot mit ordentlich Marmelade und stärke dich. Paddy hat immer von dir gesprochen, und Dennis, mein armer Mann, der in dem Bett da lag, hat nie den Tag vergessen, an dem deine Mutter kam und das Lied über die Tanzerei in Kerry gesungen hat. Er ist jetzt drüben in England und schmiert Stullen in einer Kantine und schickt mir jede Woche ein paar Shilling. Man fragt sich, was sich die Engländer denken, wenn sie einen Mann nehmen, der die Schwindsucht hat, und ihm einen Job als Stullenschmierer geben. Paddy hat einen großartigen Job in einer Kneipe in Cricklewood, das liegt in England. Dennis wäre immer noch hier, wenn Paddy nicht wegen der Zunge die Mauer raufgeklettert wäre.

Zunge?

Dennis hatte dieses schmachtende Verlangen nach einem

schönen Schafskopf mit ein bißchen Kohl und einer Kartoffel, ich also mit den letzten paar Shilling, die ich noch hatte, zu Barry dem Schlachter. Ich habe den Kopf gekocht, und Dennis, krank und alles, wie er war, konnte es gar nicht erwarten, daß er endlich durch war. Er war ein richtiger Dämon da in dem Bett und schrie nach dem Kopf, und als ich ihm den Teller brachte, war er ja so was von zufrieden mit sich und zuzelte das Mark aus jedem Zoll dieses Kopfes heraus. Dann ist er fertig und sagt, Mary, wo ist die Zunge?

Welche Zunge? sage ich.

Die Zunge dieses Schafes. Jedes Schaf wird mit einer Zunge geboren, welche es dazu befähigt, mäh mäh mäh zu machen, und in diesem Kopf herrscht ein großer Mangel an Zunge. Geh zu Barry dem Fleischer und verlange sie.

Ich also zu Barry dem Fleischer, und er sagte, dies verdammte Schaf ist hierhergekommen und hat so viel geblökt und geweint, daß wir ihm die Zunge abgeschnitten und dem Hund vorgeworfen haben, welcher sie sofort verschlang und seitdem mäh mäh macht wie ein Schaf, und wenn er das nicht bald läßt, schneide ich ihm die Zunge ab und werfe sie der Katze vor.

Ich zurück zu Dennis, und er gerät im Bett außer sich. Ich möchte diese Zunge, sagt er. Sämtliche Nährstoffe sind in der Zunge. Und was glaubst du, was als nächstes geschieht? Geht doch mein Paddy der dein Freund war, nach Einbruch der Dunkelheit zu Barry dem Schlachter, klettert die Mauer rauf, schneidet einem Schafskopf, der an einem Haken an der Wand hängt, die Zunge raus und bringt sie mit nach Hause zu seinem armen Vater, der im Bett liegt. Natürlich muß ich diese Zunge mit jeder Menge Salz kochen, und Dennis, Gott liebe ihn, ißt sie, legt sich kurz im Bett zurück, wirft die Decke von sich, steht plötzlich auf seinen zwei Füßen und gibt der Welt bekannt, daß er, Schwindsucht hin, Schwindsucht her, nicht in diesem Bett sterben wird, und wenn er überhaupt sterben muß, dann genausogut unter einer deutschen Bombe und vorher noch ein paar Pfund für die Familie verdienen, anstatt dahinten in dem Bett vor sich hin zu winseln.

Sie zeigt mir einen Brief von Paddy. Er arbeitet zwölf Stunden am Tag in der Kneipe seines Onkels Anthony, fünfundzwanzig Shilling die Woche und jeden Tag Suppe und ein belegtes Brot. Er ist entzückt, wenn die Deutschen mit den Bomben herüberkommen, so daß er schlafen kann, während die Kneipe geschlossen hat. Nachts schläft er auf dem Fußboden auf dem Korridor im ersten Stock. Er wird seiner Mutter jeden Monat zwei Pfund schicken, und den Rest spart er, um sie und die Familie nach England zu holen, wo es ihnen in einem Zimmer in Cricklewood viel besser ergehen wird als in zehn Zimmern am Arthur's Quay. Sie wird ganz leicht einen Job kriegen, keine Sorge. Man müßte schon ein ziemlich trauriger Fall sein, wenn man in einem Land keinen Job kriegt, welches sich im Kriege befindet, besonders wo jetzt die Yanks hereinströmen und rechts und links Geld ausgeben. Paddy selbst plant, sich mitten in London einen Job zu besorgen, wo die Yanks Trinkgelder geben, groß genug, um eine sechsköpfige irische Familie eine Woche lang durchzufüttern.

Mrs. Clohessy sagt, endlich haben wir genug Geld für Essen und Schuhe, Gott und Seiner Gebenedeiten Mutter sei Dank. Ihr werdet nie erraten, wen Paddy drüben in England getroffen hat, vierzehn Jahre alt und mit Arbeit wie ein Mann. Brendan Quigley, den ihr Frage genannt habt. Er arbeitet und spart, damit er zu den Mounties gehen kann und wie Nelson Eddy durch ganz Kanada reiten und dabei I'll be calling youuuh-uuh-uuh-uuh-uuh-uuh singen kann. Wenn Hitler nicht wäre, wären wir alle tot, gräßlich, wenn man so was sagen muß. Und wie geht es deiner armen Mutter, Frankie?

Großartig, Mrs. Clohessy.

Ist doch gar nicht wahr. Ich habe sie in der Armenapotheke gesehen, und sie sieht schlechter aus als mein Dennis damals im Bett. Du mußt dich um deine arme Mutter kümmern. Du siehst ebenfalls verzweifelt schlecht aus, Frankie, mit den zwei roten Augen, die dir aus dem Kopf starren. Hier ist ein kleines Trinkgeld für dich. Drei Pence. Kauf dir was Süßes.

Ja, Mrs. Clohessy.

Dann tu's auch.

Am Ende der Woche überreicht mir Mrs. O'Connell den ersten Wochenlohn meines Lebens, ein Pfund, mein erstes Pfund. Ich renne die Treppe hinunter und hinauf zur O'Connell Street, der Hauptstraße, wo die Lichter an sind und die Menschen von der Arbeit nach Hause gehen, Menschen wie ich, mit einem Wochenlohn in der Tasche. Sie sollen wissen, daß ich einer bin wie sie, daß ich ein Mann bin, daß ich ein Pfund habe. Ich gehe die O'Connell Street auf der einen Seite hinauf und auf der anderen wieder herunter und hoffe, daß sie mich bemerken. Sie bemerken mich nicht. Ich will der Welt mit meiner Pfundnote zuwinken, damit alle sagen, da geht er, Frankie McCourt, der Arbeitsmann, mit einem Pfund in der Tasche.

Es ist Freitagabend, und ich kann machen, was mir paßt. Ich kann Fisch mit Fritten essen und ins Lyric Cinema gehen. Nein, nie wieder ins Lyric. Ich will nicht mehr oben auf dem Olymp sitzen, bei Leuten, die den Indianern zujubeln, wenn sie General Custer umbringen, und den Afrikanern, wenn sie Tarzan durch den ganzen Urwald jagen. Ich kann jetzt ins Savoy gehen und Sixpence für einen Platz ganz vorne bezahlen, wo eine bessere Klasse von Menschen sitzt, die Pralinen aus der Schachtel ißt und beim Lachen die Hand vor den Mund hält. Nach dem Film kann ich eine Treppe höher im Restaurant Tee trinken und Rosinenbrötchen essen.

Michael ist auf der anderen Straßenseite und ruft mich.

Er hat Hunger und will wissen, ob wohl die Möglichkeit besteht, daß er zum Abt geht und ein Stück Brot kriegt und über Nacht bleiben kann, anstatt den ganzen Weg zu Laman Griffin zurückzugehen. Ich sage ihm, er braucht sich wegen Brot keine Sorgen zu machen. Wir werden ins Coliseum Café gehen und Fisch mit Fritten essen, soviel er will, jede Menge Limonade, und danach sehen wir uns Yankee Doodle Dandy mit James Cagney an und essen zwei große Tafeln Schokolade. Nach dem Film trinken wir Tee und essen Rosinenbrötchen, und den ganzen Weg bis zum Abt singen und tanzen wir wie Cagney. Michael sagt, es muß toll sein, in Amerika zu sein, wo die Menschen nichts anderes zu tun haben als zu singen und zu tanzen. Er schläft schon halb, aber er sagt, eines Tages geht er hin, um zu singen und zu tanzen, und ob ich ihm helfen kann, daß er da hinkommt, und als er eingeschlafen ist, fange ich an, über Amerika nachzudenken, und wie ich Geld für meine Überfahrt sparen muß, anstatt es an Fisch mit Fritten und Rosinenbrötchen mit Tee zu verschwenden. Ich werde ein paar Shilling von meinem Pfund sparen müssen, denn wenn ich das nicht tue, werde ich ewig in Limerick bleiben. Ich bin jetzt vierzehn, und wenn ich jede Woche etwas spare, bin ich bestimmt etwa im Alter von zwanzig in der Lage, nach Amerika zu gehen.

Es gibt Telegramme für Büros, Läden, Fabriken, wo keine Hoffnung auf ein Trinkgeld besteht. Büroangestellte nehmen die Telegramme ohne einen Blick oder ein Dankeschön entgegen. Es gibt Telegramme für die respektablen Menschen mit Dienstmädchen entlang der Ennis Road und der North Circular Road, wo keine Hoffnung auf ein Trinkgeld besteht. Dienstmädchen sind wie Büroangestellte, sie sehen einen nicht an, und sie sagen nicht danke. Es gibt Telegramme für die Häuser von Priestern und Nonnen, und die haben ebenfalls Dienstmädchen, obwohl sie sagen, daß Armut etwas Edles ist. Wenn man bei Priestern oder Nonnen auf ein Trinkgeld warten wollte, könnte man auf ihrer Schwelle verrecken. Es gibt Telegramme für Leute, die außerhalb wohnen, Bauern mit matschigen Höfen und Hunden, die einem die Beine abbeißen und fressen wollen. Es gibt Telegramme für reiche Leute in großen Häusern mit Pförtnerhaus und meilenweit Land, von Mauern umgeben. Der Pförtner winkt einen herein, und man muß über meilenlange Einfahrten radeln, an Rasenflächen, Blumenbeeten und Springbrunnen vorbei, um bis zum großen Haus zu kommen. Bei schönem Wetter spielen die Leute Krocket, das protestantische Spiel, oder sie schlendern herum und reden und lachen, alle mit geblümtem Kleid oder Blazer mit Wappen und goldenen Knöpfen, und man würde nie merken, daß Krieg ist. Automobile von Bentley und Rolls Royce sind vor dem großen Portal geparkt, wo einem ein Dienstmädchen sagt, man soll nach hinten zum Dienstboteneingang, ist man wirklich so blöd, oder tut man nur so.

Die Leute in den großen Häusern haben einen englischen Akzent und geben Telegrammjungens kein Trinkgeld.

Die besten Trinkgeldgeber sind Witwen, protestantische Pastorenfrauen und die Armen im allgemeinen. Witwen wissen, wann die Geldanweisung von der englischen Regierung fällig ist, und sie warten am Fenster. Man muß aufpassen, wenn sie einen auf ein Täßchen Tee hereinbitten, denn einer der Befristeten, Scrawby Luby, sagte, eine alte Witwe von fünfunddreißig hatte ihn mal zum Tee reingebeten und hat versucht, ihm die Hose herunterzuziehen, und er mußte aus dem Haus rennen, obwohl er stark versucht war, und am Samstag danach mußte er zur Beichte. Er sagte, es war sehr unangenehm, als er aufs Rad hüpfte, und sein Ding steht raus, aber wenn man sehr in die Pedale tritt und an die Leiden der Jungfrau Maria denkt, wird man in Null Komma nix wieder weich.

Protestantische Pastorenfrauen würden sich nie so aufführen wie Scrawby Lubys alte Witwe, es sei denn, sie sind selbst Witwen. Christy Wallace, welcher unbefristeter Telegrammjunge ist und jeden Tag damit rechnet, zum Briefträger befördert zu werden, sagt, den Protestantinnen ist es egal, was sie machen, selbst wenn sie Pastorenfrauen sind. Sie sind sowieso verdammt, was also schadet es, wenn sie ein bißchen mit einem Telegrammjungen herumtollen. Alle Telegrammjungens mögen protestantische Pastorenfrauen. Auch wenn sie ein Dienstmädchen haben, kommen sie selbst an die Tür, sagen, einen Augenblick bitte, und geben einem Sixpence. Ich würde gern mit ihnen reden und sie fragen, was das für ein Gefühl ist, wenn man verdammt ist, aber dann sind sie vielleicht beleidigt und wollen die Sixpence wiederhaben.

Die Iren, die in England arbeiten, schicken ihre telegrafischen Geldanweisungen am Freitagabend und über den ganzen Samstag verteilt, und dann kriegen wir die guten Trinkgelder. Sobald wir einen Packen zugestellt haben, sind wir mit dem nächsten unterwegs.

Die schlimmsten Gassen sind in der Irishtown, die Gassen, die von der High Street oder der Mungret Street abgehen, schlimmer als Roden Lane oder O'Keeffe's Lane oder eine der Gassen, wo ich gewohnt habe. Es gibt Gassen mit einem Kanal in der Mitte. Die Mütter stehen vor der Tür und schreien juhuuu! wenn sie ihre Eimer mit Schmutzwasser auskippen. Kinder bauen Papierschiffchen oder lassen Streichholzschachteln mit kleinen Segeln auf dem fettigen Wasser schwimmen.

Wenn man in eine Gasse fährt, rufen die Kinder, der Telegrammjunge kommt, der Telegrammjunge kommt. Sie laufen einem entgegen, und die Frauen warten vor der Tür. Wenn man einem kleinen Kind ein Telegramm für seine Mutter gibt, ist es der Held der Familie. Kleine Mädchen wissen, daß sie warten sollen, bis die Jungens eine Chance hatten, das Telegramm entgegenzunehmen, aber wenn sie keine Brüder haben, dürfen sie ran. Dann rufen die Frauen an der Tür einem zu, daß sie jetzt kein Geld haben, aber wenn du morgen wieder in unserer Gasse bist, klopf an die Tür, dann kriegst du dein Trinkgeld, Gott segne dich und alle deine Angehörigen.

Mrs. O'Connell und Miss Barry auf dem Postamt sagen uns jeden Tag, es ist unsere Aufgabe, Telegramme zuzustellen und Schluß. Sonst sollen wir nichts für die Menschen machen, nicht einkaufen gehen oder andere Botschaften als die im Telegramm ausrichten. Ihnen ist es egal, wenn Leute in ihrem Bett sterben. Ihnen ist es egal, ob jemand keine Beine hat, wahnsinnig ist oder auf dem Fußboden herumkraucht. Wir sollen das Telegramm zustellen, und damit hat sich's. Mrs. O'Connell sagt, ich weiß alles, was ihr treibts, alles, denn die Menschen von Limerick haben ein Auge auf euch, und es gibt Berichte und Beschwerden, und das verwahre ich alles im Schubfach, alles im Schubfach.

Alles im Schlüpfer, alles im Schlüpfer, murmelt Toby Mackey unhörbar, da gehört es hin, da geht keiner dran.

Aber Mrs. O'Connell und Miss Barry wissen nicht, wie es in der Gasse ist, wenn man an eine Tür klopft, und jemand sagt, herein, und man geht hinein, und es gibt kein Licht, und auf einem Bett in einer Ecke liegt ein Haufen Lumpen, und der sagt, wer ist da? und man sagt, Telegramm, und der Haufen Lumpen sagt einem, würdest du wohl für mich einkaufen gehen, ich sterbe Hungers, und ich würde meine zwei Augen für eine Tasse Tee geben, und was soll man dann machen, soll man sagen, ich hab keine Zeit, und sich aufs Rad schwingen und den Haufen Lumpen mit einer telegrafischen Geldanweisung dalassen, die ihm rein gar nichts nützt, weil der Haufen Lumpen zu schwach ist, aus dem Bett aufzustehen, um aufs Postamt zu gehen und sich seine gottverdammte Postanweisung auszahlen zu lassen.

Was soll man da machen?

Die sagen einem, man darf niemals aufs Postamt gehen, um eine dieser Postanweisungen einzulösen, oder man verliert seinen Job für alle Zeiten. Aber was soll man machen, wenn ein alter Mann, der vor Hunderten von Jahren im Burenkrieg gekämpft hat, sagt, seine Beine sind ab, und er wäre ewig dankbar, wenn man zu Paddy Considine auf dem Postamt gehen und ihm die Lage erklären könnte, und Paddy zahlt bestimmt das Geld aus, und zwei Shilling sind für dich, großartiger Junge, der du bist. Paddy Considine sagt, kein Problem, aber sag das nicht weiter, sonst sitze ich mit dem Arsch auf der Straße und du ebenfalls, Sohnemann. Der alte Mann aus dem Burenkrieg sagt, er weiß, daß man Telegramme zustellen muß, aber würde man wohl heute abend noch mal wiederkommen und vielleicht für ihn zum Laden gehen, weil er nichts im Hause hat und obendrein noch erfriert. Er sitzt auf einem alten Sessel in der Ecke, hat Teile von Decken auf sich und einen Eimer hinter dem Sessel, der stark genug stinkt, daß einem schlecht wird, und wenn man diesen alten Mann in der dunklen Ecke ansieht, möchte man einen Schlauch mit heißem Wasser nehmen und ihn ausziehen und abseifen und ihm eine große Portion Speckstreifen und Eier und Kartoffelbrei mit Unmengen Butter und Salz und Zwiebeln geben.

Ich möchte den Mann aus dem Burenkrieg und den Haufen Lumpen im Bett irgendwo aufladen und in ein großes sonniges Haus auf dem Lande schaffen, wo sich vor dem Fenster die Vögel einen abzwitschern, und wo das Bächlein rauscht.

Mrs. Spillane, die in der Pump Lane wohnt, welche von der Carey's Road abgeht, hat zwei verkrüppelte Zwillinge mit großen blonden Köpfen, kleinen Körpern und Beinstummeln, die über den Stuhlrand baumeln. Sie sehen den ganzen Tag ins Feuer und sagen, wo ist Daddy? Sie sprechen Englisch wie jeder, aber miteinander plappern sie in einer Sprache, die sie erfunden haben, Hung Abe Tee Tee Abe Hung. Mrs. Spillane sagt, das heißt, wann gibt es Abendessen? Sie sagt, sie hat ja noch Glück, wenn ihr Mann vier Pfund im Monat schickt, und sie ist außer sich, wie sie in der Armenapotheke beschimpft wird, weil er in England ist. Die Kinder sind erst drei, und sie sind sehr aufgeweckt, auch wenn sie nicht gehen oder selbst auf sich aufpassen können. Wenn sie gehen könnten, wenn sie ein bißchen normal wären, würde sie alles zusammenpacken und nach England ziehen, raus aus diesem gottverlassenen Land, das so lange um seine Freiheit gekämpft hat, und sieh dir jetzt unseren Zustand an, De Valera in seiner Villa da oben in Dublin, der miese alte Schweinehund, und die anderen Politiker, die sich alle zum Teufel scheren können, Gott verzeihe mir. Die Priester können sich ebenfalls zum Teufel scheren, und dafür, daß ich so was sage, bitte ich Gott nicht um Verzeihung. So sind sie, die Priester und die Nonnen, sagen uns, Jesus war arm, und das ist keine Schande, und Lastwagen fahren mit Kisten und Fässern voll Whiskey und Wein bei ihren Häusern vor, und jede Menge Eier und Schinkenkeulen, und uns sagen sie, worauf wir zur Fastenzeit verzichten sollen. Fastenzeit am Arsch. Worauf sollen wir denn verzichten, wenn wir das ganze Jahr Fastenzeit haben?

Ich möchte Mrs. Spillane und ihre beiden blonden verkrüppelten Kinder schnappen und sie in das Haus auf dem Lande zu dem Haufen Lumpen und dem Mann aus dem Burenkrieg schaffen und sie alle waschen und in der Sonne sitzen lassen, wo die Vögel zwitschern und die Bäche rauschen.

Ich kann den Haufen Lumpen nicht mit einer nutzlosen Postanweisung allein lassen, weil der Haufen eine alte Frau ist, Mrs. Gertrude Daly, von jeder Sorte Krankheit verbogen, die man sich in einer Gasse in Limerick holen kann, Arthritis, Rheumatismus, Haarausfall, ein Nasenloch fast weg, weil sie immer mit dem Finger dagegen klopft, und man fragt sich, was für eine Welt das ist, wenn diese alte Frau sich in ihren Lumpen aufsetzt und einen mit Zähnen anlächelt, die im Dunkeln strahlen, ihren eigenen Zähnen, heil und ebenmäßig.

Stimmt, sagt sie, meine eigenen Zähne, und wenn ich im Grab verfaule, werden sie in hundert Jahren meine Zähne finden, weiß und glänzend, und dann sprechen sie mich heilig.

Die telegrafische Geldanweisung, drei Pfund, ist von ihrem Sohn. Eine Nachricht ist auch dabei, herzlichen Glückwunsch zum Geburtstag, Mammy, Dein Dich liebender Sohn, Teddy. Ein Wunder, daß er sich das vom Munde abgespart hat, der kleine Scheißkerl, trabt mit jedem Flittchen von Piccadilly durch die Gegend. Sie fragt, ob ich ihr wohl einen großen Gefallen tun und ihre Postanweisung einlösen kann und ihr in der Kneipe eine kleine Probierflasche Powers-Whiskey hole sowie einen Laib Brot, ein Pfund Schweineschmalz, sieben Kartoffeln, eine für jeden Tag der Woche. Ob ich ihr wohl eine Kartoffel koche, mit einem Klumpen Schmalz zermansche, eine Scheibe Brot gebe, einen Tropfen Wasser für den Whiskey bringe. Ob ich wohl zu O'Connor in die Drogerie gehe und Salbe für ihre wundgescheuerten Stellen hole und, wo ich gerade dabei bin, etwas Seife mitbringe, damit sie sich den Leib mal ordentlich abschrubben kann, und sie wird dann auch ewig dankbar sein und ein Gebet für mich sprechen, und hier habe ich ein paar Shilling für den ganzen Umstand.

Ah, danke nein, Ma'am.

Nimm das Geld. Kleines Trinkgeld. Du hast mir doch so viele Gefälligkeiten erwiesen.

Das kann ich wirklich nicht annehmen, Ma'am, so schlecht, wie es Ihnen geht.

Nimm das Geld, oder ich sage beim Postamt Bescheid, daß du mein Telegramm nicht mehr zustellen darfst.

Oh. Ja. Na gut, Ma'am. Vielen Dank.

Gute Nacht, mein Junge. Sei nett zu deiner Mutter.

Gute Nacht, Mrs. Daly.

Im September fängt die Schule wieder an, und an manchen Tagen kommt Michael beim Abt vorbei, bevor er sich auf den Heimweg zu Laman Griffin macht. Wenn es regnet, sagt er, kann ich über Nacht hierbleiben? und bald will er gar nicht mehr zu Laman Griffin zurück. Zwei Meilen hin, zwei Meilen zurück, dazu ist er zu erschöpft und zu hungrig.

Als Mam ihn suchen kommt, weiß ich gar nicht, was ich zu ihr sagen soll. Ich weiß nicht, wie ich sie ansehen soll, und wende immer den Blick seitwärts ab. Sie sagt, wie ist die Arbeit? als wäre bei Laman Griffin nie etwas passiert, und ich sage, großartig, als wäre bei Laman Griffin nie etwas passiert. Wenn es so sehr regnet, daß sie nicht nach Hause kann, bleibt sie mit Alphie, der erst vier ist, oben in dem kleinen Zimmer. Am nächsten Tag geht sie zurück zu Laman, aber Michael bleibt, und bald zieht sie selbst nach und nach hier ein, bis sie gar nicht mehr zu Laman geht.

Der Abt zahlt jede Woche die Miete. Mam kriegt Fürsorge und Essensgutscheine, bis jemand petzt und ihr alles gestrichen wird. Man sagt ihr, wenn ihr Sohn ein Pfund pro Woche nach Hause bringt, dann ist das mehr, als manche Familien an Stempelgeld kriegen, und sie soll dankbar sein, daß er Arbeit hat. Jetzt muß ich meinen Lohn abliefern. Mam sagt, ein Pfund? Ist das alles, was du dafür kriegst, daß du bei jedem Wetter durch die Gegend radelst? In Amerika wären das vier Dollar. Vier Dollar. Und mit vier Dollar bekäme man in New York keine Katze satt. Als Telegrammbote bei Western Electric in New York würdest du fünfundzwanzig Dollar die Woche verdienen und im Luxus leben. Sie übersetzt immer irisches Geld in amerikanisches, um es nicht zu vergessen, und versucht alle zu überzeugen, daß das Leben drüben besser war. Manchmal darf ich zwei Shilling von meinem Wochenlohn behalten, aber wenn ich ins Kino gehe oder mir ein gebrauchtes Buch kaufe, ist nichts mehr übrig, ich kann nicht für meine Überfahrt sparen und werde in Limerick hängenbleiben, bis ich ein alter Mann von fünfundzwanzig bin.

Malachy schreibt aus Dublin, er hat es satt und will nicht sein ganzes Leben damit verbringen, in der Militärkapelle Trompete zu spielen. Eine Woche später ist er zu Hause und beschwert sich, als er das große Bett mit Michael, Alphie und mir teilen soll. Oben in Dublin hatte er sein eigenes Feldbett mit Laken und Decken und einem Kissen. Jetzt sind es wieder Mäntel und eine Nackenstütze, aus der sich eine Wolke aus Federn erhebt, wenn man sie anfaßt. Mam sagt, du bist ja richtig arm dran, du tust mir ja richtig leid. Der Abt hat sein eigenes Bett, und meine Mutter hat das kleine Zimmer. Wir sind wieder alle zusammen, kein Laman peinigt uns. Wir machen Tee und gebratenes Brot und sitzen auf dem Küchenfußboden. Der Abt sagt, man sitzt nicht auf Küchenfußböden, wozu gibt es Tische und Stühle? Er sagt Mam, daß Frankie nicht ganz richtig im Kopf ist, und Mam sagt, vom feuchten Fußboden werden wir uns noch den Tod holen. Wir sitzen auf dem Fußboden und singen, und Mam und der Abt sitzen auf Stühlen. Mam singt, und der Abt singt Die Straße nach Rasheen, und wir wissen immer noch nicht, worum es in dem Lied geht. Wir sitzen auf dem Fußboden und erzählen Geschichten über Dinge, die geschehen sind, über Dinge, die nie geschehen sind, und über Dinge, die geschehen werden, wenn wir alle nach Amerika gehen.

Auf dem Postamt gibt es Tage mit wenig zu tun, und wir sitzen auf der Bank und reden. Wir dürfen reden, aber wir dürfen nicht lachen. Miss Barry sagt, wir sollen dankbar sein, daß wir dafür bezahlt werden, hier herumzusitzen, Bande von Müßiggängern und Gassenjungen, die wir sind, und sie bittet sich aus, daß das Lachen unterbleibt. Fürs Sitzen und Schwatzen bezahlt zu werden ist nämlich nichts zum Lachen, und beim allerersten Gekicher von einem von uns, egal, von wem, heißt es, nichts wie raus, bis wir wieder bei Sinnen sind, und wenn das Gekicher nicht aufhört, werden wir bei den zuständigen Stellen gemeldet.

Die Jungens flüstern über sie. Toby Mackey sagt, was die alte Ziege braucht, ist, daß sie mal ordentlich durchgerubbelt wird, ordentlich mit der harten Bürste, von allen Seiten. Ihre Mutter ist noch aus Liebe zum Beruf auf den Strich gegangen, und ihr Vater ist aus der Klapsmühle ausgebrochen, mit Klumpen an den Klöten und Pusteln am Pimmel.

Auf der Bank wird gelacht, und Miss Barry ruft zu uns herüber, ihr seids gewarnt, es wird nicht gelacht. Mackey, wovon faselst du da?

Ich habe gesagt, bei diesem schönen Wetter wäre es für uns viel besser, draußen an der frischen Luft zu sein und Telegramme zuzustellen, Miss Barry.

So siehst du aus, Mackey. Dein Mund ist ein Abort. Hast du mich verstanden?

Hab ich, Miss Barry.

Ich habe genug gehört, was du gesagt hast, Mackey.

Wie schön, Miss Barry.

Halts Maul, Mackey.

Gern, Miss Barry.

Kein Wort mehr, Mackey.

Nein, Miss Barry.

Halts Maul, hab ich gesagt, Mackey.

In Ordnung, Miss Barry.

Schluß jetzt, Mackey. Stell mich nicht auf die Probe.

Würde ich nie tun, Miss Barry.

Muttergottes, gib mir Geduld.

Bestimmt, Miss Barry.

Jajaja, behalte ruhig das letzte Wort, Mackey. Behalt es ruhig, behalt es ruhig, behalt es ruhig.

Mach ich, Miss Barry.

Toby Mackey ist ein befristeter Telegrammjunge wie ich. Er hat den Film Extrablatt gesehen, und jetzt will er irgendwann nach Amerika und ein knallharter Zeitungsreporter werden, mit Hut und Zigarette. Er hat ein Notizbuch in der Tasche, weil ein guter Reporter aufschreiben muß, was passiert. Fakten. Fakten muß er aufschreiben, nicht jede Menge gottverdammte Lyrik, und was anderes kriegt man ja von den Männern in den Kneipen hier in Limerick nicht zu hören, wenn sie sich über unser großes Leid und die Engländer auslassen. Fakten, Frankie. Er schreibt auf, wie viele Telegramme er zustellt und wie weit er fährt. Wir sitzen auf der Bank, passen auf, daß wir nicht lachen, und er sagt mir, wenn wir vierzig Telegramme pro Tag zustellen, sind das zweihundert pro Woche, und das mache zehntausend pro Jahr und somit zwanzigtausend in zwei Jahren, die wir hier arbeiten. Wenn wir pro Woche einhundertzwanzig Meilen per Fahrrad zurücklegen, macht das dreizehntausend Meilen in zwei Jahren, und das ist einmal halb um die Welt, Frankie, und kein Wunder, daß wir kein Gramm Fett auf dem Arsch haben.

Toby sagt, niemand kennt Limerick so gut wie der Telegrammjunge. Wir kennen jede Avenue, Allee, Landstraße, Straße, Gasse, Siedlung, jeden Platz, Hof, Gang. Jesus, sagt Toby, es gibt in ganz Limerick keine Tür, die wir nicht kennen. Wir klopfen an alle Arten von Türen, Eisen, Eiche, Sperrholz. Zwanzigtausend Türen, Frankie. Wir klopfen, treten, stoßen. Wir drücken auf Knöpfe, und es klingelt oder summt. Wir pfeifen, und wir rufen, Telegrammjunge, Telegrammjunge. Wir werfen Telegramme in Briefkästen, schieben sie unter Türen durch, schmeißen sie oben durchs Oberlicht. Wir klettern zum Fenster hinein, wo die Menschen bettlägerig sind. Wir wehren jeden Hund ab, auf dessen Speisezettel wir stehen. Man weiß nie, was geschehen wird, wenn man Menschen ihre Telegramme aushändigt. Sie lachen und singen und tanzen und weinen und schreien und kriegen einen Schwächeanfall und brechen zusammen, und man weiß nicht, ob sie überhaupt wieder aufwachen werden und einem das Trinkgeld geben. Es ist kein bißchen wie die Telegrammzustellung in Amerika, wo Mickey Rooney in dem Film Menschliche Komödie herumsaust, und die Leute sind angenehm und fallen sich gegenseitig über die Beine, um einem ein Trinkgeld zu geben, und bitten einen herein und geben einem eine Tasse Tee und ein Rosinenbrötchen.

Toby Mackey sagt, er hat in seinem Notizbuch jede Menge Fakten, und nichts schert ihn auch nur einen Fiedlerfurz, und so wäre ich auch gern.

Mrs. O'Connell weiß, daß ich Zustellungen für auswärts mag, und wenn die Sonne scheint, gibt sie mir einen Packen von zehn Stück, mit dem ich den ganzen Vormittag unterwegs bin, und ich brauche erst nach der Mittagspause um zwölf wieder zurück zu sein. Es gibt schöne Herbsttage, an denen der Shannon funkelt, und die Felder sind grün und glitzern vom silbernen Morgentau. Rauch weht über Weiden, und süß ist der Geruch von Torffeuern. Kühe und Schafe grasen auf den Feldern, und ich frage mich, ob dies die Nicht-Menschenwesen sind, von denen der Priester gesprochen hat. Es würde mich nicht überraschen, denn ohne Ende klettern die Stiere auf Kühe, Hengste auf Stuten, und sie haben alle so große Dinger, daß ich vom Zukucken in Schweiß ausbreche, und alle weiblichen Geschöpfe auf der Welt tun mir leid, die derlei zu erdulden haben, obwohl ich persönlich nichts dagegen hätte, ein Stier zu sein, weil die tun können, was sie wollen, und für ein Tier ist es nie eine Sünde. Ich hätte auch nichts dagegen, hier Hand an mich zu legen, aber man weiß ja nie, wann vielleicht ein Bauer die Straße entlangkommt, der Kühe und Schafe auf einen Jahrmarkt oder ein anderes Feld treibt, seinen Stock hebt und einem ein herzliches Guten Tag, junger Bursch, herrlicher Morgen, Gott und Seiner Gebenedeiten Mutter sei Dank! entbietet. Ein so frommer Bauer würde es vielleicht übelnehmen, wenn er einen sähe, wie man im Gehege seines Feldes das sechste Gebot bricht. Pferde stecken gern den Kopf über Zäune und Hecken, um zu sehen, was so alles vorbeikommt, und ich halte an und rede mit ihnen, weil sie große Augen und eine lange Nase haben, woran man sieht, wie intelligent sie sind. Manchmal zwitschern zwei Vögel sich über ein Feld hinweg etwas zu, und ich muß anhalten und ihnen zuhören, und wenn ich lange genug bleibe, werden andere Vögel einstimmen, bis jeder Baum und Busch lebendig ist von Vogelgezwitscher. Wenn ein Bächlein unter einer Brücke rauscht und Vögel zwitschern und Kühe muhen und Lämmer mähen, dann ist das besser als jede Band in einem Film. Der Geruch von Speck und Kohl, der von einem Bauernhaus herüberzieht, macht mich vor Hunger so schwach, daß ich über den Knick klettere und mich auf einem Feld eine halbe Stunde lang mit Brombeeren vollstopfe. Ich tunke mein Gesicht in den Bach und trinke eisiges Wasser, und das schmeckt besser als die Limonade in jedem Fisch-mit-Fritten-Laden.

Wenn ich die Telegramme fertig zugestellt habe, ist noch genug Zeit, um zum alten Klosterfriedhof zu fahren, wo die Verwandtschaft meiner Mutter beerdigt ist, die Guilfoyles und die Sheehans, wo meine Mutter sich auch beerdigen lassen will. Von dort kann ich die ragenden Ruinen von Carrigogunnell Castle sehen, und es ist immer noch viel Zeit, um dorthin zu radeln, mich auf die allerhöchste Mauer zu setzen und den Shannon zu betrachten, wie er auf seinem Weg nach Amerika hinaus zum Atlantik fließt, und von dem Tag zu träumen, an dem ich auch davonsegle.

Die Jungs auf dem Postamt sagen mir, ich habe Glück, daß ich das Telegramm für die Familie Carmody zugeteilt gekriegt habe, ein Shilling Trinkgeld, eins der dicksten Trinkgelder, die man in Limerick je kriegen kann. Warum also wird mir das Telegramm zugeteilt? Ich bin der Dienstjüngste. Sie sagen, ja, manchmal macht Theresa Carmody die Tür auf. Sie hat die Schwindsucht, und sie haben Angst, sich bei ihr anzustecken. Sie ist siebzehn, immer mal wieder in der Lungenheilanstalt, und sie wird nie achtzehn werden. Die Jungs auf dem Postamt sagen, kranke Menschen wie Theresa wissen, daß sie nicht mehr viel Zeit haben, und das macht sie verrückt nach Liebe und Romantik und allem. Und allem. So verändert die Schwindsucht den Menschen, sagen die Jungs auf dem Postamt.

Ich radle durch nasse Novemberstraßen und denke an diesen Shilling Trinkgeld, und als ich in die Straße von den Carmodys einbiege, rutscht unter mir das Fahrrad weg, und ich glitsche über das Pflaster und zerkratze mir das Gesicht und reiße mir den Handrücken auf. Theresa Carmody öffnet die Tür. Sie hat rotes Haar. Sie hat grüne Augen wie die Felder außerhalb von Limerick. Ihre Wangen sind strahlend rosa, und ihre Haut ist grellweiß. Sie sagt, oh, du bist ja ganz naß und blutest.

Ich bin mit dem Rad ausgerutscht.

Komm rein, dann tu ich dir was auf deine Wunden.

Ich weiß nicht, soll ich da reingehen? Vielleicht kriege ich die Schwindsucht, und das ist dann mein Ende. Ich will aber noch leben, wenn ich fünfzehn bin, und ich will den Shilling Trinkgeld.

Komm rein. Du holst dir ja noch den Tod da draußen.

Sie setzt den Kessel für Teewasser auf. Dann tupft sie Jod auf meine Wunden, und ich versuche, ein Mann zu sein und nicht zu wimmern. Sie sagt, du bist ja schon ein richtig großer Mann. Geh in den Salon und trockne dich vor dem Kamin. Sag mal, warum ziehst du nicht auch die Hose aus und hängst sie über den Kaminschirm?

Ach nein.

Ach doch.

Na gut.

Ich drapiere den Kaminschirm mit meiner Hose. Ich sitze da und beobachte, wie der Dampf sich hebt, und ich beobachte, wie bei mir sich etwas hebt, und ich habe Angst, sie könnte hereinkommen und mich in meiner Aufregung sehen.

Da ist sie mit einem Teller voll Marmeladenbrot und zwei Tassen Tee. Gott, sagt sie, du bist zwar ein magerer Philipp, aber dafür hast du da einen ziemlichen Lümmel.

Sie stellt den Teller und die Tassen auf einen Tisch beim Kamin, und da bleiben sie. Mit Daumen und Zeigefinger nimmt sie die Spitze meiner Aufregung und führt mich durchs Zimmer zu einem grünen Sofa an der Wand, und die ganze Zeit ist mein Kopf voller Sünde und Jod und Schwindsuchtangst und dem Shilling Trinkgeld und ihren grünen Augen und sie ist auf dem Sofa hör jetzt nicht auf sonst sterbe ich und sie weint und ich weine weil ich nicht weiß was mit mir geschieht ob ich mich umbringe wenn ich mir die Schwindsucht von ihrem Munde hole ich reite in den Himmel hinein ich falle von der Klippe und wenn dies eine Sünde ist schert mich das keinen Fiedlerfurz.

Wir machen es uns noch ein bißchen auf dem Sofa gemütlich, bis sie sagt, mußt du nicht noch mehr Telegramme zustellen? und als wir uns aufsetzen, stößt sie einen kleinen Schrei aus, oh, ich blute.

Was ist denn mit dir?

Ich glaube, weil es das erste Mal ist.

Ich sage ihr, Augenblick. Ich hole die Flasche aus der Küche und spritze ihr ordentlich Jod auf die Verletzung. Sie springt vom Sofa, tanzt im Salon herum wie eine Wilde und rennt in die Küche, um sich mit Wasser abzuspülen. Nachdem sie sich abgetrocknet hat, sagt sie, Gott, du bist aber unschuldig. Man soll doch Jod nicht so auf Mädchen schütten.

Ich dachte, du hättest dich geschnitten.

Danach stelle ich noch wochenlang das Telegramm zu.

Manchmal haben wir die Aufregung auf dem Sofa, aber es gibt andere Tage, da hat sie den Husten, und man kann ihr die Schwäche ansehen. Sie sagt mir nie, daß sie die Schwäche hat. Sie sagt mir nie, daß sie die Schwindsucht hat. Die Jungs auf dem Postamt sagen, mir geht es doch bestimmt ganz prima mit dem Shilling Trinkgeld und Theresa Carmody. Nie sage ich ihnen, daß ich den Shilling Trinkgeld nicht mehr nehme. Nie erzähle ich ihnen von dem grünen Sofa und der Aufregung. Nie erzähle ich ihnen von dem Schmerz, der kommt, wenn sie die Tür öffnet und ich ihr die Schwäche ansehen kann, und alles, was ich dann noch will, ist Tee für sie machen und mit ihr auf dem grünen Sofa sitzen und sie in den Armen halten.

Eines Samstags soll ich das Telegramm Theresas Mutter an ihrem Arbeitsplatz bei Woolworth zustellen. Ich versuche, beiläufig zu sein. Mrs. Carmody, ich stelle immer Ihrer, was ist sie? Ihrer Tochter? Theresa? die Telegramme zu.

Ja, sie ist im Krankenhaus.

Ist sie in der Lungenheilanstalt?

Ich habe gesagt, sie ist im Krankenhaus.

Sie ist genau wie jeder in Limerick, schämt sich wegen der Tbc, und sie gibt mir keinen Shilling und auch sonst kein Trinkgeld. Ich fahre zum Lungensanatorium, um Theresa zu sehen. Sie sagen, man muß verwandt sein und man muß erwachsen sein. Ich sage ihnen, ich bin ihr Cousin, und im August werde ich fünfzehn. Sie sagen mir, geh weg. Ich fahre zur Franziskanerkirche, um für Theresa zu beten. Heiliger Franziskus, würdest du bitte mit Gott sprechen. Sag Ihm, es war nicht Theresas Schuld. Ich hätte das Telegramm Samstag um Samstag um Samstag ablehnen können. Sag Gott, Theresa war nicht verantwortlich für die Aufregung auf dem Sofa, denn die Schwindsucht verändert den Menschen. Es ist sowieso egal, heiliger Franziskus, denn ich liebe Theresa. Ich liebe sie so sehr, wie du einen Vogel oder ein Tier oder einen Fisch liebst, und willst du Gott bitte sagen, Er soll die Schwindsucht wegmachen, dann komme ich nie wieder in ihre Nähe.

Am nächsten Samstag geben sie mir das Telegramm für die Carmodys. Auf der Straße kann ich schon auf halbem Wege sehen, daß die Rolläden heruntergelassen sind. Ich kann den schwarzen Kranz aus Krepp an der Tür sehen. Ich kann die weiß-lila Trauerkarte sehen. Ich kann durch Tür und Wände hindurch sehen, wo Theresa und ich nackt und wild auf das grüne Sofa getaumelt sind, und ich weiß, jetzt ist sie in der Hölle und alles meinetwegen.

Ich schiebe das Telegramm unter der Tür durch und fahre zurück zur Franziskanerkirche, um für die ewige Ruhe von Theresas Seele zu beten. Ich bete zu jeder Statue, zu den bemalten Fenstern, zu den Stationen des Kreuzwegs. Ich schwöre, ich werde ein Leben führen, welches dem Glauben, der Liebe und der Barmherzigkeit geweiht sein wird, der Armut, der Keuschheit und dem Gehorsam.

Am nächsten Tag, Sonntag, gehe ich in vier Messen. Ich mache die Stationen des Kreuzwegs dreimal. Ich bete den ganzen Tag Rosenkränze. Ich esse und trinke nichts, und wo immer ich ein stilles Fleckchen finde, weine ich und bitte Gott und die Jungfrau Maria, sie sollen Erbarmen haben mit der Seele von Theresa Carmody.

Am Montag folge ich der Beerdigung bis zum Friedhof auf meinem Postfahrrad. Ich stehe etwas vom Grab entfernt hinter einem Baum. Mrs. Carmody weint und stöhnt. Mr. Carmody schnieft und sieht verwirrt aus. Der Priester sagt die lateinischen Gebete auf und besprengt den Sarg mit Weihwasser.

Ich möchte zum Priester gehen, zu Mr. und Mrs. Carmody. Ich möchte ihnen sagen, daß ich es war, der Theresa zur Hölle geschickt hat. Sie können mit mir machen, was sie wollen. Mich beschimpfen. Mich schmähen. Friedhofserde nach mir schmeißen. Aber ich bleibe hinter dem Baum, bis die Trauernden gehen und die Totengräber das Grab zuschaufeln.

Der Frost färbt die frische Erde auf dem Grab schon weiß, und ich denke an Theresa, kalt in dem Sarg, das rote Haar, die grünen Augen. Ich verstehe nicht, was ich empfinde, aber ich weiß, daß ich bei all den Menschen, die in meiner Familie gestorben sind, und bei all den Menschen, die rings um mich her in den Gassen gestorben sind, und bei all den Menschen, die weggegangen sind, noch nie so einen Schmerz im Herzen hatte, und ich hoffe, ich habe ihn nie wieder.

Es wird dunkel. Ich schiebe mein Fahrrad vom Friedhofsgelände. Ich habe Telegramme zuzustellen.

Anfang

16

Mrs. O'Connell gibt mir Telegramme, die ich Mr. Harrington, dem Engländer mit der toten Frau, die in Limerick geboren und aufgewachsen ist, zustellen soll. Die Jungs auf dem Postamt sagen, Beileidstelegramme sind Zeitverschwendung. Die Leute weinen und stöhnen einfach vor Kummer, und sie glauben, damit sind sie vom Trinkgeldgeben befreit. Sie werden einen fragen, ob man hereinkommen möchte, um einen letzten Blick auf den Entschlafenen zu werfen und am Bett ein Gebet zu sprechen. Das wäre auch nicht weiter schlimm, wenn sie einem auch ein Gläschen Sherry und ein Schinkensandwich anbieten wollten. Aber nein, das Gebet wird zwar gern entgegengenommen, aber man ist ja nur der Telegrammjunge und hat Glück, wenn man einen trockenen Keks abkriegt. Ältere Jungs auf dem Postamt sagen, man muß seine Karten richtig ausspielen, um das Trauertrinkgeld zu kriegen. Wenn man hereingebeten wird, um ein Gebet zu sprechen, muß man sich neben den Leichnam knien, kraftvoll seufzen, sich bekreuzigen, die Stirn auf die Bettwäsche sinken lassen, damit die dein Gesicht nicht sehen, mit den Schultern zucken wie jemand, der gerade vor Kummer zusammenbricht, sich mit beiden Händen am Bett festhalten, als müßten sie einen mit Gewalt da wegreißen, damit man seine restlichen Telegramme zustellen kann, man muß aufpassen, daß die Wangen von Tränen glitzern, oder von der

Spucke, die man sich draufgetupft hat, und wenn du nach alledem immer noch kein Trinkgeld kriegst, dann stopf den nächsten Packen Telegramme unter der Tür durch oder feuer ihn durchs Oberlicht und überlasse sie ihrem Kummer.

Es ist nicht das erste Mal, daß ich bei den Harringtons Telegramme zustelle. Mr. Harrington ist immer für die Versicherungsgesellschaft unterwegs, und Mrs. Harrington ist großzügig mit dem Trinkgeld. Aber jetzt ist sie weg, und Mr. Harrington macht auf, als ich klingle. Seine Augen sind rot, und er schnieft. Er sagt, bist du Ire?

Ire? Was soll ich denn sonst sein, wenn ich in Limerick mit einem Packen Telegramme in der Hand auf seiner Schwelle stehe? Ja, Sir. Er sagt, komm rein. Leg deine Telegramme auf den Schirmständer. Er macht die Tür zu, schließt sie ab, steckt den Schlüssel in die Tasche, und ich denke, sind die Engländer nicht sehr sonderbar.

Du wirst sie sehen wollen, natürlich. Du wirst dir ansehen wollen, was du und dein Volk ihr mit eurer verdammten Tuberkulose angetan habt. Rasse von Ghulen, leichenverzehrenden Dämonen, die ihr seid. Folge mir.

Er führt mich zuerst in die Küche, wo er einen Teller mit Schinkenstullen und zwei Flaschen holt, und dann die Treppe hoch. Mrs. Harrington sieht wunderschön aus auf ihrem Bett, blond, rosig, friedlich.

Dies ist meine Frau. Sie mag zwar Irin sein, aber sie sieht nicht irisch aus, Gott sei Dank. Nicht wie du. Irisch. Du brauchst natürlich was zu trinken. Ihr Iren pichelt ja zu jeder Gelegenheit. Kaum entwöhnt, schon wird lautstark nach der Whiskeyflasche verlangt, nach der Pint dunklen Bieres. Was trinkst du, Whiskey, Sherry?

Äh, eine Limonade wäre herrlich.

Ich betraure meine Frau und feire nicht das Fest des gottverdammten heiligen Zitrus. Du nimmst einen Sherry. Spülicht aus dem gottverdammten katholischen faschistischen Spanien.

Ich würge den Sherry hinunter. Er schenkt mir das Glas wieder voll und will sich selbst Whiskey nachschenken. Verdammt. Whiskey alle. Bleib hier. Hörst du? Ich hol mir in der Kneipe eine neue Flasche Whiskey. Bleib hier, bis ich wieder da bin. Geh nicht weg.

Ich bin verwirrt, mir ist schwindlig von dem Sherry. Ich weiß nicht, wie man sich bei trauernden Engländern verhält. Mrs. Harrington, Sie sehen wunderschön aus auf dem Bett. Aber Sie sind Protestantin, der Verdammnis anheimgegeben, bereits in der Hölle, wie Theresa. Der Priester hat gesagt, außerhalb der Kirche gibt es keine Rettung. Warten Sie, vielleicht kann ich Ihre Seele retten. Sie katholisch taufen. Wiedergutmachen, was ich Theresa angetan habe. Dazu brauche ich Wasser. O Gott, die Tür ist abgeschlossen. Warum? Vielleicht sind Sie gar nicht tot? Und beobachten mich. Sind Sie tot, Mrs. Harrington? Ich habe keine Angst. Ihr Gesicht ist eiskalt. Doch, doch, Sie sind tot. Ich werde Sie mit Sherry aus dem gottverdammten katholischen faschistischen Spanien taufen. Ich taufe dich im Namen des Vaters, des Sohnes und des

Was zum Teufel verdammtnochmal machst du da? Hände weg von meiner Frau, du erbärmlicher papistischer Trottel. Was ist das für ein primitives Paddy-Ritual? Hast du sie angefaßt? Hast du sie angefaßt? Ich dreh dir den mageren Hals um.

Ich, iche, ichäh

Ich, iche, ichäh, sprich englisch, du Auswurf.

Ich wollte doch nur, ein bißchen Sherry, damit sie in den Himmel kommt.

Den Himmel? Wir hatten den Himmel, Ann, ich, unsere Tochter Emily. Nie wieder wirst du sie mit deinen rosa

Schweinsäuglein anglotzen. Ach Christus, ich ertrag's nicht mehr. Hier, noch einen Sherry.

Äh, danke nein.

Äh, danke nein. Dies schwächliche keltische Gewinsel. Ihr liebt doch euern Alkohol. Da könnt ihr besser kriechen und winseln. Was zu essen willst du natürlich auch. Siehst aus wie der typische Paddy, der gerade vor Hunger zusammenbricht. Hier. Schinken. Iß.

Äh, danke nein.

Äh, danke nein. Sag das noch einmal, und ich ramme dir den Schinken in den Arsch.

Er winkt mir mit einem Schinkensandwich zu und stopft es mir dann mit dem Handballen in den Mund.

Er bricht auf einem Stuhl zusammen. O Gott, Gott, was soll ich bloß tun? Muß mich erst mal einen Moment ausruhen.

Mir dreht sich der Magen um. Ich renne ans Fenster, stecke den Kopf hinaus und übergebe mich. Er springt von seinem Stuhl auf und stürzt sich auf mich.

Du, du, fahr zur Hölle, du hast dich auf den Rosenbusch meiner Frau erbrochen.

Er schlägt nach mir, verfehlt mich, fällt zu Boden. Ich klettere aus dem Fenster, halte mich am Sims fest. Er ist am Fenster, krallt sich meine Hände. Ich lasse los, falle in den Rosenbusch, in das Schinkensandwich und den Sherry, die ich gerade erbrochen habe. Rosendornen stechen und durchbohren mich, ein Fußknöchel ist verrenkt. Er steht am Fenster und belfert, komm zurück, du kümmerliches irisches Ferkel. Er wird mich auf dem Postamt melden. Er wirft mir die Whiskeyflasche in den Rücken und bittet, willst du nicht noch eine Stunde mit mir Totenwache halten?

Er beschmeißt mich mit Sherrygläsern, Whiskeygläsern, einer ganzen Garnitur Schinkenstullen, Gegenständen von der Frisierkommode seiner Frau, Puderdosen, Salbentiegel, Bürsten.

Ich klettere auf mein Fahrrad und wackele durch die Straßen von Limerick, schwindlig von Sherry und Schmerz. Mrs. O'Connell fällt über mich her, sieben Telegramme, eine Adresse, und du bleibst den ganzen Tag weg.

Ich hab, ich hab

Du hast, du hast. Besoffen hast du dich. Besoffen bist du jetzt. Mit einer Fahne bis hier. Hoho, wir haben davon gehört. Dieser nette Mann hat angerufen, Mr. Harrington, entzückender Engländer, der sich anhört wie James Mason. Läßt dich ins Haus, damit du ein Gebet für seine arme Frau sprichst, und als nächstes türmst du durchs Fenster, mit dem Sherry und dem Schinken. Deine arme Mutter. Was hat sie da bloß in die Welt gesetzt.

Er hat mich gezwungen, den Schinken zu essen, den Sherry zu trinken.

Dich gezwungen? Jesus, daß ich nicht lache. Dich gezwungen. Mr. Harrington ist ein vornehmer Engländer, der hat es nicht nötig zu lügen, und deinesgleichen können wir hier auf der Post nicht gebrauchen, Leute, die die Hände nicht vom Schinken und vom Sherry lassen können, also gib deine Posttasche und dein Fahrrad zurück, denn deine Tage auf diesem Postamt sind gezählt.

Aber ich brauche den Job. Ich muß sparen und nach Amerika. Amerika. Ein trauriger Tag für Amerika, an dem es deinesgleichen ins Land läßt.

Ich hinke durch die Straßen von Limerick. Ich würde gern zurückgehen und Mr. Harrington einen Ziegelstein ins Fenster schmeißen. Nein. Respekt vor den Toten. Ich werde über die Sarsfield-Brücke gehen und ans Flußufer, wo ich mich irgendwo in die Büsche legen kann. Ich weiß nicht, wie ich nach Hause gehen und meiner Mutter sagen soll, daß ich den Job verloren habe. Muß nach Hause. Muß es ihr sagen. Kann nicht die ganze Nacht am Fluß bleiben. Sie würde durchdrehen.

Mam bettelt das Postamt an, sie sollen mich wieder nehmen. Sie sagen nein. So was haben sie ja noch nie gehört. Telegrammjunge als Leichenschänder. Telegrammjunge flieht mit Schinken und Sherry vom Tatort. Nie wieder wird er einen Fuß auf die Schwelle dieses Postamtes setzen. Nein.

Sie läßt den Gemeindepriester einen Brief schreiben. Nehmen Sie den Jungen doch wieder, schreibt der Gemeindepriester. Sehr gern, Hochwürden, sagt das Postamt. Ich darf bis zu meinem sechzehnten Geburtstag bleiben und keine Minute länger. Außerdem, sagt Mrs. O'Connell, wenn man bedenkt, was die Engländer uns achthundert Jahre lang angetan haben, hat der Mann nicht das Recht, sich wegen dem bißchen Schinken und Sherry zu beklagen. Vergleiche mal ein bißchen Schinken und Sherry mit der Großen Kartoffelhungersnot, und zu welchem Ergebnis kommst du dann? Wenn mein armer Mann noch lebte und ich ihm erzählte, was du getan hast, würde er sagen, du hast eine Lanze gebrochen, Frank McCourt, eine Lanze gebrochen.

Jeden Samstagmorgen schwöre ich, ich werde zur Beichte gehen und dem Priester von den unreinen Handlungen berichten, die ich zu Hause, auf einsamen Trampelpfaden rings um Limerick vor gaffenden Kühen und Schafen und auf den Zinnen von Carrigogunnell vor den Augen der ganzen Welt begangen habe.

Ich werde ihm von Theresa Carmody berichten, wie sie durch mich in die Hölle gekommen ist, und das wird mein Ende sein, aus der Kirche ausgestoßen.

Ich leide Qualen wegen Theresa. Jedesmal, wenn ich ein Telegramm in ihrer Straße zustelle, jedesmal, wenn ich am Friedhof vorbeifahre, spüre ich die Sünde in mir wachsen wie ein Geschwür, und wenn ich nicht bald zur Beichte gehe, werde ich nur noch ein Geschwür sein, das auf dem Fahrrad durch die Gegend fährt, und die Menschen werden mit Fingern auf mich zeigen und zueinander sagen, da ist er, da ist Frankie McCourt, das schmutzige Etwas, durch welches Theresa Carmody in die Hölle gekommen ist.

Ich sehe die Leute an, die sonntags zur Kommunion gehen, jeder im Stande der Gnade, wie sie mit Gott im Mund zu ihrem Platz zurückgehen, friedvoll, unbeschwert, bereit, jeden Augenblick zu sterben und schnurstracks zum Himmel aufzufahren oder ohne die geringste Sorge zu ihren Speckstreifen und Eiern nach Hause zu gehen.

Ich bin erschöpft davon, der schlimmste Sünder in Limerick zu sein. Ich will diese Sünde loswerden, und danach gibt es Speckstreifen und Eier und keine Schuld, keine Qual. Ich will ganz gewöhnlich sein.

Die Priester sagen uns, daß Gottes Gnade unendlich ist, aber wie kann ein Priester jemandem wie mir Absolution erteilen, der Telegramme zustellt und in einem Zustand der Aufregung mit einem Mädchen, das an der galoppierenden Schwindsucht leidet, auf einem grünen Sofa landet.

Ich radle mit Telegrammen durch ganz Limerick und mache bei jeder Kirche halt. Ich fahre von Redemptoristen zu Jesuiten zu Augustinern zu Dominikanern zu Franziskanern. Ich knie vor der Statue des hl. Franziskus von Assisi nieder und bitte ihn, mir zu helfen, aber ich glaube, er ist zu angewidert von mir. Ich knie mich neben Leute auf die Kirchenbank gleich neben dem Beichtstuhl, aber wenn ich an der Reihe bin, kann ich nicht atmen, mein Herz pocht, meine Stirn wird kalt und feucht, und ich renne aus der Kirche.

Ich schwöre, daß ich Weihnachten zur Beichte gehen werde. Ich kann nicht. Ostern. Ich kann nicht. Wochen und Monate vergehen, und schon ist es ein Jahr her, als Theresa starb. Ich werde an ihrem Todestag zur Beichte gehen, aber ich kann es nicht. Jetzt bin ich fünfzehn und fahre ohne anzuhalten an Kirchen vorbei. Ich werde warten müssen, bis ich nach Amerika gehe, wo es Priester wie Bing Crosby in Weg zum Glück gibt, die mich nicht mit einem Tritt aus dem Beichtstuhl befördern wie die Priester in Limerick.

Immer noch habe ich die Sünde in mir, das Geschwür, und ich hoffe, es bringt mich nicht vollständig um, bevor ich zu dem amerikanischen Priester gehe.

Da ist ein Telegramm für eine alte Frau, Mrs. Brigid Finucane. Sie sagt, wie alt bist du, Junge?

Fünfzehneinhalb, Mrs. Finucane.

Jung genug für Dummheiten und alt genug, sie zu lassen. Bist du schlau, Junge? Bist du sowas wie intelligent?

Ich kann lesen und schreiben, Mrs. Finucane.

Arrah, die Irrenanstalt oben ist voller Leute, die lesen und schreiben können. Kannst du einen Brief schreiben?

Kann ich.

Sie möchte, daß ich Briefe an ihre Kunden schreibe. Wenn man einen Anzug oder ein Kleid für sein Kind braucht, kann man zu ihr gehen. Sie gibt einem einen Zettel für einen Laden, und die geben einem die Klamotten. Sie kriegt einen Rabatt und berechnet einem den vollen Preis und dann noch mal Provision. Das zahlt man dann in wöchentlichen Raten an sie zurück. Manche ihrer Kunden sind mit ihren Zahlungen im Rückstand, und die brauchen Drohbriefe. Sie sagt, ich gebe dir drei Pence für jeden Brief, den du schreibst, und noch mal drei Pence, wenn er eine Zahlung bewirkt. Wenn du den Job willst, komm Donnerstag- und Freitagabend her, Papier und Umschläge mußt du selbst mitbringen.

Ich brauche diesen Job dringend. Ich möchte nach Amerika. Aber ich habe kein Geld für Papier und Umschläge. Am nächsten Tag stelle ich bei Woolworth ein Telegramm zu, und da ist die Antwort, eine ganze Abteilung, vollgepackt mit Papier und Umschlägen. Ich habe kein Geld, also muß ich mich

Ende Teil 1

selbst bedienen. Aber wie? Zwei Hunde retten mir den Tag. Zwei Hunde an der Tür von Woolworth, die nach der Aufregung ineinander steckengeblieben sind. Sie jaulen und laufen im Kreis. Kunden und Verkäufer kichern und tun so, als sähen sie woandershin, und während sie damit zu tun haben, so zu tun, schiebe ich mir Papier und Umschläge unter den Pullover, zur Tür hinaus, aufs Rad und weg, weit weg von steckengebliebenen Hunden.

Mrs. Finucane kuckt argwöhnisch. Das ist aber sehr schickes Briefpapier, Junge. Ist das von deiner Mutter? Das zahlst du ihr aber zurück, wenn du das Geld kriegst!

Aber ja.

Von jetzt an darf ich nicht mehr an ihre Haustür kommen. Hinter ihrem Haus ist eine Gasse, und ich soll zur Hintertür hereinkommen, weil sie Angst hat, daß mich jemand sehen könnte. Aus einem großen Hauptbuch liest sie mir die Namen und Adressen von sechs Kunden vor, die im Rückstand sind. Bedroh sie, Junge. Erschreck sie zu Tode.

Mein erster Brief geht so:

Sehr geehrte Mrs. O'Brien,

insofern als Sie sich nicht in der Lage sahen, mir zu zahlen, was Sie mir schulden, könnte ich mich gezwungen sehen, Klage zu erheben. Da haben wir Ihren Sohn, Michael, der mit seinem neuen Anzug in der Welt herumstolziert, wohingegen ich persönlich kaum ein Stück Kruste habe, um Leib und Seele zusammenzuhalten. Ich bin sicher, daß Sie nicht in den Verliesen der Justizvollzugsanstalt Limerick schmachten wollen, fern von Freunden und Familienangehörigen, und verbleibe in frdl. Erwartung und prozeßbereit, Mrs. Brigid Finucane.

Sie sagt mir, das ist ein kraftvoller Brief, besser als alles, was man im Limerick Leader zu lesen bekommt. Dieses Wort, insofern als, das ist ja ein heiliger Schrecken von einem Wort. Was bedeutet es?

Anfang Teil 2

Ich glaube, es bedeutet, dies ist Ihre letzte Chance.

Ich schreibe fünf weitere Briefe, und sie gibt mir Geld für Briefmarken. Auf dem Weg zum Postamt denke ich, warum soll ich Geld für Briefmarken verschwenden, wenn ich zwei Beine habe, um die Briefe persönlich im Schutze der Nacht zuzustellen? Wenn man arm ist, ist ein Drohbrief ein bedrohlicher Brief, egal, wie er zur Tür reinkommt.

Ich laufe durch die Straßen von Limerick und schiebe Briefe unter Türen durch und bete, daß mich niemand sieht.

Eine Woche später quiekt Mrs. Finucane vor Freude. Vier haben gezahlt. Setz dich sofort hin und schreibe neue, Junge. Erfülle sie mit der Furcht des Herrn.

Woche um Woche werden meine Drohbriefe schärfer. Ich beginne, Wörter einzustreuen, die ich selbst kaum verstehe.

Sehr geehrte Mrs. O'Brien,

insofern als Sie sich dem eventualen unmittelbar bevorstehenden Rechtsstreit gegenüber uneinsichtig zeigten, wie wir ihn in unserer Epistel vom Hujus aufzeigten, setzen wir Sie in Kenntnis, daß wir uns mit unserem Advokaten in obigem Dublin konsultieren.

Eine Woche später zahlt Mrs. O'Brien. Zitternd kam sie, mit Tränen in den Augen, Junge, und sie hat versprochen, daß sie nie wieder mit der Zahlung in Rückstand gerät.

An den Freitagabenden schickt Mrs. Finucane mich in eine Kneipe, damit ich ihr eine Flasche Sherry hole. Du bist zu jung für Sherry, Junge. Du kannst dir eine schöne Tasse Tee machen, aber du mußt die Teeblätter von heute morgen benutzen. Nein, ein Stück Brot gibt es bei den Preisen, die die heutzutage verlangen, nicht dazu. Als nächstes willst du wahrscheinlich ein Ei.

Sie schaukelt vor dem Kamin, nippt an ihrem Sherry, zählt das Geld in den Geldbeutel auf ihrem Schoß, trägt die Eingänge in ihr Hauptbuch ein und schließt dann alles in ihren großen Koffer, der im ersten Stock unterm Bett steht. Nach ein paar Sherry sagt sie mir, wie schön es doch ist, ein bißchen Geld zu haben, damit man es der Kirche hinterlassen kann, die dann Seelenmessen für einen liest. Es macht sie so glücklich, wenn sie daran denkt, wie Priester noch Jahre um Jahre, wenn sie längst tot und begraben ist, Messen für sie lesen werden.

Manchmal schläft sie ein, und wenn der Geldbeutel auf den Fußboden fällt, bediene ich mich mit ein paar Shilling extra für die Überstunden und die Verwendung all dieser großen neuen Wörter. Da bleibt zwar weniger Geld für die Priester und ihre Messen übrig, aber wie viele Messen braucht eine Seele, und habe ich nicht auch ein paar Pfund verdient, nachdem mir die Kirche mehrmals die Tür vor der Nase zugeschlagen hat? Sie wollten mich nicht als Meßdiener, sie wollten mich nicht als Oberschüler, sie wollten mich nicht als Missionar für die Weißen Väter. Ist mir egal. Ich habe ein Postsparbuch, und wenn ich weiter erfolgreiche Drohbriefe schreibe, mir den einen oder anderen gelegentlichen Shilling aus ihrem Geldbeutel sichere und das Briefmarkengeld behalte, wird mir das helfen, nach Amerika zu entkommen. Meine ganze Familie könnte vor Hunger tot umfallen, und ich würde das Geld auf dem Postsparbuch nicht anrühren.

Oft muß ich Drohbriefe an Nachbarn und Freunde meiner Mutter schreiben, und ich mache mir Sorgen, daß sie mich entdecken könnten. Sie beschweren sich bei Mam, diese alte Zicke, Finucane, unten in Irishtown, hat mir einen Drohbrief geschickt. Welche Sorte von Dämon mitten aus der Hölle peinigt denn Menschen vom eigenen Stamme mit einer Art von Brief, aus der man ums Verrecken nicht schlau wird, mit Wörtern drin, die man weder an Land noch auf See je gehört hat. Die Person, die so etwas geschrieben hat, ist schlimmer als Judas oder jeder Spitzel für die Engländer. Meine Mutter sagt, jeder, der solche Briefe schreibt, sollte in Öl gesotten werden, und Blinde sollten ihm die Fingernägel einzeln ausreißen.

Tut mir leid, daß ich ihnen Ärger mache, aber anders komme ich nicht an mein Geld für Amerika. Ich weiß, daß ich eines Tages ein reicher Yank sein werde, und dann schicke ich Hunderte von Dollars nach Hause, und meine Familie braucht sich nie wieder Sorgen wegen Drohbriefen zu machen.

Einige der befristeten Telegrammjungs machen im August die Unbefristetenprüfung. Mrs. O'Connell sagt, du solltest die Prüfung auch machen, Frank McCourt. Du hast doch ein bißchen Hirn im Kopf und bestehst sie zackzack. In Null Komma nix wärst du Briefträger und deiner armen Mutter eine große Hilfe.

Mam sagt auch, ich soll die Prüfung machen, Briefträger werden, sparen, nach Amerika gehen und dann drüben Briefträger werden, wäre das nicht ein wunderschönes Leben.

An einem Samstag stelle ich ein Telegramm in South's Kneipe zu, und da sitzt Onkel Pa Keating, ganz schwarz wie üblich. Er sagt, trink eine Limonade mit mir, Frankie, oder willst du jetzt, wo du fast sechzehn bist, lieber eine Pint?

Limonade, Onkel Pa, danke schön.

Deine erste Pint willst du erst, wenn du sechzehn bist, stimmt's?

Ja, aber mein Vater wird nicht da sein, um sie mir zu spendieren.

Mach dir keine Sorgen. Ich weiß, ohne deinen Vater ist es nicht dasselbe, aber ich werde dir deine erste Pint spendieren. Das würde ich auch tun, wenn ich einen Sohn hätte. Komm am Abend vor deinem sechzehnten Geburtstag hierher.

Mach ich, Onkel Pa.

Ich habe gehört, du machst diese Prüfung für das Postamt?

Ja.

Wie bist du denn auf so was verfallen?

Es ist ein guter Job, und in Null Komma nix wäre ich Briefträger, und man kriegt Pension.

Ach, Pension am Arsch. Sechzehn Jahre alt und redet über die Pension. Willst du mich für dumm verkaufen? Hast du gehört, was ich gesagt habe, Frankie? Pension am Arsch. Wenn du die Prüfung bestehst, bleibst du nett und sicher bis an dein Lebensende auf dem Postamt. Du wirst eine Brigid heiraten und fünf kleine Katholiken kriegen und kleine Rosen in deinem Garten haben. Du wirst tot im Kopf sein, bevor du dreißig bist, und die Eier werden dir schon ein Jahr vorher ausgedörrt sein. Geh doch verdammtnochmal mit dem Kopf durch die Wand, und zur Hölle mit den Verzagten und den Mißgünstigen. Hörst du mich, Frankie McCourt?

Ja, Onkel Pa. Das hat auch Mr. O'Halloran gesagt.

Was hat er gesagt?

Mit dem Kopf durch die Wand, aber eingerichtet muß er sein. Da hat Mr. O'Halloran recht. Es ist dein Leben, fälle deine eigenen Entscheidungen, und zur Hölle mit den Mißgünstigen, Frankie. Schließlich und endlich wirst du doch sowieso nach Amerika gehen, stimmt's?

Ja, Onkel Pa.

Am Tag der Prüfung habe ich frei. In einem Bürofenster in der O'Connell Street hängt ein Schild. Gewitzter Junge gesucht, saubere Handschrift, guter Rechner, Bewerbungen an den Geschäftsführer, Mr. McCaffrey, Eason & Söhne, Zeitschriftengroßhandel.

Ich stehe vor dem Prüfungsgebäude, dem Haus des Protestantischen Vereins Junger Männer Limerick. Aus ganz Limerick gehen Jungens die Treppe hinauf, um die Prüfung zu machen, und ein Mann an der Tür gibt ihnen Papier und Bleistift und bellt sie an, Beeilung, na los, Beeilung. Ich sehe den Mann an der Tür an, ich denke an Onkel Pa Keating und daran, was er gesagt hat, ich denke an das Schild im Büro von Eason & Söhne, gewitzter Junge gesucht. Ich will da nicht hineingehen und diese Prüfung bestehen, denn wenn ich sie bestehe, bin ich ein Unbefristeter mit einer Uniform, danach Briefträger, danach Schalterbeamter, der bis an sein Lebensende Briefmarken verkauft. Ich werde immer in Limerick bleiben und mit meinem toten Kopf und mit meinen ausgedörrten Eiern Rosen pflanzen.

Der Mann an der Tür sagt, kommst du jetzt rein, oder willst du da weiter mit einem Gesicht von hier bis da rumstehen?

Ich möchte zu dem Mann sagen, lecken Sie mich am Arsch, aber ich habe noch ein paar Wochen auf dem Postamt vor mir, und vielleicht würde er mich melden. Ich schüttele den Kopf und gehe die Straße hinauf, wo ein gewitzter Junge gesucht wird.

Der Geschäftsführer, Mr. McCaffrey, sagt, ich würde mir gern ein Schriftmuster von dir ansehen, damit ich herausfinde, ob du, um es ganz kurz zu sagen, eine Klaue hast oder nicht. Setz dich da an den Tisch. Schreibe deinen Namen und deine Adresse, und schreibe mir einen Absatz, in welchem du erklärst, warum du dich um diesen Arbeitsplatz bewirbst und wie deine Vorstellungen aussehen, was deinen Aufstieg in den Reihen der Gefolgschaft der Firma Eason & Söhne betrifft, und zwar kraft unermüdlicher Ausdauer und gewissenhaften Pflichteifers, denn dann bieten sich in dieser Firma große Möglichkeiten, wenn man ein Junge ist, der die ihm voranflatternde Standarte fest im Auge behält und seine Flanken gegen die Sirenenklänge der Sünde wappnet.

Ich schreibe:

Frank McCourt,
Little Barrington Street 4,
Limerick,
Grafschaft Limerick,
Irland.

Ich bewerbe mich um diesen Arbeitsplatz, damit ich in die höchsten Reihen der Gefolgschaft von Eason & Söhne GmbH aufsteigen kann, und zwar kraft unermüdlicher Ausdauer und gewissenhaften Flichteiferns, wobei ich weiß, daß, wenn ich meine Augen nach vorne und meine Flanken gewappnet kriege, ich sicher vor aller Versuchung bin und Eason und Irland im allgemeinen Ehre mache.

Was ist das denn? sagt Mr. McCaffrey. Nehmen wir es hier vielleicht mit der Wahrheit nicht so ganz genau?

Ich weiß nicht, Mr. McCaffrey.

Little Barrington Street. Das ist eine Gasse. Warum nennst du sie eine Straße? Du wohnst in einer Gasse, nicht in einer Straße.

Sie wird aber allgemein Straße genannt, Mr. McCaffrey.

Erhebe dich nicht über deinen Stand, Junge.

Das würde ich nie tun, Mr. McCaffrey.

Du wohnst in einer Gasse, und das bedeutet, daß du nirgendwohin kannst, außer nach oben. Verstehst du das, McCourt?

Ja, Sir.

Du mußt dir deinen Weg aus der Gasse heraus erarbeiten, McCourt.

Gern, Sir.

Du bist Fleisch vom Fleische der Gassenjungen, McCourt.

Ja, Mr. McCaffrey.

Dir atmet die Gasse aus jeder Pore. Vom Scheitel deines Schädels bis zur Kappe deines Schuhs. Versuche nicht, die breite Öffentlichkeit irrezuführen, McCourt. Da müßtest du schon reichlich früh aufstehen, um Menschen meines Schlages hinters Licht zu führen.

Das würde ich nie tun, Mr. McCaffrey.

Dann sind da noch die Augen. Sehr entzündet, diese Augen. Kannst du sehen?

Ja, Mr. McCaffrey.

Du kannst lesen und schreiben, aber kannst du auch addieren und subtrahieren?

Ja, Mr. McCaffrey.

Tja, ich kenne die Firmenpolitik bei entzündeten Augen nicht. Ich müßte Dublin anrufen und hören, wie man dort zu entzündeten Augen steht. Aber deine Handschrift ist sauber und deutlich, McCourt. Keine Klaue. Wir nehmen dich vorbehaltlich einer Entscheidung im Entzündete-Augen-Bereich. Montag morgen. Halb sieben am Bahnhof.

Morgens?

Morgens. Wir liefern die verdammten Morgenzeitungen nicht abends aus, oder?

Nein, Mr. McCaffrey.

Noch etwas. Wir vertreiben die Irish Times, eine protestantische Zeitung, die von den Freimaurern in Dublin gemacht wird. Wir übernehmen sie am Bahnhof. Wir zählen sie durch. Wir bringen sie zu den Zeitungshändlern. Aber wir lesen sie nicht. Ich möchte dich nicht bei ihrer Lektüre erwischen. Du könntest den Glauben verlieren, und so wie deine Augen aussehen, könntest du auch noch das Augenlicht verlieren. Hörst du mich, McCourt?

Ja, Mr. McCaffrey.

Keine Irish Times, und wenn du nächste Woche hierherkommst, werde ich dir von all dem englischen Schmutz und Schund berichten, den du in diesem Büro nicht lesen sollst. Hörst du mich?

Ja, Mr. McCaffrey.

Mrs. O'Connell hat den schmalen Mund, und sie sieht mich nicht an. Sie sagt zu Miss Barry, wie ich höre, hat ein gewisser Emporkömmling aus dem Gassenviertel es vorgezogen, sich nicht der Prüfung für den Postdienst zu unterziehen. Ist sich zu gut dafür, vermute ich.

Da haben Sie recht, sagt Miss Barry.

Ist sich zu gut für uns, vermute ich.

Da haben Sie recht.

Meinen Sie, er wird uns je erzählen, warum er die Prüfung geschwänzt hat?

Oh, vielleicht, sagt Miss Barry, wenn wir vor ihm niederknien.

Ich sage zu ihr, ich möchte nach Amerika, Mrs. O'Connell.

Haben Sie das gehört, Miss Barry?

Allerdings, Mrs. O'Connell.

Er hat gesprochen.

Allerdings.

Er wird den Tag verwünschen, Miss Barry.

Verwünschen wird er ihn, Mrs. O'Connell.

Mrs. O'Connell spricht an mir vorbei mit den Jungs, die auf der Bank auf ihre Telegramme warten, dies ist Frankie McCourt, der glaubt, er ist zu gut fürs Postamt.

Das glaube ich nicht, Mrs. O'Connell.

Und wer hat dir erlaubt, den Schnabel aufzureißen, hoher Herr? Zu großartig für uns, stimmt's, Jungs?

Stimmt, Mrs. O'Connell.

Und das nach allem, was wir für ihn getan haben, ihm die Telegramme mit den Trinkgeldern gegeben, ihn bei schönem Wetter aufs Land geschickt, ihn nach seinem unwürdigen Verhalten bei Mr. Harrington, dem Engländer, wieder aufgenommen haben, wo er dem Leichnam der armen Mrs. Harrington gegenüber unehrerbietig war, wo er sich mit Schinkensandwich vollgestopft hat, wo er sich mit Sherry hat vollaufen lassen, wo er aus dem Fenster gesprungen ist und jeden Rosenbusch weit und breit ramponiert hat, bevor er voll wie eine Strandhaubitze hier eingelaufen ist, und wer weiß, was er in seiner zweijährigen Zustellertätigkeit noch alles getrieben hat, ja, wer weiß das schon, obwohl wir eine recht gute Vorstellung davon haben, stimmt's, Miss Barry?

Stimmt, Mrs. O'Connell, obwohl das Thema nicht gerade ein geeigneter Gesprächsstoff ist.

Sie flüstert Miss Barry etwas zu, und sie sehen mich an und schütteln den Kopf.

Eine Schande ist er für Irland und für seine arme Mutter. Ich hoffe, sie wird es nie erfahren. Aber was kann man schon von jemandem erwarten, der in Amerika geboren ist, und der Vater ist aus dem Norden. Das alles haben wir uns bieten lassen und ihn trotzdem wieder aufgenommen.

Sie spricht wieder ständig an mir vorbei mit den Jungens auf der Bank.

Für Eason will er arbeiten, für diese Bande von Freimaurern und Protestanten oben in Dublin. Zu gut fürs Postamt, aber bereit und willens, in ganz Limerick schmutzige englische Magazine auszuliefern. Jedes Magazin, das er berührt, wird eine Todsünde sein. Aber jetzt verläßt er uns, o ja, und es ist ein trauriger Tag für seine arme Mutter, die um einen Sohn mit einer Pension gebetet hat, der an ihrem Lebensabend für sie Sorge tragen kann. So. Hier. Nimm deinen Lohn und geh uns aus den Augen.

Miss Barry sagt, er ist ein böser junge, stimmt's, Jungs?

Stimmt, Miss Barry.

Ich weiß nicht, was ich sagen soll. Ich weiß nicht, was ich falsch gemacht habe. Soll ich sagen, daß es mir leid tut? Leben Sie wohl?

Ich lege meinen Gürtel und meine Posttasche auf Mrs. O'Connells Schreibtisch. Sie starrt mich feindselig an. Los, los, geh zu deinem Job bei Eason. Geh weg. Weg von uns. Nächster Junge, hol dir deine Telegramme ab.

Sie arbeiten weiter, und ich gehe die Treppe hinunter, zum nächsten Teil meines Lebens.

17

Ich weiß nicht, warum Mrs. O'Connell mich vor der ganzen Welt beschämen mußte, und ich finde nicht, daß ich zu gut fürs Postamt oder für sonstwas bin. Wie denn auch, mit meinen abstehenden Haaren, den Pickeln im Gesicht, den roten Augen, aus denen es gelb quillt, mit den von Fäulnis bröseligen Zähnen, keinen Schultern, keinem Fleisch auf dem Arsch, nachdem ich dreizehntausend Meilen geradelt bin, um zwanzigtausend Telegramme an jeder Tür von Limerick und Umgebung zuzustellen?

Mrs. O'Connell hat vor langer Zeit gesagt, sie weiß alles über jeden Telegrammjungen. Sie muß darüber Bescheid wissen, wie ich ganz oben auf Carrigogunnell Hand an mich gelegt habe, und Milchmädchen haben geglotzt, kleine Jungens haben hochgekuckt.

Sie muß über Theresa Carmody und das grüne Sofa Bescheid wissen, wie ich sie in den Stand der Sünde gebracht habe und wie sie durch mich in die Hölle gekommen ist, die schlimmste Sünde von allen, tausendmal schlimmer als Carrigogunnell. Sie muß wissen, daß ich nach Theresa nie mehr zur Beichte gegangen bin, daß ich selbst verdammt bin, der Hölle geweiht.

Jemand, der so eine Sünde begeht, ist nie zu gut fürs Postamt oder für sonstwas.

Der Barmann in South's Kneipe erinnert sich an mich von

damals her, als ich mit Mr. Hannon, Bill Calvin und Onkel Pa Keating hier gesessen habe. Schwarz-weiß-schwarz. Er erinnert sich an meinen Vater, der hier oft seinen Wochenlohn und sein Stempelgeld ausgegeben hat, während er patriotische Lieder sang und Reden auf der Anklagebank hielt wie ein verurteilter Rebell.

Und was hättest du gern? sagt der Barmann.

Ich bin hier mit Onkel Pa Keating verabredet, um meine erste Pint zu trinken.

Ach ja? Bei Gott? Tatsache? Er wird in einer Minute hier sein, und es gibt keinen guten Grund, warum ich ihm nicht jetzt schon mal eine Pint zapfe und dir bei der Gelegenheit vielleicht auch gleich deine erste, oder gibt es einen?

Nein, Sir.

Onkel Pa kommt herein und sagt mir, ich soll mich neben ihn an die Wand setzen. Der Barmann bringt die Pints, Onkel Pa zahlt, erhebt sein Glas und sagt zu den Männern in der Kneipe, dies ist mein Neffe, Frankie McCourt, der Sohn von Angela Sheehan, der Schwester meiner Frau, welcher heute seine erste Pint trinkt, auf deine Gesundheit und langes Leben, Frankie, mögest du leben, um die Pint zu genießen, aber nicht zu sehr.

Die Männer erheben ihre Pints, nicken, trinken, und auf ihren Lippen und Schnurrbärten sind sahnigweiße Streifen. Ich nehme einen großen Schluck von meiner Pint, und Onkel Pa sagt zu mir, nicht so hastig, um der Liebe Jesu willen, trink nicht gleich alles aus, da ist noch mehr, wo das herkommt, solang die Familie Guinness stark und gesund bleibt.

Ich sage ihm, ich will ihm von meinem letzten Lohn bei der Post eine Pint ausgeben, aber er sagt, nein, nimm das Geld mit nach Hause zu deiner Mutter, und eine Pint kannst du mir ausgeben, wenn du aus Amerika heimkommst, rot im Gesicht vom Erfolg und von der Hitze einer Blondine, die sich an deinen Arm klammert.

Die Männer in der Kneipe sprechen über den schrecklichen Zustand, in dem sich die Welt befindet, und wie um Himmels willen Hermann Göring eine Stunde vor der Hinrichtung dem Henker entwischt ist. Da sitzen die Yanks drüben in Nürnberg und behaupten, sie wissen nicht, wie der Nazischweinehund diese Pille versteckt hat. War sie in seinem Ohr? In einem Nasenloch? In den Arsch geschoben? Bestimmt haben die Yanks in jedes Loch und jede Spalte von jedem Nazi gekuckt, den sie gefangen haben, und Hermann entwischt ihnen trotzdem. So ist das nämlich. Es zeigt, daß man den Atlantik überqueren, in der Normandie landen, Deutschland vom Antlitz der Erde runterbomben kann, aber wenn es darauf ankommt, können sie eine kleine Pille nicht finden, die in den entlegeneren Bereichen von Hermann Görings Fettarsch versteckt war.

Onkel Pa gibt mir eine weitere Pint aus. Sie ist schwerer zu trinken, weil sie mich vollmacht und meinen Bauch aufbläst. Die Männer sprechen über Konzentrationslager und die armen Juden, die nie einer Menschenseele etwas zuleide getan haben, Männer, Frauen, Kinder in Öfen gepackt, Kinder, muß man sich mal vorstellen, was haben die denn verbrochen, überall kleine Schuhe verstreut, in die Öfen gestopft, und die Kneipe ist dunstig, und die Stimmen werden mal lauter, mal leiser. Onkel Pa sagt, wie fühlst du dich? Du bist weiß wie ein Laken. Er geht mit mir aufs Klo, und wir beide pissen gut und lange gegen die Wand, die sich vor und zurück bewegt. Ich kann nicht in die Kneipe zurück, Zigarettenrauch, abgestandenes Guinness, Görings Fettarsch, überall kleine Schuhe verstreut, da kann ich nicht mehr rein, gute Nacht, Onkel Pa, danke, und er sagt mir, ich soll schnurstracks nach Hause zu meiner Mutter, schnurstracks nach Hause, oh, er weiß nichts von der Aufregung auf dem Speicher oder der Aufregung auf dem grünen Sofa oder von mir im Stande der Verdammnis wenn ich jetzt sterbe bin ich in Null Komma nix in der Hölle.

Onkel Pa geht zu seiner Pint zurück. Ich bin auf der

O'Connell Street, und warum soll ich eigentlich die paar Schritte bis zu den Jesuiten nicht auch noch gehen und in der letzten Nacht, in der ich fünfzehn bin, alle meine Sünden beichten. Ich klingele beim Pfarrhaus, und ein großer Mann kommt an die Tür, ja? und ich sage ihm, ich möchte beichten, Pater. Er sagt, ich bin kein Priester. Nenn mich nicht Pater. Ich bin ein Bruder.

Na schön, Bruder. Ich möchte zur Beichte gehen, bevor ich morgen sechzehn werde. Stand der Gnade an meinem Geburtstag.

Er sagt, geh weg. Du bist betrunken. Ein Kind wie du, besoffen wie ein besserer Herr, und klingelt mitten in der Nacht bei einem Priester. Geh weg, oder ich rufe die *gárdaí.*

Bitte nicht. Bitte nicht. Ich will doch nur zur Beichte gehen. Ich bin verdammt.

Du bist betrunken und nicht vom angemessenen Geist der Reue beseelt.

Er schlägt mir die Tür vor der Nase zu. Wieder eine Tür, die mir vor der Nase zugeschlagen wird, aber morgen bin ich sechzehn, und ich klingle noch einmal. Der Bruder öffnet die Tür, dreht mich mit Schwung um und tritt mir in den Arsch, daß ich die Stufen hinunterstolpere. Er sagt, wenn du noch einmal hier klingelst, breche ich dir die Hand.

Jesuitenbrüder dürfen gar nicht so reden. Sie müssen sein wie unser Herr, der auch nicht durch die Welt lief und eine Bedrohung für Hände darstellte.

Mir ist schwindlig. Ich will nach Hause ins Bett. Ich halte mich in der Barrington Street an Geländern fest und gehe immer an der Wand entlang. Mam sitzt beim Feuer und raucht eine Woodbine, meine Brüder sind oben im Bett. Sie sagt, du kommst ja in einem schönen Zustand nach Hause.

Das Sprechen fällt mir schwer, aber ich sage ihr, daß ich mit Onkel Pa meine erste Pint getrunken habe. Kein Vater da, der sie mir ausgibt.

Dein Onkel Pa sollte aber auch mehr Verstand haben.

Ich wanke zu einem Stuhl, und sie sagt, genau wie dein Vater. Ich versuche, die Bewegung meiner Zunge im Mund unter Kontrolle zu kriegen. Ich bin lieber, ich bin lieber, lieber wie mein Vater als wie Laman Griffin.

Sie wendet sich von mir ab und blickt in die Asche, aber ich will sie nicht in Frieden lassen, weil ich meine Pint getrunken habe, zwei Pints, und morgen bin ich sechzehn, ein Mann.

Hast du das gehört? Ich bin lieber wie mein Vater als wie Laman Griffin.

Sie steht auf und sieht mir ins Gesicht. Hüte deine Zunge, sagt sie.

Hüte lieber du deine Scheißzunge.

Sprich mit mir nicht in diesem Ton. Ich bin deine Mutter.

Ich spreche mit dir genau in dem Ton, der mir verdammtnochmal paßt.

Du hast ein Mundwerk wie ein Botenjunge.

Ach ja? Ach ja? Ich bin auf jeden Fall lieber ein Botenjunge als so was wie Laman Griffin, der olle Suffkupp mit seiner Rotznase und seinem Speicher und den Leuten, die zu ihm hochklettern.

Sie geht weg, und ich folge ihr nach oben in das kleine Zimmer. Sie dreht sich um, laß mich zufrieden, laß mich zufrieden, und ich belfere weiter auf sie ein, Laman Griffin, Laman Griffin, bis sie mich schubst, raus aus diesem Zimmer, und ich ihr auf die Backe schlage, so daß ihr Tränen in die Augen springen und ein leises winselndes Geräusch von ihr zu hören ist, du wirst nie wieder die Gelegenheit haben, so etwas zu tun, und ich weiche vor ihr zurück, denn dies ist eine weitere Sünde auf meiner langen Liste, und ich schäme mich sehr.

Ich falle in mein Bett, angezogen, und wache mitten in der Nacht davon auf, daß ich auf mein Kopfkissen kotze und meine Brüder sich über den Gestank beschweren und mir sagen, mach das sauber, ich bin ein Schandfleck. Ich höre meine Mutter weinen, und ich würde ihr gern sagen, daß es mir leid tut, aber wozu eigentlich, nach dem, was sie mit Laman Griffin gemacht hat.

Am Morgen sind meine kleinen Brüder zur Schule gegangen, Malachy sucht sich Arbeit, Mam sitzt beim Feuer und trinkt Tee. Ich lege meinen Wochenlohn neben ihrem Ellenbogen auf den Tisch und will gehen. Sie sagt, möchtest du eine Tasse Tee?

Nein.

Du hast Geburtstag.

Sie ruft mir auf der Gasse nach, du solltest etwas im Magen haben, aber ich zeige ihr meinen Rücken und gehe, ohne zu antworten, um die Ecke. Ich möchte ihr immer noch sagen, daß es mir leid tut, aber wenn ich das tue, möchte ich ihr auch sagen, daß sie die Ursache all dessen ist, daß sie in jener Nacht nicht auf den Speicher hätte klettern dürfen, aber das schert mich sowieso alles keinen Fiedlerfurz, denn ich schreibe immer noch Drohbriefe für Mrs. Finucane und spare auf Amerika.

Ich habe den ganzen Tag frei, bevor ich zu Mrs. Finucane gehe, um die Drohbriefe zu schreiben, und ich wandere die Henry Street entlang, bis der Regen mich in die Franziskanerkirche treibt, wo der hl. Franziskus mit seinen Vögeln und Lämmern steht. Ich sehe ihn an und frage mich, warum ich je zu ihm gebetet habe. Nein, ich habe nicht gebetet, ich habe gebettelt.

Ich habe ihn angebettelt, er soll sich für Theresa Carmody einsetzen, aber er hat nie irgendwas getan, hat nur mit dem stillen Lächeln, den Vögeln, den Lämmern auf seinem Sockel gestanden, und weder Theresa noch ich haben ihn auch nur einen Fiedlerfurz geschert.

Mit dir bin ich fertig, heiliger Franziskus. Wiedersehen, war nett, ich muß weiter. Francis. Ich weiß nicht, warum sie mir ausgerechnet diesen Namen gegeben haben. Wenn sie mich Malachy genannt hätten, stünde ich besser da, der eine ein König, der andere ein großer Heiliger. Warum hast du Theresa nicht geheilt? Warum hast du zugelassen, daß sie in die Hölle kommt? Du hast meine Mutter auf den Speicher klettern lassen. Du hast mich in den Stand der Verdammnis abgleiten lassen. Schuhe von kleinen Kindern in Konzentrationslagern verstreut. Ich habe wieder dieses Geschwür. Es ist in meiner Brust, und ich bin hungrig.

Der hl. Franziskus ist keine Hilfe, er läßt die Tränen nicht versiegen, die mir aus beiden Augen fließen, er beendet das Geschniefe und Ersticken und die Ogottogotts nicht, die mich auf die Knie und meinen Kopf auf die Rückenlehne der Kirchenbank vor mir zwingen, und ich bin so schwach vom Hunger und vom Weinen, daß ich zu Boden fallen könnte und würdest du mir bitte helfen Gott oder heiliger Franziskus weil ich heute sechzehn geworden bin und ich habe meine Mutter geschlagen und Theresa in die Hölle gebracht und ganz Limerick und die gleichnamige Grafschaft drum rum vollgewichst und ich habe schreckliche Angst vor dem Mühlstein um meinen Hals.

Ein Arm legt sich um meine Schultern, ein braunes Gewand, das Klicken schwarzer Rosenkranzperlen, ein Franziskanerpater.

Mein Kind, mein Kind, mein Kind.

Ich bin ein Kind, und ich lehne mich an ihn, der kleine Frankie auf dem Schoß seines Vaters, erzähl mir alles über Cuchulain, Dad, meine Geschichte, die Malachy nicht haben darf und Freddie Leibowitz auf der Schaukel auch nicht.

Mein Kind, setz dich her zu mir. Sag mir, was dich bedrückt. Aber nur, wenn du willst. Ich bin Pater Gregory.

Ich bin heute sechzehn geworden, Pater.

Wie schön, wie schön. Und warum sollte dich das bedrücken?

Ich habe gestern abend meine erste Pint getrunken.

Ja?

Ich habe meine Mutter geschlagen.

Gott steh uns bei, mein Kind. Aber Er wird dir vergeben. Gibt es sonst noch etwas?

Das kann ich Ihnen nicht sagen, Pater.

Würdest du gern beichten?

Ich kann nicht, Pater. Ich habe schreckliche Dinge getan.

Gott vergibt allen, die ehrlich bereuen. Er sandte Seinen einzigen geliebten Sohn, auf daß Er für uns sterbe.

Ich kann es nicht sagen, Pater. Ich kann nicht.

Aber dem heiligen Franziskus könntest du es doch sagen, oder?

Er hilft mir nicht mehr.

Aber du liebst ihn doch, oder?

Ja. Ich heiße Francis.

Dann sag es ihm. Wir werden hier sitzen, und du wirst ihm von den Dingen berichten, die dich bedrücken. Wenn ich hier sitze und zuhöre, so wird das nur ein Paar Ohren für den heiligen Franziskus und unseren Herrn sein. Meinst du nicht, das würde helfen?

Ich spreche mit dem hl. Franziskus und berichte ihm von Margaret, Oliver, Eugene, meinem Vater, der Roddy McCorley singt und kein Geld nach Hause bringt, meinem Vater, der kein Geld aus England schickt, von Theresa und vom grünen Sofa, von meinen schrecklichen Sünden auf Carrigogunnell, warum konnten sie Hermann Göring nicht für das hängen, was er den kleinen Kindern angetan hat, und überall Schuhe in den Konzentrationslagern verstreut, vom Christlichen Bruder, der mir die Tür vor der Nase zugeknallt hat, wie sie mich nicht Meßdiener werden lassen wollten, von meinem kleinen Bruder Michael, der mit dem kaputten Schuh über die Gasse klackert, von meinen schlechten Augen, für die ich mich so schäme, vom Jesuitenbruder, der mir die Tür vor der Nase zugeknallt hat, von den Tränen in den Augen meiner Mutter, als ich sie geschlagen habe.

Pater Gregory sagt, möchtest du ein bißchen sitzen und schweigen, vielleicht ein paar Minuten lang beten?

Sein braunes Gewand kratzt an meiner Backe, der Mann riecht nach Seife. Er sieht den hl. Franziskus und das Tabernakel an und nickt, und ich vermute, daß er mit Gott spricht. Dann sagt er mir, knie nieder, erteilt mir Absolution, sagt mir, ich soll drei Ave-Maria, drei Vaterunser, drei Ehre sei Gott in der Höhe sprechen. Er sagt mir, Gott vergibt mir, und ich selbst muß mir auch vergeben, Gott liebt mich, und ich selbst muß mich auch lieben, denn nur wenn man Gott in sich selbst liebt, kann man auch alle Geschöpfe Gottes lieben. Aber ich möchte über Theresa Carmody in der Hölle Bescheid wissen, Pater.

Nein, mein Kind. Sie ist ganz bestimmt im Himmel. Sie hat gelitten wie die Märtyrer in alten Zeiten, und Gott weiß, daß das Buße genug ist. Du kannst sicher sein, daß die Schwestern im Krankenhaus sie nicht ohne Priester haben sterben lassen.

Sind Sie sicher, Pater?

Ganz sicher, mein Kind.

Er segnet mich noch einmal, sagt, ich soll für ihn beten, und ich trabe froh durch die verregneten Straßen von Limerick und weiß, daß Theresa im Himmel ist, und ihr Husten ist weg.

Montag morgen, und auf dem Bahnhof dämmert es. Zeitungen und Zeitschriften werden in Bündeln an die Bahnsteigmauer gestapelt. Mr. McCaffrey steht da mit einem Jungen, Willie Harold, schneidet den Bindfaden von den Bündeln auf, zählt und trägt die Zahlen in seinem Hauptbuch ein. Englische Zeitungen und die Irish Times müssen früh ausgeliefert werden, Zeitschriften etwas später am Morgen. Wir zählen die Zeitungen ab und zeichnen sie mit Etiketten aus, auf denen steht, für welchen Laden in der Stadt sie bestimmt sind. Mr. McCaffrey fährt den Lieferwagen und bleibt am Steuer, während Willie und ich mit Bündeln in die Läden rennen und Bestellungen für den nächsten Tag entgegennehmen, und das kommt dann im Hauptbuch dazu oder wird abgezogen. Nachdem die Zeitungen ausgeliefert sind, entladen wir die Zeitschriften im Büro und gehen für fünfzig Minuten Frühstückspause nach Hause.

Als ich ins Büro zurückkomme, sind da noch zwei andere Jungens, Eamonn und Peter, die bereits Zeitschriften sortieren, zählen und in die Zeitungshändlerkästen an der Wand stapeln. Kleine Bestellungen werden von Gerry Halvey auf seinem Botenfahrrad geliefert, große mit dem Lieferwagen. Mr. McCaffrey sagt mir, ich soll im Büro bleiben, damit ich lerne, die Zeitschriften zu zählen und sie ins Hauptbuch einzutragen. Sobald Mr. McCaffrey weg ist, ziehen Eamonn und Peter eine Schublade auf, in der sie Zigarettenkippen versteckt haben, und zünden sich eine an. Sie können gar nicht glauben, daß ich nicht rauche. Sie wollen wissen, ob bei mir was nicht stimmt, vielleicht wegen der schlechten Augen, oder ist es die Schwindsucht. Wie kann man mit einem Mädchen ausgehen, wenn man nicht raucht? Peter sagt, wärst du nicht ein ziemlicher Tölpel, wenn du mit dem Mädchen auf der Straße gehst, und sie bittet dich um eine Kippe, und du sagst, du rauchst nicht, wärst du da nicht ein ziemlicher Tölpel? Wie willst du sie dann jemals für ein bißchen Gefummel auf den Acker kriegen? Eamonn sagt, mein Vater sagt immer, Männern, die nicht trinken, kann man nicht trauen. Peter sagt, wenn man einen Mann trifft, der nicht trinkt oder raucht, dann ist das ein Mann, der sich auch nicht für Mädchen interessiert, und man möchte sich die Hand vors Arschloch halten, möchte man sich nämlich.

Sie lachen, und dadurch müssen sie husten, und je mehr sie lachen, desto mehr husten sie, bis sie sich aneinander festhalten und einander zwischen die Schulterblätter hauen und sich die Tränen von den Backen wischen. Als der Anfall vorüber ist, suchen wir uns englische und amerikanische Zeitschriften heraus und sehen uns die Anzeigen für Damenunterwäsche, Büstenhalter und Schlüpfer und lange Nylonstrümpfe an. Eamonn sieht sich eine amerikanische Zeitschrift namens See mit Bildern von japanischen Mädchen an, welche die Soldaten so fern der Heimat bei Laune halten, und Eamonn sagt, er muß mal aufs Klo, und als er geht, zwinkert Peter mir zu, du weißt doch, was er da vorhat, weißt du doch? und manchmal kriegt Mr. McCaffrey Zustände, wenn Jungens zu lange auf dem Klo verweilen und an sich herumspielen und die kostbare Zeit vergeuden, für welche die Firma Eason sie bezahlt, und dabei obendrein noch ihre unsterbliche Seele in Gefahr bringen. Mr. McCaffrey kommt nicht einfach an und sagt, Schluß jetzt mit dem Gewichse, weil man jemanden nicht einer Todsünde zeihen kann, wenn man keinen Beweis hat. Manchmal geht er aufs Klo, um da herumzuschnüffeln, wenn ein Junge herauskommt. Dann kommt er mit diesem bedrohlichen Ausdruck zurück und sagt den Jungens, ihr sollts nicht diese schmutzigen Magazine aus den ausländischen Gefilden betrachten. Ihr sollts sie zählen und sie in die Kästen stapeln und Schluß.

Eamonn kommt vom Klo zurück, und Peter geht mit einer amerikanischen Zeitschrift hin, Collier's, in der Bilder von Mädchen bei einem Schönheitswettbewerb sind. Eamonn sagt, weißt du, was er da drin macht? An sich selbst. Fünfmal am Tag geht er rein. Jedesmal, wenn eine amerikanische Zeitschrift mit Damenunterwäsche reinkommt, geht er rein. Und das genügt ihm noch nicht. Borgt sich ohne Wissen von Mr. McCaffrey Zeitschriften aus, um sie mit nach Hause zu nehmen, und nur Gott weiß, was er die ganze Nacht mit sich und den Zeitschriften treibt. Wenn er da drin tot umfiele, würde sich der Schlund der Hölle ganz weit öffnen.

Ich möchte gern auch aufs Klo gehen, als Peter herauskommt, aber ich will nicht, daß sie sagen, da geht er hin, neuer Junge, erster Tag im neuen Job und bereits mit sich selbst zugange. Zündet sich keine Kippe an, o nein, aber holt sich einen nach dem andern runter wie ein alter Ziegenbock.

Mr. McCaffrey kommt von seiner Lieferwagentour zurück und möchte wissen, warum die Zeitschriften noch nicht ausgezählt, gebündelt und fertig für die Auslieferung sind. Peter sagt ihm, wir hatten voll damit zu tun, den neuen Jungen anzulernen, McCourt. Gott helfe uns, er war ein bißchen langsam mit seinen schlechten Augen, wissen Sie, aber wir haben nicht locker gelassen, und jetzt wird er schneller.

Gerry Halvey, der Botenjunge, wird eine Woche nicht da sein, weil er Anspruch auf Urlaub hat, und er will die Zeit mit seiner Freundin, Rose, verbringen, die aus England zurückkommt. Ich bin der neue Junge, und ich muß in seiner Abwesenheit der Botenjunge sein und auf dem Fahrrad mit dem großen Metallkorb vorne durch Limerick fahren. Er zeigt mir, wie man Zeitungen und Zeitschriften so ausbalanciert, daß das Fahrrad mit mir im Sattel nicht umkippt und ein vorbeifahrender Lastwagen mich nicht überfährt und wie ein Stück Lachs auf der Straße läßt. Er hat mal einen Soldaten gesehen, der von einem Armeelastwagen überfahren wurde, und genauso hat der ausgesehen, wie Lachs.

Gerry hat eine letzte Lieferung zum Eason-Kiosk am Bahnhof um zwölf Uhr mittags, und das ist praktisch, denn da kann ich ihn dann treffen, um das Fahrrad zu übernehmen, und er kann Rose vom Zug abholen. Wir stehen am Tor und warten, und er erzählt mir, daß er Rose ein Jahr lang nicht gesehen hat. Sie ist drüben und arbeitet in einer Kneipe in Bristol, und das gefällt ihm ganz und gar nicht, denn die Engländer begrabbeln ständig die irischen Mädchen, Hand untern Rock und Schlimmeres, und die irischen Mädchen haben Angst, sich zu beschweren, weil sie den Job nicht verlieren wollen. Jeder weiß, daß irische Mädchen sich rein halten, besonders die Mädchen aus Limerick, die in der ganzen Welt für ihre Reinheit bekannt sind und einen Mann haben, zu dem sie zurückkehren werden, wie Gerry Halvey persönlich. Er wird merken, ob sie ihm treu war, und zwar an ihrem Gang. Wenn ein Mädchen nach einem Jahr mit einer ganz bestimmten Sorte von Gang zurückkommt, anders als der Gang, mit dem sie weggegangen ist, dann weiß man, daß sie was mit den Engländern hatte, und zwar nichts Gutes, dreckige geile Schweinehunde, die sie sind.

Der Zug fährt pfeifend ein, und Gerry winkt und zeigt auf Rose, die vom anderen Ende des Zuges auf uns zukommt, und Rose lächelt wie sonstwas mit ihren weißen Zähnen und ist sehr hübsch mit einem grünen Kleid. Gerry hört auf zu winken und brummelt halblaut, sieh dir bloß mal diesen Gang an, Hure, Dirne, Nutte, Schlampe, Prostituierte, Bordsteinschwalbe, Metze, Buhlschaft, Kurtisane, Gunstgewerblerin, gewerbsmäßige, und rennt aus dem Bahnhof. Rose kommt auf mich zu und sagt, war das Gerry Halvey, mit dem du da gestanden hast?

Ja.

Wo ist er?

Äh, der ist weggegangen.

Ich weiß, daß er weggegangen ist. Wo ist er denn hingegangen?

Ich weiß nicht. Hat er mir nicht gesagt. Ist einfach weggerannt.

Hat gar nichts gesagt?

Ich hab nichts gehört.

Arbeitest du mit ihm zusammen?

Ja. Ich übernehme das Fahrrad.

Welches Fahrrad?

Das Botenjungenfahrrad.

Er fährt ein Botenjungenfahrrad?

Ja.

Er hat mir gesagt, er arbeitet bei Eason im Büro, als Angestellter, im Innendienst?

Ich überlege verzweifelt. Ich will Gerry Halvey nicht als Lügner hinstellen, will nicht, daß er Ärger mit der hübschen Rose kriegt. Oh, wir wechseln uns alle mit dem Botenjungenfahrrad ab. Eine Stunde im Büro, eine Stunde auf dem Rad. Der Chef sagt, es ist gut, wenn man manchmal an die frische Luft kommt.

Tja, dann werd ich mal nach Hause gehen und meinen Koffer abstellen und ihn zu Hause besuchen. Ich hatte gedacht, er trägt mir den Koffer.

Ich hab das Rad da, und du kannst den Koffer in den Korb stecken, und ich begleite dich zu Fuß nach Hause.

Wir gehen zu ihrem Haus in Carey's Road, und sie sagt mir, wie verrückt sie nach Gerry ist. Sie hat ihr Geld in England gespart, und jetzt will sie mit ihm hin und heiraten, obwohl er erst neunzehn und sie erst siebzehn ist. Ist doch egal, wenn man sich liebt. Ich habe in England wie eine Nonne gelebt und jede Nacht von ihm geträumt und vielen Dank, daß du mir den Koffer abgenommen hast.

Ich drehe mich um und will aufs Rad springen und zurück zu Eason fahren, als Gerry sich von hinten auf mich stürzt. Sein Gesicht ist rot, und er schnaubt wie ein Stier. Was hast du mit meinem Mädchen gemacht, du kleiner Scheißkerl? Hä? Was? Wenn es was war und ich herausfinde, daß es was war, was du mit meinem Mädchen gemacht hast, bring ich dich um.

Ich hab gar nichts gemacht. Ich hab ihren Koffer geschleppt, weil er schwer war.

Wenn du sie noch einmal ansiehst, bist du ein toter Mann.

Mach ich nicht, Gerry. Ich will sie gar nicht ansehen.

Ach ja? Tatsache? Ist sie dir zu häßlich oder was?

Nein, nein, Gerry, sie gehört dir, und sie liebt dich.

Woher weißt du das?
Hat sie mir gesagt.
Hat sie dir gesagt?
Hat sie mir gesagt, ehrlich und bei Gott.
Jeeesus.
Er ballert gegen die Tür, Rose, Rose, bist du es? und sie kommt raus, natürlich, hier bin ich, und ich fahre auf dem Botenjungenfahrrad mit dem Eason-Schild am Korb davon und wundere mich, wie er sie jetzt küßt, nachdem er vorher auf dem Bahnhof so schreckliche Dinge über sie gesagt hat, und ich wundere mich darüber, wie Peter im Büro Mr. McCaffrey so unverfroren anlügen konnte, was mich und meine Augen betrifft, wo doch er und Eamonn die ganze Zeit Mädchen in Unterwäsche betrachtet und danach auf dem Klo an sich herumgespielt haben.
Mr. McCaffrey ist in seinem Büro und außer sich. Wo warst du? Großer Gott im Himmel droben, brauchst du denn den ganzen Tag, um vom Bahnhof hierherzuradeln? Wir haben hier einen Notfall und brauchen Halvey, aber der ist in seinem verflixten Urlaub Gott verzeih den Ausdruck und du mußt so schnell du kannst losradeln nur gut daß du Telegrammjunge warst der jeden Zoll von Limerick kennt und du mußt in jeden verdammten Laden der Kunde von uns ist zackzack rein und dir alle Exemplare von John O'London's Weekly schnappen und Seite sechzehn rausreißen und wenn irgend jemand was will sagst du denen das ist ein Kabinettsbeschluß und sie haben sich aus Regierungsangelegenheiten rauszuhalten und wenn jemand auch nur den Finger gegen dich erhebt droht ihm Festnahme Haft und eine hohe Geldstrafe und jetzt hau doch endlich um Himmels willen ab und bring jede Seite sechzehn die du rausgerissen hast hierher damit wir sie hier im Feuer verbrennen können.
In jedem Laden, Mr. McCaffrey?
Ich mach die großen, und du machst die kleinen bis nach

Ballinacurra und die ganze Ennis Road und noch darüber hinaus, Gott helfe uns. Los jetzt, los.

Ich springe aufs Fahrrad, und Eamonn kommt die Treppe runtergerannt. Hey, McCourt, warte. Hör zu. Gib ihm nicht alle Seiten sechzehn, wenn du zurückkommst.

Warum?

Wir können sie verkaufen, ich und Peter.

Warum?

Da geht es um Geburtenkontrolle, und die ist in Irland verboten.

Was ist Geburtenkontrolle?

Uijuijui, Christus in der Höhe, weißt du denn gar nichts? Das sind Kondome, verstehst du, Gummis, Präser, diese Dinger, damit man die Mädels nicht anbufft.

Anbufft?

Schwängert. Sechzehn Jahre alt und nicht den geringsten Schimmer. Beeil dich und schnapp dir die Seiten, bevor alle in den Laden rennen und sich John O'London's Weekly holen.

Ich will losfahren, da kommt Mr. McCaffrey die Treppe runtergerannt. Hiergeblieben, McCourt, wir fahren mit dem Lieferwagen. Eamonn, du kommst mit.

Was ist mit Peter?

Den lassen wir hier. Der geht ja doch nur mit einer Illustrierten aufs Klo.

Im Lieferwagen führt Mr. McCaffrey Selbstgespräche. Diese Sowiesos da schöne Bescherung klingeln sie da aus Dublin hier unten an noch dazu an einem schönen Samstag um uns loszuschicken damit wir in ganz Limerick Seiten aus einer englischen Zeitschrift rausreißen wenn ich viel schöner zu Hause sein könnte mit einer Tasse Tee und einem Rosinenbrötchen und gemütlich die Irish Press lesen und die Füße schön hochlegen auf einen Kasten unter dem Bild vom Allerheiligsten Herzen Jesu wirklich eine schöne Bescherung diese Sowiesos da oben ist aber doch wahr.

Mr. McCaffrey rennt in jeden Laden und wir hinterher. Er schnappt sich die Zeitschriften, gibt jedem von uns einen Stapel und sagt uns, fangt an zu reißen. Ladenbesitzer schreien ihn an, was machen Sie da? Jesus, Maria und heiliger Joseph, sind Sie denn vollends wahnsinnig geworden? Legen Sie die Zeitschriften wieder da hin, oder ich rufe die *gárdaí.*

Mr. McCaffrey sagt ihnen, Befehl von der Regierung, Ma'am. In dieser Woche steht Schmutz bei John O'London drin, der für irische Augen ungeeignet ist, und wir sind hier, um Gottes Werk zu verrichten.

Was für ein Schmutz? Was für ein Schmutz? Zeigen Sie mir den Schmutz, bevor Sie die Zeitschriften zerstören. Für diese Zeitschriften kriegt Eason von mir aber kein Geld zu sehen, von mir doch nicht.

Ma'am, uns bei Eason ist das egal. Wir büßen lieber hohe Beträge ein, als daß die Menschen von Limerick und Irland von diesem Schmutz verderbt werden.

Was für Schmutz?

Kann ich Ihnen nicht sagen. Los, kommt, Jungs.

Wir werfen die Seiten auf den Fußboden des Lieferwagens, und als Mr. McCaffrey in einem Laden ist, um sich zu streiten, stopfen wir uns ein paar unters Hemd. Im Lieferwagen sind alte Zeitschriften, und die zerreißen und zerstreuen wir, damit Mr. McCaffrey glaubt, sie sind alle Seite sechzehn aus John O'London's Weekly.

Der größte Kunde für die Zeitschrift, Mr. Hutchinson, sagt Mr. McCaffrey, er soll verdammtnochmal machen, daß er aus seinem Laden kommt, Finger weg von diesen Zeitschriften, und als Mr. McCaffrey weiter Seiten herausreißt, wirft Mr. Hutchinson ihn auf die Straße, und Mr. McCaffrey schreit, dies ist ein katholisches Land, und nur weil Mr. Hutchinson Protestant ist, gibt ihm das noch lange nicht das Recht, in der heiligsten Stadt von Irland Schmutz zu verkaufen. Mr. Hutchinson sagt, ach, lecken Sie mich doch am Arsch, und

Mr. McCaffrey sagt, seht ihr, Jungs? Seht ihr, was passiert, wenn man kein Mitglied der alleinseligmachenden Kirche ist?

Einige Läden sagen, sie haben schon alle ihre Exemplare von John O'London verkauft, und Mr. McCaffrey sagt, oh, Muttergottes, was soll nur aus uns allen werden? Wem haben Sie sie verkauft?

Er verlangt Namen und Adressen von den Kunden, die in Gefahr schweben, ihre unsterblichen Seelen zu verlieren, wenn sie Artikel über Geburtenkontrolle lesen. Er will in ihre Häuser gehen und die schmutzige Seite herausreißen, aber die Einzelhändler sagen, es ist Samstag abend, Mr. McCaffrey, und es wird dunkel, und würden Sie jetzt bitte verschwinden, und zwar ein bißchen plötzlich.

Auf dem Weg zurück ins Büro flüstert mir Eamonn hinten im Lieferwagen zu, ich habe einundzwanzig Seiten. Wie viele hast du? Ich sage ihm, vierzehn, aber ich habe mehr als vierzig und sage ihm das nicht, denn Menschen, die über schlechte Augen Lügen verbreiten, braucht man nie die Wahrheit zu sagen. Mr. McCaffrey sagt uns, bringt die Seiten aus dem Lieferwagen ins Büro. Wir klauben alles vom Boden auf, und er sitzt froh an seinem Schreibtisch am anderen Ende des Büros und ruft Dublin an, um ihnen zu erzählen, daß er wie Gottes Racheengel durch die Läden gestürmt ist und Limerick vor den Schrecken der Geburtenkontrolle gerettet hat, während er ein prasselndes Feuer aus Seiten betrachtet, die nichts mit John O'London's Weekly zu tun haben.

Am Montag morgen radle ich durch die Straßen und liefere Zeitschriften aus, und Menschen sehen das Eason-Schild am Fahrrad und halten mich an, um zu sehen, ob sie wohl noch ein Exemplar von John O'London's Weekly ergattern können. Es sind alles reich aussehende Leute, einige mit Auto, Männer mit Hut, Kragen und Schlips und zwei Füllfederhaltern in der Brusttasche, Frauen mit Hut und kleinem Pelz, der ihnen von den Schultern baumelt, Menschen, die im Savoy oder im

Stella Tee trinken und dabei den kleinen Finger abspreizen, um zu zeigen, was für feine Leute sie sind, und jetzt wollen sie die Seite über Geburtenkontrolle lesen.

Eamonn hat mir früh am Tage gesagt, verkauf die verdammte Seite nicht für weniger als fünf Shilling. Ich habe ihn gefragt, ob er Witze macht. Nein, ganz im Ernst. Jeder in Limerick spricht über diese Seite, und alle sind ganz wild darauf, sie in die Finger zu kriegen.

Fünf Shilling oder gar nichts, Frankie. Wenn sie reich sind, berechne ihnen noch mehr, aber fünf Shilling nehme ich, fahr also nicht mit dem Rad durch die Gegend und verdirb mir das Geschäft mit Schleuderpreisen. Wir müssen Peter auch noch was abgeben, sonst rennt er zu McCaffrey und petzt.

Manche sind sogar bereit, sieben Shilling Sixpence zu zahlen, und nach zwei Tagen bin ich reich und habe über zehn Pfund in der Tasche minus eins für Peter, die Schlange, der uns an McCaffrey verraten wollte. Ich zahle acht Pfund für die Schiffspassage nach Amerika auf mein Postsparbuch ein, und an dem Abend gibt es ein Festmahl mit Schinken, Tomaten, Brot, Butter, Marmelade. Mam will wissen, ob ich im Pferdelotto gewonnen habe, und ich sage ihr, die Leute geben mir Trinkgeld. Sie ist nicht glücklich darüber, daß ich Botenjunge bin, weil das so tief ist, wie man in Limerick nur sinken kann, aber wenn es in dieser Form Schinken mit sich bringt, sollten wir in Dankbarkeit eine Kerze anzünden. Sie weiß nicht, daß mein Fahrgeld auf dem Postsparbuch immer mehr wird, und sie würde sterben, wenn sie wüßte, was ich mit dem Schreiben von Drohbriefen verdiene.

Malachy hat einen neuen Job im Lagerraum einer Automobilreparaturwerkstatt, wo er den Mechanikern Teile reicht, und Mam kümmert sich um einen alten Mann, Mr. Sliney, draußen auf der South Circular Road, während seine beiden Töchter jeden Tag zur Arbeit gehen. Sie sagt mir, wenn ich da draußen Zeitungen ausliefere, soll ich doch mal auf Tee und ein Sandwich vorbeischauen. Die Töchter erfahren nichts davon, und der alte Mann hat nichts dagegen, weil er meistens nur halb bei Bewußtsein ist, nachdem er jahrelang für die englische Armee in Indien die Knochen hingehalten hat.

Friedlich sieht sie in der Küche dieses Hauses aus mit ihrer makellosen Schürze, alles um sie herum sauber und poliert, draußen im Garten nicken Blümchen, Vögel zwitschern, Musik von Radio Eireann kommt aus dem Radio. Sie sitzt am Tisch, und auf dem Tisch steht eine Kanne Tee, und es gibt Tassen mit Untertassen, jede Menge Brot, Butter, alle Sorten kaltes Fleisch. Ich kann jede Art Sandwich haben, aber ich kenn nur Schinken und Sülze. Sülze hat sie nicht, weil so was nur die Leute essen, die in Gassen wohnen und nicht in einem Haus in der South Circular Road. Sie sagt, die Reichen essen keine Sülze, denn da kommt rein, was sie in den Speckfabriken vom Fußboden und von den Arbeitstischen aufsammeln, und man weiß nie, was man kriegt. Die Reichen sind sehr eigen mit dem, was sie zwischen zwei Scheiben Brot stecken. Drüben in Amerika heißt Sülze Kopfkäse, und sie weiß nicht, warum.

Sie gibt mir ein Schinkensandwich mit saftigen Tomatenscheiben und Tee in einer Tasse mit kleinen rosa Engeln, die herumfliegen und mit Pfeilen auf andere Engel schießen, die hellblau sind, und ich frage mich, warum können sie keine Teetassen und Nachtgeschirre ohne alle Sorten von Engeln und Mägdelein herstellen, die in der Schlucht herumtollen. Mam sagt, so sind die Reichen, sie lieben ein bißchen Schmuck, würden wir doch auch, wenn wir das Geld hätten. Ihre beiden Augen würde sie hergeben, wenn sie so ein Haus kriegen könnte, mit Blumen und Vögeln draußen im Garten, und das Radio spielt dies wunderschöne Warschauer Konzert oder Olwyns Traum, und es gibt Tassen mit Untertassen ohne Ende, auf denen Engel Pfeile abschießen.

Sie sagt, sie muß mal nach Mr. Sliney sehen, er ist so alt und schwach, daß er manchmal vergißt, nach dem Nachtgeschirr zu rufen.

Nachtgeschirr? Mußt du seinen Nachttopf ausleeren?

Natürlich.

Jetzt sind wir still, denn wir erinnern uns, glaube ich, an die Ursache für all unseren Ärger, Laman Griffins Nachtgeschirr. Aber das ist schon lange her, und jetzt ist es Mr. Slineys Nachtgeschirr, und das schadet nichts, denn sie wird dafür bezahlt, und er ist harmlos. Als sie zurückkommt, sagt sie mir, Mr. Sliney würde mich gern mal sehen, also geh hin, solang er wach ist.

Er liegt in einem Bett im vorderen Salon, das Fenster ist mit einem schwarzen Laken verhängt, es ist stockfinster. Er sagt zu meiner Mutter, heben Sie mich ein bißchen an, Missis, und reißen Sie das verdammte Ding vom Fenster, damit ich den Jungen sehen kann.

Er hat lange weiße Haare bis auf die Schultern. Mam flüstert mir zu, daß ihm die niemand schneiden darf.

Er sagt, ich habe meine eigenen Zähne, mein Junge. Ist das wohl zu glauben? Hast du auch noch deine eigenen Zähne, mein Junge?

Ja, Mr. Sliney.

Aha. Ich war nämlich in Indien. Ich und Timoney hier in der Straße. Die Limerick-Bande in Indien. Kennst du Timoney mein Junge?

Ich habe ihn gekannt, Mr. Sliney.

Er ist nämlich tot. Blind geworden, der arme Kerl. Ich habe noch mein Augenlicht. Ich habe noch meine Zähne. Behalte deine Zähne, mein Junge.

Ja, Mr. Sliney.

Ich werde müde, mein Junge, aber eins will ich dir noch sagen. Hörst du mir überhaupt zu?

Ja, Mr. Sliney.

Hört er mir überhaupt zu, Missis?

Aber ja, Mr. Sliney.

Gut. Jetzt kommt, was ich dir sagen will. Beuge dich zu mir herüber, damit ich es dir ins Ohr flüstern kann. Was ich dir sagen will, ist dies: Rauche nie die Pfeife eines anderen Mannes.

Halvey geht mit Rose nach England, und ich muß den ganzen Winter auf dem Botenjungenfahrrad bleiben. Es ist ein bitterkalter Winter, überall Eis, und ich weiß nie, wann das Rad unter mir wegrutscht und ich auf die Fahrbahn oder den Bürgersteig fliege und um mich herum die Zeitschriften und Zeitungen verstreut sind. Die Läden beklagen sich bei Mr. McCaffrey, daß die Irish Times mit Eis und Hundescheiße dekoriert angeliefert wird, und er brummelt, genauso sollte diese Zeitung auch angeliefert werden, protestantisches Drecksblatt, das es ist.

Jeden Tag nach der Auslieferung nehme ich die Irish Times mit nach Hause und lese sie, um zu sehen, wo die Gefahr lauert. Mam sagt, gut, daß Dad nicht da ist. Der würde sagen, sind die Männer von Irland dafür in den Kampf gezogen und umgekommen, daß mein eigener Sohn da am Küchentisch sitzt und das Freimaurerblatt liest?

Es gibt Leserbriefe von Leuten aus ganz Irland, die behaupten, sie hätten den ersten Kuckuck des Jahres gehört, und zwischen den Zeilen kann man lesen, daß sich die Leute gegenseitig der Lüge bezichtigen. Es gibt Berichte über protestantische Hochzeiten mit Bildern, und die Frauen sehen immer hübscher aus als die, die wir in den Gassen kennen. Man kann sehen, daß die protestantischen Frauen vollkommene Zähne haben, obwohl Halveys Rose auch hübsche Zähne hatte.

Ich lese weiterhin die Irish Times und frage mich, ob da ein Fall von Sünde vorliegt, obwohl es mir egal ist. Solange Theresa Carmody im Himmel ist und nicht hustet, gehe ich nicht mehr zur Beichte. Ich lese die Irish Times und auch noch die Times aus London, denn die berichtet mir, was der König jeden Tag so vorhat und was Elizabeth und Margaret gerade treiben.

Ich lese englische Frauenzeitschriften, weil da lauter Artikel über Essen und die Antworten auf Frauenfragen drinstehen. Peter und Eamonn machen einen englischen Akzent nach und tun, als läsen sie aus englischen Frauenzeitschriften vor. Peter sagt, liebe Miss Hope, ich gehe mit einem Burschen aus Irland namens McCaffrey aus, und ständig hat er seine Hände überall an mir dran, und sein Ding drückt mir gegen den Bauchnabel, und ich bin ganz außer mir, weil ich nicht weiß, was ich tun soll. Ich verbleibe mit besorgter Hochachtung, Miss Lulu Smith, Yorkshire.

Eamonn sagt, liebe Lulu, wenn dieser McCaffrey so groß ist, daß er seinen Schnibbeldilderich gegen Ihren Bauchnabel drückt, schlage ich vor, Sie suchen sich einen kleineren Mann, der ihn Ihnen zwischen die Keulen steckt. In Yorkshire findet sich doch bestimmt ein anständiger kleiner Mann für Sie.

Liebe Miss Hope, ich bin dreizehn Jahre alt und habe schwarze Haare, und etwas Schreckliches passiert, und ich kann es niemandem sagen, nicht mal meiner Mutter. Ich blute alle paar Wochen, Sie wissen schon, wo, und ich habe Angst, daß jemand was merkt. Miss Agnes Tripple, Little Biddle-on-the-Twiddle, Devon.

Liebe Agnes, man muß Ihnen gratulieren. Sie sind jetzt eine Frau, und Sie können sich jetzt eine Dauerwelle machen lassen, weil Sie Ihre Tage haben. Haben Sie keine Angst vor Ihren Tagen, denn alle Engländerinnen kriegen sie. Sie sind eine Gottesgabe, um uns zu reinigen, damit wir stärkere Kinder für das Empire kriegen, Soldaten, die es den Iren zeigen. In einigen Weltgegenden ist eine Frau unrein, wenn sie ihre Tage hat, aber wir Briten schätzen unsere Frauen ganz besonders, wenn sie ihre Tage haben, ganz besonders.

Im Frühling kommt ein neuer Botenjunge, und ich bin wieder im Büro. Peter und Eamonn zieht es nach England. Peter hat Limerick satt, keine Mädchen, ständig muß man auf sich selbst zurückgreifen, wichs wichs wichs, was andres machen wir doch nicht in Limerick. Es gibt neue Jungens. Ich bin Seniorjunge, und der Job ist leichter, weil ich schnell bin, und wenn Mr. McCaffrey mit dem Lieferwagen unterwegs ist und ich mit meiner Arbeit fertig bin, lese ich die englischen, irischen, amerikanischen Zeitschriften und Zeitungen. Tag und Nacht träume ich von Amerika.

Malachy geht nach England, um in einem reichen katholischen Jungeninternat zu arbeiten, und er wird gefeuert, weil er fröhlich und lächelnd herumläuft, als wäre er jedem Jungen in der Schule ebenbürtig, und jeder Mensch weiß doch, daß man, wenn man in einem englischen Internat arbeitet, wie ein ordentlicher irischer Dienstbote den Kopf hängen lassen und schlurfen muß. Sie feuern ihn, und Malachy sagt ihnen, sie können ihn an seinem königlich-irischen Arsch lecken, und sie sagen, das sind haargenau die widerlichen Ausdrücke und Manieren, die man von seinesgleichen erwartet. Er kriegt einen Job im Gaswerk in Coventry, wo er Kohle in die Öfen schippt wie Onkel Pa Keating, Kohlen schippt und auf den Tag wartet, an dem er mir nach Amerika folgen kann.

18

Ich bin siebzehn, achtzehn, werde neunzehn, arbeite stramm bei Eason, schreibe Drohbriefe für Mrs. Finucane, die sagt, sie wird nicht mehr lang von dieser Welt sein, und je mehr Messen für ihr Seelenheil gelesen werden, desto besser wird sie sich fühlen. Sie steckt Geld in Umschläge und schickt mich in Kirchen in der ganzen Stadt, damit ich bei den Priestern anklopfe und mit der Bitte um Messen die Umschläge überreiche. Sie will Messen von allen Priestern außer von den Jesuiten. Sie sagt, die sind nutzlos, nur Kopf und kein Herz. Das sollten sie auf lateinisch über der Tür stehen haben, und keinen Penny würde ich ihnen geben, denn jeder Penny, den man einem Jesuiten gibt, wird in einem schicken Buch oder einer Flasche Wein angelegt.

Sie schickt das Geld, sie hofft, daß die Messen gelesen werden, aber ganz sicher ist sie nie, und wenn sie nicht sicher ist, warum soll ich das Geld den Priestern überreichen, wo ich doch das Geld brauche, um nach Amerika zu gehen, und wenn ich ein paar Pfund für mich übrigbehalte und auf das Postsparbuch einzahle, wer wird je den Unterschied bemerken, und wenn ich ein Gebet für Mrs. Finucane spreche und Kerzen für ihre Seele anzünde, wenn sie stirbt, wird Gott etwa nicht zuhören, nur weil ich ein Sünder bin, dessen letzte Beichte lange zurückliegt?

In einem Monat werde ich neunzehn. Jetzt brauche ich nur

noch ein paar Pfund für den Flug und ein paar Pfund Taschengeld, wenn ich in Amerika lande.

Am Freitag abend vor meinem neunzehnten Geburtstag schickt mich Mrs. Finucane Sherry holen. Als ich zurückkomme, sitzt sie tot auf ihrem Sessel, die Augen weit offen, und der Geldbeutel liegt auf dem Fußboden und ist auch weit offen. Ich kann sie nicht ansehen, aber ich bediene mich erst mal mit ein paar zusammengerollten Geldscheinen. Siebzehn Pfund. Ich nehme den Schlüssel für den großen Koffer im ersten Stock. Ich nehme vierzig von den hundert Pfund im Koffer und das Hauptbuch. Diese siebenundfünfzig Pfund kommen aufs Postsparbuch, und dann habe ich genug, um nach Amerika zu gehen. Dann nehme ich noch den Sherry mit, damit er nicht schlecht wird.

Ich sitze am Shannon bei den Trockendocks und nippe an Mrs. Finucanes Sherry. Tante Aggies Name steht in dem Hauptbuch. Sie schuldet Mrs. Finucane neun Pfund. Das könnte das Geld sein, das sie vor langer Zeit für meine Klamotten ausgegeben hat, aber nun wird sie es nie zurückzahlen müssen, weil ich das Hauptbuch in den Fluß schmeiße. Es tut mir leid, daß ich Tante Aggie nie werde sagen können, daß ich ihr neun Pfund gespart habe. Es tut mir leid, daß ich den armen Leuten in den Gassen von Limerick Drohbriefe geschrieben habe, meinen eigenen Leuten, aber das Hauptbuch ist weg, niemand wird je erfahren, wieviel sie schulden, und sie brauchen ihren Saldo nicht zu begleichen. So gern würde ich ihnen sagen, ich bin euer Robin Hood.

Noch ein Schlückchen Sherry. Ich werde ein oder zwei Pfund für eine Seelenmesse für Mrs. Finucane abzweigen. Ihr Hauptbuch ist auf dem Weg den Shannon hinunter und in den Atlantik hinaus, und eines Tages, bald, werde ich ihm folgen.

Der Mann in O'Riordan's Reisebüro sagt, er kann mich nicht auf dem Luftwege nach Amerika schaffen, wenn ich nicht vorher nach London reise, was ein Vermögen kosten würde. Er kann mich auf ein Schiff namens The Irish Oak setzen, welches in ein paar Wochen Cork verläßt. Er sagt, neun Tage auf See, September, Oktober, die beste Zeit des Jahres, eigene Kabine, dreizehn Passagiere, beste Verpflegung, kleiner Urlaub für Sie und kostet Sie nur fünfundfünfzig Pfund, haben Sie die?

Ja.

Ich sage Mam, daß ich in ein paar Wochen weggehe, und sie weint. Michael sagt, gehen wir alle eines Tages?

Ja.

Alphie sagt, schickst du mir einen Cowboyhut und ein Ding, das man wirft und das zu einem zurückkommt?

Michael sagt ihm, das ist ein Bumerang, und um so was zu kriegen, muß man den ganzen weiten Weg nach Australien, das kriegt man nicht in Amerika.

Alphie sagt, doch, das kriegt man in Amerika, klar kriegt man so was in Amerika, und sie streiten sich über Amerika und Australien und Bumerangs, bis Mam sagt, um der Liebe Jesu willen, euer Bruder verläßt uns, und ihr zankts euch wegen Bumerangs. Hörts ihr endlich damit auf?

Mam sagt, in der Nacht, bevor ich gehe, werden wir eine kleine Party machen müssen. In den alten Zeiten gab es Partys, wenn jemand nach Amerika ging, was so weit weg war, daß die Partys amerikanische Totenwachen genannt wurden, weil die Familie nicht damit rechnete, den Scheidenden in diesem Leben noch einmal zu sehen. Sie sagt, es ist sehr schade, daß Malachy nicht aus England zurückkommen kann, aber eines Tages werden wir alle mit Gottes und Seiner Gebenedeiten Mutter Hilfe in Amerika wieder vereint sein.

An meinen freien Tagen gehe ich in Limerick spazieren und sehe mir alle Adressen an, wo wir mal gewohnt haben, die Windmill Street, O'Keeffe's Lane, Hartstonge Street, Roden Lane, Rosbrien Road, Schoolhouse Lane, Little Barrington Street, die in Wirklichkeit eine Gasse ist. Ich stehe vor Theresa Carmodys Haus und sehe es an, bis ihre Mutter herauskommt und sagt, was wollen Sie? Ich sitze an den Gräbern von Oliver und Eugene auf dem alten Bestattungsgelände vor St. Patrick's und gehe über die Straße zum St.-Laurentius-Friedhof, wo Theresa beerdigt ist. Überall, wo ich hingehe, höre ich die Stimmen der Toten, und ich frage mich, ob sie einem über den Atlantischen Ozean folgen können.

Ich möchte, daß Bilder von Limerick in meinem Kopf bleiben, falls ich nie wieder zurückkomme. Ich sitze in der Josephskirche und in der Redemptoristenkirche und sage mir, sieh gut hin, denn vielleicht sehe ich es nie wieder. Ich gehe in die Henry Street, um dem hl. Franziskus Lebewohl zu sagen, obwohl ich sicher bin, daß ich auch in Amerika mit ihm werde reden können.

Es gibt Tage, an denen ich nicht nach Amerika will. Dann möchte ich in O'Riordan's Reisebüro gehen und meine fünfundfünfzig Pfund zurückverlangen. Ich könnte warten, bis ich einundzwanzig bin und Malachy mitkommen kann, damit ich wenigstens einen Menschen in New York kenne. Ich habe seltsame Gefühle, und manchmal, wenn ich mit Mam und meinen Brüdern am Feuer sitze, spüre ich, wie Tränen kommen, und dann schäme ich mich, weil ich schwach bin. Zuerst lacht Mam und sagt, deine Blase sitzt bestimmt gleich hinter deinen Augen, aber dann sagt Michael, wir werden alle nach Amerika gehen, Dad wird da sein, Malachy wird da sein, und dann sind wir alle wieder zusammen, und ihr kommen selbst die Tränen, und so sitzen wir da, alle vier, wie die flennenden Tölpel.

Mam sagt, dies ist das allererste Mal, daß wir eine Party haben, und ist es nicht eigentlich traurig, daß man sie feiert, wenn einem die Kinder eins nach dem andern entgleiten, Malachy nach England, Frank nach Amerika. Sie spart ein paar Shilling von dem Lohn, den sie dafür kriegt, daß sie sich um Mr. Sliney kümmert, um Brot, Schinken, Sülze, Käse, Limonade und ein paar Flaschen Stout zu kaufen. Onkel Pa Keating bringt Stout, Whiskey und ein bißchen Sherry für Tante Aggies empfindlichen Magen mit, und sie bringt einen Kuchen mit, den sie selbst gebacken hat, mit jeder Menge Korinthen und Rosinen drin. Der Abt bringt sechs Flaschen Stout mit und sagt, schon gut, Frankie, die kannst du alle trinken, solang du mir eine bis zwei Flaschen übrigläßt, damit ich mein Lied singen kann.

Er singt Die Straße nach Rasheen. Er hält sein Stout fest, schließt die Augen, und das Lied kommt als hohes Winseln heraus. Die Wörter ergeben keinen Sinn, und jeder fragt sich, warum ihm Tränen aus den geschlossenen Augen sickern. Alphie flüstert mir zu, warum weint er über ein Lied, das gar keinen Sinn hat?

Ich weiß es nicht.

Der Abt beendet sein Lied, öffnet die Augen, wischt sich die Backen ab und sagt uns, das war ein trauriges Lied über einen irischen Jungen, der nach Amerika ging und von Gangstern erschossen wurde, bevor ein Priester ihm zur Seite eilen konnte, und er sagt zu mir, laß dich nicht erschießen, wenn kein Priester in der Nähe ist.

Onkel Pa sagt, das ist das traurigste Lied, das er je gehört hat, und ob vielleicht die Möglichkeit besteht, daß wir was Lebhaftes zu hören kriegen. Er fordert Mam auf. Ach nein, Pa, ich hab aber doch den Atem nicht.

Komm schon, Angela, komm schon. Was Einstimmiges, los, was Einstimmiges, was Einstimmiges für Angela ohne Orchester.

Na gut. Ich versuch's.

Beim Refrain ihres traurigen Liedes stimmen wir alle ein.

Liebe dein Mutterherz,
Solang es noch schlägt.
Wenn es gestorben,
Ist es zu spät.

Onkel Pa sagt, jedes Lied ist ja schlimmer als das vorige, und soll dieser Abend endgültig zur Totenwache verkommen, besteht vielleicht doch die Möglichkeit, daß jemand ein Lied singt, welches etwas Schwung ins Verfahren bringt, diese geballte Trauer treibt ihn ja noch in den Suff.

O Gott, sagt Tante Aggie, das hab ich glatt vergessen. Vor der Tür findet eben jetzt eine Mondfinsternis statt.

Wir stehen auf der Gasse und beobachten den Mond, wie er hinter einem runden schwarzen Schatten verschwindet. Onkel Pa sagt, das ist ein sehr gutes Vorzeichen, wenn du nach Amerika gehst, Frankie.

Nein, sagt Tante Aggie, es ist ein schlechtes Vorzeichen. In der Zeitung steht, daß der Mond das Ende der Welt einübt.

Ach, Ende der Welt am Arsch, sagt Onkel Pa. Es ist der Anfang für Frankie McCourt. In ein paar Jahren kommt er mit einem neuen Anzug und Fett auf den Knochen zurück wie nur je ein Yank, und ein schönes Mädchen mit weißen Zähnen klammert sich an seinen Arm.

Mam sagt, ach nein, Pa, ach nein, und sie bringen sie ins Haus und trösten sie mit einem Tröpfchen Sherry aus Spanien.

Es ist schon spät am Tage, als die Irish Oak von Cork aus in See sticht, an Kinsale und Cape Clear vorbeifährt, und dunkel ist es, als die Lichter auf Mizen Head funkeln, dem letzten Stück Irland, das ich für wer weiß wie lange Zeit sehen werde.

Klar hätte ich bleiben sollen, die Postprüfung bestehen, in der Welt nach oben streben. Ich hätte genug Geld nach Hause gebracht, daß Michael und Alphie mit anständigen Schuhen und wohlgefülltem Bauch in die Schule hätten gehen können. Wir hätten aus der Gasse in eine Straße oder sogar eine Avenue umziehen können, wo die Häuser Gärten haben. Ich hätte diese Prüfung bestehen können, und Mam hätte nie wieder das Nachtgeschirr von Mr. Sliney oder sonstwem ausleeren müssen.

Jetzt ist es zu spät. Ich bin auf dem Schiff und dort verschwindet Irland in der Nacht und es ist dumm auf diesem Deck zu stehen und zurückzublicken und an meine Familie und Limerick und Malachy und meinen Vater in England zu denken und noch dümmer daß mir Lieder durch den Kopf gehen als sich Roddy McCorley zum Sterben begibt und Mam keucht Oh die Nächte des Tanzes in Kerry und im Bett hustet sich der arme Mr. Clohessy einen ab und jetzt will ich Irland wiederhaben immerhin hatte ich Mam und meine Brüder und Tante Aggie so mies sie war und Onkel Pa der mir meine erste Pint spendiert hat und meine Blase sitzt direkt hinter meinen Augen und hier steht ein Priester neben mir an Deck und man merkt daß er neugierig ist.

Er ist aus Limerick, aber von seiner Zeit in Los Angeles her hat er einen amerikanischen Akzent. Er weiß, wie es ist, Irland zu verlassen, hat es selbst getan und ist nie drüber weggekommen. Man lebt in Los Angeles und hat Tag für Tag Sonne und Palmen, und man fragt Gott, ob wohl die Möglichkeit besteht, daß Er einem nur einen einzigen Tag mit sanftem Limerick-Regen beschert.

Der Priester sitzt neben mir am Tisch des Ersten Offiziers, der uns sagt, das Schiff hat neue Anweisungen bekommen, und statt nach New York fahren wir jetzt nach Montreal.

Nach drei Tagen auf See werden die Anweisungen wieder geändert. Jetzt fahren wir doch nach New York. Drei amerikanische Passagiere beklagen sich, gottverdammte Iren. Können sie nicht mal irgendwas richtig machen?

Am Tag vor unserer Landung in New York werden die Anweisungen wieder geändert. Wir sollen den Hudson hinauf an einen Ort namens Albany fahren.

Die Amerikaner sagen, Albany? Ins gottverdammte Albany? Warum zum Teufel mußten wir auch ausgerechnet einen gottverdammten irischen Kahn nehmen. Gottverdammt.

Der Priester sagt mir, ich soll gar nicht hinhören. Nicht alle Amerikaner sind so.

Als wir im Morgengrauen in New York einlaufen, stehe ich auf Deck. Ich bin ganz bestimmt im Kino, der Film hört auf, und im Lyric Cinema wird es wieder hell. Der Priester will mir Sehenswertes zeigen, aber das ist gar nicht nötig. Die Freiheitsstatue, Ellis Island, das Empire State Building, das Chrysler Building, die Brooklyn Bridge kenne ich auch so. Tausende von Autos rasen über die Straßen, und die Sonne verwandelt alles zu Gold. Reiche Amerikaner mit Zylinder und weißem Frack gehen jetzt bestimmt mit den hinreißenden Frauen mit den weißen Zähnen nach Hause ins Bett. Alle anderen gehen in warme, behagliche Büros arbeiten, und keinen drückt auch nur die geringste Sorge.

Die Amerikaner streiten sich mit dem Kapitän und einem Mann, der aus einem Schlepper an Bord geklettert ist. Warum können wir nicht hier aussteigen? Warum müssen wir jetzt noch den ganzen gottverdammten Weg bis in dies gottverdammte Albany mitfahren?

Der Mann sagt, weil Sie Passagiere dieses Schiffes sind, weil der Kapitän der Kapitän ist, und weil es verfahrenstechnisch keine Vorschriften gibt, die besagen, daß wir Sie an Land bringen.

Soso. Yeah. Immerhin ist dies ein freies Land, und wir sind amerikanische Staatsbürger.

Tatsache? Aber Sie befinden sich auf einem irischen Schiff mit einem irischen Kapitän, und Sie werden tun, was er Ihnen gottverdammtnochmal sagt, oder Sie können an Land schwimmen.

Er klettert die Jakobsleiter hinunter, der Schlepper tuckert davon, und wir fahren den Hudson hoch an Manhattan vorbei, unter der George-Washington-Brücke hindurch, an Hunderten von Liberty-Schiffen vorbei, die im Krieg ihren Beitrag geleistet haben und jetzt für immer angelegt haben und vergammeln können.

Der Kapitän gibt bekannt, daß die Flut uns dazu zwingt, über Nacht vor Anker zu gehen, und zwar gegenüber von einem Ort namens, der Priester buchstabiert ihn für mich, Poughkeepsie. Der Priester sagt, das ist ein indianischer Name, und die Amerikaner sagen, gottverdammtes Poughkeepsie.

Als es dunkel ist, kommt ein kleines Schiff herangetöfft, und eine irische Stimme ruft herauf, hallo da oben. Jeesuss, ich hab die irische Flagge gesehen habe ich sie. Konnte meinen beiden Augen nicht trauen. Hallo, da oben.

Er lädt den Ersten Offizier auf einen kleinen Landgang mit Getränk ein, und er soll einen Freund mitbringen, und Sie auch, Herr Pfarrer. Bringen Sie einen Freund mit.

Der Priester lädt mich ein, und wir klettern zusammen mit dem Ersten Offizier und dem Funkoffizier die Jakobsleiter hinunter auf das kleine Schiff. Der Mann auf dem Schiff sagt, er heißt Tim Boyle aus Mayo, Gott helfe uns, und wir sind zur rechten Zeit vor Anker gegangen, denn es ist eine kleine Party am Steigen, und wir sind alle eingeladen. Er bringt uns zu einem Haus mit Rasen und Springbrunnen und drei rosa Vögeln, die auf einem Bein stehen. In einem Zimmer namens Living Room sind fünf Frauen. Die Frauen haben steife Haare und tragen Kleider ohne Flecken. Sie haben jede ein Glas in der Hand und sind freundlich und lächeln mit vollkommenen Zähnen. Eine sagt, hereinspaziert. Genau rechtzeitig zur Paahty.

Paahty. So sprechen sie, und wahrscheinlich spreche ich in ein paar Jahren auch so.

Tim Boyle sagt uns, die Mädels feiern ein bißchen, weil ihre Ehemänner über Nacht aushäusig sind und Wild jagen, und eine Frau, Betty, sagt, yeah. Kriegskameraden. Dieser Krieg ist nun schon seit fast fünf Jahren vorbei, und sie sind immer noch nicht drüber weg, und deshalb schießen sie jedes Wochenende Tiere tot und trinken Rheingold, bis sie blind sind. Verdammter Krieg, entschuldigen Sie den Ausdruck, Herr Pfarrer.

Der Priester flüstert mir zu, das sind schlechte Frauen. Hier bleiben wir nicht lange.

Die schlechten Frauen sagen, was wollt ihr trinken? Wir haben alles da. Wie heißt du, Süßer?

Frank McCourt.

Hübscher Name. Du nimmst also einen kleinen Drink. Alle Iren nehmen einen kleinen Drink. Möchtest du ein Bier?

Ja bitte.

Wow, so wohlerzogen. Meine Großmutter war Halbirin, demnach bin ich halb, viertel? Keinen Schimmer. Ich heiße Frieda. So, hier ist dein Bier, Süßer.

Der Priester sitzt auf dem einen Ende eines Sofas, welches sie eine Couch nennen, und zwei Frauen sprechen mit ihm. Betty fragt den Ersten Offizier, ob er sich das Haus ansehen möchte, und er sagt, oh, aber gern, denn solche Häuser haben wir nicht in Irland. Eine andere Frau sagt zum Funkoffizier, er soll sich bloß mal ansehen, was bei ihnen im Garten wächst, das glauben Sie gar nicht, diese Blumen. Frieda fragt mich, ob ich noch was brauche, und ich sage ihr, nein, aber ob es ihr wohl was ausmacht, mir zu sagen, wo das Klo ist.

Das was?

Klo.

Ach, du meinst das Badezimmer. Hier entlang, Süßer, den Korridor entlang.

Danke.

Sie macht die Tür auf, knipst das Licht an, küßt mich auf die Backe und flüstert, sie wartet draußen, falls ich irgendwas brauche.

Ich stehe vor der Kloschüssel, voll Rohr Feuer frei, und frage mich, was ich wohl jetzt noch gebrauchen könnte und ob das in Amerika ganz normal ist, daß Frauen draußen warten, während man abprotzt.

Ich pinkle fertig, spüle und gehe hinaus. Sie nimmt mich an der Hand und führt mich in ein Schlafzimmer, stellt ihr Glas ab, schließt die Tür ab, schubst mich auf das Bett. Sie fummelt an meinem Hosenschlitz. Verdammte Knöpfe. Habt ihr denn in Irland keine Reißverschlüsse? Sie zieht meine Aufregung heraus klettert auf mich drauf gleitet rauf und runter rauf und runter Jesus ich bin im Himmel und es wird an die Tür geklopft der Priester Frank bist du da drin Frieda legt den Finger auf die Lippen und rollt ihre Augen gen Himmel Frank bist du da drin Herr Pfarrer könnten Sie wohl mal verduften aber ein bißchen plötzlich und o Gott o Theresa siehst du was mit mir endlich doch noch geschieht es schert mich keinen Fiedlerfurz wenn der Papst persönlich an die Tür klopft und sich das Kardinalskollegium vor den Fenstern versammelt um hereinzuglotzen o Gott mein ganzes Inneres ist in ihr verschwunden und sie fällt auf mich drauf und sagt mir ich bin wunderbar und ob ich wohl in Betracht ziehen könnte mich je in Poughkeepsie niederzulassen.

Frieda sagt dem Priester, mir sei, nachdem ich ins Badezimmer gegangen sei, ein wenig schwindlig gewesen, so was passiert schon mal auf Reisen, und man trinkt ein ungewohntes Bier wie Rheingold, was sie, glaubt sie, in Irland nicht haben. Ich kann sehen, daß der Priester ihr nicht glaubt, und ich kann nichts gegen die Hitze machen, die mir ins Gesicht und wieder herausschießt. Er hat sich bereits Namen und Adresse meiner Mutter aufgeschrieben, und jetzt habe ich Angst, er schreibt ihr, Ihr feiner Herr Sohn hat seine erste Nacht in Amerika in einem Schlafzimmer in Poughkeepsie verbracht, wo er mit einer Frau herumgetollt ist, deren Ehemann abwesend war, um Wild totzuschießen, eine kleine Entspannung, die ihm zu gönnen ist, nachdem er im Krieg seinen Beitrag für Amerika geleistet hat, und ist das nicht wirklich eine feine Art, die Männer zu behandeln, die für ihr Land gekämpft haben.

Der Erste Offizier und der Funkoffizier kehren von ihrer Besichtigung des Hauses und des Gartens zurück, und sie sehen den Priester nicht an. Die Frauen sagen zu uns, wir müssen ja verhungert sein, und sie gehen in die Küche. Wir sitzen im Living Room, sprechen nicht miteinander und hören zu, wie die Frauen in der Küche flüstern und lachen. Der Priester flüstert mir wieder zu, schlechte Frauen, schlechte Frauen, Anlaß zur Sünde, und ich weiß nicht, was ich ihm sagen soll.

Die schlechten Frauen bringen Sandwiches und schenken Bier nach, und als wir aufgegessen haben, legen sie Schallplatten von Frank Sinatra auf und fragen, ob jemand tanzen möchte. Niemand sagt ja, weil man nie in Gegenwart eines Priesters aufsteht und mit schlechten Frauen tanzt, also tanzen die Frauen miteinander und lachen, als hätten sie alle kleine Geheimnisse. Tim Boyle trinkt Whiskey und schläft in einer Ecke ein, bis Frieda ihn weckt und ihm sagt, er soll uns aufs Schiff zurückbringen. Als wir weggehen, beugt sich Frieda zu mir herüber, als wollte sie mich auf die Backe küssen, aber der Priester sagt in sehr scharfem Ton gute Nacht! und wir geben uns nicht mal die Hand. Als wir die Straße zum Fluß hinuntergehen, hören wir die Frauen lachen, klingelnd und hell in der Nachtluft.

Wir klettern die Leiter hoch, und Tim ruft uns aus seinem kleinen Schiff zu, paßt bloß auf dieser Leiter auf. O Jungs, o Jungs, war das nicht eine großartige Nacht? Gute Nacht, Jungs! Und gute Nacht, Herr Pfarrer.

Wir beobachten sein kleines Schiff, bis es im Dunkel des

Flußufers von Poughkeepsie verschwindet. Der Priester sagt gute Nacht und geht unter Deck, und der Erste Offizier folgt ihm.

Ich stehe mit dem Funkoffizier an Deck und wir sehen zu, wie die Lichter von Amerika funkeln. Er sagt, mein Gott, war das eine schöne Nacht, Frank. Ist das hier nicht ein rundherum tolles Land?

19

Doch.

DANKSAGUNG

Es folgt ein kurzer Lobgesang auf die Herrlichkeit der Frauen.

Lisa Schwarzbaum las die ersten Seiten und machte mir Mut. Mary Breasted Smyth, selbst eine erstklassige Schriftstellerin, las ein Drittel und gab es Molly Friedrich, die meine Agentin wurde. Sie war der Meinung, Nan Graham, die Cheflektorin bei Scribner, sei genau die Richtige, um dem Buch auf die Beine zu helfen. Und Molly hatte recht.

Meine Tochter Maggie hat mir gezeigt, daß das Leben ein großes Abenteuer sein kann, und einige vollkommene Augenblicke mit meiner Enkelin Chiara haben mich daran erinnert, wie sehr ein kleines Kind staunen kann. Meine Frau Ellen hörte mir zu, wenn ich vorlas, und feuerte mich an bis zur letzten Seite.

Ich bin gebenedeit unter den Männern.

KLEINER ANHANG

Im folgenden sind die englischen Texte der Gedichte und Lieder in ihrer Reihenfolge im Buch wiedergegeben.

Seite 10
Who threw the overalls in Mrs. Murphy's chowder?
Nobody spoke so he said it all the lowder:
It's a dirty Irish trick and I can lick the Mick
Who threw the overalls in Mrs. Murphy's chowder.

Seite 12, 521
Love her as in childhood
Though feeble, old and grey.
For you'll never miss a mother's love
Till she's buried beneath the clay.

Seite 24f., 70
auch: Seite 151
Anyone can see why I wanted your kiss'
It had to be and the reason is this:
Could it be true
Someone like you
Could love me, love me?

Seite 26
A group of young soldiers one night in a camp
Were talking of sweethearts they had.

All seemed so merry except one young lad,
And he was downhearted and sad.
Come and join us, said one of the boys,
Surely there's someone for you.
But Ned shook his head and proudly he said,
I am in love with two: Each like a mother to me,
From neither of them shall I part.
For one is my mother, God bless her and love her,
The other is my sweetheart.

Seite 28
Deep in Canadian woods we met
From one bright island flown.
Great is the land we tread, but yet
Our hearts are with our own.

Seite 33
Up the narrow street he stepped
Smiling and proud and young,
About the hemp-rope on his neck
The golden ringlets clung,
There's never a tear in the blue eyes,
Both glad and bright are they,
As Roddy McCorley goes to die
On the bridge of Toome today.

Seite 34
Clap hands, clap hands,
Till Daddy comes home,
With buns in his pocket
For Maisie alone.
Clap hands, clap hands,
Till Daddy comes home,
For Daddy has money
And Mammy has none.

Seite 35
In a shady nook one moonlit night
A leprechaun I spied.
With scarlet cap and coat of green
A cruiskeen by his side.
'Twas tick tock tick his hammer went
Upon a tiny shoe.
Oh, I laugh to think he was caught at last,
But the fairy was laughing, too.

Seite 49, 313
On Mountjoy one Monday morning
High upon the gallows tree
Kevin Barry gave his young life
For the cause of liberty.
Just a lad of eighteen summers
– Sure there's no one can deny –
As he marched to death that morning
How he held his head on high.

Seite 50
Because he loved the motherland,
Because he loved the green
He goes to meet a martyr's fate
With proud and joyous mien;
True to the last, oh! true to the last
He treads the upward way;
Young Roddy McCorley goes to die
On the bridge at Toome today.

Seite 104f.
When all around a vigil keep,
The West's asleep, the West's asleep!
Alas! and well may Erin weep
When Connaught lies in slumber deep.
There lake and plane smile fair and free,
'Mid rocks their guardian chivalry.
Sing, oh, let man learn liberty
From crashing wind and lashing sea.

Seite 129
Christmas is coming
And the goose ist getting fat,
Please put a penny
In the old man's hat.
If you haven't a penny
A ha'penny will do
And if you haven't a ha'penny
God bless you.

May your mother have an accident
Abroad in the loo.

Seite 154f.
And if, when all a vigil keep,
The West's asleep, the West's asleep!
Alas! and may well Erin weep,
That Connaught lies in slumber deep,
But hark! a voice like thunder spake
The West's awake! The West's awake!
Sing, oh, hurrah, let England quake,
We'll watch till death for Erin's sake!

Seite 155
See who comes over the red-blossomed heather,
Their green banners kissing the pure mountain air,
Heads erect, eyes to front, stepping proudly together;
Sure freedom sits throned on each proud spirit there.

Seite 187
He came from the North so his words were few
But his voice was kind and his heart was true.
And I knew by his eyes that no guile had he.
So I married my man from the North Country.

Oh, Garryowen may be more gay
Than this quiet man from beside Lough Neagh.
And I know that the sun shines softly down
On the river that runs through my native town.

But there's not – and I say it with joy and with pride –
A better man in all Munster wide
And Limerick town has no happier hearth
Than mine has been with my man from the North.

I wish that in Limerick they only knew
The kind kind neighbours I came unto.
Small hate or scorn would there ever be
Between the South and the North Country.

Seite 237
Oh, the nights of the Kerry dancing, oh, the ring of the piper's tune,
Oh, for one of those hours of gladness, gone, alas, like
our youth too soon.
When the boys began to gather in the glen of a summer night,
And the Kerry piper's tuning made us long with wild delight.
Oh, to think of it, oh, to dream of it, fills my heart with tears.
Oh, the nights of the Kerry dancing, oh, the ring of the piper's tune,
Oh, for one of those hours of gladness, gone, alas, like our
youth too soon.

Seite 242
Proddy Woddy ring the bell
Not for heaven but for hell.

Seite 254
Oh, oh, stop your ticklin', Jock,
Stop your ticklin', Jock.
Stop your ticklin',
Ickle ickle icklin
Stop your ticklin', Jock.

Seite 261
'Tis alone my concern if the grandest surprise
Would be shining at me out of somebody's eyes.
'Tis my private affair what my feelings would be
While the Green Glens of Antrim were welcoming me.

Seite 276, 289
Cardinal Wolsey: Be patient yet.
Queen Katharine:
  I will, when you are humble; nay, before,
  Or God will punish me. *I do believe,*
  Induc'd by potent circumstances, that
  You are mine enemy; and make my challenge
  You shall not be my judge; for it is you
  Have blown this coal betwixt my lord and me.
  Which God's dew quench! Therefore I say again,
  I utterly abhor, yea, from my soul
  Refuse you for my judge, whom, yet once more,
  I hold my most malicious foe, and think not
  At all a friend to truth.
William Shakespeare, *The Famous History of the Life of King Henry the Eighth,* Act II, Scene IV

Seite 277f., 283f.
The wind was a torrent of darkness among the gusty trees,
The moon was a ghostly galleon tossed upon cloudy seas,
The road was a ribbon of moonlight over the purple moor,
And the highwayman came riding –
        Riding – riding –
The highwayman came riding, up to the old inn-door.
He'd a French cocked-hat on his forehead, a bunch of lace at his chin,
A coat of the claret velvet, and breeches of brown doe-skin,
They fitted with never a wrinkle, his boots were up to the thigh,
And he rode with a jewelled twinkle,
        His pistol butts a-twinkle,
His rapier hilt a-twinkle, under the jewelled sky.

Tlot-tlot, in the frosty silence! Tlot-tlot, in the echoing night!
Nearer he came and nearer! Her face was like a light!
Her eyes grew wide for a moment, she drew one last deep breath,
Then her finger moved in the moonlight,
        Her musket shattered the moonlight'
Shattered her breast in the moonlight and warned him – with
her death.

Blood-red were his spurs in the golden noon; wine-red was
his velvet coat,
When they shot him down on the highway,
Down like a dog on the highway,
And he lay in his blood on the highway, with a bunch of lace
at his throat.

Alfred Noyes (1880–1938), *The Highwayman*

Seite 287
Little lamb, who made thee?
Dost thou know who made thee?

Seite 295
They went forth to battle, but they always fell,
Their eyes were fixed above the sullen shields.
Nobly they fought and bravely, but not well,'
And sank heart-wounded by a subtle spell.

Seite 309
Yip aye aidy aye ay aye oh
Yip aye aidy aye ay,
We don't care about England or France,
All we want ist the German advance.

Seite 327f.
The Owl and the Pussy-Cat went to sea
In a beautiful pea-green boat.
They took some honey, and plenty of money,
Wrapped up in a five-pound note.
The Owl looked up to the Stars above
And sang to a small guitar,
Oh lovely Pussy! O Pussy my love,
What a beautiful Pussy you are.

Pussy said to the Owl, You elegant fowl!
How charmingly sweet you sing!
O let us be married! too long we have tarried:

But what shall we do for a ring?
They sailed away for a year and a day,
To the land where the Bong-tree grows,
And there in a wood a Piggy-wig stood
With a ring at the end of his nose.

Dear Pig, are you willing to sell for one shilling
Your ring? Said the Piggy I will.
They dined on mince and slices of quince,
Which they ate with a runcible spoon;
And hand in hand, on the edge of the sand,
They danced by the light of the moon.
Edward Lear *The Owl and the Pussy-Cat,* 1871

Seite 415f.
Beside yon straggling fence that skirts the way,
With blossomed furze unprofitably gay,
There, in his noisy mansion, skilled to rule
The village master taught his little school.
A man severe he was and stern to view,
I knew him well, and every truant knew.
Full well the boding tremblers learned to trace
The day's disaster in his morning face.
Full well they laughed with counterfeited glee
At all his jokes for many a joke had he.
Full well the busy whisper circling round
Conveyed the dismal tidings when he frowned.

Yet he was kind, or, if severe in aught,
The love he bore for learning was in fault.
The village all declared how much he knew.
'Twas certain he could write, and cipher too.
Lands he could measure, terms and tides presage,
And even the story ran that he could gauge.
In arguing, too, the parson owned his skill,
For, even though vanquished, he could argue still,
While words of learned length and thundering sound
Amazed the gazing rustics ranged around.
And still they gazed, and still the wonder grew,
That one small head could carry all he knew.

Frank McCourt

Tag und Nacht und auch im Sommer

Erinnerungen, 336 Seiten, gebunden

Deutsch von Rudolf Hermstein

Nach den Weltbestsellern *Die Asche meiner Mutter* und *Ein rundherum tolles Land*: Frank McCourts Erinnerungen an seine Zeit als Lehrer.

Dreißig Jahre lang hat Frank McCourt, der Amerikaner mit der unglücklichen irischen katholischen Kindheit, in New Yorker Schulen unterrichtet. Jetzt erzählt er, was er von seinen insgesamt zwölftausend Schülern gelernt hat – als Lehrer, als Geschichtenerzähler, als Schriftsteller. Ein „McCourt", wie man ihn liebt: voll Witz und Charme, voll Verzweiflung, Ironie und Lebensweisheit.

„Das beste Buch McCourts – ein hinreißendes Werk autobiographischer Erzählkunst."
Los Angeles Times

„Ja, Frank McCourt hat es wieder geschafft – er hat aus dem Kuddelmuddel seines Lebens eine gehaltvolle und bezaubernde Geschichte destilliert. Überwältigend!"
New York Times